XML

Devan Shepherd

Übersetzung: Rüdiger Dieterle, Judith Muhr

XML

- Daten plattformübergreifend austauschen und modellieren
- Praktische XML-Entwicklung und Implementierung
- DTD, XPath, Xlink, SAX, DOM, XSLT u.v.m.

Markt + Technik Verlag

Die Deutsche Bibliothek - CIP-Einheitsaufnahme

Ein Titeldatensatz für diese Publikation ist bei
Der Deutschen Bibliothek erhältlich.

Die Informationen in diesem Buch werden ohne Rücksicht auf einen eventuellen Patentschutz veröffentlicht.
Warennamen werden ohne Gewährleistung der freien Verwendbarkeit benutzt.
Bei der Zusammenstellung von Texten und Abbildungen wurde mit größter Sorgfalt vorgegangen.
Trotzdem können Fehler nicht vollständig ausgeschlossen werden.
Verlag, Herausgeber und Autoren können für fehlerhafte Angaben und deren Folgen weder juristische Verantwortung noch irgendeine Haftung übernehmen.
Für Verbesserungsvorschläge und Hinweise auf Fehler sind Verlag und Herausgeber dankbar.

Autorisierte Übersetzung der amerikanischen Originalausgabe:
Teach Yourself XML in 21 Days, 2nd Edition, © 2001 by Sams Publishing

Alle Rechte vorbehalten, auch die der fotomechanischen Wiedergabe und Speicherung in elektronischen Medien.
Die gewerbliche Nutzung der in diesem Produkt gezeigten Modelle und Arbeiten ist nicht zulässig.

Fast alle Hardware- und Softwarebezeichnungen, die in diesem Buch erwähnt werden, sind gleichzeitig eingetragene Warenzeichen oder sollten als solche betrachtet werden.

Umwelthinweis:
Dieses Buch wurde auf chlorfrei gebleichtem Papier gedruckt.
Die Einschrumpffolie - zum Schutz vor Verschmutzung - ist aus umweltverträglichem und recyclingfähigem PE-Material.

10 9 8 7 6 5 4 3 2 1

05 04 03 02

ISBN 3-8272-6265-8

© 2002 by Markt+Technik Verlag,
ein Imprint der Pearson Education Deutschland GmbH
Martin-Kollar-Str. 10-12, D-81829 München/ Germany
Alle Rechte vorbehalten
Übersetzung: Rüdiger Dieterle, München / Judith Muhr, Drachselsried
Lektorat: Melanie Kasberger, mkasberger@pearson.de
Herstellung: Claudia Bäurle, cbaeurle@pearson.de
Fachlektorat: Peter Winkler, München
Korrektorat: Brigitte Keul, München
Einbandgestaltung: Grafikdesign Heinz H. Rauner, Gmund
Satz: reemers publishing services gmbh, Krefeld, (www.reemers.de)
Druck und Verarbeitung: Bercker, Kevelaer
Printed in Germany

Inhaltsverzeichnis

	Vorwort		17
	Einleitung		19
		An wen sich das Buch richtet	19
		Wie Sie das Buch verwenden	20

Woche 1

Tag 1	**Ein Überblick über die Auszeichnungssprachen**		25
	1.1	Das Web als revolutionäres Phänomen	26
	1.2	Wozu eine weitere Auszeichnungssprache?	28
	1.3	Sieben Dinge, die Sie über XML wissen sollten	30
		XML bietet eine Methode zum Einfügen strukturierter Daten in eine Textdatei	31
		XML ähnelt HTML ein wenig	32
		XML wird von Maschinen gelesen, ist aber dem Menschen verständlich	37
		XML umfasst eine ganze Familie von Technologien	37
		XML ist wortreich	39
		XML ist relativ neu, hat aber bedeutende Wurzeln	39
		XML ist lizenzfrei, plattformunabhängig und wird breit unterstützt	40
	1.4	Die Rolle des E-Business	40
	1.5	Wir erstellen das erste XML-Dokument	42
	1.6	Zusammenfassung	44
	1.7	Fragen und Antworten	44
	1.8	Übung	46
Tag 2	**Die XML-Syntax im Detail**		47
	2.1	Eigene XML-Elemente schreiben	48
	2.2	Software-Tools für XML	48
		Die Abhängigkeit von Plattformen, von Software und vom Betriebssystem	49
	2.3	Die Syntaxregeln von XML	50
	2.4	Die korrekte Einbettung der Elemente	56

	2.5	Namenskonventionen in XML	57
	2.6	XML-Deklarationen	57
	2.7	Dem Code Kommentare beifügen	59
	2.8	Attribute in einer wohl geformten XML-Instanz platzieren	60
	2.9	Zusammenfassung	62
	2.10	Fragen und Antworten	62
	2.11	Übung	63
Tag 3		**Gültige XML-Instanzen**	65
	3.1	Welche Bedeutung hat die Gültigkeit bei XML?	66
	3.2	Datentyp-Validierung – ein weiterer Grund für die Regeln der Gültigkeit	70
	3.3	Wie erkennt man eine Datenstruktur?	72
		Die Struktur in der Auszeichnungssprache des Rezepts	72
		Vielleicht verwenden Sie bereits strukturierte Daten	73
		Unstrukturierten Informationen mit XML eine Struktur geben	75
	3.4	Auf Gültigkeit parsen	77
	3.5	Ist die Gültigkeit alles, was Sie brauchen?	78
	3.6	Zusammenfassung	79
	3.7	Fragen und Antworten	79
	3.8	Übung	81
Tag 4		**Die Document Type Definition (DTD)**	83
	4.1	Wo haben DTDs ihren Ursprung?	84
	4.2	Zum Verständnis der Regeln	87
		Die grundlegende Syntax zur Deklaration von Elementtypen in einer DTD	87
		Ein einfaches Beispiel mit Textinhalt	88
		Ein Element, das ein anderes Element enthält	90
		Ein leeres Element deklarieren	91
		Das DTD-Schlüsselwort ANY	92
		Gemischte Inhaltsmodelle	93
		Zusammenfassung zu den Inhaltsmodellen für Elemente	95
	4.3	Attribute in einer DTD deklarieren	96
		Attributs-Deklarationen vom Typ String	97
		Attributs-Deklaration vom Typ #FIXED	98
		Attributs-Deklaration vom Typ #IMPLIED	99
		Attribute vom Typ Token in DTDs	99
		Der Attributstyp Aufzählung in DTDs	105

	4.4	Frequenz-Indikatoren und Sequenz-Deklarationen in einer DTD.	107
	4.5	Gültige XML-Instanzen parsen	110
	4.6	Externe DTDs deklarieren	114
	4.7	Zusammenfassung.	118
	4.8	Fragen und Antworten	118
	4.9	Übung	119
Tag 5		**Das XML Data Reduced (XDR) -Schema.**	121
	5.1	Warum gibt es verschiedene Schema-Dialekte?	122
	5.2	XML-Data Reduced (XDR) im Detail.	127
	5.3	Die Element- und Attributs-Deklarationen bei XDR.	128
		ElementType-Deklarationen	129
		Eingebettete Deklarationen von ElementType	134
		Leere Elemente.	135
	5.4	Attribute in einer XML-Instanz mit XDR validieren	138
	5.5	Datentypen bei XDR.	141
		Beispiel für einen Datentyp	143
	5.6	Frequenzindikatoren bei XDR	147
		Zusätzliche Datentypbeschränkungen bei XDR	150
	5.7	Inhaltsgruppen erstellen	152
	5.8	Zusätzliche Vorzüge von XDR	156
		Die Erweiterbarkeit bei XDR-Schemata	156
		Die Transformation von XDR-Schemata	157
	5.9	Zusammenfassung.	158
	5.10	Fragen und Antworten	158
	5.11	Übung	158
Tag 6		**Die XML Schema Definition Language (XSD)**	159
	6.1	Der Schema-Ansatz des World Wide Web Consortiums	160
		Der XSD-Status.	161
		Der Weg zur W3C-Empfehlung	162
	6.2	Grundlagen von XSD	163
		Betrachtungen zum Namensraum bei XSD	164
	6.3	Einfache Elementtypen	165
	6.4	XSD-Datentypen.	168
	6.5	Komplexe Elementtyp-Definitionen	169
	6.6	Frequenzbeschränkungen bei XSD	172

	6.7	Attribute beim XSD-Schema	174
	6.8	Drei Ansätze zur Gültigkeit: DTD, XDR und XSD	178
	6.9	Zusammenfassung	179
	6.10	Fragen und Antworten	179
	6.11	Übung	180
Tag 7	**XML-Entities**		181
	7.1	Zwei Arten von Entities	182
	7.2	Allgemeine Entities	183
	7.3	Parameter-Entities	186
	7.4	Entities in anderen Schemasprachen	188
	7.5	Zusammenfassung	189
	7.6	Fragen und Antworten	190
	7.7	Übung	190

Woche 2

Tag 8	**Namensräume bei XML**		193
	8.1	Wozu braucht man Namensräume?	194
		Wie sieht ein Namenskonflikt aus?	195
		Namenskonflikte mit Namensraum-Deklarationen verhindern	198
		Die Syntax der XML-Namensraum-Deklaration	199
		Wie man XML-Namensräume eindeutig identifiziert	200
		Wie verwenden Anwendungen Namensräume?	203
	8.2	Die Namensraum-Deklaration: Von der Theorie zur Praxis	203
	8.3	Ausgewählte URIs für Standard-Namensräume bei XML	206
	8.4	Zusammenfassung	206
	8.5	Fragen und Antworten	207
	8.6	Übung	208
Tag 9	**Die XML Path Language (XPath)**		209
	9.1	Was ist XPath?	210
	9.2	Wie die Knoten im XML-Dokumentbaum dargelegt werden	211
		Die sieben Dokumentknoten bei XPath	212
		Die Beziehungen der Knoten	212
	9.3	Eine Untersuchung der Knoten einer XML-Dokument-Instanz	213
		Komplexe Beziehungen zwischen Knoten	215

	9.4	Die Benennung der XPath-Beziehungen – Sieben Achsentypen	218
		Das Konzept des Selbst	219
		Der Stammknoten	220
		Ableitungsbeziehungen	221
		Stämme und Vorfahren	222
		Vorfahre-oder-Selbst	223
		Abkömmling	223
		Abkömmling-oder-Selbst	224
		Knoten auswählen, die dem Kontextknoten nachfolgen	225
		Sich anschließende gleichrangige Knoten auswählen	226
		Vorangehende Knoten	226
		Vorangehende-Geschwisterknoten	227
	9.5	XPath-Ausdrücke formulieren und testen	228
		Knoten nach Namen mit der Slash-Syntax auswählen	230
	9.6	Zusammenfassung	238
	9.7	Fragen und Antworten	238
	9.8	Übung	239
Tag 10	**Die XML Link Language (XLink)**		**241**
	10.1	Hypertext Linking	242
		HTML-Links	243
	10.2	Inwiefern verbessert XLink HTML-Links?	246
		Die Grenzen von XLink	247
	10.3	Elemente ver-Linken	247
		Ein grundlegendes Beispiel für XLink	249
		Fragen der Gültigkeit	250
		Beschreibende XLink-Attribute	252
	10.4	Einfaches Linkverhalten	252
		Darstellung	253
		Aktivierung	253
		Übungen zum XLink-Verhalten	254
	10.5	Erweiterte Links	256
		Lokatoren	257
		Bögen	258
		Beispiel für einen komplexen erweiterten Link	259
	10.6	Zusammenfassung	260
	10.7	Fragen und Antworten	261
	10.8	Übung	261

| Tag 11 | XML Pointer Language (XPointer) | 263 |

	11.1	Das »Zeigen« mit benannten Zielen und Hypertext-Links bei HTML	264
		Beschränkungen bei HTML-Ankern	265
	11.2	XPointer-Ausdrücke	266
		Die Syntax bei XPointer	266
	11.3	ID-Referenzen bei XPointer	267
		Absolute Adressierung	268
	11.4	Beziehungsausdrücke	269
		Numerische Auswahl	270
		Knotentyp	271
		Filter für Attribute und Attributswerte	271
	11.5	Zusammenfassung	272
	11.6	Fragen und Antworten	272

| Tag 12 | Das XML Document Object Model (DOM) | 275 |

	12.1	Ein DOM für XML	276
		Objektmodelle	279
	12.2	DOM-Strukturen beim Scripting	280
		DOM-Beziehungen	281
		Das DOM als allgemeines API	281
		Primäre API-Typen	281
		Das DOM instanzieren	282
	12.3	Objekteigenschaften, Methoden und Events beim DOM	284
	12.4	Eine XML-Datei aus einer URL laden	287
		Wie man die Resultate auf dem Bildschirm ausgibt	290
		Wie man einen Knoten nach seiner Positionsanordnung auswählt	291
		Wie man XML-Elemente dem Namen nach auswählt	293
		DOM-Fehlermeldungen zurückgeben	294
	12.5	Zusammenfassung	298
	12.6	Fragen und Antworten	298
	12.7	Übung	299

| Tag 13 | Das Simple API für XML (SAX) | 301 |

	13.1	Das Simple API für XML	302
		SAX-Parser	303
	13.2	SAX und DOM im Vergleich	303
		SAX statt DOM wählen	305
		DOM statt SAX wählen	306

	13.3	Methoden, die während der Verarbeitung von SAX-Events aufgerufen werden.	307
	13.4	SAX und Java.	308
		Erforderliche Java-Applikationssoftware	309
	13.5	Eine Java-Anwendung, die SAX-Events auflistet	309
		Klassen importieren	310
		Die HandlerBase-Klasse erweitern	311
		Die Methode main	312
		SAX-Methoden	314
	13.6	EList kompilieren und ausführen.	320
	13.7	SAX und Leerzeichen	321
	13.8	Parsing-Fehler, die der SAX-Prozessor meldet	323
	13.9	Mit SAX auf Gültigkeit parsen	324
	13.10	Zusammenfassung.	325
	13.11	Fragen und Antworten	325
	13.12	Übung	326
Tag 14	**Stileigenschaften mit Cascading Style Sheets (CSS)**		327
	14.1	Stil und Inhalt.	328
		CSS und HTML.	329
		Die Unterstützung von CSS bei Webbrowsern	330
		CSS und XML	331
	14.2	Die Erzeugung einfacher Stylesheets	333
		Die Stileigenschaften festlegen.	334
		Die CSS-Datei verbinden.	335
	14.3	CSS-Eigenschaften	337
		Textstyle-Eigenschaften	337
		Font-Eigenschaften.	339
		Farbe und Hintergrund-Eigenschaften	339
		Rahmen-Eigenschaften.	340
		Anzeige-Eigenschaften	343
		Resultierender Style	343
		Mehrere Elemente als Selektoren	345
	14.4	Beschränkungen von CSS	345
	14.5	Zusammenfassung.	346
	14.6	Fragen und Antworten	346
	14.7	Übung	346

Woche 3

Tag 15   XSL (Extensible Stylesheet Language) und XSL-FO
(XSL Formatting Objects) 351

       15.1   Struktur mit Format.................................. 352
                XSL-Namenskonventionen......................... 353
                Formatierungsobjekte erstellen und interpretieren 354
                XSL in der Praxis................................ 354
                Apache FOP (Formatting Object Processor) 356
       15.2   Formatting Objects 359
                Grundlegender FO-Aufbau 364
                Schrift-Attribute................................. 369
                Inline-Stile..................................... 372
                XSL-FO-Tabellen 373
       15.3   Zusammenfassung................................... 376
       15.4   Fragen und Antworten 377
       15.5   Übung... 378

Tag 16   XSLT (Extensible Stylesheet Language Transformations) 379

       16.1   Konvertierung von Strukturen 380
                XSLT in der Praxis 382
                XSLT-Verarbeitungs-Optionen........................ 382
       16.2   Unternehmenshandbuch: Ein XSLT-Szenario 383
                Die Installation von XSLT-Werkzeugen 384
                XSLT-Befehlszeilenprozessor.......................... 385
                XSLT-fähige XML-Editoren........................... 386
       16.3   XSLT-Programmierung................................ 387
                Betrachtungen zum XSLT-Namensraum 387
                Regelbasierte Ereignisverarbeitung 388
                Umwandlungen von XML in HTML..................... 391
                Iterative XSLT-Verarbeitung.......................... 394
                HTML-Tabellen mit XSLT anlegen 401
                Sortieren mit XSLT................................ 405
                Stil-Attribute mit XSLT ergänzen....................... 407
       16.4   Fortgeschrittene XSLT-Programmierung 410
                xsl:for-each..................................... 410
                xsl:if.. 411
                xsl:choose, xsl:when, xsl:otherwise 412
       16.5   Zusammenfassung................................... 414
       16.6   Fragen und Antworten 414
       16.7   Übung... 415

Tag 17	XML-Daten an HTML-Elemente binden	417
	17.1 Einfache Instanzen der Datenbindung anlegen	418
	XML-Dokumentstruktur	419
	Ein XML-Dokument mit einer HTML-Seite mit einer Dateninsel verknüpfen	421
	Einen XML-Link auf einer HTML-Seite platzieren	423
	HTML-Elemente an XML-Elemente binden	424
	HTML-Tabellen mit XML-Daten erstellen	425
	JavaScript-Datenfluss-Steuerelemente hinzufügen	428
	Daten einzelner Datensätze anzeigen	430
	17.2 Instanzierung von XMLDSL über ein Java-Applet	434
	Fehler berichten	436
	17.3 Zusammenfassung	436
	17.4 Fragen und Antworten	437
	17.5 Übung	438
Tag 18	XBase und XInclude	439
	18.1 XML Base	440
	Das Attribut xml:base	440
	Mehrere XBase-Attribute	442
	18.2 XML Inclusions	442
	XML-Parsen während der Einbindung	444
	XPointer-Ausdrücke	445
	XInclude-Unterstützung	445
	18.3 Zusammenfassung	445
	18.4 Fragen und Antworten	446
Tag 19	XML-Integration in die Geschäftsmodelle der Unternehmen	447
	19.1 Geschäftsmodellierung mit XML-Technologien	448
	19.2 Grundlegende Betrachtungen zur Dokumentanalyse	449
	XML-Analyseschritte	451
	19.3 Geschäftsapplikationen	453
	Applikationen zur Weitergabe und Sammlung von Informationen	454
	Lösungen für die Applikations-Integration	456
	Applikationen für die Datenintegration	458
	19.4 Drei-Schichten-Web-Architektur	459
	Client-Schicht (Client Tier)	459
	Mittelschicht (Middle Tier)	459
	Datenschicht (Data Tier)	460

		19.5	Verwendung von XML in den drei Schichten	460
			Datenschicht.	461
		19.6	Zusammenfassung.	476
		19.7	Fragen und Antworten	476
Tag 20		**E-Commerce mit XML**.	479
		20.1	Die Verwendung von XML für E-Business.	480
			Der Kostenaufwand für E-Business	480
		20.2	B2C-Applikationen	482
			Applikationen zur Online-Personalisierung.	482
			Sites für die Sammlung von Daten (Aggregation)	485
			Integration von Lieferketten	487
		20.3	Von der Datenklassifizierung zum Datenaustausch.	488
			XML HTTP-Objektaufrufe.	489
			XML-RPC und SOAP.	490
			WDDX (Web Distributed Data Exchange)	496
			ebXML	497
		20.4	Zusammenfassung.	499
		20.5	Fragen und Antworten	499
Tag 21		**Wie man eine XML-Webanwendung aufbaut**	503
		21.1	Das Design für die Webanwendung	504
			Das Speichern der Notizaufzeichnungen in wein_notiz.xml . . .	505
			Die Erzeugung eines Webformulars unter wein_notiz.html. . . .	506
			Die Website mit wein_notiz.css formatieren	509
			Die Konstruktion einer Homepage als index.html.	511
			Serverseitige Verwaltung der Weinnotizen mit proz_notiz.asp. .	512
			Die Weinnotizen mithilfe von zeige_notiz.asp ansehen	515
			Den Inhalt mit wein_notiz.xsl transformieren	516
			Das Erstellen der Website.	518
		21.2	Zusammenfassung.	520
		21.3	Fragen und Antworten	520
		21.4	Übung	520
Anhang A		**Antworten auf die Fragen**	521
Anhang B		**Ressourcen**	543
		B.1	Ausgewählte W3C-Empfehlungen	544
		B.2	Ausgewählte Arbeitsentwürfe des W3C	546
		B.3	Ausgewählte Anmerkungen des W3C	547

	B.4	Empfehlenswerte Websites mit allgemeinen Informationen zu XML 548
	B.5	Nützliche XML-Editoren 549
	B.6	Weitere Software zu XML. 550
Anhang C	Auf der Buch-CD 551
	Stichwortverzeichnis 555

Vorwort

Jeder kennt wohl das Gefühl, sich über eine neu erworbene Software zu freuen, um anschließend von der Dokumentation dazu enttäuscht zu werden. Wer hat sich noch nicht darüber gewundert, wie eine talentierte Person oder ein kreatives Team ein großartiges Produkt entwickeln und dann an der einfachen Erklärung seiner Funktionen scheitern kann. Schließlich sind es diese Techniker, die ihr Produkt am besten kennen und die verstehen, für welche Art geschäftlicher Problemstellungen es entwickelt wurde.

Als Präsident einer bei XML-Schulungen führenden Firma entwickelte ich ein tieferes Verständnis dafür, was in solchen Fällen zu geschehen pflegt. Viele professionelle Programmierer und Entwickler sind Experten für die Lösung technischer Probleme, können aber anderen ihre eigene Tätigkeit nicht vermitteln; sie lassen einzelne Schritte einfach weg oder setzen ein Wissen voraus, über das ihr Publikum nicht unbedingt verfügen muss. Während viel Aufhebens um die Anwerbung technisch geschulten Personals gemacht wird, war die eigentliche Herausforderung für unsere Firma, Leute zu finden, die sowohl über die technischen Fähigkeiten als auch über die kommunikative Kompetenz verfügten, komplizierte Konzepte effizient zu erläutern.

Um als Anbieter von Schulungen überleben zu können, ist es nötig, die Verantwortung für die lernenden Studierenden zu übernehmen. Das bloße Anliefern von Material und Konzepten reicht nicht aus; man muss auch sicherstellen, dass die Studierenden diese Informationen in einer Form aufnehmen, die sie in die Lage setzt, diese Technik auf geschäftliche Probleme anzuwenden. Die Lehrkräfte müssen sich ausdrücken können, unterhaltsam, schlagfertig und intelligent und dazu in der Lage sein, schnelle Demonstrationen durchzuführen, wie die Technik und die Werkzeuge in vielfachen Situationen passend eingesetzt werden können.

Ich habe Devan Shepherd bei einer Comdex-Vorführung kennen gelernt, wo er als Sprecher auftrat. Schon vorher war mir sein Ruf zu Ohren gekommen. Seit ich eng mit ihm zusammenarbeite, bin ich noch tiefer beeindruckt von seinem technischen Können, seinem Verständnis des Lernprozesses und seinem Gespür für die richtige Anwendung einer Technik. Während unserer Zusammenarbeit haben wir immer wieder Leute getroffen, die von XML und seinem Potenzial begeistert waren, die es aber häufig als etwas betrachteten, mit dem man tolle Dinge machen kann, nicht aber als Arbeitswerkzeug, das für die Lösung geschäftlicher Probleme nützlich sein kann. Anders gesagt, diese Leute interessierten sich nur für die Technik, waren sich aber nicht darüber im Klaren, dass es eine Lösung für spezielle geschäftliche Aufgaben darstellt, an denen das Management viel mehr interessiert ist, als an ausgefeilten Programmiertricks.

Vorwort

Devans Studierende profitieren außerordentlich davon, dass er technische, didaktische und geschäftliche Fähigkeiten in den Unterricht mitbringt. Mit diesem Schulungsbuch für XML liegt den Lesern ein informatives Handbuch vor, das schrittweise den gegenwärtigen Stand dieser wichtigen Technik beschreibt. Es liefert detaillierte und überprüfte Codebeispiele mit einer einfach nachzuvollziehenden Problemauswahl, die der Leser leicht auf seine eigene Situation übertragen kann. Ein wichtiger Pluspunkt ist die Liste von Websites und anderen Ressourcen, die zusätzliche Informationen zu verschiedenen XML-relevanten Themen anbieten. Jeder Leser erhält bei der Lektüre dieses Buches ein tiefes und breit anwendbares Verständnis von XML und der mit dieser Sprache verwandten Techniken. Und deshalb sollten Sie dieses Buch lesen.

-Brian Snyder

(Brian Snyder ist der frühere Präsident von Architag International, einer Schulungs- und Beratungsfirma, die sich auf XML spezialisiert hat. Er verfügt über große Erfahrung in der Beratung, in Firmenfinanzen und -strategien und arbeitet heute für einen Hersteller von Hightech-Kunststoffen.)

Einleitung

XML, die eXtensible Markup Language, ist die Lingua Franca im Internet. Mit XML liegt ein vollständig erweiterbares, leicht zu erlernendes und reich ausgestattetes Universalformat zur Strukturierung von Daten und Dokumenten vor, die auf effiziente Weise über das Internet ausgetauscht werden können.

Das »M« in XML steht für »Markup«, Auszeichnung, aber genau genommen ist XML keine Auszeichnungssprache. Vielmehr handelt es sich dabei um eine ausgeklügelte Metasprache, mit der hoch strukturierte und spezialisierte Auszeichnungsvokabularien beschrieben werden.

Ob Sie nun eine neue Ära elektronischer Veröffentlichungen und der Verwaltung von Inhalten meistern, ausgefeilte E-Commerce-Lösungen gestalten oder in den interaktiven wissenschaftlichen Datenaustausch einsteigen wollen, XML bietet Ihnen die Möglichkeit, eine industrietaugliche, sich selbst erklärende und datengesteuerte Lösung zu erstellen. Wenn Sie XML begreifen, erlernen Sie damit eine ganze Familie spezialisierter Techniken, die in einer eleganten Symbiose vereint sind, einer Vielfalt von Architekturen auf vielen verschiedenen Plattformen. Die Familie der XML-Techniken bietet Medien- und Plattformunabhängigkeit und ist damit geradezu ideal für die Übermittlung von Daten an eine endlose Anzahl von Clients geeignet, was Anwendungen, Browser, webfähige drahtlose Geräte und Werkzeuge einschließt, die heute noch gar nicht vorstellbar sind. XML könnte sehr wohl die ultimative Technik darstellen, die in dieser Phase der Internet-Entwicklung auftritt.

Dieses Buch deckt alle Bereiche ab, die Sie kennen müssen, um XML und einige der wichtigsten, mit ihm verwandten Standards (darunter XSL, die Extensible Stylesheet Language; XPath, die Extensible Path Language, XLink, die Extensible Link Language; XPointer, XML-Data Reduced und XML-Schema) wirkungsvoll einzusetzen. Sie werden viele Codebeispiele für diese Techniken kennen und das erworbene Wissen unmittelbar anzuwenden lernen.

An wen sich das Buch richtet

XML ist zweifellos eine der revolutionärsten unter den neuen Computertechnologien seit der Entstehung des Internets in den frühen 90er Jahren. Wahrscheinlich kennen Sie bereits die Hypertext Markup Language, HTML, und haben schon eigene Websites gestaltet. Dieses Buch setzt voraus, dass Sie gelegentlich als Programmierer tätig waren und mit einer Reihe von Technologien und Sprachen vertraut sind. Einige der funktionsfähigen Codebeispiele in diesem Buch verwenden JavaScript, VBScript, Java, Datenbanken, Active Server Pages und objektorientierte Programmiertechniken, um nur einige zu nennen. Das Ziel ist jedoch nicht, Ihnen eine dieser Sprachen beizubringen, sondern zu zeigen, wie XML geschickt in den Bestand der existierenden Lösungen einbezogen werden kann. Wenn Sie kein routinierter Programmierer sind, sollte Sie das nicht davon abhalten, dieses Buch zu lesen. Die vielen funktionsfähigen Codebeispiele und die detaillierten, Schritt für Schritt vorgehenden Analysen werden Ihnen alles vermitteln, was Sie wissen müssen, um den Code sofort einsetzen zu können und XML nach und nach zu erlernen.

Wie Sie das Buch verwenden

Es werden im gesamten Buch einige einheitliche Konventionen verwendet, mit denen verschiedene Stilarten der Informationsaufbereitung unterschieden werden. Codebeispiele, Befehle, Anweisungen und einzugebender oder am Bildschirm angezeigter Text erscheinen in der Schriftart Courier. Hier ist ein Codelisting, das als Beispiel dienen soll:

```
<?xml version="1.0"?>
<mybook>
    <title>Sams Teach Yourself XML in 21 Days, Second Edition</title>
    <author>Devan Shepherd</author>
    <publisher>
        Sams Publishing, a Division of Pearson Education, Inc.
    </publisher>
    <ISBN>0-672-32093-2</ISBN>
    <year>2001</year>
</mybook>
```

Die meisten Listings in diesem Buch werden vollständig analysiert, viele davon Zeile für Zeile. Um Ihnen das Verfolgen der Codebeschreibungen zu erleichtern, werden für komplette Listings die Zeilennummern angegeben:

```
 1: <?xml version="1.0"?>
 2: <mybook>
 3:     <title>Sams Teach Yourself XML in 21 Days, Second Edition</title>
 4:     <author>Devan Shepherd</author>
 5:     <publisher>
 6:         Sams Publishing, a Division of Pearson Education, Inc.
 7:     </publisher>
 8:     <ISBN>0-672-32093-2</ISBN>
 9:     <year>2001</year>
10: </mybook>
```

Wie Sie das Buch verwenden

Teilweise dargestellte Listings und Codeausschnitte werden normalerweise nicht durchnummeriert, außer wenn sie sehr umfangreich sind.

Wenn Sie Ihre eigenen Dokumente auf Grund der angegebenen Listings erstellen, lassen Sie die Zeilenangaben weg. Sie sind nur aus Referenzgründen angegeben.

Sie werden im gesamten Buch auch eine Reihe von Symbolen finden, mit denen besondere Informationen ausgewiesen werden. Das schließt Folgendes ein:

Tipps, die eine spezielle Information über das Austesten, Debuggen, die Darstellung und gute Programmiergewohnheiten beinhalten.

Anmerkungen, die zusätzliche Informationen, Referenzen auf Quellen im Web, Zitate und Ähnliches beinhalten.

Erklärung der Listings bzw. Beispiele.

Auf die meisten Codebeispiele folgen Analysen, die alle neuen Konzepte, Features, Funktionen und die Grammatik, Syntax oder Stile, die neu eingeführt werden, untersuchen.

Die folgenden typografischen Konventionen finden Sie in diesem Buch:

- Codezeilen, Befehle, Variablen und einzugebender oder am Bildschirm dargestellter Text erscheint in der Schrift `Courier` wie in obigem Listingbeispiel.

- Platzhalter in der Syntax erscheinen in *kursiver* Schrift. Sie können die Platzhalter mit dem eigentlichen Dateinamen, Parameter oder dem jeweiligen Element, das durch ihn repräsentiert wird, ersetzen. Wenn die Syntax im Buch etwa so aussieht: `<XML src="`*URL*`"/>`, dann ist *URL* mit einer gültigen URL zu ersetzen, um die Syntax zu vervollständigen.

Auf der beiliegenden Buch-CD finden Sie sowohl den Quellcode der Beispiele und Übungsaufgaben sowie die Tools, die Sie dafür benötigen (siehe Anhang C für eine ausführlichere Beschreibung). Die Anmerkungen dazu, wo die Software im Web zu beziehen ist, sollen Ihnen dabei behilflich sein, sich über Aktualisierungen informieren zu können.

Tag 1	Ein Überblick über die Auszeichnungssprachen	25
Tag 2	Die XML-Syntax im Detail	47
Tag 3	Gültige XML-Instanzen	65
Tag 4	Die Document Type Definition (DTD)	83
Tag 5	Das XML Data Reduced (XDR) -Schema	121
Tag 6	Die XML Schema Definition Language (XSD)	159
Tag 7	XML-Entities	181

Tag 8	Namensräume bei XML	193
Tag 9	Die XML Path Language (XPath)	209
Tag 10	Die XML Link Language (XLink)	241
Tag 11	XML Pointer Language (XPointer)	263
Tag 12	Das XML Document Object Model (DOM)	275
Tag 13	Das Simple API für XML (SAX)	301
Tag 14	Dem Inhalt mit Cascading Style Sheets (CSS) Stileigenschaften hinzufügen	327

Tag 15	XSL (Extensible Stylesheet Language) und XSL-FO (Extensible Stylesheet Language Formatting Objects)	351
Tag 16	XSLT (Extensible Stylesheet Language Transformations)	379
Tag 17	XML-Daten an HTML-Elemente binden	417
Tag 18	XBase und XInclude	439
Tag 19	XML-Integration in die Geschäftsmodelle der Unternehmen	447
Tag 20	E-Commerce mit XML	479
Tag 21	Wie man eine XML-Webanwendung aufbaut	503

Ein Überblick über die Auszeichnungssprachen

Ein Überblick über die Auszeichnungssprachen

Willkommen bei »XML in 21 Tagen« von Markt + Technik! An diesem ersten Tag soll ein kurzer Überblick über die Geschichte des Internets den evolutionären Charakter des World Wide Webs verdeutlichen sowie die Rolle, die das W3C (World Wide Web Consortium) dabei spielt.

Sie erfahren heute:

- welche Rolle XML in der Welt des E-Business spielt,
- einige der Einschränkungen bei der Hypertext Markup Language (HTML), die gegenwärtig im Web dominierend ist,
- was SGML (die Standard Generalized Markup Language) ist und welche Zusammenhänge zwischen SGML, XML und HTML bestehen,
- sieben wichtige Merkmale von XML und
- wie man mit dem Erstellen eigener XML-Dokumente mit sich selbst erklärenden Markupelementen beginnt.

1.1 Das Web als revolutionäres Phänomen

In kurzer Zeit ist das Web von einer Neuigkeit zur Weltbibliothek angewachsen. Im Herzen dieses globalen Lagers steht das machtvolle Konzept »Hypertext«, ein Begriff, der von Ted Nelson im Jahre 1965 geprägt wurde, um eine Methode zu beschreiben, die die Datenströme verschiedener Computer verbindet.

Ted Nelson hat diese Gedanken in *A File Structure for the Complex, the Changing, and the Indeterminate* auf der 20. National Conference der Association for Computing Machinery in New York im Jahre 1965 vorgestellt. Weitere Informationen über ihn und sein Projekt Xanadu finden Sie unter http:// jefferson.village.virginia.edu/elab/hfl0155.html.

In den späten 60er Jahren erschuf Doug Engelbart den Prototyp »oNLine System« (NLS), der Hypertext-Browsing, Bearbeitung, E-Mail und weitere Komponenten umfasste, die wir heute mit dem Web in Verbindung bringen.

Aber das Web ist zu viel mehr geworden. Das breite Feld der Multimedia-Präsentationen mit Video, Grafik, Ton und Audio übertrifft die ursprünglichen Absichten von Tim Berners-Lee, der als Erfinder des Webs gilt, und der 1989 folgenden Vorschlag machte:

Das Web als revolutionäres Phänomen

 Es muss ein universelles, verknüpftes Informationssystem entwickelt werden, in dem die Allgemeingültigkeit und die Übertragbarkeit wichtiger sind als schicke Grafiken – aus http://www.w3.org/History/1989/proposal.html.

Berners-Lee begann im Jahr 1980 mit dem Notebook-Programm »Enquire-Within-Upon-Everything«, das Myriaden von Hyperlinks enthielt, welche die virtuelle Kommunikation zwischen verschiedenen Informationslagern auf Computern ermöglichen sollte. Später (im Oktober 1990) nannte er seine Schöpfung dann World Wide Web. Auch wenn er mit großen und aufstrebenden Visionen begann (das Web sollte immerhin das gesamte menschliche Wissen enthalten), war sein Ansatz zur Vermittlung dieses Wissens doch praktischer und eher einfacher Natur.

Die Methoden, die er während seiner Mitarbeit bei CERN (Conseil Européenne pour la Recherche Nucléaire oder auf deutsch: Europäische Organisation für Nukleare Forschung) entwickelte, waren dazu gedacht, den Dokumentenaustausch über das TCP/IP (Transmission Control Protocol / Internet Protocol) möglich zu machen. Berners-Lee schlug dazu Folgendes vor:

- Ein neue, universelle Methode zur Adressierung von Internetdokumenten, *URL* (Universal Resource Locator) genannt
- Ein neues TCP/IP-Protokoll, das als *HTTP* (Hypertext Transfer Protocol) bekannt werden sollte
- Eine neue Sprache zur Beschreibung von Dokumenten, *HTML* (die Hypertext Markup Language)

All diese Dinge erblickten das Licht der Welt in Form einer Reihe von Software-Tools (Browsern). Ursprünglich wurden sie in Objective C auf der NeXT-Plattform programmiert, später dann in C übertragen, damit sie auch auf anderen Plattformen funktionieren konnten.

 Eine kurze und recht interessante Zusammenfassung der Entwicklungen, die für diese Revolution im Web charakteristisch sind, kann man in einem Artikel mit dem Titel »A Little History of the World Wide Web« (»Kleine Geschichte des WWW«) unter http://www.w3.org/History.html nachlesen.

Das heißt, dass hinter all den farbigen Schlagzeilen, ausgefeilten beweglichen Animationen und Audio- oder Videoabläufen in Echtzeit, die für das moderne Web charakteristisch sind, Sammlungen einfacher Textdokumente stehen (vor allem in HTML und verwandten Technologien), die man auf effiziente Weise und verlässlich im Internet von einem Computer auf den anderen übertragen kann.

1.2 Wozu eine weitere Auszeichnungssprache?

Es sieht vielleicht so aus, als wäre die Revolution im Web ziemlich schnell vorangegangen, wobei sie sich vor allem auf die Website-Auszeichnung durch HTML gestützt hat. Sicherlich können Programmierer mit HTML einfache und funktionierende Hypertext-Links erstellen. Von einer HTML-Seite aus kann ein Link ausgelöst werden, um den Inhalt einer anderen Seite herunterzuladen.

HTML stellt eine Übertragbarkeit bereit, die anderen Technologien nicht innewohnt. Die Übertragbarkeit ist eine von mehreren grundsätzlichen Zielsetzungen im zu Grunde liegenden Webdesign.

Der Lernaufwand bei HTML ist relativ gering. Alle, angefangen bei Schulkindern, die ihre Hobbys und gemeinsamen Interessen erkunden wollen, bis hin zu Großvätern, die Bilder ihrer Enkel austauschen, können diese Auszeichnungssprache ohne große Mühe erlernen. Editoren und HTML-Entwicklungs-Tools für grafische Oberflächen (GUI = Graphical User Interface) sind erschwinglich oder stehen im Web zum kostenlosen Download zur Verfügung. Browseroberflächen sind nicht teuer, aber leistungsstark und einfach anzuwenden.

Wenn HTML all dies zu bieten hat, warum sollte man also in Erwägung ziehen, XML zu erlernen?

Einer der Gründe liegt in der Tatsache, dass HTML schwerwiegende Einschränkungen hat. Was zunächst als Auszeichnungssprache für Daten gedacht war, wurde zu einem Werkzeug der Webpräsentation umgeformt. Als Präsentations-Tool ist HTML aber schwach und hat wenig Steuerungsmöglichkeiten für die Platzierung und Verwaltung, etwa von »White Space« (Leerraum), auf einer Seite zu bieten. HTML hat seine Probleme mit dem Setzen von Zeichenabständen, der Ausrichtung und der Silbentrennung. Der Umgang mit mehreren Spalten von Daten, wie etwa in einer Zeitung, ist für HTML problematisch.

Bei der Entwicklung von HTML waren Stilfragen zunächst nicht dazu vorgesehen, in die Sprache einbezogen zu werden. Event-Tags für gebräuchliche Stilmittel wie die Kursiv- (<I>) und Fettschrift (<B>) wurden der Sprache später hinzugefügt. Diese Stilmittel werden normalerweise dazu verwendet, eine Betonung anzuzeigen, und die Absicht war, ein Betonungs-Tag in die Sprache aufzunehmen, das in einem abgetrennten Prozess verwendet werden konnte, falls Stilmittel anzuwenden wären.

Diese Trennung von Inhalt und Stil ist für XML charakteristisch. XML ist eine auf Metadaten zentrierte Sprache, die Auszeichnungen für Daten und nicht für Stile definiert. Stilformate werden getrennt von den Daten behandelt.

Sie werden lernen, wie man auf unterschiedlichste Weise einen Stil an Datenauszeichnungen anfügt. Am 14. Tag werden Sie erfahren, wie man Cascading Stylesheets (CSS) an XML-Dokumente anfügt, ähnlich wie man sie an eine HTML 4.01-Seite anhängen würde.

Wozu eine weitere Auszeichnungssprache?

Am 15. Tag werden Sie XSL, die eXtensible Stylesheet Language, und ihre vielfältigen Komponenten zur Objektformatierung (Formatting Object, FO) kennen lernen. Am 16. Tag werden Sie XSLT, eXtensible Stylesheet Language Transformations, verwenden, um XML-Dokumente in HTML umzuwandeln.

Als Hilfsmittel für die Datenauszeichnung fehlt es HTML an Flexibilität. Es gibt nur eine begrenzte Zahl vordefinierter Tags, ohne dass eine Möglichkeit besteht, über dieses vorab festgelegte Set hinauszugehen. Im Laufe der Entwicklung neuer HTML-Versionen in den vergangenen Jahren wurden neue Funktionen eingefügt, selten aber auf konsequente Art und Weise. Oft wurden neue Tags eingeführt, die nur durch den Browser eines einzigen Anbieters unterstützt werden, was die Grundregeln für die Auszeichnung im Web verletzt, die besagen, dass alle Anwendungen miteinander arbeiten und die Datenübermittlung unabhängig von der Plattform sein sollte.

Das W3C beabsichtigt, die Herausgabe neuer HTML-Versionen zu beenden. Die aktuelle Version (4.01) soll die letzte sein. Vielleicht haben Sie von XHTML gehört und fragen sich, was das ist. XHTML ist eine Neuformulierung von HTML als XML-Anwendung.

Sie werden am heute und morgen mehr über die Regeln von XML erfahren. Besonders werden Sie sehen, dass HTML gleich XML sein *kann*, wenn es den Syntaxregeln folgt, die für XML gelten. XHTML 1.0 und HTML 4.01 ähneln sich tatsächlich sehr stark, aber die jeweiligen Elemente sind an unterschiedliche Namensräume oder Auflistungen von zulässigen Elementen gebunden. Zu den Namensräumen kommen wir am achten Tag.

HTML unterstützt die Modularität von Code, die in anderen Sprachen üblich ist, nur sehr zurückhaltend. Objektorientierte Sprachen wie C, C++, Visual Basic und Java verfügen über Klassen, die die gemeinsame und erneute Verwendung von Objekten und Methoden zwischen mehreren Programmen unterstützen. Am 18. Tag werden Sie XInclude kennen lernen, eine neue Technologie, die XML-Programmierern Funktionen für die Wiederverwendbarkeit von Code bereitstellt. Am 10. Tag werden Sie ein ähnliches Konzept untersuchen, das eine Einbettungstechnik verwendet, die für Anwendungen zur Verfügung steht, die XLink unterstützen.

HTML enthält Unbeständigkeiten, die dafür verantwortlich sind, dass Code geschrieben und veröffentlicht werden kann, den man bestenfalls als »schlecht« bezeichnen könnte. XML motiviert Sie durch seine konsequente Anwendung von Syntaxregeln zu einem »guten Programmierstil«. Mehr zu diesen Regeln erfahren Sie heute und morgen, aber als Beispiel sei erwähnt, dass einige HTML-Versionen kein Schluss-Tag erfordern, das die Beendigung bestimmter Auszeichnungsformen anzeigt. Browser mussten die unterschiedlichen Regelsätze unterstützen, die für HTML typisch wurden. Ein Absatz wird in HTML etwa mit einem <p>-Tag eingeleitet. Frühe HTML-Versionen erforderten nicht, dass der Programmierer den Absatz mit einem entsprechenden </p>-Tag beendete. Die Browser mussten eine Auszeichnungsanweisung für einen Absatz selbst beenden, indem sie bestimmten, wo im Textstrom die Auszeichnung vollständig war. Die neueste Version, HTML 4.01, erfordert, dass Absätze ebenso wie alle anderen Tags am Ende der Auszeichnung die entsprechenden Schluss-Tags haben. Browser unterstützen aber immer noch viele Hundertmillionen von Webseiten, die auch schlecht formatiertes HTML umfassen, und können daher die Standards für HTML 4.01 nicht durchsetzen oder prüfen.

Sie werden am zweiten Tag lernen, wie wohl geformte XML-Dokumente aussehen, und Sie werden erfahren, dass die Syntaxeinschränkungen in XML sehr streng sind und vehement durchgesetzt werden. Diese Regeln erlauben einem/r Programmierer/in jedoch ein Maß an Flexibilität, das einem/r HTML-Autor/in einfach nicht zur Verfügung steht.

1.3 Sieben Dinge, die Sie über XML wissen sollten

Das Akronym XML steht für eXtensible Markup Language, erweiterbare Auszeichnungssprache, aber in mancher Hinsicht ist dieser Name irreführend. XML sollte besser eXtensible Meta Language, also erweiterbare Metasprache, heißen, weil es ein standardisiertes, aber äußerst flexibles Mittel zur Erzeugung anderer Sprachen darstellt. Genauer gesagt erlaubt XML das Schreiben von Sprachdialekten, die den genauen und anspruchsvollen Regeln für die Struktur, die Syntax und die Semantik folgen, die das World Wide Web Consortium (W3C) aufgestellt hat. Einige dieser Regeln werden Sie heute kennen lernen und im Verlauf der Übungen in diesem Buch die Wichtigkeit anderer feststellen.

Das World Wide Web Consortium (W3C) ist die offizielle Organisation zur Förderung und Entwicklung von Standards, die miteinander arbeiten können (Spezifikationen, Richtlinien, Software und Werkzeuge). Sie wurde von Tim Berners-Lee, der als Erfinder des Webs gilt, als Mittel für den ständigen Informationsaustausch gegründet.

Die Website des W3C (http://www.w3.org) ist eine der besten Informationsquellen für XML und mit ihm verwandte Technologien.

In diesem Abschnitt stellen wir Ihnen sieben Aussagen vor, die XML charakterisieren. Das W3C beschreibt XML in zehn Punkten (http://www.w3.org/XML/1999/XML-in-10-points), aber drei davon sind künftige Spezifikationen. Es handelt sich zunächst um folgende sieben charakteristische Merkmale:

1. XML bietet eine Methode zum Einfügen strukturierter Daten in eine Textdatei.
2. XML ähnelt HTML ein wenig.
3. XML wird von Maschinen gelesen, ist aber dem Menschen verständlich.
4. XML umfasst eine ganze Familie von Technologien.

Sieben Dinge, die Sie über XML wissen sollten

5. XML ist wortreich.
6. XML ist relativ neu, hat aber bedeutende Wurzeln.
7. XML ist lizenzfrei, plattformunabhängig und wird breit unterstützt.

XML bietet eine Methode zum Einfügen strukturierter Daten in eine Textdatei

Wenn man an die traditionellen Programme denkt, die dazu verwendet werden, Daten zu erstellen, zu manipulieren und zu verwalten, dann werden diese Daten von ihnen in der Regel in einem binären, häufig proprietären Format abgespeichert. Kommerzielle Textverarbeitungen, Datenbanken und Tabellenkalkulationen können zwar die Fähigkeit haben, Textdaten zu erzeugen, sind aber für die optimale Nutzung binärer Datenformate gedacht, wobei die einzelnen Programmtypen untereinander und häufig je nach Händler unterschiedlich sind. Daher ist der Prozess der gemeinsamen Datennutzung im besten Fall mühsam und manchmal wird er durch die proprietäre Natur bestimmter Dateiformate unmöglich gemacht.

Sie kennen vielleicht dieses Dilemma, wenn Sie etwa ein Dokument, das mit einer bestimmten Version von Microsoft Word erzeugt wurde, an jemanden schicken wollten, der mit WordPerfect von Corel arbeitet. Ein Dokument, das im programmspezifischen Binärformat des einen Produkts gespeichert wurde, kann von dem anderen nicht gelesen werden und umgekehrt. Um Dokumente auszutauschen, müssen sie zunächst in einem Format abgespeichert werden, das beiden Produkten bekannt ist. Häufig muss man dabei auf einige der vielfältigen Formatierungsmerkmale verzichten, die ursprünglich Verwendung fanden.

XML bietet die Möglichkeit, Daten als einfachen Text abzuspeichern. Jede Anwendung oder auch jede Person, die eine Textdatei lesen kann, kann auch ein XML-Dokument lesen. Das ursprüngliche Softwareprogramm wird für den Zugriff auf die Daten nicht benötigt. Damit ist es ebenso einfach, ein Problem in der Umgebung eines Informationssystems zu korrigieren wie einen Texteditor zu starten, um das Dokument zu überarbeiten und zu verändern. Die meisten Betriebssysteme stellen wenigstens einen kostenlosen Texteditor als Begleitwerkzeug bereit. Andere Editoren, die für diese Aufgabe hervorragend geeignet sind, sind im Internet frei erhältlich.

Wenn Sie noch einmal nachlesen, lautet die erste Aussage: »XML bietet eine Methode zum Einfügen *strukturierter* Daten in eine Textdatei«.

XML ist ein Regelsatz zur Erstellung von Textformaten, die einfach zu erzeugen und für Computer leicht zu verarbeiten sind. Die resultierenden Textdateien sind insofern strukturiert, als sie

Ein Überblick über die Auszeichnungssprachen

- eindeutig,
- erweiterbar,
- plattformunabhängig

sind.

Das »X« in XML steht für *erweiterbar*. Erweiterbarkeit bedeutet, dass die Sprache ausgebaut oder ausgeweitet werden kann, um besondere Bedürfnisse zu erfüllen. Da XML sich nicht auf ein begrenztes Tag-Set gründet, können beschreibende Tags erstellt werden, die den jeweiligen Anforderungen entsprechen.

Auch wenn jeder einfache Texteditor verwendet werden kann, um XML-Dokumente zu erstellen und zu bearbeiten, werden Sie im Laufe der nächsten drei Wochen von einigen spezialisierten Tools erfahren und Informationen darüber erhalten, wie man sie bekommen kann.

Die Konvention besagt, dass XML-Dateien normalerweise die Dateierweiterung .xml haben, wie etwa in `meindokument.xml`. Die wenigen Ausnahmen sind:

- `.xls` Extensible Markup Language-Datei
- `.xsd` Extensible Schema-Definition
- `.xdr` XML Data Reduced Schema (Datenreduziertes Schema für XML)
- `.mml` Mathematical Markup Language (MathML)
- `.cdf` Channel Definition-Format

XML ähnelt HTML ein wenig

Es gibt einiges an Gemeinsamkeiten zwischen XML und HTML. Wenn Sie HTML bereits beherrschen, kennen Sie einige der Syntaxregeln, die sich auch auf XML anwenden lassen. Betrachten Sie die Auszeichnung in Listing 1.1. Handelt es sich dabei um einen Codeausschnitt aus HTML oder XML?

Listing 1.1: Ein einfaches Beispiel für die Auszeichnung

```
<P>
   Hier steht Text, der
   <EM>ausgezeichnet</EM> wurde für die
   Präsentation im Web.
</P>
```

Sieben Dinge, die Sie über XML wissen sollten

Die Antwort lautet: »Ja!« Es handelt sich hier tatsächlich um ein Beispiel für einen wohl geformten Textausschnitt, der sowohl mit HTML als auch mit XML geschrieben werden kann. Er folgt den Syntaxregeln, die beiden Sprachen gemeinsam sind. Mehr zu diesen Regeln erfahren Sie heute und morgen.

XML ist dazu gedacht, die Einschränkungen und Mängel, die typisch für HTML sind, zu verbessern. Der Dokumentautor kann die XML-Elemente definieren; es gibt keinen vordefinierten Satz von Tags wie in HTML. Da Sie als Autor Ihre eigenen Tags definieren können, können Sie Namen auswählen, die sinnvoll sind. Statt einen Absatz mit einem `<p>`-Tag auszuzeichnen, entscheiden Sie sich vielleicht für `<paragraph>` oder `<para>`. Oder Sie halten es für sinnvoller, verschiedene Absätze im Dokument auf der Grundlage ihrer Bedeutung oder Relevanz auszuzeichnen. Anstatt eines bloßen `<paragraph>`-Elements könnten Sie sich entschließen, viele verschiedene Absatzelemente einzuführen, wie etwa:

- `<introduction>` (Einleitung)
- `<summary>` (Zusammenfassung)
- `<sales_info>` (Verkaufsinformationen)
- `<address>` (Adresse)
- `<etc>` (usw.)

Hinsichtlich der Ähnlichkeiten sehen Sie also, dass sowohl HTML als auch XML Auszeichnungs-Tags enthalten, die mit den Zeichen < und > eingeklammert sind. Bei Auszeichnungssprachen umfasst ein einfaches Element ein Start-Tag, den Elementinhalt und ein Schluss-Tag, wie in Listing 1.2 gezeigt wird.

Listing 1.2: Ein XML-Dokument mit nur einem Element

```
1: <title>M + T XML in 21 Tagen</title>
```

Dieses einzelne Element stellt ein einfaches, wohl geformtes XML-Dokument dar. Der Elementname ist `title` und er erscheint im Start- (`<title>`) und Schluss-Tag (`</title>`) des Elements. Der gesamte String (`<title>M + T XML in 21 Tagen</title>`) von der einleitenden eckigen Klammer des Start-Tags bis zur beendenden Klammer des Schluss-Tags wird *Element* genannt. Die Textdaten, welche die Tags enthalten, werden *Elementinhalt* genannt.

 Die Daten, die in den Tags eines Elements enthalten sind, sind der Inhalt dieses Elements. Er wird *Elementinhalt* oder einfach *Inhalt* genannt. Der Begriff Elementinhalt wird aber auch von einigen der Schemasprachen benutzt, die Sie später kennen lernen werden.

Alle XML-Elemente müssen beendet werden. Elemente, die nicht leer sind, müssen ein Start- und ein Schluss-Tag haben. Leere Elemente müssen auf die ihnen gemäße Art beendet werden.

Die XML-Elemente bei der Auszeichnung sind die Bausteine der Sprache, analog zu den Nomina in einer richtigen Sprache. XML kann auch Attribute haben, ähnlich den Attributen in HTML, die dazu dienen, Elemente zu bearbeiten oder näher zu bestimmen, genau wie Adjektive die Nomina in einer gesprochenen Sprache modifizieren. Wenn Attribute vorhanden sind, werden sie immer im Start-Tag eines Elements platziert. Listing 1.3 zeigt ein etwas komplexeres Element, in dem Attribute eingebaut sind und das andere Elemente als Elementinhalt hat. Wenn ein Element abgeleitete Elemente enthält, sagt man, dass diese Ableitungen *eingebettet* sind.

Listing 1.3: Ein XML-Dokument mit eingebetteten abgeleiteten Elementen und Attributen

```
1: <account type="überprüfen" Währung="US-Dollar">
2:   <name>Smith</name>
3:   <balance>34.576,89</balance>
4: </account>
```

 Die Zeilen 1-4 stellen das gesamte account (Konto)-Element dar. Zwei Attribute modifizieren das account-Element, analog dazu, wie ein Adjektiv ein Nomen modifiziert, indem sie zusätzliche Informationen zu dem Element liefern. Die Attribute sind type (Typ) und currency (Währung), mit den jeweiligen Werten überprüfen und US-Dollar. Die Werte der Attribute werden immer in einfache oder doppelte Anführungszeichen platziert. Das account-Element enthält nur einen Elementinhalt (Zeilen 2-3). Mit anderen Worten, das account-Element enthält weder Zeichen noch Text oder Daten, sondern statt dessen die abgeleiteten Elemente name (Name) und balance (Saldo). Alle Elemente, name, balance und account, haben ein Start-Tag und ein entsprechendes Schluss-Tag, wobei im Schluss-Tag ein Schrägstrich (/) steht. Alle XML-Elemente müssen beendet werden.

 Attributswerte in XML müssen in einfache oder doppelte Anführungszeichen eingeschlossen sein.

Manchmal ist es schwer zu entscheiden, ob ein Element oder ein Attribut verwendet werden soll, um die Informationen zu charakterisieren. Wenn man sich Informationen vorstellt, die wie Adjektive funktionieren, die ein bestimmtes Nomen modifizieren, wie etwa die Überprüfung eines Kontos oder die Währung US-Dollar, hat man es wahrscheinlich mit Attributen zu tun. Dagegen ist es besser, Informationen, die einen echten Datenwert haben, als Element auszuzeichnen. Elemente können Ableitungen haben, während Attribute dies nicht können. Daher ist jede Entität, die als Container für andere Elemente fungiert, wahrscheinlich ein Element. Das sind keine festen und unumstößlichen Regeln; eigentlich gibt es dazu gar keine Regeln. Man muss jedes Auszeichnungsvorhaben einzeln untersuchen, um zu entscheiden, was in einer bestimmten Situation am ehesten angemessen ist.

XML-Elemente können Textinhalte, andere Elemente und eine Kombination aus Textinhalt und anderen Elementen enthalten oder auch leer sein. Ein leeres Element hat keinen Inhalt zwischen einem Start- und einem Schluss-Tag. `<IMG SRC="dateiname.erw">` ist in HTML ein Beispiel für ein leeres Element. Die Syntax für ein leeres Element sieht folgendermaßen aus:

```
<element_name />
```

Listing 1.4 zeigt ein Beispiel für ein leeres XML-Element.

Listing 1.4: Beispiel für ein leeres XML-Element

```
1: <date month="September" year="2001" />
```

Das Element date ist ein leeres Element. Das abschließende Zeichen (/) ist im Start-Tag platziert, ein abgekürztes Äquivalent für `<date month="September" year="2001"></date>`. Auch wenn diese beiden Möglichkeiten funktional gleichwertig sind, ist es doch guter Programmierstil, die abgekürzte Form des leeren Elements für die XML-Programmierung zu verwenden. Obwohl dieses Element Attribute mit Werten hat, wird es dennoch als leer betrachtet, weil sich zwischen Start- und Schluss-Tag keine Daten befinden.

Beachten Sie, dass dieses spezielle Element ein Attribut hat. Vielleicht wundern Sie sich, wie man ein Element als leer bezeichnen kann, wenn es Attribute mit Werten hat. Attributswerte sind doch auch Daten, warum sollte man ein solches Element also als leer betrachten? Ein leeres Element ist eines, das keinen Auszeichnungsinhalt hat. Inhalte tauchen nur zwischen Start- und Schluss-Tag auf. Attribute werden nicht als Inhalt angesehen, auch wenn sie zusätzliche Informationen zu den Elementen bereitstellen. Am 12. Tag werden Sie das Document Object Model (DOM) kennen lernen, das eine programmatische Methode zum Zugriff auf einzelne Teile eines XML-Dokuments bietet. Sie werden sehen, dass Attributsdaten einen anderen Teil oder »Knoten« in der Struktur des XML-Dokuments einnehmen als die Inhaltsdaten.

Bislang haben Sie einige syntaktische Ähnlichkeiten zwischen HTML und XML gesehen, die beide aus Elementen und Attributen bestehen. Einer der fundamentalen Unterschiede zwischen beiden Sprachen liegt in der Möglichkeit von XML, eigene, sich selbst beschreibende Elemente zu erstellen. Vergleichen Sie die beiden Codebeispiele in den Listings 1.5 und 1.6.

Ein Überblick über die Auszeichnungssprachen

Listing 1.5: Ein Codeausschnitt in HTML

```
<HTML>
  <H1>Rechnung<H1>
  <P>Von: Devan Shepherd</P>
  <P>An: Sally Jones</P>
  <P>Datum: 26. Juli 2001</P>
  <P>Betrag: DM 100.00</P>
  <P>Steuer: 16 %</P>
  <P>Saldo: DM 121.00</P>
</HTML>
```

Listing 1.6: Ein vergleichbarer Codeausschnitt in XML

```
<Rechnung>
  <Von>Devan Shepherd</Von>
  <An>Sally Jones</An>
  <Datum Jahr="2001" Monat="Juli" Tag="26" />
  <Betrag Währung="DM">DM 100.00</Betrag>
  <Steuer>21</Steuer>
  <Saldo Währung="DM">121.00</Saldo>
</Rechnung>
```

Sehen Sie sich diese beiden Beispiele an und stellen Sie sich dabei folgende Fragen:

- Welches Dokument ist besser strukturiert?
- Welches enthält die nützlicheren Informationen für eine verarbeitende Anwendung?
- Welches Listing eröffnet die meisten Möglichkeiten zur Nutzung?

Man erkennt, dass XML mit seinen Elementen und Attributen, die sich selbst erklären, reichhaltigere Auszeichnungsmöglichkeiten bietet. Bei einer Anwendung, die Rechnungsdaten benötigt, wäre der HTML-Ausschnitt in Listing 1.5 nicht in der Lage, etwas anderes als eine Reihe von Absätzen anzubieten. Um den Inhalt eines <p>-Elements von einem anderen zu unterscheiden, wären ausführliche Programmierung, Scripting und Schritte zur Anpassung der Logik erforderlich. Dagegen bietet XML in Listing 1.6 Datenkomponenten an, die bedeutungstragend sind, ähnlich den verschiedenen Feldern in einer eindimensionalen Datenbank. XML konzentriert sich auf Metadaten und beinhaltet gleichsam nützliche Informationen zu den ausgezeichneten Daten.

Betrachten Sie die Struktur eines Auszeichnungsdokuments. Ein einzelnes Element enthält alle anderen Elemente im Dokument. Dieses einzelne Element, das auf der obersten Ebene in der Dokumentstruktur liegt, nennt man das *Wurzel-Element*. In einer HTML-Seite ist das Wurzel-Element immer das Element HTML. In einem XML-Dokument bestimmen Sie den Namen des Wurzel-Elements. In dem Beispiel aus Listing 1.6 ist das *Wurzel-Element* Rechnung.

Sieben Dinge, die Sie über XML wissen sollten

Ein wohl geformt es XML-Dokument darf ausschließlich ein Wurzel-Element enthalten, in dem alle anderen enthalten sind.

Ein weiterer entscheidender Unterschied zwischen XML und HTML besteht darin, dass HTML den Inhalt und die Formatierung im selben Auszeichnungsstrom vermischt. So sind die Ziele, die das <H1>-Tag in HTML verfolgt, die Auszeichnung eines bestimmten Datenstrings als Überschrift auf der Ebene 1 sowie die Information an den Browser, dass alles, was dermaßen ausgezeichnet ist, im Browser in einer größeren Schrift ausgegeben wird.

XML basiert auf der Voraussetzung, dass Inhalt und Aussehen oder auch der Stil von der Auszeichnungskodierung der Daten getrennt gehalten werden sollten. XML vertraut bei der Wiedergabe oder der Transformation von Dokumenten von einer Struktur in eine andere ausschließlich auf Stylesheet-Sprachen wie Cascading Stylesheets (CSS) oder der eXtensible Stylesheet Language (XSL). Sie werden am 14. und am 15. Tag lernen, wie man CSS und XSL für die Browserausgabe verwendet. Darauf aufbauend werden Sie am 16. Tag die XSL Transformation Language (XSLT) verwenden, um XML-Dokumente in HTML umzuwandeln, was einen Teil der Middleware-Scripts für die plattformunabhängige Übertragung von XML-Daten über das Web darstellt.

XML wird von Maschinen gelesen, ist aber dem Menschen verständlich

Sie konnten sehen, wie leicht lesbar XML dank der selbst erklärenden Elemente ist. Die eigentliche Semantik der Daten wird als Wissen aufbewahrt, das in XML mit den Inhalten und Attributswerten übermittelt wird. Dennoch handelt es sich bei XML um Computercode. Es wird von XML-Prozessoren gelesen und verwendet. Morgen werden Sie eine Prozessorart kennen lernen, die man Parser nennt und die ein XML-Dokument zeilenweise interpretiert.

XML umfasst eine ganze Familie von Technologien

Es gibt verschiedene wichtige Technologie-Komponenten in der Programmfamilie von XML. Tabelle 1.1 listet diese Technologien zusammen mit ihrer Dateierweiterung und dem Zeitpunkt, an dem Sie sie in diesem Buch beschrieben finden, auf.

37

Ein Überblick über die Auszeichnungssprachen

Kapitel	Technologie	Beschreibung
1., 2. und 3. Tag	XML Version 1.0	Technische Empfehlung zu XML
4. Tag	DTD	Die Document Type Definition (ein Schema)
5. Tag	XDR	XML Data Reduced (das Microsoft-Schema)
6. Tag	XSD	XML Schema Definition (das Schema des W3C)
8. Tag	Namensräume	Eine Methode zur Qualifizierung von Element- und Attributsnamen
9. Tag	XPath	XML Path Language
10. Tag	XLink	XML Link Language
11. Tag	XPointer	XML Pointer Language
12. Tag	DOM	Document Object Model API
13. Tag	SAX	Simple API for XML
15. Tag	XSL	eXtensible Stylesheet Language
15. Tag	XSL-FO	XSL Formatting Objects
16. Tag	XSLT	XSL Transformation Language
18. Tag	XInclude	XML Include Syntax
18. Tag	XBase	XML Base URI Syntax

Tabelle 1.1: XML-Technologien

Wenn Sie über diese Technologie-Komponenten lesen und mit den beigegebenen Codebeispielen experimentieren, sollten Sie auf den Status einer jeden beim W3C beschriebenen Technologie Acht geben. Einige dieser Komponenten existieren erst in Form eines Arbeitsentwurfs und werden sich in den kommenden Monaten und Jahren noch stark verändern. XML-Prozessoren unterstützen zum gegenwärtigen Zeitpunkt die verschiedenen Mitglieder der XML-Familie auf unterschiedliche Weise. Viele Erwartungen in der XML-Gemeinde der Programmierer richten sich auf die Standardisierung einiger dieser Komponenten. Die abschließende Version der Schemasprache des W3C wird dazu dienen, die Anzahl der Schema-Optionen zu reduzieren, die zurzeit existieren, wodurch die Entwicklung und Unterstützung für XML-Programmierer leichter wird.

XML ist wortreich

XML-Dateien sind Textdokumente mit Tag-Begrenzern, deshalb sind sie immer umfangreicher als vergleichbare Binärdateien. Dieses Merkmal wurde während der Gestaltung von XML ausgiebig diskutiert. Die Mitglieder des W3C, die mit der Erzeugung des XML-Standards betraut waren, entschieden sich dafür, XML wortreich zu machen, um damit der Erweiterbarkeit und sich selbst beschreibenden Elementen und Attributen einen breiten Raum zur Verfügung zu stellen.

Die Gestalter von XML erkannten, dass Speicher mit der Zeit immer billiger wird, und sie betrachteten die Größe einer Datei nicht als Kriterium bei der Planung. Darüber hinaus steht auf vielen Plattformen billige, häufig kostenlose Software für die Komprimierung zur Verfügung. Anwendungen wie GZIP und ZIP sind schnell und effizient.

Schließlich wird XML bei der Übermittlung im Internet durch das HTTP/1.1-Protokoll optimiert, das so implementiert ist, dass es Strings von Textdaten vor Ort komprimiert und damit die Bandbreite reduziert.

XML ist relativ neu, hat aber bedeutende Wurzeln

XML wurde im Jahr 1996 erstmals konzipiert und am 10. Februar 1998 zum W3C-Standard erhoben. XML gründet auf der Standard Generalized Markup Language (SGML), die zehn Jahre vorher entstand. SGML ist auch eine Metasprache, die zur Erzeugung anderer Sprachen dient. Eine der SGML-Anwendungen ist HTML. Diese Verwandtschaft kann verwirren, aber Sie sollten einfach daran denken, dass XML eine Teilmenge von SGML darstellt und HTML eine SGML-Anwendung ist. XML, HTML und SGML sind nicht gleichrangig. Abbildung 1.1 zeigt ihre Beziehung zueinander und listet mehrere Anwendungen von SGML und XML auf. Sie werden am 19. Tag bei der Besprechung der Integration von XML in ein Geschäftsmodell einige beliebte XML-Anwendungen kennen lernen.

Sie haben vielleicht schon von der eXtensible Hypertext Markup Language, XHTML, gehört und sich gewundert, was sie ist und wie sie sich in den Kontext anderer Auszeichnungssprachen einfügt. Genau genommen ist XHTML eine Neuformulierung von HTML als XML-Anwendung und soll für HTML einiges an Erweiterbarkeit bringen. Das W3C bietet auf seiner Website unter http://www.w3.org/MarkUp/ viele Informationen zu XHTML an. XHTML führt die strengen Regeln von XML ein.

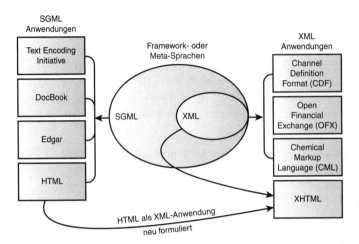

Abbildung 1.1:
Die Beziehung zwischen
SGML, XML und HTML

XML ist lizenzfrei, plattformunabhängig und wird breit unterstützt

Niemand verfügt über exklusive Rechte an XML. Es ist frei von Fragen der Lizenzierung und steht für alle Implementierungen bereit. Die mit ihm verbundenen Technologie-Komponenten sind ebenfalls öffentlich zugänglich.

Die Plattformunabhängigkeit von XML eignet sich hervorragend zur Verwendung im Web. Neue E-Business-Modelle steigern das Bedürfnis nach einem transparenten Austausch von Daten, die auf der Übermittlung im Internet basieren.

Viele der wichtigsten Softwareunternehmen haben die XML-Gemeinde mit Tools, der Verbreitung von Standards und Lösungen auf der Grundlage von Beispielen unterstützt.

1.4 Die Rolle des E-Business

Ganz offensichtlich haben die Methoden zur Datenpräsentation, die sich auf Multimedia stützen, den Horizont der Anwender erweitert und dazu geführt, dass sich das typische Web-Gefühl entscheidend verändert hat. Die Forderungen aus der Wirtschaft nach einer ausgeklügelten Informationsvermittlung haben aber auch dazu geführt, dass die notwendigen finanziellen Mittel zur Verfügung stehen, die für ein rasches Anwachsen der allgemeinen und weit reichenden Entwicklung des Webs erforderlich sind. Tatsächlich hat sich unsere Art, Geschäfte zu tätigen, dramatisch verändert, weil kommerzielle Körperschaften sich der Übermittlung von Geschäftsdaten in elektronischer Form zugewandt haben.

Als die Wirtschaft damit begann, die Verwendung des Webs für den Handel zu unterstützen, kam es zu einem immensen Anwachsen der Erwartungen der Webkonsumenten. Statische Webseiten konnten Daten nicht rechtzeitig bereitstellen und mussten dynamischen Inhaltsmodellen Platz machen. Die Wirtschaft verlangte nach neuen Werkzeugen und Technologien, um nicht nur ältere Daten, sondern auch Informationen neuen Stils übermitteln zu können, als Antwort auf die wachsende Detailkenntnis der Kundschaft, die sich im Web auskennt. Vielleicht verwenden Sie bereits Dienste für die Abwicklung von Bankgeschäften über das Web oder Sie tätigen Ihre Reiseabschlüsse über das Internet.

Es folgte eine individuelle und persönliche Gestaltung der Inhalte, sodass Websites einen Besucher »erkennen« und ihre Informationen aus den Erkenntnissen, die die Datenübermittlung mit sich brachte, auf die jeweiligen Bedürfnisse einer einzelnen Person abstimmen konnten. Wahrscheinlich haben Sie bereits öfter eine Website besucht, auf der Sie namentlich begrüßt wurden. Vielleicht auch eine E-Commerce-Site, die Ihren letzten Einkauf, etwa ein Buch oder eine CD, »kennt«. Die Site bietet Ihnen auf Grund Ihrer bisherigen Einkäufe vielleicht einzelne Artikel an, die Sie interessieren könnten, ein Buch des gleichen Autors etwa oder Musik aus dem gleichen Bereich. Vielleicht haben Sie die Seite eines Webportals aufgesucht, die Informationen über die Lokalzeit, die aktuellen Temperaturen und den Wetterbericht für die Umgebung bereitstellt. All das sind Beispiele für persönlich gestaltete Inhalte.

Neue Geschäftskonzepte tragen zum raschen Fortschreiten der Übermittlungstechnologien bei. Das elektronische Zusammenfügen von Daten ist ein Punkt, der angestrebt wird. Nehmen wir das Beispiel mit dem Wetterbericht. Die meisten Sites, die einen solchen Service anbieten, nehmen Ihre Postleitzahl oder Ihre Adresse auf und legen dann eine kleine ID-Nummer als Referenz auf Ihrem Computer ab, die so genannten Cookies. Wenn Sie die Site erneut besuchen, ermittelt ein Programm die ID des Cookies und sucht nach Ihrem Eintrag in der Besucherdatenbank. Es stimmt Ihren Standort mit den Daten des Wetterberichts aus einer umfangreichen Online-Datenbank ab und erzeugt so eine auf Sie persönlich zugeschnittene Webseite. Die verwendeten Daten werden normalerweise von einem zusammengeschlossenen Service ermittelt, der die gleiche grundsätzliche Information zum Wetter an alle Abonnenten übermittelt, ähnlich einem Zeichentricksyndikat, das die gleiche Version einer Karikatur an einem Tag an Zeitungen im ganzen Land übermittelt.

Konzepte zum Zahlen kleiner Beträge sind ein weiteres Beispiel für die Innovationen in der Geschäftswelt, die sich auf Webgrundlage entwickeln. Sie können zum Beispiel einen Online-Buchladen besuchen und dort nur die Kapitel eines Buches kaufen, die Sie auch interessieren, nicht das ganze Buch. Der für eine solche Transaktion erforderliche Informationsaustausch könnte auf einer Website automatisch vonstatten gehen. Vielleicht hilft sie Ihnen sogar, ähnliche Kapitel aus verschiedenen Büchern auszuwählen und so Ihr persönliches Referenzdokument zu einem bestimmten Thema zusammenzustellen. Im Bereich der Musikindustrie erfreut sich diese Vorgehensweise zunehmender Beliebtheit. Das Erzeugen und der Kauf einer CD, die mit Ihren Lieblingsliedern bespielt ist, ist nur noch einen Mausklick entfernt.

Ein Überblick über die Auszeichnungssprachen

Auch Beispiele von E-Business-Transaktionen außerhalb des Webs haben zur Verbreitung technologischen Fortschritts beigetragen. Betrachten wir die elektronischen Transaktionen, die stattfinden, wenn man seine Benzinrechnung gleich an der Zapfsäule mit einer Kreditkarte bezahlen möchte. Sie führen Ihre Karte in ein Lesegerät ein, das die Kontonummer und andere Daten, die auf dem Magnetstreifen Ihrer Kreditkarte gespeichert sind, abliest und die Daten dann zur Verarbeitung an eine Servicestelle weitergibt, die als Clearing-House bekannt ist. Dort wird die Karte geprüft und sichergestellt, dass das Konto über einen ausreichenden Kredit verfügt, um den Kauf zuzulassen. Nach der Prüfung wird eine Bestätigung an die Tankstelle zurückgegeben und die Zapfsäule wird freigegeben. Während Sie Ihren Tank füllen, finden weitere Transaktionen zwischen der Tankstelle und Ihrer Bank statt, die endgültige Berechnung der Summe, abschließende Einträge und der Ausdruck der Quittung, wenn der Zapfhahn wieder eingehängt wird.

Während Sie dieses Buch und die Programmierbeispiele durcharbeiten, werden Sie erkennen, dass XML auf ideale Weise dafür geeignet ist, Lösungen für diese Art geschäftlicher Probleme und für viel mehr anzubieten. Während der nächsten drei Wochen werden Sie XML-Technologien bearbeiten, benutzerdefinierte Dokumente unter Verwendung Ihrer eigenen, sich selbst beschreibenden Daten erstellen und Parser und Anwendungsoberflächen untersuchen. Sie werden auch lernen, wie man Auszeichnungen von einer Sprache in eine andere übermittelt, XML in Zusammenhang mit Datenbanken und serverseitiger Verarbeitung einsetzen und eine Programmfamilie verschiedener Technologien integrieren, um praktisch anwendbare Lösungen zu erzeugen. Dieses Buch liefert Ihnen alle Quellen und deckt alles auf, was zur Beherrschung dieser aufregenden und machtvollen Technologien nötig ist.

1.5 Wir erstellen das erste XML-Dokument

Sie haben gesehen, dass sich XML aus intuitiven, sich selbst beschreibenden Elementen zusammensetzt, die innerhalb eines Wurzel-Elements enthalten sind. Es gibt noch einige einfache Regeln, die zu beherrschen sind, aber dazu kommen wir morgen. Bereits jetzt wissen Sie genug, um Ihr erstes XML-Dokument zu erzeugen. Folgende Werkzeuge benötigen Sie, um diese Übung durchzuführen:

- einen Texteditor (Notepad, SimpleText usw.); Sie können jeden beliebigen Editor verwenden, der ASCII-Textdokumente abspeichern kann, aber wenn Sie mit einer Textverarbeitung arbeiten, sollten Sie Acht geben, dass Sie Ihr Dokument in keinem Binärformat speichern.

- Im ganzen Buch wird mehrmals der Browser Internet Explorer (Version 5.0 oder höher) von Microsoft verwendet. Wenn er nicht schon auf Ihrem Rechner installiert ist, finden Sie ihn auf der Buch-CD.

Wir erstellen das erste XML-Dokument

Das Dokument, das Sie erstellen, wird ein einfaches Dokument mit Ihrem Vornamen, Ihrem Nachnamen und einem Scherz sein. Das Element für den ersten Namen nennen Sie `<first>`, das für den Nachnamen `<last>`. Der Scherz kann ein beliebiger einzeiliger Textstring in einem Element `<joke>` sein. Starten Sie zunächst den Editor Ihrer Wahl und erzeugen Sie das XML-Dokument. Sie müssen einen Namen für das Wurzel-Element wählen. Sie müssen außerdem jedes Element beenden. In diesem Fall verwenden Sie dafür ein Schluss-Tag.

Wenn Sie fertig sind, speichern Sie Ihr Dokument unter me.xml ab, starten dann den Microsoft Internet Explorer und zeigen das Ergebnis an. Wenn Sie Ihr Dokument nicht mit der Erweiterung .xml abspeichern, erhalten Sie vielleicht nicht das gewünschte Resultat. Tun Sie das also unbedingt.

Um das Dokument im Internet Explorer anzuzeigen, geben Sie den vollen Pfadnamen und den Dateinamen ins Adressfeld des Browserfensters ein. Wird im Internet Explorer ein Dokument angezeigt, gibt die Browseranwendung Ihr XML-Dokument an einen speziellen Prozessor, den so genannten *Parser*, weiter. Der Parser überprüft, ob Ihr Dokument den Syntaxregeln für wohl geformtes XML entspricht. Wenn Ihre Auszeichnungen korrekt sind, wandelt der Parser anschließend Ihr Dokument in eine Form um, die leicht zu lesen ist und Auszeichnungs-Tags in einer Farbe enthält, die sich vom Text, den die Tags einschließen, unterscheidet. Dieser Umwandlungsprozess ist als *Extensible Stylesheet Language Transformation* (XSLT) bekannt. Mehr dazu erfahren Sie am 16. Tag.

Listing 1.7 zeigt eine mögliche Lösung, aber Ihre wird wahrscheinlich eine andere Struktur haben, mit Ihren eigenen Elementnamen, einer möglicherweise anderen Einbettung und einem besseren Witz.

Listing 1.7: Ein erstes XML-Dokument

```
<data>
   <name>
       <first>Devan</first>
       <last>Shepherd</last>
   </name>
   <joke>ASCII silly question, get a silly ANSI</joke>
</data>
```

Abbildung 1.2 zeigt das Resultat der Anzeige dieses einfachen XML-Dokuments mit den Stilmitteln, die dem Microsoft Internet Explorer eingebaut sind. IE führt diese Umwandlung für Sie automatisch durch, wenn das Dokument wohl geformt ist.

Wie bereits erwähnt, zeigt der Internet Explorer die Elementnamen in einer und den Elementinhalt in einer anderen Farbe an. Das geschieht, wenn XML in eine HTML-Seite umgewandelt und im Speicher mit einem zugeordneten Stylesheet abgelegt wird. Das Stylesheet ist im Lieferpaket von IE enthalten. Der Browser hat auch einen eingebauten XML-Prozessor, den *Parser*. Über Parser erfahren sie morgen mehr.

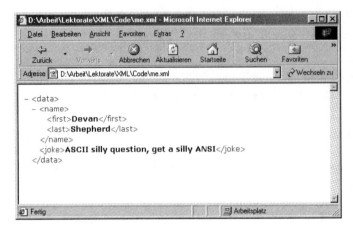

Abbildung 1.2:
Die Ausgabe von Listing 1.6

1.6 Zusammenfassung

Heute wurden Sie in XML als Gerüst einer Metasprache eingeführt, die zur Erzeugung anderer Sprachen verwendet wird. Sie haben ein wenig von der Bedeutung der Auszeichnungen im Bereich des E-Commerce erfahren und wie die Geschäftswelt die Entwicklung von Webtechnologien beschleunigt hat. Sie haben die sieben Aussagen kennen gelernt, die XML charakterisieren, sowie einige der Syntaxregeln, die den Standard beschränken. Schließlich haben Sie Ihr erstes XML-Dokument erstellt und es mit dem Internet Explorer von Microsoft geparst. Morgen werden Sie eine Menge mehr über wohl geformtes XML erfahren und einige der Vorteile schätzen lernen, die XML einem Webprogrammierer bieten kann.

1.7 Fragen und Antworten

F *Warum brauchen wir eine weitere Auszeichnungssprache?*

A Genau genommen ist XML keine Auszeichnungssprache, sondern wird zum Teil benötigt, um eine Methode für die Programmierung im Web zur Verfügung zu stellen, die über die eingeschränkten Möglichkeiten hinausgeht, die HTML bietet.

F *Gibt es auch etwas, das HTML anständig erledigt?*

A Es bietet eine Methode zur Erzeugung von auszuführendem Hypertext. Es ist leicht zu lernen und erfreut sich deshalb im Web einer weiten Verbreitung. Es wird durch eine große Anzahl von billigen, aber leistungsstarken Browseroberflächen unterstützt.

Fragen und Antworten

F Kann ich mein Dokument mit Netscape oder einem anderen Browser anzeigen?

A Netscape 6.0 unterstützt XML-Dokumente. Man kann mit Netscape XML-Dokumente anzeigen, aber das Dokument erscheint nicht in der gleichen Form, wie beim Internet Explorer. Sie sollten versuchen, Ihr Dokument mit einem anderen Browser anzuzeigen, um die Unterschiede kennen zu lernen, die zur Ansicht im Internet Explorer bestehen. Denken Sie daran, dass IE eine Umwandlung von XML in HTML vornimmt, um Ihr Dokument mit Auszeichnungssymbolen zu stilisieren. Diese Umwandlung erfolgt mithilfe der Extensible Stylesheet Language Transformation (XSLT) durch ein standardmäßiges Stylesheet, das im IE eingebaut ist. Mehr dazu am 16. Tag.

F Warum ist HTML ein Problem?

A HTML fehlt es an Flexibilität, weil es einen begrenzten und vordefinierten Tag-Satz hat. Es kann nicht einfach erweitert werden und es krankt an den wenig flexiblen eingebauten Stilmitteln.

F Welches sind die sieben Merkmale von XML?

A Die sieben Aussagen lauten:

1. XML bietet eine Methode zum Einfügen strukturierter Daten in eine Textdatei.
2. XML ähnelt HTML ein wenig.
3. XML wird von Maschinen gelesen, ist aber dem Menschen verständlich.
4. XML umfasst eine ganze Familie von Technologien.
5. XML ist wortreich.
6. XML ist relativ neu, hat aber bedeutende Wurzeln.
7. XML ist lizenzfrei, plattformunabhängig und wird breit unterstützt.

1.8 Übung

Die Übung soll Ihre Kenntnis dessen, was Sie heute gelernt haben, überprüfen. Die Lösungen finden Sie in Anhang A.

Erzeugen Sie ein XML-Dokument, das Ihren Namen, Ihre Anschrift, Ihre E-Mail-Adresse und Ihr Geburtsdatum zeigt. Verwenden Sie für das Datum Attribute. Wenn Sie damit fertig sind, speichern Sie Ihr Dokument ab und zeigen es im Internet Explorer 5.0 an.

Die XML-Syntax im Detail

Die XML-Syntax im Detail

Gestern haben Sie ein wenig über XML und seine Herkunft erfahren. Heute werden Sie die Konstruktionsregeln für ein XML-Dokument kennen lernen.

Dabei lernen Sie:

- wie die Syntax einer wohl geformten Instanz eines XML-Dokuments aussieht,
- Methoden für die Überprüfung einer Dokument-Instanz, um sicherzustellen, dass sie wohl geformt ist.

2.1 Eigene XML-Elemente schreiben

Sie haben am ersten Tag einige Listings von XML-Dokumenten gesehen. XML-Dokumente umfassen Elemente und Attribute, die Namen verwenden, die Sie erzeugen können. Heute werden Sie diese Konstrukte genauer erforschen und einige XML-Dokumente erstellen. Zunächst erstellen Sie dabei ein so genanntes »wohl geformtes« XML-Dokument.

Der Begriff *XML-Instanz* ist ein Synonym für *XML-Dokument* und kann im gleichen Zusammenhang verwendet werden. Im Buch werden beide Begriffe verwendet. Ein Dokument ist eigentlich eine *Instanz* der Auszeichnungssprache, die verwendet wird. Der Klarheit wegen wird in Bezug auf HTML-Code der Begriff HTML-Seite anstelle von HTML-Dokument oder HTML-Instanz verwendet.

Damit ein XML-Dokument »wohl geformt« genannt werden kann, muss es allen grundlegenden Syntaxregeln für XML folgen. Einige dieser Regeln haben Sie am ersten Tag kennen gelernt, weitere folgen heute. Wird eine der grundlegenden Syntaxregeln verletzt, ist Ihr Dokument nicht wohl geformt und kann von XML-Prozessoren nicht verwendet werden. Der XML-Prozessor wird sogar eine Fehlermeldung ausgeben, was Ihnen in vielen Fällen dabei helfen wird, das Problem zu berichten, weil darin die Richtung aufgezeigt wird, in welcher der Fehler zu suchen ist.

2.2 Software-Tools für XML

XML-Dokumente sind einfache Textdateien, daher können sie mit fast jedem einfachen Texteditor erstellt und manipuliert werden. Es gibt auch eine Vielzahl ausgefeilter Editoren, welche die Syntax Ihres Dokuments überprüfen, während Sie die Daten eingeben. Einige dieser Editoren können kostenlos aus dem Internet heruntergeladen werden, etwa der Editor Architag X-Ray (http://www.architag.com/xray) und kommerziell erhältliche

Software-Tools für XML

Produkte, wie der XML-Spy von Altova (http://www.xmlspy.com), oder der Editor XML Authority von Tibco Extensibility (http://www.extensibility.com). Eine ausführliche Liste von Software-Tools finden Sie online unter http://www.oasis-open.org/cover/publicSW.html. Beinahe alle Betriebssysteme stellen ebenfalls einfache Editoren bereit. Um den Übungen dieses Buchs folgen und sie durchführen zu können, brauchen Sie zumeist nur einen einfachen Texteditor.

Zusätzlich erfordern viele der Übungen, dass Sie Ihre XML-Dokumente in einen Parser einspeisen, um sie auf Fehler zu überprüfen. Ein *Parser* ist eine Software, welche die Syntaxregeln von XML kennt und Ihnen mitteilt, dass sie auf Fehler gestoßen ist. Wenn noch keine Version auf Ihrem Computer installiert ist, wird empfohlen, dass Sie den Browser Internet Explorer von Microsoft in der Version 5 oder höher herunterladen. Dieser Browser hat einen eingebauten Parser. Den IE-Browser gibt es in Versionen für die Betriebssysteme Macintosh, Unix und Windows. Man kann ihn kostenlos unter http://www.microsoft.com herunterladen.

Die Abhängigkeit von Plattformen, von Software und vom Betriebssystem

Auch wenn eines der Ziele von XML-Technologien die völlige Unabhängigkeit von Plattformen, Software und dem Betriebssystem ist, stehen viele der einzelnen nützlichen Tools und Prozessoren leider noch nicht allgemein zur Verfügung. Einige der Codebeispiele aus diesem Buch funktionieren zum Beispiel nur auf einer Plattform von Microsoft oder wenn sie mit dem Netscape-Browser verarbeitet werden. Sie können auch von einer speziellen Implementierung eines Parsers auf Java-Grundlage abhängig sein. Das bedeutet, dass Sie eine gewisse Auswahl treffen müssen, wenn Sie bestimmte Lösungen implementieren wollen. Webentwickler sind sich zum Beispiel darüber im Klaren, dass viele Punkte von den Möglichkeiten des jeweiligen Browsers abhängen. Aus diesem Grund müssen sie sich in Bezug auf die Funktionalität, die sie in Websites einbauen, beschränken, damit eine möglichst große Personenanzahl auf die angebotenen Daten zugreifen kann. Wo immer es in diesem Buch möglich schien, wurde auf alternative Lösungen, Plattformen und Optionen verwiesen. Manchmal werden die Beispiele unter Verwendung einer bestimmten Technologiegrundlage wie der Plattform von Microsoft vorgestellt, aber die Konzepte lassen sich normalerweise leicht auf andere Plattformen übertragen. Am 12. Tag lernen Sie etwa, wie JavaScript-Programme erstellt werden, die auf die Implementierung einer Anwender-Programmierschnittstelle von Microsoft namens DOM (Document Object Model) zugreifen. Diese Implementierung von Microsoft wird vielfach unterstützt und hat die breiteste Installationsgrundlage aller DOM-Lösungen. Wenn jedoch Ihre Architektur eine andere Lösung erforderlich macht, finden Sie bei Perl, Java, Python und verschiedenen anderen beliebten Sprachen auch andere DOM-Implementierungen, die viele Plattformen unterstützen. In solchen Fällen werden Links im Web vorgestellt, wo alternative Tools zu finden sind.

Die XML-Syntax im Detail

2.3 Die Syntaxregeln von XML

In diesem Abschnitt lesen Sie mehr zu einigen Syntaxregeln und erhalten die Gelegenheit zu sehen, wie ein Parser XML-Dokumente handhabt. Um möglichst viel von den Erklärungen zu profitieren, sollten Sie jedes der Beispiele selbst erstellen und parsen.

Starten Sie Ihren Lieblings-Texteditor. Das Dokument, das Sie erzeugen, verwendet XML, um ein Rezept für eine Bohnentunke auszuzeichnen. Zunächst sollten Sie darüber nachdenken, wie man ein typisches Rezept strukturiert. Abbildung 2.1 zeigt ein Rezept auf einer Karteikarte. Die meisten Rezepte haben einen Titel, um sie voneinander zu unterscheiden. Eine Zutatenliste und die Menge dieser Zutaten ist ein wesentlicher Bestandteil, ebenso wie eine Reihe von Anweisungen zur Zubereitung. Außerdem werden Sie wohl einige Serviervorschläge anfügen wollen.

Devans Bean Dip

1 Tasse gebackene Bohnen,
1 Tasse Burrito-Sauce,
150 g gewürfelter Jalapeno-Käse,
½ Tasse saure Sahne,
Bohnen und Burrito-Sauce in Pfanne mittlerer Größe anheizen, bis sie kochen, gewürfelten Käse dazugeben und umrühren, bis er schmilzt. Vom Herd nehmen und saure Sahne einrühren. Als Tunke zu Tortilla-Chips aus Mais servieren.

Abbildung 2.1:
Das Rezept für eine Bohnentunke auf einer Karteikarte

Wenn Sie eine XML-Datei auf der Grundlage eines vorhandenen Dokuments erzeugen, müssen Sie das Original genau untersuchen, um ein Verständnis von der Konstruktion der Instanz, die ausgezeichnet werden soll, zu erhalten. Das nennt man Dokumentanalyse und ist ein notwendiger Bestandteil des Auszeichnungsprozesses. Zur Auszeichnung des Rezepts für die Bohnentunke können Sie den Analyseschritt recht einfach halten. Zunächst identifizieren Sie die Rezeptkomponenten. Am ersten Tag haben Sie gelernt, dass die grundlegenden Bausteine Elemente genannt werden. Elemente müssen deklariert werden, wie die Substantive in einer Sprache, und sie fungieren als Container für Informationen, die Daten oder andere Elemente enthalten können. Später erfahren Sie, was die Elemente noch enthalten können.

Um die Elemente für das Bohnentunke-Rezept zu verstehen, betrachten Sie, was Sie mit den Element-Tags einschließen wollen. Für jede wichtige Rezeptkomponente müssen Sie die folgenden Dinge festlegen:

- Wie soll das Element genannt werden?
- Wo fängt das Element an, was dem Start-Tag des Elements entspricht?

Die Syntaxregeln von XML

- Wo endet das Element? Das brauchen Sie, um zu wissen, wo das Schluss-Tag platziert werden muss
- Was genau ist im Element enthalten?
- Welche Beziehung besteht zwischen dem Element und anderen Elementen im Rezept?

Abbildung 2.2 zeigt ein typisches Rezept als Blockdiagramm. Aus dem Diagramm können Sie ersehen, dass das rezept-Element ein Element namens titel sowie je eines namens zutaten, zubereitung und serviervorschlag enthält. Das zutaten-Element enthält abgeleitete posten-Elemente und entsprechende abgeleitete menge-Elemente.

Abbildung 2.3 zeigt eine weitere nützliche Ansicht von XML-Dokumenten. Sie zeigt das Rezept als Baumstruktur, die ein nützliches und bedeutendes Modell für XML darstellt.

Abbildung 2.2:
Ein Blockdiagramm strukturiert das Rezept für eine Bohnentunke.

 Am 12. Tag werden Sie die Anwender-Programmierschnittstelle (API) kennen lernen, die in XML als Document Object Model (DOM) bekannt ist. Dieses API behandelt alle XML-Instanzen als Knotenbaum und bietet Ihnen als Programmierer eine Methode, Knoten und ihren Inhalt abzufragen, anzufügen, zu löschen und zu modifizieren.

Das Baumdiagramm zeigt das gleiche Verhältnis zwischen den Elementen wie das Blockdiagramm. Es gibt ein einziges Wurzelelement, rezept genannt, das als Container für alle anderen Elemente dient. Sehen Sie sich das Element zutaten genau an – es enthält die abgeleiteten Elemente menge und posten. Damit die XML-Instanz als wohl geformt gelten kann, müssen die abgeleiteten Elemente des Wurzel-Elements sowie alle Unterelemente sequenziell angeordnet oder ineinander eingebettet sein, ohne dass sich irgendwelche Tags

Die XML-Syntax im Detail

überlappen. Später an diesem Tag werden Sie eine einfache Technik erlernen, wie man die korrekte Einbettung verifiziert, aber zunächst erzeugen Sie ein XML-Dokument für das Rezept der Bohnentunke, indem Sie unter Verwendung eines Texteditors den Code, der in den folgenden Schritten beschrieben wird, eingeben.

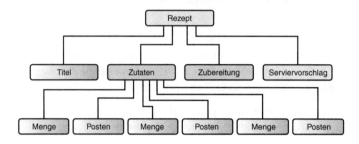

Abbildung 2.3:
Ein Baumdiagramm für das Rezept der Bohnentunke

Eine wohl geformte XML-Instanz muss ein einziges Wurzelelement enthalten, das wiederum alle anderen Elemente enthält. Elemente, die im Wurzelelement enthalten sind, können abgeleitete Elemente haben, aber die Ableitungen müssen korrekt eingebettet sein. Alle Elemente, die das Wurzelelement enthält, sind Ableitungen von diesem.

1. Zunächst erstellen Sie ein Wurzelelement namens rezept. Es sollte mit dem Start-Tag <rezept> beginnen. Beenden Sie das rezept-Element mit dem passenden Schluss-Tag der Form </rezept>. Es ist guter Programmierstil, die Elemente nach und nach zu terminieren.

2. Das Wurzelelement rezept enthält alle anderen Elemente. Geben Sie die Start- und Schluss-Tags für jedes der abgeleiteten Elemente von rezept ein, also die mit den Namen titel, zutaten, zubereitung und serviervorschlag.

3. Als Nächstes platzieren Sie die Start- und Schluss-Tags für jedes der menge- und posten-Elemente paarweise zwischen den Tags des Wurzel-Elements für das Element rezept. Vier dieser Paare sind in dem Element zutaten enthalten.

4. Wenn Sie alle Element-Tags platziert haben, fügen Sie die entsprechenden Daten von der Karteikarte in Abbildung 2.1 zwischen den Tag-Paaren ein.

5. Speichern Sie Ihr Dokument unter bohnentunke.xml ab. Es sollte aussehen wie in Listing 2.1. Wenn Sie dieses Listing im IE anzeigen, werden Sie etwas wie in Abbildung 2.4 sehen.

Die Syntaxregeln von XML

Listing 2.1: Ein Dokument für ein Rezept in XML – bohnentunke.xml

```
 1: <rezept>
 2:   <titel>Devans Bohnentunke</titel>
 3:   <zutaten>
 4:     <menge>1 Becher</menge>
 5:     <posten>gebackene Bohnen</posten>
 6:     <menge>1 Becher</menge>
 7:     <posten>Burrito-Sauce</posten>
 8:     <menge>150 gr</menge>
 9:     <posten>gewuerfelter Jalapeno-Kaese</posten>
10:     <menge>1/2 Tasse</menge>
11:     <posten>saure Sahne</posten>
12:   </zutaten>
13:   <zubereitung>Bohnen und Burrito-Sauce in Pfanne mittlerer
14:     Groesse anheizen bis sie kochen, gewuerfelten
15:     Kaese dazugeben und umruehren, bis er schmilzt.
16:     Vom Herd nehmen und saure Sahne einruehren.</zubereitung>
17:   <serviervorschlag>Als Tunke zu Tortilla-Chips aus Mais
18:     servieren.</serviervorschlag>
19: </rezept>
```

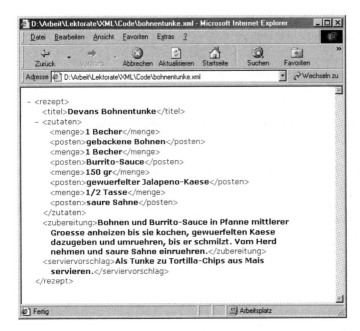

Abbildung 2.4:
Das Rezept für die Bohnentunke als wohl geformtes XML-Dokument, erzeugt mit einem Texteditor und mit dem Internet Explorer angezeigt

Die XML-Syntax im Detail

Am ersten Tag haben Sie die Teile eines Elements kennen gelernt und erfahren, dass Elemente ein Start- und ein Schluss-Tag umfassen sowie Inhalte haben können. XML-Tags berücksichtigen die Groß- und Kleinschreibung, anders als bei HTML; deshalb müssen Start- und Schluss-Tags hinsichtlich der Schreibweise identisch sein. In manchen Instanzen ist ein Element leer. In diesem Fall hat es keinen Elementinhalt und keine Daten zwischen dem Start- und dem Schluss-Tag. Die eckige Klammer (<) im Start-Tag wird in Auszeichnungssprachen auch als Eröffnung der Auszeichnungs-Deklaration (Markup Declaration Open, MDO) bezeichnet. Die abschließende eckige Klammer (>) im Schluss-Tag wird entsprechend Markup Declaration Close (MDC) genannt. Betrachten Sie das Element

`<posten>saure Sahne</posten>`.

Die Teile dieses Elements können so beschrieben werden, wie in Tabelle 2.1 angezeigt.

Auszeichnung	Beschreibung
<	Markup Declaration Open (Eröffnung der Auszeichnungs-Deklaration)
posten>	Elementname
saure Sahne	Elementinhalt
</	Terminierung des Elements
posten	Terminierung des Elementnamens
>	Markup Declaration Close (Abschluss der Auszeichnungs-Deklaration)

Tabelle 2.1: Anatomie Ihres posten-Elements

Das Einrücken der Zeilen, das Sie in Listing 2.1 gesehen haben, entspricht gutem Programmierstil. Werden abgeleitete Elemente eingerückt, ist es einfacher zu erkennen, um welche Einbettungsebene in einem XML-Dokument es sich handelt. Der zusätzliche Leerraum wird von den meisten XML-Prozessoren ignoriert und verursacht keine Probleme.

Leerräume zwischen den Elementen eines XML-Dokuments werden von vielen Parsern nach einem Zeichen normiert oder reduziert. Anders als HTML gibt XML aber Leerzeichen an den XML-Prozessor weiter, wenn welche angetroffen werden. Es ist die Aufgabe des Prozessors zu entscheiden, wie mit ihnen umgegangen werden soll.

Sie konnten am ersten Tag erfahren, dass der Internet Explorer (Version 5.0 oder höher) in der Lage ist, ein XML-Dokument auf dem Bildschirm mit verschiedenen Farben anzuzeigen, die den Elementnamen und dessen Inhalt wiedergeben. Dies ist möglich, weil dem Browser IE ein spezieller XML-Prozessor, der so genannte »Parser«, im Code der Browser-

Die Syntaxregeln von XML

anwendung eingebaut ist. Der Parser überprüft Ihr XML-Dokument, um sicherzustellen, dass es wohl geformt ist. Wenn dies der Fall ist, weist er der XML-Instanz ein eingebautes Stylesheet zu und führt dann mit XSLT eine Transformation durch.

Starten Sie den Internet Explorer und öffnen Sie die gespeicherte Version von bohnentunke.xml. Das Resultat sollte wie in Abbildung 2.5 aussehen.

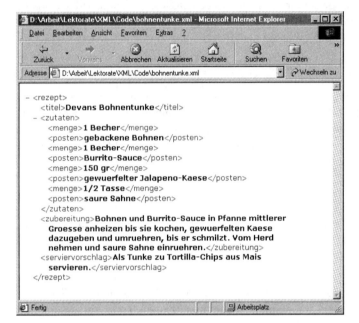

*Abbildung 2.5:
Das Bohnentunken-Rezept
als wohl geformtes XML-
Dokument – mit einem Texteditor erstellt und im Internet Explorer betrachtet*

Wenn der Internet Explorer auf Ihrem System installiert ist, steht Ihnen die Microsoft-Implementierung eines XML-Parsers zur Verfügung. Ein XML-Parser ist eine Software, welche die Regeln der Syntax für XML in der Version 1.0 kennt, wie sie vom W3C aufgestellt wurden. Der Parser kann ein XML-Dokument verarbeiten und die Übereinstimmung mit diesen Standards feststellen. XML-Parser spüren Ausnahmen auf und beenden die Verarbeitung, wenn eine der Syntaxregeln verletzt wird.

Alle XML-Parser überprüfen ein Dokument auf seine Wohl geformtheit. Morgen werden Sie Parser kennen lernen, die überprüfen, ob ein Dokument nicht nur wohl geformt, sondern auch gültig ist. Die Gültigkeit schließt eine zusätzliche Menge von Beschränkungen ein, die der Programmierer durch die Erstellung eines Schemas erzwingt, das die Struktur eines XML-Dokuments ausdrücklich festlegt. Auf diese Art kann ein Programmierer spezifizieren, welche Reihenfolge die Elemente in einem XML-Dokument haben, er kann die Präsenz erforderlicher Elemente festlegen und in einigen Fällen die Datentypen für den Elementinhalt validieren. Mehr dazu erfahren Sie morgen!

2.4 Die korrekte Einbettung der Elemente

Der Test »Keine überkreuzten Linien« für die korrekte Einbettung stellt sicher, dass die Elemente entweder sequenziell angeordnet oder so eingebettet sind, dass sich Start- und Schluss-Tags nicht überschneiden. Ein XML-Dokument, das diese Regel nicht befolgt, ergibt für einen XML-Prozessor keinen Sinn. Sie wissen vielleicht, dass in HTML solche Einschränkungen nicht bestehen. In HTML geben die folgenden Codebeispiele in der Interpretation durch die meisten Browser genau die gleichen Resultate wieder:

```
<B><I>Dieser Text erscheint fett und kursiv</I></B>
<B><I>Dieser Text erscheint fett und kursiv</B></I>
```

Der erste Ausschnitt ist wohl geformt und sein Element für die Kursivschrift <I>...</I> ist als eine passende und vollständige Ableitung des Fettschriftelements <B>...</B> enthalten. Beim zweiten Codeausschnitt geht das Schluss-Tag für das Fettschriftelement </B> dem Schluss-Tag für Kursivschrift </I> voraus, womit es unpassend und nicht wohl geformt ist. Zieht man eine Linie zwischen <B> und </B> und eine zweite zwischen <I> und </I>, dann überschneiden sie sich beim zweiten Codeausschnitt, was ein Anzeichen für eine nicht korrekte Einbettung ist.

Wenn Sie für eine XML-Instanz eine Linie von den Start-Tags aller Elemente zu ihren entsprechenden Schluss-Tags ziehen, dürfen sich die Linien niemals überschneiden.

Abbildung 2.6 zeigt die Instanz bohnentunke.xml mit Linien, die zwischen den Start- und Schluss-Tags aller Elemente gezogen wurden. Keine dieser Linien überschneidet sich mit einer anderen, was eine korrekte Einbettung anzeigt.

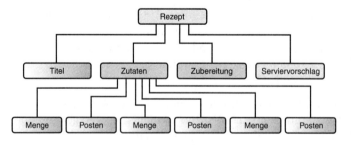

*Abbildung 2.6:
Der Test »Keine überkreuzten Linien« für die korrekte Einbettung, angewendet auf das Dokument bohnentunke.xml*

Namenskonventionen in XML

2.5 Namenskonventionen in XML

Die Namen, die Sie für das Rezeptdokument verwendet haben, waren einfach und beschreibend. Auch wenn XML von Computern gelesen wird, können Menschen es doch verstehen. Sie müssen einige Regeln für die Elementnamen in XML einhalten, etwa:

- Ein Elementname in XML muss mit einem Buchstaben, einem Unterstrich (_) oder einem Doppelpunkt (:) anfangen.
- Nach dem ersten Zeichen kann der Elementname Buchstaben, Ziffern, Bindestriche, Unterstriche, Punkte oder Doppelpunkte enthalten.
- Elementnamen dürfen nicht mit »XML« oder Varianten davon anfangen, weil diese Namen alle als intellektuelles Eigentum des W3C geschützt sind.

2.6 XML-Deklarationen

Sie haben mehrere einfache XML-Dokumente erstellt, die wohl geformt sind und vom Internet Explorer 5.0 geparst werden können. Auch wenn IE das XML so akzeptiert, entspricht es einem sauberen Programmierstil, eine Deklaration einzufügen, damit es sich bei dem Dokument um XML handelt. Einige Parser erfordern diese Verarbeitungsanweisung, die so genannte XML-Deklaration, sogar.

Fügen Sie Ihrem Dokument bohnentunke.xml eine XML-Deklaration vor dem Start-Tag für das Wurzelelement <rezept> an. Sie sieht folgendermaßen aus:

```
<?xml version="1.0">
```

Der vollständige Code für das Listing von bohnentunke.xml sieht nun so aus wie der Code in Listing 2.2. Beachten Sie, dass die XML-Deklaration in der ersten Zeile des Dokuments steht. Bearbeiten Sie Ihre Auszeichnungen für das Rezept und speichern das neue Dokument unter bohnentunke2.xml ab.

Listing 2.2: Die XML-Deklaration – bohnentunke2.xml

```
1<?xml version="1.0">
2: <rezept>
3:   <titel>Devans Bohnentunke</titel>
4:   <zutaten>
5:    <menge>1 Becher</menge>
6:    <posten>gebackene Bohnen</posten>
7:    <menge>1 Becher</menge>
8:    <posten>Burrito-Sauce</posten>
9:    <menge>150 gr</menge>
```

Die XML-Syntax im Detail

```
10:     <posten>gewuerfelter Jalapeno-Kaese</posten>
11:     <menge>1/2 Tasse</menge>
12:     <posten>saure Sahne</posten>
13:   </zutaten>
14:   <zubereitung>Bohnen und Burrito-Sauce in Pfanne mittlerer
15:     Groesse anheizen bis sie kochen, gewuerfelten
16:     Kaese dazugeben und umruehren, bis er schmilzt.
17:     Vom Herd nehmen und saure Sahne einruehren.</zubereitung>
18:   <serviervorschlag>Als Tunke zu Tortilla-Chips aus Mais
19:     servieren.</serviervorschlag>
20: </rezept>
```

Die XML-Deklaration in Zeile 1 teilt einem XML-Prozessor mit, dass das Dokument, das geparst wird, ein XML-Dokument ist. Auch wenn einige Prozessoren diese Deklaration nicht verlangen, ist es ein guter Programmierstil, sie in Ihre XML-Dokumente einzuschließen.

Die Syntax einer XML-Deklaration unterscheidet sich ein wenig von der eines Elements. Diese Deklaration ist eine Verarbeitungsanweisung (Processing Instruction, PI), die spezielle Informationen für den XML-Parser bereitstellt und ihn darüber informiert, dass das folgende Dokument ein in der XML-Version 1.0 programmiertes Dokument der Extensible Markup Language ist. Die XML-Deklarations-PI befindet sich immer als erste Zeile im Prolog eines XML-Dokuments – wenn sie vorhanden ist. Sie werden an den folgenden Tagen noch weitere Verarbeitungsanweisungen kennen lernen. Tabelle 2.2 zeigt die Teilkomponenten der Anweisung für die XML-Deklaration.

Auszeichnung	Beschreibung
<?	Markup Declaration Open (MDO). In XML beginnen PI-Anweisungen immer mit der XML-Verarbeitungsanweisung.
version="1.0"	Die erforderliche Information zur Version. Es gibt nur eine Version von XML, daher hat dieses Attribut immer den Wert 1.0.
encoding=""	Optionale Zeichen-Deklaration der Kodierung
standalone=""	Optionales standalone-Attribut mit den Werten "yes" oder "no"
?>	Markup Declaration Close (MDC)

Tabelle 2.2: Anatomie einer XML-Deklaration

Im Eröffnungssatz der XML-Verarbeitungsanweisung muss XML kleingeschrieben sein, damit die PI von XML-Parsern akzeptiert wird. Sie werden sehen, dass alle XML-Deklarationen derzeit die Version 1.0 angeben. Das ist so, weil es nur eine XML-Version gibt. Wahrscheinlich ändert sich das in Zukunft und daher ist die Versionsangabe ein erforderliches Attribut für die XML-Deklaration. Das encoding-Attribut wird verwendet, um Zeichencodes anzuzeigen, die weder UTF-8 noch UTF-16 sind.

Dem Code Kommentare beifügen

 UTF-8 und UTF-16 sind standardisierte Zeichencode-Schemata für Daten. UTF-16 ist auch als »Unicode« mit Auszeichnungen in Byte-Anordnung bekannt. Eine Besprechung der verschiedenen Zeichencode-Schemata würde den Rahmen dieser Lektion sprengen, aber Sie finden ausgezeichnete Informationen zu den Codes auf der Website des W3C (http://www.w3.org) oder unter http://msdn.microsoft.com/xml/articles/xmlencodings.asp.

Das Attribut `standalone` zeigt dem XML-Prozessor an, ob eine externe Document Type Definition (DTD) für die Validierung der Instanz zugewiesen werden soll oder nicht. Sie werden die XML-Validierung am dritten Tag kennen lernen. Meistens braucht XML, das nur wohl geformt sein soll, keine `standalone`-Dokument-Deklaration zu verwenden. Diese Deklarationen gibt es, um bestimmte, wenn auch geringfügige, Verarbeitungsvorteile zu erlangen.

2.7 Dem Code Kommentare beifügen

Wie dies meistens bei der Programmierung der Fall ist, hat XML eine Vorrichtung für das Einfügen von Kommentaren in die Auszeichnungen. Anders als Kommentare in anderen Sprachen können XML-Kommentare auch XML-Prozessoren übergeben werden. Anders gesagt, wie Sie am 12. Tag sehen werden, an dem Sie das Document Object Model entdecken, können Sie Kommentare in einem XML-Dokument programmgesteuert abfragen und bearbeiten oder sie als Teil Ihrer Verarbeitungsprozedur verwenden.

Kommentare in einer XML-Instanz nehmen die gleiche Form wie in HTML an, etwa:

```
<!--Dies ist ein Kommentar-->
```

Verwenden Sie Ihren Editor dazu, einen Kommentar in Ihr Dokument `bohnentunke2.xml` zu platzieren, der Sie daran erinnern soll, dass man der Bohnentunke eine scharfe Soße beifügen kann. Platzieren Sie den Kommentar vor das Element `serviervorschlag` und zeigen Sie das Resultat dann mit dem Internet Explorer 5.0 an. Fügen Sie den folgenden Kommentar genau vor dem Element `serviervorschlag` in Ihren Code ein:

```
<!--Fuer eine besonders scharfe Bohnentunke fuegen Sie der Mischung Ihre
bevorzugte scharfe Sosse hinzu-->
```

Abbildung 2.7 zeigt das Resultat, die Anzeige Ihres Codes mit dem Internet Explorer. Beachten Sie, dass der XML-Parser in IE5 den eigentlichen Kommentartext als anders eingefärbten Typ anzeigt, nachdem er die XSL-Transformation für Sie durchgeführt hat. Am 3. und 12. Tag werden Sie lernen, dass der Kommentartext in einem Kommentar-Knoten als Teil der XML-Instanz abgelegt ist.

Die XML-Syntax im Detail

*Abbildung 2.7:
Dem Dokument
bohnentunke2.xml
wird ein Kommentar
beigefügt.*

2.8 Attribute in einer wohl geformten XML-Instanz platzieren

Sie haben am ersten Tag erfahren, dass sich Attribute wie die Adjektive in einer gesprochenen Sprache verhalten und Elemente modifizieren, die wiederum den Nomina entsprechen. In XML werden Attribute immer im Start-Tag des Elements platziert, zu dem sie zusätzliche Informationen liefern.

Mit einem Editor modifizieren Sie Ihr Dokument bohnentunke.xml so, dass der Titel ein Attribut des Wurzel-Elements rezept wird und jede der Mengen ein Attribut des Postens, den sie modifizieren. Wenn Sie damit fertig sind, sollte es sich immer noch um ein wohl geformtes Dokument handeln. Die Syntax für ein Attribut zu einem Element lautet

<element_name -Attribut_name="wert">elementinhalt</element_name>.

Attribute werden immer im Start-Tag des Elements, das genauer bestimmt wird, deklariert. Es ist eine beliebige Anzahl von Attributen für ein Element erlaubt und jedes davon wird im Start-Tag abgelegt, zum Beispiel:

Attribute in einer wohl geformten XML-Instanz platzieren

```
1: <element_name
2:     -Attribut_name1="wert"
3:     -Attribut_name2="wert"
4:     -Attribut_name3="wert">elementinhalt</element_name>
```

Manchmal, wenn die Auszeichnung lang wird, kann Ihr Code einfacher zu lesen sein, wenn Zeilenumschaltungen verwendet werden und ähnliche Elemente mit Einrückungen ausgerichtet werden. Alle vier Zeilen des Beispiels mit mehreren Attributen sind immer noch genau einem Element zugeordnet, auch wenn sie vier Zeilen eines Dokuments umfassen. In XML werden die zusätzlichen »Leerraum«-Zeichen nach dem ersten normiert. Das bedeutet, sie werden von dem Prozessor, der über die zusätzlichen Leerräume hinwegläuft, weggelassen oder ignoriert.

Denken Sie daran, dass Sie verifizieren können, ob Ihr Dokument wohl geformt ist, wenn Sie es mit dem Internet Explorer 5.0 parsen.

Listing 2.3: Wohl geformte Attribute in einer XML-Instanz: bohnen_tunke3.xml

```
 1: <?xml version="1.0"?>
 2: <rezept titel="Devans Bohnentunke">
 3:   <zutaten>
 4:     <posten menge="1 Tasse">gebratene Bohnen</posten>
 5:     <posten menge="1 Tasse">Burrito-Sauce</posten>
 6:     <posten menge="150 gr">gewuerfelter Jalapeno-Kaese</posten>
 7:     <posten menge="1/2 Tasse">saure Sahne</posten>
 8:   </zutaten>
 9:   <zubereitung>Bohnen und Burrito-Sauce in Pfanne mittlerer
15:     Groesse anheizen bis sie kochen, gewuerfelten
16:     Kaese dazugeben und umruehren, bis er schmilzt.
17:     Vom Herd nehmen und saure Sahne einruehren.</zubereitung>
13:   <!--Fuer eine besonders scharfe Bohnentunke fuegen Sie der
14:     Mischung Ihre bevorzugte scharfe Sosse zu -->
15:   <serviervorschlag>Als Tunke mit Tortilla-Chips
16:       aus Mais servieren</serviervorschlag>
17: </rezept>
```

Beachten Sie, dass jedes der Attribute sich tatsächlich im Start-Tag des Elements befindet, das es modifiziert. Beachten Sie auch, dass die Attributswerte in Anführungszeichen eingeschlossen sind. Einfache oder doppelte Anführungszeichen können dafür verwendet werden, aber damit die Instanz wohl geformt ist, müssen alle Attributswerte in Anführungszeichen stehen.

Die XML-Syntax im Detail

XML-Parser kennen kein Pardon, wenn Verletzungen der Syntaxregeln vorliegen. Zum Beweis müssen Sie nur das erste Anführungszeichen von einem der Attributswerte im Dokument bohnentunke.xml entfernen. Nach dieser Veränderung parsen Sie das Dokument, indem Sie es in den Internet Explorer laden. Wenn Sie zum Beispiel das erste Anführungszeichen des menge-Werts für das posten-Element in Zeile 4 von Listing 2.3 entfernen, wird eine Fehlermeldung vom Internet Explorer zurückgegeben, die folgendermaßen aussieht:

```
A string literal was expected, but no opening quote character was found. Line 4, Position 23
    <posten menge=1 Tasse">gebratene Bohnen</posten>
----------------------^
```

Als nächstes enfernen Sie das erste Anführungszeichen um den Attributswert sowie sein Schlusszeichen. In diesem Fall gibt der IE eine andere Meldung zurück. Der Parser erkennt ein Problem mit dem Attributswert, weil er dessen abschließendes Anführungszeichen nicht findet, bevor er zum nächsten Markup-Zeichen, das die Deklaration eröffnet (<), kommt. Um den Bedingungen der Wohlgeformtheit zu entsprechen, müsste die Zeile, in der das Problem auftritt, so aussehen:

```
<posten menge="1 Tasse">gebratene Bohnen</posten>
```

2.9 Zusammenfassung

Heute haben Sie die Syntaxregeln kennen gelernt, die wohl geformtes XML charakterisieren. Sie haben entdeckt, dass der Browser Internet Explorer von Microsoft 5.0 und höher über einen eingebauten XML-Parser verfügt, der überprüfen kann, ob Ihre Dokumente wohl geformt sind.

Morgen werden Sie lernen, wie gültiges XML aussieht und wie Sie als Programmierer die Struktur eines XML-Dokuments über die Beschränkungen der Wohlgeformtheit hinaus bestimmen können.

2.10 Fragen und Antworten

F *Wie unterscheiden sich XML und HTML hinsichtlich der grundlegenden Syntaxregeln?*

A Damit ein XML-Dokument wohl geformt ist, muss es allen Syntaxregeln, die vom W3C als Teil der Spezifikation von XML, Version 1.0, aufgestellt wurden, entsprechen. Ein XML-Dokument, das nicht wohl geformt ist, wird als beschädigt

Übung

betrachtet und kann von einem Parser oder Browser nicht vollständig verarbeitet werden. In HTML gibt es zwar Syntaxregeln, aber die Browser setzen sie nicht immer rigoros durch.

F Welche Werkzeuge braucht man zum Erzeugen wohl geformter XML-Dokumente?

A Alles was erforderlich ist, ist ein Texteditor und ein Parser, der die Einhaltung der Beschränkungen durch die Wohlgeformtheit sicherstellt.

F Warum ist der Analyseschritt für XML-Entwickler wichtig?

A Es ist äußerst wichtig, die Elemente einer Dokumentstruktur zu verstehen, um sicherzugehen, dass sie korrekt ausgezeichnet werden können. Der Entwickler muss wissen, wo jedes Element beginnt und wo es endet, welchen Zweck es hat, welcher Inhalt in einem Element enthalten ist und welche Beziehung zwischen allen Elementen einer XML-Instanz bestehen.

F Welches sind die grundlegenden Syntaxregeln, die wohl geformtes XML charakterisieren?

A Die wichtigsten Regeln sind:

1. Ein XML-Dokument hat ein einziges Wurzelelement, das alle anderen Elemente und ihren Inhalt enthält.

2. XML-Elementnamen berücksichtigen die Groß- und Kleinschreibung und die Namen der Start- und Schluss-Tags müssen deshalb hinsichtlich der Schreibweise identisch sein.

3. Elemente, die innerhalb der Wurzel oder innerhalb anderer Elemente enthalten sind, müssen sequenziell angeordnet oder korrekt eingebettet sein.

4. Attributswerte in XML müssen in einfache oder doppelte Anführungszeichen eingeschlossen sein.

F Wie lautet die Syntax für einen Kommentar in einem XML-Dokument?

A `<!--Dies ist ein Kommentar-->`

2.11 Übung

Die Übung soll Ihre Kenntnis dessen, was Sie heute gelernt haben, überprüfen. Die Lösung finden Sie in Anhang A.

Listing 2.4 zeigt eine schlecht geformte XML-Instanz. Die Absicht hinter diesem Dokument ist es, zwei Musikalben und Details zu jedem Titel aufzulisten. Korrigieren Sie dieses Dokument unter Verwendung eines Editors auf Grundlage all der Dinge, die Sie über die XML-Syntax gelernt haben. Testen Sie Ihre Korrekturen, indem Sie das Dokument mit dem Internet Explorer 5.0 von Microsoft parsen.

Die XML-Syntax im Detail

Listing 2.4: Ein schlecht geformtes XML-Dokument

```
<?XML version=1.0?>
  <cd nummer="432>
  <titel>Das Beste von Van Morrison</Titel>
  <kuenstler>Van Morrison</kuenstler>
  <stuecke gesamt=20">
  <cd nummer=97>
  <titel>HeartBreaker</titel>
  <Untertitel>Sixteen Classic Performances</untertitel>
  <kuenstler>Pat Benatar</Kuenstler>
  <stuecke gesamt=16>
  </CD>
```

Gültige XML-Instanzen

Gültige XML-Instanzen

Sie kennen jetzt die Syntaxregeln, die wohl geformtes XML charakterisieren. Heute werden Sie das Konzept der Gültigkeit bei XML kennen lernen.

Sie werden erfahren:

- was Gültigkeit bei XML bedeutet,
- warum Gültigkeit wichtig ist, wenn Sie Daten austauschen,
- wie XML mit Daten- und Dokumentstrukturen umgeht,
- welche falschen Vorstellungen zur Gültigkeit bei XML es gibt.

3.1 Welche Bedeutung hat die Gültigkeit bei XML?

Sie haben gesehen, dass die Verwendung von XML eine strenge Einhaltung der Syntax erfordert und dass die Parser und Prozessoren, die für XML verwendet werden, keine Verletzung der Regeln durchgehen lassen. Ein XML-Parser betrachtet Ihr Dokument als fehlerhaft, wenn es nur den kleinsten Syntaxfehler enthält. Wozu braucht man ein noch komplexeres Regelsystem, wenn XML einen so hohen Grad an Beschränkungen aufweist?

Die Gültigkeit in XML steht im Zusammenhang mit der Dokumentstruktur. Sie haben am ersten Tag gelernt, dass XML eine Methode enthält, wie man strukturierte Daten in einer Textdatei platziert. Die Struktur hängt jedoch nicht nur mit der Syntax zusammen. Ein XML-Dokument kann syntaktisch vollkommen korrekt sein, aber Elemente in einer falschen Reihenfolge oder Ausschlusselemente enthalten, die ein Prozessor für die Beendigung einer E-Commerce-Transaktion oder zur Lösung eines bestimmten Problems benötigt.

Nehmen wir als Beispiel an, Sie wollten dieses Buch in XML auszeichnen. Sie würden für die im Vordergrund stehenden Dinge wahrscheinlich Elemente wie `titel`, `autor`, `verlag`, `ISBN`, `datum`, `inhaltsverzeichnis` usw. wählen. Im Buchkörper können Sie Auszeichnungen für `kapitel`, `abschnitt`, `absatz`, `nachdruck`, `anmerkung`, `tipp`, `tabelle` und viele andere einschließen. Sie sehen, dass die Auszeichnungen sehr komplex und ausgearbeitet sein können. Für unseren Zweck sollen die eben aufgezählten Elemente für die im Vordergrund stehenden Dinge genügen.

Listing 3.1 zeigt ein XML-Dokument, das ausgewählte Vordergrundelemente für dieses Buch auszeichnet.

Listing 3.1: Ausgezeichnete Hauptelemente in XML – MeinXMLBuch.xml

```
1<?xml version="1.0"?>
2<!-- listing 3.1 - meinXMLBuch.xml -->
3
```

```
 4  <buch>
 5  <titel>XML in 21 Tagen, Zweite Ausgabe</titel>
 6  <autor>Devan Shepherd</autor>
 7  <verlag>Markt und Technik</verlag>
 8  <isbn>0-672-32093-2</isbn>
 9  <datum>Juni 2001</datum>
10  <inhaltsverzeichnis>
11    <tag zahl="1">Ein Ueberblick ueber die
12           Auszeichnungssprachen</tag>
13    <tag zahl="2">Die XML-Syntax im Detail</tag>
14    <tag zahl="3">Gueltige XML-Instanzen</tag>
15  </inhaltsverzeichnis>
16  </buch>
```

Das Wurzelelement buch (Zeilen 4-16) enthält die abgeleiteten Elemente titel, autor, verlag, isbn, datum und inhaltsverzeichnis. Alle sind wohl geformt und haben Start- und Schluss-Tags, die in der passenden Schreibweise angezeigt werden. Die abgeleiteten Elemente sind korrekt eingebettet und Start- und Schluss-Tags überschneiden sich nicht. Das Element inhaltsverzeichnis hat drei abgeleitete tag-Elemente mit Textinhalt. Die zahl-Attribute für die tag-Elemente dienen dazu, die tag-Elemente wie Adjektive die Nomina in einer gesprochenen Sprache zu modifizieren.

Das XML-Dokument in Listing 3.1 ist nicht nur wohl geformt und hat einen logischen, vom Computer auslesbaren Code, sondern es ist auch für Menschen leicht verständlich. Die Struktur dieses Dokuments könnte mit einem einfachen Baumdiagramm dargestellt werden, wie in Abbildung 3.1 gezeigt. Sie haben jedoch noch nicht die Regeln gesetzt, die diese Struktur erzwingen.

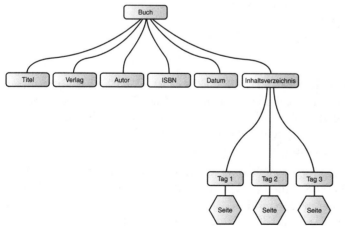

Abbildung 3.1:
Die XML-Hauptelemente für XML in 21 Tagen, Zweite Ausgabe, in Baumstruktur

Gültige XML-Instanzen

Betrachten Sie nun das Dokument in Listing 3.2. Auch dabei handelt es sich um ein wohl geformtes XML-Dokument. Sie können das nachweisen, wenn Sie einen XML-Parser darüber laufen lassen. Sie sehen, dass der Internet Explorer keine Fehler meldet und ein formatiertes Listing der Instanz anzeigt, wie Listing 3.2 sie darstellt. Sie werden sich erinnern, dass dies dem eingebauten Parser des Internet Explorers zu verdanken ist. Auch wenn das Dokument wohl geformt ist, hat es nicht mehr viel Ähnlichkeit mit der Struktur, die in Abbildung 3.1 als Diagramm dargestellt ist, und es wäre nicht dazu geeignet, die Vordergrundelemente in diesem Buch auszuzeichnen.

Listing 3.2: Ein wohl geformtes aber schlecht strukturiertes XML-Dokument – verschiedene_hauptelemente.xml

```
 1: <?xml version="1.0"?>
 2: <!-- listing 3.2 - verschiedene_hauptelemente.xml -->
 3:
 4: <buch>
 5:   <inhaltsverzeichnis>
 6:     <tag zahl="1">Ein Ueberblick ueber die Auszeichnungssprachen</tag>
 7:     <titel>Was Sie schon immer ueber XML wissen wollten</titel>
 8:     <titel>XML und Warum Katzen Laserstrahlen jagen</titel>
 9:     <datum>Juli 2001</datum>
10:     <datum>Juni 2001</datum>
11:     <datum>August 1908</datum>
12:     <autor>Devan Shepherd</autor>
13:     <verlag>Markt und Technik</verlag>
14:     <titel>XML in 21 Tagen, Markt und Technik, Zweite Ausgabe</titel>
15:     <tag zahl="1">Ein Ueberblick ueber die Auszeichnungssprachen</tag>
16:     <titel>XML in 21 Tagen, Markt und Technik, Zweite Ausgabe</titel>
17:     <datum>Juni 2001</datum>
18:     <tag zahl="2">Die XML-Syntax im Detail</tag>
19:     <isbn>0-672-32093-2</isbn>
20:     <tag zahl="3">Gueltige XML-Instanzen</tag>
21:   </inhaltsverzeichnis>
22: </buch>
```

Die wohl geformte Instanz aus Listing 3.2 enthält mehrere Daten und Titel in einer unlogischen Elementanordnung und macht intuitiv keinen Sinn. Das Element `inhaltsverzeichnis` etwa enthält Daten und andere Elemente, die kein typischer Bestandteil eines Inhaltsverzeichnisses sind. Das entspricht in keiner Weise der Absicht, die Sie hatten, als Sie die Hauptelemente in diesem Buch auszeichnen wollten.

Sie brauchen einen Mechanismus, der Beschränkungen vorsieht, die über die Wohlgeformtheit hinausgehen. Wenn Sie dieses Buch mit XML-Auszeichnungen beschreiben wollen, ist es sinnvoll, einen Mechanismus zu verwenden, der bestimmte einfache Beschränkungen durchsetzt. In vielen Fällen erzwingen diese Beschränkungen Regeln für den Dokumentinhalt, Geschäftsrichtlinien oder Bestimmungen zur Anordnung der Elemente, der Präsenz von Elementen und Attributen sowie einen Hinweis auf die Anzahl des erwarteten Auftretens. Für die Instanz der Hauptelemente im Buch wollen Sie sicher strukturelle Richtlinien festlegen, wie die Ffolgenden:

- Es gibt ein einziges buch-Element, das Wurzelelement, das alle anderen Elemente enthält.
- Das buch-Element enthält jeweils ein Element mit dem Namen titel, autor, verlag, isbn, datum und inhaltsverzeichnis, in dieser Reihenfolge.
- inhaltsverzeichnis enthält so viele tag-Elemente wie nötig.
- Jedes der tag-Elemente hat ein obligatorisches zahl-Attribut, das anzeigt, welches Tag programmiert wird.

Diese einfachen Inhaltsregeln können in ein Schema eingebaut werden, das dazu dient, die Struktur der XML-Instanz zu definieren. Stellen Sie sich das Schema wie einen Vertrag vor, den Sie mit XML abschließen, um sicherzustellen, dass die gewünschte Struktur eingehalten wird. Als Programmierer erzeugen Sie ein Schema, das auf Ihr Dokument angewendet werden soll und gut auf die Geschäftsprobleme abgestimmt ist, die Sie behandeln möchten. Vielleicht können Sie sogar eines aus einem öffentlich zugänglichen Bestand von Schemata auswählen. Die meisten Schemata sind wie die anderen Teile der XML-Familie von Natur aus erweiterbar. Wenn also ein bestehendes Schema zu 80% auf Ihre Angelegenheit passt, können Sie es erweitern und auf Ihre speziellen Bedürfnisse zuschneiden. Wenn Sie dann Daten gemeinsam mit Anderen verwenden, können Sie Ihr erweitertes Schema einfügen, um sicherzustellen, dass alle sich nach Ihrem XML-Datenstrom richten.

Es ist nicht immer nötig, ein einzigartiges Schema zu erstellen. Es gibt große Bestände von öffentlich zugänglichen Schemata, die im Web bereitgehalten werden, damit bestimmte Industriezweige sie nutzen können.

Es gibt verschiedene Arten von Schemata, die bei der XML-Programmierung verwendet werden. Am vierten Tag werden Sie lernen, wie man Document Type Definition (DTD)-Schemata erstellt, anwendet und interpretiert. Der DTD-Ansatz gründet in SGML und wurde für XML beibehalten, aber er krankt an einigen Unzulänglichkeiten hinsichtlich der Beschränkungen zum Datentyp und hat eine Syntax, die nicht derjenigen von XML entspricht. Am 5. und 6. Tag werden Sie jeweils den sehr leistungsstarken Dialekt XML-Data Reduced-Schema (XDR) und die Sprache XML-Schema-Definition (XSD) kennen lernen, die vom W3C empfohlen wird. Alle drei Technologien bieten eine Methode an, mit der Sie die Regeln erzwingen können, die die Struktur Ihres Dokuments definieren. Jeder Ansatz hat Vor- und Nachteile, aber mit der Zeit dürften sich die verschiedenen Methoden zu einem W3C-Standard zusammenfügen, der von der Industrie und den Entwicklern von Software-Tools breit unterstützt werden wird.

Die Datentyp-Validierung erzwingt eine Klassifizierung der Datenwerte. Sie stellt eine Methode dar, mit der ein Computer Zahlentypen wie Integer, Prozentzahlen, Fließkommazahlen, Daten und Strings unterscheiden kann, um nur einige zu nennen.

3.2 Datentyp-Validierung – ein weiterer Grund für die Regeln der Gültigkeit

Der Bedarf nach Gültigkeit für Dokumente geht sicherlich über die bloßen Bedürfnisse der vorangehenden Beispiele für die Buch-Auszeichnung hinaus. Stellen Sie sich vor, Sie führen eine Business-to-Business-Transaktion (B2B) mit einem Geschäftspartner via Internet durch. Einer der Hauptvorzüge von XML für B2B liegt in der Plattformunabhängigkeit. Sie können Geschäfte über das Web erledigen, ohne davon abhängig zu sein, welches Betriebssystem Ihr Partner verwendet oder welche Programmier- und Datenbanksprachen bei ihm unterstützt werden. Dies gilt jedoch nur dann, wenn Sie Die Struktur der auszutauschenden Dokumente garantieren können (oder vielleicht sogar erzwingen). Sie müssen vielleicht nicht nur die Struktur der Transaktion in Hinblick auf die Elementanordnung und den Aufbau sicherstellen, sondern auch hinsichtlich der Datentyp-Validierung.

Elemente und Attributswerte, die so einfach sind wie Daten, sind ohne sorgfältige Validierung möglicherweise fehleranfällig. Wenn sich Ihre Geschäftspartner in einem anderen Land befinden, kann es sein, dass sie per Konvention die Datumswerte in einem Format anzeigen, das sich von Ihrem unterscheidet. Alle Datumsformate, die in Tabelle 3.1 angezeigt sind, werden irgendwo auf der Welt eingesetzt, um z.B. den 9. Oktober 2001 anzuzeigen. Auch wenn vierstellige Jahreszahlen (die das Jahrhundert einschließen) inzwischen eher der Konvention entsprechen, werden hier die zweistelligen Jahreszahlen dargestellt, um die möglichen Gründe für ein Durcheinander genauer hervorzuheben.

Format	Wert
mmttjj	100901
ttmmjj	091001
jjttmm	010910
jjmmtt	011009

Tabelle 3.1: Beispiele für Datumsformate aus der ganzen Welt, die den 9. Oktober 2001 anzeigen

Datentyp-Validierung – ein weiterer Grund für die Regeln der Gültigkeit

Um die Integrität von Daten-Transaktionen mit Geschäftspartnern zu gewährleisten, müssen Sie vielleicht ein einziges Format durch ein Schema erzwingen. Sie sehen, dass die numerischen Werte allein sehr wenig Informationsgehalt haben und leicht missverstanden werden können, was eine Verarbeitung zur Folge hätte, die nicht korrekt wäre.

Sie werden lernen, wie man Datentypen mit einigen der Schema-Ansätze steuert, wie etwa XDR und XSD, die wir in diesem Buch vorstellen. Die Methodologie des DTD-Schemas stellt dagegen keine einfachen Mechanismen zur Validierung von Datentypen zur Verfügung. Dies ist einer der Unterschiede zwischen den DTD-Schemata und anderen Ansätzen. Sie werden am 5. und 6. Tag mehr darüber erfahren. Dann können Sie beim Erstellen Ihres eigenen Schemas die Methode auswählen, die für Ihren Bedarf am besten geeignet ist.

 Man kann Datentypen durch Verwendung von Notationen in Verbindung mit DTD-Schemata auf begrenzte Weise beschreiben; dies ist jedoch nicht der ideale Ansatz.

Tabelle 3.2 zeigt einige Beispiele von Datentypen, die eine Validierung erfordern können, je nach Art der Information, die ausgetauscht werden soll. Wahrscheinlich haben Sie bei anderen Formen der Programmierung bereits eine Datentyp-Validierung eingesetzt.

Datentyp	Beschreibung
Boolescher Typ	0 (falsch) oder 1 (richtig)
Char	Einzelnes Zeichen (zum Beispiel »C«)
String	Zeichenkette (zum Beispiel »CIST 1463«)
Fließzeichen	Echte Zahl (zum Beispiel 123,4567890)
Int	Ganze Zahl (zum Beispiel 5)
Datum	Formatiert als JJJJ-MM-TT (zum Beispiel 2001-10-09)
Zeit	Formatiert als HH-MM-SS (zum Beispiel 18:45:00)
Id	Text, der ein Element oder Attribut eindeutig identifiziert
Idref	Referenz auf eine ID
Aufzählung	Reihe von Werten, aus der einer ausgewählt werden kann

Tabelle 3.2: Beispiele für Datentypen

Gültige XML-Instanzen

Die Datentypisierung wird verwendet, um das Wesen einzelner Datenelemente genauer zu bestimmen. Die Struktur eines Dokuments ist wieder ein anderer Gesichtspunkt. Die Struktur ist ein Schema für den Aufbau von Informationsstücken, die miteinander in einer Beziehung stehen. Die Reihenfolge und Platzierung von Elementen bei XML ist häufig Teil der definierten Struktur des Dokuments der XML-Instanz. Im nächsten Abschnitt werden Sie mehr zu einigen Punkten erfahren, die mit Strukturen bei XML in Zusammenhang stehen.

3.3 Wie erkennt man eine Datenstruktur?

Die Listings zu den XML-Dokumenten, die Sie heute betrachtet haben, vor allem Listing 3.1 und 3.2, hatten viele Elemente gemeinsam, waren aber unterschiedlich strukturiert. Die Anordnung der Elemente war nicht identisch, auch wenn die gleichen Elementnamen verwendet wurden. Das Ergebnis war, dass eines der Dokumente intuitiv und einfach zu verfolgen war (Listing 3.1), während das andere (Listing 3.2) der gewünschten Auszeichnung nicht besonders gut entsprach.

Die Struktur in der Auszeichnungssprache des Rezepts

In XML müssen Sie Ihre Dokumente sehr genau untersuchen und die Datenstrukturen verstehen, unabhängig von allen Sorgen, die Ihnen die Ausgabe durch den Browser vielleicht macht. Am 2. Tag haben Sie die Struktur eines Rezepts untersucht und zwei Modelle erstellt, um diese Struktur anzuzeigen. Eines war ein Blockdiagramm (Abbildung 2.2), das andere zeigte die Baumansicht des Rezepts. Sie konnten auswählen, welche der Punkte auf der Rezeptseite wichtig genug waren, um sie als getrennte Datenstücke zu behandeln. Schließlich haben Sie die Datei bohnentunke4.xml erstellt, die in Listing 3.3 dargestellt wird.

Listing 3.3: bohnentunke4.xml

```
 1  <?xml version="1.0"?>
 2  <rezept titel="Devans Bohnentunke">
 3    <zutaten>
 4      <posten menge="1 Tasse">gebratene Bohnen</posten>
 5      <posten menge="1 Tasse">Burrito-Sauce</posten>
 6      <posten menge="150 gr">gewuerfelter Jalapeno-Kaese</posten>
 7      <posten menge="1/2 Tasse">saure Sahne</posten>
 8    </zutaten>
 9  <zubereitung>Bohnen und Burrito-Sauce in Pfanne mittlerer
10         Groesse anheizen bis sie kochen, gewuerfelten
```

```
11      Kaese dazugeben und umruehren, bis er schmilzt.
12      Vom Herd nehmen und saure Sahne
einruehren.</zubereitung>
13   <!--Fuer eine besonders scharfe Bohnentunke fuegen Sie der
14   Mischung Ihre bevorzugte scharfe Sosse zu -->
15   <serviervorschlag>Als Tunke mit Tortilla-Chips
16             aus Mais servieren</serviervorschlag>
17 </rezept>
```

Der Prozess, den Sie durchgeführt haben, um die Struktur des Rezeptdokuments aufzuzeichnen, war, ein Modell zu erzeugen, einen Baum, fast so etwas wie eine Landkarte für die Informationen, die auf der Rezeptkarte vorhanden sind. Dann haben Sie Element- und Attributsnamen festgelegt, die sich selbst beschreiben und intuitiv waren. Sie haben die Informationen an einen Parser zur Auswertung übergeben und damit bewiesen, dass sie computerlesbar sind, und Sie haben sie sich dann selbst angesehen, was zeigte, dass sie auch für den Menschen verständlich sind. Das ist ein recht typisches Beispiel für die Herangehensweise, die Sie das nächste Mal unternehmen können, wenn Sie eine XML-Instanz erzeugen, die auf einem Dokument mit einer bekannten Struktur basiert. Um sie gültig zu machen, müssen Sie nur die Regeln berücksichtigen, die mit dieser Struktur zusammenhängen, und dann ein zugeordnetes Schema schreiben, das diese Regeln erzwingt, wenn das Dokument geparst wird. Für die abschließende Auszeichnungssprache für Rezepte sind das in etwa folgende Regeln:

- Es gibt ein einziges rezept-Element, das Wurzelelement, das alle anderen enthält.
- Das rezept-Element schließt ein obligatorisches titel-Attribut ein.
- Das rezept-Element muss jeweils die Elemente zutaten und zubereitung in dieser Reihenfolge enthalten, plus ein optionales Element serviervorschlag.
- zutaten muss zumindest ein posten-Element enthalten, es können aber beliebig viele sein.
- Posten-Elemente haben ein obligatorisches menge-Attribut, das anzeigt, welche Menge von jedem Posten benötigt wird.

Vielleicht verwenden Sie bereits strukturierte Daten

In der Geschäftswelt arbeiten Sie vielleicht bereits mit Dokumentstrukturen. Einige davon werden wohl sogar strikt durchgesetzt, sei es aus Übereinkunft oder weil es der Firmenpolitik entspricht. Wie in vielen Firmen gibt es vielleicht auch bei Ihnen Richtlinien für die Korrespondenz, bestimmte Formate für Memoranden, Rechnungen usw. Eine gute Dokumentstruktur erkennt man normalerweise besser als eine gute Datenstruktur. Wenn Sie an Datenstrukturen denken, stellen Sie sich Datenbanken vor und die feste Struktur, die von integrierten Datenwörterbüchern durchgesetzt wird. Das ist ein gutes Beispiel, weil die

Regeln für Datenstrukturen in Datenbanken, genau wie die in XML, mehr die Charakterisierung der Daten betreffen als die Frage, wie diese Daten als Formular oder als Bericht wiedergegeben werden. Der Umgang mit der Ausgabe aus einer Datenbank erfordert die Verwendung eines Listengenerators oder einer anderer Anwendung, Funktion oder Abfrage, die vom Speicher und der Validierung der Daten selbst abgetrennt ist. Das gilt auch für XML. XML selbst dreht sich nur um Daten und es erfordert die Verwendung zusätzlicher Hilfstechnologien, um eine Ausgabe zu erzeugen.

Wenn Sie sich mit der Gültigkeit bei XML beschäftigen, heißt das nichts anderes, als dass Sie sich mit der Datenstruktur und nicht mit der Präsentation beschäftigen. Webentwickler mussten eine Zeit lang die Struktur elektronischer Inhalte und die Fragen der Speicherung, Ermittlung, Wartung und Übermittlung dieses Materials betrachten, statt sich bloß darum zu kümmern, wie diese Daten in einem Browserfenster wiedergegeben werden. Technische Autoren, Fachleute für die Dokumentation und in gewissem Maß sogar Anwälte, die Verträge und rechtliche Gutachten erstellen, mussten sich jahrelang mit komplexen Mengen vordefinierter und strikt durchgesetzter Dokumentstrukturen befassen. XML bietet eine Methode, wie man Strukturen kodifiziert und sie mit Geschäftspartnern oder anderen Anwendern, die Informationen nutzen, teilen kann.

Wie bereits festgestellt wurde, dreht sich bei XML alles um Daten. XML selbst hat keine Vorlagen, die sich um die Wiedergabe dieser Daten kümmern. Anders als eine Dokumentstruktur, die sich normalerweise leicht auf einem Wiedergabegerät abbilden lässt, sind Datenstrukturen bei XML nur dazu da, den eigentlichen Kern der Daten einzubauen. Die Wiedergabe erfolgt mit einer Reihe verschiedener Ansätze, die aber alle Hilfsmittel darstellen und zu denen etwa die Cascading Stylesheets, die Extensible Stylesheet Language (XSL), ein Teil von XSL, der als Extensible Stylesheet Language Transformations (XSLT) bekannt ist, und das Scripting gehören, mit denen die in XML gespeicherten Strukturen wiedergegeben werden. Sie werden im Laufe dieses Buchs mit all diesen Techniken bekannt gemacht.

Die Tatsache, dass XML das Merkmal hat, Datenstrukturen von Stil und Inhalt zu trennen, ist Teil dessen, was XML von Natur aus mit anderen Anwendungen zusammenarbeiten lässt. Die gleiche XML-Instanz kann verwendet werden, um am Ende gedruckte Berichte oder ein Speichermedium auf CD-ROM zu erstellen oder die Daten an Browser, Handys und Kleincomputer sowie eine Reihe anderer Clients zu übergeben.

Worin liegt dann der Unterschied zwischen einer Dokumentstruktur und einer Datenstruktur? Die Dokumentstruktur stellt einen Leser vor einen Methodenaufbau, mit dem er schnell dem Pfad der Informationsvermittlung folgen kann, die ein Autor wünscht. Wenn Sie ein Memorandum an einen Kollegen schreiben, geben Sie normalerweise den Adressaten an, sowie Ihren Namen als Autor und ein Datum, vielleicht einen Betreff oder eine Angabe zur Priorität, wonach der eigentliche Nachrichtentext folgt. Der Empfänger des

Wie erkennt man eine Datenstruktur?

Dokuments kann dank der Dokumentstruktur schnell all diese Komponenten erkennen und sich ein Bild machen, ohne durch Details abgelenkt zu werden. Datenstrukturen spiegeln den Inhalt wieder und liefern den Computeranwendungen eine Art Landkarte, ähnlich einem Index mit Schlüsselwörtern – zu den Daten, die in verschiedenen Containern und Sub-Containern im Kontext des Gesamtdokuments abgelegt sind. Die Datenstruktur bietet keine Wertung der Wichtigkeit einer Komponente im Dokument gegenüber einer anderen. Alle sind gleich relevant und es bleibt der Anwendung oder dem XML-Prozessor überlassen, wie die Daten aus dem Container verwendet werden.

Unstrukturierten Informationen mit XML eine Struktur geben

XML bietet Ihnen einen optimalen Mechanismus für die Verwendung strukturierter Daten zur Informationsübermittlung. Mit XML ist es einfach, strukturierte und weniger strukturierte Daten aneinander anzupassen und zu vermischen, sei es Text, numerische Daten oder Strings, um extrem anwenderdefinierte Ausgabeströme zu erzeugen, die für bestimmte Bedürfnisse geeignet sind. Das Gleiche könnten Sie mit einer Reihe von Programmiertechniken erreichen, aber XML wurde ausdrücklich für diese Art von Bedarf gestaltet.

Tabelle 3.3 ist ein Auszug aus einer Datenbank, in der die von einer Schulungsorganisation angebotenen XML-Kurse abgelegt sind. Das Format der Datenbanktabelle enthält Einträge für jeden Kurs und die Felder Kurs_Nummer, Kurs_Name und Dozent.

Kursnummer	Kursname	Dozent
XML 111	XML für Anfänger	Bob Gonzales
XML 333	XML für Fortgeschrittene	Devan Shepherd
XML 222	XMetal Core-Konfiguration	Gene Yong

Tabelle 3.3: Datenbank-Tabelle mit Kurs-Auflistungen

Würden die Daten in dieser Tabelle in einer Textdatei gespeichert, in der mit Kommata getrennt wird (eine CSV-Datei), würde das Ergebnis in etwa wie in Listing 3.4 aussehen.

Listing 3.4: *Komma-separierte Textversion der Datenbankeinträge*

```
Kurs_Nummer,Kurs_Name,Dozent
XML111,XML für Anfänger,Bob Gonzales
XML333,XML für Fortgeschrittene,Devan Shepherd
XMT222,XMetal Core-Konfiguration,Gene Yong
```

Gültige XML-Instanzen

XML bietet eine Methode an, mit der diese Daten durch zusätzliche Informationen ergänzt werden können, die für Menschen oder Computer von Interesse sein können. Listing 3.5 etwa zeigt die gleichen Daten mit zusätzlichen Informationen, die zum Erstellen einer Pressemitteilung über das kommende Kursangebot zu verwenden sind.

Listing 3.5: Hochstrukturierte Daten aus einer Datenbank, kombiniert mit zusätzlichen Informationen in XML

```
 1: <?xml version="1.0"?>
 2: <!-- listing 3.5 - kurse.xml -->
 3:
 4: <ankuendigung>
 5:   <best>Zur sofortigen Veroeffentlichung</best>
 6:   <an>Alle potenziellen Studenten</an>
 7:   <von>Devan Shepherd</von>
 8:   <thema>Oeffentliches Kursangebot im August</thema>
 9:   <notiz>ACME-Training freut sich, folgende oeffentlichen
10:   Kurse ankuendigen zu koennen, die monatlich angeboten werden.</notiz>
11:   <kontakt>Weitere Informationen und Einschreibung zu diesen
12:   Kursen unter
13:   <Website>http://ACME-Train.com/university</Website></kontakt>
14:   <kurse>
15:     <kurs id="XML111" dozent="Bob Gonzales">
16:     XML fuer Anfaenger</kurs>
17:     <kurs id="XML333" dozent="Devan Shepherd">
18:     XML fuer Fortgeschrittene</kurs>
19:     <kurs id="XMT222" dozent="Gene Yong">
20:     XMetal Core-Konfiguration</kurs>
21:   </kurse>
22: </ankuendigung>
```

Die XML-Ausgabe ist wesentlich nützlicher als die mit Kommata separierte Textversion, nicht nur wegen der Zusatzinformationen, sondern auch weil in den Kurselementen Attribute verwendet werden. Diese XML-Quelle kann zum Erstellen einer E-Mail-Mitteilung, eines Mitteilungsblatts oder anderer gedruckter Dokumente verwendet werden. Die gleichen Daten können auch durch ein Programm gesteuert in eine andere Auszeichnungssprache umgewandelt werden, die von einem kommerziellen Werbedienst verwendet wird. Mit XML-Technologien kann man auch eine Ausgabe aus der gleichen Quelldatei für webfähige drahtlose Geräte wie etwa Handys, Kleincomputer, Pager usw. erzeugen.

Am 14. Tag werden Sie lernen, wie man Cascading Stylesheets (CSS) verwendet. Am 15. und 16. Tag werden Sie die Extensible Stylesheet Language (XSL) und deren Teilbereich, Extensible Stylesheet Language Transformations (XSLT) kennen lernen, um Ausgaben wie diese für die Verwendung durch Browser und andere Clients, Geräte und Prozessoren zu formatieren.

Auf Gültigkeit parsen

 Gültiges XML garantiert die Integrität einer Datenstruktur, als wäre ein Vertrag mit der XML-Instanz abgeschlossen worden. Die Automatisierung der Inhaltsübermittlung wird durch diese Garantie erleichtert und kann mit XSLT erfolgen.

3.4 Auf Gültigkeit parsen

Sie haben bereits in den bisherigen Übungen einen Parser verwendet. Der Browser Internet Explorer von Microsoft enthält in den Versionen 5.0 und höher den MSXML-Parser. Sie konnten mit dem MSXML-Parser Ihre Dokumente überprüfen, um sicherzustellen, dass sie wohl geformt sind. Parser kann man aber auch dazu nutzen, XML hinsichtlich eines Schemas wie DTD, XDR, XSD oder eines anderen Dokuments in einer Schemasprache zu prüfen, vorausgesetzt der Parser enthält die Programmierung für die Regeln dieser Sprache. Sie können das in Abbildung 3.2 sehen.

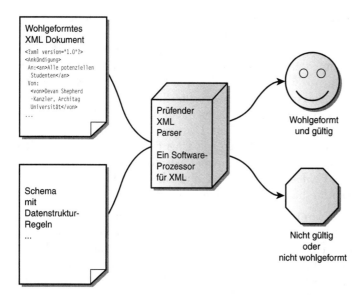

Abbildung 3.2:
Ein XML-Dokument mit einem zugeordneten Schema wird an einen prüfenden XML-Parser weitergegeben.

 Ein gültiges XML-Dokument ist gleichzeitig wohl geformt; es gibt aber keine Garantie dafür, dass eine wohl geformte XML-Instanz gleichzeitig gültig ist.

Ein validierender oder prüfender Parser überprüft eine Instanz zunächst um sicherzustellen, dass sie die grundlegenden Syntaxregeln von XML befolgt, also wohl geformt ist. Dann bestätigt er, dass alle Beschränkungen zu den Inhaltsregeln des Dokuments, die das

Gültige XML-Instanzen

Schema festlegt, das Sie ihm zugeordnet haben, voll erfüllt werden (oder auch mehrere Schemata, da Sie dem Dokument mehr als eines zuordnen können). Dadurch wird die Gültigkeit Ihres Dokuments garantiert. Anders gesagt bestätigen validierende Parser die Syntax und die Datenstruktur.

Ein Parser ist eine Software, die den Text Zeichen für Zeichen interpretiert, außer ein Programmierer oder Schema-Autor gibt an, dass er bestimmte Datensequenzen auslassen soll. XML stellt Ihnen eine Methode zur Verfügung, mit diesen Parserprogrammen die semantische Absicht der Auszeichnungen, die auf den Text angewendet werden, zu verstehen.

Das W3C bezeichnet Parser in der offiziellen Spezifikation zu XML 1.0 als XML-Prozessor: »Ein Software-Modul, das XML-Prozessor genannt wird, wird verwendet, um XML-Dokumente zu lesen und einen Zugriff auf ihren Inhalt und ihre Struktur zu ermöglichen.« (Vergleichen Sie die technische Empfehlung zu XML unter http://www.w3.org/TR/1998/REC-xml-19980210 für weitere Einzelheiten.)

Nachdem der Parser das XML-Dokument interpretiert hat und auf Wohlgeformtheit und Gültigkeit geprüft hat, stellt er die Daten in Form einer Dokumentbaum-Struktur für andere Anwendungen zur weiteren Verarbeitung zur Verfügung. Sie haben die Verwendung des IE5 in diesem Zusammenhang bereits untersucht, der die Baumstruktur, die der MSXML-Parser zurückgibt, zur Anzeige eines strukturierten Dokuments im Browserfenster verwendet und anzeigt, dass alles so aussieht, wie es sollte. Sie erinnern sich sicher, dass IE die XSLT-Verarbeitung verwendet, um dem Dokument ein standardmäßiges Stylesheet zuzuweisen, wenn Sie es im Browserfenster ansehen. Dadurch entsteht zum Beispiel die farbige Anzeige der Auszeichnungen im IE. Andernfalls fängt der IE den Fehler auf, den der Parser aufwirft, und zeigt ihn zusammen mit einem Codeausschnitt an dem Punkt in Ihrem Dokument an, wo der Fehler aufgetreten ist, ohne das gesamte Dokument der XML-Instanz aufzuzeigen oder für die Formatierung umzuwandeln.

Dieses vorherrschende Konzept von Dokumenten, die als Baumstrukturen aufgebaut sind, ist einer der Gründe, warum Sie am zweiten Tag gelernt haben, wie man ein Dokument auf diese Weise darstellt (vgl. Abb. 2.3). Das Konzept des Dokumentbaums wird Ihnen noch häufig begegnen im Verlauf der nächsten Wochen. Am 12. Tag werden Sie lernen, wie man die Document Object Model (DOM)-API verwendet, um einzelne Knoten in Ihren XML-Bäumen zu manipulieren.

3.5 Ist die Gültigkeit alles, was Sie brauchen?

Sie haben gesehen, dass die Gültigkeit strukturelle Beschränkungen sichert, aber ist damit auch garantiert, dass diejenigen, mit denen Sie die Informationen austauschen, wissen, wie sie damit umgehen sollen? Nicht unbedingt! Alles, was durch die Gültigkeit sichergestellt ist, ist die Struktur der Daten in Ihrer XML-Instanz, es hängt von der Anwendung ab, zu bestimmen, wie diese Daten manipuliert oder weiterverarbeitet werden. Auch wenn Sie Ihr Schema zusammen mit Ihrem XML-Dokument freigeben, reichen diese beiden Teile nicht zur vollständigen Anwendung dieser Daten auf die Lösung von Geschäftsproblemen aus.

Ein weiteres typisches Missverständnis ist, das Schema für einen notwendigen Bestandteil von Geschäftstätigkeiten mithilfe von XML zu halten. Ein Schema ist eine gute Methode, aber nicht die einzige, die für die Integrität der von XML erzeugten Daten sorgt. Ein wichtiger Vorteil bei der Verwendung von Schemata in Verbindung mit XML-Dokumenten zur Steuerung rechnererzeugter Inhalte, zur Verbesserung der Suchfunktion oder dem Validieren von Datenstrukturen ist, dass sie für diesen Zweck gedacht sind. Später werden Sie Daten mit Programmiertechniken manipulieren, ohne dass Sie die Logik für die Gültigkeit aufbauen müssen, wenn ein Schema Ihren XML-Dokumenten zugeordnet ist.

3.6 Zusammenfassung

Sie haben gelernt, dass ein Schema effektiv eingesetzt werden kann, um sicherzustellen, dass die Struktur der ausgezeichneten Daten so ist, wie Sie es erwarten. Besonders können Sie Folgendes tun, wenn die Vorgaben für die Gültigkeit in Kraft sind:

- Die Verwendung eines vordefinierten Tag-Satzes erzwingen
- Sicherstellen, dass die Elemente und ihre Attribute in der genauen Reihenfolge auftreten, die von Ihrem Dokumentinhalt oder den Betriebsregeln erfordert wird
- Datentypen steuern (vorausgesetzt, Sie verwenden einen Schema-Ansatz, der Beschränkungen zum Datentyp erleichtert)
- Datenintegrität steuern, um einen optimalen Informationsaustausch auf der Grundlage von Transaktionen über das Web zu erreichen
- All diese Regeln, Steuerungen und Beschränkungen erzwingen

3.7 Fragen und Antworten

F *Was ist der Unterschied zwischen wohl geformtem und gültigem XML?*

A Wohl geformtes XML hat eine perfekte Syntax – es stimmt mit den grundlegenden Regeln für alle XML-Dokumente überein. Gültiges XML ist wohl geformt und stimmt mit den Beschränkungen überein, die ein zugeordnetes Strukturschema auferlegt.

Gültige XML-Instanzen

F   Was sind einige der Beschränkungen, die ein Programmierer einbauen kann, wenn er ein Schema für ein XML-Dokument schreibt?

A   Ein Schema erzwingt den Namen und die Struktur des Wurzelelements einschließlich einer Spezifikation aller abgeleiteten Elemente. Der Programmierer kann die genaue Anordnung und die Menge für jedes Element festlegen und vorher bestimmen, welche Elemente obligatorisch und welche optional sind. Das Schema kann vorgeben, welche Elemente Attribute haben und die akzeptablen Attributswerte bestimmen, dazu alle Standardvorgaben festlegen. Wie im Fall der Elemente können Attribute obligatorisch oder optional gestaltet werden.

F   Welche Schemasprachen werden von XML-Autoren verwendet?

A   Derzeit sind verschiedene Arten von Schemasprachen in Verwendung. Die Document Type Definition (DTD)-Sprache besteht seit den Tagen von SGML und wird morgen besprochen. Microsoft hat die Sprache XML Data Reduced (XDR) als Schema-Dialekt für XML herausgebracht (wird am 5. Tag besprochen). Das W3C arbeitet an einer Verschmelzung der XML-Dialekte für Schemata in eine Arbeitsform, die XML-Schemadefinitionssprache (XSD) genannt wird und die wir am 6. Tag vorstellen.

F   Ist es möglich, Schemata zu verwenden, um die Datentypen in einem XML-Datenstrom zu steuern?

A   XDR und XSD haben viele Möglichkeiten zur Beschränkung der Datentypen. Der DTD-Ansatz kann Datentyp-Regeln nicht so einfach handhaben. Programmierer haben in einem frühen Stadium der XML-Entwicklung entschieden, dass die Datentyp-Validierung für XML, das für Transaktionsmodelle im E-Commerce und E-Business verwendet wird, von wesentlicher Bedeutung sein sollte.

F   Was ist der Unterschied zwischen der Dokumentstruktur und der Datenstruktur?

A   Die Dokumentstruktur stellt einem Leser eine organisierte Methode bereit, wie er dem Pfad der Informationsübermittlung, die vom Autor gewünscht wird, schnell folgen kann. Datenstrukturen spiegeln den Inhalt wieder und liefern den Computeranwendungen eine Landkarte, ähnlich einem Index mit Schlüsselwörtern, für die Daten, die in verschiedenen Containern und Sub-Containern im Kontext des ganzen Dokuments abgelegt sind.

F   Was ist ein Parser und was hat er mit der Gültigkeit zu tun?

A   Ein Parser ist eine Software (beim W3C als XML-Prozessor bezeichnet), die ein Textdokument Zeichen für Zeichen interpretiert. Es gibt zwei generische Parsertypen bei XML. Der eine nicht validierende Parser, kann nur sicherstellen, dass ein Dokument wohl geformt ist; das heißt, dass es die grundlegenden XML-Regeln für die Syntax erfüllt. Ein validierender Parser stellt sicher, dass ein Dokument wohl geformt ist und wendet dann den Dokumentinhalt oder die Beschränkungen durch Betriebsregeln, die durch ein zugeordnetes Schema bestimmt werden, auf das Dokument an, um sicherzustellen, dass es auch gültig ist.

3.8 Übung

Die Übung soll Ihre Kenntnis dessen, was Sie heute gelernt haben, überprüfen. Die Lösungen finden Sie in Anhang A.

Am Ende des 2. Tags sollten Sie in der Übung ein schlecht geformtes XML-Dokument korrigieren und aus ihm ein wohl geformtes Dokument machen. Es beschrieb zwei Alben einer Musiksammlung mit den Elementen cd, titel, kuenstler und stuecke. Sie sollen eine gültige Auszeichnungssprache für Musiksammlungen erstellen, die Sie MCML nennen werden. Auf der Grundlage der wohl geformten Lösung aus der letzten Übung erzeugen Sie ein Baumdiagramm für MCML und schreiben einige der Betriebsregeln auf, die verwendet werden können, um die Gültigkeit durchzusetzen.

Die Document Type Definition (DTD)

Die Document Type Definition (DTD)

Sie haben gelernt, dass ein XML-Dokument gültig ist, wenn ihm ein Schema zugeordnet wurde und wenn das Dokument die Beschränkungen, die in diesem Schema ausgedrückt sind, befolgt. Heute werden Sie den Schematyp Document Type Definition oder DTD kennen lernen.

Vor allem erfahren Sie:

- was eine DTD ist und wie sie einem XML-Dokument zugewiesen wird,
- wie eine interne und eine externe DTD geschrieben wird,
- wie Elemente und Attribute in einer DTD deklariert werden,
- wie Entitäten in DTDs verwendet werden,
- den Unterschied zwischen validierenden und nicht validierenden Parsern,
- einige der Unzulänglichkeiten bei DTDs und warum es nötig ist, andere Arten von Schemata zu erstellen.

4.1 Wo haben DTDs ihren Ursprung?

Sie erinnern sich, dass die Zuordnung eines Schemas zu einem XML-Dokument bedeutet, dass das Dokument unabhängig von der Anwendung zur gemeinsamen Benutzung freigegeben wird. Das Schema fügt dem XML-Dokument Beschränkungen hinzu, die den Einschluss der erforderlichen Elemente und Attribute, ihre spezifische Reihenfolge und bis zu einem gewissen Grad ihren gültigen Inhalt sicherstellen. Wenn diese Beschränkungen vorgegeben sind, können Sie Ihre Daten mit Anderen austauschen und ein gemeinsames Schema für die Validierung nutzen. Sie werden sehen, dass das Schema in eine Anwendung eingebaut werden kann, um ein XML-Dokument zu validieren, das für die Bereitstellung von Daten zu anderen Zwecken genutzt wird. Ein Parser ist eine solche Anwendung. Ein Parser validiert ein XML-Dokument, indem er feststellt, dass es wohl geformt ist, und dann die Beschränkungen austestet, die in einem zugeordneten externen (oder internen) Schema vorgegeben sind.

Die DTD ist eine Schemaform, die ihren Ursprung im SGML-Universum hat. Zunächst war XML als eine Art SGML ohne DTDs gedacht. In gewisser Hinsicht trifft dies auch zu, weil man sicherlich wohl geformtes XML schreiben kann, ohne ein Schema zuzuordnen, aber wie Sie bereits wissen, ist das Schema (die DTD) ein machtvolles Mittel, um dem Datenaustausch auf der Grundlage durchgängiger Datenstrukturen wertvolle Beschränkungen hinzuzufügen. Man kann XML ohne eine DTD oder ein Schema schreiben; dann handelt es sich um wohl geformtes XML, aber durch Schemata wird dem Dokumentinhalt und den Betriebsregeln die Gültigkeit hinzugefügt.

Wo haben DTDs ihren Ursprung?

Eine DTD (oder ein anderes XML-Schema) liefert eine Schablone für die Dokumentauszeichnung, die die Präsenz, die Anordnung und die Platzierung von Elementen und ihren Attributen in einem XML-Dokument anzeigt.

Sie haben bereits gelernt, dass ein XML-Dokument als Baum von Elementen angezeigt werden kann, welche Daten, andere Elemente und Attribute enthalten. Man kann sich eine DTD als Struktur vorstellen, die auch einen Baum definiert, aber es gibt einige Unterschiede zwischen einem DTD-Baum und einem XML-Dokumentbaum, auch wenn das XML-Dokument mit der DTD übereinstimmt.

Ein DTD-Baum hat selbst keine Wiederholung von Elementen oder in der Struktur. Seine Strukturen sind aber für die Wiederholung von Elementen in einer konformen und gültigen XML-Instanz geeignet. Betrachten Sie das XML-Dokument in Listing 4.1 (ein ähnliches haben Sie am dritten Tag gesehen).

Listing 4.1: Eine Kursankündigung als wohl geformte XML-Instanz – kurse.xml

```
 1: <?xml version="1.0"?>
 2: <!-- listing 4.1 - kurse.xml -->
 3:
 4: <ankuendigung>
 5:   <verteiler>Zur sofortigen Veroeffentlichung</verteiler>
 6:   <an>Alle potenziellen Studenten</an>
 7:   <von>Devan Shepherd</von>
 8:   <thema>Oeffentliches Kursangebot im August</thema>
 9:   <notiz>ACME-Training freut sich, folgende oeffentlichen
10:   Kurse anbieten zu koennen, die monatlich in seinem
11:   Hauptquartier stattfinden.</notiz>
12:   <mehr_info>Weitere Informationen und Einschreibung zu diesen
    Kursen unter
13:   <website>http://ACMETrain.com/university</website></mehr_info>
14:   <kurse>
15:     <kurs id="XML111" dozent="Bob Gonzales">XML fuer
    Anfaenger</kurs>
16:     <kurs id="XML333" dozent="Devan Shepherd">XML fuer
    Fortgeschrittene</kurs>
17:     <kurs id="XMT222" dozent="Gene Yong">XMetal Core-
    Konfiguration</kurs>
18:   </kurse>
19: </ankuendigung>
```

In Zeile 14 findet sich das Element kurse, das weitere kurs-Elemente enthält. Angesichts dessen könnte ein Diagramm zum Dokumentbaum, der diese Instanz anzeigt, wie das in Abbildung 4.1 aussehen.

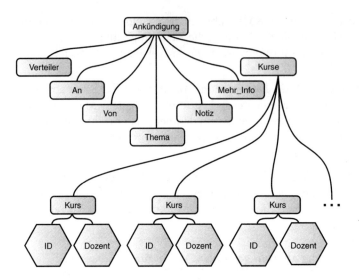

Abbildung 4.1:
Dokumentbaum für das
Dokument zur Presseankündigung kurse.xml

Der Dokumentbaum in Abbildung 4.1 zeigt mehrere kurs-Elemente, von denen jedes ein id- und ein dozent-Attribut hat. Ein DTD-Baum würde das kurs-Element nur einmal auflisten, aber einen speziellen +-Operator einschließen, der anzeigt, dass mehr als ein Element zulässig ist. Sie werden zu dem Pluszeichen und anderen besonderen DTD-Operatoren später mehr erfahren. Abbildung 4.2 zeigt einen zulässigen DTD-Baum für das Dokument kurse.xml.

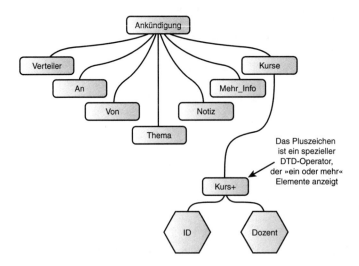

Abbildung 4.2:
Ein DTD-Baum für das
Dokument zur Presseankündigung kurse.xml

Zum Verständnis der Regeln

Sie werden heute lernen, wie man einfache DTDs erstellt und liest. Es gibt Tools, die bei diesem Prozess hilfreich sind, einschließlich einiger, die ein oder mehrere wohl geformte XML-Dokumente abfragen und DTDs generieren, die diese Dokumente validieren. (Sie finden etwa unter http://www.pault.com/pault/dtdgenerator/ ein Online-Programm, das dieses tut. Wenn Sie einen DTD-Generator lieber lokal einsetzen, können Sie die freigegebenen Tools von SAXON unter http://users.iclway.co.uk/mhkay/saxon/ herunterladen.)

Aber zunächst sollten wir betrachten, wie man einfache DTDs manuell programmiert.

4.2 Zum Verständnis der Regeln

DTDs behandeln die Elemente in einem XML-Dokument entweder als Containerelemente oder als leere Elemente (also als Platzhalter in der Dokumentstruktur). Die Containerelemente können Daten (etwa Text), abgeleitete Elemente oder eine Kombination aus beiden beherbergen. Die DTD stellt die Syntax für die Beschränkungen bereit, die diese Inhaltsmodelle steuert.

 Die Deklaration von Element- oder Attributsinhalten in einer DTD wird »das Inhaltsmodell« für ein bestimmtes Element oder Attribut genannt.

Die grundlegende Syntax zur Deklaration von Elementtypen in einer DTD

Die Elemente in einem XML-Dokument sind die fundamentalen Strukturen, die zusammengesetzt werden, um eine Instanz zu erzeugen. Jedes Element in einer DTD muss mit einer Elementtyp-Deklaration deklariert werden.

Elementtyp-Deklarationen haben folgende Form:

```
<!ELEMENT name ( Inhaltsmodell )>
```

 Die folgenden Beispiele bauen aufeinander auf. Sie sollten sie jeweils erzeugen, wenn wir sie im Buch vorstellen, indem Sie den entsprechenden Code für jedes Listing mit einem Texteditor schreiben oder von der CD laden. Später an diesem Tag werden Sie einige dieser Beispiele parsen, um nachzuweisen, dass sie gültiges XML darstellen. Speichern Sie jede neue Version Ihres Dokuments als eigene Datei ab und nennen diese nachricht01.xml, nachricht02.xml usw.

Die Document Type Definition (DTD)

Ein einfaches Beispiel mit Textinhalt

Betrachten Sie das kurze XML-Dokument in Listing 4.2 als Beispiel für ein einfaches Element. Es handelt sich dabei wirklich um ein sehr einfaches XML-Dokument, das nur ein einziges Element umfasst, `notiz`. Erstellen Sie dieses Dokument und speichern Sie es unter `nachricht01.xml` ab.

Listing 4.2: Eine kurze, wohl geformte XML-Instanz – nachricht01.xml

```
1: <?xml version = "1.0"?>
2: <notiz>Denke daran, auf dem Nachhauseweg von der Arbeit Milch zu kaufen</notiz>
```

Das Element `notiz` enthält nur Text, nichts weiter. Sie könnten dieses Dokument validieren, indem Sie eine DTD mit einer Elementtyp-Deklaration erzeugen, die festlegt, dass `notiz` nur `#PCDATA` enthält, ein von der DTD reserviertes Schlüsselwort für »Parsed Character Data« (ausgewertete Zeichendaten) oder Text. PCDATA sind reine Textdaten, aber es handelt sich dabei um Textdaten, die von einem XML-Parser gelesen und entsprechend verarbeitet werden. Deshalb beeinflussen Auszeichnungen in PCDATA das Parsen des Dokuments. Das kann ein erwünschter oder auch ein unerwünschter Effekt sein. Sie werden später erfahren, wie man verhindert, dass Text von einem Parser interpretiert wird, indem man einen CDATA genannten Datentyp verwendet. CDATA ist reiner Text, aber einer, den der Parser nicht zu verarbeiten versucht; Zeichen für die Auszeichnung, wie etwa spitze Klammern, werden in CDATA-Abschnitten ignoriert, in PCDATA-Segmenten dagegen aufgelöst.

Da DTDs eine Methode anbieten, die Struktur von Dokumenten zu validieren, enthalten sie die Regeln für den Inhalt. Jedem Element oder Attribut ist in einer DTD ein Inhaltsmodell zugeordnet, das den Inhalt deklariert und definiert. Ein Element kann beispielsweise Textdaten oder andere Elemente enthalten oder es kann leer sein. All diese Inhaltsmodelle werden in einer DTD unterschiedlich programmiert. DTDs können in getrennten Dokumenten bereitgestellt werden und durch eine spezielle Anweisung dem Dokument der XML-Instanz zugeordnet werden oder sie können als Inline-Kodierung eingeschlossen werden. Heute lernen Sie zunächst die Inline-Form kennen, anschließend dann den externen Ansatz.

Das für die DTD reservierte Schlüsselwort `#PCDATA` wird immer in Großbuchstaben geschrieben.

Listing 4.3 zeigt das XML-Dokument mit einer eingebetteten DTD. Erzeugen Sie dieses Dokument und speichern Sie es unter `nachricht02.xml`. Zeile 3 ist die Elementtyp-Deklaration und wird noch ausführlich erklärt.

Zum Verständnis der Regeln

Listing 4.3: Eine kurze, wohl geformte und gültige XML-Instanz – nachricht02.xml

```
1: <?xml version = "1.0"?>
2: <!DOCTYPE notiz    [
3: <!ELEMENT notiz    ( #PCDATA)>
4:              ]>
5: <notiz>Denke daran, auf dem Nachhauseweg von der Arbeit Milch zu kaufen</notiz>
```

Zeile 1 ist die Standard-Deklaration für XML, von der Arbeitdie Sie in allen anderen Übungen auch verwendet haben. Sie deklariert, dass es sich um ein XML-Dokument der Version 1.0 handelt – also nichts Neues in dieser Zeile.

Zeile 2 ist eine spezielle Dokumenttyp-Deklaration, die im Prolog eines XML-Dokuments platziert wird und die DTD dem XML-Dokument zuweist. Sie werden noch lernen, wie man die Document Type Definition verwendet, um entweder eine Inline-DTD (interne Untermenge genannt) anzuzeigen, oder eine, die in einem eigenen externen DTD-Dokument gespeichert ist (externe Untermenge genannt). Die Syntax der beiden Ansätze ist etwas unterschiedlich und wird heute im Detail vorgestellt. Die Dokumenttyp-Deklaration beginnt immer mit <!DOCTYPE und endet mit einem >-Symbol. Das Wort DOCTYPE muss großgeschrieben sein. Die ersten Zeilen in einem XML-Dokument vor der Zeile, die das Wurzel-Element enthält, werden häufig als *Prolog* des Dokuments bezeichnet. Der Prolog enthält die Verarbeitungsanweisungen für das Dokument wie die XML-Deklaration (<?xml version="1.0"?>) und eine DOCTYPE-Deklaration, wenn eine DTD verwendet wird. Am 5. und 6. Tag werden Sie sehen, dass es noch weitere Arten von Schemata bei XML-Dokument-Instanzen gibt, die andere Informationen im Prolog oder Attribute im Start-Tag eines Wurzel-Elements verwenden.

Die Dokumenttyp-Deklaration in Zeile 2 teilt dem XML-Prozessor (etwa einem validierenden Parser) mit, dass eine Deklaration namens notiz existiert und alles innerhalb der eckigen Klammern ([]) zur Inline-DTD gehört. Anders gesagt, Zeile 2 beginnt mit der internen DTD-Untermenge namens notiz. In diesem Fall ist notiz das Wurzel-Element.

Zeile 3 liefert die Elementtyp-Deklaration für das Element notiz. Insbesondere wird hier deklariert, dass notiz ein Element ist, das nur Text enthält, oder auch #PCDATA. Der Teil der Deklaration, der in Klammern eingeschlossen ist, ist das Inhaltsmodell oder die Spezifikation für den Inhalt. Im Inhaltsmodell teilen Sie dem XML-Parser mit, was er als Inhalt für alle XML-Elemente in Ihrem Dokument zu erwarten hat. Manchmal werden Sie deklarieren, dass ein Element leer ist. In anderen Fällen werden Sie ein Container-Element deklarieren, das andere Elemente enthält. Einige Elemente enthalten Daten, wieder andere haben einen gemischten Inhalt und schließen Text und andere Elemente ein. Beispiele für alle Arten von Inhaltsmodellen folgen.

Zeile 4 markiert den Abschluss der Inline-DTD und teilt dem XML-Prozessor mit, dass das XML-Dokument folgt.

Zeile 5 enthält das Element notiz mit seinem Textinhalt (#PCDATA).

Die DTD-Schlüsselwörter DOCTYPE und ELEMENT müssen großgeschrieben werden.

Ein Element, das ein anderes Element enthält

Elemente können Container für andere Elemente sein. Das Wurzel-Element eines XML-Dokuments ist normalerweise ein solches Element. Listing 4.4 zeigt das Element notiz mit einem Element nachricht als Inhalt. Erzeugen Sie dieses Dokument und speichern Sie es unter nachricht03.xml.

Listing 4.4: Ein Element mit nur einem abgeleiteten Element – nachricht03.xml

```
1: <?xml version = "1.0"?>
2: <notiz>
3:    <nachricht>Denke daran, auf dem Nachhauseweg von der Arbeit Milch zu kaufen</nachricht>
4: </notiz>
```

Diesmal müssen Sie, um eine DTD für dieses XML-Dokument zu erzeugen, angeben, dass das Element notiz einen Elementinhalt hat, nämlich nachricht, und nicht #PCDATA ist. Anschließend müssen Sie allerdings deklarieren, dass das nachricht-Element #PCDATA-Inhalt hat, weil alle Elemente in der Instanz deklariert werden müssen – das ist ein Teil der Bedingungen, die Ihre DTD erzwingt. Listing 4.5 zeigt das vollständige XML-Dokument mit einer internen Untermenge oder Inline-DTD. Erzeugen Sie dieses Dokument und speichern Sie es unter nachricht04.xml.

Listing 4.5: Eine DTD-Deklaration für ein Element, das ein abgeleitetes Element enthält – nachricht04.xml

```
1: <?xml version = "1.0"?>
2: <!DOCTYPE notiz    [
3: <!ELEMENT notiz    ( nachricht )>
4: <!ELEMENT nachricht ( #PCDATA )>
5:          ]>
6: <notiz>
7:    <nachricht>Denke daran, auf dem Nachhauseweg von der Arbeit Milch zu kaufen</nachricht>
8: </notiz>
```

In Zeile 3 wird deklariert, dass das Element notiz ein nachricht-Element enthält. Zeile 4 deklariert, dass das nachricht-Element #PCDATA enthält. Zeilen 6-8 bilden die wohl geformte und gültige XML-Instanz. Wie in Zeile 7 zu sehen ist, ist das Element nachricht korrekt in das Element notiz eingebettet (das heißt nachricht ist eine Ableitung des notiz-Elements.) Das Einrücken oder der Tab-Leerraum im Element nachricht wird nur der Klarheit halber eingefügt. Das Einrücken des Codes ist guter Programmierstil, der das Lesen des Codes vereinfacht. Das Arbeiten mit solchen Leerräumen ist in XML nicht obligatorisch. Später werden Sie sehen, wie XML-Prozessoren mit zusätzlichen Leerraum-Zeichen umgehen.

Ein leeres Element deklarieren

Leere Elemente werden normalerweise als Platzhalter verwendet oder auch, um obligatorische Attributswerte bereitzustellen, die andere Elemente nicht korrekt modifizieren. Später werden Sie mehr über Attributs-Deklarationen in DTDs erfahren. In Zeile 3 von Listing 4.6 wurde dem XML-Dokument das leere Element anzahl hinzugefügt. Erzeugen Sie dieses Dokument und speichern Sie es unter nachricht05.xml.

Listing 4.6: Ein leeres Element in einem XML-Dokument – nachricht05.xml

```
1: <?xml version = "1.0"?>
2: <notiz>
3:    <anzahl />
4:    <nachricht>Denke daran, auf dem Nachhauseweg von der Arbeit Milch zu kaufen
</nachricht>
5: </notiz>
```

Listing 4.7 zeigt die interne DTD-Untermenge, die das neue leere Element korrekt deklariert. Erzeugen Sie dieses Dokument und speichern Sie es unter nachricht06.xml.

Listing 4.7: Eine DTD, die ein leeres anzahl-Element deklariert – nachricht06.xml

```
1: <?xml version = "1.0"?>
2: <!DOCTYPE notiz    [
3: <!ELEMENT notiz    ( anzahl, nachricht )>
4: <!ELEMENT anzahl    EMPTY>
5: <!ELEMENT nachricht ( #PCDATA)>
6:           ]>
7: <notiz>
8:    <anzahl />
9:    <nachricht>Denke daran, auf dem Nachhauseweg von der Arbeit Milch zu kaufen</nachricht>
10: </notiz>
```

Die Document Type Definition (DTD)

Zeile 3 zeigt an, dass das Element notiz jetzt ein anzahl-Element enthält, dem ein nachricht-Element folgt. Das Komma (,) zwischen den Elementen im Inhaltsmodell weist darauf hin, dass dem Element ein weiteres Element folgt und zwar in der deklarierten Reihenfolge. Der XML-Prozessor interpretiert Zeile 3 so, dass das Element notiz ein anzahl-Element enthält, dem unmittelbar das Element nachricht folgt, in der angegebenen Reihenfolge. Eine XML-Instanz mit dem Element nachricht, das dem anzahl-Element vorausgeht, wäre nach dieser DTD nicht gültig.

Zeile 4 verwendet das Schlüsselwort EMPTY (leer) im Inhaltsmodell für das Element anzahl, um zu deklarieren, dass es sich um ein leeres Element handelt. Laut DTD kann anzahl weder Text noch andere Elemente enthalten.

Das Schlüsselwort EMPTY in der DTD wird immer großgeschrieben.

Das DTD-Schlüsselwort ANY

Manchmal weiß man vielleicht, dass ein bestimmtes Element nicht leer ist (das heißt Elemente, Text oder beides enthält), aber man ist sich nicht sicher, was das genaue Inhaltsmodell ist. Das DTD-Schlüsselwort ANY kann verwendet werden, um den Inhalt für Elemente zu deklarieren, die so charakterisiert sind. Um zu verstehen, wie ANY die Definition einer XML-Struktur beeinflusst, fügen Sie Elementinhalt hinzu, der die Struktur komplexer macht. Dann programmieren Sie das Inhaltsmodell mit dem Schlüsselwort ANY und entfernen so die Beschränkungen zu diesem Modell.

Betrachten Sie die XML-Instanz in Listing 4.8, in der das abgeleitete Element datum zum Container-Element notiz hinzugefügt wurde. Erzeugen Sie dieses Dokument und speichern Sie es unter nachricht07.xml.

Listing 4.8: *Dem notiz-Element wird eine weitere Ableitung hinzugefügt – nachricht07.xml*

```
1: <?xml version = "1.0"?>
2: <notiz>
3:    <anzahl />
4:    <nachricht>Denke daran, auf dem Nachhauseweg von der Arbeit Milch einzukaufen</nachricht>
5:    <datum />
6: </notiz>
```

Sie könnten die Deklaration des Elements notiz in Zeile 3 von Listing 4.7 erweitern, sodass sie das neue Element datum einschließt. Das würde dann so aussehen:

```
3:<!ELEMENT notiz ( anzahl, nachricht, datum )>
```

Da dies aber keine sehr präzise Angabe ist, die in Hinsicht auf die Gültigkeit wenig bringt, könnten Sie auch das Schlüsselwort ANY verwenden, um anzuzeigen, dass das Element notiz einen beliebigen Inhaltstyp enthalten kann, einschließlich Text oder andere Elemente, ohne Rücksicht auf ihren jeweiligen Namen oder ihre Anordnung. Listing 4.9 zeigt die DTD mit einer solchen Deklaration. Erzeugen Sie dieses Dokument und speichern Sie es unter nachricht08.xml.

Listing 4.9: Für das Element notiz ist ANY-Inhalt erlaubt – nachricht08.xml

```
 1: <?xml version = "1.0"?>
 2: <!DOCTYPE notiz    [
 3: <!ELEMENT notiz     ANY>
 4: <!ELEMENT anzahl    EMPTY>
 5: <!ELEMENT nachricht ( #PCDATA)>
 6: <!ELEMENT datum     EMPTY>
 7:            ]>
 8: <notiz>
 9:    <anzahl />
10:    <nachricht>Denke daran, auf dem Nachhauseweg von der Arbeit Milch zu kaufen</nachricht>
11:    <datum />
12: </notiz>
```

Zeile 3 liefert die ANY-Deklaration für das Element notiz. Damit das Dokument gültig wird, muss jedoch Zeile 6 hinzugefügt werden, in welcher der EMPTY-Inhalt für das Element datum deklariert wird. Ohne Zeile 6 wäre das XML-Dokument nicht gültig. Zeile 4 liefert die gleichen Beschränkungen für das Element anzahl. Es dürfen in Ihrer XML-Instanz keine Elemente vorkommen, die nicht in der DTD deklariert wurden.

Das DTD-Schlüsselwort ANY wird immer mit Großbuchstaben geschrieben.

Gemischte Inhaltsmodelle

Es kann vorkommen, dass Sie eine Regel aufstellen wollen, die einem Element erlaubt, Text oder andere Elemente in Kombination zu enthalten. Ein gemischtes Inhaltsmodell bietet diese Möglichkeit. Listing 4.10 zeigt eine XML-Instanz mit #PCDATA im Wurzel-Element und den abgeleiteten Elementen, die Sie vorher erstellt haben. Erzeugen Sie dieses Dokument und speichern Sie es unter nachricht09.xml.

Die Document Type Definition (DTD)

Listing 4.10: Gemischter Inhalt im Element notiz – nachricht09.xml

```
1: <?xml version = "1.0"?>
2: <notiz>Dies ist eine wichtige Notiz
3:    <anzahl />
4:    <nachricht>Denke daran, auf dem Nachhauseweg von der Arbeit Milch zu kaufen</nachricht>
5:    <datum />
6: </notiz>
```

Das Wurzel-Element in Zeile 2, notiz, enthält den Textstring Dies ist eine wichtige Notiz. Listing 4.11 zeigt eine DTD, die diese Instanz validiert. Erzeugen Sie dieses Dokument und speichern Sie es unter nachricht10.xml.

Listing 4.11: Validierung eines Elements mit einem gemischten Inhaltsmodell – nachricht10.xml

```
 1: <?xml version = "1.0"?>
 2: <!DOCTYPE notiz    [
 3: <!ELEMENT notiz    ( #PCDATA | anzahl | nachricht | datum )*>
 4: <!ELEMENT anzahl   EMPTY>
 5: <!ELEMENT nachricht ( #PCDATA )>
 6: <!ELEMENT datum    EMPTY>
 7:             ]>
 8: <notiz>Dies ist eine wichtige Notiz
 9:    <anzahl />
10:    <nachricht>Denke daran, auf dem Nachhauseweg von der Arbeit Milch zu kaufen</nachricht>
11:    <datum />
12: </notiz>
```

In Zeile 3 wird der gemischte Inhalt, der dem Element notiz zugeordnet ist, deklariert. Ein XML-Prozessor würde diese Zeile so interpretieren, dass sie anzeigt, dass das Element notiz eine beliebige Kombination aus Text und den aufgelisteten Elementen enthalten kann. Das ist wirklich eine reichlich komplexe Aussage. Das Zeichen Pipe (|) bedeutet in der DTD-Sprache »oder«. Die Spezifikation zum Inhalt besagt, dass das Element notiz #PCDATA oder anzahl oder nachricht oder datum enthalten kann. Das Sternzeichen (*) am Ende der Inhaltsspezifikation bedeutet, dass die Punkte, die in Klammern stehen, beliebig oft oder überhaupt nicht verwendet werden können. Daher ist unter Verwendung der gleichen DTD auch das XML-Dokument in Listing 4.12 gültig.

Zum Verständnis der Regeln

Listing 4.12: Eine weitere gültige XML-Instanz, die das gleiche gemischte Inhaltsmodell für das Element notiz verwendet – nachricht11.xml

```
 1: <?xml version = "1.0"?>
 2: <!DOCTYPE notiz    [
 3: <!ELEMENT notiz    (#PCDATA | anzahl | nachricht | datum)*>
 4: <!ELEMENT anzahl   EMPTY>
 5: <!ELEMENT nachricht ( #PCDATA)>
 6: <!ELEMENT datum    EMPTY>
 7:    ]>
 8: <notiz>Dies ist eine wichtige Notiz
 9:    <anzahl />jetzt koennen wir das Vorkommen aller Inhaltstypen
       nicht mehr kontrollieren
10:    <anzahl />
11:    <nachricht>sachen</nachricht>an die man denken soll
12:    <nachricht>Denke daran, auf dem Nachhauseweg von der Arbeit Milch zu kaufen</nachricht>
13: </notiz>
```

Wenn Sie die Unterschiede zwischen den Listings 4.11 und 4.12 betrachten, werden Sie feststellen, dass beide die gleiche interne Untermenge oder Inline-DTD enthalten. Aber Listing 4.12 hat kein Element datum; das Dokument wird dennoch als gültig betrachtet, weil das gemischte Inhaltsmodell und der (*)-Operator alle Kombinationen zulassen. Zeile 10 zeigt ein zweites leeres anzahl- und Zeile 11 ein neues nachricht-Element, beide sind durch das gemischte Inhaltsmodell zugelassen. Text (#PCDATA) kommt an verschiedenen Stellen innerhalb des Elements notiz vor (Zeilen 8, 9, 11 und 12).

Verwendet man das gemischte Inhaltsmodell, geht viel an Kontrolle über die deklarierte Struktur des Dokuments verloren. Dennoch müssen Sie gelegentlich gemischte Inhaltsmodelle verwenden, aber wenn möglich, sollten Sie sie für den Fall vermeiden, dass das Geschäftsproblem, das zu lösen ist, eine genaue Kontrolle der Datenstruktur Ihres Dokuments erfordert.

Zusammenfassung zu den Inhaltsmodellen für Elemente

Bis jetzt haben Sie gelernt, eine DTD zu verwenden, um verschiedene Inhaltstypen für ein Element zu deklarieren. Tabelle 4.1 fasst diese Inhaltsspezifikationen zusammen und zeigt die Syntax an, die jeweils verwendet wird.

Die Document Type Definition (DTD)

Inhalt	Syntax	Interpretation
Element(e)	`<!ELEMENT name (Ableitung1, Ableitung2)>`	Dieses Element enthält nur abgeleitete Elemente.
Gemischt	`<!ELEMENT name (#PCDATA | Ableitung)*>`	Dieses Element enthält eine Kombination aus Text und untergeordneten Elementen.
EMPTY	`<!ELEMENT name EMPTY>`	Dieses Element hat keinen Inhalt.
ANY	`<!ELEMENT name ANY>`	Dieses Element kann entweder Text oder Elementinhalt enthalten.

Tabelle 4.1: DTD-Inhaltsspezifikationen für Elemente

4.3 Attribute in einer DTD deklarieren

Angenommen, Sie beschließen, dass die leeren Elemente `anzahl` und `datum` als Attribute für das Element `nachricht` sinnvoller einzusetzen sind, weil sie dieses Element modifizieren. Sie erinnern sich, dass Attribute Elemente modifizieren, ähnlich wie Adjektive dies mit Nomina tun. Das nächste Beispiel nimmt die leeren Elemente `anzahl` und `datum` aus den Listings 4.8 und 4.9 und wandelt sie in Attribute für das Element `nachricht` um. Listing 4.13 zeigt dies.

Listing 4.13: Eine XML-Instanz mit Attributen – nachricht12.xml

```
1: <?xml version = "1.0"?>
2: <notiz>
3:   <nachricht anzahl="10" datum="073001">
4:    Denke daran, auf dem Nachhauseweg von der Arbeit Milch zu kaufen
5:   </nachricht>
6: </notiz>
```

Zeile 3 enthält jetzt `anzahl` und `datum` als Attribute für das Element `nachricht`. Die DTD benötigt einen besonderen Mechanismus für die Attributs-Deklaration. Das Schlüsselwort `ATTLIST` wird für diesen Zweck verwendet.

Attributs-Deklarationen haben folgende Form:

```
<!ATTLIST  -Element_name  -Attribut_name1 (typ) vorgabe
           -Attribut_name2 (typ) vorgabe>
```

Es gibt drei grundlegende Typen von Attributen, die innerhalb einer DTD deklariert werden. Dies sind:

Attribute in einer DTD deklarieren

- Strings, angezeigt durch das Schlüsselwort CDATA
- Token-Attribute, angezeigt durch deklarierte Token
- Aufzählungs-Attribute, in denen eine Auswahl von gültigen Werten bereitgestellt wird

Standard-Attribute werden deklariert, um Dokumentautoren die Kontrolle über gültige Attributswerte zu erlauben. Sie werden später Beispiele für diese Standard-Deklarationen sehen. Die drei Standardtypen, die von DTDs implementiert werden, sehen Sie in Tabelle 4.2.

Wert	Interpretation
#REQUIRED	Spezifiziert, dass das Attribut bereitgestellt werden muss
#FIXED	Stellt eine konstante Deklaration für einen Attributwert bereit. Wenn der Wert nicht der deklarierte ist, ist das Dokument nicht gültig.
#IMPLIED	Das Attribut ist optional. Das heißt, wenn es im Element nicht auftritt, kann die verarbeitende Anwendung einen beliebigen Wert verwenden (wenn dies nötig ist).

Tabelle 4.2: DTD-Standard-Attribute

Attributs-Deklarationen vom Typ String

Das nachfolgende Listing zeigt eine DTD, die die XML-Instanz aus Listing 4.13 validiert.

Listing 4.14: Eine DTD mit einer einfachen ATTLIST-Deklaration – nachricht13.xml

```
 1: <?xml version = "1.0"?>
 2: <!DOCTYPE notiz    [
 3: <!ELEMENT notiz    ( nachricht ) >
 4: <!ELEMENT nachricht   ( #PCDATA)>
 5: <!ATTLIST nachricht
 6:        anzahl   CDATA   #REQUIRED
 7:        datum    CDATA   #REQUIRED>
 8:           ]>
 9: <notiz>
10:    <nachricht anzahl="10" datum="073001">
11:    Denke daran, auf dem Nachhauseweg von der Arbeit Milch zu kaufen
12:    </nachricht>
13: </notiz>
```

Die Document Type Definition (DTD)

In Zeile 5 wird deklariert, dass das Element nachricht ein Attribut anzahl und ein Attribut datum erfordert. Beide Attribute sind vom Typ CDATA, der erlaubt, dass als Daten ein beliebiger String eingefügt wird. Das Schlüsselwort CDATA erlaubt den Einschluss beliebiger Zeichen in den String, außer <, >, & oder ». Das Schlüsselwort #REQUIRED zeigt an, dass die Attribute anzahl und datum für das nachricht-Element bereitgestellt werden müssen.

Zeile 10 weist dem Attribut anzahl den Wert "10" und dem Attribut datum den Wert "073001" zu, die beide das Element nachricht modifizieren.

Attributs-Deklaration vom Typ #FIXED

Listing 4.15 zeigt das neue Attribut von mit dem Wert "Kathy Shepherd". Wenn man das Schlüsselwort #FIXED verwendet, kann man sicherstellen, dass der Attributswert dem erwarteten entspricht. Zur Übung werden Sie jetzt sicherstellen, dass alle nachrichten von Kathy Shepherd sind.

Listing 4.15: Ein neues Attribut, von, wird eingeführt, um das Element nachricht zu modifizieren – nachricht14.xml

```
1: <?xml version = "1.0"?>
2: <notiz>
3:    <nachricht anzahl="10" datum="073001" von="Kathy Shepherd">
4:    Denke daran, auf dem Nachhauseweg von der Arbeit Milch zu kaufen
5:    </nachricht>
6: </notiz>
```

Die DTD, die den festgesetzten Attributswert deklariert, wird in Listing 4.16 gezeigt.

Listing 4.16: Eine gültige XML-Instanz mit einem Attributswert #FIXED – nachricht15.xml

```
 1: <?xml version = "1.0"?>
 2: <!DOCTYPE notiz  [
 3: <!ELEMENT notiz   ( nachricht ) >
 4: <!ELEMENT nachricht  ( #PCDATA)>
 5: <!ATTLIST nachricht
 6:      anzahl  CDATA #REQUIRED
 7:      datum   CDATA #REQUIRED
 8:      von     CDATA #FIXED  "Kathy Shepherd">
 9:      ]>
10: <notiz>
11:    <nachricht anzahl="10" datum="073001" von="Kathy Shepherd">
12: Denke daran, auf dem Nachhauseweg von der Arbeit Milch zu kaufen
13:    </nachricht>
14: </notiz>
```

Attribute in einer DTD deklarieren

In Zeile 8 wird deklariert, dass das Attribut von den Wert Kathy Shepherd enthalten muss und nichts weiter. Würde Zeile 11 etwa so aussehen:

```
11:    <nachricht anzahl="10" datum="073001" von="jemand anders">,
```

würde das Dokument vom XML-Prozessor als fehlerhaft angesehen und eine Fehlermeldung würde generiert werden, die anzeigt, dass es nicht gültig ist.

Attributs-Deklaration vom Typ #IMPLIED

Listing 4.17 zeigt ein #IMPLIED-Attribut. Attribute, die impliziert sind, sind optional und die Gültigkeit wird von ihrer Präsenz oder Absenz nicht beeinflusst.

Listing 4.17: Ein gültiges Dokument mit einem #IMPLIED-Attribut – nachricht16.xml

```
 1: <?xml version = "1.0"?>
 2: <!DOCTYPE notiz    [
 3: <!ELEMENT notiz    ( nachricht ) >
 4: <!ELEMENT nachricht  ( #PCDATA)>
 5: <!ATTLIST nachricht
 6:      anzahl CDATA #REQUIRED
 7:      datum  CDATA #REQUIRED
 8:      von    CDATA #FIXED   "Kathy Shepherd"
 9:      status CDATA #IMPLIED>
10:        ]>
11: <notiz>
12:    <nachricht anzahl="10" datum="073001" von="Kathy Shepherd">
13: Denke daran, auf dem Nachhauseweg von der Arbeit Milch zu kaufen
14:    </nachricht>
15: </notiz>
```

Zeile 9 deklariert ein #IMPLIED-Attribut, status, für dieses Dokument. Da es impliziert oder optional ist, ist die Dokument-Instanz gültig, ohne dass das Attribut in das nachricht-Element eingeschlossen wird. Wenn Zeile 12 ein status-Attribut einschlösse, wie

```
12:    <nachricht anzahl="10" datum="073001" von="Kathy Shepherd"
status="dringend">,
```

wäre die Dokument-Instanz immer noch gültig.

Attribute vom Typ Token in DTDs

Mit Token-Attributen können Sie bestimmte Beschränkungen für Attributswerte auferlegen, aber diese Beschränkungen sind begrenzt, wie Sie sehen werden. Die Token-Optionen bie-

Die Document Type Definition (DTD)

ten eine Methode, die für Attribute erlaubten Werte einzuschränken. So wollen Sie vielleicht für jedes Element eine eindeutige ID haben oder einem Attribut nur gestatten, ein oder zwei verschiedene Werte zu haben. Tabelle 4.3 listet die vier verschiedenen Token-Attributstypen auf, die bei DTDs zur Verfügung stehen.

Wert	Interpretation
ID	Identifiziert ein Element eindeutig
IDREF	Zeigt auf Elemente, die ein ID-Attribut haben
ENTITIES	Bezieht sich auf eine externe, nicht geparste Entity
NMTOKEN	Der Wert besteht aus Buchstaben, Ziffern, Punkten, Unterstrichen, Bindestrichen und Doppelpunkten, aber keinen Leerzeichen.

Tabelle 4.3: Token-Attributstypen bei DTDs

ID- und IDREF-Attribute verwenden

Listing 4.18 zeigt ein Beispiel für eine XML-Instanz, die mit den Attributstypen ID und IDREF validiert werden könnte. In diesem Beispiel wurde das XML-Dokument notiz erweitert, sodass es verschiedene neue nachricht-Elemente mit qualifizierenden Attributen aufnimmt, die sicherstellen, dass jedes Element eindeutig durch ein anzahl-Attribut und durch ergebnis-Elemente identifiziert wird, die den Notizen durch das Attribut nchr zugeordnet werden. Die XML-Instanz ist wohl geformt.

Listing 4.18: Das erweiterte XML-Dokument notiz – nachricht17.xml

```
 1: <?xml version = "1.0"?>
 2: <notiz>
 3:   <nachricht anzahl="a1" von="Kathy Shepherd">
 4:   Denke daran, auf dem Nachhauseweg von der Arbeit Milch zu kaufen
 5:   </nachricht>
 6:   <nachricht anzahl="a2" von="Greg Shepherd">
 7:   Ich brauche Hilfe bei meinen Hausaufgaben
 8:   </nachricht>
 9:   <nachricht anzahl="a3" von="Kristen Shepherd">
10:   Bitte spiele heute Abend Scribble mit mir
11:   </nachricht>
12:
13:   <ergebnis nchr="a1">
14:   Milch war ueber dem Verfallsdatum
15:   </ergebnis>
16:   <ergebnis nchr="a1">
```

Attribute in einer DTD deklarieren

```
17:   bin zu einem anderen Laden gegangen
18:   </ergebnis>
19:   <ergebnis nchr="a2">
20:   Hausaufgaben fruehzeitig beendet
21:   </ergebnis>
22: </notiz>
```

Um die Absicht dieses XML-Dokuments zu verdeutlichen, stellen Sie sich ein Szenario vor, bei dem eine Anwendung kurze Nachrichten speichert, die den ganzen Tag über ein Handy, einen Pager oder E-Mail eingegangen sind. Jeder Nachricht wird eine eindeutige ID zugewiesen (zum Beispiel das anzahl-Attribut). Die gleiche Anwendung speichert ergebnis-Elemente, die aufgezeichnet werden oder auch nicht (d.h. sie sind nicht #REQUIRED). Wenn diese optionalen ergebnis-Elemente tatsächlich aufgezeichnet werden, muss ihnen aber eine bestimmte nachricht (durch das Attribut nchr) zugeordnet werden, sodass sie später verarbeitet, vielleicht angepasst werden können.

Das stellt einen vor ein ziemlich komplexes Validierungsproblem, aber eines, das mit einer DTD leicht gehandhabt werden kann, wenn man die Attributstypen ID und IDREF verwendet. Listing 4.19 liefert die DTD-Validierung für dieses Szenario.

Listing 4.19: Validierung mit den Attributstypen ID und IDREF – nachricht18.xml

```
1: <?xml version = "1.0"?>
2: <!DOCTYPE  notiz   [
3: <!ELEMENT  notiz   ( nachricht+, ergebnis+ ) >
4: <!ELEMENT  nachricht ( #PCDATA)>
5: <!ATTLIST  nachricht
6:        anzahl   ID    #REQUIRED
7:        von     CDATA #REQUIRED>
8: <!ELEMENT  ergebnis (#PCDATA)>
9: <!ATTLIST  ergebnis
10:        nchr    IDREF #IMPLIED>
11:        ]>
12: <notiz>
13:   <nachricht anzahl="a1" von="Kathy Shepherd">
14:   Denke daran, auf dem Nachhauseweg von der Arbeit Milch zu kaufen
15:   </nachricht>
16:   <nachricht anzahl="a2" von="Greg Shepherd">
17:   Ich brauche Hilfe bei meinen Hausaufgaben
18:   </nachricht>
19:   <nachricht anzahl="a3" von="Kristen Shepherd">
20:   Bitte spiele heute Abend Scribble mit mir
21:   </nachricht>
22:
23:   <ergebnis nchr="a1">
24:    Milch war ueber dem Verfallsdatum
```

Die Document Type Definition (DTD)

```
25:    </ergebnis>
26:    <ergebnis nchr="a1">
27:      bin zu einem anderen Laden gegangen
28:    </ergebnis>
29:    <ergebnis nchr="a2">
30:      Hausaufgaben fruehzeitig beendet
31:    </ergebnis>
32: </notiz>
```

Zeile 3 enthält ein anderes Inhaltsmodell als die bisher gezeigten. Vor allem gibt es ein Pluszeichen (+) hinter den abgeleiteten Elementen nachricht und ergebnis in der Inhaltsspezifikation für das Element notiz. Das ist ein Frequenzanzeiger, der bedeutet, dass das abgeleitete Element einmal oder mehrmals in dem Container-Element enthalten sein muss. In diesem Fall wird Zeile 3 so interpretiert, dass sie bedeutet, das notiz-Element enthält ein oder mehrere Elemente nachricht, denen ein oder mehrere Elemente ergebnis folgen (Sie erinnern sich, dass das Komma immer die Reihenfolge regelt).

Zeile 4 deklariert, dass das nachricht-Element Text enthält, #PCDATA.

Die Liste der deklarierten Attribute für das Element nachricht beginnt in Zeile 5. In Zeile 6 wird durch die Deklaration festgestellt, dass das obligatorische Attribut anzahl den Typ ID hat. ID heißt, dass jedes anzahl-Attribut einzigartig sein muss. Wird ein Wert für anzahl in einem anderen Element wiederholt, schlägt die Validierung des Dokuments fehl.

Ein Attribut vom Typ ID muss mit einem Buchstaben, einem Doppelpunkt (:) oder einem Unterstrich (_) beginnen. Nur ein Attribut vom Typ ID kann pro Element eingeschlossen sein.

Zeile 7 wird von den vorhergehenden Beispielen übernommen und zeigt an, dass das Element nachricht ein Attribut von haben muss, das einen String umfasst.

Zeile 8 deklariert, dass ergebnis Text einschließt.

In Zeile 10 wird das nchr-Attribut für das Element ergebnis als Attribut vom Typ IDREF deklariert. Das heißt, dass der Wert des Attributs nchr im Element ergebnis dem Wert des entsprechenden anzahl-Attributs im Element nachricht zugeordnet ist. Im Beispiel ist "a1", Denke daran, auf dem Nachhauseweg von der Arbeit Milch zu kaufen den Resultaten Milch war über dem Verfallsdatum und ging in einen anderen Laden zugeordnet. In ähnlicher Weise ist das Element ergebnis, Hausaufgaben frühzeitig beendet mit dem Attribut "a2", dem nachricht-Element, das den Attributswert "a2", Ich brauche Hilfe bei meinen Hausaufgaben für anzahl hat, zugeordnet. Sie werden bemerken, dass kein ergebnis mit nachricht anzahl="a3" verbunden ist. Das ist deshalb akzeptabel, weil nchr in Zeile 10 als #IMPLIED oder optional deklariert wurde.

Attribute in einer DTD deklarieren

ENTITY-Elemente in einer DTD verwenden

Elemente bei der Auszeichnung werden als Container betrachtet. Entities sind Ersetzungsstrings, die sich in eine andere Form auflösen. Die Leser, die sich mit HTML auskennen, werden wohl einige der Entities kennen, die man gewöhnlich in dieser Sprache verwendet. Zum Beispiel die Entity , die im Browser durch den Einschluss eines einzelnen Leerzeichens aufgelöst wird, das einen Umbruch verhindert. XML verwendet verschiedene Entity-Typen. Die erste, die wir betrachten, gestattet die Substitution eines Strings in einem XML-Dokument. Die Deklaration und die Definition der Entity finden in einem Schema statt. Trifft ein XML-Prozessor auf eine Entity, löst er sie auf, indem er sie durch das ersetzt, was für sie definiert ist. Der Prozessor erkennt, dass er auf eine Zeichen-Entity trifft, wenn das Zeichen & gefunden wird. Alle Zeichen-Entities haben diese Form:

&entity;

Das vorangestellte Ampersand-Zeichen (das kaufmännische Und-Zeichen) und der nachfolgende Strichpunkt grenzen die Entity-Referenz ab.

Am siebten Tag werden Sie die Verwendung von Entities bei XML im Detail untersuchen. Entities kann man auf verschiedene Weise verwenden. Sie werden sehen, wie man Entities verwendet, um auf eine in einer DTD gespeicherte Variable zu verweisen. Listing 4.20 zeigt eine Entity-Deklaration, die zur Darstellung eines Datenstrings verwendet wird.

Listing 4.20: Die Ersetzung der Entity in XML unter Verwendung einer DTD – nachricht19.xml

```
 1: <?xml version = "1.0"?>
 2: <!DOCTYPE  notiz  [
 3: <!ELEMENT  notiz  ( nachricht+, ergebnis+ ) >
 4: <!ELEMENT  nachricht ( #PCDATA)>
 5: <!ATTLIST  nachricht
 6:        anzahl   ID  #REQUIRED
 7:        von    CDATA #REQUIRED>
 8: <!ELEMENT  ergebnis (#PCDATA)>
 9: <!ATTLIST  ergebnis
10:        nchr    IDREF #IMPLIED>
11: <!ENTITY   heute  "073001">
12:        ]>
13: <notiz>
14:    <nachricht anzahl="a1" von="Kathy Shepherd">
15:     &heute; - Denke daran, auf dem Nachhauseweg von der Arbeit Milch zu kaufen
16:    </nachricht>
17:    <nachricht anzahl="a2" von="Greg Shepherd">
18:     &heute; - Ich brauche Hilfe bei meinen Hausaufgaben
19:    </nachricht>
20:    <nachricht anzahl="a3" von="Kristen Shepherd">
```

Die Document Type Definition (DTD)

```
21:     &heute; - Bitte spiele heute Abend Scribble mit mir
22:   </nachricht>
23:   <ergebnis nchr="a1">
24:     Milch war ueber dem Verfallsdatum
25:   </ergebnis>
26:   <ergebnis nchr="a1">
27:     bin zu einem anderen Laden gegangen
28:   </ergebnis>
29:   <ergebnis nchr="a2">
30:     Hausaufgaben fruehzeitig beendet
31:   </ergebnis>
32: </notiz>
```

Zeile 11 zeigt die Entity-Deklaration für die Entity heute, die den String "073001" enthält. Trifft ein Parser auf die Entity-Referenz &heute; in den Zeilen 15, 18 und 21, dann ersetzt er den String.

Abbildung 4.3 zeigt die Ersetzung der Entity, wobei der Internet Explorer zum Parsen des Dokuments verwendet wird.

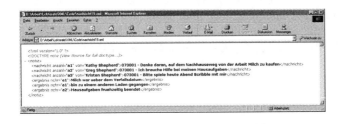

Abbildung 4.3:
Ein geparstes Dokument mit einer Entity-Ersetzung

Die Verwendung von NMTOKEN-Attributen

Es gibt in XML wenig Beschränkungen für Typen. Mit NMTOKEN sind einige Einschränkungen hinsichtlich der zulässigen Zeichen im XML-Inhalt möglich. Insbesondere beschränkt NMTOKEN die Daten auf dieselben Regeln, die für die Konventionen der Elementnamen in XML gelten, was eigentlich keine Einschränkung darstellt. Dennoch beschränkt der Attributstyp Namenstoken oder NMTOKEN die Werte auf Buchstaben, Ziffern, Punkte, Bindestriche, Doppelpunkte und Unterstrich. Listing 4.21 zeigt die Verwendung des Attributstyps NMTOKEN.

Listing 4.21: Der Attributstyp NMTOKEN in einer DTD – nachricht20.xml

```
1: <?xml version = "1.0"?>
2: <!DOCTYPE   notiz    [
3: <!ELEMENT   notiz   ( nachricht+, ergebnis+ ) >
4: <!ELEMENT   nachricht ( #PCDATA)>
5: <!ATTLIST   nachricht
6:      anzahl   ID    #REQUIRED
```

Attribute in einer DTD deklarieren

```
 7:            von     CDATA    #REQUIRED
 8:            Telefon NMTOKEN  #REQUIRED>
 9: <!ELEMENT  ergebnis (#PCDATA)>
10: <!ATTLIST  ergebnis
11:            nchr    IDREF    #IMPLIED>
12: <!ENTITY   heute   "073001">
13:            ]>
14: <notiz>
15:   <nachricht anzahl="a1" von="Kathy Shepherd" phone="720-555-6382">
16:     &heute; - Denke daran, auf dem Nachhauseweg von der Arbeit Milch zu kaufen
17:   </nachricht>
18:   <nachricht anzahl="a2" von="Greg Shepherd" Telefon="720-555-1234">
19:     &heute; - Ich brauche ein wenig Hilfe bei den Hausaufgaben
20:   </nachricht>
21:   <nachricht anzahl="a3" von="Kristen Shepherd" phone="720-555-4321">
22:     &heute; - Bitte spiele heute Abend Scribble mit mir
23:   </nachricht>
24:   <ergebnis nchr="a1">
25:     Die Milch lag ueber dem Verfallsdatum
26:   </ergebnis>
27:   <ergebnis nchr="a1">
28:     bin in einen anderen Laden gegangen
29:   </ergebnis>
30:   <ergebnis nchr="a2">
31:     Hausaufgaben fruehzeitig beendet
32:   </ergebnis>
33: </notiz>
```

In Zeile 8 wird das Attribut telefon des Elements nachricht als Attribut vom Typ NMTOKEN deklariert. So, wie es gezeigt wird, ist das Dokument gültig; würde man den Wert des Attributs telefon in Zeile 15 jedoch auf

```
15:   <nachricht anzahl="a1" von="Kathy Shepherd" telefon="720 555 6382">
```

ändern, wäre das Dokument nicht mehr gültig, weil bei einer NMTOKEN-Deklaration keine Leerzeichen erlaubt sind.

Der Attributstyp Aufzählung in DTDs

Aufzählungs-Attribute beschreiben eine Liste potenzieller Werte für die Attribute, die ausgewertet werden. Damit der Gültigkeit genüge getan wird, muss die Liste einen Wert für das Attribut einschließen; Alles andere ist nicht gültig. Aufzählungswerte werden durch das »Pipe«-Zeichen (|) getrennt, das der XML-Prozessor als logisches »oder« interpretiert. Listing 4.22 zeigt in Zeile 8 das Aufzählungs-Attribut wichtigkeit und deklariert drei mögliche Werte (gering, normal und dringend) sowie einen Standardwert (normal).

105

Die Document Type Definition (DTD)

Listing 4.22: Ein Attribut vom Aufzählungstyp – nachricht21.xml

```
 1: <?xml version = "1.0"?>
 2: <!DOCTYPE  notiz   [
 3: <!ELEMENT  notiz   ( nachricht+, ergebnis+ ) >
 4: <!ELEMENT  nachricht ( #PCDATA)>
 5: <!ATTLIST  nachricht
 6:      anzahl     ID     #REQUIRED
 7:      von        CDATA  #REQUIRED
 8:      wichtigkeit ( gering | normal | dringend) "normal">
 9: <!ELEMENT  ergebnis (#PCDATA)>
10: <!ATTLIST  ergebnis
11:      nchr       IDREF  #IMPLIED>
12: <!ENTITY   heute   "073001">
13:              ]>
14: <notiz>
15:   <nachricht anzahl="a1" von="Kathy Shepherd" wichtigkeit="gering">
16:     &heute; - Denke daran, auf dem Nachhauseweg von der Arbeit Milch zu kaufen
17:   </nachricht>
18:   <nachricht anzahl="a2" von="Greg Shepherd" wichtigkeit="dringend">
19:     &heute; - Ich brauche ein wenig Hilfe bei den Hausaufgaben
20:   </nachricht>
21:   <nachricht anzahl="a3" von="Kristen Shepherd">
22:     &heute; - Bitte spiele heute Abend Scribble mit mir
23:   </nachricht>
24:   <ergebnis nchr="a1">
25:     Milch lag ueber dem Verfallsdatum
26:   </ergebnis>
27:   <ergebnis nchr="a1">
28:     bin in einen anderen Laden gegangen
29:   </ergebnis>
30:   <ergebnis nchr="a2">
31:     Hausaufgaben fruehzeitig beendet
32:   </ergebnis>
33: </notiz>
```

In den Zeilen 15 und 18 werden die jeweiligen Werte gering und dringend für das Attribut wichtigkeit deklariert. Man kann sich vorstellen, dass eine Anwendung so gestaltet ist, dass sie die nachricht-Elemente unterschiedlich behandelt, je nachdem, welcher Wert für das wichtigkeit-Attribut deklariert wird. Das nachricht-Element in Zeile 21 wird von einer Anwendung so verarbeitet, als hätte es den wichtigkeit-Wert normal, was der Standardwert für dieses Attribut ist.

Zeile 8 kann so verändert werden, dass der Standardwert ausgeschlossen und durch ein #IMPLIED-Schlüsselwort ersetzt wird:

```
15:   wichtigkeit (gering | normal | dringend) #IMPLIED
```

Frequenz-Indikatoren und Sequenz-Deklarationen in einer DTD

In diesem Fall wird von der Anwendung kein `wichtigkeit`-Attribut verlangt und wenn keines vorhanden ist, wird kein Standardwert angenommen.

4.4 Frequenz-Indikatoren und Sequenz-Deklarationen in einer DTD

Auch wenn nicht direkt auf sie Bezug genommen wurde, haben Sie schon einige der Frequenz-Indikatoren und Sequenz-Deklarationen kennen gelernt, die Bestandteil der DTD-Grammatik in den heute vorgestellten Beispielen sind. Wenn Sie die Übungen immer eingegeben haben, dann haben Sie sich schon ein wenig mit ihrer Platzierung und ihrem syntaktischen Verhältnis zu anderen DTD-Komponenten vertraut gemacht. Sie haben zum Beispiel die Auswirkungen von Pluszeichen (+), Sternchen (*), vertikalen Trenn- oder »Pipe«-Zeichen (|) und Kommata (,) in den Beschreibungen zu den Inhaltsmodellen gesehen. Tabelle 4.4 zeigt alle besonderen DTD-Indikatoren.

Symbol	Beispiel	Interpretation
,	(a,b,c)	Dieser Sequenzoperator trennt die Elemente einer Liste, welche die sequenzielle Verwendung aller Elemente der Liste verlangt (a gefolgt von b gefolgt von c).
|	(a|b|c)	Dieser Auswahloperator trennt die Elemente einer Liste, welche die Verwendung von ausschließlich einem dieser Elemente verlangt (a oder b oder c).
	datum	Das Fehlen eines Zeichens steht für ein erforderliches Auftreten (ausschließlich ein datum).
?	thema?	Dieses Symbol zeigt ein optionales Auftreten an (kein oder ein thema)
+	absatz+	Dieses Symbol zeigt ein erforderliches und wiederholtes Auftreten an (ein oder mehr absatz/absätze).
*	bruder*	Dies zeigt ein optionales und wiederholtes Auftreten an (kein oder mehr bruder/brüder).

Tabelle 4.4: Sequenz- und Frequenz-Indikatoren einer DTD:

Sequenz-Indikatoren werden manchmal als Verbindungszeichen bezeichnet, weil sie dazu dienen, zwei oder mehr Elemente zu verbinden oder einen direkten Bezug zwischen ihnen herzustellen. Listing 4.23 zeigt eine XML-Instanz mit einer DTD, die von allen Sequenz- und Frequenz-Indikatoren Gebrauch macht.

Die Document Type Definition (DTD)

Listing 4.23: Eine DTD, die alle Sequenz- und Auftritts-Indikatoren verwendet – nachricht22.xml

```
 1: <?xml version="1.0"?>
 2: <!DOCTYPE  notiz     [
 3: <!ELEMENT  notiz     ( nachricht, absender?, ergebnis)+>
 4: <!ELEMENT  nachricht (#PCDATA)>
 5: <!ELEMENT  absender  EMPTY>
 6: <!ELEMENT  ergebnis  (aktion*)>
 7: <!ELEMENT  aktion    (#PCDATA)>
 8: <!ATTLIST  nachricht
 9:       anzahl ID  #REQUIRED
10:       von    CDATA #REQUIRED>
11: <!ATTLIST  absender
12:       zustellung   (telefonisch | persoenlich | email) "email">
13:            ]>
14: <notiz>
15:   <nachricht anzahl="call_01" von="Kathy Shepherd">
16:     fuer die Verabredung zum Mittagessen eingetroffen
17:   </nachricht>
18:   <absender zustellung="persoenlich"/>
19:   <ergebnis>
20:     <aktion>zum Restaurant gegangen</aktion>
21:     <aktion>fuhr mit dem Auto</aktion>
22:   </ergebnis>
23:   <nachricht anzahl="call_02" von="Kristen Shepherd">
24:   </nachricht>
25:   <absender zustellung="telefonisch"/>
26:   <ergebnis>
27:     <aktion>Anruf beantwortet</aktion>
28:   </ergebnis>
29:   <nachricht anzahl="call_03" von="Kathy Shepherd">
30:   </nachricht>
31:   <absender />
32:   <ergebnis>
33:     <aktion>Antwort per E-Mail</aktion>
34:   </ergebnis>
35:   <nachricht anzahl="call_04" von="Greg Shepherd">
36:     nicht vergessen Angelausflug zu buchen
37:   </nachricht>
38:   <ergebnis>
39:   </ergebnis>
40: </notiz>
```

Frequenz-Indikatoren und Sequenz-Deklarationen in einer DTD

Zeile 3 legt fest, dass der Inhalt für notiz ein oder mehr Elementsätze von nachricht, absender und ergebnis ist und zwar in dieser Reihenfolge. Der Elementsatz darf dann jedoch nicht das Element absender enthalten. Ist das Element absender vorhanden, dann kann es nur eines davon geben. Es gilt für jeden Elementsatz, dass nachricht, absender und ergebnis nur einmal vorkommen können. In der Instanz muss ein Elementsatz vorhanden sein, darüber hinaus können es aber auch beliebig viele sein.

Zeile 4 zeigt an, dass nachricht nur ein geparstes Zeichen enthält. Zeile 16 zeigt ein Beispiel für #PCDATA in einem dieser nachricht-Elemente.

Zeile 5 deklariert, dass absender ein leeres Element ist. In den Zeilen 18, 25 und 31 sehen Sie, dass dies tatsächlich der Fall ist.

In Zeile 6 sehen Sie, dass das Element ergebnis eine beliebige Anzahl von aktion-Elementen enthalten kann oder auch keines.

Das aktion-Element in Zeile 7 umfasst Textdaten entsprechend der #PCDATA-Deklaration.

Zeile 8 beginnt mit der Deklaration von Attributen für das nachricht-Element. Es gibt zwei davon: anzahl und von. In Zeile 9 wird deklariert, dass anzahl erforderlich und ein Attribut des Typs ID ist, was bedeutet, dass alle anzahl-Elemente einmalig sein müssen. Zeile 10 deklariert, dass das von-Attribut einen erforderlichen Wert hat und zwar ungeparste Zeichendaten.

Die Deklaration des Attributs zustellung für das Element absender beginnt in Zeile 11. Zeile 12 zeigt an, dass der gültige Wert für jedes zustellung-Attribut entweder telefonisch oder persoenlich oder email ist. Ist kein zustellung-Attribut für ein absender-Element programmiert, nimmt die verarbeitende Anwendung als Standardwert email an.

Die Zeilen 14 bis 40 umfassen eine gültige XML-Instanz, die allen von der DTD auferlegten Beschränkungen entspricht. Sie sehen, dass die Elemente nachricht, absender und ergebnis über das ganze Dokument hinweg wiederholt werden, außer im letzten Elementsatz, der kein ergebnis-Element enthält. Diese Abwesenheit ist zulässig, weil hinter absender in Zeile 3 ein Fragezeichen (?) steht.

In den Zeilen 18 und 25 werden die zustellung-Attribute des jeweiligen absender-Elements als persoenlich bzw. telefonisch deklariert. Für das absender-Element in Zeile 31 ist kein zustellung-Attribut deklariert, also wird die Anwendung annehmen, dass das Attribut zustellung in diesem Fall den Standardwert email hat.

109

Die Document Type Definition (DTD)

4.5 Gültige XML-Instanzen parsen

Ab dem zweiten Tag haben Sie Ihre wohl geformten Dokumente geparst, indem Sie sie im Browser Internet Explorer in der Version 5.0 oder höher anzeigten (IE5). Das hat funktioniert, weil IE5 einen eingebauten Parser hat. Als Nächstes werden Sie mehrere der heute erzeugten Dokumente in den IE5 laden und sich die Resultate ansehen. Beginnen Sie mit dem Dokument, das Sie als nachricht19.xml abgespeichert haben (Listing 4.20) und vergleichen Sie das Ergebnis mit Abbildung 4.3. Sie erinnern sich sicher, dass dieses Beispiel eine Entity-Ersetzung vorführte. Wenn Ihr Ergebnis nicht genau das gleiche ist, das in der Abbildung gezeigt wird, überprüfen Sie Ihren Code und vergleichen ihn Zeile für Zeile mit dem Listing, um zu sehen, ob Sie das Problem erkennen und korrigieren können. Wenn Sie mit dem Ergebnis der Browseranzeige von nachricht19.xml zufrieden sind, sollten Sie es mit einigen weiteren der Dateien versuchen, die Sie heute erzeugt haben.

Am zweiten Tag sahen Sie die Resultate des Versuchs, mit dem IE5 ein Dokument zu parsen, das nicht wohl geformt ist. Im Einzelnen erzeugte der IE5 Fehlermeldungen, die die Art des Problems angaben, etwa nicht passende Start- und Schluss-Tags, eine fehlende Klammer oder ein nicht korrekt geformtes Element. Alle Beispiele, die Sie heute erstellt haben und die DTDs enthalten, sind sowohl wohl geformt als auch gültig. Erzeugen Sie deshalb eine ungültige XML-Instanz, um die Resultate im IE5 anzusehen. Laden Sie das von Ihnen gespeicherte Dokument nachricht15.xml in einen Editor und modifizieren Sie es so, dass es der Instanz gleicht, die Listing 4.24 vorstellt. Haben Sie nachricht15.xml nicht gespeichert, dann kopieren Sie jetzt den Code von Listing 4.24 in Ihren Editor.

Listing 4.24: Ein ungültiges XML-Dokument – nachricht23.xml

```
 1: <?xml version = "1.0"?>
 2: <!DOCTYPE notiz  [
 3: <!ELEMENT notiz   ( nachricht ) >
 4: <!ELEMENT nachricht ( #PCDATA)>
 5: <!ATTLIST nachricht
 6:     zahl   CDATA  #REQUIRED
 7:     datum  CDATA  #REQUIRED
 8:     von    CDATA  #FIXED  "Kathy Shepherd">
 9:     ]>
10: <notiz>
11: <!-- fester Wert für ein Attribut s/b "Kathy Shepherd" -->
12:    <nachricht zahl="10" datum="073001" von="jemand anderem">
13: Denke daran, auf dem Nachhauseweg von der Arbeit Milch zu kaufen
14:    </nachricht>
15: </notiz>
```

Gültige XML-Instanzen parsen

Die Veränderungen, die Sie an nachricht15.xml durchführen, schließen die Modifizierung des Werts für das von-Attribut im nachricht-Element in Zeile 12 ein, sodass es keinen #FIXED-Wert für Kathy Shepherd mehr hat, wie die DTD das vorschreibt. Ändern Sie den Wert auf jemand anders oder einen beliebigen Wert Ihrer Wahl. Es kommt nicht darauf an, wichtig ist nur, dass es sich nicht mehr um genau den Wert handelt, der in Zeile 8 deklariert wird.

Fügen Sie den Kommentar aus Zeile 11 ein, sodass Sie die Veränderungen leicht nachvollziehen können, wenn Sie sich das Resultat im IE5 ansehen. Wenn Sie fertig sind, speichern Sie das Dokument unter nachricht23.xml und parsen es mit dem IE5. Wenn Sie Ihr Dokument in den IE5 laden, sollten Sie etwas Ähnliches sehen wie das Bild in Abbildung 4.4.

Abbildung 4.4:
Ein ungültiges XML-Dokument (nachricht23.xml), wiedergegeben im IE5

Angesichts Ihres Wissens, dass es einen Gültigkeitsfehler in Ihrem Dokument gibt, ist dies das Resultat, das Sie erwarteten? Wahrscheinlich nicht! Nachdem Sie wissen, dass der Wert für das von-Attribut des nachricht-Elements in Zeile 12 ungültig ist, haben Sie nicht eine Fehlermeldung durch den IE5 in dieser Hinsicht erwartet? Solch eine Fehlermeldung haben Sie nicht bekommen. Eigentlich sieht das Resultat so aus, als wäre das Dokument, das Sie geparst haben, in Ordnung. Der Kommentar, den Sie der Instanz hinzugefügt haben, bietet den einzigen Hinweis darauf, dass irgendetwas nicht stimmt.

Was sagt Ihnen das über den Parser, der dem IE5 eingebaut ist?

Diese Übung beweist, dass der IE5 einen Parser enthält, der nicht in der Lage ist, alle Schemata zu validieren. Der IE validiert XML nicht mit einer DTD, sondern ignoriert diese. Die Version des MSXML-Parsers, der dem IE5 und dem IE6 beigefügt ist, hat bestätigt, dass Ihr Dokument in Ordnung ist, indem er eine Baumansicht Ihres Dokuments anzeigte. Ihr Dokument ist tatsächlich wohl geformt, aber laut der DTD, die ihm eingebettet ist, ist es nicht gültig. IE5 hat das Dokument nicht mit der DTD validiert; er hat nur zurückgegeben, dass das Dokument wohl geformt ist.

Um die Gültigkeit zu überprüfen, wenn Sie DTDs für Ihre XML-Dokumente verwenden, müssen Sie sich deshalb einen validierenden Parser besorgen. Ein solcher Parser ist als COM-Objekt im IE5-Paket eingeschlossen, auch wenn der Browser ihn nicht verwendet. Um auf diesen validierenden Parser zugreifen zu können, müssen Sie das Parser-Objekt in einer Anwendung oder durch einfaches Scripting (etwa mit JavaScript oder VBScript) – Instanzieren. Am 12. Tag werden Sie lernen, wie man Scripts schreibt, um auf den MSXML-Parser zugreifen zu können. Inzwischen können Sie eine HTML-Seite herunterladen, die entweder JavaScript oder VBScript enthält und diese Aufgabe für Sie übernimmt.

Die Document Type Definition (DTD)

Zu diesem Zweck laden Sie in Ihrem Browser die Microsoft Developers Network-Website unter `http://msdn.microsoft.com/downloads/samples/internet/xml/xml_validator/` und folgen Sie den Anweisungen für den Download und die Installation einer Version des XML-Validierer-Scripts. Der Download beinhaltet sowohl eine Version von JavaScript als auch von VBScript des XML-Validierers. IE5 kann beide starten. Wenn Sie im Browser eines der Scripts laden (`validate_js.htm` oder `validate_vbs.htm`), sollten Sie auf dem Bildschirm die Ansicht haben, die Abbildung 4.5 zeigt.

Bevor Sie versuchen, eine der Instanzen zu validieren, die Sie heute erstellt haben, legen Sie die Scriptdatei `validate_js.htm` oder `validate_vbs.htm` im gleichen Verzeichnis ab, in dem Sie Ihre heutige Arbeit gespeichert haben. Damit können Sie einfach den Namen der jeweiligen Datei angeben und sich auf den relativen Pfad zu nahe gelegenen Dokumenten verlassen, ohne ausdrücklich den ganzen qualifizierten Pfad angeben zu müssen, um Ihre Dateien im Computer aufzuspüren.

Wenn die .htm-Datei für Ihr Validator-Script im gleichen Verzeichnis abgelegt wurde wie Ihre heutigen XML-Instanzen, können Sie einige davon parsen, um sich die Resultate anzusehen. Abbildung 4.6 zeigt die Resultate für das Parsen der Datei `nachricht19.xml`, die mit Listing 4.20 erzeugt wird. Für eine solche detaillierte Wiedergabe wie in Abbildung 4.6 müssen Sie jeden Knoten des Dokuments erweitern, indem Sie ihn anklicken. Die Erweiterung zeigt den Inhalt abgeleiteter Elemente und Textdaten. Wenn die gesamte Instanz expandiert ist, entspricht die Struktur auf dem Bildschirm in etwa der Baumstruktur, die das Dokument beschreibt.

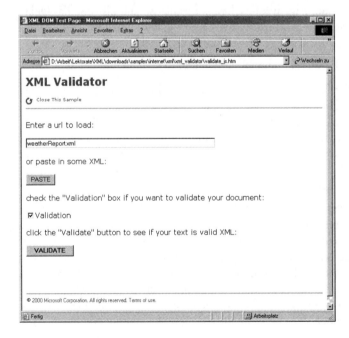

Abbildung 4.5:
Das XML-Validator-Script von Microsoft, angezeigt im IE6

Gültige XML-Instanzen parsen

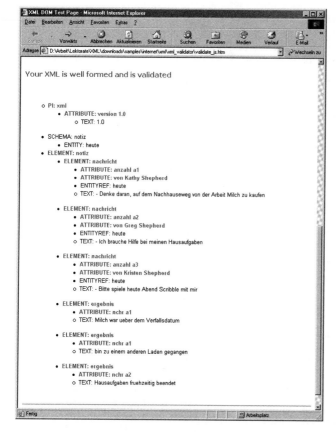

Abbildung 4.6:
Eine durch das XML-Validator-Script erfolgreich geparste, gültige XML-Instanz (nachricht19.xml)

Nachdem Sie nun die Resultate des Parsens von Dokumenten gesehen haben, die bekanntermaßen wohl geformt und gültig sind, versuchen Sie jetzt, das Dokument mit dem Fehler zu parsen (`nachricht23.xml`), das vom Listing 4.24 gezeigt wird. Abbildung 4.7 zeigt das Resultat dieses Versuchs.

Die Fehlermeldung, die dieser validierende Parser hervorbringt, zeigt an, dass das Attribut von einen Wert hat, der dem festgelegten Wert (»`Kathy Shepherd`«), den Sie in der DTD deklariert haben, nicht entspricht. Sie wissen bereits, dass genau dieser Fehler in die Instanz programmiert wurde. Das Dokument ist immer noch wohl geformt, aber gemäß den Beschränkungen, die die DTD erzwingt, ist es nicht mehr gültig.

Führen Sie dieses Experiment mit einigen anderen der Dokumente durch, die Sie heute erstellt haben, und bauen Sie in einige davon Fehler ein, um zu sehen, wie der Parser Sie davon unterrichtet.

Die Document Type Definition (DTD)

*Abbildung 4.7:
Ein ungültiges XML-Dokument
(nachricht23.xml), geparst
durch das Validierer-Script
von Microsoft.*

4.6 Externe DTDs deklarieren

Heute haben Sie gesehen, wie man mit internen DTDs einige mächtige Einschränkungen erzeugen kann. Heute werden Sie noch die Veränderungen kennen lernen, die bei der Dokumenttyp-Deklaration erforderlich sind, um einem XML-Dokument eine externe DTD zuzuordnen. Die DTD kann mit den heute erzeugten nahezu identisch sein. Der Hauptunterschied ist, dass sie in einer eigenen, von der XML-Instanz separaten Datei gespeichert wird. Ein validierender Parser, der den Bezug der Dateien des XML-Dokuments zu denen der DTD herstellen kann, kann feststellen, ob den Beschränkungen, die das Schema auferlegt, entsprochen wird. Um die Dinge zu vereinfachen, sollten Sie die XML-Dokumente, DTDs und die Parser-Scripts im selben Verzeichnis auf Ihrem Computer speichern.

Die Dokumenttyp-Deklaration, die Sie bislang heute verwendet haben, folgt dieser Syntax:

```
<!DOCTYPE wurzel_element [
<!ELEMENT wurzel_element ( Inhaltsmodell )>
        ]>
```

Alles, was innerhalb der eckigen Klammern ([...]) steht, macht die interne DTD-Untermenge aus. Eine externe DTD-Untermenge ist normalerweise in einer getrennten Datei mit der Erweiterung .DTD abgelegt. Als Gesamt-DTD einer Instanz betrachtet man die Kombination aus interner Untermenge und externer Untermenge, soweit beide existieren. Anders gesagt, wenn der XML-Dokument-Instanz sowohl eine Inline-DTD als auch ein externes DTD-Dokument zugeordnet sind, dann gründet die Gültigkeit auf der Kombination beider DTD-Untermengen.

Um auf eine externe DTD zu verweisen, muss die Dokumenttyp-Deklaration so modifiziert werden, dass sie eines der Schlüsselwörter PUBLIC oder SYSTEM einschließt, denen dann die URL für das DTD-Dokument folgt. Das Schlüsselwort PUBLIC wählt man normalerweise nur dann, wenn die DTD breit zugänglich oder öffentlich ist und eine große Anzahl von Anwendern sie gemeinsam nutzen. PUBLIC-DTDs haben normalerweise einen Namen und sind in einer DTD-Bibliothek oder einer Datenbank gespeichert. Wenn Sie an einem bestimmten XML-Projekt arbeiten, sollten Sie in einer Datenbank nachsehen, ob es schon eine PUBLIC-DTD gibt, die Sie verwenden können. SYSTEM-DTDs sind bei diesen Datenbanken in der Regel nicht erhältlich. Wenn Sie Ihre eigenen DTDs schreiben, verweisen Sie normalerweise mit dem Schlüsselwort SYSTEM auf sie und verwenden dabei folgende Syntax:

```
<!DOCTYPE wurzel_element SYSTEM "meineregeln.DTD">
```

Sie haben heute bereits das Dokument mit der Ankündigung für die Kurslisten betrachtet, das am dritten Tag erstellt wurde. Wenn Sie die Anweisungen befolgt haben, haben Sie das Dokument aus Listing 4.1 in einer Datei namens kurse.xml gespeichert. Sie müssen die Instanz modifizieren, um eine Dokumenttyp-Deklaration einzufügen, die zu einer DTD passt. Listing 4.25 zeigt kurse.xml mit einer zusätzlichen DOCTYPE-Deklaration in Zeile 2.

Listing 4.25: Das Dokument kurse.xml wird modifiziert, um eine DOCTYPE-Deklaration einzufügen.

```
1: <?xml version="1.0"?>
2: <!DOCTYPE ankuendigung SYSTEM "kurse.dtd">
3
4: <ankuendigung>
5:   <verteiler>Zur sofortigen Veroeffentlichung</verteiler>
6:   <an>Alle potenziellen Studenten</an>
7:   <von>Devan Shepherd </von>
8:   <thema>Oeffentliches Kursangebot im August</thema>
9:    <notiz>ACME-Training freut sich, die folgenden Kurse
```

Die Document Type Definition (DTD)

```
10:     ankuendigen zu koennen, die monatlich in seinem
11:     Hauptquartier stattfinden.</notiz>
12:   <mehr_info>Weitere Informationen und Einschreibung zu
13:     diesen Kursen unter <website>http://acme-train.com/university   </website></mehr_info>
14:   <kurse>
15:     <kurs id="XML111" dozent="Bob Gonzales">
          XML fuer Anfaenger</kurs>
16:     <kurs id="XML333" dozent="Devan Shepherd">
          XML fuer Fortgeschrittene</kurs>
17:     <kurs id="XMT222" dozent="Gene Yong">
          XMetal Core Konfiguration</kurs>
18:   </kurse>
19: </ankuendigung>
```

Wenn Sie diese notwendige Einfügung gemacht haben, speichern Sie die Datei unter kurse_2.xml.

In der nächsten Übung werden Sie eine externe DTD mit dem Namen kurse.dtd erstellen, wie in Zeile 2 angegeben, und das Resultat dann parsen, um zu zeigen, dass das Dokument gültig ist. Sie erinnern sich, dass Abbildung 4.2 einen DTD-Baum zeigt, der die Vorgaben für diese Instanz angibt. Erzeugen Sie mit einem Texteditor die in Listing 4.26 gezeigte DTD und speichern Sie sie unter kurse.dtd.

Listing 4.26: Eine DTD zum Validieren von kurse_2.xml – kurse.dtd

```
 1: <!ELEMENT ankuendigung ( verteiler, an, von, thema,
                notiz, mehr_info, kurse ) >
 2: <!ELEMENT verteiler  ( #PCDATA ) >
 3: <!ELEMENT an         ( #PCDATA ) >
 4: <!ELEMENT von        ( #PCDATA ) >
 5: <!ELEMENT thema      ( #PCDATA ) >
 6: <!ELEMENT notiz      ( #PCDATA ) >
 7: <!ELEMENT mehr_info  ( #PCDATA | website )* >
 8: <!ELEMENT website    ( #PCDATA ) >
 9: <!ELEMENT kurse      ( kurs+ ) >
10: <!ELEMENT kurs       ( #PCDATA ) >
11: <!ATTLIST kurs
12:         id      CDATA   #REQUIRED
13:         dozent  CDATA   #REQUIRED >
```

Zeile 1 definiert das Element ankuendigung als Container-Element, das verteiler, an, von, thema, notiz, mehr_info und kurse als abgeleitete Elemente enthält. Für jedes dieser Elemente wird wiederum deklariert, dass es Textdaten (#PCDATA) enthält. In den Zeilen 12 und 13 werden die Attribute id und dozent für das Element kurs deklariert.

Externe DTDs deklarieren

Parsen Sie nun kurse_2.xml mit einem der XML-Validierer-Scripts, um ein Resultat ähnlich dem in Abbildung 4.8 gezeigten zu erzeugen. Im Resultat sind alle Knoten expandiert.

Abbildung 4.8:
Ein gültiges XML-Dokument (kurse_2.xml) mit einer externen DTD (kurse.dtd), geparst von einem XML-Validator-Script

Sie haben nun Beispiele für interne und externe DTDs gesehen. Welche davon man verwenden soll, liegt zum großen Teil im Entscheidungsbereich des Dokumentautors. Manchmal ist es vorteilhaft, eine externe DTD zu verwenden, wenn diese eine Dokumentenklasse definiert und mehrmals wiederverwendet werden kann. Wenn Sie eine Ansammlung von Dokumenten haben, die mit einer Reihe von DTDs validiert werden, ist es sinnvoll, die DTDs in getrennten Dateien abzulegen – vielleicht in einem bestimmten DTD-Verzeichnis auf Ihrem Server. Andererseits stellt die Verwendung einer internen DTD vor allem in einem kleinen, zum einmaligen Gebrauch gedachten XML-Instanzdokument sicher, dass Sie die DTD im Blick haben, wenn Sie das Dokument in einem Editor öffnen. Sie müssen diese Alternative abwägen und entscheiden, welcher Ansatz Ihren Bedürfnissen am ehesten entspricht.

Die Document Type Definition (DTD)

4.7 Zusammenfassung

Sie haben heute gelernt, wie man interne und externe Document Type Definition (DTD)-Schemata erstellt. Sie beherrschen jetzt die Element- und Attributs-Deklarationen und haben viele Beispiele für immer komplexer werdende Anwendungen der DTD-Beschränkungen gesehen. Sie haben den Unterschied zwischen validierenden und nicht validierenden Parsern kennen gelernt und wissen, wann man sie jeweils verwenden kann.

Um die Übungen für heute durchzuführen, mussten Sie eine völlig neue Sprache erlernen, die nur eine oberflächliche Ähnlichkeit mit XML hat. Die Konstruktionen und Grammatikregeln hat sie mit XML gemeinsam, verwendet aber eine völlig andere Syntax.

Am 5. und 6. Tag werden Sie zwei andere Schemasprachen verwenden, um XML-Dokumente zu validieren. Diese haben bedeutende Vorteile gegenüber DTDs. Einmal verwendet jede von ihnen die gleiche Syntax wie XML; die Schema-Dokumente selbst sind eigentlich XML-Instanzen. Sie werden auch eine ausgefeiltere Möglichkeit der Steuerung kennen lernen einschließlich der Beschränkungen für die Datentyp-Validierung und andere Möglichkeiten, die DTDs nicht haben.

4.8 Fragen und Antworten

F *Wo lag der Ursprung für den Ansatz der Document Type Definition?*

A DTDs kommen aus dem SGML-Universum, wo man sie jahrelang erfolgreich einsetzte.

F *Was genau macht eine DTD bei XML?*

A Eine DTD (oder auch jedes andere XML-Schema) stellt eine Schablone für die Dokumentauszeichnung bereit, welche das Vorkommen, die Reihenfolge und die Platzierung von Elementen und deren Attributen in einem XML-Dokument festlegt.

F *Welche Unterschiede gibt es zwischen einem Dokumentbaum und einem DTD-Baum?*

A Ein DTD-Baum hat selbst keinerlei Wiederholungen von Elementen oder der Struktur. Seine Beschränkungen ermöglichen aber die Wiederholung von Elementen in einer konformen, gültigen XML-Instanz.

F *Was liefert eine Dokumenttyp-Deklaration einer XML-Instanz?*

A Eine Dokumenttyp-Deklaration, die in den Prolog eines XML-Dokuments platziert wird, ordnet dem XML-Dokument eine Document Type Definition (DTD) zu. Sobald ein XML-Prozessor auf diese Deklaration trifft, liest er die DTD und validiert die XML-Instanz auf der Grundlage der Einschränkungen, die in der DTD festgelegt sind.

Verwechseln Sie nicht die Begriffe *Dokumenttyp-Deklaration* und *Document Type Definition* (DTD). Sie klingen ähnlich, meinen aber etwas völlig unterschiedliches.

F Welches sind einige der DTD-Schlüsselwörter, die man verwenden kann, um in XML verschiedene Typen von Elementinhalten zu definieren?

A ANY lässt einen beliebigen Elementinhalt zu, Daten oder andere Elemente. Gemischter Inhalt erlaubt den Elementen, geparste Zeichendaten (Text) oder eine Kombination aus abgeleiteten Elementen und Text zu enthalten. Das Schlüsselwort EMPTY deklariert, dass das Element keinen Inhalt enthält.

F Welche zwei Typen von Parsern werden bei XML verwendet?

A Validierend und nicht validierend sind zwei übliche Unterschiede, die bei XML-Parsern gelten. Ein nicht validierender Parser kann nur bestimmen, ob ein XML Dokument wohl geformt ist, also ob es den grundlegenden Syntaxregeln von XML folgt. Ein validierender Parser geht einen Schritt weiter und stellt sicher, dass ein Dokument nicht nur wohl geformt ist, sondern auch den Beschränkungen entspricht, die ihm ein zugeordnetes Schema auferlegt.

4.9 Übung

Die Übung soll Ihre Kenntnisse dessen, was Sie heute gelernt haben, überprüfen. Die Lösungen finden Sie in Anhang A.

Gestern haben Sie ein Baumstruktur-Diagramm erstellt und einige der Gültigkeitsregeln für Ihre Music Collection Markup Language (MCML) aufgezählt. Erzeugen Sie nun eine DTD auf der Grundlage des heute Gelernten, um die MCML-Dateien zu validieren.

Das XML Data Reduced (XDR) -Schema

Das XML Data Reduced (XDR) -Schema

Sie haben gelernt, wie man Document Type Definitions (DTDs) als Mittel zur Durchsetzung von Gültigkeitsbeschränkungen und Bedingungen für Ihr wohl geformtes XML-Dokument erstellt. Heute werden Sie einen anderen Typ von Schema kennen lernen, das XML Data Reduced (XDR)-Schema, eine von mehreren speziellen Varianten der XML-Schemata. Insbesondere werden Sie Folgendes lernen:

- Was ein XDR-Schema ist und wie man es einem XML-Dokument zuordnet,
- den Unterschied zwischen DTDs und nicht-DTD-Schemata wie den XDR-Ansatz,
- wie man ein XDR-Schema schreibt und interpretiert,
- wie man in einem XDR-Schema Elemente und Attribute deklariert,
- wie man Datentypen im XDR-Schema verwendet,
- einige Anwendungen für XDR-Schemata in der Praxis und was sie für XML-Entwickler so bedeutend macht.

5.1 Warum gibt es verschiedene Schema-Dialekte?

Am 4. Tag haben Sie gelernt, wie man DTDs als Mittel zur Aufstellung von Gültigkeitsbeschränkungen für XML-Dokumente erstellt. Sie haben erfahren, wie man beschreibende Abschnitte erzeugt, die dazu dienen, die Struktur, Semantik und den Inhalt Ihrer XML-Instanzen zu definieren und zu dokumentieren. Damit können Regeln zum Inhalt und zur Anwendung durch das Einfügen von Bedingungen und Eingrenzungen durchgesetzt werden, die die jeweilige Instanz betreffen. Das Hinzufügen von Beschränkungsregeln mittels einer DTD oder einem anderen Schema ist eine Möglichkeit, eine bloß wohl geformte XML-Instanz auf die höhere Ebene der Gültigkeit zu heben, auf der sie bestimmten Betriebsregeln entspricht oder ein Paradigma erfüllt, das mit der XML-Instanz verbunden ist.

Außerdem haben Sie eine Methode kennen gelernt, wie man nicht nur den Attributsinhalt einschränkt, sondern auch Standardwerte spezifiziert, die verwendet werden, wenn in der XML-Instanz Werte nicht ausdrücklich festgelegt werden. Sie haben auch gelernt, wie man geparste Entities deklariert, auf die wiederum im Dokument verwiesen werden kann, sodass ein bestimmter Inhalt eingefügt wird. Sie haben gesehen, dass validierende Parser, auch XML-Prozessoren genannt, diese Dokumentation verwenden, um Bedingungen durchzusetzen, die bestimmte Betriebsregeln kennzeichnen.

Der Validierprozess, der Bedingungen anfügt, die hilfreich dabei sind, die Semantik eines Dokuments auf ein geschäftliches Problem zuzuschneiden, hat ein gewaltiges Potenzial für den Informationsaustausch im Bereich des E-Business und anderer Formen der elektronischen Kommunikation. Immerhin werden unterschiedliche XML-Prozessoren, denen ein Dokument und eine DTD vorliegen, die Gültigkeit oder Ungültigkeit eines Doku-

Warum gibt es verschiedene Schema-Dialekte?

ments übereinstimmend beurteilen, wenn Betriebsregeln für eine Dokument- und Datenstruktur erzwungen und validiert werden. Damit wird sichergestellt, dass jedes Dokument genau die Daten sendet und empfängt, die für das Durchführen einer Transaktion Voraussetzung sind. Man kann sich zum Beispiel zwei Anwendungen vorstellen, die von Geschäftspartnern genutzt werden, um Daten zum E-Commerce über das Internet auszutauschen. Damit die Daten bei dieser Transaktion verlässlich sind, müssen die Regeln des Betriebsmodells zweifellos strikt durchgesetzt werden. Wenn man den Datenelementen diese Stringenz auf Dokumentebene auferlegt, indem man die Validierung mit einem Schema erforderlich macht, können die Anwendungen, die die Transaktion senden und aufnehmen, für deren Durchführung optimiert werden. Die äquivalente Validierung von Feldern und Dateieinträgen wird auf Instanzebene durchgeführt.

Die Entwickler können die Struktur und das Vokabular der Daten, die über das Internet ausgetauscht werden, bestimmen und als Mittel zur Durchsetzung dieser Regeln DTDs oder andere Schemata verwenden. Auf ähnliche Weise können Entwickler Schemata als Grundlage für die Umwandlung von Daten zwischen verschiedenen automatisierten Systemen verwenden und eine validierte Funktion zur Aufzeichnung anbieten, die von einem Schema oder einer Datenbibliothek zur anderen gilt. Auf diese Weise liefern Schemata die Rahmenbedingungen für den Datenaustausch in großem Umfang. Anwendungen, die die auszutauschenden Daten aufnehmen oder erzeugen, müssen erst noch entwickelt werden, aber zumindest kann die Datenstruktur so gebildet werden, dass die unabhängige Entwicklung von Anwendungen und Werkzeugen möglich ist. Dies hilft dabei, die Investitionen der Industrie in bestehende Verarbeitungsmodelle zu erhalten und wertvolle alte Datenspeicher am Leben zu halten, die nicht neu entwickelt, sondern statt dessen nur so angepasst werden müssen, dass sie die Daten in Übereinstimmung mit vorher festgelegten strukturellen Einschränkungen erzeugen oder aufnehmen können.

Am 4. Tag haben Sie gelernt, dass eine DTD eine Art von Schema ist. Die Ansätze, die Sie heute und morgen untersuchen werden, stellen auch Schemata dar. All diese Ansätze haben Vor- und Nachteile. DTDs sind relativ gut für das geeignet, wofür sie gestaltet wurden, aber im Vergleich zu anderen Schemata kranken sie an ernsthaften Unzulänglichkeiten. Gestern haben Sie zum Beispiel gesehen, wie man DTDs als Mittel einsetzt, um die Einheitlichkeit von Dokumentstrukturen zu erzwingen. Aber um dies zu erreichen, mussten Sie eine völlig neue Sprache lernen, die nicht der XML-Syntax folgt. Das ist ein schwerer Nachteil für diejenigen, die diese Technologien neu erlernen. Deshalb ist einer der Vorteile der Ansätze zum Schema, die Sie heute und morgen kennen lernen werden, dass Sie viele der grundlegenden Syntax- und Strukturregeln bereits kennen, weil sie mit dem Erstellen von wohl geformtem XML zu tun haben. Anders gesagt, die Schemasprachen, die Sie heute und am 6. Tag erlernen werden, drücken sich mit der XML-Syntax aus.

 Sowohl XML als auch DTDs können mithilfe der Grammatik der Erweiterten Backus-Naur-Form (EBNF) beschrieben werden, um ihre jeweilige Syntax zu erklären, aber sie drücken sich mit einem jeweils anderen Dialekt oder Vokabu-

Das XML Data Reduced (XDR) -Schema

lar aus. DTDs verwenden die EBNF-Grammatik, während andere XML-Schemata die XML-Syntax verwenden (einschließlich der Elemente und Attribute, Anfangs- und Schluss-Tags usw.), was sie zu eigenständigen XML-Dokumenten macht.

Die EBNF-Grammatik wurde von Wissenschaftlern in den späten 60er Jahren entwickelt, um die Syntaxregeln für Computersprachen und andere exakte Sprachstrukturen auf strikte Art ausdrücken zu können. Nicklaus Wirth, der Entwickler der Sprachen Pascal und Modula 2, sorgte dafür, dass der Gebrauch von EBNF allgemein üblich wurde. Ein Beispiel ist die folgende einfache Anweisung, ausgedrückt in EBNF, die die XML-Syntax zusammenfasst.

```
[1] dokument ::= prolog element Versch*
```

Diese einfache Anweisung kann man so interpretieren: »Ein XML-Dokument muss einen Prolog einschließen, dem ein Element folgt, dem null oder mehrere verschiedene Elemente folgen.«

Wir haben schon auf eines der wichtigsten Mankos des DTD-Ansatzes hingewiesen, obwohl es noch andere gibt, iInsbesondere die folgenden:

- Wie Sie bereits gesehen haben, sind DTDs keine XML-Instanzen; daher muss der Entwickler eine völlig andere Sprache erlernen, die eine ziemlich komplexe und symbolische Syntax verwendet.

- Dazu kommt, dass DTDs mit XML-Editoren und -Utilities nicht so leicht erstellt, gewartet oder validiert werden können; es gibt allerdings spezielle Tools für die Erstellung von DTDs.

- Außerdem bieten DTDs keine ausgeprägte Kontrolle über Datentypen, die über Text oder Dokument-Datentypen hinausgehen. Dies führt bei Anwendungen, die auf andere Datenformen zurückgreifen, zu ernsthaften Problemen bei der Durchsetzung der Gültigkeit, wie dies etwa bei Finanz- und Daten-Transaktionen sowie beim wissenschaftlichen Datenaustausch der Fall ist.

- Da DTDs keine XML-Instanzen sind, kann man sie nicht so einfach erweitern, abfragen oder in andere Auszeichnungssprachen – wie HTML oder XHTML – übersetzen wie andere XML-Dokumente.

- DTDs unterstützen keine XML-Namensräume, die Ihnen gestatten, Elemente aus verschiedenen Dokumentstrukturen in Ihrem Dokument gemeinsam zu verwenden. (Mehr zu den Namensräumen erfahren Sie am 8. Tag.)

- Für die automatische Verarbeitung von XML-Dokumenten ist eine striktere Deklaration von Gültigkeitsbeschränkungen erforderlich, als DTDs allein dies tun können.

Aus all diesen Gründen ist eine Alternative zur DTD wünschenswert, die sich in XML-Syntax ausdrücken lässt. Es ist eines der Ziele der Arbeitsgruppe zum XML-Schema beim W3C, eine solche Alternative zum Standard zu machen. Am 2. Mai 2001 legte das W3C die abschließende Form für einen Standard vor, der als XML Schema Definition (XSD) Language bekannt wurde, die Sie am 6. Tag genauer untersuchen werden. Die Aufgabe dieser Arbeitsgruppe lag in der Verantwortung für die Zusammenführung mehrerer Eingaben, die von verschiedenen Interessengruppen und kommerziellen Anbietern gemacht worden waren. XDR, das Thema der heutigen Lektion, gründet auf einer solchen Eingabe an das W3C: XML-Data. Um dies klar zu machen: XML-Data ist der vollständige Name der Schemasprache von Microsoft und XML-Data Reduced (XDR) ist eine Teilmenge der vollständigen Empfehlung. Auch wenn das W3C XSD zur Norm erhoben hat, wird XDR weiterhin von einer großen Anzahl von Anwendungen verwendet. Viele Produkte – nicht nur die von Microsoft – unterstützen XDR. Es ist daher sinnvoll, die Syntax für DTD, XDR und XSD kennen zu lernen. Tools wie der XML-Spy (http://www.xmlspy.com) können ein Schema von einem Dialekt in einen anderen konvertieren und verwenden dabei einen Sprachumwandlungsansatz. Diese Konvertierung kann einem viel Zeit ersparen. Sie müssen aber das Resultat nach der Umwandlung trotzdem überprüfen, um sicherzugehen, dass die Datentypen und andere Dinge korrekt gehandhabt wurden.

Die Arbeitsgruppe beschäftigte sich mit folgenden Eingaben:

- **DTDs**: Document Type Definitions wurden zusammen mit SGML entwickelt und für die dortige Verwendung auf XML übertragen. Die XML-Spezifikation enthält bedeutende Hinweise auf DTDs.

- **XML-Data/XML-Data Reduced**: Microsoft und seine Geschäftspartner gaben im Januar 1998 einen Vorschlag beim W3C ein, noch bevor der Standard für XML 1.0 beschlossen war. Eine der Stärken dieses Ansatzes ist seine zahlreiche Auswahl an Datentypen. Microsofts XML-Parser unterstützen XML-Data vollständig.

- **Schema for Object-Oriented XML (SOX)**: SOX wurde von VEO Systems entwickelt, das später von CommerceOne übernommen wurde. SOX (beim W3C im September 1998 eingegeben) gibt es in verschiedenen Versionen, wobei Version 2 die neueste ist. Eine Stärke von SOX ist eine leicht zu verwendende Funktionalität für die Vererbung der XML-Struktur.

- **Document Content Description (DCD)**: Microsoft und IBM haben bei der Entwicklung von DCD (beim W3C im August 1998 eingegeben) zusammengearbeitet, das starke Anleihen von Konzepten bei XML-Data und einer Syntax namens Resource Description Framework (RDF) nimmt.

- **Document Description Markup Language (DDML)**: Dieser vormals unter dem Namen Xschema bekannte Ansatz wurde von Mitgliedern der XML-dev Mailing-Liste entwickelt und sollte eine Teilmenge der DTD-Funktionalität, ausgedrückt in XML-Syntax, darstellen. Die Arbeit an DDML ist wegen der Gründung der Schema-Arbeitsgruppe des W3C zurückgegangen. Dennoch wurde im Januar 1999 DDML bei der Arbeitsgruppe zur Begutachtung eingereicht.

Das XML Data Reduced (XDR) -Schema

Da das W3C auf Grundlage dieser Eingaben eine Lösung fand, die man als pragmatisch bezeichnen kann, ist es wichtig zu verstehen, wo XSD herkommt. Die vorhergehende Aufzählung bietet einen groben Überblick über die Ansätze und Beteiligten, die an einer abschließenden Lösung mitgearbeitet haben. XSD soll diese abschließende Lösung sein. Es werden aber immer noch eine ganze Reihe von Lösungen veröffentlicht, die andere Schemasprachen verwenden. Die Sprache XML-Data Reduced etwa ist integraler Bestandteil von BizTalk, einer führenden Technologie für E-Commerce, E-Business, E-Procurement, die Verwaltung von Lieferketten usw.

Sie fragen sich vielleicht, ob es wichtig ist, mehr als eine Schemasprache zu kennen, oder ob eine der anderen vorzuziehen sei. Wäre XSD der abschließende seit Jahren implementierte Standard für das E-Business, dann würde es vielleicht genügen, diese Sprache zu kennen. Das ist derzeit aber bei weitem nicht so. Die Unterstützung von XSD ist immer noch etwas eingeschränkt. Deshalb wurden viele bestehende Systeme erstellt, die die Schemata DTD und XDR oder andere Ansätze verwenden. Microsoft hat sich darauf verlegt, sowohl seine eigene Schemasprache XDR zu unterstützen, als auch XSD, aber es bleibt eine Tatsache, dass die Pioniere im E-Commerce, geschäftliche Nutzer, die Regierung und die Betreiber von Lösungen für das Erziehungswesen, bereits Millionen für den Erwerb von Lösungen investiert haben, die auf DTDs, XDR-Schemata und einige andere Standards zurückgreifen. Es wird einige Zeit dauern, bis wirklich weltweit ein einziger Ansatz bezüglich der Gültigkeitsbeschränkung bei XML-Dokumenten zum Standard wird. Es ist ratsam, wenigstens eine allgemeine Kenntnis von der Struktur mehrerer Schemata zu haben.

 Wenn Sie nur eine Schemasprache gründlich erlernen wollen, gibt es Tools, die Ihnen bei der Konvertierung in andere Schemata helfen. Darunter befinden sich die kommerziellen Produkte *XML Authority* und *XML Spy*. Darüber hinaus gibt es bei Anbietern manchmal Utilities für die Umwandlung. Microsoft bietet ein frei erhältliches Programm an, welches XDR-Schemata in XSD-Schemata umwandelt. Sie müssen sich jedoch darüber im Klaren sein, dass das Übersetzen von Schemata von einem Dialekt in einen anderen fehleranfällig ist. Wie bei jedem automatisierten Prozess zur Code-Erzeugung müssen Sie das Resultat einer Konvertier-Routine möglicherweise noch ausführlich überarbeiten, um zu den gewünschten Ergebnissen zu kommen.

Die Schema-Arbeitsgruppe beim W3C erstellte Anfang 1999 ein Dokument zu den Anforderungen der XML Schema Definition (XSD). Inzwischen ist die Spezifikation für XSD eine Empfehlung. Die Unterschiede zwischen XDR und XSD werden Ihnen klar werden, sobald Sie das Material der heutigen und morgigen Übungen durchgearbeitet haben.

5.2 XML-Data Reduced (XDR) im Detail

Der Dialekt XML-Data Reduced (XDR) ist eine Teilmenge der vollständigen Spezifikation XML-Data, die Microsoft beim W3C eingab. Am 4. Tag haben Sie ein Validier-Script heruntergeladen und angewendet, das den XML-Parser von Microsoft (MSXML) instantiiert. Die Schema-Implementierung in diesem Parser gründet auf der Spezifikation zur Sprache XML-Data Reduced, auch wenn der Parser ebenso DTDs und XSD-Schemata validiert. Der MSXML ist zwar äußerst umfassend, hat aber dennoch einige Grenzen, wozu gehört, dass er die Vererbung und andere objektorientierten Gestaltungsfeatures nicht unterstützt. Diese Punkte werden morgen genauer besprochen. Darüber hinaus wollen Sie bestimmt sichergehen, dass Ihre Wahl der Schemasprache keine Plattformprobleme mit der Hardware oder dem Betriebssystem aufwirft, auch wenn viele Parser von SUN, Apache, IBM u.a. eine Reihe von Schemasprachen unterstützen. Glücklicherweise gibt es, wie bereits erwähnt, Parser und Optionen zur Validierung für fast alle Plattformen und Betriebssysteme.

Für die Verwendung von XDR zur Validierung eines XML-Dokuments ist ein Parser erforderlich, der XML-Data Reduced versteht. Der Parser MSXML von Microsoft ist gegenwärtig die beste verfügbare Wahl. Zur Zeit der Drucklegung dieses Buchs ist die neueste Version des MSXML die Version 4, die sowohl XSD als auch XDR unterstützt.

Wie DTDs definieren XDR-Schemata die Elemente, die in einer XML-Instanz auftreten können, sowie alle Attribute, die bestimmten Elementen zugeordnet werden können. Um der Gültigkeit genüge zu tun, muss jedes Element in einer Instanz in einem entsprechenden Schema deklariert werden. Ist ein Element im Schema nicht vorhanden, dann ist es notwendigerweise auch nicht in einer gültigen, dem Schema zugehörigen XML-Instanz vorhanden.

Die Beziehungen zwischen Elementen werden ebenfalls in einem XDR-Schema definiert; daher werden alle abgeleiteten Elemente, die bestimmte Elemente enthalten, deklariert und näher hinsichtlich ihres eigenen Inhalts definiert. Das schließt die Sequenz mit ein, in der abgeleitete Elemente zusammen mit einer zulässigen Anzahl abgeleiteter Elemente auftreten können.

Das Schema bestimmt, ob ein Element leer ist oder Textdaten, weitere Elemente oder eine beliebige Kombination aus Text und anderen Elementen enthält. Das Schema kann auch Standardwerte für Attribute festlegen.

Das XML Data Reduced (XDR) -Schema

5.3 Die Element- und Attributs-Deklarationen bei XDR

Sie beginnen Ihre Untersuchung von XDR mit der Frage, wie es Bedingungen für Elemente und Attribute in Ihrem XML-Dokument durchsetzt. Diese Bedingungen werden mithilfe von Elementen und Attributen programmiert, die zum Dialekt XDR gehören. Das kann verwirrend werden. Ein Element oder Attribut aus einer Sprache (XDR) wird verwendet, um die Betriebsregeln zu definieren, mit denen die Einschränkungen einer anderen – Ihrer Auszeichnungssprache – festgelegt werden.

XDR-Schemata sind XML-Instanzen und als solche bestehen sie aus XML-Elementen und -Attributen. Die Sprache XDR umfasst bestimmte vordefinierte XML-Elemente und -Attribute, die mit dem Schema übereinstimmen, das alle Instanzen des XDR-Schemas validiert. Mit anderen Worten heißt das: Weil XDR-Schemata wohl geformte und gültige XML-Dokumente sind, müssen sie einem Regelsatz folgen, den das Schema für die Schemasprache aufstellt. Trotzdem sind XDR-Schemata erweiterbar, mehr dazu erfahren Sie später.

Da XDR-Schemata mit einem Schema validiert werden, werden bei ihrer Erzeugung bestimmte Regeln oder Bedingungen eingebaut. Zum Beispiel ist das Wurzelelement eines XDR-Schemas immer das Element Schema und es enthält immer ein xmlns-Attribut, das den Standard-Namensraum für das Schema-Element und die Elemente, die es enthält, spezifiziert.

Sie haben bei mehreren Gelegenheiten den Begriff *Namensräume* angetroffen und fragen sich vielleicht, was das ist. Sie werden sie am 8. Tag im Detail kennen lernen, aber es wird in diesem Buch noch vorher häufig Bezug auf sie genommen. Kurz gesagt ist ein Namensraum eine Methode, ein Element oder Attribut in ihrer Zugehörigkeit zu einem vorgeschriebenen Satz zu identifizieren oder zu qualifizieren. Die Elemente und Attribute einer bestimmten Schemasprache sind auf den Satz begrenzt, der für diese Schemasprache beschrieben wird.

Das bedeutet, dass Sie normalerweise ein Dokument der XML-Instanz schreiben, das einem Schemadokument zugeordnet ist, das noch einem weiteren Schema entsprechen kann. Glücklicherweise müssen Sie sich nur mit zwei von diesen drei Dokumenten beschäftigen: Ihrem XML-Dokument und dem Schema, mit dem das Dokument validiert wird. Heute geht es in der Einleitung um Teile der Syntax und die Verwendung der Schemasprache XML-Data Reduced. Sie werden die Gelegenheit erhalten, einige einfache XDR-Schemata zu erstellen und sie mithilfe des MSXML-Parsers zu validieren. Ziel ist, dass Sie einfache Schemata erzeugen können, einen Teil der Syntax von typischen Elementen und Attributen in XDR verstehen und wissen, wohin Sie sich wenden müssen, wenn Sie mehr Information brauchen, als Ihnen heute angeboten wird.

Die Element- und Attributs-Deklarationen bei XDR

ElementType-Deklarationen

Betrachten Sie das einfache XML-Dokument in Listing 5.1. Sie erinnern sich vielleicht, dass dieses Dokument zuerst am 4. Tag vorgeführt und mit den Konzepten, die Sie zu den DTDs lernten, modifiziert wurde. Heute verfolgen wir den gleichen Lernprozess und verwenden eine Reihe von XDR-Schemata, um das Dokument in seiner Entstehung zu validieren. Erzeugen Sie das Dokument in Listing 5.1 mit einem Texteditor und speichern Sie es unter nachricht01_5.xml.

Listing 5.1: Ein einfaches XML-Dokument, das auf ein XDR-Schema verweist – nachricht01_5.xml

```
1: <?xml version="1.0"?>
2: <notiz xmlns = "x-schema:nachricht01_5.xdr">Denke daran, auf dem Nachhauseweg von der Arbeit Milch zu kaufen</notiz>
```

Wenn Sie Ihr XML-Dokument mit einem Editor erzeugt haben, der fortlaufend validiert, ist dieses Dokument ungültig, weil die XDR-Datei noch nicht existiert; Sie werden sie als Nächstes erstellen. Wenn Sie einen einfachen Texteditor verwenden, ist das kein Problem.

Das Wurzelelement des Dokuments nachricht01_5.xml schließt ein xmlns-Attribut mit dem Wert "x-schema:nachricht01_5.xdr" ein. Das zeigt einem validierenden Prozessor, dass das Schema, das dem Standard-Namensraum zugeordnet ist, bei diesem XML-Dokument in einer Datei namens nachricht01_5.xdr abgelegt ist. Derzeit ist der MSXML-Parser der einzig brauchbare XDR-Parser.

Sie werden ein XDR-Schema für dieses Dokument erzeugen, das ein Wurzelelement Schema enthält sowie ein ElementType-Element, um das notiz-Element in Ihrer XML-Instanz zu beschränken.

Das Wurzelelement Schema in einem XDR-Schema enthält die Elemente und Attribute, die allen Beschränkungsregeln für eine XML-Dokument-Instanz entsprechen. Die Definitionen in einem XML-Schema sind in dem auf oberster Ebene liegenden Element Schema enthalten. Die Definition des Schema-Elements muss aus dem Namensraum xmlns="urn:schemas-microsoft-com:xml-data" stammen. Die Namensraum-Deklaration ist eine Verarbeitungsanweisung aus XML.

Das Schema-Element in einem Dokument des XML-Schemas sollte auch Namensraum-Deklarationen für andere Schemata enthalten, wie den Namensraum, der die eingebauten Datentypen für das XML-Schema definiert. Datentypen werden verwendet, um Datenstrings auf vordefinierte Syntaxsätze zu begrenzen, wie etwa Daten, numerische Werte, Fließkommazahlen usw. Der Datentyp-Namensraum für ein XDR-Schema ist xmlns:dt="urn:schemas-microsoft-com:datatypes".

Das XML Data Reduced (XDR) -Schema

Deshalb sieht das Wurzelelement Schema eines XDR-Schemas fast immer so aus:

```
<Schema name="meinschema" xmlns="urn:schemas-microsoft-com:xml-data"
        xmlns:dt="urn:schemas-microsoft-com:datatypes">
 <!--alle anderen Deklarationen sind Teil des Wurzelelements-->
</Schema>
```

Die Elementtypen ElementType, AttributeType, Entity und Notation werden verwendet, um die Hauptkomponenten der Struktur der entsprechenden XML-Dokument-Instanzen zu deklarieren. Anders gesagt, das ElementType-Element etwa ist das vordefinierte Element in XDR, das verwendet wird, um die Bedingungen zu definieren, die einem Element in der entsprechenden XML-Instanz auferlegt sind.

Das Element ElementType in einem XDR-Schema hat die folgende Syntax:

```
<ElementType
  content="{ empty | textOnly | eltOnly | mixed} "
  dt:type="datatype"
  model="{ open | closed} "
  name="idref"
  order="{ one | seq | many} ">
```

Jedes der Attribute hat eine besondere Bedeutung hinsichtlich des Elements, das beschrieben wird. Das content-Attribut ist ein Indikator dafür, ob der Inhalt des zu deklarierenden Elements leer sein muss, nur Textdaten oder nur andere Elemente enthalten darf oder ob er ein gemischtes Inhaltsmodell haben kann. Das Attribut dt:type deklariert den Datentyp für das Element. Die gültigen Datentypen – Datum, Zahl, Zeit usw. – werden später an diesem Tag genauer besprochen. Das model-Attribut ist ein Indikator dafür, ob der Inhalt nur das enthalten darf, was im Inhaltsmodell definiert ist oder ob Inhalt vorhanden sein darf, der im Modell nicht spezifiziert wurde. Wird das Modell als offen definiert, kann das Element zusätzliche Elemente oder Attribute einschließen, die nicht ausdrücklich im Inhaltsmodell deklariert wurden. Wenn das Modell als geschlossen definiert ist, darf das Element keine Elemente enthalten und keinen gemischten Inhalt einschließen, der nicht im Inhaltsmodell spezifiziert wurde. DTDs verwenden ein geschlossenes Modell. Das Attribut name ist erforderlich, um das Element zu identifizieren, das definiert wird. Beachten Sie, dass der Name in einem Element Element abgelegt ist, wenn dieser Elementtyp als Ableitung deklariert wird. Beispiele hierfür folgen in Kürze. Das Attribut order stellt die Reihenfolge der abgeleiteten Elemente her. Der Wert one gestattet nur den Einschluss eines Elements aus einem Elementsatz, seq macht es erforderlich, dass die Elemente in einer bestimmten sequenziellen Reihenfolge auftreten und many erlaubt, dass Elemente auftreten oder nicht und zwar in beliebiger Reihenfolge. Diese Attribute werden in Tabelle 5.1 zusammengefasst.

Die Element- und Attributs-Deklarationen bei XDR

In einem XDR-Schema kann das Element, das definiert wird, zusätzliche Elemente oder Attribute einschließen, die nicht ausdrücklich im Inhaltsmodell deklariert wurden, wenn das Modell als offen definiert wird. Wird es als geschlossen definiert, darf das Element keinen gemischten Inhalt oder Elemente enthalten, die nicht im Inhaltsmodell spezifiziert sind.

Listing 5.2 zeigt das Schema nachricht01_5.xdr. Erzeugen Sie dieses Dokument mit Ihrem Texteditor und speichern Sie es unter nachricht01.xdr. Sie können der angefügten Analyse folgen, die Zeile für Zeile vorgeht.

Listing 5.2: *Ein XDR-Schema zum Validieren des Dokuments nachricht01_5.xml, abgespeichert unter nachricht01_5.xdr*

```
1: <?xml version="1.0"?>
2: <Schema
3:   name="nachricht01_5"
4:   xmlns="urn:schemas-microsoft-com:xml-data"
5:   xmlns:dt="urn:schemas-microsoft-com:datatypes">
6:   <ElementType name="notiz" model="closed" content="textOnly"
      dt:type="string"/>
7: </Schema>
```

Betrachten Sie das Dokument in Listing 5.2 Zeile für Zeile. Da ein XDR-Schema eine XML-Instanz ist, wird es in Zeile 1 als solche deklariert. Das Start-Tag für das Wurzelelement Schema des XDR-Schemas beginnt in Zeile 2. In diesem Fall enthält das Start-Tag drei Attribute. Das name-Attribut in Zeile 3 dient dazu, den Namen zu dokumentieren, den Sie diesem speziellen Schema gegeben haben. Dabei handelt es sich um ein optionales Attribut; es stellt jedoch einen guten Programmierstil dar, es einzuschließen.

In Zeile 4 wird der Standard-Namensraum für das XDR-Schema mit einer URI ("urn:schemas-microsoft-com:xml-data") definiert, die dem validierenden MSXML-Parser anzeigt, dass die Sprache XML-Data Reduced verwendet wird. Das ist die URI, die bei einem XDR-Schema immer angegeben wird. Der Standard-Namensraum wird allen Elementen zugewiesen, die im Wurzelelement Schema enthalten sind, es sei denn, ein Proxy auf einen anderen Namensraum deklariert sie anders (siehe Tag 8 für Näheres zu den Namensräumen). Der *Uniform Resource Identifier* (URI) für den XML-Namensraum dient nur als eindeutige Benennung für den untergeordneten Namensraum, den er identifiziert. Ein URI ist nur eine Reihe von Zeichen, die verwendet wird, um Namen zu unterscheiden. Sie wissen, URL ist die Abkürzung für Universal Resource Locator. Ein URL dient als globale Adresse für eine entfernte Ressource oder ein entferntes Dokument. Namensraum-Deklarationen können einen URI-String

Das XML Data Reduced (XDR) -Schema

enthalten, der einem URL ähnelt, weil er aussieht wie eine Webadresse; es handelt sich hierbei aber nur um eine Methode, um sicherzustellen, dass der Namensraum einmalig ist. Mehr dazu erfahren Sie an Tag 8. URIs können auch Universal Resource Names, URNs, enthalten. URNs sind Namen, die auch einmalig sein sollen; normalerweise ähneln sie jedoch keinen URLs.

Eine URI, die in einem XML-Namensraum verwendet wird, ist nur eine Benennung oder ein String von Zeichen, der den Namensraum eindeutig identifiziert. Es ist egal, worauf eine URI verweist, wenn sie dies überhaupt tut. Sie dient nur als eindeutiger Name in der Auflistung der Namen von Elementtypen und Attributstypen, die sie charakterisiert.

Zeile 5, die letzte Zeile im Start-Tag des Wurzelelements Schema, deklariert einen Namensraum für die Datentypen, die in diesem Schema deklariert werden. Das weist den Parser an, jedes Element im gesamten übrigen XDR-Schema, das ein dt:type-Attribut enthält, auf Grundlage der Regeln zum Datentyp, die Microsoft aufstellte, zu validieren. Mehr zu den Datentypen folgt später an diesem Tag.

Zeile 6 liefert die Deklaration für das einzige Element in der XML-Instanz, nachricht01_5.xml, dem notiz-Element.

`<ElementType name="notiz" model="closed" content="textOnly" dt:type="string"/>`

Zeile 6 enthält auch die Attribute, die das notiz-Element näher beschreiben. Das Attribut name stellt den Namen des Elements in der XML-Instanz dar, die deklariert wird. In diesem Fall benennt das name-Attribut das notiz-Element. Das Attribut model hat den Wert closed, was anzeigt, dass ein entsprechendes XML-Dokument nur Elemente enthält, die in diesem bestimmten Schema deklariert wurden. Mit anderen Worten, enthielte die XML-Instanz Elemente, die nicht in diesem Schema deklariert werden, würde das Dokument als ungültig betrachtet werden. Das Attribut content zeigt an, dass das Element notiz nur Textdaten enthält, was auf Bedeutung des Werts textOnly hinweist. Später erfahren Sie mehr zu den anderen Werten dieses Attributs. Das Attribut type gehört zum Namensraum Datentyp, das der Proxy dt: anzeigt. In diesem Fall ist der gültige Datentyp für das Element notiz ein string. Dies entspricht dem Datentyp CDATA in einer DTD.

Verwenden Sie das Script, das Sie gestern heruntergeladen haben, um zu beweisen, dass die XML-Instanz nachricht01_5.xml wohl geformt und gültig ist. Abbildung 5.1 zeigt die zu erwartenden Resultate dieses Tests.

Das Element ElementType gestattet die Deklaration mehrerer vordefinierter Attribute. Diese werden in Tabelle 5.1 zusammengefasst.

Die Element- und Attributs-Deklarationen bei XDR

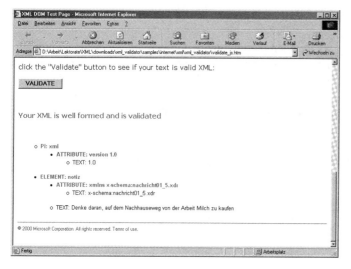

*Abbildung 5.1:
Die zu erwartenden Resultate einer Anwendung des Scripts vom MSXML-Parser auf nachricht01_5.xml*

Attributsname	Beschreibung
name	Dieses obligatorische Element deklariert den Elementnamen.
content	Dieses Attribut beschreibt den Inhalt des Elements. Die gültigen Werte für dieses Attribut schließen empty ein, was ein leeres Element anzeigt; eltOnly für ein Element, das nur einen Container für andere Elemente darstellt; textOnly, das für reinen Textinhalt steht; und mixed, das anzeigt, dass das Element Elemente oder Text enthalten kann. Dies ist der Standardwert für content.
dt:type	Dieses Attribut definiert den Datentyp des Elements. dt: bildet einen Proxy für den deklarierten Namensraum der URI des Datentyps.
model	Dieses Attribut hat die Werte open oder closed, die anzeigen, ob Elemente, die nicht innerhalb des XDR-Schemas definiert sind, in der XML-Instanz zugelassen sind.
order	Dieses Attribut deklariert die Anordnung abgeleiteter Elemente in der entsprechenden XML-Instanz. Die gültigen Werte für das order-Attribut sind one, was bedeutet, dass genau ein abgeleitetes Element zu erwarten ist; many, das anzeigt, dass die Elemente in einer beliebigen Reihenfolge und Anzahl auftreten können; schließlich seq, das deklariert, dass abgeleitete Elemente nur in der Reihenfolge auftreten dürfen, die im XDR-Schema vorgegeben wird.

Tabelle 5.1: Vordefinierte Attribute für das Element ElementType

Eingebettete Deklarationen von ElementType

Wie bei DTDs müssen eingebettete Elemente in einem XDR-Schema deklariert und definiert werden. In Listing 5.3 wird das Dokument nachricht01_5.xml so modifiziert, dass es ein eingebettetes Element enthält, nachricht, sowie eine Ableitung des Wurzelelements notiz. Erstellen Sie ein Dokument (oder modifizieren Sie eines Ihrer vorhandenen Dokumente) mit Ihrem Texteditor, um eine XML-Instanz zu erstellen, die derjenigen in Listing 5.3 entspricht.

Listing 5.3: Ein eingebettetes Element wird eingefügt – nachricht02_5.xml

```
1: <?xml version = "1.0"?>
2: <notiz xmlns = "x-schema:nachricht02.xdr">
3:    <nachricht>Denke daran, auf dem Nachhauseweg von der Arbeit Milch zu kaufen</nachricht>
4: </notiz>
```

Listing 5.4 zeigt ein XDR-Schema, mit dem nachricht02_5.xml validiert wird. Erzeugen Sie dieses XDR-Schema und speichern Sie es als nachricht02_5.xdr.

Listing 5.4: Ein XDR-Schema für nachricht02_5.xml – nachricht02_5.xdr

```
 1: <?xml version="1.0"?>
 2: <Schema
 3:    name="Schema ohne Titel"
 4:    xmlns="urn:schemas-microsoft-com:xml-data"
 5:    xmlns:dt="urn:schemas-microsoft-com:datatypes">
 6:    <ElementType name="notiz" model="closed" content="eltOnly">
 7:       <element type="nachricht"/>
 8:    </ElementType>
 9:    <ElementType name="nachricht" model="closed" content="textOnly"
       dt:type="string"/>
10: </Schema>
```

Die Zeilen 1-5 sind in diesem XDR-Schema nahezu die gleichen wie bei nachricht01_5.xdr. Zeile 3 jedoch bezieht sich auf den Namen dieses Schemas als »Schema ohne Titel«. Der Name ist optional.

Die Zeilen 6-8

```
6:    <ElementType name="notiz" model="closed" content="eltOnly">
7:       <Element type="nachricht"/>
8:    </ElementType>
```

Die Element- und Attributs-Deklarationen bei XDR

zeigen an, dass das Element notiz nur andere Elemente enthält (content="eltOnly"). Das nachricht-Element wird als Ableitung des notiz-Elements deklariert.

Die Zeile 9 definiert, dass das nachricht-Element den string-Inhalt textOnly hat. Der Wert textOnly bezieht sich auf den Inhalt des Elements, nicht auf den Datentyp dieses Elements. Dieser Unterschied ist manchmal verwirrend, weil der Begriff textOnly eine Qualifizierung des Datentyps impliziert, den der String umfasst. Er bedeutet aber nur, dass das Element Daten (eines beliebigen Typs) enthält und keine anderen Elemente.

Beachten Sie, dass das nachricht-Element in diesem Schema zweimal auftritt, einmal in Zeile 7, wo es als Ableitung des notiz-Elements deklariert wird, und dann wieder in Zeile 9, wo es vollständig definiert wird. Als Sie gestern DTDs erstellten, hatten Sie auf ähnliche Weise mit abgeleiteten Elementen zu tun, Sie haben sie zuerst deklariert und dann definiert.

Das element-Element ist in einem XDR-Schema eine gültige Ableitung des Elements ElementType. Es können in einem ElementType-Element abgeleitete Elemente eingefügt werden. Diese werden in Tabelle 5.2 zusammengefasst.

Elementname	Beschreibung
element	Deklariert ein abgeleitetes Element
description	Liefert die Beschreibung für ElementType
datatype	Definiert den Datentyp des Elements ElementType
group	Beschreibt die Reihenfolge und Frequenz von Elementen, die miteinander in Beziehung stehen
AttributeType	Definiert ein Attribut
attribute	Spezifiziert die Details von AttributeType für ein Element

Tabelle 5.2: Abgeleitete Elemente des Elements ElementType

Leere Elemente

Sie werden sich aus Ihren Studien der letzten Tage daran erinnern, dass leere Elemente in einer XML-Instanz diejenigen sind, die keine Daten oder anderen Elemente enthalten. Leere Elemente können immer noch Attribute enthalten, aber zwischen dem Start- und dem Schluss-Tag eines leeren Elements enthalten sie nichts. Das heißt nicht, dass leere Elemente keine Informationen transportieren. In Wirklichkeit haben viele davon Attribute,

Das XML Data Reduced (XDR) -Schema

die Detailinformationen tragen; andere dienen als Platzhalter. In beiden Fällen haben sie einen Informationswert, ohne einen Inhalt zu haben. Auf Grund der Tatsache, dass zwischen beiden Tags nichts abgelegt ist, erlaubt XML eine abgekürzte Syntax für leere Elemente, die so aussieht:

`<element_name />`

Das Schluss-Tag wird eliminiert und das terminierende Slash-Zeichen in das Start-Tag des Elements eingebaut.

Aufbauend auf der Datei nachricht02_5.xml fügen Sie als Nächstes ein leeres anzahl-Element in die Instanz ein. Sie werden sehen, wie man in einem XDR-Schema eine Beschränkung für dieses Element eingibt.

Listing 5.5 zeigt eine XML-Instanz, die in Zeile 3 ein leeres anzahl-Element enthält.

Listing 5.5: Ein XML-Dokument mit einem leeren Element – nachricht03_5.xml

```
1: <?xml version = "1.0"?>
2: <notiz xmlns="x-schema:nachricht03_5.xdr">
3:   <anzahl />
4:   <anzahl>Denke daran, auf dem Nachhauseweg von der Arbeit Milch zu kaufen</nachricht>
5: </notiz>
```

Wie Sie sehen, ist die Instanz immer noch recht einfach. Auch wenn es scheinen mag, dass das Einfügen des leeren anzahl-Elements nicht viel an Wert hinzufügt, werden Sie später die Instanz modifizieren können und anzahl zu einem Attribut des nachricht-Elements machen statt eines Elements. Wenn Sie XML-Dokumente und Schemata erzeugen, ist es oft recht schwierig, zu entscheiden, ob ein bestimmtes Datenobjekt besser als Element oder als Attribut eingegeben werden soll. Sie haben dies am zweiten Tag abwägen können, als Sie wohl geformte Dokument-Instanzen erstellt haben. Es gibt keine absoluten Regeln, die diktieren, wann ein Wert ein Element sein soll und wann ein Attribut. Diese Entscheidung liegt weitgehend bei Ihnen. Einige Dinge, die Sie bedenken sollten, drehen sich um die Nützlichkeit von Elementen und Attributen bei Auszeichnungen. Elemente tragen zum Beispiel normalerweise Informationen, die Daten von Wert sind, während Attribute häufig beigefügte Informationen tragen – wie etwa Metadaten –, die dazu dienen, Elemente auf die gleiche Art genauer zu bestimmen wie Adjektive ein Substantiv genauer definieren. Elemente können abgeleitete Elemente haben, Attribute dagegen nicht.

Nun programmieren Sie anzahl als leeres Element, um die Syntax für diese Art von Einschränkung in XDR zu sehen. Später werden Attribute hinzugefügt werden, die das Element qualifizieren.

Um das anzahl-Element im XDR-Schema auf ein leeres Inhaltsmodell zu beschränken, müssen Sie das Element als leer deklarieren, indem Sie für diese Deklaration das Attribut

Die Element- und Attributs-Deklarationen bei XDR

content="empty" für das Element ElementType setzen. Sie erinnern sich, dass empty einer der zur Verfügung stehenden Werte für das content-Attribut ist. Die Syntax für die neue Deklaration und die Definition schließt ein element-Element ein, das dem ElementType-Element notiz hinzugefügt werden muss, um anzuzeigen, dass das anzahl-Element im Wurzelelement enthalten ist. Die Syntax sieht folgendermaßen aus:

```
<element type="anzahl"/>
```

Dann muss ein neues ElementType-Element eingefügt werden, um das neue Element als leer zu deklarieren. Das sieht so aus:

```
<ElementType name="anzahl" model="closed" content="empty"/>
```

Das vollständige XDR-Schema in Listing 5.6 validiert nun das Dokument nachricht03_5.xml. Erzeugen Sie dieses Schema und speichern Sie es unter nachricht03_5.xdr im gleichen Unterverzeichnis ab wie das Dokument der XML-Instanz. Dann können Sie das Dokument oder auch die übrigen heutigen Beispiele validieren, indem Sie das XML-Dokument wie bereits beschrieben in den XML-Validierer laden.

Listing 5.6: Ein XDR-Schema, das eine Instanz mit einem Emptyelement validiert

```
 1: <?xml version="1.0"?>
 2: <Schema
 3:   name="Schema ohne Titel"
 4:   xmlns="urn:schemas-microsoft-com:xml-data"
 5:   xmlns:dt="urn:schemas-microsoft-com:datatypes">
 6:   <ElementType name="notiz" model="closed" content="eltOnly" order="seq">
 7:     <element type="anzahl"/>
 8:     <element type="nachricht"/>
 9:   </ElementType>
10:   <ElementType name="anzahl" model="closed" content="empty"/>
11:   <ElementType name="nachricht" model="closed" content="textOnly"
      dt:type="string"/>
12: </Schema>
```

In den Zeilen 6-9 wird das notiz-Element deklariert, das nur Elemente enthält, insbesondere anzahl, dem sequenziell nachricht folgt. Das order-Attribut des notiz-Elements hat den Wert seq, der anzeigt, dass die Anordnung der abgeleiteten Elemente sequenziell ist. Wie bereits erwähnt, kann das order-Attribut nur die Werte one, seq oder many haben.

137

5.4 Attribute in einer XML-Instanz mit XDR validieren

Im vorigen Beispiel haben Sie die Anzahl der Nachrichten als leeres Element deklariert. Das gab Ihnen die Gelegenheit, die Syntax für die Deklaration leerer Elemente bei XDR kennen zu lernen, aber der Wert dieser Kodierung ist im Kontext des Nachrichtenszenarios, das angewendet wird, fraglich. Im nächsten Beispiel werden Sie das leere anzahl-Element entfernen und durch ein anzahl-Attribut für das Element nachricht ersetzen. In diesem Fall wenden Sie einen guten Programmierstil an, wenn Sie ein Element, das selbst keinen besonders hohen Datenwert enthält, in ein Attribut umwandeln, das besser dazu geeignet ist, das Element, auf das es sich bezieht, zu qualifizieren. Das ist ein gutes Beispiel, wie ein Attribut in etwa einem Adjektiv ähnelt, das ein Substantiv modifiziert (in dem Fall ein Element). Beim Entwickeln von XML-Lösungen werden Sie feststellen, dass dieses Herangehen nach dem Trial-and-Error-Verfahren auch dann nicht ausbleibt, wenn Sie vor dem Programmieren eine klare Analyse durchgeführt haben. Lassen Sie sich nicht entmutigen, wenn Sie Ihre Meinung darüber ändern müssen, ob ein Konstrukt besser als Element oder als Attribut eingegeben werden soll.

Listing 5.7 zeigt die XML-Instanz des Nachrichten-Dokuments mit einem Attribut, das dem nachricht-Element hinzugefügt wurde. Führen Sie in Ihrem Dokument die nötigen Modifikationen durch und speichern Sie das Resultat unter nachricht04_5.xml.

Listing 5.7: Ein Attribut wird dem Nachricht-Dokument hinzugefügt – nachricht04_5.xml

```
1: <?xml version="1.0"?>
2: <notiz xmlns="x-schema:nachricht04_5.xdr">
3:   <nachricht anzahl="10">
4:     Denke daran, auf dem Nachhauseweg von der Arbeit Milch zu kaufen
5:   </nachricht>
6: </notiz>
```

Da Sie der XML-Instanz ein Attribut hinzugefügt haben, müssen Sie dem XDR-Schema eine Beschränkung für dieses Attribut eingeben. Attribute werden im XDR-Schema mit dem Element AttributeType deklariert. Die Syntax für AttributeType lautet wie folgt:

```
<AttributeType
  default="Standardwert"
  dt:type="Datentyp"
  dt:values="Aufzählungswerte"
  name="idref"
  required="{ yes | no} ">
```

Die Attribute des Elements AttributeType werden in Tabelle 5.3 zusammengefasst.

Attribute in einer XML-Instanz mit XDR validieren

Attribut	Beschreibung
default	Der Standardwert für das Attribut: Er muss für diese Attributs-Instanz zulässig sein. Ist beispielsweise das Attribut vom Typ enumerated, dann muss der Standardwert in der Auflistung der Werte auftauchen.
dt:type	Spezifiziert den Datentyp für diesen Attributstyp. Ein Attribut kann einen der folgenden Typen annehmen: entity, entities, enumeration, id, idref, idrefs, nmtoken, nmtokens, notation oder string. Wird der Typ enumeration ausgewählt, sollte das dt:values-Attribut mit der Auflistung der zulässigen Werte ebenfalls angeboten werden. Mehr zu den XDR-Datentypen folgt später.
dt:values	Wird dt:type auf enumeration gesetzt, dann listet dieses Attribut die möglichen Werte auf
name	Der Name des Attributstyps. Dieses Attribut ist obligatorisch. Referenzen auf diesen Attributstyp innerhalb einer ElementType-Definition erfolgen im Schema mit dem Attributs-Element. Der Name, der hier angegeben wird, entspricht dem Attributstyp des Attributs-Elements.
required	Zeigt an, ob ein Attribut im Element vorhanden sein muss

Tabelle 5.3: Die Attribute des Elements AttributeType

In Ihrer XML-Instanz gehört das Attribut zum nachricht-Element. Deshalb enthält das Element ElementType für das notiz-Element ein AttributeType- und ein attribute-Element, mit denen das neue Attribut deklariert und definiert wird. Die beiden treten immer paarweise auf, genau wie Deklarationen und Definitionen in der DTD-Syntax ein Paar bilden. Sehen wir uns nun das Element attribute an.

Das attribute-Element verweist auf einen deklarierten Attributstyp, der im Bereich des benannten ElementType-Elements auftritt. Die Syntax für dieses Element ist folgende:

```
<attribute
 default="Standardwert"
 type="Attributstyp"
 [required="{ yes | no} "]>
```

Die gültigen Werte für das Element attribute sind ähnlich denen für das Element AttributeType, wie Sie beim Vergleich von Tabelle 5.3 und 5.4 sehen können.

Tabelle 5.4 fasst die gültigen Attribute für das Element attribute bei XDR zusammen.

Das XML Data Reduced (XDR) -Schema

Attribut	Beschreibung
default	Der Standardwert für das Attribut. Dieser festgelegte Wert hat Vorrang vor allen Standardwerten des Elements AttributeType, auf das er verweist.
type	Der Name von AttributeType in diesem Schema (oder einem anderen, das ein spezifischer Namensraum anzeigt). Der angegebene Wert muss dem name-Attribut des Elements AttributeType entsprechen. Der Typ kann ein Namenraum-Präfix einschließen.
required	Zeigt an, ob das Attribut im Element vorhanden sein muss. Optional, wenn das erforderliche Attribut im AttributeType vorhanden ist, auf das verwiesen wird

Tabelle 5.4: Attribute für das Element attribute *bei XDR*

Als Nächstes modifizieren Sie das Schema nachricht03_5.xdr, um die Entfernung des leeren Elements und das Einfügen des anzahl-Attributs für das Element nachricht umzusetzen. Entfernen Sie zunächst die Zeilen 7-10 (die Deklaration und die Definition für das leere Element). Die Zeilen, die Sie ausschneiden, sehen so aus:

```
7:      <element type="anzahl"/>
...
10:     <ElementType name="anzahl" model="closed" content="empty"/>
```

Jetzt müssen Sie das nachricht-Element ElementType modifizieren. Es war zuvor leer, soll jetzt aber die Elemente AttributeType und attribute enthalten, um das neue Attribut anzahl zu deklarieren und zu definieren. Das sollte so aussehen:

```
<ElementType name="nachricht" model="closed" content="textOnly"
dt:type="string">
   <AttributeType name="anzahl" dt:type="number" required="yes"/>
   <attribute type="anzahl"/>
</ElementType>
```

Listing 5.8 zeigt das fertige XDR-Schema zum Validieren der Datei nachricht04.xml.

Listing 5.8: Attribute bei XDR-Schemata deklarieren und definieren – nachricht04_5.xdr

```
1: <?xml version="1.0" encoding="UTF-8"?>
2: <Schema
3:    name="Schema ohne Titel"
4:    xmlns="urn:schemas-microsoft-com:xml-data"
5:    xmlns:dt="urn:schemas-microsoft-com:datatypes">
6:    <ElementType name="notiz" model="closed" content="eltOnly">
7:        <element type="nachricht"/>
8:    </ElementType>
9:    <ElementType name="nachricht" model="closed" content="textOnly"
   dt:type="string">
```

```
10:        <AttributeType name="anzahl" dt:type="number" required="yes"/>
11:        <attribute type="anzahl"/>
12:    </ElementType>
13: </Schema>
```

In den Zeilen 10 und 11 wird das Attribut anzahl für das nachricht-Element deklariert und definiert. Das Element AttributeType in Zeile 10 stellt fest, dass der Wert des anzahl-Attributs zum Datentyp number gehört, der eine Zahl spezifiziert, ohne die Ziffern zu begrenzen. Es können viele andere Arten von Zahlen spezifiziert werden, wie Sie heute noch sehen werden. Das anzahl-Attribut ist außerdem obligatorisch, gemäß dem Wert yes für das required-Attribut in Zeile 10.

5.5 Datentypen bei XDR

In einem XDR-Schema können Sie die Datentypen von Elementen und Attributen spezifizieren. Es gibt viele Möglichkeiten validierter Datentypen bei XDR, wodurch es sich ideal für die Verwendung bei einer Vielzahl von Datenapplikationen eignet. Datentypen spezifizieren die Datenformatierung und geben XML-Prozessoren und Anwendungen die Möglichkeit, mit der Überprüfung des Datentyps eine Funktion für die Validierung von Bedingungen zu bekommen. Will man zum Beispiel sicherstellen, dass ein Datum ein Datenwert, ein Integer oder ein Textstring ist, kann dies mithilfe der Datentyp-Bedingungen erreicht werden. Damit Datentypen beim XDR-Schema spezifiziert werden können, muss der Namensraum für Datentypen bei Microsoft

`xmlns:dt="urn:schemas-microsoft-com:datatypes">`

in die Deklaration des Wurzelelements Schema eingeschlossen werden. Das Präfix dt: wird diesem Namensraum per Konvention zugeordnet und dient im gesamten XDR-Schema als Proxy, um die Komponenten von Datentypen zu identifizieren. Tabelle 5.5 zeigt eine Auflistung der Datentypen, die XDR-Schemata validieren. Die Liste von Datentypen, die XDR unterstützt, sowie zusätzliche Informationen zur Datentyp-Validierung finden Sie in der MSDN Library unter http://msdn.microsoft.com.

Datentyp	Beschreibung
bin.base64	Binäres BLOB, kodiert im Base64 MIME-Stil
bin.hex	Hexadezimalzahlen, die Oktette darstellen
boolean	0 oder 1, wobei 0 = »false« und 1 = »true« ist

Tabelle 5.5: Datentypen für das XDR-Schema

Datentyp	Beschreibung
char	Ein String, der ein Zeichen lang ist
date	Datum im Format einer ISO 8601-Untermenge, ohne die Zeitdaten, z.B.: »11-05-1994«. Das Datum wird nicht validiert. (Der »31.02.1999« etwa wird als gültig validiert.
dateTime	Datum im Format einer ISO 8601-Untermenge, mit optionaler Zeitangabe und nicht optionaler Zeitzone. Sekundenbruchteile können bis auf die Nanosekunde genau angegeben werden, z.B.: »04-07-1988T18:39:09«.
dateTime.tz	Datum im Format einer ISO 8601-Untermenge, mit optionaler Zeit und Zone. Sekundenbruchteile können bis auf die Nanosekunde genau angegeben werden, z.B.: »04-07-1988T18:39:09-08:00«.
fixed.14.4	Entspricht number, kann aber nicht mehr als 14 Ziffern links von der Dezimalstelle und 4 rechts davon haben
float	Fließkommazahl ohne Begrenzung für die Ziffern; potenziell möglich sind Vorzeichen, Bruchzahlen und optional ein Exponent. Die Interpunktion entspricht der amerikanischen. Die Werte reichen von 1.7976931348623157E+308 bis 2.2250738585072014E-308.
int	Zahl mit optionalem Vorzeichen, keine Brüche und kein Exponent
number	Zahl ohne Begrenzung für die Ziffern; potenziell möglich sind Vorzeichen, Bruchzahlen und optional ein Exponent. Interpunktion entspricht der amerikanischen. Die Werte haben den gleichen Bereich wie die höchste signifikante Zahl, R8, 1.7976931348623157E+308 bis 2.2250738585072014E-308.
time	Zeit im Format einer ISO 8601-Untermenge, ohne Datum und Zeitzone, z.B.: »08:15:27«
time.tz	Zeit im Format einer ISO 8601-Untermenge, ohne Datum, aber mit optionaler Zeitzone, z.B.: »08:15:27-05:00«
i1	Integer, dargestellt in einem Byte. Eine Zahl mit optionalem Vorzeichen, keinen Brüchen und keinen Exponenten, z.B.: »1, 127, -128«.
i2	Integer, dargestellt in einem Wort. Eine Zahl mit optionalem Vorzeichen, keinen Brüchen und keinen Exponenten, z.B.: »1, 703, -32768«
i4	Integer, dargestellt in vier Bytes. Eine Zahl mit optionalem Vorzeichen, keinen Brüchen und keinen Exponenten, z.B.: »1, 703, -32768, 148343, -1000000000«.

Tabelle 5.5: Datentypen für das XDR-Schema (Forts.)

Datentyp	Beschreibung
i8	Integer, dargestellt in acht Bytes. Eine Zahl mit optionalem Vorzeichen, keinen Brüchen und keinen Exponenten und einer 19-stelligen Genauigkeit. Der Bereich geht von -9.223.372.036.854.775.808 bis 9.223.372.036.854.775.807.
r4	Fließkommazahl mit siebenstelliger Präzision; potenziell sind Vorzeichen, Bruchzahlen und optional ein Exponent möglich. Interpunktion wie im Amerikanischen. Die Werte reichen von 3,40282347E+38F bis 1,17549435E-38F.
r8	Entspricht float. Fließkommazahl mit 15-stelliger Präzision; potenziell sind Vorzeichen, Bruchzahlen und optional ein Exponent möglich. Interpunktion wie im Amerikanischen. Die Werte reichen von 1,7976931348623157E+308 to 2,2250738585072014E-308.
ui1	Vorzeichenloser Integer. Eine Zahl ohne Vorzeichen, keine Brüche und keine Exponenten, z.B.: »1, 255«
ui2	Vorzeichenloser Integer, zwei Bytes. Eine Zahl ohne Vorzeichen, keine Brüche und keine Exponenten, z.B.: »1, 255, 65535«
ui4	Vorzeichenloser Integer, vier Bytes. Eine Zahl ohne Vorzeichen, keine Brüche und keine Exponenten, z.B.: »1, 703, 3000000000«
ui8	Vorzeichenloser Integer, acht Bytes. Eine Zahl ohne Vorzeichen, keine Brüche und keine Exponenten, der Bereich ist 0 bis 18.446.744.073.709.551.615
uri	Universal Resource Identifier (URI), z.B.: »urn:schemas-microsoft-com:Office9«
uuid	Hexadezimalzahlen, die Oktette darstellen, mit optionalen eingebetteten Bindestrichen, die ignoriert werden, z.B.: »333C7BC4-460F-11D0-BC04-0080C7055A83«

Tabelle 5.5: Datentypen für das XDR-Schema (Forts.)

Beispiel für einen Datentyp

In der Instanz nachricht haben Sie für das nachricht-Element ein Attribut namens anzahl gesetzt. Sie haben dieses Attribut als ein dt:type="number" eingegeben, was bedeutet, dass der Beschränkung mit einem beliebigen numerischen Wert Genüge getan ist. Angenommen, Sie wollen sicherstellen, dass der Wert, der für diese Zahl angegeben wird, ein Integer ist: Sie müssen das Attribut für den Datentyp entsprechend ändern. Auf der Grundlage der Informationen aus Tabelle 5.5 wird das neue Attribut so aussehen:

dt:type="int"

Das XML Data Reduced (XDR) -Schema

Im nächsten Beispiel werden Sie diese und einige andere Änderungen durchführen, um ein Gespür für die Vielfalt der Möglichkeiten zur Datentyp-Validierung bei XDR zu bekommen. Um sicherzugehen, dass Ihr Code in der gleichen Weise validiert wie im Beispiel, müssen Sie aufpassen, dass Sie die Attributswerte der Datei nachricht04_5.xml genauso formatieren wie hier gezeigt.

Beginnen Sie mit der Modifikation Ihres Dokuments nachricht03_5.xml und fügen Sie ihm im Start-Tag des Elements nachricht ein datum- und ein von-Attribut hinzu. Das Datum sollte im Format CCYY-MM-DD stehen, wobei CC für Jahrhundert, YY für Jahr, MM für Monat und DD für Tag stehen. Der Wert für das von-Attribut muss ein String sein. Hier sehen Sie eine Möglichkeit für diese Änderungen:

```
<nachricht anzahl="10" datum="2001-07-29" von="Kathy Shepherd">
```

Sie können auch andere Zahlen, Daten und Textstrings verwenden, aber geben Sie Acht, dass Sie der angegebenen Syntax genau folgen, damit die Daten-Validierung korrekt funktioniert. Wenn Sie in Ihrem XML-Dokument all die Änderungen durchgeführt haben, speichern Sie es unter nachricht05_5.xml, woraufhin Sie damit anfangen können, das XDR-Dokument zum Zweck der Validierung zu ändern. Listing 5.9 zeigt das vollständige XML-Dokument einschließlich der neuen Attribute.

Listing 5.9: Neue Attribute – nachricht05_5.xml

```
1: <?xml version="1.0"?>
2: <notiz xmlns="x-schema:nachricht05_5.xdr">
3:    <nachricht anzahl="10" datum="2001-07-29" von="Kathy Shepherd">
4:     Denke daran, auf dem Nachhauseweg von der Arbeit Milch zu kaufen
5:    </nachricht>
6: </notiz>
```

Das XDR-Schema muss den Attributswert für anzahl als *integer* validieren, den Wert für das datum-Attribut als *date* und den Wert, der dem Attribut von zugeordnet ist als *string*. Vergessen Sie nicht, auch einen Inhaltstyp für das nachricht-Element zu deklarieren, der nur Text als *string* enthält. Setzen Sie voraus, dass all diese Attribute obligatorisch sind. Sie haben jetzt alle notwendigen Informationen, um die Deklarationen und Definitionen für die neuen Attribute einzugeben und sicherzustellen, dass sie mit den bekannten Datentypen validieren. Die Deklarationen und Definitionen sollen so aussehen:

```
10:    <AttributeType name="number" dt:type="int" required="yes"/>
11:    <AttributeType name="date" dt:type="date" required="yes"/>
12:    <AttributeType name="from" dt:type="string" required="yes"/>
13:    <attribute type="anzahl"/>
14:    <attribute type="datum"/>
15:    <attribute type="von"/>
```

Datentypen bei XDR

In Zeilen 13-14 wird festgelegt, dass diese Attribute zu dem Element gehören, das durch das Element ElementType deklariert wird und das sie enthält. Die Zeilen 10-12 setzen Datentypen fest. Da alle Attribute obligatorisch sind (gemäß den gezeigten Bedingungen), ist das Dokument nicht gültig, wenn eines davon im XML-Dokument fehlt.

Kommen wir zum vollständigen XDR-Schema, das die Datentypen korrekt validiert.

Listing 5.10: Ein XDR-Schema zur Validierung spezifischer Datentypen – nachricht05_5.xdr

```
 1: <?xml version="1.0"?>
 2: <Schema
 3:     name="nachricht"
 4:     xmlns="urn:schemas-microsoft-com:xml-data"
 5:     xmlns:dt="urn:schemas-microsoft-com:datatypes">
 6:     <ElementType name="notiz" model="closed" content="eltOnly">
 7:         <element type="nachricht"/>
 8:     </ElementType>
 9:     <ElementType name="nachricht" model="closed" content="textOnly" dt:type="string">
10:         <AttributeType name="anzahl" dt:type="int" required="yes"/>
11:         <AttributeType name="datum" dt:type="date" required="yes"/>
12:         <AttributeType name="von" dt:type="string" required="yes"/>
13:         <attribute type="anzahl"/>
14:         <attribute type="datum"/>
15:         <attribute type="von"/>
16:     </ElementType>
17: </Schema>
```

Die Zeile 9 enthält die Deklaration des Elements als textOnly-Element, das als String dargestellt wird. Beachten Sie, dass die Datentypen Integer (int), date und string jeweils den Attributen anzahl, datum und von in den Zeilen 10-12 entsprechen. Im gezeigten Listing sind sie auch als obligatorische Attribute eingegeben. Überprüfen Sie die Gültigkeit Ihres Dokuments nachricht05_5.xml, indem Sie es mit dem Validier-Script parsen, das Sie am 4. Tag heruntergeladen haben. Das zu erwartende Resultat sehen Sie in Abbildung 5.2.

145

Das XML Data Reduced (XDR) -Schema

Abbildung 5.2:
Ein wohl geformtes und gültiges XML-Dokument, das den definierten Bedingungen für die Datentypen entspricht

Angenommen, Sie würden das nachricht05_5.xml-Dokument so modifizieren, dass es aussieht wie in Listing 5.11.

Listing 5.11: Ein Datentypfehler – nachricht06_5.xml

```
1: <?xml version="1.0"?>
2: <notiz xmlns="x-schema:nachricht05_5.xdr">
3:   <nachricht anzahl="zehn" datum="2001-07-29" von="Kathy Shepherd">
4:    Denke daran, auf dem Nachhauseweg von der Arbeit Milch zu kaufen
5:   </nachricht>
6: </notiz>
```

In Zeile 3 ist die Anzahl ausgeschrieben und nicht numerisch. Wenn Sie dieses durch das Validier-Script von Microsoft laufen lassen, erhalten Sie eine Fehlermeldung, ähnlich der in Abbildung 5.3 gezeigten, weil der Datentyp Integer keine alphabetischen Zeichen zulässt. Der Parser MSXML meldet, dass er den Wert zehn (in Zeile 3) nicht als Datentyp int parsen kann.

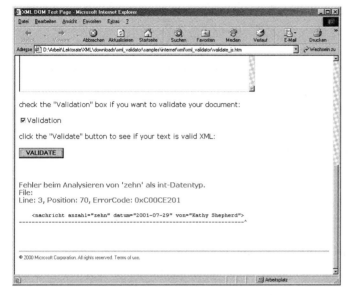

*Abbildung 5.3:
Eine MSXML-Fehlermeldung, die anzeigt, dass die XML-Instanz nicht allen Bedingungen entspricht, die durch das zugeordnete XDR-Schema definiert wurden*

5.6 Frequenzindikatoren bei XDR

Für das XDR-Schema ist eine Methode erforderlich, um mehrere abgeleitete Elemente angeben zu können. Sie können spezifizieren, wie oft ein abgeleitetes Element in seinem Stammelement auftritt, indem Sie die Attribute minOccurs und maxOccurs des element-Elements verwenden. Hier sehen Sie die vollständige Syntax für das element-Element:

```
<element
 type="Elementtyp"
 [minOccurs="{ 0 | 1} "]
 [maxOccurs="{ 1 | *} "] >
```

Sie haben element-Elemente kennen gelernt, die das obligatorische type-Attribut einschlossen. Dieses Attribut ordnet die Deklaration dem Element im Dokument der XML-Instanz zu.

Das minOccurs-Attribut kann nur die Werte "0" oder "1" haben, wie angegeben. Legt man fest, dass minOccurs="1" ist, dann heißt das, dass zumindest ein Auftreten des abgeleiteten Elements erforderlich ist. Ein Element mit dem Attribut minOccur="0" ist eigentlich ein optionales abgeleitetes Element.

Das XML Data Reduced (XDR) -Schema

Die einzig möglichen Werte für das Attribut maxOccurs sind "1" und "*". Wenn maxOccurs einen Wert von "*" hat, kann das Stammelement eine unbegrenzte Anzahl abgeleiteter Elemente enthalten.

Die Attribute minOccurs und maxOccurs haben den Standardwert "1". Ein Element, bei dem keines der beiden Attribute spezifiziert wird, verwendet diese Standardwerte und kann nur einmal in einem Inhaltsmodell auftreten.

In der nächsten Übung fügen Sie Ihrem XML-Dokument nachricht-Elemente hinzu, damit diese Bedingungen mit einem XDR-Schema überprüft werden können. In Listing 5.12 sehen Sie ein Beispiel dafür, wobei das Element notiz nun mehrere nachricht-Elemente enthält. Fügen Sie Ihrem eigenen XML-Dokument einige hinzu und speichern Sie das Ergebnis unter nachricht07_5.xml. Ihre Nachrichtelemente können andere Textdaten und andere Attributswerte enthalten, aber achten Sie darauf, dass Sie Ihre Instanz nicht dadurch ungültig machen, dass Sie zum Beispiel ein inkorrektes Datumformat verwenden.

Listing 5.12: Eine Nachrichten-Instanz mit mehreren abgeleiteten Elementen – nachricht07_5.xml

```
 1: <?xml version="1.0"?>
 2: <notiz xmlns="x-schema:nachricht07_5.xdr">
 3:   <nachricht anzahl="10" datum="2001-07-29" von="Kathy Shepherd">
 4:     Denke daran, auf dem Nachhauseweg von der Arbeit Milch zu kaufen
 5:   </nachricht>
 6:   <nachricht anzahl="12" datum="2001-07-30" von="Greg Shepherd">
 7:     Ich brauche ein wenig Hilfe bei den Hausaufgaben
 8:   </nachricht>
 9:   <nachricht anzahl="14" datum="2001-07-31" von="Kristen Shepherd">
10:     Bitte spiele heute Abend Scribble mit mir
11:   </nachricht>
12: </notiz>
```

Nun haben Sie ein XML-Dokument mit mehreren nachricht-Elementen und können das XDR-Schema so modifizieren, dass es etwa angibt, ob mindestens ein nachricht-Element erforderlich, aber auch eine beliebige Zahl darüber hinaus akzeptabel ist. Nehmen Sie zum Beispiel an, dass dieses Dokument Teil eines Systems ist, das die Nachrichten aufzeichnet, die den ganzen Tag über eintreffen. Es kann mehrere Aufzeichnungen speichern, braucht aber wenigstens eine, um die Datenintegrität zu bewahren. Das Schema, das Sie als nächstes erzeugen werden, kann diese Bedingungen durch die Verwendung der Attribute minOccurs und maxOccurs durchsetzen.

Die Attribute minOccurs und maxOccurs sind im element-Element programmiert, das im ElementType-Element enthalten ist und wiederum dem Element im XML-Dokument zugeordnet ist, für das Sie die Bedingungen aufstellen wollen. Das erscheint ein wenig verwirrend, besagt aber nur, dass das notiz-Element in Ihrem XML-Dokument ein nachricht-

Frequenzindikatoren bei XDR

Element enthält, dem Bedingungen für seine Auftrittsfrequenz auferlegt sind. Die Auftrittsbeschränkung, die das obige Szenario nahe legt, ist, dass zumindest ein gültiges nachricht-Element vorhanden sein muss, aber es können auch viele vorhanden sein, Hauptsache ist, dass dieses eine existiert. Die neue Bedingung sollte daher so aussehen:

`<element type="nachricht" minOccurs="1" maxOccurs="*"/>`

Fügen Sie diese Bedingungen Ihrem Dokument nachricht06_5.xdr hinzu und speichern Sie das Ergebnis unter nachricht07_5.xdr. Dann können Sie die Gültigkeitsbeschränkungen überprüfen, indem Sie das Dokument nachricht07_5.xml in das XML-Validier-Script von Microsoft laden. Listing 5.13 liefert das komplette XDR-Schema, das notwendig ist, um nachricht07_5.xml zu validieren.

Listing 5.13: Ein XDR-Schema mit den Attributen minOccurs und maxOccurs – nachricht07_5.xdr

```
 1: <?xml version="1.0" encoding="UTF-8"?>
 2: <Schema
 3:    name="name"
 4:    xmlns="urn:schemas-microsoft-com:xml-data"
 5:    xmlns:dt="urn:schemas-microsoft-com:datatypes">
 6:    <ElementType name="notiz" model="closed" content="eltOnly" order="seq">
 7:        <element type="nachricht" minOccurs="1" maxOccurs="*"/>
 8:    </ElementType>
 9:    <ElementType name="nachricht" model="closed" content="textOnly" dt:type="string">
10:        <AttributeType name="anzahl" dt:type="int" required="yes"/>
11:        <AttributeType name="datum" dt:type="date" required="yes"/>
12:        <AttributeType name="von" dt:type="string" required="yes"/>
13:        <attribute type="anzahl"/>
14:        <attribute type="datum"/>
15:        <attribute type="von"/>
16:    </ElementType>
17: </Schema>
```

7:     `<element type="nachricht" minOccurs="1" maxOccurs="*"/>`

gibt an, dass das notiz-Element zumindest ein (minOccurs="1") abgeleitetes nachricht-Element enthalten muss und darüber hinaus eine beliebig größere Anzahl (maxOccurs="*").

149

Das XML Data Reduced (XDR) -Schema

Auch wenn es für einige Anwendungen vorteilhaft wäre, ist es derzeit nicht möglich, die Bedingungen für minOccurs und maxOccurs auf andere Werte zu setzen als die definierten. Es ist daher zum Beispiel nicht möglich, mit diesen Attributen einen vorgegebenen Bereich für die Auftrittsfrequenz abgeleiteter Elemente einzustellen.

Zusätzliche Datentypbeschränkungen bei XDR

Wenn Sie den Datentyp string oder number (oder auch die Typen bin.hex und bin.base64) verwenden, können Sie für diese Attribute die minimale und die maximale Länge eingeben, die akzeptabel ist. Die Attribute minLength und maxLength gehören zum Namensraum für Datentypen von Microsoft und werden beim Parsen oder Verarbeiten des zugeordneten XML-Dokuments aktiviert. Diese Attribute werden mit der folgenden Syntax in AttributeType eingegeben:

```
<AttributeType name="idref"
    dt:type="(Datentyp, entweder: string | number | bin.hex | bin.base64)"
    required="(yes | no)"
    dt:minLength="positiver Integer"
dt:maxLength="positiver Integer"/>
```

Nehmen wir an, Sie wollen die Größe des von-Attributs begrenzen, um den Gegebenheiten eines Datenfelds in einer Anwendung zu entsprechen, die am Ende die Informationen nutzen wird, die in Ihrem Nachrichtensystem auf XML-Grundlage gespeichert sind. Vielleicht verlangt Ihr Programm, dass das von-Feld nicht weniger als acht Zeichen enthält, aber auch nicht mehr als 15. Sie können die Beschränkungen minOccurs und maxOccurs verwenden, um diese Regel zu erzwingen.

Als Beispiel hierfür bietet Listing 5.14 zusätzliche Datentypbeschränkungen, die dem von-Attributswert auferlegt werden, sodass er mindestens acht und höchstens 15 Zeichen lang sein darf. Führen Sie in Ihrem XDR-Schema diese Änderungen durch und speichern Sie es dann unter nachricht08_5.xdr. Modifizieren Sie Ihre XML-Instanz, nachricht07_5.xml, die dem neuen XDR-Dokument zugeordnet wird, indem Sie die xmlns-Deklaration im notiz-Element dieser XML-Instanz ändern.

Listing 5.14: Beschränkungen der Länge für das von-Attribut – nachricht08_5.xdr

```
1: <?xml version="1.0" encoding="UTF-8"?>
2: <Schema
3:    name="nachricht"
4:    xmlns="urn:schemas-microsoft-com:xml-data"
5:    xmlns:dt="urn:schemas-microsoft-com:datatypes">
6:    <ElementType name="notiz" model="closed" content="eltOnly" order="seq">
7:        <element type="nachricht" minOccurs="1" maxOccurs="*"/>
```

Frequenzindikatoren bei XDR

```
 8:    </ElementType>
 9:    <ElementType name="nachricht" model="closed" content="textOnly"
       dt:type="string">
10:        <AttributeType name="anzahl" dt:type="int" required="yes"/>
11:        <AttributeType name="datum" dt:type="date" required="yes"/>
12:        <AttributeType name="von" dt:type="string" required="yes"
13:                       dt:minLength="8"
14:                       dt:maxLength="15"/>
15:        <attribute type="anzahl"/>
16:        <attribute type="datum"/>
17:        <attribute type="von"/>
18:    </ElementType>
19: </Schema>
```

In den Zeilen 12-15 werden die Bedingungen aufgestellt, die dem von-Attribut im nachricht-Dokument der Instanz auferlegt werden. Insbesondere wird in Zeile 13 deklariert, dass der Wert für das von-Attribut mindestens acht Zeichen enthalten muss. Zeile 14 legt die maximale Länge für das von-Attribut auf 15 Zeichen fest.

Wenn Sie die Änderungen in Ihrem Dokument vorgenommen haben, laden Sie das Resultat in das Validier-Script, um irgendwelchen Fehlern auf die Spur zu kommen. Das Ergebnis sollte aussehen wie Abbildung 5.4.

Abbildung 5.4:
Eine Fehlermeldung des MSXML, die anzeigt, dass die Länge des Werts für das von-Attribut das vom XDR-Schema vorgegebene Maximum überschreitet

151

Das XML Data Reduced (XDR) -Schema

5.7 Inhaltsgruppen erstellen

Angenommen, Sie müssen eine Reihe optionaler Elemente in einer XML-Instanz mit XDR validieren. In Ihrer Nachrichtenanwendung wollen Sie vielleicht zwischen zwei Elementen auswählen können, vollstaendig oder unvollstaendig. In unserem Zusammenhang bedeutet das, dass die Anwendung das nachricht-Element, das ein vollstaendig-Element einschließt, die gesamte Meldung empfangen hat. Ein Fehler in der Telekommunikation oder eine andere Störung kann verursachen, dass Nachrichten zeitweilig nur unvollständig empfangen werden können. In diesem Fall platziert Ihre imaginäre Anwendung statt eines vollstaendig-Elements ein unvollstaendig-Element in das nachricht-Element.

In der Praxis gibt es Anwendungen mit ähnlichen Funktionen für Übertragungssysteme im E-Commerce. Anstatt eine gesamte Transaktion auszuschließen, ist es manchmal vorteilhaft, so viele Daten wie möglich zu übermitteln und mit der anschließenden Verarbeitung zu beginnen. Dabei wird festgehalten, dass der Vorgang unvollständig war und eine Fehlerbehandlung initiiert, die der übermittelnden Anwendung den Status meldet. (Wenn Sie an dieser Form der Verarbeitung interessiert sind, ist die Website zu XML/EDI (Electronic Data Interchange = Elektronischer Datenaustausch) unter http://www.xmledi-group.org eine gute Quelle für weitere Informationen.)

Für dieses Beispiel nehmen wir einmal an, dass Sie nur wissen wollen, ob die Nachricht vollständig ist. Außerdem wollen Sie, dass die Anwendung die XML-Instanz so validiert, dass eines der beiden Elemente eingeschlossen sein muss. Modifizieren Sie Ihre XML-Instanz und fügen ihr diese Informationen hinzu. Fügen Sie nach jedem nachricht-Element ein neues Element namens empfangsbericht ein. Platzieren Sie im neuen empfangsbericht-Element als leeres abgeleitetes Element entweder vollstaendig oder unvollstaendig und speichern Sie das Ergebnis unter nachricht09_5.xml. Es kommt nicht darauf an, welche Nachrichten Sie mit einem vollstaendig-Empfangsbericht versehen und welche Sie unvollständig lassen, aber versichern Sie sich, dass nur eines der beiden Elemente in jedem neuen empfangsbericht-Element vorkommt. Listing 5.15 zeigt das XML-Dokument mit einer der möglichen Kombinationen für das neue Element.

Listing 5.15: Eine gültige Instanz mit einer Elementgruppierung – nachricht09_5.xml

```
1: <?xml version="1.0"?>
2: <notiz xmlns="x-schema:nachricht09_5.xdr">
3:   <nachricht anzahl="10" datum="2001-07-29" von="Kathy Shepherd">
4:     Denke daran, auf dem Nachhauseweg von der Arbeit Milch zu kaufen
5:   </nachricht>
6:
7:   <empfangsbericht>
8:     <vollstaendig/>
9:   </empfangsbericht>
```

Inhaltsgruppen erstellen

```
10:
11:     <nachricht anzahl="12" datum="2001-07-30" von="Greg Shepherd">
12:        Ich brauche ein wenig Hilfe bei den Hausaufgaben
13:     </nachricht>
14:
15:     <empfangsbericht>
16:        <vollstaendig/>
17:     </empfangsbericht>
18:
19:
20:     <nachricht anzahl="14" datum="2001-07-31" von="Kristen Shepherd">
21:        Bitte spiele heute Abend Scribble mit mir
22:     </nachricht>
23:
24:     <empfangsbericht>
25:        <unvollstaendig/>
26:     </empfangsbericht>
27: </notiz>
```

Für dieses Beispiel war es nötig, ziemlich viel an der Dokument-Instanz zu verändern. In den Zeilen 7, 15 und 24 wurde nach jedem nachricht-Element ein neues empfangsbericht-Element eingefügt. Die Zeilen 8 und 16 schließen das neue vollstaendig-Element ein; das kann bei Ihnen etwas anders aussehen. Das unvollstaendig-Element wurde für das letzte empfangsbericht-Element in Zeile 25 eingesetzt.

Um das Ganze zu validieren, erstellen Sie eine Inhaltsgruppe im XDR-Schema, die beide Elemente, vollstaendig und unvollstaendig, enthält. Sie legen außerdem in einem entsprechenden XML-Nachrichtendokument eine Bedingung fest, die den Einschluss des einen oder anderen Elements erzwingt. Eine solche Inhaltsgruppe ist in einem XDR-Gruppen-Element enthalten. Das gruppe-Element ermöglicht Ihnen, Beschränkungen für eine Reihe von abgeleiteten Elementen aufzustellen. Es liegt innerhalb eines ElementType-Elements und hat normalerweise die folgende Syntax:

```
<group order="(one | seq | many)" minOccurs="(0 | 1)" maxOccurs="(1 | *)">
   <element type="ElementType"/>
   <element type="ElementType"/>
   <element type="ElementType"/>
   <element type="ElementType"/>
   <element type="ElementType"/>
   ...
</group>
```

Das group-Element lässt den Einschluss der Attribute order, minOccurs und maxOccurs zu. Es kann eine beliebige Anzahl abgeleiteter element-Elemente enthalten. In unserem

Zusammenhang sollten Sie Ihr group-Element mit dem Attribut order="one" eingeben, sodass die dazugehörige XML-Instanz nur eines der aufgelisteten abgeleiteten Elemente einfügt. Mit den abgeleiteten Elementen in Gruppenelementen wird die Tatsache festgeschrieben, dass Ableitungen zu einem Satz gehören. Ihr group-Element schließt zwei abgeleitete Elemente ein, die so aussehen:

```
<element type="vollstaendig"/>
    <element type="unvollstaendig"/>
```

Da diese element-Elemente neue Elementtypen für Ihre Instanz deklarieren, müssen Sie im XDR-Schema ein ElementType-Element für jedes von ihnen einfügen. Insbesondere müssen Sie die folgenden ElementType-Elemente hinzufügen:

```
<ElementType name="vollstaendig" model="closed" content="empty"/>
    <ElementType name="unvollstaendig" model="closed" content="empty"/>
```

Zusätzlich zu der neuen Gruppierung müssen Sie sich um das neue empfangsbericht-Element mit der Elementauswahl vollstaendig oder unvollstaendig kümmern. Sie müssen am XDR-Schema eine Reihe zusätzlicher Änderungen vornehmen, um dieses Beispiel austesten zu können. Sie müssen zum Beispiel:

- das Wurzelelement verändern, sodass es das neue Containerelement empfangsbericht einschließt, und das order-Attribut auf many setzen (<ElementType name="notiz" model="closed" content="eltOnly" order="many">),

- dem Inhaltsatz für das Wurzelelement das empfangsbericht-Element einfügen (<element type="empfangsbericht"/>),

- ein ElementType-Element für das empfangsbericht-Element einfügen, das den neuen Element-Container group mit den element-Elementen vollstaendig und unvollstaendig als Inhaltselemente enthält.

Das neue ElementType-Element für das empfangsbericht-Element sieht so aus:

```
<ElementType name="empfangsbericht" model="closed" content="eltOnly">
    <group order="one">
        <element type="vollstaendig" />
        <element type="unvollstaendig" />
    </group>
</ElementType>
```

Dieses ElementType-Element wird so interpretiert, dass das empfangsbericht-Element ausschließlich andere Elemente enthalten kann, die im aktuellen Schema definiert sind (model="closed"). Das group-Element lässt eine Auswahl eines seiner abgeleiteten Elemente zu, das als Ableitung in das empfangsbericht-Element eingefügt wird. Sie haben die Wahl zwischen den Elementen vollstaendig und unvollstaendig.

Listing 5.16 zeigt das fertige XDR-Schema.

Inhaltsgruppen erstellen

Listing 5.16: Ein gruppe-Element mit order="one«-Beschränkung – nachricht09_5.xdr

```
 1: <?xml version="1.0" encoding="UTF-8"?>
 2: <Schema
 3:   name="nachricht"
 4:   xmlns="urn:schemas-microsoft-com:xml-data"
 5:   xmlns:dt="urn:schemas-microsoft-com:datatypes">
 6:   <ElementType name="notiz" model="closed" content="eltOnly"
 7:           order="many">
 8:     <element type="nachricht" minOccurs="1" maxOccurs="*"/>
 9:     <element type="empfangsbericht"/>
10:   </ElementType>
11:   <ElementType name="vollstaendig" model="closed" content="empty" />
12:   <ElementType name="unvollstaendig" model="closed" content="textOnly"
13:           dt:type="string"/>
14:   <ElementType name="nachricht" model="closed" content="mixed">
15:     <AttributeType name="anzahl" dt:type="int" required="yes"/>
16:     <AttributeType name="datum" dt:type="date" required="yes"/>
17:     <AttributeType name="von" dt:type="string" required="yes"/>
18:     <attribute type="anzahl"/>
19:     <attribute type="datum"/>
20:     <attribute type="von"/>
21:   </ElementType>
22:   <ElementType name="empfangsbericht" model="closed" content="eltOnly">
23:     <group order="one">
24:       <element type="vollstaendig" />
25:       <element type="unvollstaendig" />
26:     </group>
27:   </ElementType>
28: </Schema>
```

Zeile 9 deklariert das neue empfangsbericht-Element innerhalb des Wurzelelements notiz.

Die Zeilen 11-12 definieren die neuen leeren Elemente vollstaendig und unvollstaendig.

Zeile 22 beginnt die Definition des neuen empfangsbericht-Elements und in den Zeilen 23-26 wird das Element group mit dem Attribut order="one" deklariert. Das zeigt an, dass die entsprechende XML-Dokument-Instanz nur eines der beiden Elemente vollstaendig oder unvollstaendig im Stammelement nachricht enthalten muss, um gültig zu sein. Zeile 27 ist das Schluss-Tag für die empfangsberichtelementType-Definition.

5.8 Zusätzliche Vorzüge von XDR

Heute haben Sie die Syntax der Schemasprache XDR kennen gelernt. Sie haben gesehen, dass sich ein XDR-Schema aus einem Vokabular zusammensetzt, das die Syntax von XML verwendet. Anders gesagt, die Schemasprache umfasst Elemente und Attribute auf die gleiche Weise wie eine XML-Dokument-Instanz. Dieses Vokabular ist entweder im Namensraum XML-Data enthalten (urn:schemas-microsoft-com:xml-data) oder im Namensraum für die Datentypen von Microsoft (urn:schemas-microsoft-com:datatypes). Das bietet Ihnen als Entwickler einen Vorteil: Da Sie die Syntaxregeln für eine wohl geformte XML-Instanz bereits kennen, können Sie sich auf die Semantik des Vokabulars von XML-Data Reduced konzentrieren statt auf die Semantik der Auszeichnung. Als Sie DTDs erstellten, mussten Sie beides tun. XDR macht zum Beispiel keinen extensiven Gebrauch von Symbolsätzen mit einer einzigen Bedeutung. XDR-Schemata können mit einem Parser »durchgecheckt« werden, um sicherzustellen, dass sie wohl geformt sind, womit Ihnen ein Werkzeug an die Hand gegeben ist, mit dem Sie vergessene terminierende Slashes, fehlende eckige Klammern oder schlecht geformte Tags aufspüren können. Das kann Ihnen auf lange Sicht eine deutliche Zeitersparnis bringen.

Verschiedene weitere Merkmale von XDR sollen hier noch erwähnt werden. In diesem Abschnitt präsentieren wir Ihnen einen kurzen Überblick über einige davon.

Die Erweiterbarkeit bei XDR-Schemata

XML-Data Reduced-Schemata sind erweiterbar, weil sie auf offenen Inhaltsmodellen aufbauen, die die XML-Syntax verwenden, die per se erweiterbar ist. Das bietet einen großen Vorteil gegenüber dem DTD-Ansatz, den Sie am 4. Tag untersucht haben. Dokumentautoren können XDR-Schemata erweitern und einer XDR-Schema-Instanz benutzerdefinierte Elemente und Attribute hinzufügen. Wenn Sie ein XDR-Schema erweitern wollen, müssen Sie eine benutzerdefinierte Namensraum-Deklaration einschließen, um die erweiterten Elemente und Attribute von denen zu unterscheiden, die von XDR vorgegeben sind. Das Standard-Vokabular für XDR wird von den Daten- und Datentyp-Namensräumen definiert, wie bereits oben erwähnt. Wenn Sie die Sprache erweitern, definieren Sie einen neuen Namensraum, der Ihre anwenderdefinierten Elemente und Attribute enthält.

XDR-Schemata werden normalerweise nur dann erweitert, wenn das XDR-Standard-Vokabular die für besondere Bedürfnisse von Anwendungen erforderlichen Beschränkungen nicht so einfach liefern kann. Um beim Beispiel mit der Nachrichtenverarbeitung zu bleiben, das Sie gestern und heute untersucht haben: Wir nehmen an, dass die Anwendung in einer bestimmten Zeit nur eine begrenzte Anzahl an Nachrichten empfangen und verarbeiten kann. Dann kann es sein, dass Sie eine zusätzliche Bedingung zur Deklaration eines limit-Elements einfügen wollen. Das können Sie dann dem Datentyp int zuordnen, mit

Zusätzliche Vorzüge von XDR

Beschränkungen, die dem Namensraum meinedinge zugehörig sind. Ein Ansatz, um dies zu erreichen, liegt in folgender ElementType-Deklaration:

```
<ElementType name="limit" xmlns:meinedinge="urn:meinedinge-extensions:limits">
 <datatype dt:type="int" />
 <mystuff:max>100</meinedinge:max>
</ElementType>
```

Dieser Codeausschnitt zeigt das neue Element meinedinge:max, das zum Namensraum urn:meinedinge-extensions:limits gehört. Die Validierung überprüft zwar nur, ob der Wert für ein bestimmtes limit-Element ein Integer ist, aber Ihre Anwendung kann die Informationen, die anwenderdefinierte Elemente in Ihrem eigenen Namensraum anbieten, dazu verwenden, zusätzliche Validierungen vorzunehmen. Mehr über das Erstellen eigener Namensräume erfahren Sie am 8. Tag.

Wenn Sie ein XDR-Schema erweitern, validiert der MSXML-Parser Ihr erweitertes Vokabular nur hinsichtlich der Datentypen. Eine Benutzeranwendung, die bestimmte Daten erwartet, die von XDR nicht gut dokumentiert sind, ist ein Ansatz, der zur Auszeichnung dieser Daten in XML funktioniert.

Die Transformation von XDR-Schemata

Wenn Sie eine Programmiertechnik verwenden, die XSLT genannt wird (Extensible Stylesheet Language Transformation), können Sie ein Dokument der XML-Instanz programmatisch in ein anderes, in HTML oder eine andere Form der Auszeichnung umwandeln. XSLT erklären wir ausführlicher am 16. Tag.

Da XDR-Schemata in der XML-Syntax verfasst sind, können Sie auch in andere Auszeichnungsdialekte umgewandelt werden. Ein Grund, dies zu tun, kann in der Transformation von einer XDR-Instanz in eine XSD-Instanz (XML Schema Definition Language) liegen. Microsoft hat ein XSLT-Programm herausgebracht, das dies für Dokumentautoren übernimmt, die XDR gelernt haben, statt dessen aber ein XSD-Schema verwenden wollen. Wie bereits erwähnt, können Sie dies auch mit einer kommerziellen Anwendung wie XML-Spy unter http://www.xmlspy.com tun. Diese Art der Transformation funktioniert bei DTDs nicht. Um eine DTD in XDR, XSD oder eine andere Schemasprache umzuwandeln, ist eine Anwendung erforderlich, die außerhalb des Spektrums der XML-Technologie liegt.

Das XML Data Reduced (XDR) -Schema

5.9 Zusammenfassung

Heute haben Sie die XML-Data Reduced Schema Language (XDR) kennen gelernt. Sie haben viele der Unterschiede gesehen, die zwischen den XDR-Schemata und DTDs bestehen. XDR-Schemata sind Dokumente, die in einer XML-Syntax verfasst sind und die ausgefeiltere und leistungsfähigere Möglichkeiten der Validierung anbieten, einschließlich Beschränkungen für Datentypen. Da es sich bei den XDR-Schemata um eigenständige gültige XML-Instanzen handelt, können sie bearbeitet, abgefragt und in andere Auszeichnungsdialekte transformiert werden, genau wie dies bei einer XML-Dokument-Instanz der Fall ist.

5.10 Fragen und Antworten

F *Sollen XDR oder andere Schemata auf XML-Grundlage die DTDs ersetzen?*

A Schemata werden mit der XML-Grammatik geschrieben und bieten den DTDs gegenüber viele Vorteile. Mit der Zeit verlieren die DTDs dadurch vielleicht an Beliebtheit, aber momentan gibt es viele Implementierungen, die auf die Stabilität von überprüften DTDs zurückgreifen.

F *Nennen Sie einige der spezifischen Funktionen, denen ein XDR-Schema dient!*

A Ein Schema stellt die Struktur eines XML-Dokuments her, indem es Gültigkeitsbeschränkungen aufstellt. Dadurch stellt es sicher, dass erforderliche Elemente und Attribute vorhanden sind, und es überprüft die Beziehungen, die zwischen den Elementen bestehen. Ein XDR-Schema bietet eine ausgefeilte Datentyp-Validierung.

F *Welche Rolle spielt MSXML bei XDR?*

A Das Microsoft-Produkt MSXML ist ein validierender Parser, der dem Browser Internet Explorer beigefügt ist. Wenn man den MSXML instanziert, kann man XML-Dokumente mit oder ohne zugeordnetes Schema parsen.

F *Was ist ein URI?*

A Ein Universal Resource Identifier ist eine Markierung, die Ihnen dabei hilft, einen Namensraum von einem anderen zu unterscheiden. Mehr über die Deklaration und Syntax von Namensräumen erfahren Sie am 8. Tag.

5.11 Übung

Am 4. Tag haben Sie eine DTD für Ihre Music Collection Markup Language (MCML) erstellt. Erzeugen Sie nun ein XDR-Schema, um die MCML-Dateien zu validieren.

Die XML Schema Definition Language (XSD)

Die XML Schema Definition Language (XSD)

In den vergangenen beiden Tagen haben Sie DTDs und XDR-Schemata erzeugt, um XML-Dokument-Instanzen zu validieren. Sie haben Deklarationen für Elementbeschränkungen und Attributs-Definitionen geschrieben, um Anwendungsregeln durchzusetzen. Sie haben die Unterschiede zwischen DTDs und Schemata kennen gelernt, die in der XML-Syntax gründen. Heute lernen Sie Folgendes kennen:

- Das Wichtigste zur XML Schema Definition Language (XSD)
- Wie man XSD-Schemata erstellt und liest, um Element- und Attributsbeschränkungen zu programmieren
- Einige der Punkte, die für die Wahl eines bestimmten Schemavokabulars wichtig sind

6.1 Der Schema-Ansatz des World Wide Web Consortiums

Gestern haben Sie gesehen, inwiefern XML-Data Reduced (XDR)-Schemata den Document Type Definitions (DTDs) überlegen sind. Sie haben auch eine Reihe anderer Schemasprachen kennen gelernt. Der XDR-Ansatz ist wichtig, weil er von seinem Hersteller Microsoft in zahlreiche E-Commerce-Lösungen implementiert wurde – etwa in BizTalk und die verwandten Initiativen. XDR erfordert jedoch die Verwendung der Tools von Microsofts MSXML, was hinsichtlich der Implementierung bei einigen Plattformen oder der Integration mit verschiedenen älteren Datenmodellen Probleme bereiten kann.

DTDs werden natürlich breit unterstützt und sind vielfach implementiert. Das Problem bei DTDs ist hauptsächlich, dass sie sich nicht in der XML-Syntax ausdrücken, womit Entwickler gezwungen sind, eine neue Sprache zu erlernen und Tools zu verwenden, die nicht auf XML-Grundlage stehen usw. Dazu kommt, dass DTDs kein Mittel für eine umfassende Datentyp-Validierung sind.

Das W3C hat eine Empfehlung für die XML Schema Definition Language (XSD) herausgebracht, die die meisten der beliebten Schemasprachen zu einem einzigen Industriestandard verschmilzt. Die Absicht ist, einen Standard hervorzubringen, der so breit implementiert ist, dass man ihn als wahrhaft *plattformunabhängig* betrachten kann. Ob das der Fall ist, wird die Zukunft zeigen.

Nachdem die Spezifikationen des W3C zu den Schemasprachen nun vollständig vorliegen, kann man erwarten, dass die Gemeinde der Softwarehersteller die XML Schema Definition (XSD) Language in zunehmendem Maße in ihre Produkte implementiert, die derzeit für die Validierung anderer Dialekte optimiert werden. Microsoft hat zum Beispiel beschlossen, XSD sowohl in seinem Browser als auch bei den Tools für den MSXML zu unterstützen. Zum Zeitpunkt der Drucklegung dieses Buches unterstützen beide, die aktu-

Der Schema-Ansatz des World Wide Web Consortiums

elle Version des Toolsets für den MSXML-Parser (Version 4) und Microsofts XML 4.0-Parser-SDK XSD. IBM, SUN und Apache gehören zu den wichtigsten Herstellern, die Parser herausgebracht haben, die XSD unterstützen. Andere werden folgen. Dennoch ist abzusehen, dass DTDs und XDR-Schemata eine Zeit lang auf dem Markt bleiben werden, bis die Übergangsphase bei der Unterstützung durch Softwareprodukte abgeschlossen ist.

Die XML Schema Definition Language, auch einfach XML Schema Language genannt, ähnelt der Sprache XDR, die Sie bereits kennen, in vielfacher Hinsicht. Ein XSD-Schema soll die folgenden Dinge leisten:

- Die Elemente in einem Dokument der XML-Instanz aufzählen und sicherstellen, dass nur diejenigen eingefügt werden, die deklariert wurden,
- alle Attribute, die Elemente im Dokument modifizieren, deklarieren und definieren,
- die Beziehungen zwischen Stamm und Ableitung bei Elementen aufstellen,
- den Status und die Inhaltsmodelle von Elementen und Attributen definieren,
- Datentypen erzwingen,
- Standardwerte aufstellen,
- dem Autor eines Schemas Erweiterbarkeit anbieten,
- die Verwendung von Namensräumen unterstützen.

Der XSD-Status

Die heutige Lektion stellt einen nützlichen Ausschnitt wichtiger Konzepte vor, die dabei helfen, die Sprache XSD zu charakterisieren. Ziel wird sein, Ihnen Informationen für den Vergleich zu liefern, sodass Sie XSD im Verhältnis zu anderen Ansätzen einschätzen können. Viele Beobachter sagen voraus, dass XSD an Popularität gewinnen wird, nachdem es nun in seiner endgültigen Form als Standard oder W3C-Empfehlung vorliegt. Verschiedene Schritte sind für den Weg zum Standard beim W3C typisch. Zu den anderen Schritten in diesem Prozess des W3C finden Sie im nächsten Abschnitt mehr.

Der Gegenstand der heutigen Lektion wird sich wahrscheinlich nach Veröffentlichung dieses Buches weiterhin verändern. Die neuesten Aktualisierungen zur XSD-Spezifikation können Sie unter http://www.w3.org/XML/Schema nachlesen.

Die XML Schema Definition Language (XSD)

Der Weg zur W3C-Empfehlung

Einige der Technologien, die dieses Buch vorstellt, sind zumindest zum Zeitpunkt der Drucklegung noch keine formalen Standards. XSD wurde am 2. Mai 2001 zur W3C-Empfehlung erhoben. Das W3C (http://www.w3.org) ist die Körperschaft, die für die Erstellung, Veröffentlichung und Wartung der Standards von Webtechnologien und verwandten Anstrengungen verantwortlich ist. Eine Normierung durch das W3C erfordert, dass alle Schritte in einem umfassenden Prüfungsprozess erfüllt wurden. Diesen Prozess nennt das W3C den »Recommendation Track« (Weg zur Empfehlung) und er stellt einen systematischen Ansatz dar, einen Konsens bei Initiativen für Webtechnologien zu finden.

Das W3C bezeichnet einen »Standard« als »Empfehlung«. Diese Ebene der Ausgereiftheit erreicht eine Technologie erst, nachdem sie mehrere unterschiedliche Phasen durchlaufen hat. Die nächsten Abschnitte zitieren aus Unterlagen, die auf der Website des W3C unter http://www.w3.org/Consortium/Process-20010208/tr abgerufen werden können.

Arbeitsentwurf

Ein technischer Bericht beginnt seinen Weg zur Empfehlung als Arbeitsentwurf. Ein Arbeitsentwurf ist ein geprüfter Arbeitsgegenstand in einer Arbeitsgruppe und steht in der Regel für eine Arbeit, die noch im Gange ist, und für ein Gebiet, dem sich das W3C weiterhin widmen will. Die Bezeichnung »Arbeitsentwurf« heißt nicht, dass im W3C ein Konsens über die technische Eingabe besteht.

Arbeitsentwurf im letzten Stadium

Ein Arbeitsentwurf im letzten Stadium ist eine besondere Form des Arbeitsentwurfs, von dem die Arbeitsgruppe denkt, dass er die wichtigsten Erfordernisse ihrer Prüfkriterien und aller begleitenden Dokumente zu den Anforderungen erfüllt. Ein Arbeitsentwurf im letzten Stadium ist eine veröffentlichte technische Eingabe, zu der die Arbeitsgruppe eine Kritik zu den einzelnen Punkten durch andere Gruppen im W3C, durch W3C-Mitglieder und die Öffentlichkeit sucht.

Kandidatur zur Empfehlung

Eine Kandidatur zur Empfehlung erfüllt nach Ansicht der Arbeitsgruppe bereits die relevanten Anforderungen ihrer Prüfkriterien und aller begleitenden Dokumente. Sie wurde veröffentlicht, um Erfahrungen mit der Implementierung zu sammeln und ein Feedback zu erhalten. Erhält eine Eingabe diesen Status, bedeutet das einen expliziten Aufruf an alle, die außerhalb der Arbeitsgruppen oder des W3C selbst arbeiten, Erfahrungen mit der Implementierung zu sammeln.

Vorgeschlagene Empfehlung

Eine vorgeschlagene Empfehlung soll den Anforderungen durch die Prüfkriterien beim W3C und begleitender Dokumente schon entsprechen, es gibt bereits ausreichende Erfahrung bei der Implementierung und sie genügt den Bedürfnissen der technischen

Grundlagen von XSD

Gemeinde rund um das W3C und früher Kritiker. Eine vorgeschlagene Empfehlung ist ein technischer Bericht, den der Direktor zur Begutachtung an das Beratungsgremium geschickt hat.

W3C-Empfehlung

Eine W3C-Empfehlung ist ein technischer Bericht, der das Endresultat einer intensiven Konsens-Suche in- und außerhalb des W3C über eine bestimmte Technologie oder Vorgehensweise darstellt. Das W3C betrachtet die Vorstellungen und die Technik, die in einer Empfehlung spezifiziert werden, als angemessen für eine weite Verbreitung und zur Förderung seiner Mission.

6.2 Grundlagen von XSD

Sie haben am 4. und 5. Tag gelernt, dass Schemata unabhängig von ihrem Vokabular oder der Syntax, in der sie sich ausdrücken, explizit dafür geschrieben werden, Bedienungsregeln durchzusetzen, indem Beschränkungen für XML-Dokumente angefügt werden. Schemasprachen auf der Grundlage der XML-Syntax haben einen Vorteil gegenüber DTDs, weil sie einen Satz an Auszeichnungs-Tags umfassen, der ausgewertet werden kann, um unter Verwendung eines Standard-Parsers sicherzustellen, dass ein Dokument wohlgeformt ist.

XML-Schemata (XSD) unterteilen die Tags, die in Ihrem Dokument verwendet werden, in zwei Gruppen: komplexe Typen und einfache Typen. Komplexe Elementtypen dürfen andere Elemente enthalten und haben Attribute; einfache Typen können dies nicht. Hier ist ein Beispiel für einfache Elemente:

```
<nachricht>Denke daran, auf dem Nachhauseweg von der Arbeit Milch zu kaufen
</nachricht>
<zustellung>email</zustellung>
```

Der folgende Ausschnitt fasst Elemente zusammen, die als komplex gelten, weil sie über Elementinhalt oder Attribute verfügen:

```
<nachricht anzahl="10" datum="2001-07-29" von="Kathy Shepherd">
  Denke daran, auf dem Nachhauseweg von der Arbeit Milch zu kaufen
    <empfangsbericht>
      <vollständig/>
    </empfangsbericht>
</nachricht>
```

Das nachricht-Element, ein komplexer Elementtyp, wird durch die Attribute anzahl, datum und von modifiziert. Das nachricht-Element enthält Elemente und Daten sowie gemischten Inhalt.

Die XML Schema Definition Language (XSD)

Heute werden Sie lernen, wie man einfache und komplexe Elementtypen programmiert.

Am 4. und 5. Tag (über DTDs und XDR) haben Sie gelernt, dass die Anwendung von Schemaregeln auf Elemente und Attribute zwei unterschiedliche Schritte umfasst. Dies gilt auch für XSD. Die beiden Schritte sind die Definition und die Deklaration der Typen – sowohl bei Elementtypen als auch bei Attributstypen.

Betrachtungen zum Namensraum bei XSD

Sie werden das Konzept der Namensräume am achten Tag in seiner Tiefe erforschen. Für den Moment müssen Sie einen Standard-Namensraum für all Ihre XSD-Instanzen programmieren, wie Sie es auch im Fall der XDR-Schemata getan haben. Dieser Namensraum wird die Ansammlung der Elemente und Attribute identifizieren, die das XSD-Vokabular ausmachen.

Das Wurzelelement in einem XML-Schema ist das Element Schema, das alle anderen Elemente im Schema-Dokument enthält. Für das Wurzelelement eines XSD-Schemas erzeugen Sie mithilfe des Attributs xmlns einen Namensraum. Das xmlns-Attribut liefert das Präfix, das an die Namen der Elementtypen für das Schema in der XSD-Instanz angefügt wird. Die gegenwärtige Schema-Definition finden Sie unter http://www.w3.org/1999/XMLSchema. Der folgende Schema-Tag folgt zum Beispiel der Konvention, xsd als Präfix einzusetzen und es dann zu verwenden, um der benannten Sammlung Elemente hinzuzufügen:

```
<xsd:schema xmlns:xsd=http://www.w3.org/1999/XMLSchema>
```

Per Konvention wird im XSD-Dokument das Präfix xsd (XML Schema Definition) als Proxy zum Namensraum für das XML-Schema verwendet.

Im Dokument der XML-Instanz, die mit Ihrem Schema validiert werden soll, müssen Sie auch eine Namensraum-Deklaration einschließen. Der Namensraum wird immer mit einem xmlns-Attribut in folgendem Format im Wurzelelement der XML-Dokument-Instanz platziert:

```
xmlns:xsi="http://www.w3.org/2000/10/XMLSchema-instance"
```

Dieser Namensraum enthält die Elemente und Attribute des XML-Schemas, die man in eine XML-Dokument-Instanz einfügen kann. Das Präfix xsi wird per Konvention als Proxy zu diesem Namensraum verwendet und auch allen Elementen und Attributen, die zu dem Namensraum gehören, als Affix vorangestellt, das durch einen Doppelpunkt abgetrennt wird.

Per Konvention wird in der XML-Dokument-Instanz das Präfix xsi (XML Schema Instance) als Proxy zum Namensraum des XML-Schemas verwendet.

Die beiden Attribute, die zum Namensraum des XML-Schemas gehören und in der Regel verwendet werden, um die XML-Dokument-Instanz ihrem Schema zuzuordnen, sind xsi:schemaLocation und xsi:noNamespaceSchemaLocation. Diese Attribute erlauben Ihnen, ein Dokument an sein W3C-XML-Schema anzubinden. Dieser Link ist nicht obligatorisch und durch Mechanismen einer jeweiligen Anwendung können andere Anzeigen angegeben werden – wie etwa ein Parameter in der Befehlszeile. Aber es hilft den Tools, die das XML-Schema des W3C unterstützen – Parsern zum Beispiel – ein Schema zu lokalisieren.

Für den Fall, dass das XSD-Dokument ohne Namensraum verknüpft wird – normalerweise bei einer voll qualifizierten Uniform Resource Location (URL) oder einer lokalen Datei – wird das Attribut noNamespaceSchemaLocation verwendet und sieht folgendermaßen aus:

xsi:noNamespaceSchemaLocation="datei_name.xsd">

Ein Namensraum kann jedoch auch zusammen mit einem Dateinamen deklariert werden. In diesem Fall wird die URI für den Namensraum von der URI für das Schema als Teil des gleichen Attributswerts durch ein Leerzeichen getrennt, was dann so aussieht:

xsi:schemaLocation="http://example.org/ns/books/ datei_name.xsd"

Es ist in der vorangehenden Zeile vielleicht schwer zu erkennen, aber ein einzelnes Leerzeichen liegt zwischen dem Namensraum (xsi:schemaLocation="http://example.org/ns/books/) und dem Namen des Schema-Dokuments (datei_name.xsd).

6.3 Einfache Elementtypen

Bei XSD gibt es das Konzept des *benannten Typus*, anders als bei den anderen beiden Validiersprachen, die Sie untersucht haben. Wenn Sie zum Beispiel eine Definition für simpleType erstellen, die Elemente beschreibt, die als einfache Elemente gelten, können Sie diese Definition auch *benennen*, sodass sie an anderer Stelle in der XSD-Instanz wiederverwendet werden kann. Erinnern Sie sich an das Beispiel mit dem XML-Ausschnitt, das zwei einfache Elemente einschloss:

```
<nachricht>Denke daran, auf dem Nachhauseweg von der Arbeit Milch zu kaufen</nachricht>
<zustellung>email</zustellung>
```

Sie könnten ein simpleType erstellen und es beliebig benennen, nchr zum Beispiel. Das kann man auch als *benannte Beschränkung* bezeichnen. Die Kodierung für diesen einfachen Typ kann Beschränkungen liefern, die alle anderen einfachen Elemente im Schema mitbenutzen können. Beim letzten Beispiel etwa kann man den Elementen nachricht und zustellung ein simpleType-Element zuordnen, um den Inhalt dieser Elemente als String zu deklarieren. Das könnte dann so aussehen:

```
1: <xsd:simpleType name="nchr" base="xsd:string"/>
2: <xsd:element name="nachricht" type="nchr"/>
3: <xsd:element name="zustellung" type="nchr"/>
```

Als Erstes wird Ihnen auffallen, dass allen XSD-Elementen das Präfix xsd: vorangeht, das einen Proxy zu dem XSD-Namensraum liefert, der im Wurzelelement der XSD-Schema-Instanz deklariert wurde. In Zeile 1 wird durch das Element xsd:simpleType das Element als dem einfachen Typ zugehörig definiert und es bekommt durch das name-Attribut den Referenznamen nchr. Beim base-Attribut für das Element handelt es sich um eine Datentypbeschränkung, die den gültigen nchr-Inhalt auf Stringdaten begrenzt. In den Zeilen 2 und 3 werden jeweils die Elemente nachricht und zustellung definiert. simpleType nchr definiert die Beschränkungen, die für diese Elemente erzwungen werden.

Wenn Sie eine benannte Beschränkung erstellen, bestimmen Sie den Namen – in Ihrer XML-Dokument-Instanz existiert er nicht. Der Name bietet eine referenzielle Zuordnung oder einen Link auf die Definition einer XSD-Beschränkung an anderer Stelle.

In der Praxis ziehen es viele Dokumentautoren vor, ihre einfachen Typen vollständig zu qualifizieren, indem sie die passenden Attribute in das xsd:element-Element einfügen, nicht in ein getrenntes simpleType-Element. Das trifft vor allem dann zu, wenn für die Elemente, die definiert werden, nur ein oder zwei Attribute zur vollständigen Qualifikation ihrer Beschränkungen nötig sind. Es ist gleichgültig, ob Sie das xsd:simpleType-Element verwenden oder es lieber ausschließen und dem xsd:element-Element die erforderlichen Attribute anfügen: beide Herangehensweisen sind zulässig. Wenn Sie letzteren Ansatz wählen, sieht das vorherige Beispiel so aus:

```
1: <xsd:element name="nachricht" type="xsd:string"/>
2: <xsd:element name="zustellung" type="xsd:string"/>
```

In diesem Beispiel enthalten die type-Attribute nicht mehr den Namen, der einem xsd:simpleType-Element zugeordnet ist, sondern eine voll qualifizierte Datentyp-Deklaration. Beachten Sie, dass der Wert für diese Deklaration das Präfix xsd: einschließt, dessen Interpretation besagt, dass die String-Definition zum xsd-Namensraum gehört. Auf diese Weise kann eine Datentyp-Deklaration für string keinesfalls mit einer Referenz auf ein simpleType-Element mit Namen string verwechselt werden. Namensräume sind wichtig, weil sie dieser Art von Verwirrung, den *Namenskonflikten*, vorbeugen.

Listing 6.1 zeigt eine Variante des Dokuments nachricht.xml, das Sie bereits erstellt haben und das so modifiziert wurde, dass es die Namensraum-Deklarationen einschließt, die für XSD-Schemata erforderlich sind.

Einfache Elementtypen

Listing 6.1: Eine XML-Instanz, die den Namensraum für ein XML-Schema und den Standort des Schema-Dokuments angibt – nachricht01_6.xml

```
1: <?xml version="1.0"?>
2: <notiz
3:    xmlns:xsi="http://www.w3.org/2000/10/XMLSchema-instance"
4:    xsi:noNamespaceSchemaLocation="nachricht01_6.xsd">
5:    Denke daran, auf dem Nachhauseweg von der Arbeit Milch zu kaufen
6: </notiz>
```

Das Start-Tag für das `notiz`-Element liegt in den Zeilen 2-4. Zeile 3 schließt den Namensraum für die Referenz auf die XML-Schema-Instanz ein. Zeile 4 liefert eine Zuordnung zu der XSD-Datei, mit der die Instanz validiert wird.

Wie gesagt, fangen alle Elemente in einem XSD-Schema mit dem Präfix `xsd:` an. Dieses Präfix dient durch die Deklaration `xmlns:xsd=http://www.w3.org/2000/10/XML-Schema` als Proxy zu dem XSD-Namensraum. Dieser Namensraum sollte im Start-Tag für das Wurzelelement (`xsd:schema`) des XSD-Schema-Dokuments auftreten. Wie bei allen Namensraum-Proxies ist der Zweck des Präfixes (oder Proxies), die Elemente zu identifizieren, die zum Vokabular der XML Schema Definition-Sprache gehören, nicht das Vokabular des Schema-Autors. Mehr zu den Namensräumen erfahren Sie am 8. Tag. In der Zwischenzeit genügt es festzuhalten, dass der Prozessor den Standort nicht auflöst, auch wenn dieser Namensraum etwas enthält, das wie die Adresse einer Website aussieht.

Nachdem Sie mit einem Texteditor `nachricht01_6.xml` erstellt haben, erzeugen Sie nun eine XSD-Datei dafür und speichern sie unter `nachricht01_6.xsd`. Listing 6.2 zeigt ein beispielhaftes Schema.

Listing 6.2: Ein einfaches XSD-Schema für die Nachricht-Instanz – nachricht01_6.xsd

```
1: <?xml version="1.0"?>
2: <xsd:schema
3:    xmlns:xsd="http://www.w3.org/2000/10/XMLSchema">
4:    <xsd:element name="notiz" type="xsd:string"/>
5: </xsd:schema>
```

Zeile 3 ist die Namensraum-Deklaration, die sich als `xmlns`-Attribut für das Wurzelelement `xsd:schema` zeigt. Zeile 4 deklariert und definiert das Element `notiz` als Datentyp `string`, der seinen Ursprung im `xsd:`-Namensraum hat.

6.4 XSD-Datentypen

Die Sprache XSD kennt eine Reihe einfacher Datentypen, die in sie eingebaut sind, genau wie dies bei XDR der Fall ist. Zusätzlich zu diesen eingebauten Datentypen wie string und decimal schließt XSD eine Funktionalität zur Entwicklung von Typen ein, die von den eingebauten Typen abgeleitet werden. Ein Attribut zur Bestandskontrolle zum Beispiel kann ein anwenderdefinierter Bestandstyp sein, der sich von einem numerischen String ableitet. Der Schema-Autor kann abgeleitete Typen erzeugen und sie im gesamten XSD-Dokument verwenden. Eine vollständige Liste der einfachen Datentypen, die bei XSD eingebaut sind, finden Sie unter http://www.w3.org/TR/xmlschema-0/. Tabelle 6.1 fasst einige der gebräuchlichen eingebauten Typen zusammen.

Einfacher Typ	Beschreibung
string	Alphanumerischer String
normalizedString	stringdessenleerzeichenentferntwurden
byte	-1, 126
unsignedByte	0, 126
base64Binary	GpM7
hexBinary	0FB7
integer	-126789, -1, 0, 1, 126789
positiveInteger	1, 126789
negativeInteger	-126789, -1
nonNegativeInteger	0, 1, 126789
nonPositiveInteger	-126789, -1, 0
int	-1, 126789675
unsignedInt	0, 1267896754
long	-1, 12678967543233
unsignedLong	0, 12678967543233
short	-1, 12678
unsignedShort	0, 12678

Tabelle 6.1: Einfache Datentypen beim XML-Schema

Einfacher Typ	Beschreibung
decimal	-1,23, 0, 123,4, 1000,00
float	-INF, -1E4, -0, 0, 12,78E-2, 12, INF, NaN
double	-INF, -1E4, -0, 0, 12,78E-2, 12, INF, NaN
boolean	true, false, 0
time	13:20:00.000, 13:20:00.000-05:00
dateTime	31-05-1999T13:20:00.000-05:00
duration	P1Y2M3DT10H30M12.3S
date	31-05-1999
gMonth	--05--
gYear	1999
gYearMonth	1999-02
gDay	---31
gMonthDay	--05-31
Name	versendenAn
QName	po:DAdresse
NCName	DAdresse
anyURI	http://www.beispiel.com/, http://www.beispiel.com/doc.html#ID5

Tabelle 6.1: Einfache Datentypen beim XML-Schema (Forts.)

6.5 Komplexe Elementtyp-Definitionen

Die Konstrukte einfacher und komplexer Elementtypen sind Designmerkmale, für die die XSD-Sprache einmalig ist. Wie bereits erwähnt wurde, werden komplexe Elementtypen in XSD als diejenigen definiert, die andere Elemente in ihrem Inhalt zulassen und auch Attribute aufnehmen können.

Im nächsten Beispiel sehen Sie den komplexen Elementtyp in der Nachrichtendokument-Instanz, die Sie in den vergangenen Tagen wieder und wieder manipuliert haben. Listing 6.3 zeigt die modifizierte Nachrichten-Instanz, in der das Element notiz ein Element

Die XML Schema Definition Language (XSD)

nachricht enthält. Nachdem ein Element einen Elementinhalt hat, ist für das validierende XSD-Schema der komplexe Elementtyp erforderlich. Sie erinnern sich, dass `simpleType` für Elemente reserviert ist, die nur Werte enthalten, aber keine Elemente oder Attribute.

Listing 6.3: Ein XML-Dokument mit einem Element, das Elementinhalt hat – nachricht02_6.xml

```
1: <?xml version="1.0"?>
2: <notiz
3:    xmlns:xsi="http://www.w3.org/2000/10/XMLSchema-instance"
4:    xsi:noNamespaceSchemaLocation="nachricht02_6.xsd">
5:    <nachricht>Denke daran, auf dem Nachhauseweg von der Arbeit Milch zu kaufen</nachricht>
6: </notiz>
```

In dieser XML-Instanz wird das Wurzelelement `notiz` (Zeilen 2-6) als komplexer Elementtyp betrachtet, weil es in Zeile 5 ein abgeleitetes `nachricht`-Element hat. Das Wurzelelement schließt in Zeile 3 das `xmlns` für die Schema-Instanz (`http://www.w3.org/2000/10/XMLSchema-instance`) mit dem angefügten Präfix `xsi:` ein. Das Attribut für das `notiz`-Element in Zeile 4, `xsi:noNamespace-SchemaLocation`, hat den Wert `"nachricht02.xsd"`, der der Instanz die XSD-Datei zuordnet.

Auf der Grundlage des XSD-Konzepts für ein komplexes Element muss das Schema, das Sie für diese Dokument-Instanz erzeugen, die Beziehung zwischen `notiz` und `nachricht` herstellen, vor allem, dass das `nachricht`-Element eine Ableitung des Elements `notiz` ist. Die kürzeste Form für dieses Konstrukt sieht so aus:

Listing 6.4: Ein XSD-Ausschnitt mit einem komplexen Elementtyp

```
1: <xsd:element name="stamm_element_name">
2:    <xsd:complexType>
3:       <xsd:element name="ableitung_element_name" type="simple_type_ref"/>
4:    </xsd:complexType>
5: </xsd:element>
```

Zeile 1 beginnt mit der Deklaration für das Stammelement bei einem komplexen Typ. Das `complexType`-Element zieht sich über die Zeilen 2-4 hin und enthält abgeleitete Elemente. In dem Codeausschnitt, der als Beispiel dient, ist nur ein abgeleitetes Element in Zeile 3 eingeschlossen. Der Name des abgeleiteten Elements in der XML-Dokument-Instanz wird als Wert des `name`-Attributs im `xsd:element`-Element angegeben. Das `type`-Attribut in diesem Beispiel verweist auf die Deklaration des abgeleiteten Elements als einfacher Typ. Wenn es sich bei der Ableitung um einen komplexen Elementtyp handelt, verweist das `type`-Attribut auf das benannte `complexType` an anderer Stelle im XSD-Schema.

Komplexe Elementtyp-Definitionen

Listing 6.5 ist ein XSD-Schema für die Nachrichtendokument-Instanz. In diesem Beispiel wurden jedoch im Vergleich zum vorherigen Beispiel für die Kurzform einige zusätzliche Merkmale eingefügt. Es wurde zum Beispiel das Element xsd:sequence eingefügt. Mit diesem Element können Sie die Reihenfolge der abgeleiteten Elemente im Elementsatz festlegen. Das hier gezeigte Beispiel enthält nur ein abgeleitetes Element, xsd:element, das das nachricht-Element im Dokument der XML-Instanz deklariert. Wenn aber notiz mehrere Ableitungen hat, können Sie die Anordnung der abgeleiteten Elemente im Dokument der XML-Instanz steuern, indem Sie diese Ableitungen mit xsd:sequenze einfassen.

Listing 6.5: Ein XSD-Schema mit einem xsd:ComplexType-Element – nachricht02_6.xsd

```
 1: <?xml version="1.0"?>
 2: <xsd:schema
 3:     xmlns:xsd="http://www.w3.org/2000/10/XMLSchema">
 4:     <xsd:element name="nachricht" type="xsd:string"/>
 5:     <xsd:element name="notiz">
 6:         <xsd:complexType>
 7:             <xsd:sequence>
 8:                 <xsd:element ref="nachricht"/>
 9:             </xsd:sequence>
10:         </xsd:complexType>
11:     </xsd:element>
12: </xsd:schema>
```

In den Zeilen 6-10 wird das Element als komplexer Typ definiert. Zeile 7 deklariert eine Sequenz, auch wenn in diesem Beispiel eigentlich nur ein abgeleitetes Element, nachricht, vorkommt. Wird mehr als eine Ableitung in ein Stammelement eingeschlossen, kann man das sequence-Element verwenden, um die zulässigen Anordnungsbedingungen festzulegen, die für die Ableitungen gelten – wenn man überhaupt eine festlegen will. Anders gesagt, ein sequence-Element gibt an, dass die abgeleiteten Elemente im Dokument der Instanz in der Reihenfolge auftreten müssen, in der sie im XSD-Dokument deklariert werden. Zeile 8 verwendet das ref-Attribut, um einen Verweis auf die Definition des nachricht-Elements als einfachen Typ bereitzustellen, die in Zeile 4 vorgenommen wurde. Das ref-Attribut funktioniert analog zum type-Attribut der früheren Beispiele und gestattet dem Autor des Schemas, Elemente ein einziges Mal zu definieren, auch wenn sie in mehreren Deklarationen wiederverwendet werden.

6.6 Frequenzbeschränkungen bei XSD

Anders als andere Schemasprachen gestattet Ihnen XSD, die Kardinalität (also die Häufigkeit des möglichen Auftretens) von Elementen mit ziemlicher Genauigkeit zu bestimmen. Sie können einen Minimalwert für die Auftrittsfrequenz eines Elements mit dem Attribut minOccurs im xsd:element-Element festlegen, ebenso einen Maximalwert mit dem Attribut maxOccurs. Die Verwendung dieser Attribute erinnert an den Ansatz mit dem XDR-Schema, den Sie gestern unter die Lupe genommen haben, aber die Gemeinsamkeiten enden hier bereits. Bei XSD gibt es weniger Einschränkungen hinsichtlich der akzeptablen Werte, die für die Verwendung dieser Attribute bereitstehen. Das W3C hat für XSD eine Methode zur Verfügung gestellt, mit der ein festgelegter Bereich für das Auftreten eingegeben werden kann, wenn das wünschenswert erscheint. Dies ist eines der Merkmale, mit denen sich XSD von XDR, DTDs oder anderen Sprachen für die Schema-Definition unterscheidet.

Die Attribute minOccurs und maxOccurs haben den Standardwert »1«, wenn sie nicht anders deklariert werden. Das maxOccurs-Attribut kann auch auf unbegrenzt gesetzt werden, was dem * bei XDR und bei einer DTD entspricht.

Betrachten Sie sich die XML-Instanz in Listing 6.6. Dieses Dokument enthält mehrere eingebettete abgeleitete Elemente. Das Wurzelelement notiz enthält zwei notizen, von denen jede ein leeres anzahl-Element enthält, dem eine Reihe von nachricht-Elementen folgen.

Listing 6.6: Die XML-Nachrichten-Instanz mit komplexer Einbettung – nachricht04_6.xml

```
 1: <?xml version="1.0"?>
 2: <notiz
 3:   xmlns:xsi="http://www.w3.org/2000/10/XMLSchema-instance"
 4:   xsi:noNamespaceSchemaLocation="nachricht04_6.xsd">
 5:   <notizen>
 6:     <anzahl/>
 7:     <nachricht>Denke daran, auf dem Nachhauseweg von der Arbeit Milch zu kaufen</nachricht>
 8:     <nachricht>Am besten Rahmmilch</nachricht>
 9:   </notizen>
10:   <notizen>
11:     <anzahl/>
12:     <nachricht>Hol die Hemden aus der Reinigung ab</nachricht>
13:     <nachricht>Geh zur Bank</nachricht>
14:     <nachricht>Maeh das Gras</nachricht>
15:   </notizen>
16: </notiz>
```

Frequenzbeschränkungen bei XSD

Angenommen, Sie wollen für diese Instanz Beschränkungen durchsetzen, etwa:

- Maximal zwei `notizen` sind erlaubt.
- Die Auftrittsfrequenz von `notizen` ist optional.
- Das `anzahl`-Element muss dem `nachricht`-Element vorausgehen.
- Es gibt wenigstens ein `nachricht`-Element.
- Es muss mehr als ein `nachricht`-Element vorkommen.

Um ein XSD-Schema zu erstellen, das diese Beschränkungen durchsetzt, müssen Sie sich um die Kardinalität der Elemente kümmern, um ihre Reihenfolge und darum, ob Elemente obligatorisch oder optional sind. Zur Beschränkung der Kardinalität verwenden Sie die Attribute minOccurs und maxOccurs in den passenden xsd:element-Elementen. Wenn Sie die Attribute minOccurs und maxOccurs sorgfältig setzen, können Sie bei XSD Einschränkungen in Bezug auf die Erforderlichkeit hinzufügen. Wenn Sie etwa das Attribut minOccurs für ein bestimmtes Element auf Null setzen, wird dieses Element als optional betrachtet. Setzen Sie minOccurs für ein bestimmtes Element auf Eins oder schließen es ganz aus, weil Eins der Standard ist, dann gilt dieses Element als erforderlich. (Das heißt mindestens ein Auftreten dieses Elements ist obligatorisch.) Sie wissen bereits, dass ein unendlicher Wert größer Eins für maxOccurs mit dem Wert ~~unbegrenzt~~ *unbounded* programmiert wird.

Listing 6.7 zeigt ein mögliches XSD-Schema, das das Dokument nachricht04_6.xml auf Grundlage der oben erwähnten Beschreibung der Beschränkungen validiert.

Listing 6.7: Die Attribute minOccurs und maxOccurs bei XSD – nachricht04_6.xsd

```
1  <?xml version="1.0"?>
2  <xsd:schema xmlns:xsd="http://www.w3.org/2000/10/XMLSchema">
3    <xsd:element name="nachricht" type="xsd:string" />
4    <xsd:element name="anzahl" />
5    <xsd:element name="notiz">
6      <xsd:complexType>
7        <xsd:sequence>
8          <xsd:element name="notiz" minOccurs="0" maxOccurs="2" />
9        </xsd:sequence>
10     </xsd:complexType>
11   </xsd:element>
12   <xsd:complexType name="notizTyp">
13     <xsd:sequence>
14       <xsd:element ref="anzahl" />
15       <xsd:element ref="nachricht" maxOccurs="unbegrenzt" />
16     </xsd:sequence>
17   </xsd:complexType>
18 </xsd:schema>
```
(Anmerkung: "unbegrenzt" → *unbounded*)

Zeile 8 definiert die Frequenzbeschränkungen (minOccurs="0" maxOccurs="2") für das abgeleitete Element notizen des Wurzelelements notiz. Eine entsprechende XML-Instanz kann zwischen 0 (minOccurs="0") und 2 abgeleitete Elemente notizen haben (maxOccurs="2"). Da Null eingegeben wurde, handelt es sich bei notizen um eine optionale Ableitung.

Zeile 15 gibt an, dass zumindest ein nachricht-Element dem anzahl-Element in der komplexen Ableitung der Reihenfolge, die in jedem Stammelement notizen enthalten ist, folgen muss. Das Containerelement <xsd:sequence> legt dies fest. Der Wert unbegrenzt zeigt an, dass die Gesamtzahl der zulässigen nachricht-Elemente jedoch unbegrenzt ist.

Zeile 12 deklariert den abgeleiteten komplexen Typ, der als notizTyp bezeichnet wird. Dieser neue komplexe Typ ist kein Elementtyp, sondern eine Zuordnung eines Namens und der Beschränkungen, die das Auftreten des benannten Typs in einer Dokument-Instanz steuern. Anders gesagt, notizTyp existiert im zu Grunde liegenden XML-Dokument gar nicht; dennoch müssen notizen-Elemente im XML-Dokument den Beschränkungen entsprechen, die von der abgeleiteten komplexen Gruppe vorgegeben werden. notizen-Elemente dürfen daher nur ein leeres anzahl-Element enthalten, dem eine beliebige Anzahl von nachricht-Elementen folgt. Diese komplexe Sequenz wird nur aus Gründen der Referenzierbarkeit notizTyp genannt; man kann ihr auch einen beliebigen anderen Namen geben.

6.7 Attribute beim XSD-Schema

Die Deklaration von Attributen verläuft bei XSD ganz ähnlich wie die Element-Deklaration, außer dass sie mit attribut-Deklarationen statt mit element-Deklarationen erfolgt. Wie bereits erwähnt, gehören Attributs-Deklarationen zu den Definitionen der komplexen Typen im Schema. Sie haben bei der Element-Deklaration gesehen, dass die Deklaration keine eigentlichen *Typen* hervorbringt, sondern Verknüpfungen von Namen und Beschränkungen, die das Auftreten des Namens in gültigen Dokument-Instanzen steuern. Das Gleiche gilt für die Attributs-Deklaration.

Listing 6.8 zeigt beispielsweise ein Dokument der XML-Instanz, das sowohl Elemente als auch Attribute enthält. Genauer gesagt umfasst das nachricht-Element in den Zeilen 5-7 Textinhalt und das Attribut anzahl.

Attribute beim XSD-Schema

Listing 6.8: Elemente und Attribute – nachricht05_6.xml

```
1: <?xml version="1.0"?>
2: <notiz
3:    xmlns:xsi="http://www.w3.org/2000/10/XMLSchema-instance"
4:    xsi:noNamespaceSchemaLocation="nachricht05.xsd">
5:   <nachricht anzahl="10">
6: Denke daran, auf dem Nachhauseweg von der Arbeit Milch zu kaufen
7:   </nachricht>
8: </notiz>
```

Das muss bei XSD als komplexer Typ programmiert werden. Ein XSD-Schema, das dieses Dokument validiert, wird in Listing 6.9 gezeigt. Dieses Listing bietet mehrere zusätzliche Merkmale, die bis jetzt noch nicht besprochen wurden und bei der Analyse der Instanz erklärt werden.

Die Datentypisierung ist bei XSD meist ein mehrstufiger Prozess. Man beginnt mit der Beschränkung des typisierten Elements durch eine weit gefasste Kategorie und engt diese dann auf einen spezifischeren Typ ein. Das scheint auf den ersten Blick redundant zu sein, erweist sich aber als sehr nützlich, wenn es um große Schemata mit vielen Typvarianten geht. Der erste, allgemeinere Typ wird durch das Element xsd:restriction mit dem Attribut base eingegeben, das die weit gefasste Kategoriebeschränkung deklariert. Normalerweise ist die breite Grundlage der Wert string. Die Ableitungen der xsd:restriction-Elemente bieten eine spezifischere Detail-Definition für Datentypen. Das kann man in Listing 6.9 erkennen.

Listing 6.9: Ein XSD-Schema mit Attributs-Validierung – nachricht05_6.xsd

```
 1: <?xml version="1.0"?>
 2: <xsd:schema xmlns:xsd="http://www.w3.org/2000/10/XMLSchema">
 3:   <xsd:complexType name="messageType">
 4:     <xsd:simpleContent>
 5:       <xsd:restriction base="xsd:string">
 6:         <xsd:-Attribute name="anzahl"
                  type="xsd:integer"
                  use="required"/>
 7:       </xsd:restriction>
 8:     </xsd:simpleContent>
 9:   </xsd:complexType>
10:   <xsd:element name="note">
11:     <xsd:complexType>
12:       <xsd:sequence>
13:         <xsd:element name="nachricht"
                  type="messageType"/>
14:       </xsd:sequence>
15:     </xsd:complexType>
16:   </xsd:element>
17: </xsd:schema>
```

In den Zeilen 3-9 wird ein komplexer Typ definiert, genannt messageType, womit sichergestellt wird, dass das Element nachricht ein obligatorisches Attribut, anzahl, vom Datentyp Integer enthält.

Beachten Sie, dass das simpleContent-Element (Zeile 4) und das complexType-Element (Zeile 11) keine Namen einschließen. Sie können einen Namen einschließen, wenn Sie vorhaben, die Inhalts-Definitionen an anderer Stelle im Schema wiederzuverwenden. Das vergleichbare complexType-Element in Zeile 3 hat den Namen messageType. Die Deklaration für das nachricht-Element (Zeile 13) enthält eine Referenz (type="messageType") auf die Deklaration des komplexen Typs (Zeilen 3-9), in der die Attributs-Deklaration liegt (Zeile 6).

Das Element sequence in den Zeilen 12-14 wird nur eingeschlossen, um Sie mit der typischen Platzierung und Syntax bekannt zu machen, die für Instanzen verwendet wird, die mehrere abgeleitete Elemente haben, was Beschränkungen zur Reihenfolge notwendig macht.

Die Zeilen 5 und 7 bilden die Grundlage für den Datentyp, in diesem Fall einen String, der als Integerwert näher qualifiziert wird. Das Element restriction wird verwendet, um den vorhandenen (Basis-)Typ anzuzeigen und die Facetten zu identifizieren, mit denen der Wertebereich abgesteckt wird.

Bei XSD wird der Begriff Facette verwendet, um die verschiedenen Beschränkungsmerkmale zu beschreiben, die zur Verfügung stehen, um den jeweils gültigen Datentyp zu modifizieren. Ein String zum Beispiel kann durch die zugelassene Länge, minLength, maxLength, einem vom Anwender definierten Muster, der Verwendung von Leerzeichen oder durch eine Auflistung der zulässigen Werte, beschränkt werden. Im Vergleich dazu ist es nicht sinnvoll, einen Booleschen Wert – der true oder false zurückgibt – etwa durch eine zugelassene Länge, minLength, maxLength oder eine Auflistung zu beschränken. Deshalb unterstützt ein Boolescher Wert keine Facetten für diese Beschränkungen.

Bei der Unterstützung zahlreicher einfacher Datentypen und anwendbarer Facetten ist XSD einzigartig. Eine erschöpfende Auflistung dazu steht unter http://www.w3.org/TR/xmlschema-0/#SimpleTypeFacets bereit.

Die Datentypen, die in Tabelle 6.1 zu den Elementen vorgestellt wurden, gelten auch bei Attributen. Die Liste der Datentypen, die XSD unterstützen, ist weit größer als diejenige bei XDR. Das W3C hat beträchtliches Gewicht auf den Umfang des Datentypsatzes bei XSD gelegt.

Die Unterstützung für Datentypen bei XDR und XSD unterscheidet diese Sprachen von den DTDs, die diese nicht sehr klar unterstützen. Das W3C hat sich bemüht, sicherzustellen, dass XSD einen äußerst umfangreichen und möglichst vollständigen Datentypsatz bekommt. XSD stellt zwei unterschiedliche Arten von Datentypen zur Verfügung: primitive und derived. Der Datentyp primitive umfasst diejenigen, die nicht durch andere Datentypen definiert sind; sie existieren selbstständig und bilden die Grundlage für andere Typen. Der Datentyp derived bezeichnet Datentypen, die durch primitive oder andere abgeleitete Datentypen definiert werden. Betrachten Sie zum Beispiel den primitive-Typ float und den derived-Typ integer. float ist ein klar definiertes mathematisches Konzept, das nicht mit den Begriffen anderer Datentypen definiert werden kann, wogegen integer ein Sonderfall des generelleren Datentyps decimal ist. integer kann also tatsächlich als Ableitung von decimal gelten.

Listing 6.10 zeigt eine etwas komplexere Attributsansammlung, wobei jedes davon zu einem anderen Datentyp gehört.

Listing 6.10: Mehrere Attribute – nachricht06_6.xml

```
1: <?xml version="1.0"?>
2: <notiz
3:    xmlns:xsi="http://www.w3.org/2000/10/XMLSchema-instance"
4:    xsi:noNamespaceSchemaLocation="nachricht06.xsd">
5:    <nachricht anzahl="10" datum="2001-07-29" von="Kathy Shepherd">
6: Denke daran, auf dem Nachhauseweg von der Arbeit Milch zu kaufen
7:    </nachricht>
8: </notiz>
```

In Zeile 5 wird ein numerisches (xsd:integer), ein Datums- (xsd:date) und ein String (xsd:string)-Attribut im Dokument der XML-Instanz angezeigt. Die Deklaration dieser Attribute erfordert eine explizite Definition der Datentypen, die ihre Werte beschränken. Die xsd:attribute-Elemente sehen jeweils so aus:

```
<xsd:attribute name="anzahl" type="xsd:integer" use="required"/>
<xsd:attribute name="datum" type="xsd:date" use="required"/>
<xsd:attribute name="von" type="xsd:string" use="required"/>
```

Jedes Attribut in diesem Beispiel wird durch name (entspricht dem Elementnamen im Dokument der XML-Instanz), type (deklariert den Datentyp in Übereinstimmung mit den oben beschriebenen Beschränkungen) und use (betrifft die Frage, ob die Attribute obligatorisch oder optional sind) deklariert. Wenn Sie deklarieren, dass die Attribute obligatorisch sind und nicht optional, müssen Sie für jedes xsd:-Attribute-Element das Wertepaar use="required" einfügen.

Ein XSD-Schema, das diese Instanz validiert, sehen Sie in Listing 6.11.

Die XML Schema Definition Language (XSD)

Listing 6.11: Ein XSD-Schema, das eine XML-Instanz mit mehreren Attributen validiert – nachricht06_6.xsd

```
 1: <?xml version="1.0"?>
 2: <xsd:schema xmlns:xsd="http://www.w3.org/2000/10/XMLSchema">
 3:     <xsd:complexType name="messageType">
 4:         <xsd:simpleContent>
 5:             <xsd:restriction base="xsd:string">
 6:                 <xsd:attribute name="number"
                        type="xsd:integer" use="required"/>
 7:                 <xsd:attribute name="date"
                        type="xsd:date" use="required"/>
 8:                 <xsd:attribute name="from"
                        type="xsd:string" use="required"/>
 9:             </xsd:restriction>
10:         </xsd:simpleContent>
11:     </xsd:complexType>
12:     <xsd:element name="note">
13:         <xsd:complexType>
14:             <xsd:sequence>
15:                 <xsd:element name="message" type="messageType"/>
16:             </xsd:sequence>
17:         </xsd:complexType>
18:     </xsd:element>
19: </xsd:schema>
```

In den Zeilen 5-9 wird unter Verwendung des Tags `<xsd:restriction base="xsd:string">` die Stringbasis für die Attributsbeschränkungen definiert. Es handelt sich bei jedem Attribut um einen `string` (Zeile 5), der durch die Deklaration in den Zeilen 6-8 hinsichtlich des Datentyps (`integer`, `date` oder `string`) und hinsichtlich `use` weiter beschränkt wird. (Im entsprechenden XML-Dokument sind alle Attribute `required`, also obligatorisch.)

6.8 Drei Ansätze zur Gültigkeit: DTD, XDR und XSD

In den vergangenen drei Tagen haben Sie drei verwandte aber unterschiedliche Ansätze kennen gelernt, die programmatisch validierte Beschränkungen bereitstellen, um die Einhaltung der Strukturregeln für Daten und Dokumente sicherzustellen. DTDs gibt es seit geraumer Zeit und sie haben bei einer Reihe von Anwendungen funktioniert. Wenn Ihnen eine knappe Programmierung der Beschränkungen wichtig ist, dann sollten Sie DTDs verwenden – die am wenigsten wortreiche der drei vorgestellten Sprachen. DTDs verwenden jedoch nicht die Syntax von XML-Dokumenten, die für andere Schemavarianten typisch ist.

Zusammenfassung

Zwar führt es nicht automatisch zu einer Verbesserung des Prozesses, wenn Schemata sich in der XML-Syntax ausdrücken, sehr wohl aber führt es dazu, dass Optionen der Erweiterbarkeit und der Transformation der Auszeichnungen vorliegen, die es bei DTDs nicht gibt. Schemata, die auf der Grundlage des XML-Vokabulars stehen, können dezidiert hierarchische Auszeichnungen und ausgefeiltere Inhaltsbeschränkungen einsetzen.

Die vielleicht bedeutendste Verbesserung, die Schemata auf XML-Grundlage mit sich bringen, ist ihre Fähigkeit, eine umfassende Datentyp-Validierung zu garantieren. Sie haben gestern und heute gesehen, dass XDR und XSD einen umfangreichen Datentypsatz unterstützen. XSD unterstützt sogar noch mehr als XDR.

XML-basierte Schemata bieten eine weit bessere Unterstützung der Namensräume. Mehr zu den Namensräumen erfahren Sie am 8. Tag, aber es ist wichtig, festzuhalten, dass das Konzept der Namensräume im Zentrum der Anstrengungen beim W3C steht.

XSD – eine kürzlich veröffentlichte Empfehlung des W3C verspricht viel für die Zukunft – verfügt über umfangreichere Datentypen als XDR und die Wahrscheinlichkeit ist hoch, dass es allgemein als von einer Plattform unabhängige Initiative akzeptiert wird. Verfolgen Sie regelmäßig die aufregenden Entwicklungen, die die XML-Technologie in dieser Hinsicht erfährt, auf der Website des W3C unter http://www.w3.org.

6.9 Zusammenfassung

Heute haben Sie einige der hauptsächlichen Konstrukte der Implementierung bei XSD kennen gelernt, den Ansatz, der den umfangreichsten Datentypsatz unterstützt. Damit kennen Sie nun die drei populärsten Herangehensweisen zur Validierung von XML-Dokument-Instanzen. Achten Sie bei XSD auf neue Entwicklungen im W3C-Umfeld. Ein regelmäßiger Besuch bei http://www.w3.org hält Sie auf dem Laufenden.

6.10 Fragen und Antworten

F *Welche der drei Schemasprachen, die in diesem Buch vorgestellt wurden (DTD, XDR und XSD) wird am häufigsten benutzt?*

A Ein großer Teil des älteren Codes implementiert zur Zeit DTDs; der XDR-Ansatz wird jedoch immer rascher akzeptiert, vor allem in der Welt des E-Commerce, E-Business und beim Management von Zuliefererketten. Microsoft hat die Entwicklung von Lösungen verbessert, indem es wichtige XML-Technologien mit der XDR-Validierung herausbrachte. Dennoch wird erwartet, dass die Wirtschaft in Zukunft einen einzigen Schemastandard allgemein unterstützen wird. Auch wenn

Die XML Schema Definition Language (XSD)

es noch seine Zeit dauern wird, bis sich alle älteren Systeme an XSD angepasst haben, gibt es bereits eine Absichtserklärung der meisten Softwarehersteller – auch wenn sie selbst über eine anerkannte Schemasprache verfügen – in Zukunft XSD voll unterstützen zu wollen.

F   Was ist der Unterschied zwischen DTDs und den XML-basierten Schemasprachen in Hinsicht auf die Datentypen?

A   DTDs stellen außer einer Validierung einfacher Texttypen keine leicht zugängliche Datentyp-Validierung zur Verfügung. Die Schemata auf XML-Grundlage unterstützen über die standardmäßigen Dokumenttypen hinaus einen umfassenden Datentypensatz. Die Validierung von Datentypen macht diese Sprachen geeigneter für eine Verwendung bei Datenanwendungen.

6.11 Übung

Auch diese Übung soll Ihre Kenntnisse dessen, was Sie heute gelernt haben, überprüfen. Die Lösungen finden Sie wieder in Anhang A.

Gestern haben Sie ein XDR-Schema für Ihre Music Collection Markup Language (MCML) erzeugt. Erstellen Sie nun ein XSD-Schema auf der Grundlage der heutigen Beispiele und Übungen, mit dem Sie Ihre MCML-Dateien validieren.

XML-Entities

XML-Entities

Nachdem Sie wohl geformtes und gültiges XML kennen gelernt haben, erhalten Sie nun die Gelegenheit, sich mit einer besonderen Klasse von XML-Objekten zu beschäftigen: den XML-Entities. Die Schemata, die Sie geschrieben haben, waren eigentlich so etwas wie spezialisierte externe Entities, die durch Ihr XML-Dokument referenziert wurden. Heute lernen Sie etwas über:

- interne und externe allgemeine Entities bei XML,
- die Syntax von Entities und Entity-Referenzen und
- Parameter-Entities und wie man diese verwenden kann, um die DTD-Programmierung zu modularisieren.

7.1 Zwei Arten von Entities

Am 4. Tag haben Sie einige Beispiele für Entities bei DTDs gesehen, jedoch standen die verschiedenen Entity-Typen, die XML unterstützt, nicht im Mittelpunkt des Interesses. Heute untersuchen Sie verschiedene XML-Entity-Typen, vergleichen sie miteinander und lernen Methoden kennen, mit denen man bestimmte Schwierigkeiten bei der Programmierung überwinden kann, und mit denen Sie Kurzbefehle und Einsparungen einsetzen und bei der Programmierung die Modularität bereitstellen.

Zwei Arten von Entities stehen zur Verfügung, um Daten einzukapseln. Alle, die HTML-Seiten erstellen, kennen die vordefinierten allgemeinen Entities als eine Methode, Zeichen darzustellen, die man mit reservierten Markup-Zeichen verwechseln könnte. Wenn man in einem HTML-Dokument die Zeichen <, > oder & wiedergeben will, muss man das Sonderzeichen zunächst als Entity eingeben. Die Syntax für Entities dieser Art ist bei HTML

```
&entity_name;
```

Wenn der Browser bei seiner Interpretation der Seite die HTML-Entity auflöst, findet eine Ersetzung statt. Das Zeichen, das sie repräsentiert, nimmt den Platz der Entity-Phrase ein. Das Gleiche gilt bei XML. Zum Zeitpunkt der Verarbeitung der Dokument-Instanz findet eine Ersetzung statt. Der Parser löst die Entity auf und platziert den String, auf den verwiesen wird, in einer Reihe mit dem umliegenden Inhalt.

Parameter-Entities werden nur in externen Schemata wie etwa DTDs definiert und verwendet, obwohl auch andere Schemasprachen die Vorrichtungen zur Entity-Deklaration haben. Parameter-Entities können die Tipparbeit für einen Entwickler erheblich reduzieren, indem sie allgemein verwendete Phrasen in kleinen Entity-Objekten ablegen. Parameter-Entities bieten DTD-Autoren auch ein Mittel, wie man DTD-Untermengen entwickelt und logische Strukturen externer DTDs in beinahe modularer Weise wiederverwendet. Sie werden die beiden Arten von Entities heute kennen lernen und sehen, wie man sie in XML-Instanzen programmiert.

7.2 Allgemeine Entities

Allgemeine Entities bieten in HTML eine Methode, wie man Zeichen programmiert, die nicht im normalen ASCII-Zeichensatz enthalten sind oder die mit der Auszeichnung in Konflikt geraten können. XML kümmert sich weniger um nicht standardgemäße Zeichen, etwa solche, die außerhalb des normalen Bereichs des ASCII-Zeichensatzes liegen. Dies ist deshalb der Fall, weil XML so gestaltet wurde, dass es statt ASCII den weit umfangreicheren Zeichensatz Unicode nutzen kann. Beim Ansatz mit dem Unicode-Zeichensatz von 16 Bit werden 65.536 mögliche Zeichen bereitgestellt, während das 7-Bit-ASCII nur 128 Zeichen zulässt und der 8-Bit-Satz 256 Zeichen umfasst. Beim Bereich des ASCII-Zeichensatzes kann es schnell passieren, dass der verfügbare »Leerraum« erschöpft ist. Bevor Unicode zum Einsatz kam, mussten einige Sprachen bei HTML grafisch dargestellt werden, weil der ASCII-Satz zu wenig Raum bot, um alle erforderlichen Zeichen einzubringen. Einige europäische Sprachen füllen die 256 Zeichen des ASCII-Satzes recht schnell aus. Vor allem asiatische Sprachen umfassen eine große Anzahl von Zeichen- und Glyphensätzen und kombinieren sie so, dass Zehntausende von Ideogrammen entstehen. Der 16-Bit-Unicode-Standard soll diesen Bedarf befriedigen. Für den Fall jedoch, dass er an seine Grenzen stößt, unterstützt XML auch den 32-Bit-Unicode-Standard.

XML schließt fünf eingebaute Entities ein, die dem Entwickler helfen sollen, Auszeichnungsprobleme zu vermeiden. Tabelle 7.1 zeigt, welche dies sind.

Entity	Beschreibung
&amp;	Ampersand (&)
&apos;	Apostroph (')
&gt;	Größer als (>)
&lt;	Kleiner als (<)
&quote;	Anführungszeichen (»)

Tabelle 7.1: Fünf vordefinierte XML-Entities

Über den vordefinierten Entity-Satz hinaus, den XML bereitstellt, können Sie Ihre eigenen Entities aufstellen, genau wie Sie ein Element deklarieren können. Entities können einem Zeit und Tastenanschläge ersparen. Wiederholte und lästige Aufgaben können vereinfacht werden, wenn man Entities definiert, die bei der Interpretation mit einem XML-Prozessor durch Daten ersetzt werden. Die grundsätzliche Syntax für die Deklaration einer allgemeinen Entity-Referenz in einer DTD lautet:

```
<!ENTITY entityname zu ersetzende Daten>
```

XML-Entities

Die Syntax zur Verwendung der Entity in einer XML-Instanz lautet:

`&entityname;`

In anderen Schemasprachen ist es nicht einfach, Entities zu deklarieren. Für den heutigen Tag verwenden Sie DTDs, um Entity-Deklarationen zu erstellen. Beachten Sie, dass allen Entities, die bislang vorgestellt wurden, ein Ampersand-Zeichen vorausgeht (&), unmittelbar gefolgt vom Namen der Entity und einem Semikolon. Die Entity bildet ein Proxy für die Entity-Definition im Schema. Zum Zeitpunkt der Interpretation durch einen XML-Prozessor wird der gesamte Entity-String durch die Ersetzung mit der Entity-Referenz aufgelöst.

Die Verwendung dieses Mechanismus zum Erzeugen von Entities ist besonders wertvoll bei XML-Instanzen, die sich wiederholende Daten enthalten, die während der Lebensspanne eines Dokuments anfällig für Veränderungen sind. Man könnte zum Beispiel einen gesetzlichen Vertrag mit Entities auszeichnen, die für beide Seiten des Abkommens stehen. Die Entity-Ersetzung wäre Garant dafür, dass die Daten, die die Parteien beschreiben, zur Laufzeit aufgelöst würden. Listing 7.1 zeigt den Ausschnitt eines Verkaufsvertrags, der als wohl geformtes und gültiges XML-Dokument ausgezeichnet ist und für die Vertragsparteien Entities einsetzt. Erzeugen Sie dieses Dokument mit einem Texteditor und speichern es unter `vertrag01.xml`.

Listing 7.1: Ausschnitt aus einem Vertrag, abgefasst in XML mit Entities – vertrag01.xml

```
1:  <?xml version="1.0"?>
2:  <!-- listing 7.1 - vertrag01.xml -->
3:
4:  <!DOCTYPE vertrag SYSTEM "vertrag01.dtd">
5:  <vertrag>
6:    <para1>&kaeufer; erklaert sich damit einverstanden, die unten
7:    definierte Immobilie gemaess den Bedingungen dieses Vertrags
8:    zu erwerben.</para1>
9:    <para2 abschnitt="1">&kaeufer; wird Eigentuemer der Immobilie
10:   die unten beschrieben ist, wofuer &kaeufer; sich einverstanden
erklaert...zu bezahlen </para2>
11: </vertrag>
```

Das Wurzelelement `vertrag` (Zeilen 2-11) enthält die Elemente `para1` (Zeilen 6-8) und `para2` (Zeilen 9-10). Das Element `para1` enthält ein `abschnitt`-Attribut mit dem Wert 1. Zeile 4 enthält eine DOCTYPE-Deklaration, die das Element `vertrag` als Wurzel identifiziert, und deklariert eine externe DTD mit der URI `vertrag01.dtd`. In den Zeilen 6, 9 und 10 wird die Entity `&käufer;` eingeschlossen.

Die DTD für dieses Dokument muss nicht nur die Beziehungen von Element und Attribut deklarieren, sondern auch die Entity-Referenz bereitstellen, die die Entity `&kaeufer;`

ersetzt, nachdem der XML-Prozessor sie aufgelöst hat. Angenommen, der Käufer in diesem Vertrag ist `Devan Shepherd`. Dann kann man die Entity-Referenz in der DTD folgendermaßen eingeben:

`<!ENTITY kaeufer "Devan Shepherd">`

Dieser DTD-Ausschnitt weist den XML-Prozessor an, den String `David Shepherd` für jedes Vorkommen der `kaeufer`-Entity in die XML-Instanz einzusetzen. Der Prozessor kann jedes Vorkommen lokalisieren, weil er die spezielle Syntax `&kaeufer;` erkennt. Listing 7.2 zeigt eine vollständige DTD für die Dokument-Instanz `vertrag01.xml`. Erzeugen Sie dieses DTD-Beispiel und speichern Sie es unter `vertrag01.dtd` im gleichen Verzeichnis, in dem Ihre Datei `vertrag01.xml` abgelegt ist.

Listing 7.2: Eine DTD mit der Deklaration einer Entity-Referenz – vertrag01.dtd

```
 1: <?xml version="1.0" encoding="UTF-8"?>
 2: <!-- Listing 7.2 - vertrag01.dtd -->
 3:
 4: <!ELEMENT vertrag (para1, para2)>
 5: <!ELEMENT para1 (#PCDATA)>
 6: <!ELEMENT para2 (#PCDATA)>
 7: <!ATTLIST para2
 8:    abschnitt CDATA #REQUIRED
 9: >
10: <!ENTITY kaeufer "Devan Shepherd">
```

Die Zeilen 4-9 deklarieren die Element- und Attributsstruktur für das XML-Dokument. Ihre Interpretation besagt, dass das `vertrag`-Element einen Elementinhalt enthält, insbesondere die abgeleiteten Elemente `para1` und `para2`. Das Element `para1` enthält nur Text (#PCDATA), `para2` ebenfalls. Das Element `para2` hat auch ein obligatorisches `abschnitt`-Attribut, das nur Zeichendaten (CDATA) enthält. Zeile 10 definiert die Entity-Referenz und zeigt an, dass `Devan Shepherd` die Referenz für die `kaeufer`-Entity ist.

Laden Sie Ihr Dokument `vertrag01.xml` in den Browser Microsoft Internet Explorer, um sich das Ergebnis der Entity-Ersetzung anzusehen. Der MSXML löst die Entity auf und ersetzt sie mit dem Referenzstring, den er aus der DTD erhält. Abbildung 7.1 zeigt dieses Resultat. Beachten Sie, dass der String `Devan Shepherd` jetzt dort steht, wo vor dem Parsen des Dokuments die Entity `&kaeufer;` stand.

Stellen Sie sich vor, Sie müssten ein ganzes Dokument aus mehreren Seiten auf diese Weise auszeichnen. Bei einem Kaufvertrag für Immobilien etwa können Sie schnell ein Dutzend DIN A 4-Seiten mit Text bekommen, mit ein paar Dutzend `&kaeufer;`-Entities bei den verschiedenen Vertragsklauseln. Die Entity-Ersetzung erspart es Ihnen, sich jedes Mal vergewissern zu müssen, dass jeder Verweis auf den Käufer korrekt geschrieben ist und an genau der richtigen Stelle im Vertrag auftaucht, damit dieser auch legal und bindend ist. Noch wichtiger aber, wenn Sie wieder einmal einen Kaufvertrag brauchen, müssen Sie die Entity-Referenz in der DTD nur einmal ändern, um an jeder passenden Stelle im Vertrag den neuen Käufernamen einsetzen zu können.

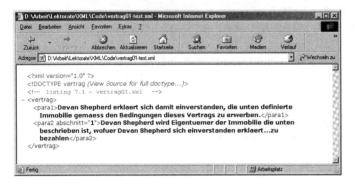

*Abbildung 7.1:
Beim Dokument
vertrag01.xml wurden alle
Entities aufgelöst.*

Dies ist äußerst ökonomisch, was die Wiederverwendbarkeit des Dokuments und die Datenmodularität betrifft. Denkt man dieses einfache Beispiel aus dem Rechtswesen weiter, sieht man, dass ganze Sammlungen standardmäßiger Gesetzestexte – wie Präzedenzfälle, die Parteien einer Vereinbarung oder einer Klage, zeitliche Umstände usw. – in einer Dokument-Instanz durch die Entity-Ersetzung erzeugt werden können.

Der Umfang der Referenz auf eine Entity ist unbegrenzt; Entities stellen daher eine praktische Methode dar, wie man Objekte oder Textstrings, die häufig wiederverwendet werden, ersetzen kann – vor allem, wenn sie lang sind.

7.3 Parameter-Entities

Die Parameter-Entity wird in einer DTD programmiert, um Informationen zu transportieren, die in den Auszeichnungs-Deklarationen verwendet werden. Normalerweise wird mit Parameter-Entities ein Satz gebräuchlicher Attribute definiert, den mehrere Elemente gemeinsam verwenden, oder ein Link auf eine externe DTD bereitgestellt. Diejenigen, die auf Referenzen zielen, die ganz innerhalb der DTD liegen, werden interne Parameter-Entities genannt. Diejenigen, die auf Daten und Objekte außerhalb der aktuellen DTD verweisen, nennt man externe Parameter-Entities.

Parameter-Entities sind nützlich, aber es kann recht schwierig werden, sie auszulesen. Sie werden in einer DTD mit einem Prozentzeichen (%) in der Referenz und in der Deklaration programmiert. Das Prozentzeichen ist ein Flag, das verwendet wird, um anzuzeigen, dass es sich um eine Parameter-Entity und nicht um eine allgemeine Entity handelt. Die Syntax für die Parameter-Entity in einer DTD lautet:

```
<!ENTITY % entityname Definition_der_Entity>
```

Das Prozentzeichen muss durch ein Leerzeichen vom Entity-Namen abgetrennt sein. Die Definition der Entity kann ein beliebiger gültiger String sein. Der String wird an den Stellen ersetzt, wo die Entity in der DTD verwendet wird. Anders gesagt, eine interne Parameter-Entity funktioniert wie eine allgemeine Entity, außer dass die Ersetzung in der DTD stattfindet, nicht in der Dokument-Instanz.

Angenommen, Sie wollen eine DTD für eine Rechnung erzeugen und dieses Dokument enthält eine Rechnungsanschrift, eine Lieferadresse, eine Käuferadresse und die Adresse eines Warenhauses. Wenn die Adressen ihrer Struktur nach alle recht ähnlich aufgebaut sind, könnten Sie eine Parameter-Entity verwenden, um die Adressenstruktur einmal zu erstellen und sie in der restlichen DTD nach Bedarf wiederzuverwenden. Der Adressteil der DTD könnte so aussehen:

```
<!ENTITY % adresse
     "strasse      CDATA    #REQUIRED
      strasse2     CDATA    #IMPLIED
      stadt        CDATA    #REQUIRED
      staat        CDATA    #REQUIRED
      plz          CDATA    #REQUIRED">
```

In diesem Fall verweist die adresse-Entity auf einen Satz von Attributs-Deklarationen. Ein Prozentzeichen, das anzeigt, dass eine Parameter-Entity deklariert wird, folgt auf jedes ENTITY-Schlüsselwort. Die Parameter-Entity heißt adresse und verweist auf den String von Attributs-Deklarationen, der zwischen den doppelten Anführungszeichen (") enthalten ist.

Wenn Sie dies erstellt haben, können Sie die adresse-Entity verwenden, um ein bestimmtes Muster von Attributszuweisungen auf Elemente, die von der DTD beschränkt werden, zu ersetzen. Um die Attribute der Rechnungsanschrift in einem Element rechnung zu validieren, können Sie Folgendes einfügen:

```
<!ELEMENT    rechnung    (#PCDATA)>
<!ATTLIST    rechnung    %adresse;>
```

Das Element rechnung enthält geparste Zeichendaten (#PCDATA) und hat Attribute. Die Attribute stammen aus der %adresse-Entity, die an anderer Stelle in der DTD deklariert wurden. Das Prozentzeichen wird hier dazu verwendet, um den Namen der Entity einzuleiten, es ist aber kein Leerzeichen zwischen dem Prozentzeichen und dem dazugehörigen Namen zulässig. So erkennt der Parser, dass es sich hierbei um eine Entity handelt. Die Referenz-Deklaration der Entity erfordert das Leerzeichen nach dem Prozentzeichen, um sie von Entities zu unterscheiden.

Löst der XML-Parser die Entity in der DTD auf, dann ist das Resultat effektiv das gleiche wie bei einer DTD, die so programmiert wurde:

```
<!ELEMENT    rechnung         (#PCDATA)>
<!ATTLIST    rechnung
      strasse      CDATA   #REQUIRED
      strasse2     CDATA   #IMPLIED
      stadt        CDATA   #REQUIRED
      staat        CDATA   #REQUIRED
      plz          CDATA   #REQUIRED>
```

Die Entity lässt die Ersetzung durch die Adress-Attribute anstelle der Entity %adresse zu. Um das Beispiel mit der Rechnung wieder aufzunehmen, eine komplexere DTD könnte in etwa so aussehen:

```
<!ELEMENT    gesamtrechnung (rechnung, versand, käufer, warenhaus)>
<!ELEMENT    rechnung         (#PCDATA)>
<!ATTLIST    rechnung         %adresse;>
<!ELEMENT    versand          (#PCDATA)>
<!ATTLIST    versand          %adresse;>
<!ELEMENT    käufer           (#PCDATA)>
<!ATTLIST    käufer           %adresse;>
<!ELEMENT    warenhaus        (#PCDATA)>
<!ATTLIST    warenhaus        %adresse;>
<!ENTITY  %  adresse
         "strasse  CDATA  #REQUIRED
          strasse2 CDATA  #IMPLIED
          stadt    CDATA  #REQUIRED
          staat    CDATA  #REQUIRED
          plz      CDATA  #REQUIRED">
```

Dies erspart eine Mühe, die man sich andernfalls machen müsste, einschließlich des Aufstellens einer vollständigen Attributsliste für jedes rechnung-, versand-, kaeufer- und warenhaus-Element.

Externe Entities funktionieren genauso, nur dass die Referenzen in einem getrennten Dokument liegen. Somit ist die DTD in Wirklichkeit die Sonderform einer externen Parameter-Entity.

7.4 Entities in anderen Schemasprachen

Sie haben heute viele Beispiele für Entities gesehen, die alle die DTD-Deklarationen verwenden. Es ist nicht leicht, Entities in anderen Schemasprachen zu deklarieren. Der einfachste Weg, um zum Beispiel eine Entity-Ersetzung in XSD zu deklarieren, ist, ein spezielles Element zu erzeugen und dann den Elementinhalt festzulegen. Auf diese Weise kann man das Element als Entity-Referenz einsetzen. Außerdem müsste man einen eindeutigen Namensraum deklarieren, um dies zu erreichen und sicherstellen, dass das erzeugte Element an diesen Namensraum gebunden ist.

Stellen Sie sich zum Beispiel vor, dass Sie mit diesem Ansatz das Äquivalent für eine Zeichen-Entity erstellen wollen, die einen Ersetzungsstring repräsentiert. Vielleicht möchten Sie einen längeren Satz, etwa den Titel dieses Buchs, »XML in 21 Tagen«, in eine Kurzform bringen. In Ihrem XSD-Schema können Sie ein Element erzeugen und ihm einen festen Wert geben. Die XSD-Deklaration sieht dann so aus:

```
<xsd:element name="tyx21" fixed="M + T XML in 21 Tagen, Zweite Ausgabe">
```

Ein Dokument der XML-Instanz, das dieses Element verwendet, kann es als einem bestimmten Namensraum zugehörig einschließen, und wenn es durch den Parser aufgelöst wird, kann es expandiert werden. Hier sehen Sie das Beispiel eines Dokumentausschnitts, der das Element mit festgelegtem Inhalt verwendet:

```
<?xml version="1.0"?>
<nachricht xmlns="meinedinge/nachricht"
    xmlns:ent="meinedinge/nachricht/entities">

    ... weitere Auszeichnungen

    <Einleitung>Willkommen zu <ent:tyx21>. Dies ist ein Buch über...
    </Einleitung>

    ... weitere Auszeichnungen

</nachricht>
```

Wenn ein XML-Prozessor dies auflöst, wird das Element `<ent:tyx21>` durch den String `M + T XML in 21 Tagen, Zweite Ausgabe` ersetzt.

7.5 Zusammenfassung

Heute haben Sie gesehen, wie man Entities in XML als Objekte verwenden kann, deren Aufgabe es ist, die Daten, auf die verwiesen wird, an der Stelle aufzunehmen, an der ein XML-Prozessor die Entity auflöst. In einigen Fällen sind diese Ersetzungen hilfreich, damit Probleme bei der Auszeichnung vermieden werden können. Das ist zum Beispiel der Fall, wenn ein Sonderzeichen wie ein »Kleiner als«-Zeichen (<) oder ein Ampersand (&) durch eine Entity angezeigt und später durch den Parser aufgelöst wird. XML gestattet Ihnen, Ihre eigenen Entities zu erstellen, um sich wiederholende Aufgaben mit weniger Aufwand zu erledigen. Sie können damit auch Daten ersetzen, die sich häufig ändern, oder sich Code-Module zunutze machen, die sich wiederverwenden lassen.

XML-Entities

7.6 Fragen und Antworten

F Welche zwei Arten von Entities gibt es und wie unterscheiden sie sich?

A XML stellt allgemeine Entities und Parameter-Entities zur Verfügung. Allgemeine Entities können entweder intern oder extern sein und stellen eine Methode dar, Datenobjekte zu ersetzen. Parameter-Entities existieren nur innerhalb einer DTD, nicht in der Dokument-Instanz. Parameter-Entities sind ein Mittel der Ersetzung oder der Code-Modularität.

F Wie kann ein Parser in einer DTD feststellen, ob es sich um eine Parameter-Entity oder um eine allgemeine Entity handelt?

A Die Referenz bei einer Parameter-Entity wird am Ort der Referenz-Deklaration durch ein Ampersand-Zeichen angezeigt, dem zumindest ein Leerzeichen und der Name der Entity folgen.

7.7 Übung

Die Lösungen finden Sie in Anhang A.

Verwenden Sie die Music Collection Markup Language (MCML)-Instanz aus der Übung des 4. Tages und modifizieren Sie sie so, dass Sie für jedes cd-Element in Ihrer Sammlung ein abgeleitetes Element stil einfügen. Erstellen Sie eine &stil;-Entity mit einer Textbeschreibung, die in etwa so aussieht: »Diese CD ist eine Zusammenstellung der größten Hits dieses Künstlers und ist typisch für den Stil, den wir mittlerweile genießen können.« Wenn Sie damit fertig sind, laden Sie Ihr Dokument cd.xml in einen Browser, um sicherzustellen, dass die Entities aufgelöst werden.

Tag 1	Ein Überblick über die Auszeichnungssprachen	25
Tag 2	Die XML-Syntax im Detail	47
Tag 3	Gültige XML-Instanzen	65
Tag 4	Die Document Type Definition (DTD)	83
Tag 5	Das XML Data Reduced (XDR) -Schema	121
Tag 6	Die XML Schema Definition Language (XSD)	159
Tag 7	XML-Entities	181

WOCHE 1

Tag 8	Namensräume bei XML	193
Tag 9	Die XML Path Language (XPath)	209
Tag 10	Die XML Link Language (XLink)	241
Tag 11	XML Pointer Language (XPointer)	263
Tag 12	Das XML Document Object Model (DOM)	275
Tag 13	Das Simple API für XML (SAX)	301
Tag 14	Dem Inhalt mit Cascading Style Sheets (CSS) Stileigenschaften hinzufügen	327

WOCHE 2

Tag 15	XSL (Extensible Stylesheet Language) und XSL-FO (Extensible Stylesheet Language Formatting Objects)	351
Tag 16	XSLT (Extensible Stylesheet Language Transformations)	379
Tag 17	XML-Daten an HTML-Elemente binden	417
Tag 18	XBase und XInclude	439
Tag 19	XML-Integration in die Geschäftsmodelle der Unternehmen	447
Tag 20	E-Commerce mit XML	479
Tag 21	Wie man eine XML-Webanwendung aufbaut	503

WOCHE 3

Namensräume bei XML

Namensräume bei XML

Sie haben während Ihrer Studien der XDR- und XSD-Schemata bereits mehrfach XML-Namensräume verwendet. Sie werden sich daran erinnern, dass ein XML-Prozessor Namensräume während des Validierprozesses verwendet, damit sie ihm bei der Identifizierung der XDR- und XSD-Schemata helfen. Heute werden Sie Folgendes lernen:

- was Namensräume sind und warum sie für die XML-Programmierung nützlich sind;
- die Syntax der XML-Namensräume;
- den Unterschied zwischen URIs, URLs und URNs;
- wie man Namensräume für Elemente und Attribute bei XML explizit deklariert;
- die Bedeutung und die Deklaration des Standard-Namensraums;
- ausgewählte Standard-Namensräume, die von verschiedenen XML-Technologien verwendet werden.

8.1 Wozu braucht man Namensräume?

Das Datenmodell, das XML-Auszeichnungen charakterisiert, besteht normalerweise aus einem Baum von Elementen. Die Baumstruktur hilft dabei, die hierarchische Struktur von XML-Dokumenten zu definieren. Sie haben am 2. Tag Baumdiagramme für einfache XML-Dokumente erzeugt, als Sie im Detail erforschten, was eine wohl geformte XML-Syntax ist.

 Die Baumstruktur bei XML werden Sie am 12. Tag näher untersuchen, wenn Sie lernen, mit der Applikations-Programmierschnittstelle (API) des Document Object Models (DOM) auf XML-Dokumente zuzugreifen. Eine DOM-API stellt Ihnen die programmatischen Mittel zur Verfügung, um auf *Knoten* – wie etwa Elemente, Attribute und Kommentare – zuzugreifen, die den XML-Dokumentbaum ausmachen.

Bei der Auszeichnung mit XML hat jedes Element einen Namen für den Elementtyp – auch Tag-Namen genannt – und es kann entweder Attribute enthalten oder nicht. Sie wissen bereits, dass alle Attribute für ein bestimmtes Element im Start-Tag des Elements eingeschlossen sind, das sie modifizieren. Jedes Attribut besteht aus einem Namen und einem korrespondierenden Wert. Das W3C nennt die Kombination aus Elementtyp-Namen und Attributs-Namen das Auszeichnungsvokabular (http://www.w3.org/TR/REC-xml-names/).

Anwendungen, die zur Verwendung von XML-Daten programmiert werden, verwenden in der Regel das Auszeichnungsvokabular, um zu bestimmen, wie jedes Element zu verarbeiten ist. Elemente mit anderen Namen werden häufig anders gehandhabt, wogegen diejenigen mit einem gemeinsamen Namen auf die gleiche Weise verarbeitet werden. nachricht-Elemente können zum Beispiel anders verarbeitet werden als antwort-Elemente, aber es ist anzunehmen, dass alle nachricht-Elemente in einer Dokument-Instanz gleich behandelt werden.

Es funktioniert gut, Namenskonventionen auf diese Art zu behandeln, wenn Sie – der Dokumentautor – sicherstellen, dass alle Elemente und Attribute, die einmalig sein sollen, auch einen eindeutigen Namen bekommen. Selbstverfasste Namen haben jedoch die Tendenz, in einer öffentlichen Umgebung wie dem Web Schwierigkeiten zu machen, weil es dort üblich ist, Daten gemeinsam zu verwenden oder Dokumente zu verschmelzen. Bei vielen Transaktionen im E-Business etwa kommt es zu einer Verschmelzung von Daten aus mehreren Ursprungsressourcen. Wo dies der Fall ist, kann es dazu kommen, dass Element- oder Attributs-Namen doppelt vorkommen und die Verarbeitung schwieriger oder unmöglich wird. Wenn zum Beispiel zwei Geschäftspartner XML-Daten austauschen und jeder das nachricht-Element zur Darstellung anderer Datentypen oder Klassen verwendet, wird die verarbeitende Anwendung nicht in der Lage sein, zwischen den beiden zu unterscheiden. Das Resultat ist, dass nachricht in einer einzigen Dokument-Instanz zwei unterschiedliche Bedeutungen hat – ein Namenskonflikt.

Sie haben gesehen, dass XML Ihnen erlaubt, strukturierte Daten in eine Textdatei einzufügen, und dass die Art dieser Struktur bereits Kenntnisse über die auszuzeichnenden Daten einschließt. Werden Elementtyp-Namen, die unterschiedliche Datenklassen darstellen, in die gleiche Dokument-Instanz eingefügt, sind diese Kenntnisse und die Datenwerte nichts mehr wert.

Wie sieht ein Namenskonflikt aus?

Sie haben zahlreiche Beispiele dafür gesehen, wie vielfältig die Auszeichnungsmöglichkeiten bei XML sind, einschließlich der Möglichkeit, dass Sie Ihre eigenen Tags erstellen. Natürlich können auch diejenigen, mit denen Sie Daten gemeinsam benutzen oder verschmelzen, ihre eigenen Tags erzeugen, wie bei obigem Beispiel aus dem Bereich des E-Commerce. Es ist möglich, dass beide Beteiligten unterschiedliche Elemente erzeugen, die den gleichen Namen haben – das ist sogar sehr wahrscheinlich. Wenn dies geschieht, kommt es zu *Namenskonflikten* und eine Anwendung kann den Unterschied zwischen den identisch benannten Elementen nicht erkennen.

Als Beispiel nehmen wir an, Sie zeichnen ein Dokument zur Struktur eines Komitees aus, die ein Element namens chair (Vorstand) enthält, mit dem eine Person aus dem Vorstand oder der Komiteeleitung identifiziert wird. Das Dokument listet die Mitglieder dann namentlich auf. Listing 8.1 zeigt eine solche XML-Dokument-Instanz.

Namensräume bei XML

Listing 8.1: Ein einfaches XML-Dokument, das eine Komitee-Struktur anzeigt – komitee.xml

```
 1: <?xml version="1.0"?>
 2: <!-- Listing 8.1 - komitee.xml -->
 3:
 4: <komitee>
 5:    <chair>Kathy</chair>
 6:    <mitglied>Merrenna</mitglied>
 7:    <mitglied>Doug</mitglied>
 8:    <mitglied>Greg</mitglied>
 9:    <mitglied>Kristen</mitglied>
10: </komitee>
```

Beachten Sie, dass es sich bei diesem XML-Dokument um eine bloße Namensliste handelt, bei der eine Person als `chair`, Vorstand des Komitees, bezeichnet wird. Die anderen Komiteemitglieder folgen in den `mitglied`-Elementen.

Später wird dieses Dokument mit Daten zusammengefügt, die der Veranstalter der Sitzung liefert und die die Sitzordnung der einzelnen Komiteemitglieder bei einer bevorstehenden Veranstaltung festlegt. Die Auszeichnungen des Veranstalters enthalten ebenfalls das Element `chair` (Sitzplatz), das den Sitzplatz identifizieren soll, den jedes Komiteemitglied am Konferenztisch erhält. Listing 8.2 zeigt dieses Dokument:

Listing 8.2: Die XML-Dokument-Instanz einer Sitzordnung – sitzordnung.xml

```
 1: <?xml version="1.0"?>
 2: <!-- Listing 8.2 - sitzordnung.xml -->
 3:
 4: <sitzplatz>
 5:    <chair>tischende</chair>
 6:    <chair>erster links</chair>
 7:    <chair>zweiter links</chair>
 8:    <chair>erster rechts</chair>
 9:    <chair>zweiter rechts</chair>
10: </sitzplatz>
```

Verschmilzt man beide Dokumente, führt dies zu einiger Verwirrung, weil das Element `chair` in den jeweiligen Instanzen des Originaldokuments zwei verschiedene Elemente beschreibt. Listing 8.3 zeigt das zusammengefügte Dokument.

Wozu braucht man Namensräume?

Listing 8.3: Konferenzplanung mit einem Namenskonflikt – konferenz.xml

```
 1: <?xml version="1.0"?>
 2: <!-- Listing 8.3 - konferenz.xml -->
 3:
 4: <konferenz>
 5:    <chair>Kathy</chair>
 6:       <chair>tischende</chair>
 7:    <mitglied>Merrenna</mitglied>
 8:       <chair>erster links</chair>
 9:    <mitglied>Doug</mitglied>
10:       <chair>zweiter links</chair>
11:    <mitglied>Greg</mitglied>
12:       <chair>erster rechts</chair>
13:    <mitglied>Kristen</mitglied>
14:       <chair>zweiter rechts</chair>
15: </konferenz>
```

Der Namenskonflikt beim chair-Element im resultierenden verschmolzenen Dokument stellt eine Anwendung, die diese Daten verarbeiten soll, vor ein Problem. Die Anwendung erkennt keinen Unterschied zwischen dem chair-Element in Zeile 5, das aus der Komitee-Auszeichnung stammt, und den Elementen, die ihren Ursprung in der Sitzordnung haben und in den Zeilen 6, 8, 10, 12 und 14 der verschmolzenen Dokument-Instanz auftreten. Für die Anwendung hat dieses Dokument nur eine Datenklasse, zu der das Element chair gehört. Ein Mensch kann diesen Unterschied meistens gleich erkennen, aber eine Anwendung kann die beiden Klassen von chair-Elementen ohne zusätzliche Informationen nicht unterscheiden. Deshalb wird die Verarbeitung problematisch, solange die Anwendung nicht davon informiert wird, dass zwei verschiedene Typen von chair-Elementen in Betracht gezogen werden müssen.

Mit den Namensräumen steht Ihnen ein Mechanismus zur Verfügung, mit dem Sie identisch benannte Elemente, die zu unterschiedlichen Datenklassen gehören, eindeutig identifizieren können. Wie dieser Mechanismus funktioniert, werden Sie gleich sehen, aber zunächst wollen wir ein weiteres Beispiel von XML-Daten untersuchen, die einen Namenskonflikt enthalten.

Angenommen, Sie haben ein XML-Dokument, das die Gegenstände in einem Büro beschreibt. Es gibt dort Bücher und Kunstwerke, die Sie in Ihrem XML-Dokument Punkt für Punkt auflisten wollen. Das XML-Dokument wird daher zwei verschiedene Klassen von gegenstand enthalten – *Bücher und Kunstwerke*.

Jeder gegenstand in der auflistung bekommt ein beschreibung-Element, ein titel-Element und ein Element, das den Schöpfer des Gegenstands identifiziert, den autor für die Bücher und den kuenstler für die Kunstwerke. Listing 8.4 zeigt ein Beispiel für eine solche Auflistung, die in XML ausgezeichnet wurde. Erkennen Sie neben dem Element gegenstand weitere Elemente, die Beispiele für einen Namenskonflikt sind?

Namensräume bei XML

Listing 8.4: Ein XML-Dokument mit Namenskonflikten – auflistung.xml

```
 1: <?xml version="1.0"?>
 2: <!-- Listing 8.4 - auflistung.xml -->
 3:
 4: <auflistung>
 5:
 6:   <gegenstand>
 7:     <beschreibung>Ein Buch ueber XML</beschreibung>
 8:     <titel>M + T, XML in 21 Tagen, Zweite Ausgabe</titel>
 9:     <autor>Devan Shepherd</autor>
10:   </gegenstand>
11:
12:   <gegenstand>
13:     <beschreibung>ein grossartiges Gemaelde</beschreibung>
14:     <titel>Bermuda Longtails</titel>
15:     <kuenstler>E. Anthony</kuenstler>
16:   </gegenstand>
17:
18: </auflistung>
```

Potenzielle Namenskonflikte gibt es in diesem Beispiel bei gegenstand, das zu den Datenklassen *Bücher* und *Kunst* gehört. Mit anderen Worten, ein gegenstand Buch bedeutet etwas anderes als ein gegenstand Kunst. beschreibung ist bei Büchern anders als bei Kunstwerken; beide gehören zu verschiedenen Datenklassen. Das Element titel bei beiden Typen von Gegenständen ist ein anderer Problemfaktor. Diese kollidierenden Elementtyp-Namen sind problematisch, weil eine Anwendung, die diese Daten verwendet, bei den Elementen gegenstand, beschreibung und titel nicht differenzieren kann. Sie werden sehen, wie man diese Konflikte durch die Deklaration von Namensräumen auflösen kann.

Namenskonflikte mit Namensraum-Deklarationen verhindern

Ein XML-Namensraum ist ein Bezeichner, der eindeutig auf eine Auflistung von Namen verweist, die in einem XML-Dokument als Elementtyp-Namen oder als Attributs-Namen verwendet werden können. Wenn man für eine bestimmte Datenklasse einen Namensraum festlegt, informiert man dadurch die XML-Anwendung, dass ein bestimmtes Element oder Attribut zu dem spezifizierten Namensraum oder dem Satz von Namen *gehört*, der diese Datenklasse kennzeichnet.

Im Endeffekt dient ein Namensraum dazu, Elementtyp-Namen und Attributs-Namen im Web oder einem anderen öffentlichen System eindeutig zu qualifizieren und Namenskonflikte bei Elementen gleichen Namens zu verhindern. Im Beispiel zur Konferenzplanung, das Sie vorhin untersucht haben, können Sie einen Namensraum *komitee* festlegen, der den chair-Elementtyp enthält, der den *Komiteevorstand* betrifft, und einen Namensraum

Wozu braucht man Namensräume?

sitzordnung, der den `chair`-Elementtyp einschließt, der die Sitzplätze am Konferenztisch identifiziert. Sie werden diese Namensräume später erzeugen, aber zunächst erhalten Sie die Gelegenheit, die Syntax und die Bestandteile, die eine Namensraum-Deklaration ausmachen, kennen zu lernen.

Die Syntax der XML-Namensraum-Deklaration

Sie haben in den vergangenen Tagen verschiedene Beispiele für eine XML-Namensraum-Deklaration kennen gelernt. Sie können sich diese Namensräume noch einmal ansehen, ebenso wie später die anderen, die Sie auf der Grundlage der Standardsyntax für die XML-Namensraum-Deklaration erzeugen werden. Ein XML-Namensraum beginnt mit einem reservierten Schlüsselwort für ein Attribut (`xmlns`), dem optional ein Doppelpunkt und ein Präfix folgen. Doppelpunkt und Präfix dienen später in der XML-Instanz als Proxy für Elementtyp- und Attributs-Namen, die in den Namensraum eingebunden sind, der durch den Attributswert in Form einer URI-Darstellung qualifiziert wird. Die beiden für einen XML-Namensraum typischen Formen enthalten eine einfache Deklarationsform, wie

`xmlns="URI"`.

Es folgt ein Beispiel für eine einfache Deklaration mit einer imaginären URI:

`xmlns="http://shepherdnamensraum.com/XML"`

Wenn Sie einer XML-Instanz mit einem bestimmten Namensraum mehrere Elemente zuweisen wollen, ist es sinnvoll, eine Deklaration wie die folgende zu verwenden, die ein Präfix enthält, das als Proxy für diesen Namensraum dienen kann:

`xmlns:praefix="URI"`

Es folgt eine Namensraum-Deklaration, die ein vom Anwender definiertes Präfix und eine imaginäre URI enthält:

`xmlns:komitee="http://shepherdnamensraum.com/XML/komitee"`

Namensräume können als Standard-Namensräume deklariert werden, die zunächst die Form `xmlns="URI"` annehmen. Ein Standard-Namensraum umfasst den gesamten Bereich einer XML-Dokument-Instanz. In diesem Bereich wird ein Namensraum deklariert, der für alle Elemente dieses Bereichs gilt, und es wird kein Präfix gesetzt. Ein Standard-Namensraum umfasst alle Elementtypen und Attribute, die nicht in den Bereich einer expliziten Namensraum-Deklaration eingeschlossen sind.

Bei einer expliziten Deklaration, wie im zweiten Beispiel (`xmlns:praefix="URI"`) definiert man eine Kurzform oder ein Präfix, das den vollständigen Namen des Namensraums als Proxy-Kennzeichnung für die spätere Dokument-Instanz ersetzt. Man verwendet dieses Präfix, um alle Elementtyp-Namen oder Attributs-Namen, die zu diesem spezifischen Namensraum gehören, zu qualifizieren und nicht für den Standardsatz.

199

Namensräume bei XML

Zu Beginn der heutigen Lektion erinnerten wir Sie daran, dass es sich bei XML-Dokumenten um hierarchische Baumstrukturen handelt, die aus verschiedenen Knoten aufgebaut sind. Explizite Deklarationen sind dann nützlich, wenn ein bestimmter Dokumentknoten Elementtypen oder Attribute aus anderen Namensräumen enthält.

Die Syntax für Elementtypen oder Attribute in einer Dokument-Instanz, die zu einem expliziten Namensraum gehören, schließen das kennzeichnende Präfix ein, dem ein Doppelpunkt sowie der Elementtyp- oder Attributs-Name folgen, wie in:

```
praefix:element
praefix:attribut
```

Beispiel:

```
<komitee:vorstand>Kathy</komitee:vorstand>
<dateiname komitee:Listing="8.1">komitee.xml</dateiname>
```

In dem gezeigten Beispiel haben der Elementtyp `vorstand` und das Attribut `listing` ein Präfix `code`, mit dem angezeigt wird, dass sie zum Namensraum `http://shepherdnamensraum.com/XML/komitee` gehören. Vergessen Sie nicht, dass diese URI nur eine Kennzeichnung zur Identifikation einer bestimmten Ansammlung von Elementen und Attributen ist, auch wenn sie wie eine Webadresse aussieht. Die Anwendung versucht nicht, eine Verbindung zu `shepherdnamensraum.com` herzustellen.

Das Präfix dient als Abkürzung, um es dem Dokumentautor zu ersparen, für jeden Elementtyp und jedes Attribut den kompletten Namensraum explizit deklarieren zu müssen, zu dem sie gehören. Das vollständig qualifizierte Element und Attribut, das ein XML-Parser so auflöst, dass er es zu einer vollständigen Namensraum-Deklaration erweitert, würde so aussehen:

```
<name xmlns="http://shepherdnamensraum.com /XML/komitee">
            Ein einfaches XML-Dokument,
            das eine Komiteestruktur anzeigt</name>
<dateiname code:Listing="8.1"
    xmlns:code="http://shepherdnamensraum.com /XML/komitee">
            komitee.xml</dateiname>
```

Wie man XML-Namensräume eindeutig identifiziert

Eine URI für einen XML-Namensraum dient bloß als eindeutige Kennzeichnung für die Auflistung von Elementen und Attributen, die sie identifiziert. Es sollte Ihnen klar sein, dass die URI nur eine Reihe von Zeichen ist, die zur Unterscheidung von Namen verwendet werden.

Wozu braucht man Namensräume?

Eine URI, die in einem XML-Namensraum verwendet wird, ist nur eine Kennzeichnung oder ein Zeichenstring, der den Namensraum eindeutig identifiziert. Worauf eine URI zeigt – wenn überhaupt –, macht keinen Unterschied. Eine URI dient lediglich dazu, der Auflistung von Elementtyp-Namen und Attributs-Namen, die sie charakterisiert, eine eindeutige Bezeichnung zu geben.

Manche Leser verwirrt es, dass bestimmte URI-Zeichenströme, die in manchen XML-Technologien verwendet werden, eine bekannte Form haben. Einige URIs schließen zum Beispiel URLs mit ein. Sie werden sich erinnern, dass die URI, die wir am 6. Tag verwendet haben, um ein XML Schema Definiton (XSD)-Schema für den XML-Parser zu identifizieren, im Wurzelelement des Schemas deklariert wird und immer folgende Form annimmt:

`xmlns:xsd="http://www.w3.org/2000/10/XMLSchema"`

Das sieht sicherlich so aus, als wäre der Attributswert `xmlns:xsd` eine URL. Versuchen Sie einmal, den URL-Teil dieses Strings in einen Webbrowser einzugeben, um zu sehen, was dabei herauskommt. Wenn Sie diese Website mit dem Microsoft Internet Explorer 5.0 oder höher betrachten, erhalten Sie eine umgewandelte Ansicht des XML-Schemas, das zur Validierung eines XSD-Schemas benutzt wird. Mit anderen Worten, das W3C hat vorhergesehen, dass die Leute – vielleicht nur aus Neugier – versuchen würden, diese URL, die Teil des XSD-Namensraums ist, aufzulösen, und hat an der Stelle dieser URL ein XML-Dokument abgelegt.

Legen Sie zu Grunde, was Sie bisher gelernt haben: Glauben Sie, dass ein XML-Parser diese URL auflöst, wenn er eine Validierung nach den Beschränkungen durchführt, die in einem XSD-Schema programmiert wurden? Anders gesagt, es stellt sich die Frage, ob der XML-Parser das Schema herunterlädt, das Sie unter `http://www.w3.org/2000/10/XMLSchema` gesehen haben, wenn er Ihr XML-Dokument validiert? Die Antwort ist in beiden Fällen »Nein«! Denken Sie daran, dass ein Namensraum nur eine Kennzeichnung ist. Die URI ist einfach ein eindeutiges Kennzeichen. Wenn die URI nun eine URL enthält, löst ein XML-Parser diese Webadresse nicht auf, wenn der Namensraum deklariert wird.

Warum sollte man aber eine URL verwenden, um einen Namensraum zu identifizieren? Es ist so, dass eine URL im gesamten Internet weltweit einzigartig ist. Wenn Sie einen Host- oder Domain-Namen registrieren, machen Sie ihn sich unter gegenwärtig etwa 450 Millionen aktueller Domain-Namen (Schätzung laut *Internic News*, Network Solutions, Inc., 2001) zu eigen. Die Internic, ein Dienst für die Domain-Registrierung, erlaubt in einer URL derzeit die Registrierung von Domain-Namen mit bis zu 22 Zeichen vor dem »Punkt«. Diese Zeichen umfassen eine beliebige Kombination aus englischen alphanumerischen Zeichen sowie dem Minuszeichen oder Gedankenstrich, wenn dieser nicht das erste Zeichen im String ist. Für Mathematikliebhaber: die gesamte mögliche Auswahl einzigartiger Namen für URL-Adressen vor dem Punkt sind somit 37 Zeichen an 22 verschiedenen Positionen permutiert, was einer Summe von 3.17×10 hoch 34 oder 31.700.000.000.000.000.000.000.000.000.000.000 verschiedenen Möglichkeiten entspricht.

Namensräume bei XML

Wenn Sie an Ihre eigene einmalige Domain-Adresse Informationen anhängen, können Sie also ganz sicher sein, dass Sie eine einmalige Kennzeichnung für Ihren Namensraum erzeugen. Das ist genau der Gedanke, den das W3C verfolgte, um einen eindeutigen Namensraum für das XMD-Schema, das Sie am 6. Tag bei Ihren Übungen deklariert haben, zu erstellen.

Eine URI kann statt mit einer URL auch in Form eines Uniform Resource Name (URN) erzeugt werden. Am 5. Tag haben Sie gelernt, wie man mit der Sprache XML-Data Reduced (XDR) von Microsoft Schemata erzeugt. Sie erinnern sich vielleicht daran, dass Sie zwei Namensräume im Wurzelelement jedes XDR-Schemas, das Sie geschrieben haben, deklarierten. Diese Namensräume waren URNs, keine URLs; es handelte sich nicht um einen Uniform Resource Locator, der der Syntax einer Webadresse folgt. Per Definition ist ein URN jede URI, die etwas anderes als eine URL ist. Das mag wie eine übermäßig vereinfachte Definition aussehen, ist aber hilfreich bei der Unterscheidung von URNs und URLs. Bei den XDR-Schemata enthielten die Namensräume, die Sie programmierten, die folgenden URNs:

```
xmlns="urn:schemas-microsoft-com:xml-data"
xmlns:dt="urn:schemas-microsoft-com:datatypes"
```

Die erste Deklaration legte den Namensraum fest, der dem gesamten XDR-Dokument zugehörig ist und auch Standard-Namensraum genannt wird. Sie werden später mehr über Standard-Namensräume erfahren. Sie erinnern sich vielleicht, dass in der zweiten Deklaration ein Präfix identifiziert wurde, das als Proxy für den Datentyp-Namensraum dient, mit dem die Datentyp-Attribute, die bei XDR als Validierbeschränkungen eingesetzt werden, identifiziert werden. In der späteren XDR-Instanz konnten Sie `dt:type`-Attribute einsetzen, die Bedingungen für die Gültigkeit von Datentypen bei einem Element oder Attribut stellten. In dem Beispiel

```
<AttributeType name="kauf_datum" dt:type="date" required="ja"/>
```

etwa ist das Attribut `kauf_datum` für ein bestimmtes Element nur gültig, wenn der Wert für dieses Attribut als Datenstring ausgedrückt wird, der der vorgeschriebenen Datentyp-Syntax entspricht. Hier ist der einzige Name, der zum Namensraum für den Datentyp gehört, das Attribut `type`, das als `dt:type` eingegeben wurde. Das `AttributeType`-Element und die Attribute `name` und `required` gehören zum Standard-Namensraum `urn:schemas-microsoft-com: xml-data`.

Es gibt eine Gruppe, die als Internet Engineering Task Force (IETF) bekannt ist und die, angeregt von einer anfänglichen Äußerung von R. Moats von AT&T im Mai 1997, an einer vordefinierten Syntax für URNs arbeitet. Diese Syntax wird Internet-Protokollnamen für die Auflösung bereitstellen, die eine größere Beständigkeit haben als die gegenwärtig im Internet vorkommenden Host- und Domain-Namen, die URLs verwenden. Wenn der Ansatz der IETF erfolgreich ist, sind Uniform Resource Names am Ende vielleicht URI-Schemata, die mit der Zeit den URLs gegenüber verlässlicher sein werden, was ihre Authentizität, ihre Replikation und ihre Verfügbarkeit angeht.

Die Namensraum-Deklaration: Von der Theorie zur Praxis

Ein Dokumentautor kann buchstäblich jeden Namen für einen Namensraum verwenden außer dem reservierten Namensraum `xml`, der intellektuelles Eigentum des W3C ist.

Wie verwenden Anwendungen Namensräume?

In den heute besprochenen Beispielen bieten die Namensräume für XSD und XDR wichtige Informationen für die XML-Anwendungen, die sie erkennen. Die Verwendung dieser vorgeschriebenen Namensräume ist keine bloße Konvention; Anwendungen, die XML-Dokument-Instanzen validieren, machen sie erforderlich. Auch wenn ein XML-Parser eine URL nicht auflöst, indem er die Beschränkungen für ein XSD-Schema validiert, erfordert er doch, dass dieser besondere Namensraum vorhanden ist. Trifft der Parser auf einen genau festgelegten Namensraum, kann er die XSD-Syntaxregeln anwenden, die der Anwendung eingebaut sind. Das gilt auch für andere XML-Anwendungen. Ein Namensraum ist nur eine Kennzeichnung wie ein Flag in anderen Computersprachen. Dieser Flag weist die Anwendung an, Elementtypen und Attribute, die zu der Auflistung gehören, die diese Kennzeichnung benennt, auf eine bestimmte Weise zu verarbeiten. Die Regeln zur Verarbeitung der Elementtypen und Attribute sind der Anwendung schon eingebaut, bevor sie das XML-Dokument parst.

8.2 Die Namensraum-Deklaration: Von der Theorie zur Praxis

Sie kennen jetzt die Syntax und die Theorie, die hinter Namensraum-Deklarationen stehen. Öffnen Sie also nun einen Texteditor und erzeugen Sie explizite Namensräume, um die Namenskonflikte aus den vorherigen Beispielen aufzulösen.

Fangen wir mit dem Beispiel des Konferenzplans für ein Komitee an. Deklarieren Sie explizite Namensräume für die Elementtypen aus dem `komitee.xml`-Markup und für diejenigen, die aus dem Quelldokument `sitzordnung.xml` stammen. Erstellen Sie für die Elementtypen aus dem Komitee-Dokument einen Namensraum, der das Präfix `kmte` hat, und verwenden Sie folgende URI:

`http://shepherdnamensraum.com/XML/komitee`

Vergessen Sie nicht, dass es ohne Belang ist, ob diese URI auf eine tatsächliche Website verweist, auch wenn sie wie eine gültige URL aussieht. Die URI ist nur eine intern vom XML-Prozessor verwendete Kennzeichnung. Bestimmen Sie nun für die Elementtypen zum Sitzplan einen Namensraum mit dem Präfix `sitz`, der eine URN einschließt:

`urn:XML_in_21_Tagen:sitzplan`

Namensräume bei XML

Speichern Sie Ihr Ergebnis in der revidierten Konferenz-Datei als konferenz02.xml, wenn Sie fertig sind. Sie sollten ein Resultat erhalten, das aussieht wie der Code in Listing 8.5.

Listing 8.5: Ein XML-Konferenz-Dokument mit Namensraum-Deklarationen – konferenz02.xml

```
 1: <?xml version="1.0"?>
 2: <!-- Listing 8.5 - konferenz02.xml -->
 3:
 4: <konferenz
    xmlns:kmte="http://shepherdnamensraum.com/XML/komittee"
 5:    xmlns:sitz="urn:XML_in_21_Tagen:sitzordnung">
 6: <kmte:chair>Kathy</kmte:chair>
 7:    <sitz:chair>tischende</sitz:chair>
 8: <kmte:mitglied>Merrenna</kmte:mitglied>
 9:    <sitz:chair>erster links</sitz:chair>
10: <kmte:mitglied>Doug</kmte:mitglied>
11:    <sitz:chair>zweiter links</sitz:chair>
12: <kmte:mitglied>Greg</kmte:mitglied>
13:    <sitz:chair>erster rechts</sitz:chair>
14: <kmte:mitglied>Kristen</kmte:mitglied>
15:    <sitz:chair>zweiter rechts</sitz:chair>
16: </konferenz>
```

Die XML-Namensräume, die Sie erzeugt haben, werden als Werte der xmlns-Attribute im Wurzelelement konferenz deklariert. Der Namensraum Komitee, http://shepherdnamensraum.com/XML/komitee, zeigt ein Präfix kmte, das jedem Namen der Elementtypen in den Start- und Schluss-Tags der Elemente angefügt wird, die zu diesem Namensraum gehören. Diese sehen Sie in den Zeilen 6, 8, 10, 12 und 14.

    5:    xmlns:sitz="urn:XML_in_21_Tagen:sitzordnung">,

schließt die Namensraum-Deklaration für die Elementtypen ein, die aus dem Quelldokument sitzordnung.xml stammen. Das Präfix sitz wird jedem der chair-Elemente angefügt, die zum sitz-Namensraum gehören. Diese Elemente stehen in den Zeilen 7, 9, 11, 13 und 15.

Führen Sie nun den gleichen Prozess für das XML-Dokument zur Auflistung der Bürogegenstände durch, das in Listing 8.4 gezeigt wurde. Sie erinnern sich bestimmt, dass es Elementtypen aus zwei Datenklassen enthielt: einen mit dem Merkmal Bücher und einen mit dem Merkmal Kunstwerke. Erzeugen Sie mit einem Texteditor ein neues Dokument, auflistung02.xml, das einen Standard-Namensraum für die Bücher-Elemente mit der URI http://www.devan.org/buecher enthält, sowie einen expliziten Namensraum mit dem Prä-

Die Namensraum-Deklaration: Von der Theorie zur Praxis

fix kunst, der die URI urn:meinedinge:kunstwerke einschließt. Wenn Sie damit fertig sind, vergleichen Sie Ihr Resultat mit dem Beispiel in Listing 8.6.

Listing 8.6: Das Auflistungs-Dokument mit XML-Namensraum-Deklarationen – auflistung02.xml

```
 1: <?xml version="1.0"?>
 2: <!-- Listing 8.6 - auflistung02.xml -->
 3:
 4: <auflistung xmlns="http://www.devan.org/buecher"
 5:         xmlns:kunst="urn:meinedinge:kunstwerke">
 6:
 7: <gegenstand nummer="1">
 8:    <beschreibung>ein XML-Buch</beschreibung>
 9:    <titel>M + T, XML in 21 Tagen, Zweite Ausgabe</titel>
10:    <autor>Devan Shepherd</autor>
11: </gegenstand>
12:
13: <kunst:gegenstand nummer="1">
14:    <kunst:beschreibung>ein grossartiges
        Gemaelde</kunst:beschreibung>
15:    <kunst:titel>Bermuda Longtails</kunst:titel>
16:    <kunst:kuenstler>E. Anthony</kunst:kuenstler>
17: </kunst:gegenstand>
18:
19: </auflistung>
```

Die Zeilen 4 und 5 zeigen das Wurzelelement für das XML-Dokument mit einem Standard-Namensraum (in Zeile 4) und einem expliziten Namensraum mit einem Präfix (kunst) in Zeile 5.

Da das erste gegenstand-Element (Zeilen 7-11) und seine abgeleiteten Elemente zum Standard-Namensraum gehören, wird in den Element-Tags kein Präfix eingefügt. Das zweite gegenstand-Element und seine Ableitungen dagegen gehören zum Namensraum urn:meinedinge:kunstwerke; daher schließt jedes Start- und Schluss-Tag dieser Elemente das Präfix kunst in den Elementtyp-Namen ein.

Namensräume bei XML

8.3 Ausgewählte URIs für Standard-Namensräume bei XML

Sie konnten bereits XDR- und XSD-Namensräume kennen lernen sowie einige andere. Tabelle 8.1 bietet eine Referenzliste für mehrere Standard-Namensräume bei XML, die allgemein verwendet werden. Einige davon werden wir in den nächsten Tagen verwenden.

Anwendung	Namensraum-URI
XDR-Schema	`urn:schemas-microsoft-com:xml-data`
XDR-Datentypen	`urn:schemas-microsoft-com:xml-data`
XSD-Schema	`http://www.w3.org/2000/10/XMLSchema`
XSL-Formatiervokabular	`http://www.w3.org/1999/XSL/Format`
XSLT-Umwandlungsvokabular	`http://www.w3.org/1999/XSL/Transform`
XHTML	`http://www.w3.org/1999/xhtml`

Tabelle 8.1: Ausgewählte URIs für Standard-Namensräume bei XML

8.4 Zusammenfassung

Sie haben heute gelernt, dass Namenskonflikte auftreten können, wenn Dokumente aus verschiedenen Quellen zusammengefügt werden. Dokumentautoren können ihre eigenen Elementtyp- und Attributs-Namen nach Belieben auswählen; daher können bei verschmolzenen Auszeichnungsvokabularien identische Tag-Namen vorkommen. Namensräume bieten eine Methode für Entwickler, Namenskonflikte zu vermeiden, indem sie gleich benannten Elementen verschiedener Datenklassen eine eindeutige Identität verschaffen. Jede Datenklasse kann einem spezifischen Namensraum zugewiesen werden. Auf diese Weise wird der Namensraum zu einer Ansammlung von Elementtyp- und Attributs-Namen, die diese bestimmte Datenklasse charakterisieren.

Namensräume werden mit URIs identifiziert, die URLs oder URNs einschließen können. Dokumentautoren verwenden URIs, um so weit wie möglich sicherzustellen, dass jeder Namensraum weltweit einzigartig ist. Diejenigen URIs, die URLs umfassen, werden von der XML-Anwendung nicht aufgelöst. statt dessen bieten URIs nur eine Kennzeichnung, die die Anwendung anweist, Elemente und Attribute gemäß einer bereits zu Grunde liegenden Logik auf eine bestimmte Weise zu verarbeiten.

Eine Reihe standardmäßiger Namensräume werden von bestimmten Technologien identifiziert. Einige XML-Anwendungen verlangen die Verwendung dieser spezifischen Namensräume.

8.5 Fragen und Antworten

F Was ist ein Namenskonflikt?

A Ein Namenskonflikt tritt auf, wenn zwei verschiedene Elementtypen oder Attribute, die auf zwei Datenklassen verweisen, den gleichen Namen in einem Auszeichnungsdokument haben.

F Wann kann ein Namenskonflikt auftreten?

A Namenskonflikte treten meist dann auf, wenn XML-Daten aus mehreren Quellen in einer einzigen Dokument-Instanz zusammengefügt werden. In einem solchen Fall ist es möglich, dass zwei identisch benannte Elementtypen oder Attribute auf völlig unterschiedliche Datentypen verweisen.

F Wie kann man Namenskonflikte verhindern?

A Namensräume bieten einem Entwickler einen einfachen Mechanismus, um gleichbenannte Tags eindeutig zu identifizieren und zu unterscheiden und vermeiden so mögliche Namenskonflikte.

F Wie unterscheidet sich die Syntax eines Standard-Namensraums von einem explizit definierten Namensraum, der in der gleichen Dokument-Instanz vorkommt?

A Einem Standard-Namensraum ist kein Präfix eingefügt, das als Proxy in der gesamten restlichen XML-Dokument-Instanz eingesetzt wird. Elementtyp-Namen und Attributs-Namen, die kein Präfix einschließen, gehören zum Standard-Namensraum. Ein expliziter Namensraum schließt dagegen ein Präfix mit ein, das den Elementtyp- und Attributs-Namen in den Start- und Schluss-Tags der Elemente, die zum expliziten Namensraum gehören, eingefügt wird.

F Warum muss man einen spezifischen Standard-Namensraum verwenden, um XML-Elemente zu identifizieren, die zum XSD-Schema gehören?

A Der spezifische Namensraum (http://www.w3.org/2000/10/XMLSchema) wird von allen XML-Anwendungen und Parsern erkannt, denen die Syntaxregeln für XSD eingebaut sind. Der spezifische Namensraum ist eigentlich der einzige, mit dem man Elemente und Attribute von XML-Dokumenten als Teil der XSD-Sammlung identifizieren kann; deshalb gibt es keine andere Möglichkeit, einen Parser zu veranlassen, das XML-Instanzdokument mit den in XSD programmierten Beschränkungen zu validieren.

8.6 Übung

Die Übung soll Ihre Kenntnisse dessen, was Sie heute gelernt haben, überprüfen. Die Lösungen finden Sie in Anhang A.

In der ersten Woche haben Sie eine wohl geformte XML-Instanz erzeugt, um eine CD-Sammlung auszuzeichnen. Später haben Sie dieses Dokument mit DTDs, den XDR- und XSD-Schemata validiert und ihm einige Entities angefügt. Heute fügen Sie Ihrer Music Collection Markup Language (MCML) eine neue Datenklasse hinzu. Die neue Datenklasse verwenden Sie, um Datenverzeichnisse auszuzeichnen, bei denen es sich um Vinyl-LPs handelt, nicht um CDs.

Folgen Sie diesen Schritten:

1. Fügen Sie MCML ein Datenverzeichnis für die LP *King of Blue* von *Miles Davis* hinzu. Die LP enthält elf Tracks.

2. Programmieren Sie das Resultat so, dass die neue Datenklasse zu einem Namensraum mit der URI `urn:meineoldies:LPs` gehört.

3. Deklarieren Sie das Präfix `vinyl` und verwenden Sie es entsprechend in der MCML-Auszeichnung.

4. Erzeugen Sie einen neuen Elementtyp, um LPs auszuzeichnen, damit die Daten nicht in dem Containerelement für die CDs gespeichert werden müssen.

Die XML Path Language (XPath)

Die XML Path Language (XPath)

Sie haben gesehen, dass XML ein effizientes und effektives Mittel zur Beschreibung hoch strukturierter Daten mit sich selbst beschreibenden Tags darstellt. Der Wert der Kenntnisse, die wegen dieser vom Autor verfassten Datenbeschreibungen gespeichert werden, erhöht auch den Wert der Struktur. XML selbst stellt jedoch kein Mittel zur Verfügung, wie man spezifische Teilmengen der Daten lokalisieren kann, die in einem Dokument gespeichert sind. Die XML Path Language liefert syntaktische Ausdrücke, mit denen spezifische Datenteile, die in einer Dokument-Instanz gespeichert wurden, lokalisiert werden können. In der heutigen Lektion erfahren Sie Folgendes:

- Die Bedeutung der Sprache XPath zur Lokalisierung spezifischer Datenkomponenten innerhalb einer XML-Struktur.
- Die Grundlagen der Syntax und der Verwendung von XPath.
- Wie man die sieben Knotentypen ortet, die XPath ausgibt.
- Die Grundlagen der relativen XPath-Navigation mit Standortpfaden.
- Die Verwendung ausgewählter Operatoren und Funktionen.

9.1 Was ist XPath?

Die XML Path Language (XPath) stellt Ihnen eine Methode zur Verfügung, mit der man spezifische Knoten in einem XML-Dokumentbaum lokalisiert. Anders als XML ist XPath keine Struktursprache. Statt dessen handelt es sich um eine Sprache aus Ausdrücken auf der Grundlage von Strings, die von anderen XML-Technologien verwendet wird, um spezifische Knoten in einer XML-Struktur zu orten und anzusteuern. Das W3C empfiehlt die XPath-Version 1.0.

XPath wurde entwickelt, um mit der Extensible Stylesheet Language Transformations (XSLT) zu arbeiten, die XML-Dokumente in andere Formen verwandelt – etwa in andere XML-Dokumente oder in HTML – und mit der XML Pointer Language (XPointer), die eine Methode anbietet, auf bestimmte Informationen in einem XML-Dokument zu »zeigen«. Tatsächlich stellte das W3C während der Entwicklung von XSLT immer wieder signifikante Überschneidungen fest zwischen den Ausdruckssequenzen, die gestaltet wurden und denen, die für XPointer beschrieben worden waren. Das W3C führte die Mitglieder beider Gruppen zusammen, um eine getrennte, aber einmalige, Ausdruckssprache ohne Überschneidungen zu entwickeln, die von beiden Technologien genutzt werden kann. XPath wurde am 16. November 1999 veröffentlicht, am gleichen Tag wie XSLT. Mehr zur Rolle von XPath bei XSLT erfahren Sie am 16. Tag, wenn Sie Ihre eigenen Transformationen von XML zu HTML durchführen. XPointer wird am 11. Tag detailliert beschrieben.

Wie die Knoten im XML-Dokumentbaum dargelegt werden

XPath dient als Sub-Sprache für XSLT und XPointer. Ein XPath-Ausdruck kann bei der Stringmanipulation, bei numerischen Berechnungen und bei der Booleschen Logik verwendet werden. Hauptzweck von XPath und der Funktion, der es seinen Namen verdankt, ist jedoch, sich unter Verwendung einer Pfadnotation, ähnlich den Notationen, mit denen URLs aufgelöst werden und die durch die Dokumenthierarchie navigieren müssen, an Teile eines XML-Dokuments zu richten. XPath setzt sich aus einfachen Ausdrücken zusammen, analog zu den regulären Ausdrücken bei anderen Sprachen. Die Ausdrücke sind durch Pfadsymbole, Knotennamen und reservierte Wörter in einem kompakten String gekennzeichnet, der in einer anderen Syntax geschrieben wird als XML. XPath hat die Funktion, Teilkomponenten eines XML-Dokuments zu lokalisieren, aber es arbeitet auf der Grundlage abstrakter logischer Strukturen in der Instanz, nicht auf Syntaxgrundlage. Was das bedeutet, werden Sie feststellen, wenn Sie später ein XML-Dokument mit XPath-Ausdrücken untersuchen.

9.2 Wie die Knoten im XML-Dokumentbaum dargelegt werden

Wie Sie wissen, kann man Daten, die in einem XML-Dokument abgelegt sind, als hierarchische Baumstruktur aus einzelnen Knoten darstellen. Einige dieser Knoten können andere Knoten enthalten. Ein Element kann zum Beispiel andere Elemente enthalten. Elemente können auch Zeichendaten enthalten; wenn sie dies aber tun, repräsentieren diese Zeichendaten einen eigenen abgeleiteten Knoten. Der Zugriff auf die Daten, die in einem Knoten enthalten sind, erfordert, dass Sie die Struktur durchqueren, bis Sie zum abgeleiteten Textknoten des Elementknotens kommen. Sie kennen bereits Element- und Attributsknoten und wissen, dass es in einer XML-Dokument-Instanz auch Knoten für Kommentare gibt. XPath kennt sieben Knotentypen. Wenn man mit XPath arbeitet, erhält man eine strukturierte, leicht zu durchsuchende Hierarchie aus Knoten in einer Dokument-Instanz. Noch einmal: Das prinzipielle Konzept, das hinter XPath steht, ist die Durchquerung eines XML-Dokuments bis zur Ankunft an einem bestimmten Knoten. Die Durchquerung erfolgt unter Verwendung von Ausdrücken, die nach den Syntaxregeln von XPath aufgebaut sind. Werden XPath-Ausdrücke ausgewertet, kommt ein Datenobjekt heraus, das als eines der folgenden charakterisiert werden kann:

- **Knoten** – Es wird ein einzelner ausgewählter Knoten lokalisiert.
- **Knotensatz** – Es werden mehrere Knoten ausgewählt, die bestimmte Beziehungsmerkmale teilen.
- **Boolesches Objekt** – Der Ausdruck gibt entweder true oder false zurück.

- **String** – Die Auflösung des Ausdrucks ergibt einen String auf der Grundlage des Inhalts eines oder mehrerer Knoten im durchquerten Pfad.

- **Zahl** – Eine Berechnung, die während der Auswertung des XPath-Ausdrucks stattfindet, kann eine Fließkommazahl ergeben.

Die sieben Dokumentknoten bei XPath

Der Knotenbaum, den XPath erzeugt, ähnelt der Baumstruktur, die das Document Object Model (DOM) ausmacht. Das DOM stellt Ihnen eine Applikationsprogrammier-Schnittstelle (API) zur Verfügung, mit der Sie auf exponierte Knoten in einem Dokumentbaum unter programmatischer Steuerung zugreifen, sie abfragen modifizieren oder neue Knoten hinzufügen können. Zum DOM kommen wir am 12. Tag.

XPath kennt die folgenden sieben Knotentypen: Wurzel, Element, Attribut, Kommentar, Text, Verarbeitungsanweisung und Namensraum. Der XPath-Baum hat nur einen Wurzelknoten, der alle anderen Knoten im Baum enthält. Verwechseln Sie den Wurzelknoten nicht mit dem Wurzelelement eines XML-Dokuments. Der Wurzelknoten enthält alle anderen Knoten einschließlich des Wurzelelements, alle anderen Elemente, alle Verarbeitungsanweisungen, Namensräume, Kommentare oder Text für die ganze Dokument-Instanz.

Der Wurzelknoten in einem XPath-Baum ist nicht das Gleiche wie das Wurzelelement in einer XML-Dokument-Instanz. Der Wurzelknoten enthält das Wurzelelement, alle anderen Elementknoten, Attributs- und Kommentarknoten sowie die Knoten für Text, Verarbeitungsanweisungen und Namensräume.

Die Beziehungen der Knoten

Wie bereits erwähnt, dient der Wurzelknoten als Container für die gesamten übrigen Knoteninhalte in einer XML-Dokument-Instanz. Der Wurzelknoten und die Elementknoten enthalten geordnete Reihen abgeleiteter Knoten. Jeder Knoten außer dem Wurzelknoten hat einen Stammknoten. Stammknoten können von null bis hin zu vielen abgeleiteten Knoten und Abkömmlingen (also Ableitungen der Ableitung) haben. Interessanterweise können nur die Knoten der Elemente, Kommentare, Verarbeitungsanweisungen und für Text abgeleitet sein. Sie erinnern sich, dass ein Attribut einem Adjektiv entspricht; ein Attribut modifiziert ein Element, das dem Substantiv in einer Sprache entspricht. Ein Attribut ist keine Ableitung von einem Element; es stellt einfach zusätzliche Informationen über das Element bereit. Ein Attribut ist einem Element zugeordnet, aber es ist kein abgeleitetes Konstrukt dieses Elements. Auch wenn das verwirrend erscheinen mag, Tatsache ist, dass ein Attribut zwar einen Stamm haben kann, aber nicht die Ableitung von diesem

Eine Untersuchung der Knoten einer XML-Dokument-Instanz

Stamm ist. Ein Stamm enthält seine Ableitungen. Wie Sie am 2. Tag gesehen haben, kann sogar ein leeres Element, das keinen Inhalt hat, zugeordnete Attribute haben. Ein Attribut wird nicht als Inhalt eines Elements betrachtet. Mit der gleichen Logik gilt, dass ein Namensraumknoten einen Stamm haben kann, aber nicht die Ableitung dieses Stamms ist. Ein Namensraum stellt nur zusätzliche Informationen über den Stamm bereit; er beschreibt den Namensraum, in den der Stamm eingebunden ist. Der Namensraumknoten ist eigentlich eine spezialisierte Instanz des Attributsknotens.

Attributs- und Namensraumknoten haben Stammknoten, sind aber selbst in XPath keine abgeleiteten Knoten dieses Stamms. Attributs- und Namensraumknoten stellen Informationen bereit oder modifizieren ihre Stammknoten, aber sie sind nicht Inhalt ihrer Stammknoten. Ein abgeleiteter Knoten muss in einem Stammknoten enthalten sein.

9.3 Eine Untersuchung der Knoten einer XML-Dokument-Instanz

Um die einzelnen Teile eines Knotenbaums bei XPath besser zu verstehen, werden wir Ihnen ein XML-Dokument mit einem Diagramm der XPathknoten zeigen, die dem Dokument entsprechen. Sie werden eine Version des Dokuments sehen, das Sie an früheren Tagen manipuliert haben, zunächst in seiner XML-Version und dann als Knotenbaum, der mit XPath-Ausdrücken durchsucht werden kann. Listing 9.1 zeigt das XML-Nachrichtendokument nachricht01_9.xml, das Sie bereits verwendet haben. Um alle sieben XPathknoten darzustellen, schließt das Dokument jetzt eine Verarbeitungsanweisung und Kommentare ein.

Listing 9.1: Ein XML-Dokument, das alle sieben XPathknotenformen einschließt – nachricht01_9.xml

```
 1: <?xml version="1.0"?>
 2: <!-- Listing 9.1 - nachricht01_9.xml -->
 3:
 4: <notiz xmlns="urn:STY_XML_in_21Tagen:XPath">
 5:
 6:    <?Nachrichtprozessor befehl = "NachrichtAufnehmen" ?>
 7:    <!--Dies ist ein Beispiel fuer eine Verarbeitungsanweisung -->
 8:
 9:    <nachricht typ="telefon nachricht">
10:       Denke daran, auf dem Nachhauseweg von der Arbeit Milch zu kaufen
11:       <status>dringend</status>
```

213

```
12:     </nachricht>
13: </notiz>
```

Diese relativ einfache Dokument-Instanz hat ein Wurzelelement `notiz`, das in Zeile 4 einen Namensraum mit der URI `run:STY_XML_in_21Tagen:XPath` einschließt. Zeile 6,

```
6:      <?Nachrichtprozessor befehl = "NachrichtAufnehmen" ?>,
```

stellt eine Verarbeitungsanweisung dar. Am 14. Tag werden Sie Verarbeitungsanweisungen verwenden, mit denen Sie XML-Dokument-Instanzen mit Cascading Stylesheets (CSS) verknüpfen, um die Ausgabe auf Clientseite zu formatieren. Am 15. Tag werden Sie mit ähnlichen Verarbeitungsanweisungen für den gleichen Zweck ein Extensible Stylesheet Language (XSL)-Stylesheet mit XML-Dokumenten verbinden. Verarbeitungsanweisungen sind speziell an die Anwendung gerichtet, die das XML-Dokument parst. Das Beispiel in Zeile 6 kann einen `NachrichtProzessor` erzeugen, der die Nachrichtendaten, die diese XML-Dokument-Instanz bereitstellt, bearbeitet.

Die Zeilen 2 und 7 sind Kommentare. Beachten Sie, dass der Kommentar in Zeile 2 vor dem Wurzelelement der XML-Instanz auftritt, während der Kommentar in Zeile 7 sich innerhalb des `notiz`-Elements befindet. Da der Wurzelknoten außerhalb des Wurzelelements liegt, kann XPath den Kommentar in Zeile 2 genauso leicht lokalisieren wie den in Zeile 7.

Die XML-Deklaration in Zeile 1 ist nicht in einem Dokumentknoten enthalten. Sie haben vielleicht angenommen, dass es sich um eine Verarbeitungsanweisung handelt, aber technisch gesehen ist das nicht der Fall und XPath hat keinen Ausdruck, um diese Information zu lokalisieren.

Der Rest der Knoten in diesem Dokument umfasst Element- und Attributsknoten, die XPath leicht lokalisieren kann.

Um den Knotenbaum, der aus XPath resultiert, besser zu verstehen, betrachten Sie Abbildung 9.1. Ein solcher Baum zeigt jeden Knotentyp mit dem Inhalt der Knoten. Die Kästchen stehen für die Knotentypen, die XPath kennt, sowie für den Knoteninhalt. Die Zeilen zwischen jedem Kästchen zeigen die Beziehungen der Knoten untereinander. Sie sollten die Knotenkästchen in Abbildung 9.1 auf die eigentlichen Knoten in Listing 9.1, die sie repräsentieren, zurück projizieren können. Gehen Sie das Diagramm Knoten für Knoten durch und lesen Sie dazu die angefügte Beschreibung.

Man kann sehen, dass der Wurzelknoten alle anderen Knoten im XPath-Baum enthält. Die XML-Deklaration aus Zeile 1 beim Listing 9.1 ist in dem Diagramm nicht eingeschlossen, weil es im resultierenden XPath-Baum dafür keine Darstellung gibt. Die erste Ableitung des Wurzelknotens ist der Kommentarknoten, der in der Dokument-Instanz vor dem Wurzelelement `notiz` auftritt. Als Nächstes kommt der Elementknoten für das Element `notiz`.

Eine Untersuchung der Knoten einer XML-Dokument-Instanz

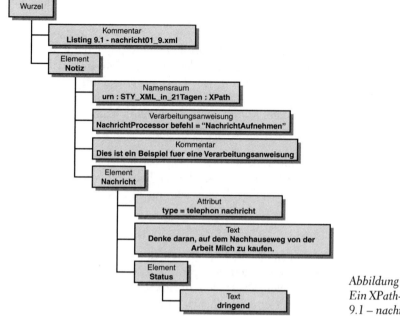

Abbildung 9.1:
Ein XPath-Baum für Listing
9.1 – nachricht01_9.xml

Die Zeilen, die aus dem Kästchen für das notiz-Element stammen, enden dort, wo der Namensraumknoten, der Knoten für die Verarbeitungsanweisung, der Kommentarknoten und der Knoten des Elements nachricht einsetzen. XPath betrachtet jeden davon in seiner Beziehung zum Elementknoten. Der Namensraumknoten urn:STY_XML_in_21Tagen:XPath ist keine Ableitung des Elementknotens notiz, auch wenn es sich bei diesem Knoten um den Stammknoten für den Namensraum handelt. Der Knoten für die Verarbeitungsanweisung NachrichtProzessor befehl="NachrichtAufnehmen", der Kommentarknoten und der Knoten für das Element nachricht werden als abgeleitete Knoten des Elementknotens notiz betrachtet.

Der nachricht-Knoten ist Stamm des Attributsknotens typ, auch wenn der Attributsknoten keine Ableitung dieses Stammes ist. Der nachricht-Knoten enthält einen Textknoten und den Elementknoten status als abgeleitete Elemente. Der Elementknoten status enthält einen Textknoten.

Komplexe Beziehungen zwischen Knoten

Sie haben gesehen, welche einfachen Beziehungen in der Dokument-Instanz nachricht01_9.xml zwischen den Knoten bestehen. Einige Beziehungen sind zunächst aber weniger offensichtlich. Sie sind Stamm- und Ableitungsbeziehungen durchgegangen.

Als Nächstes können Sie die Beziehungen von Vorfahren und Abkömmlingen betrachten, die XPath kennt.

Die Anordnung der Knoten in einem XPath-Baum wird durch die Reihenfolge bestimmt, in der sie im ursprünglichen Dokument der XML-Instanz angetroffen werden. Diese Reihenfolge nennt man *Dokumentanordnung*. Sie beginnt beim Wurzelknoten und schreitet den XPath-Baum weiter hinunter, parallel zur Anordnung der Elemente, Kommentare, Verarbeitungsanweisungen, Text, Attribute und Namensräume im Dokumentbaum.

Jeder Knoten in einem XPath-Baum umfasst eine Stringdarstellung, die als *Stringwert* bezeichnet wird und die XPath verwendet, um Knotenvergleiche durchzuführen. Der Stringwert eines Elements ist sein vollständiger Textinhalt plus den Text seiner Abkömmlinge. Zeile 11 von Listing 9.1,

```
11:       <status>dringend</status>,
```

schließt die Auszeichnung und den Inhalt des status-Elements ein. Betrachten Sie nun den Textknoten des status-Elements, das den Stringwert dringend hat. Der status-Elementknoten hat nur einen zugeordneten Textknoten als Abkömmling, somit ist das alles, was der Stringwert für diesen Knoten einschließt. Der status-Elementknoten und sein abgeleiteter Textknoten haben die gleichen Stringwerte.

Der Stringwert aller Elementknoten wird bestimmt, indem man die Stringwerte all seiner Textknoten-Abkömmlinge zusammenzieht.

Der Stringwert für das nachricht-Element aus Abbildung 9.1 ist verschachtelter. Er enthält den Textinhalt des Elementknotens nachricht, der wiederum seinerseits die Textknoten seiner Knoten-Abkömmlinge (status) in der Dokumentanordnung enthält – alle Knoten, die nachfolgen. Deshalb ist der Stringwert für den nachricht-Elementknoten Denke daran, auf dem Nachhauseweg von der Arbeit Milch zu kaufen dringend. Dies ist der resultierende String, der durch das Zusammenfügen der Stringwerte vom Textknoten und aller Textknoten-Abkömmlinge geformt wird. Der Stringwert des unmittelbar abgeleiteten Knotens für das nachricht-Element ist weiterhin nur Denke daran, auf dem Nachhauseweg von der Arbeit Milch zu kaufen und der Stringwert für das status-Element bleibt dringend. Der Stringwert für den nachricht-Elementknoten jedoch ist die Zusammenfügung der beiden anderen, nachfolgenden Stringwerte.

Knoten-Abkömmlinge sind alle Knoten, die einem Knoten in der Dokumentanordnung nachfolgen.

Eine Untersuchung der Knoten einer XML-Dokument-Instanz

Können Sie auf der Grundlage des Gelernten den Stringwert des Wurzelknotens für das Dokument in Listing 9.1 bestimmen? Dazu müssen Sie die Stringwerte seiner Textknoten-Abkömmlinge zusammenziehen. Es ist `Denke daran, auf dem Nachhauseweg von der Arbeit Milch zu kaufen dringend`, genau wie beim `nachricht`-Elementknoten, weil es in dieser Dokument-Instanz keine weiteren Textknoten-Abkömmlinge gibt.

Der Stringwert von Attributsknoten enthält nur den Wert des Attributs. Der Stringwert für den Attributsknoten `typ` ist daher `telefon nachricht`. Bei Kommentarknoten sind die Stringwerte der Kommentartext oder `Listing9.1-nachricht01_9.xml` für den Kommentarknoten, der zum Kommentar in Zeile 2 von Listing 9.1 gehören.

Verarbeitungsanweisungen haben Stringwerte, die die Anweisung nach dem ersten Argument umfassen. Zeile 6 von `nachricht01.xml`,

6:    `<?NachrichtProzessor befehl = "NachrichtAufnehmen" ?>`,

zeigt die Auszeichnung für eine Arbeitsanweisung. Das erste Argument dieser Anweisung ist `NachrichtProzessor`, sodass der Stringwert für den Knoten der Verarbeitungsanweisung `befehl="NachrichtAufnehmen"` ist. Dies gilt für Verarbeitungsanweisungen, die URLs enthalten, wie das bei verlinkten Stylesheets der Fall ist. Mehr zu den Stylesheets am 14. und 15. Tag.

Namensraumknoten haben als Stringwert ihre URIs. Der Stringwert für den Namensraum, der dem `notiz`-Element zugeordnet ist, ist `urn:STY_XML_in_21Tagen:XPath`.

Tabelle 9.1 fasst zusammen, was Sie über die sieben Knotentypen bei XPath gelernt haben.

Knotentyp	Beschreibung	Stringwert
Wurzel	Es gibt nur einen Wurzelknoten, der alle anderen Knoten im Dokument enthält. Es handelt sich dabei immer um den ersten Knoten, der in der Dokumentanordnung angetroffen wird.	Zusammengefügte Stringwerte aller Textknoten-Abkömmlinge in der Dokumentanordnung
Element	Elementknoten entsprechen den Elementen in XML-Dokumenten und können andere Knoten enthalten.	Zusammengefügte Stringwerte aller Textknoten-Abkömmlinge in der Dokumentanordnung
Attribut	Attributsknoten repräsentieren XML-Attribute und haben Elementknoten als Stammknoten, ohne selbst abgeleitete Elemente ihres Stammknotens zu sein.	Der Attributswert

Tabelle 9.1: Die sieben Knotentypen bei XPath

Die XML Path Language (XPath)

Knotentyp	Beschreibung	Stringwert
Namensraum	Namensraumknoten repräsentieren die XML-Namensräume und haben einen Stamm, sind aber keine abgeleiteten Elemente ihrer Stammknoten.	Die URI für den Namensraum
Verarbeitungsanweisung	Die Knoten für die Verarbeitungsanweisung repräsentieren die Verarbeitungsanweisungen bei XML.	Der Wert, der dem ersten Argument der Anweisung folgt
Text	Textknoten enthalten als Inhalt Text oder Zeichendaten der Elemente.	Die Textdaten, die im Textknoten enthalten sind.
Kommentar	Kommentarknoten enthalten den Text der Kommentare.	Der Kommentartext

Tabelle 9.1: Die sieben Knotentypen bei XPath (Forts.)

9.4 Die Benennung der XPath-Beziehungen – Sieben Achsentypen

Sie haben von abgeleiteten und Stammknoten erfahren und wissen, dass einige Knoten bei XPath Stammknoten haben, ohne abgeleitete Knoten dieser Stämme zu sein. Attributs- und Namensraumknoten zum Beispiel stellen Informationen bereit oder modifizieren ihre Stammknoten, aber sie sind kein Inhalt ihrer Stammknoten. Ein abgeleiteter Knoten muss in einem Stammknoten enthalten sein. Sie haben sich das Konzept der Stamm- und Ableitungsbeziehungen angeschaut, das auf XPath-Ausdrücke angewendet wird.

XPath kennt im Wesentlichen elf benannte Knotenbeziehungen in einem XML-Dokument. Wenn Sie XPath-Ausdrücke erstellen, geben Sie eine Adresse und einen Pfad zur Lokalisierung dieser Adresse an. Dies nennt man eine Achse, die auf relative Art durchquert werden kann. Der Prozess, von Ihrem Standort an den oder die Knoten zu gelangen, den Sie zu lokalisieren versuchen, verlangt, dass der Standortpfad zum Teil auf Grundlage dieser Achsenbeziehungen durchquert wird.

Damit Sie diese Beziehungen besser verstehen, geben wir Ihnen im folgenden Abschnitt die Gelegenheit, jede dieser Achsenbeziehungen im Einzelnen zu untersuchen. Sie werden eine Textbeschreibung zusammen mit einer Abbildung zu sehen bekommen, die die ausgewählten Knoten auf Grundlage der vorgestellten Beziehung zeigt. Die ausgewählten Knoten werden dabei diejenigen sein, die das Resultat der Auflösung eines Beziehungs-

Die Benennung der XPath-Beziehungen – Sieben Achsentypen

descriptors darstellen, bzw. das Resultat, das die Durchquerung eines bestimmten Lokalisierungspfads ergibt. Die Abbildungen zeigen einen Kontextknoten als Ausgangspunkt für die Beziehungen. Ausgehend von Ihrem aktuellen Referenzpunkt im Kontextknoten weisen Sie den Prozess an, den relativen Lokalisierungspfad zu durchqueren und Zielknoten auszuwählen, die der Beziehung entsprechen, die der XPath-Ausdruck charakterisiert. Das bedeutet, dass der gleiche relative Lokalisierungspfad an unterschiedlichen ausgewählten Knoten enden kann, wenn er ausgehend von zwei verschiedenen Kontextknoten durchquert wird. Im Verlauf der angegebenen Beispiele werden Sie eine ganze Reihe von Kombinationen zu diesem Konzept kennen lernen. Zunächst ist es jedoch wichtig klarzustellen, was die Begriffe Kontextknoten und ausgewählter Knoten bedeuten. Sehen Sie sich die XML-Dokument-Instanz in Listing 9.2 genau an.

Listing 9.2: Eine XML-Dokument-Instanz mit eingebetteten Elementtypen – auffahrt.xml

```
 1: <?xml version="1.0"?>
 2: <!-- Listing 9.2 - auffahrt.xml -->
 3:
 4: <auffahrt>
 5:     <auto>
 6:         <mfgr>Ford</mfgr>
 7:         <modell>Mustang</modell>
 8:         <farbe>rot</farbe>
 9:     </auto>
10: </auffahrt>
```

Angenommen, der Kontextknoten für einen XPath-Ausdruck, der auf diese Dokument-Instanz angewendet wird, ist der Elementknoten auto und Sie wollen seinen Stammknoten lokalisieren. Der ausgewählte Knoten, in diesem Fall der Stamm, ist dann der Elementknoten auffahrt. Wenn Sie den gleichen Kontextknoten voraussetzen (den Elementknoten auto), dann resultiert die Auswahl der abgeleiteten Knoten in der Lokalisierung der Elementknoten mfgr, modell und farbe. In jedem Fall werden die ausgewählten Knoten auf Grund ihrer relativen Zuordnung zum Kontextknoten bestimmt. Natürlich muss man den Kontextknoten im Auge behalten, wenn man Lokalisierungspfad-Ausdrücke erstellt, weil XPath sich von Natur aus relativ verhält.

Das Konzept des Selbst

Es kann sein, dass der Knoten, den Sie mit einem XPath-Ausdruck lokalisieren wollen, der Kontextknoten ist. In diesem Fall sind Kontextknoten und ausgewählter Knoten identisch. Abbildung 9.2 zeigt einen Baum, der die Knoten für ein XML-Dokument darstellt. Er ähnelt stark einigen anderen Baumstrukturen, die Sie im Verlauf Ihrer Studien bereits kennen gelernt haben. Die Knotennamen sind für den Zweck dieser Ausführungen nicht notwendig; deshalb wurden sie weggelassen. Sie können trotzdem erkennen, dass die Linien, die dort zusammenkommen, Beziehungen zwischen den Knoten anzeigen. Man sieht deutlich, dass manche untergeordnet sind, wenn sie auf einer niedrigeren Ebene der Baumstruktur auftreten. Zusätzlich ist zu sagen, dass diejenigen, die horizontal nebeneinander liegen, Geschwister sind und die gleiche Anzahl an Stammknoten auf der höheren Baumebene haben. Manche Stammknoten haben mehr als eine Ableitung.

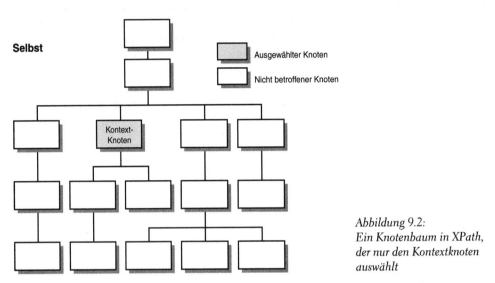

Abbildung 9.2:
Ein Knotenbaum in XPath,
der nur den Kontextknoten
auswählt

Sie sehen den Kontextknoten auf dem zweiten Ast des Knotenbaums. Gemäß der Legende oben rechts wird der ausgewählte Knoten grau angezeigt. In diesem Fall sind Kontextknoten und ausgewählter Knoten identisch. Anders gesagt, die Auswertung eines XPath-Ausdrucks, der sich selbst lokalisiert, gibt den Kontextknoten zurück. Das Konzept des Selbst ist wichtig bei XPath, weil man es mit bestimmten anderen benannten Beziehungen kombinieren kann, sodass der Kontextknoten absichtlich zusammen mit den anderen ausgewählten Knoten im resultierenden Knotensatz eingeschlossen wird. Sie werden später mehrere Beispiele dafür sehen.

Der Stammknoten

Sie haben bereits Stammknoten kennen gelernt. Sie wissen, dass sie normalerweise abgeleitete Knoten enthalten – mit Ausnahme der Attribute und Namensräume, wie bereits erwähnt. Stammknoten nehmen einen übergeordneten Platz im Knotenbaum im Verhältnis zu ihren jeweiligen abgeleiteten Knoten ein. Hinsichtlich des Kontextknotens liegt ein Stammknoten eine Generation oder Ebene höher als ein Kontextknoten im XPath-Baum;

Die Benennung der XPath-Beziehungen – Sieben Achsentypen

daher ist der ausgewählte Knoten, der aus der Auswertung eines XPath-Ausdrucks resultiert, der einen Stammknoten lokalisieren soll, ein einzelner übergeordneter Knoten. Abbildung 9.3 zeigt dies.

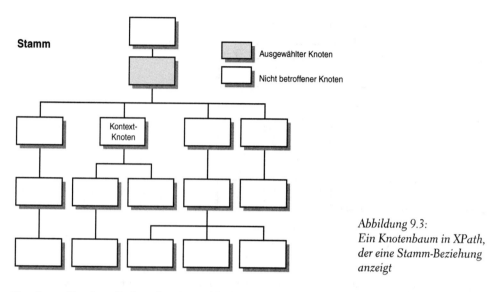

Abbildung 9.3:
Ein Knotenbaum in XPath,
der eine Stamm-Beziehung
anzeigt

Beachten Sie, dass die korrekte Auswahl, die aus einer Stamm-Beziehung resultiert, ein einziger Knoten ist. In den folgenden Beziehungen sehen Sie mitunter mehrere Knoten oder Knotensätze, die als Resultat der Auswertung eines XPath-Ausdrucks ausgewählt werden.

 Bei XPath kann ein Lokalisierungspfad-Ausdruck eine Sammlung von Knoten zurückgeben, die bestimmte Beziehungsmerkmale gemeinsam haben. Eine solche Sammlung bezeichnet man als *Knotensatz*.

Ableitungsbeziehungen

Wie bereits beschrieben, ist ein abgeleiteter Knoten im Stammknoten enthalten. Ein XPath-Ausdruck kann eine beliebige Zahl von abgeleiteten Knoten haben, aber die Ableitungen liegen immer genau eine Ebene unterhalb des Kontextknotens. Abbildung 9.4 zeigt ausgewählte abgeleitete Knoten.

Haben Sie bemerkt, dass einer der abgeleiteten Knoten einen abgeleiteten Knoten hat? Dieser untere Abkömmling wird von einem XPath-Ausdruck, der nur abgeleitete Knoten anfordert, nicht ausgewählt, weil er mehr als eine Ebene vom Kontextknoten entfernt ist. Sie werden gleich sehen, wie man auf Knotensätze verweist, die alle Abkömmlinge einschließen.

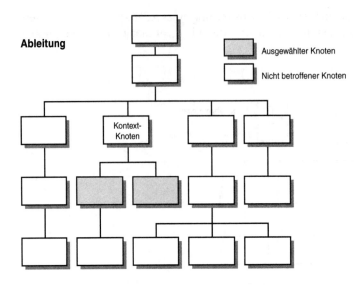

Abbildung 9.4:
Zwei abgeleitete Knoten des Kontextknotens werden ausgewählt.

Stämme und Vorfahren

Die Vorfahrenknoten umfassen sowohl den Stammknoten als auch den Stammknoten des Stamms usw., den ganzen XPath-Baum hinauf – in umgekehrter Dokumentanordnung – bis zurück zum Wurzelknoten. In Abbildung 9.5 zeigen die ausgewählten Knoten diese Vorfahren-Beziehung an.

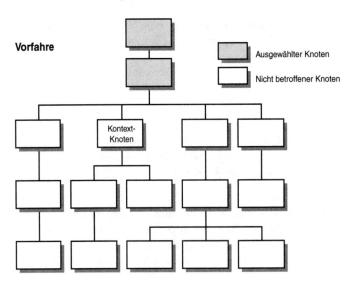

Abbildung 9.5:
Ein Knotenbaum in XPath, der eine Vorfahren-Beziehung anzeigt

Die Benennung der XPath-Beziehungen – Sieben Achsentypen

Sie haben gelernt, dass ein XPath-Ausdruck, der einen Stammknoten lokalisiert, in einem einzigen Knoten resultiert, wogegen ein Vorfahren-Ausdruck alle höher gelegenen Knoten auswählt, die dem Kontextknoten unmittelbar vorausgehen. Nur die Anzahl der Vorfahrenknoten, die zwischen Kontext- und Wurzelknoten liegen, begrenzt diese Auflistung. Der Wurzelknoten ist der letzte Vorfahre aller anderen Knoten im Baum.

Vorfahre-oder-Selbst

Die Vorfahre-oder-Selbst-Beziehung schließt alle Knoten ein, die von einem Vorfahren-Ausdruck lokalisiert werden plus den Kontextknoten, das Selbst. Im Fall des XPath-Baum-Beispiels wählt Vorfahre-oder-Selbst drei Knoten aus, wie in Abbildung 9.6 gezeigt wird.

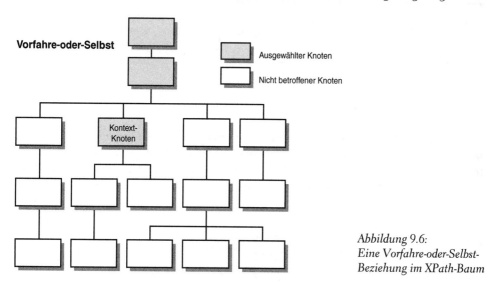

Abbildung 9.6:
Eine Vorfahre-oder-Selbst-Beziehung im XPath-Baum

Abkömmling

Um die abgeleiteten Elemente und alle Ableitungen von diesen, Ableitungen der Ableitung usw., auszuwählen, muss man die Abkömmling-Beziehung verwenden. Abbildung 9.7 zeigt als Resultat dieser Beziehung drei Knoten. Jeder dieser Knoten ist dem Kontextknoten untergeordnet oder in ihn eingebettet.

Eine Abkömmling-Beziehung kann eine beliebige Anzahl an Knoten enthalten. Der Knotensatz beginnt mit dem Kontextknoten und wird fortgeführt, bis das Ende der Linie erreicht ist, die dem Kontextknoten untergeordnet ist.

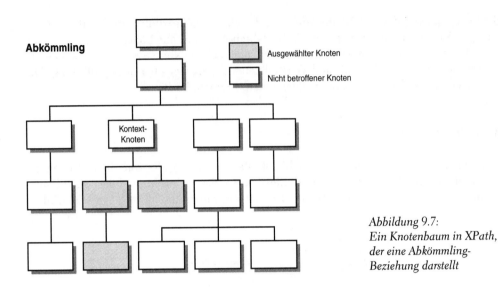

Abbildung 9.7:
Ein Knotenbaum in XPath,
der eine Abkömmling-
Beziehung darstellt

Abkömmling-oder-Selbst

Wie bei der Vorfahre-oder-Selbst-Beziehung kann man auch einen Knotensatz auswählen, der die Abkömmlinge und den Kontextknoten verkörpert. Eine solche Beziehung heißt Abkömmling-oder-Selbst-Beziehung. Diese Beziehung sehen Sie in Abbildung 9.8, die für den Beispielbaum vier ausgewählte Knoten anzeigt.

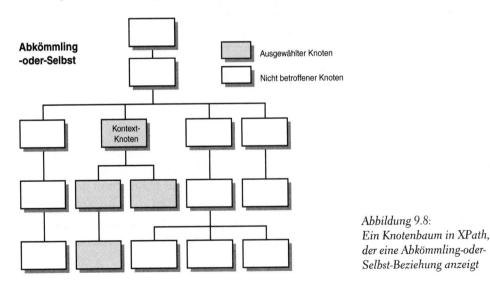

Abbildung 9.8:
Ein Knotenbaum in XPath,
der eine Abkömmling-oder-
Selbst-Beziehung anzeigt

Die Benennung der XPath-Beziehungen – Sieben Achsentypen

Die Abkömmling-oder-Selbst-Beziehung enthält den Kontextknoten plus alle Knoten, die in ihn eingebettet sind, bis das Ende der Linie erreicht ist.

Knoten auswählen, die dem Kontextknoten nachfolgen

Sie haben gesehen, dass XPath einen Knotenbaum jeweils in Richtung der Dokumentanordnung oder der umgekehrten Dokumentanordnung durchquert. Das Konzept der *folgenden* Knoten wählt alle Knoten aus, die es über den Kontextknoten hinaus gibt. Die *folgenden* Knoten beginnen mit den gleichrangigen Verwandten des Kontextknotens und schließen all deren Abkömmlinge ein. Welche Knoten als die folgenden betrachtet werden, bestimmt die Dokumentanordnung für die Knoten in einem Baum. Alle Knoten, die durchquert werden, bevor man zum Kontextknoten kommt, sind aus der Nachfolge-Beziehung ausgeschlossen. Abbildung 9.9 zeigt eine Nachfolge-Beziehung, die sieben Knoten auswählt.

Haben Sie bemerkt, dass die Nachfolge-Beziehung nicht die abgeleiteten Knoten oder die Abkömmlinge eines Kontextknotens einschließt? Sie schließt nur die Knoten ein, die auf gleichrangiger Ebene nachfolgen sowie deren Abkömmlinge.

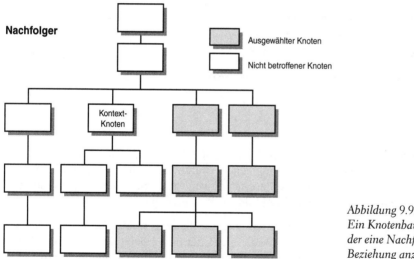

*Abbildung 9.9:
Ein Knotenbaum in XPath,
der eine Nachfolge-
Beziehung anzeigt*

Die XML Path Language (XPath)

Sich anschließende gleichrangige Knoten auswählen

Die Nachfolge-Geschwister-Beziehung wählt Knoten aus, die sich anschließen und gleichrangig sind, wenn man den XPath-Baum in Richtung der Dokumentanordnung durchquert. Nur die Knoten, die auf der gleichen Ebene liegen wie der Kontextknoten, werden ausgewählt. Abkömmlinge der Geschwister sind aus dem ausgewählten Knotensatz ausgeschlossen. Abbildung 9.10 zeigt diese Beziehung.

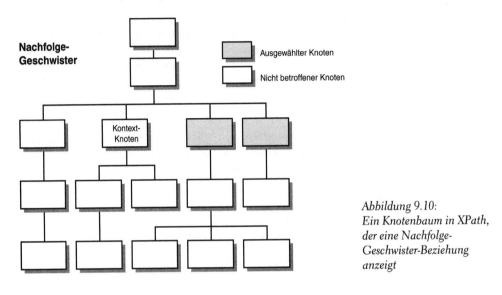

Abbildung 9.10:
Ein Knotenbaum in XPath,
der eine Nachfolge-
Geschwister-Beziehung
anzeigt

Vorangehende Knoten

Die Auswahl der vorangehenden Knoten wird auf eine Weise aufgelöst, die der Nachfolge-Beziehung ähnelt, nur dass die gleichrangigen Verwandten und ihre Abkömmlinge diejenigen sind, die vor dem Kontextknoten auftreten, wenn man sie in der Dokumentanordnung antrifft. Diese Beziehung wird in Abbildung 9.11 gezeigt.

Beachten Sie, dass die vorangehenden Elemente nur diejenigen sind, die auf der gleichen horizontalen Ebene liegen wie der Kontextknoten oder eine Ebene tiefer, dass sie aber in einem Dokument vor dem Kontextknoten auftreten. Knoten, die auf einer höheren Ebene liegen, wie Stamm- oder Vorfahrenknoten, werden nicht als vorangehend betrachtet.

Die Benennung der XPath-Beziehungen – Sieben Achsentypen

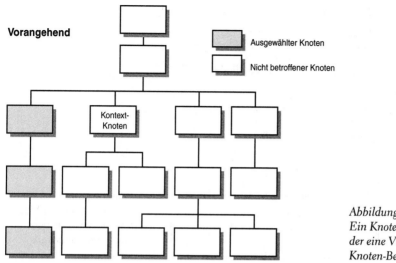

Abbildung 9.11:
Ein Knotenbaum in XPath, der eine Vorangehende-Knoten-Beziehung anzeigt

Vorangehende-Geschwisterknoten

Es überrascht nicht, dass es eine Vorangehende-Geschwister-Beziehung gibt, die nur die Knoten auswählt, die gleichrangige Verwandte des Kontextknotens sind, wenn sie in der Dokumentanordnung vor dem Kontextknoten durchquert werden. Abbildung 9.12 zeigt diese Beziehung.

In diesem Abschnitt haben Sie die standardmäßigen Beziehungstypen kennen gelernt, die bei XPath möglich sind. Sie haben gesehen, dass die ausgewählten Knoten immer in verschiedenen Richtungen um den Kontextknoten herum lagen. Der Zugriff auf eine solche relative Positionierung kann für die Durchquerung eines großen und komplexen Dokuments nützlich sein. Nehmen wir zum Beispiel an, dass Sie ein umfangreiches Finanzdokument als Referenz haben, das in XML programmiert ist und alle unterschiedlichen Mehrwertsteuersätze der verschiedenen Staaten in der EU einschließt. Möglicherweise gibt es für jeden Staat abgeleitete Elemente, die eine Reihe von Steuern für Benzin, Alkohol usw. einschließen. Sie können einen Lokalisierungspfad auf der Grundlage der Knotenbeziehungen verwenden, um alle abgeleiteten Steuern des jeweiligen Staats für die weitere Verarbeitung zu lokalisieren.

Sie haben gesehen, dass der XPath-Baum in Richtung der Dokumentanordnung durchquert wird, was sich auf die Knoten auswirkt, die als dem Kontextknoten vorausgehend oder nachfolgend gelten. Im nächsten Abschnitt werden Sie sehen, wie man XPath-Ausdrücke schreibt, die diese Beziehungen mit den Knotennamen kombinieren. Damit erreichen Sie eine stärkere Kontrolle über den Auswahlprozess und können spezifische Knoten lokalisieren.

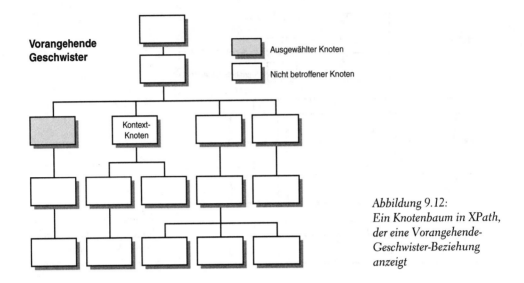

Abbildung 9.12:
Ein Knotenbaum in XPath,
der eine Vorangehende-
Geschwister-Beziehung
anzeigt

9.5 XPath-Ausdrücke formulieren und testen

Sie haben die relative Natur von XPath, die sich in benannten Beziehungen ausdrückt, kennen gelernt und die Art und Weise, wie diese Achsen durchquert werden, um Knoten auszuwählen. In diesem Abschnitt erfahren Sie, wie man absolute Pfadausdrücke erzeugt, die bestimmte Elemente, Attribute und andere Knoten auswählen. Später werden Sie sehen, wie man dies mit einigen der zuvor beschriebenen Beziehungsachsen kombinieren kann. Lernziel für diesen Abschnitt ist es, etwas über die Syntax und eine ausgewählte Teilmenge beliebter Optionen bei XPath zu erfahren, nicht eine umfassende Liste aller möglichen Ausdruckskombinationen kennen zu lernen.

Für die Auswahl bestimmter Knoten arbeiten Sie mit einem richtigen XML-Dokument, das mehrere eingebettete Elemente hat, und durchqueren die Knoten mit den XPath-Ausdrücken, die Sie schreiben. Erzeugen Sie zunächst ein einfaches XML-Dokument. Stellen Sie sich vor, Sie öffnen Ihre Schreibtischschublade und entdecken eine Reihe von Stiften und Bleistiften verschiedener Typen. Einige der Bleistifte sind mit »H« markiert, andere mit »HB«. Sie finden auch einige Schachteln, die gerade groß genug sind, um mehrere Bleistifte aufzunehmen. Eine der Schachteln liegt auf einem Tablett. Diese Beziehungen bilden die Hierarchie des XML-Dokuments, mit abgeleiteten, Stamm-, Vorfahre- und Abkömmlingknoten. Für die Mitarbeit bei den folgenden Beispielen empfehlen wir, ein Dokument zu erzeugen, das genauso aussieht wie das Dokument in Listing 9.3, und es als `schublade.xml` abzuspeichern.

XPath-Ausdrücke formulieren und testen

Listing 9.3: Der Inhalt einer Schreibtisch-Schublade – schublade.xml

```
 1: <?xml version="1.0"?>
 2: <!-- Listing 9.3 -schublade01.xml -->
 3:
 4: <schublade>
 5:    <bleistift typ="HB"/>
 6:    <stift/>
 7:    <bleistift typ="H"/>
 8:    <bleistift typ="HB"/>
 9:    <bleistift typ=" HB "/>
10:    <schachtel>
11:       <bleistift typ="HB"/>
12:    </schachtel>
13:    <tablett>
14:       <schachtel>
15:          <bleistift typ="H"/>
16:          <bleistift typ="HB"/>
17:       </schachtel>
18:    </tablett>
19:    <stift/>
20: </schublade>
```

Bleiben wir bei unserem Szenario: der Elementtyp schublade, der in Zeile 4 beginnt, enthält eine Reihe von bleistift-Elementtypen, stift-Elementtypen, schachtel-Elementtypen und einen Elementtyp tablett. In einigen Fällen ist das bleistift-Element in einem schachtel-Element enthalten. Ein schachtel-Element ist in einem tablett-Element enthalten. Die Bleistifte haben typ-Attribute mit dem Wert H oder HB.

Um die XPath-Ausdrücke zu testen, laden Sie ein XPath-Testtool aus dem Web herunter. Nach der Beschreibung auf der Website ist XPath Visualizier, Version 1.4, »ein voll entwickelter visueller XPath-Interpret für die Auswertung aller XPath-Ausdrücke und die visuelle Präsentation des resultierenden Knotensatzes oder Skalawerts«. Um den Übungen in diesem Abschnitt folgen zu können, müssen Sie den XPath Visualizer, Version 1.4, von der Website http://www.vbxml.com/xpathvisualizer/default.asp herunterladen. Sie können mit dieser Anwendung alle Übungen austesten, die in diesem Abschnitt noch kommen. Der XPath Visualizer wurde als Unterrichtstool für XPath entwickelt; man kann ihn aber auch gut verwenden, wenn man komplexe XPath-Ausdrücke für die Verwendung in XSLT oder XPointer erzeugt.

Der Visualizer ist als eine Ansammlung einfacher HTML-Seiten programmiert und verwendet ein paar JavaScript-Elemente, um die Knoten zu manipulieren, die XPath lokalisiert. Ein Cascading Stylesheet und ein XML Stylesheet sind auch eingebaut, um ausgewählte Knoten mit einem farbigen Schema anzeigen zu können. Der Microsoft Internet Explorer muss in Version 5.0 oder höher auf Ihrem System installiert sein, denn XPath

Die XML Path Language (XPath)

Visualizer instanziert das MSXML-Objekt, das zusammen mit diesem Browser geliefert wird. Sie haben am 3. Tag etwas über die MSXML-Parser erfahren. Zum Zeitpunkt der Drucklegung dieses Buches ist die Version 4.0 die neueste Ausgabe des MSXML, die als Preview unter http://msdn.microsoft.com/downloads/ erhältlich ist. Version 2.0 ist alles was nötig ist, damit der XPath Visualizer läuft; wenn Sie also den Internet Explorer 5.0 oder höher installiert haben, brauchen Sie MSXML 4.0 nicht herunterzuladen.

Wenn Sie die Dateien für den XPath Visualizer heruntergeladen haben, platzieren Sie sie in einem eigenen Unterverzeichnis auf Ihrem Rechner. Um die Anwendung zu starten, müssen Sie mit dem Internet Explorer auf die XPathMain.htm-Datei in Ihrem XPath-Visualizer-Unterverzeichnis zeigen. Wenn die Seite geladen wird, klicken Sie auf die Schaltfläche DURCHSUCHEN und lokalisieren Ihre Datei schublade.xml. Der Dateipfad wird im Formfeld auf der linken Seite der Schaltfläche angezeigt. Drücken Sie die Schaltfläche PROCESS FILE. Das sollte zu einer neuen Anzeige im Browserfenster führen, die eine Auflistung des Dokuments schublade.xml enthält und jeden Elementknoten auf der Seite in Gelb hervorhebt. Sie werden sehen, dass abgesehen von der Farbmarkierung durch den XPath Visualizer das Dokument so aussieht, wie es normalerweise aussieht, wenn der Internet Explorer es mit XSLT für die Anzeige umwandelt. Es findet in diesem Fall die gleiche Transformation statt, mit einer Zusatz-Stilisierung, die erforderlich ist, um die ausgewählten Knoten von XPath hervorzuheben. Sie werden mehr über Transformationen erfahren, wenn Sie am 16. Tag XSLT studieren.

Wenn Sie die Schaltfläche PROCESS FILE im Fenster des XPath Visualizers zum ersten Mal anklicken, gibt er den Ausdruck //* automatisch im Feld unter dem Dateinamen ein. Dieses Feld wird XPath-Ausdrucksfeld genannt. Mit diesem besonderen XPath-Ausdruck werden alle Elementknoten in einem Baum ausgewählt. Mehr zur Verwendung der Sternchen-Wildcard und über die Slash-Notation erfahren Sie später in diesem Abschnitt. Wenn die Anwendung diese XPath-Anweisung auswertet, hebt sie alle Elementknoten in der Anzeige hervor. Sie können die Ausdrücke, die im restlichen Abschnitt besprochen werden, direkt in dieses Feld eingeben, um bestimmte Knoten Ihres XML-Dokuments auszuwählen. Abbildung 9.13 zeigt das Browserfenster des Microsoft Internet Explorers, in das der XSLT-Visualizer geladen ist, der alle Elementknoten des Dokuments schublade.xml gelb hervorhebt.

Knoten nach Namen mit der Slash-Syntax auswählen

In den folgenden Abschnitten lernen Sie die Syntax beliebter XPath-Ausdrücke kennen. Sie können den beschriebenen String jedes Mal in das XPath-Ausdrucksfeld der Anwendung Visualizer eingeben, um sich die ausgewählten Knoten anzusehen.

Der Slash (/) wird von XPath für einen Verweis auf den Wurzelknoten im XPath-Baum verwendet. Wenn Sie am 16. Tag anfangen, XSLT-Muster mit XPath-Ausdrücken zu erstel-

XPath-Ausdrücke formulieren und testen

len, werden Sie den einfachen Slash in vielen Programmen verwenden. Heute wollen wir ihn verwenden, um auf den Wurzelknoten zu verweisen und uns durch den Baum hindurchzuarbeiten, um die gewünschten Knoten zu lokalisieren.

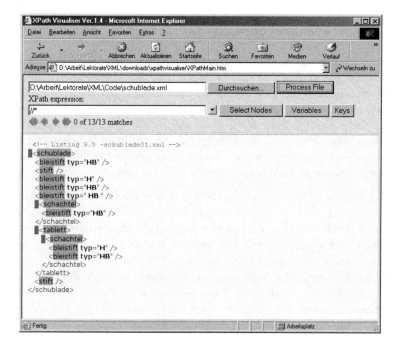

Abbildung 9.13:
Der XPath Visualizer zeigt alle Elementknoten der Datei schublade.xml an.

Die Auswahl des Wurzelelements

Die grundlegende Syntax eines XPath-Ausdrucks ähnelt stark dem Adressiersystem, das verschiedene Dateisysteme verwenden. In diesem Beispiel geben Sie /schublade in das XPath-Ausdrucksfeld der Visualizer-Anwendung ein, um das Wurzelelement schublade auszuwählen. Wenn Sie den String eingegeben haben, aktivieren Sie die Schaltfläche SELECT-NODES der Anwendung, woraufhin nur das schublade-Element gelb hervorgehoben wird. Die Anwendung gibt auch die Anzahl der Entsprechungen an, die sie auf Grund Ihrer Eingabe findet. In diesem Fall teilt sie Ihnen mit, dass es nur einen Treffer für einen Wurzelelementknoten in der XML-Dokument-Instanz gibt. Das macht auch Sinn, denn ein XML-Dokument kann nur ein Wurzelelement haben.

Streng genommen wird der Ausdruck so interpretiert, als würde er bedeuten, dass Sie die Elementableitung schublade des Wurzelknotens auswählen. Das funktioniert, wenn Sie ein bekanntes Wurzelelement nach seinem Namen auswählen.

Zur Überprüfung geben Sie nun /stift in das XPath-Ausdrucksfeld ein und aktivieren die Schaltfläche SELECTNODES. Wenn der XPath-Ausdruck ausgewertet wird, werden keine

Die XML Path Language (XPath)

Entsprechungen gefunden; das Anzeigefeld teilt Ihnen mit, dass es null Treffer gibt und es wird kein Knoten hervorgehoben. Im nächsten Beispiel sehen Sie, welche Syntax erforderlich ist, um die `stift`-Knoten in dieser XML-Instanz zu lokalisieren.

Eine Ableitung des Wurzelelements auswählen

Da XPath eine spezifische Beziehung oder Achse braucht, der es folgen kann, um die Knoten zu lokalisieren, müssen Sie einen Ausdruck erzeugen, der den Wurzelknoten einschließt, gefolgt vom Wurzelelement, dem wiederum das Zielelement folgt. Anders gesagt, Sie müssen `/schublade/stift` eingeben, wenn Sie versuchen, `stift`-Elemente zu lokalisieren. Versuchen Sie das und sehen Sie sich das Ergebnis an. Sie müssten zwei `stift`-Elemente sehen, die hervorgehoben sind, und das Anzeigefeld müsste Ihnen mitteilen, dass zwei passende Knoten ausgewählt wurden. Der Ausdruck wird so interpretiert: »Wähle alle `stift`-Elemente aus, die Ableitungen des Wurzelelements `schublade` sind.«

Versuchen Sie, mit der gleichen Syntax alle `bleistift`-Elemente in der Dokument-Instanz auszuwählen. Schreiben Sie den XPath-Ausdruck `/schublade/bleistift`. Wenn Sie diesen Ausdruck auswerten, zeigt die Anwendung an, dass vier Treffer gefunden wurden, und sie hebt die ersten vier `bleistift`-Elemente hervor. Die anderen beiden `bleistift`-Elemente in der Dokument-Instanz wurden nicht ausgewählt, weil es sich bei ihnen nicht um Ableitungen vom Wurzelelement handelt. Der Ausdruck, den Sie erstellt haben, wählt nur die abgeleiteten Elemente der Wurzel aus und nicht die Abkömmlinge dieses Wurzelelements. Sie werden in Kürze erfahren, wie man einen Ausdruck eingibt, der die Abkömmlinge zurückgibt.

Ein Element auf Grund einer bekannten Aufreihung auswählen

Wenn Sie der gleichen Logik folgen wie vorher, müssten Sie in der Lage sein, alle `bleistift`-Elemente auszuwählen, die abgeleitete Elemente des `schachtel`-Elements sind, bei dem es sich um eine Ableitung von `tablett` in der Dokument-Instanz handelt. Erstellen Sie dafür einen XPath-Ausdruck, der den genauen Pfad in der Dokumentanordnung durchquert, der nötig ist, um das gewünschte Element zu erreichen. Geben Sie also `/schublade/tablett/schachtel/bleistift` ein und aktivieren Sie die Schaltfläche SELECTNODES.

Das Resultat ist die Auswahl der beiden `bleistift`-Elemente, die abgeleitete Elemente des `schachtel`-Elements sind, das im Element `tablett` enthalten ist.

Alle Elemente durch den Namen auswählen

Angenommen, Sie müssen alle `bleistift`-Elemente unabhängig von ihrer Aufreihung auswählen. XPath stellt den doppelten Slash (//) zur Verfügung, um dies zu erreichen. Der Doppelslash kann wie folgt interpretiert werden: »Wähle alle Elemente aus, die einem

XPath-Ausdrücke formulieren und testen

Kriterium entsprechen, das aufgestellt wird.« Um alle bleistift-Elemente auszuwählen, geben Sie den Ausdruck //bleistift ein und werten das Ergebnis aus. XPath lokalisiert alle sieben bleistift-Elementknoten, unabhängig von ihrer Abstammung.

Alle Elemente durch die Abstammung auswählen

Sie können den Doppelslash-Operator bei einer Stamm-/Ableitungs-Beziehung einsetzen, um alle abgeleiteten Elemente eines bestimmten Stamms auszuwählen. In diesem Fall ist die Anordnung der Elemente von entscheidender Bedeutung und der Stamm muss der Ableitung im Ausdruck vorausgehen. Probieren Sie diese Syntax aus, indem Sie einen Ausdruck erzeugen, der als »Wähle alle bleistift-Elemente aus, die abgeleitete Elemente von schachtel-Elementen sind« interpretiert wird. Wenn Sie sich die XML-Dokument-Instanz ansehen, werden Sie feststellen, dass es drei solcher bleistift-Elemente gibt. Das erste befindet sich in Zeile 11 von Listing 9.3; die beiden anderen sind jeweils in den Zeilen 15 und 16.

Der XPath-Ausdruck, der diese Elemente auswählt, ist //schachtel/bleistift. Wie vorhin beschrieben heißt dies »Wähle alle bleistift-Elemente aus, die abgeleitete Elemente von schachtel-Elementen sind«.

Eine Wildcard-Notation verwenden

Die Wildcard-Notation bei XPath wird mit einem Sternchen programmiert. Das Sternchen funktioniert ähnlich wie in Dateisystem-Notationen als alles einschließender Operand. Damit Sie verstehen, wie die Wildcard mit anderen Ausdrücken kombiniert werden kann, zeigt Tabelle 9.2 einige Beispiele auf der Grundlage des Dokuments schublade.xml und die jeweils zu erwartende Auswertung. Probieren Sie diese Beispiele mit dem XPath Visualizer aus und versuchen Sie dann, einige eigene Kombinationen zu erzeugen.

Beispielhafter XPath-Ausdruck	Interpretation	Ausgewertete Rückgabe
/schublade/*	Wählt alle Elemente aus, die abgeleitete Elemente des Elements schublade sind (oder von ihm eingeschlossen werden)	Gibt alle abgeleiteten Elemente von schublade zurück, insgesamt acht
/*/*/*/bleistift	Wählt alle bleistift-Elemente der dritten Generation aus, unabhängig von ihrer Abstammung	Gibt die beiden bleistift-Elemente zurück, die in schachtel enthalten sind, innerhalb von tablett im Wurzelelement

Tabelle 9.2: Beispiele mit Wildcards

233

Die XML Path Language (XPath)

Beispielhafter XPath-Ausdruck	Interpretation	Ausgewertete Rückgabe
//*	Wählt alle Elemente aus, die vom Wurzelknoten abstammen	Gibt alle Elemente der Dokument-Instanz zurück
/*	Wählt alle abgeleiteten Elemente des Wurzelknotens aus	Gibt nur das Wurzelelement zurück

Tabelle 9.2: Beispiele mit Wildcards (Forts.)

Spezifische Elemente aus einer Knotensatz-Auflistung auswählen

Mit eckigen Klammern wird bei XPath eine dem Ausdruck integrale Berechnung oder Funktionsauswertung eingeschlossen. Angenommen, Sie wollen das dritte `bleistift`-Element lokalisieren, das eine Ableitung des Wurzelelements ist: Sie könnten dann die Notation mit eckigen Klammern verwenden, um bis zum dritten dieser Elemente zu zählen, die in der Dokumentanordnung durchquert werden. Die Syntax für diesen Ausdruck lautet:

```
Pfad[berechnung oder funktion]
```

Der XPath-Ausdruck, um das dritte abgeleitete `bleistift`-Element der Wurzel zu finden, würde so aussehen:

```
/schublade/bleistift[3]
```

Versuchen Sie das und probieren Sie dann aus, verschiedene numerische Werte in die eckigen Klammern einzusetzen und den Pfad vor den Klammern zu verändern.

Die Funktion `last()` kann in dem Ausdruck anstelle einer numerischen Zählung verwendet werden, um den letzten qualifizierten Knoten, der in der Achse programmiert ist, auszuwählen. Sie können daher `/schublade/stift[last()]` verwenden, um das letzte `stift`-Element auszuwählen, das im Wurzelelement enthalten ist.

Wenn `bleistift` mehrfach auftritt, wie kann man dann den letzten `bleistift` jedes Stamms auswählen, der `bleistift`-Elemente enthält? Die Lösung besteht in einer Kombination aus mehreren der Achsen-Deklarationen, die Sie bislang kennen gelernt haben. Zunächst müssen Sie eine Achse verwenden, die die Elemente unabhängig von ihrer Abstammung auswählt. Das erreichen Sie mit dem Doppelslash. Dann müssen Sie die interessierenden Elemente spezifizieren, also in diesem Fall `bleistift`. Schließlich müssen Sie mit der `last()`-Funktion nur den letzten aus jedem Satz auswählen. Wenn Sie all dies in einem String zusammenfassen, sieht der Ausdruck so aus:

```
//bleistift[last()],
```

was in der Auswahl des letzten `bleistift`-Elements resultiert, das in jedem Stammelement enthalten ist. Es gibt drei davon und sie treten in den Zeilen 9, 11 und 16 von Listing 9.3 auf. Versuchen Sie es selbst.

XPath-Ausdrücke formulieren und testen

Attribute auswählen

Im Dokument SCHUBLADE.XML haben die `bleistift`-Elemente `typ`-Attribute. Sie können eine Reihe verschiedener Ansätze verwenden, um in XPath Attribute und Attributswerte auszuwählen, und die Funktionen und die Syntax, die Sie erlernt haben, mit Attributsauswertungen kombinieren, um die spezifizierte Auswahl einzugrenzen. Das Symbol für ein Attribut (@) wird verwendet, um den Einschluss der Logik für die Attributsauswahl bei einem XPath-Ausdruck anzuzeigen.

Um alle Attribute in der Instanz auszuwählen, können Sie den Doppelslash mit dem Attributssymbol und einer Wildcard kombinieren, also `//@*`. Versuchen Sie das im XPath Visualizer durchzuführen. Es sollten alle sieben Attribute im XML-Dokument zurückgegeben werden. Sie können auch bloß die Attribute auswählen, die einen vorgegebenen Namen haben, wenn Sie diesen Namen spezifizieren. Um zum Beispiel alle `typ`-Attribute auszuwählen, können Sie im Ausdrucksfeld `//@typ` eingeben. Natürlich bekommen Sie auch hier sieben Treffer, genau wie oben, als Sie alle Attribute auswählten, weil SCHUBLADE.XML nur `typ`-Attribute enthält.

Eine weitere Funktion bei XPath ist `not()`, die einen ausgewählten Ausschluss von Knoten erlaubt. Wenn Sie zum Beispiel alle Elemente im Dokument `schublade.xml` auswählen wollen, die kein Attribut haben, können Sie folgenden XPath-Ausdruck schreiben:

`//*[not(@*)]`

Dieser Ausdruck wird als »Wähle alle Elemente aus, die vom Wurzelknoten abstammen und die keine Attribute einschließen« angezeigt. Im Dokument `schublade.xml` werden damit das Wurzelelement `schublade` sowie die Elemente `stift`, `tablett` und `schachtel` eingeschlossen.

XPath bietet eine Methode, wie man Attributwerte bei Ausdrücken als Auswahlkriterien verwendet, ähnlich dem Programmieren einer SQL `where`-Anweisung. Um zum Beispiel alle `bleistift`-Elemente auszuwählen, die ein `typ`-Attribut mit dem Wert `"HB"` haben, geben Sie `//bleistift[@typ="HB"]` ein. Dieser Ausdruck gibt vier Treffer zurück, wenn Sie Ihr `schublade.xml`-Dokument genau wie im Beispiel aus Listing 9.3 erstellt haben. Schauen Sie sich die Zeilen 8 und 9 im Listing genau an:

```
8:    <bleistift typ="HB"/>
9:    <bleistift typ=" HB "/>
```

Sie werden feststellen, dass die Zeilen sich unterscheiden. Der Attributwert in Zeile 9 hat Leerzeichen zwischen den Anführungszeichen und dem Wert. Deshalb gibt der XPath-Ausdruck nur vier Treffer zurück: das Attribut in Zeile 9 entspricht nicht den Auswahlkriterien. Da XPath eine so leistungsstarke Sprache ist, stellt es Ihnen eine Methode zur Verfügung, zusätzliche Leerzeichen in Attributwerten zu normieren. Der Ausdruck `//bleistift[normalize-space (@typ)="HB"]` gibt fünf Knoten zurück, die Attribute enthalten, weil der Normierprozess aus `" HB "` ein Äquivalent von `"HB"` macht.

235

Zusätzliche XPath-Funktionen

Tabelle 9.3 listet Beispiele für mehrere zusätzliche Funktionen auf, die bei XPath-Ausdrücken verwendet werden können. Für jeden Fall wird ein Beispiel gezeigt, aber Sie können Elementnamen, Zahlen und Buchstaben für Ihre eigenen Ausdrücke nach Belieben verändern.

Beispielhafter XPath-Ausdruck	Interpretation	Ausgewertete Rückgabe
`//*[count(bleistift)=2]`	Wählt alle Elemente aus, die genau zwei abgeleitete `bleistift`-Elemente haben	Gibt das zweite `schachtel`-Element in `schublade.xml` zurück. `count()` listet das Argument auf.
`//*[count(*)=1]`	Wählt alle Elemente aus, die nur eine nicht spezifizierte Ableitung haben	Gibt die Elemente `schachtel` und `tablett` zurück
`//*[name()="stift"]`	Wählt alle Elemente mit Namen `stift` aus	Gibt zwei `stift`-Elemente zurück. Äquivalent zu `//stift`
`//*[starts-with(name(),"b")]`	Wähle alle Elementnamen aus, die mit dem Buchstaben b beginnen	Gibt alle `bleistift`-Elemente zurück, insgesamt sieben
`//*[contains(name(),"f")]`	Wähle alle Elementnamen aus, die den Buchstaben f in ihrem Namen enthalten	Gibt alle `stift`- und `bleistift`-Elemente zurück, insgesamt neun
`//*[string-length(name())=5]`	Wähle alle Elementnamen aus, die fünf Zeichen haben.	Gibt alle `stift`-Elemente zurück, insgesamt zwei
`//*[string-length(name())>5]`	Wähle alle Elementnamen aus, die mehr als fünf Zeichen haben	Gibt alle Elemente mit Namen von sechs und mehr Zeichen Länge zurück

Tabelle 9.3: Zusätzliche Funktionen zur Verwendung bei XPath-Ausdrücken

XPath-Achsen kombinieren

Sie können mehrere XPath-Ausdrücke miteinander kombinieren, indem Sie die Strings zusammenfügen und mit einem Pipe-Zeichen, dem vertikalen Strich (|), voneinander trennen. Wenn Sie zum Beispiel alle `schachtel`- und alle `stift`-Elemente auswählen wollen, können Sie einen XPath-Ausdruck erzeugen, der so aussieht: `//schachtel|//stift`. Die Anzahl der Kombinationen, die Sie zusammenfügen können, ist unbegrenzt; bedenken Sie nur, dass das einen Kumuliereffekt ergibt.

Explizite Deklarationen von relationalen Achsen

Sie haben gelernt, dass Sie das Wurzelelement auswählen können, wenn Sie das abgeleitete Element (Ableitung = `child`) des Wurzelknotens auswählen. Die Syntax hierfür lautet:

`/element_name`

In Wahrheit ist das eine Kurzform für eine voll qualifizierte Version des gleichen Ausdrucks, die so aussieht:

`/child::element_name`

Deshalb lautet der voll qualifizierte Ausdruck, der erforderlich ist, um das Wurzelelement für die Datei `schublade.xml` zurückzugeben wie folgt: `/child::schublade`.

Die abgeleitete Achse ist die Standardachse in einem XPath-Ausdruck und es ist sicher, wenn man sie auslässt; diese Auslassung führt zur Version in Kurzform. Die voll qualifizierte Form und die Kurzform können im gleichen XPath-Ausdruck kombiniert werden, wenn man das will. So gibt `/child::schublade/bleistift` alle abgeleiteten `bleistift`-Elemente des `schublade`-Elements zurück, das wiederum eine Ableitung vom Wurzelknoten ist.

Die anderen benannten Beziehungen, die Sie heute kennen gelernt haben, können auch in einem XPath-Ausdruck eingeschlossen werden, indem man ihre Achsen, gefolgt von zwei Doppelpunkten, einfügt. Um alle Abkömmlinge (=*descendants*) des Elements `tablett` auszuwählen, kann man zum Beispiel einen Ausdruck eingeben, der so aussieht:

`/schublade/tablett/descendant::*`

Dieser Ausdruck wird als alle Abkömmlinge des Elements `tablett` interpretiert, das eine Ableitung des Elements `schublade` ist, das selbst wiederum vom Wurzelknoten abgeleitet ist.

Angenommen, Sie wollen nur diejenigen `bleistift`-Elemente lokalisieren, die irgendwo unter ihren Vorfahren ein `tablett`-Element haben, dann können Sie mit dem Ausdruck `//tablett/descendant::bleistift` alle Abkömmlinge von `tablett` lokalisieren, die `bleistift` heißen.

Wenn der Kontextknoten einen Stamm (=*parent*) hat, residiert dieser in der Stammachse. Der Ausdruck `//schachtel/parent::*` lokalisiert die Stammknoten aller `schachtel`-Elemente.

Sie erinnern sich sicher, dass die Nachfolger-Geschwister-Beziehung (=`following-sibling`) gleichrangige Verwandte des Kontextknotens zurückgab. Daher lokalisiert `//schachtel/following-sibling::*` das Element `tablett` und das nächste `stift`-Element in der Dokumentanordnung; dies sind die nächsten gleichrangigen Verwandten von `schachtel` in der Dokumentanordnung. Vergleichen Sie diesen Ausdruck mit `//schachtel/following::*`, was alle Knoten zurückgibt, die in der Dokumentanordnung auf den Kontextknoten (`schachtel`) folgen.

Die XML Path Language (XPath)

Es gibt viele weitere Möglichkeiten bei Ausdrücken, einige davon sind recht komplex. Der Ausdruck
`//bleistift[position()=floor(last()div 2 + 0.5)]`
oder
`//bleistift[position()=ceiling(last()div 2 + 0.5)]`
lokalisiert nur die mittleren `bleistift`-Elemente in der Dokument-Instanz. Das sprengt den Rahmen unserer heutigen Untersuchungen, aber Sie werden in den folgenden Tagen mehr darüber erfahren.

9.6 Zusammenfassung

Dieses Kapitel hat Sie mit einigen grundlegenden Konzepten der XML Path Language bekannt gemacht. XPath ist eine Sprache, die auf der Grundlage von Ausdrücken beruht, kein Dialekt von XML, und sie wurde so gestaltet, dass sie knapp und effektiv ist. Man verwendet XPath, um Teile eines XML-Dokuments anzusteuern, die man *Knoten* nennt. Sie werden mehr über XPath erfahren, wenn Sie die Technologien untersuchen, die es unterstützen soll, vor allem XPointer und XSLT. Sie werden von XPointer am 11. und von XSLT am 16. Tag hören. Heute haben Sie die sieben Knoten kennen gelernt, die den XPath-Baum ausmachen: Wurzel, Element, Attribut, Namensraum, Verarbeitungsanweisung, Text und Kommentar. Sie haben gesehen, dass alle Knoten dem Wurzelknoten untergeordnet sind, und Sie haben erfahren, dass der Wurzelknoten etwas anderes ist als das Wurzelelement in einer XML-Dokument-Instanz. Sie haben elf benannte Knotenbeziehungen kennen gelernt, mit denen man in XPath Knoten und Knotensätze auswählt. Dann haben Sie XPath-Ausdrücke erzeugt und getestet, mit denen Elemente und Attribute in zahlreichen Kombinationen ausgewählt wurden, und außerdem haben Sie Funktionen und Auswertungsmuster verwendet.

9.7 Fragen und Antworten

F *Was ist die Natur des Datenobjekts, das aus XPath-Ausdrücken resultiert?*

A Wenn XPath-Ausdrücke ausgewertet werden, resultieren sie in einem der folgenden Datenobjekte:

- **Knoten** – Es wird ein einzelner ausgewählter Knoten lokalisiert.
- **Knotensatz** – Es werden mehrere Knoten ausgewählt, die bestimmte Beziehungsmerkmale teilen.

- **Boolesches Objekt** – Der Ausdruck gibt entweder true oder false zurück.
- **String** – Die Auflösung des Ausdrucks ergibt einen String auf der Grundlage des Inhalts eines oder mehrerer Knoten im durchquerten Pfad.
- **Zahl** – Eine Berechnung, die während der Auswertung des XPath-Ausdrucks stattfindet, kann eine Fließkommazahl ergeben.

F Welche Knotentypen können mit XPath lokalisiert werden?

A XPath kennt die folgenden sieben Knotentypen: Wurzel, Element, Attribut, Kommentar, Text, Verarbeitungsanweisung und Namensraum.

F In welchem Bezug steht das Konzept der Dokumentanordnung zu XPath?

A XPath-Ausdrücke veranlassen einen Prozessor, den Knotenbaum in der Richtung zu durchqueren, in der sich die Knoten eines Dokuments befinden. Aus diesem Grund haben Beziehungsachsen wie vorangehende und nachfolgende bei XPath eine Bedeutung, weil sie sich auf den Kontextknoten oder Ausgangspunkt der Durchquerung beziehen. Vorangehende Knoten sind diejenigen, die in der durch die Dokumentstruktur vorgeschriebenen Reihenfolge vor dem Kontextknoten kommen. Die nachfolgenden Knoten kommen folgerichtig in der Dokumentanordnung nach dem Kontextknoten.

9.8 Übung

Verarbeiten Sie Ihre Datei cd.xml mit dem XPath Visualizer und erzeugen Sie Ausdrücke, um die folgenden Knotenresultate auszuwählen:

- Wählen Sie alle Elemente aus, die dem Wurzelknoten untergeordnet sind.
- Wählen Sie alle Track-Elemente aus, die ein total-Attribut mit dem Wert 16 haben.
- Wählen Sie alle Elemente aus, die den Buchstaben i in ihrem Namen haben.
- Wählen Sie alle Elemente aus, die Namen mit mehr als elf Buchstaben haben.
- Wählen Sie alle gleichrangigen Verwandten des ersten cd-Elements aus.

Die XML Link Language (XLink)

Die XML Link Language (XLink)

Das Web verdankt seinen Erfolg zum Teil der weit verbreiteten Unterstützung des Hyper-Linking, wie es durch das Anker-Tag (<A>) in HTML implementiert wird. Hyper-Links stellen eine effiziente Verbindung einer Webseite mit einer anderen dar. Die unidirektionale, einfache Linking-Funktionalität, die das Web von heute kennzeichnet, reicht für die wachsenden Bedürfnisse einer XML-Welt jedoch nicht aus. Die W3C-Empfehlung zum Linking bei XML heißt XML Link Language (XLink), die am 27. Juni 2001 in den Status einer Empfehlung erhoben wurde. Heute werden Sie Folgendes lernen:

- Warum das Ressourcen-Linking bei XML mit XLink so wichtig ist.
- Welche Unterschiede es zwischen XLink und HTML-Linking gibt.
- Verschiedenes über das Linking von Elementen, das Linkverhalten und über externe Ressourcenbeschreibungen.
- Welches die Bedeutung und die Syntax erweiterter Links sind.
- Verschiedenes über Bögen und Out-of-Line-Links.

10.1 Hypertext Linking

Hypertext ist ein Begriff, der in den frühen 60er Jahren von Ted Nelson geprägt wurde, der zu der Zeit ein graduierter Student an der Harvard Universität war und an einem Beschreibungsprojekt arbeitete, das später *Projekt Xanadu* genannt wurde. Frühere Referenzen auf ein solches Konzept für eine computerlesbare Textstruktur, die nicht sequenziell aufgebaut, sondern so organisiert ist, dass die aufeinander bezogenen Informationspunkte verbunden werden können, gehen bis ins Jahr 1945 zurück, als Vammevar Bush einen Artikel mit dem Titel »As We May Think« veröffentlichte (http://www.theatlantic.com/unbound/flashbks/computer/bushf.htm). Bush nannte sein System Memex, gründend auf Microfilm Indexing (Mikrofilm-Indexierung). Nelson beschrieb bei der Nationalen Konferenz der Association for Computing Machinery im Jahr 1965 den ersten computergestützten Hypertext und einen Algorithmus, der als Reißverschlussliste bekannt wurde.

Der grundlegende Gedanke, der hinter dem Prinzip Hypertext stand, war, dass Dokumente, die in elektronischer Form gespeichert wurden, eine Sammlung von Instanzen oder *Knoten* umfassen können. Die Knoten würden wiederum Querverweise oder *Links* enthalten, die es einem Leser mithilfe eines interaktiven Browserprogramms erlauben würden, sich leicht von einem Dokument zum anderen zu bewegen. Das ist genau die heutige Bedeutung von Hypertext im Web. Dem W3C zufolge (http://www.w3.org/Terms.html) wird die Erweiterung der Hypertexte, die andere Medien wie Sound, Video und Grafik einschließt, manchmal auch *Hypermedia* genannt, aber meistens bezeichnet man auch diese Media-Erweiterung als Hypertext.

Tatsächlich war seit der ersten Konzeptionslegung nie daran gedacht worden, dass das Web isolierte Informationsseiten umfassen würde. Es wurden statt dessen Mechanismen zur Verfügung gestellt, die die Beziehungen der Seiten untereinander anzeigen und erlauben, dass ein Link aktiviert wird. Das offensichtlichste Beispiel hierfür ist das Anker-Tag in HTML, das Programmierern eine Methode bietet, einen Link einzurichten, der durch einen Mausklick im Browserfenster aktiviert wird. Sie werden heute noch mehr über die Grenzen erfahren, die den HTML-Anker-Links inhärent sind, und wie die XML Link Language (XLink) darauf abzielt, den älteren Ansatz zu verbessern.

XLink ist ein standardisiertes XML-Vokabular, das Elementen im Dokument einer XML-Instanz eingefügt werden kann, um einfache oder auch sehr komplizierte erweiterte Links zwischen Ressourcen im Web zu beschreiben. Die Veröffentlichung von XLink zielte darauf ab, eine Methode anzubieten, wie die äußerst engen Link-Konzepte erweitert werden könnten, die bis dahin entweder auf die unidirektionalen Anker-Tags bei HTML oder das ID/IDREF-Konzept des internen Element-Linkings bei XML beschränkt waren. Sie kennen wahrscheinlich die HTML-Links. Wenn nicht, finden Sie im nächsten Abschnitt eine kurze Übersicht. Sie haben am 4., 5. und 6. Tag mehrere Ansätze kennen gelernt, wie man ID/IDREF-Links bei XML einsetzt.

HTML-Links

HTML ermöglicht durch die Verwendung des Anker-Tags (`<A>`), Hypertext-Links in Webdokumente einzubetten. Wenn ein Anker-Tag, das mit einem externen Referenzdokument verbunden ist, aktiviert wird, lädt es zum Beispiel den Inhalt einer anderen HTML-Seite herunter und fügt ihn anstelle der Seite ein, auf der der Link betätigt wurde. Die Linkung in HTML verläuft in eine Richtung, weil es keine Vorrichtung in der Linking-Syntax gibt, die zum Beispiel einen Link zurück auf das Ausgangsdokument bereitstellt. Viele Browser-Implementierungen stellen die Schaltfläche ZURÜCK zur Verfügung, die speziell diesem Zweck dient, wenn der Link in einem Browserfenster aktiviert wird. Das Ziel eines HTML-Links wird als Wert eines `HREF`-Attributs für das HTML-`<A>`-Tag ausgedrückt. Das HTML-`<A>`-Tag fasst Text oder andere Objekte ein, die auf der Seite zur Schaltfläche werden. Der Link wird normalerweise aktiviert, wenn ein Anwender beim Browsen der Seite den Mauscursor auf den Link führt und die Maustaste drückt. Die einfachste Form eines HTML-Anker-Tags sieht so aus:

```
<A HREF="[URL]">[text|anderes HTML element]</A>
```

Das `<A>`-Tag in HTML akzeptiert jede beliebige URL als Wert für das HREF-Attribut. Der Inhalt eines Anker-Tags kann entweder Text oder ein anderes Element sein. Alles, was korrekt in das Anker-Tag eingefügt wird, wird zum Auslöser für den Link. Bei den meisten Browsern ist ein Link-Auslöser das Mittel, nach dem Anklicken durch den Anwender die Link-Funktion zu aktivieren. Alle Textzeichen oder anderen Elemente, die bis zum Erreichen des Schluss-Tags auftreten, dienen als Link-Auslöser. Listing 10.1 zeigt eine HTML-Seite mit einem eingebetteten HTML-Link.

Die XML Link Language (XLink)

Listing 10.1: Eine HTML-Seite mit eingebettetem Hyper-Link – HTML-Link01.html

```
 1: <!DOCTYPE XHTML PUBLIC "-//W3C//DTD HTML 4.01 Transitional//EN"
 2: "http://www.w3.org/TR/html4/loose.dtd">
 3:
 4: <!-- Listing 10.1 - HTML-Link01.html -->
 5:
 6: <HTML>
 7:
 8: <HEAD>
 9:   <TITLE>HTML-Link-Dokument</TITLE>
10: </HEAD>
11:
12: <BODY>
13:   <P>Dies ist eine einfache HTML-Seite mit einem eingebetteten
14:   Link auf die <A HREF="http://www.archi-Tag.com">Archi-Tag</a> Website.</P>
15: </BODY>
16:
17: </HTML>
```

In den Zeilen 1 und 2 wird deklariert, dass diese HTML-Seite in der HTML-Version 4.01 transitional programmiert ist. Zeile 6 zeigt das Wurzelelement der HTML-Seite, das immer HTML ist. Die Zeilen 6-8 sind das HEAD-Elementknoten, das ein HTML-TITLE-Element und Textinhalt enthält. Die Zeilen 12-15 enthalten das BODY-Element. Ein abgeleitetes <p>-Element (in den Zeilen 13 und 14) liegt innerhalb des BODY-Elements. Das <p>-Element in HTML entspricht einem Absatz. In Zeile 14,

```
14:   <A HREF="http://www.archi-Tag.com">Archi-Tag</a> Website.</P>,
```

sehen Sie den Link, der in den Textstring eines abgeleiteten <A>-Elements des P-Elements eingebettet wurde. Ein Anwender, der diese Seite in einem kompatiblen Webbrowser ansieht, kann einen Hyper-Link aktivieren, der die Seite herunterlädt, die unter http://archi-Tag.com abgelegt ist, wenn er mit seiner Maus auf das Wort Archi-Tag fährt und die Maustaste betätigt.

Die Abbildung 10.1 zeigt eine Link-Beziehung zwischen zwei Webseiten, wie sie für das HTML-Anker-Tag typisch ist. Das Quelldokument enthält ein <A>-Element mit einer gültigen URL, die als Wert für das HREF-Attribut im <A>-Element bereitsteht. Wenn der Link aktiviert wird, normalerweise durch einen Mausklick, wird der Inhalt der Seite, die unter der URL abgelegt ist, heruntergeladen.

Wie Sie sehen konnten, sind HTML-Links relativ einfache, unidirektionale Mechanismen. Dennoch ist es zum Teil ihr Einfluss auf die Informationsübermittlung im Internet, der das World Wide Web revolutioniert und populär gemacht hat. Ein einfaches HTML-Anker-

Tag kann zum Einfügen von Bildern verwendet werden oder es erlaubt einem Anwender, anscheinend von einem Webdokument zum Nächsten zu springen oder auch zu einem anderen Teil des gleichen Dokuments.

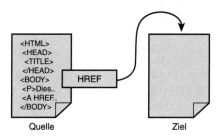

Abbildung 10.1:
Ein HTML-Link wird mit einem eingebetteten <A>-Tag eingerichtet.

Mehrere spezielle Attribute für das Anker-Tag bieten eine begrenzte Kontrolle der Link-Referenzen. Das Attribut rel zum Beispiel wird verwendet, um die Beziehung zu benennen, die zwischen einem Quelldokument und seinem Zieldokument besteht. Der folgende Code bietet dafür ein Beispiel:

`<A HREF="http://www.archi-Tag.com" rel="gehezu_Archi-Tag">Archi-Tag</a> Website.</P>`

Das rel-Attribut benennt den Link für die Verwendung durch einen Programmierer, vielleicht als Mittel, die Dokumentation zu verbessern, aber darüber hinaus hat es wenig Bedeutung. Es ist eine bloße Kennzeichnung. Das rev-Attribut soll einen umgekehrten Link beschreiben und gibt die Beziehung vom Zieldokument zurück zum Quelldokument an. Um es noch einmal zu sagen: eine Link-Referenz ist eine bloße Kennzeichnung, die aussieht wie folgender Code:

`<A HREF="http://www.archi-Tag.com" rel="gehezu_Archi-Tag" rev"example_doc">`
`    Archi-Tag</a> Website.</P>`

Das rev-Attribut bietet eine Kennzeichnung für die umgekehrte Linkbeziehung, die den Pfad zurück zum ursprünglichen Dokument symbolisiert, aber es gibt keine Funktionalität, mit der dies in einen aktuellen Browser implementiert werden könnte.

Ein anderes Linking-Element in HTML wird mit dem <LINK>-Tag implementiert. <LINK> beschreibt die Position eines Dokuments in einer Hierarchie, aber der spezifizierte Link wird nicht wiedergegeben – nur ein Anker-Tag hat Einfluss auf die Link-Wiedergabe. Diese Art von Link ordnet ein anderes Dokument für die Verwendung durch einen spezifischen Prozess oder Client zu. Das LINK-Element wird zum Beispiel verwendet, um der HTML-Seite einen Cascading Stylesheet zuzuordnen, für Prozessoren, die in der Lage sind, eine Wiedergabe auf dieser Grundlage durchzuführen.

Das Linking bei HTML krankt an manchen Einschränkungen. URLs können beispielsweise nur auf ein Dokument zeigen. Wenn man auf einen Abschnitt im Zieldokument verweisen will, muss in diesem Dokument manuell ein benannter Anker platziert werden, bevor der Link aktiviert wird. Wenn Sie einen Link auf den vierten Satz im achten Absatz

Die XML Link Language (XLink)

des dritten Abschnitts des gewünschten Dokuments haben wollen, muss an dieser Stelle im Dokument bereits ein benannter Anker stehen. Wenn Sie dann einen Link auf den 15. Satz drei Absätze vorher brauchen, muss auch dort ein benannter Anker vorhanden sein. Anders gesagt, diese Methode funktioniert weder bei Dokumenten, die nicht im Voraus mit bestimmten benannten Ankern auf dem Server gespeichert wurden, noch bei Dokumenten, auf die Sie lediglich Lesezugriff haben.

Auch wenn die Schaltfläche ZURÜCK und die Verlaufsfunktion, die in die meisten Browser eingebaut ist, es Ihnen erlauben, den Browserpfad zurückzuverfolgen, der zur Zielseite führte, ist dieser Ansatz nicht ganz verlässlich. Nichts in einer HTML-Seite hält diesen Verlauf fest. Der Link auf eine andere Seite ist nur eine Einbahnstraße. Das Quelldokument hat Informationen über das Zieldokument, aber nicht umgekehrt.

Sie können in Ihrem XML-Dokument HTML-Links programmieren. Sie können dies mit XSLT tun, um eine XML-Instanz für die HTML-Wiedergabe in einem Browser umzuwandeln. Dieser Ansatz stellt ein einfaches Linking zur Verfügung; XLink aber verspricht ein leistungsfähigeres Linking.

10.2 Inwiefern verbessert XLink HTML-Links?

XLink ist eine Empfehlung des W3C für leistungsfähige Links zwischen Dokumenten. XLink wurde zur Zusammenarbeit mit XML gestaltet, um alles zu leisten, was mit HTML-Links möglich ist, aber zusätzlich dazu eine Methode zur Verfügung zu stellen, Links in mehrfacher Richtung zu unterstützen. Das bedeutet, dass Links zwischen Dokumenten in mehr als eine Richtung navigieren können. Mit XLink können Sie zwei unidirektionale Links zwischen Dokumenten einrichten: ein Link in mehrere Richtungen oder mehrere multidirektionale Links. Sie werden heute lernen, wie man XLinks erzeugt, um eine Vielzahl relationaler Verbindungen zwischen Dokumenten zu implementieren.

XLink wird in Form von Attributen und Elementen implementiert. Deshalb kann jedes Element als Link in einer XML-Instanz fungieren, anders als bei HTML, wo nur das <A>-Element einen Hypertext-Link transportieren kann. Links können in einer XML-Instanz oder in einer eigenen, verwandten Linkdatei gespeichert werden.

Wenn man XLink mit XPointer kombiniert, werden die Optionen noch bedeutender. Mit XPointer können Sie Links auf beliebige Positionen innerhalb eines XML-Dokuments einrichten und damit die Notwendigkeit umgehen, vorher benannte Anker in den Zieldokumenten einzurichten. Mehr über XPointer erfahren Sie morgen.

Man kann mit XLink nicht nur Dokumente verlinken. XLink kann Links zwischen Datenbankverzeichnissen, Video, Audio und beliebigen anderen Objekten einrichten, die man insgesamt als *Ressourcen* bezeichnen kann. Nehmen wir zum Beispiel an, dass Sie in einer Werbeagentur arbeiten. Sie wollen vielleicht Werbematerial mit allen Pressemeldungen,

Broschüren usw., die mit diesem Material erzeugt wurden, verlinken. Dann wollen Sie das Material mit einem Audiotrack verbinden, der im Web verbreitet wird. Vielleicht wollen Sie das Werbematerial und den Audiotrack mit einem Video verknüpfen, um eine volle Multimedia-Präsentation zu erhalten. Nehmen wir als Nächstes an, dass dieses Werbepaket für ein internationales Publikum gedacht ist und der Videoteil mit Material und Audio in mehreren Sprachen verknüpft werden muss. Sie sehen langsam, dass diese ansonsten voneinander getrennten Ressourcen durch Verbindungen, die man mit Links ausdrücken kann, in eine einheitliche Sammlung zusammengeführt werden können. XLink bietet eine Methode, solch einer Ansammlung von aufeinander bezogenen Ressourcen Ausdruck zu verleihen.

Anwendungen, die XLink unterstützen, können die Links durchqueren, um Ressourcen zu verarbeiten, egal ob sie lokal oder extern ver-Linkt sind. Das heißt, dass Sie die Ressourcen unabhängig von ihrem Standort im Internet erreichen können. Diese Ressourcen können wiederum mit anderen verlinkt werden usw. Damit steht Ihnen eine unglaubliche Flexibilität zur Verfügung.

Die Grenzen von XLink

Die hauptsächliche Einschränkung bei XLink liegt darin, dass es von Browserherstellern nicht allgemein unterstützt wird. Diese mangelnde Unterstützung ist zum Teil darauf zurückzuführen, dass XLinks über die Funktionalität von Browsern hinausgehen. Mit der Zeit werden neue Geräteklassen und Clients entwickelt werden, die die komplexen multidirektionalen Links einsetzen können. Bis dahin gibt es beim Internet Explorer und dem Opera-Browser keine Unterstützung für XLink. Netscape in der Version 6.0 und der Mozilla-Browser bieten eine eingeschränkte Unterstützung für XLink, aber diese Unterstützung ist äußerst unzureichend.

10.3 Elemente verlinken

Ein Element, das XLink-Attribute verwendet, um einen Link ins Leben zu rufen und seine Natur zu beschreiben, wird in XML als *verlinkendes Element* betrachtet. Anders als bei HTML, wo ein Link mit einem LINK oder einem <A>-Tag eingerichtet wird, kann bei XLink *jedes* XML-Element zum verlinkenden Element werden. Ein XML-Element kann zum verlinkenden Element werden, wenn zwei Bedingungen erfüllt sind:

- Das Element muss Attribute aus dem XLink-Dialekt einschließen, die mit einem eindeutigen Präfix beginnen. Per Konvention ist dieses Präfix normalerweise XLink:.
- Das Präfix muss in den XLink-Namensraum mit der URI http://www.w3.org/1999/xlink eingebunden sein.

Die XML Link Language (XLink)

Auch wenn Sie ein beliebiges Präfix auswählen können, um XLink-Attribute in den XLink-Namensraum einzubinden, entspricht es einem guten Programmierstil, wenn Sie der Konvention folgen und XLink verwenden.

Die XLink-Attribute spielen bei der Beschreibung eines Links eine besondere Rolle.

XLink definiert acht Attribute, mit denen ein verlinkendes Element beschrieben wird. Diese Attribute, die zum XLink-Namensraum (http://www.w3.org/1999/xlink) gehören, werden den Elementen in Ihrem XML-Dokument hinzugefügt. Tabelle 10.1 fasst die Attribute zusammen, die die XML Linking Language ausmachen.

Attribut	Beschreibung
type	Ein String, der den Linktyp festlegt
href	Eine beliebige gültige URL, die den Standort der Zielressource bestimmt
from	Ein String, der eine Ressource deklariert, die die Quelle in einer Bogen-Beziehung ist
to	Ein String, der das Ziel in einer Bogen-Beziehung deklariert
show	Ein String, der deklariert, wie eine Ressource angezeigt wird
actuate	Ein String, der deklariert, wie ein Link aktiviert wird
role	Ein anwendungsspezifischer String, der verwendet wird, um die Funktion des Linkinhalts zu beschreiben
title	Eine Kennzeichnung für einen Link

Tabelle 10.1: Gültige Attribute, die das XLink-Vokabular ausmachen

Sie werden in Kürze Beispiele zu den meisten dieser Attribute und einige gültige Werte für sie sehen.

Verlinkende Elemente bei XML enthalten ein xlink:type-Attribut, das die Natur des Links beschreibt, der eingegeben wird. Verlinkende Elemente sind entweder simple (einfach) oder extended (erweitert). *Einfache Links* (xlink:type="simple") sind Links, die eine Ressource mit einer anderen verknüpfen, ähnlich einem HTML-Link. *Erweiterte Links* (xlink:type="extended") sind dazu gedacht, mehrere Kombinationen von lokalen und externen Ressourcen zu verlinken. Das xlink:type-Attribut hat mehrere andere gültige Werte, unter anderem locator, arc, resource, title und none. Diese Werte werden in Kürze in den folgenden Abschnitten besprochen.

Das `xlink:href`-Attribut für ein verlinkendes Element hat als Wert die URL der Ressource, mit der es verknüpft wird. Das kann eine lokale oder eine externe Ressource sein und alle gültigen URLs sind als Wert für dieses Attribut zulässig.

Ein grundlegendes Beispiel für XLink

Sie wissen jetzt genug über die XLink-Syntax, um ein grundlegendes XML-Linking-Element für die Nachrichten verarbeitende Auszeichnungssprache der vergangenen Tage zu erzeugen. Um beim Szenario zu bleiben: Sie haben in den vergangenen neun Tagen mehrere unterschiedliche XML-Dokumente erstellt, die Nachrichten auszeichnen. Die Daten werden vermutlich von einer Anwendung aufgezeichnet, die Nachrichten empfängt, während der Empfänger nicht erreichbar ist. Angenommen, Sie wollen einen Link zwischen einer empfangenen Nachricht und einer externen Ressource einrichten, die Informationen über den Sender der Nachricht enthält. Sie können zum Beispiel auf eine externe Ressource zugreifen, die Informationen zur Identifikation enthält, etwa einen Namen, eine E-Mail-Adresse oder eine Telefonnummer.

Nehmen wir an, Sie richten den Link von einem `nachricht`-Element aus ein – also der lokalen Ressource – und in der Nachrichten-Auszeichnungssprache. Nehmen wir ferner an, dass es sich um einen `simple`-Link auf eine externe Ressource handelt, deren Standort `http://archi-Tag.com` ist. Sie müssen die beiden Attribute, die Sie vorhin kennen gelernt haben, wie folgt verwenden:

```
xlink:type="simple"
xlink:href="http://www.archi-Tag.com"
```

Das erste Attribut (`xlink:type="simple"`) legt die Tatsache fest, dass das `type`-Attribut zum `xlink`-Namensraum gehört, der an anderer Stelle in der Elementauszeichnung oder dem Markup eines seiner Vorfahren deklariert wurde. Der Wert `simple` beschreibt eine einfache Beziehung zwischen zwei Ressourcen. Das Attribut `xlink:href` liefert die Adresse der Zielressource.

Diese Attribute werden in das verlinkende Element eingesetzt und der `xlink`-Namensraum wird in der Instanz deklariert. Listing 10.2 zeigt die komplette XML-Instanz mit dem einfachen Link-Element, das mit XLink programmiert wurde.

Listing 10.2: Ein einfaches verlinkendes Element in XML – nachricht01_10.xml

```
1: <?xml version="1.0"?>
2: <!-- Listing 10.2 - nachricht01.xml -->
3:
4: <notiz xmlns:xlink="http://www.w3.org/1999/xlink">
5:   <nachricht xlink:type="simple"
6:       xlink:href="http://www.archi-Tag.com">
```

Die XML Link Language (XLink)

```
7:     Denke daran, auf dem Nachhauseweg von der Arbeit Milch zu kaufen
8:     </nachricht>
9: </notiz>
```

Der XML-Namensraum für XLink (http://www.w3.org/1999/xlink) wird in Zeile 4 deklariert und bekommt das Präfix xlink:. Die Attribute type und href werden in der lokalen Ressource programmiert (dem nachricht-Element), um einen einfachen Link auf eine entfernte Ressource einzurichten, die ihren Standort unter http://www.archi-Tag.com/devan/ks.html hat.

Haben Sie bemerkt, dass das nachricht-Element den semantischen Namen (nachricht) behält, der seinen Inhalt beschreibt, und dass es nicht den Link erhält, der darauf programmiert ist? Bei HTML beschreibt ein Link-Element die Funktion, nicht den Inhalt.

Fragen der Gültigkeit

Da diese Attribute für ein XML-Element programmiert werden, müssen Sie sie in ein Schema eingeben, wenn Ihr Dokument eine Validierung erfordert. Wenn Sie Ihre XML-Instanz mit einer DTD validieren, können Sie mit dem Attributs-Operanden #FIXED den erforderlichen Wert für die Attribute setzen, der genau mit einem bekannten Wert übereinstimmen muss. Es gibt zum Beispiel nur einen gültigen Namensraum, den man für XLink verwenden kann, also kann er in der DTD festgeschrieben werden. Sie können weitere Attributswerte festschreiben. Listing 10.3 zeigt eine DTD, die zur Validierung der XML-Instanz aus Listing 10.2 verwendet werden kann, wenn sie dieser Instanz korrekt zugeordnet wird. Wenn Sie diese Zuordnung vorgenommen haben, können Sie das Dokument mit dem Microsoft Internet Explorer parsen, vorausgesetzt, Sie haben auf Ihrem System Version 5 oder höher installiert.

Listing 10.3: *Eine DTD, die die Nachricht-Instanz validiert – nachricht01_10.dtd*

```
 1: <!-- Listing 10.3 - nachricht01.dtd -->
 2:
 3: <!ELEMENT notiz (nachricht)>
 4: <!ATTLIST notiz
 5:    xmlns:xlink CDATA #FIXED "http://www.w3.org/1999/xlink"
 6: >
 7: <!ELEMENT nachricht (#PCDATA)>
 8: <!ATTLIST nachricht
 9:    xlink:type CDATA #FIXED "simple"
10:    xlink:href CDATA #REQUIRED
11: >
```

Elemente verlinken

Das notiz-Element enthält ein nachricht-Element und hat das Attribut xmlns:xlink, für das nur der Wert "http://www.w3.org/1999/xlink" gültig ist. Das nachricht-Element enthält Textdaten und hat zwei Attribute: xlink:type und xlink:href. Das type-Attribut lässt nur den Wert "simple" zu, während das href-Attribut einen beliebigen Datenstring als Wert haben kann.

Gegenwärtig verwendet man am häufigsten DTDs zur Validierung bei XLink; Sie können die gleiche Validierung aber auch mit einer anderen Schemasprache wie XDR oder XSD durchführen. Zu Vergleichszwecken zeigt Listing 10.4 ein XML Schema Language (XSD)-Schema für die Validierung der Instanz.

Listing 10.4: Ein XML-Schema für die Validierung der Nachricht-Instanz – nachricht01_10.xsd

```
 1: <?xml version="1.0" encoding="UTF-8"?>
    <!-- Listing 10.4 - nachricht01.xsd -->
 2: <xsd:schema xmlns:xsd="http://www.w3.org/2000/10/XMLSchema">
 3:   <xsd:element name="notiz">
 4:     <xsd:complexType>
 5:       <xsd:sequence>
 6:         <xsd:element name="nachricht" type="messageType"/>
 7:       </xsd:sequence>
 8:       <xsd:attribute name="xmlns:xlink" type="xsd:string"
                         use="fixed" value="http://www.w3.org/1999/xlink"/>
 9:     </xsd:complexType>
10:   </xsd:element>
11:   <xsd:complexType name="messageType">
12:     <xsd:simpleContent>
13:       <xsd:restriction base="xsd:string">
14:         <xsd:attribute name="xlink:type"
                            type="xsd:string" use="fixed" value="simple"/>
15:         <xsd:attribute name="xlink:href"
                            type="xsd:string" use="required"/>
16:       </xsd:restriction>
17:     </xsd:simpleContent>
18:   </xsd:complexType>
19: </xsd:schema>
```

Zeile 2 weist den Standard-Namensraum für ein Dokument der XSD-Instanz zu (http://www.w3.org/2000/20/XMLSchema). Die Deklarationen für das notiz-Element sind in den Zeilen 3-10 enthalten. Das notiz-Element enthält das Element nachricht, was in Zeile 6 deklariert wird, und hat das Attribut xmlns:xlink mit dem einzig gültigen (use="fixed") Wert "http://www.w3.org/1999/xlink". Nach der Element-Deklaration für nachricht in Zeile 6 ist sein Inhalt als complexType mit dem Namen "messageType" definiert, was in den Zeilen 11-18 zu sehen ist. Das xlink:type-Attribut für das nachricht-Element wird als fixed xsd:string mit dem Wert simple definiert. Das xlink:href-Attribut kann einen beliebigen xsd:string als Inhalt haben. Beide Attribute müssen in einem entsprechenden Dokument der XML-Instanz vorhanden sein.

Beschreibende XLink-Attribute

Die Attribute xlink:title und xlink:role aus Tabelle 10.1 helfen dabei, den Link zu beschreiben. Das title-Attribut ist ein beschreibender Titel, der dem Link zugewiesen wird. Das role-Attribut ist ein anwendungsspezifischer String (eine URI), der verwendet wird, um die Funktion des Linkinhalts zu beschreiben. Listing 10.5 zeigt erneut das Nachricht-Dokument, mit zugewiesenen xlink:title- und xlink:role-Attributen.

Listing 10.5: Ein Beispiel für einen einfachen XLink – nachricht02_10.xml

```
 1: <?xml version="1.0"?>
 2: <!-- Listing 10.5 - nachricht02_10.xml -->
 3:
 4: <notiz xmlns:xlink="http://www.w3.org/1999/xlink">
 5:   <nachricht
 6:     xlink:type="simple"
 7:     xlink:href="http://www.archi-Tag.com"
 8:     xlink:role="nachricht"
 9:     xlink:title="nachricht verarbeitung beispiel">
10:       Denke daran, auf dem Nachhauseweg von der Arbeit Milch zu kaufen
11:   </nachricht>
12: </notiz>
```

Die Zeilen 8 und 9 zeigen die hinzugefügten Attribute xlink:role und xlink:title.

10.4 Einfaches Linkverhalten

Die Links, die Sie bislang untersucht haben, sind einfache Links, die nur eine Verbindungsmöglichkeit einrichten. Wenn Sie Attribute zum Linkverhalten hinzufügen, können Sie mit einer die XLink unterstützenden Anwendung die Auswirkungen steuern, die das Durchqueren dieses Links hat. Auf diese Art und Weise können Sie die Anwendung anweisen, der lokalen Ressource auf verschiedene vordefinierte Arten externe Ressourcen zuzuweisen.

Einfaches Linkverhalten

Darstellung

Mit dem Attribut `xlink:show` wird die erwünschte Darstellung der externen Ressource durch einen XLink-fähigen Prozessor bestimmt. Betrachten Sie die Funktion eines HTML-Anker-Links im Ersetzungsstil. Wenn der Anwender per Mausklick an der korrekten Stelle im Browserfenster einen Link auslöst, wird der Inhalt der aktuellen Seite häufig durch den Inhalt der Ziel-URI ersetzt. XLink kennt den Wert `replace` (ersetzen) für das `show`-Attribut, der das Gleiche in einem Browser leistet, der XLink unterstützt. Anders gesagt, die lokale Ressource wird durch die externe Ressource ersetzt, wenn der XLink `xlink:show="replace"` aktiviert wird.

Tabelle 10.2 fasst die möglichen Werte für dieses Attribut zusammen.

Wert	Beschreibung
`replace`	Lädt die externe Ressource in das Fenster der lokalen Ressource und ersetzt den sichtbaren Inhalt
`new`	Öffnet ein neues Fenster der Anwendung, in dem der Inhalt der externen Ressource angezeigt wird
`embed`	Bettet die externe Ressource in die aktuelle Ressource ein. Eine Grafik- oder eine Sound-Datei können zum Beispiel in eine Dokument-Instanz eingebettet werden.
`other`	Bezieht sich auf einen anwendungsspezifischen Aufruf. Der Wert wird durch die XLink-Spezifikation nicht beschränkt, aber seine Verwendung wird von einer Applikation bestimmt.
`none`	Nicht beschränkt

Tabelle 10.2: Mögliche Werte für das xlink:show-Attribut

Aktivierung

Ein weiteres Attribut zum Verhalten ist das `xlink:actuate`-Attribut, das verwendet wird, um das Timing der Durchquerung zur externen Ressource festzulegen. Um wieder HTML als Beispiel zu nehmen, betrachten Sie die Auslösesequenz für einen Anker-Link. Ohne zusätzliches Scripting wird der Anker-Link ausgelöst, wenn der Anwender auf einen gekennzeichneten Bereich der Anzeige klickt, wie etwa die Stelle, an der das Anker-Tag auf dem Anzeigebildschirm programmiert ist. XLink enthält den Aktivierungswert `onRequest`, der das Gleiche erreicht. Es gibt verschiedene weitere Optionen für das `xlink:actuate`-Attribut, die Sie in Tabelle 10.3 sehen.

Die XML Link Language (XLink)

Wert	Beschreibung
onRequest	Ähnlich dem HTML-Anker-Link: ein Anwender löst eine Steuerung für die verarbeitende Anwendung aus, etwa einen Mausklick, mit dem die Linkdurchquerung beginnt.
onLoad	Damit wird die externe Ressource geladen, sobald die lokale Ressource von der verarbeitenden Anwendung in den Speicher eingelesen wurde. Ein Browser, der XLink unterstützt, lokalisiert die externe Ressource, sobald die Seite mit dem Link geladen ist.
other	Anwendungsspezifischer Aufruf. Er wird von der XLink-Spezifikation nicht beschränkt, aber die Aktion wird von der Anwendung ausgelöst.
none	Nicht beschränkt. Auch dieser Wert wird von der XLink-Spezifikation nicht beschränkt und nicht von einer Anwendung implementiert.

Tabelle 10.3: Mögliche Werte für das Attribut xlink:actuate

Übungen zum XLink-Verhalten

Zum Zeitpunkt der Drucklegung dieses Buchs gibt es nicht viele Browser oder generische Anwendungen, die XLink unterstützen. Einer, der zumindest eine teilweise Unterstützung bereitstellt, ist der Netscape-Browser in der Version 6.0 (http://home.netscape.com/browsers/index.html?cp=hop06d16). Er kann verwendet werden, um die nächsten paar Beispiele auszutesten. Im Internet Explorer können Sie keinen XLink-Code ausführen.

Modifizieren Sie Ihr Dokument `nachricht02.xml` und fügen Sie ihm ein `xlink:actuate`-Attribut mit dem Wert `onRequest` hinzu sowie ein `xlink:show`-Attribut mit dem Wert `replace`. Die neuen Attribute sehen so aus:

```
xlink:actuate="onRequest"
xlink:show="replace"
```

Speichern Sie das modifizierte XML-Dokument unter `nachricht03_10.xml`. Listing 10.6 zeigt das vollständige Dokument.

Listing 10.6: Eine Nachricht-Instanz mit XLink-Verhaltens-Attributen – nachricht03_10.xml

```
1: <?xml version="1.0"?>
2: <!-- Listing 10.6 - nachricht03_10.xml -->
3:
4: <notiz xmlns:xlink="http://www.w3.org/1999/xlink">
5:   <nachricht
6:     xlink:type="simple"
7:     xlink:href="http://www.archi-Tag.com"
```

Einfaches Linkverhalten

```
8:      xlink:role="nachricht"
9:      xlink:title="nachricht verarbeitung beispiel"
10:     xlink:actuate="onRequest"
11:     xlink:show="replace">
12:         Denke daran, auf dem Nachhauseweg von der Arbeit Milch zu kaufen
13:     </nachricht>
14: </notiz>
```

Die Zeilen 10 und 11 enthalten die Attribute xlink:actuate und xlink:show. Die Aktivierung für den Link ist auf onRequest gesetzt. Das heißt, dass ein Anwender einen Befehl für die Anwendung auslösen muss – einen Mausklick auf einen Hypertext-Link im Browserfenster etwa – um den Prozessor zu veranlassen, den Link zu durchqueren. Sobald der Link verfolgt wird, wird der Inhalt der lokalen Ressource durch den Inhalt der externen Ressource ersetzt.

Wenn Sie den vollständigen Code in Netscape 6 laden, werden Sie nur den Textinhalt von nachricht03_10.xml sehen. Er ist aber unterstrichen, genau wie der Inhalt eines HTML-<A>-Elements. Das passiert, weil der XLink-Prozessor so programmiert wurde, dass er Hypertext-Links auf diese Weise anzeigt. Denken Sie daran, dass ein anderer Prozessor den Link vielleicht auf andere Art und Weise verarbeitet. Wenn Sie den Link anklicken, wird der Inhalt der lokalen Seite (den Abbildung 10.2 zeigt) durch den Inhalt der Seite ersetzt, die unter der externen Webadresse http://www.archi-Tag.com gespeichert ist (den Abbildung 10.3 zeigt).

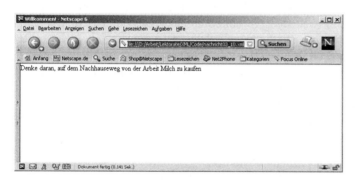

*Abbildung 10.2:
Das Dokument
nachricht03.xml wird im
Netscape-Browser 6.0
angezeigt.*

Bearbeiten Sie das Dokument nachricht03_10.xml und versuchen Sie, den Wert für Ihr xlink:show-Attribut in Zeile 11 auf new zu setzen. Speichern Sie die Änderungen unter nachricht04_10.xml und führen Sie den Link im Netscape 6 aus. Der Browser öffnet ein neues Fenster, um das Resultat nach dem Herunterladen des Inhalts aus der externen Ressource anzuzeigen. Sie können auch versuchen, das xlink:actuate-Attribut in Zeile 10 auf onLoad zu setzen. Der resultierende Link kann so schnell ausgelöst werden, sodass Sie nicht erkennen, dass er zu dem Zeitpunkt durchquert wurde, als das lokale Dokument geladen wurde. Netscape 6 unterstützt die meisten anderen Werte für diese Attribute zurzeit nicht.

Die XML Link Language (XLink)

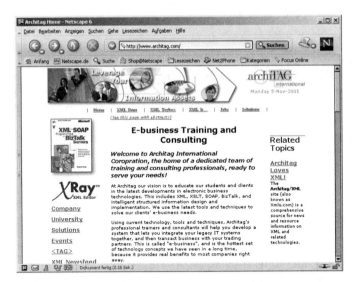

*Abbildung 10.3:
Das Resultat der
Aktivierung des XLinks*

10.5 Erweiterte Links

Wie bereits beschrieben, gehen die Möglichkeiten von XLink weit über einfache Links hinaus. Erweiterte Links lassen Mehrfachkombinationen lokaler und externer Ressourcen in verschiedene Richtung zu. *Erweiterte Links* umfassen einen Ressourcensatz und einen Verbindungssatz zwischen diesen Ressourcen. Die Ressourcen können lokal oder extern sein. Lokale Ressourcen sind Teil des verlinkenden Elements, wogegen externe Ressourcen sich außerhalb des Linking-Elements befinden. Externe Ressourcen befinden sich üblicherweise in einem anderen Dokument, aber relativ zum verlinkenden Element müssen sie nicht als extern betrachtet werden. Jede Ressource kann entweder Ziel oder Quelle eines Links sein oder auch beides. Wenn ein Link keine lokalen Ressourcen enthält, wird er *Out-of-line-Link* genannt.

Ein erweiterter Link wird mit dem Wert extended für das xlink:type-Attribut eingegeben. Erweiterte Links zeigen in der Regel auf mehrere externe Ressourcen. Sie können ihren Ursprung auch in mehr als einer Quelle haben. Das Konzept *lokal* versus *extern* kommt etwas durcheinander, weil es stark referentiell geprägt ist. Eine Ressource kann im Kontext eines XLinks lokal sein, sie kann aber auch eine externe Ressource sein, wenn ein anderer XLink durchquert wird. Gegenwärtig gibt es nicht genügend Softwareprodukte oder Geräte, die ein komplexes erweitertes Linking hinreichend unterstützen. Wenn diese Tools einmal zur Verfügung stehen, verspricht das Prinzip der erweiterten Links leistungsstarke Optionen, die heute noch nicht möglich sind.

Lokatoren

Wie bereits erwähnt, sind externe Ressourcen diejenigen, die außerhalb des erweiterten Link-Elements liegen. XLink bietet das Konzept der *Lokatorelemente* an, die festzustellen helfen, wo sich die externen Ressourcen befinden. Lokatorelemente können einen beliebigen Namen bekommen, aber sie müssen ein `xlink:type`-Attribut mit dem Wert `"locator"` haben. Das `xlink:href`-Attribut ist für ein Lokatorelement erforderlich und dient dazu, die externe Ressource anzuzeigen. Mit den `locator`-Elementen verwandt sind die `resource`-Elemente, die auf die gleiche Weise gestaltet werden, aber dazu dienen, lokale Ressourcen zu lokalisieren, nicht externe Ressourcen.

Angenommen, das Nachrichtenverarbeitungssystem, mit dem Sie die heutigen Beispiele untersucht haben, zeichnet nicht nur die Nachrichten und die Sender dieser Nachrichten auf, sondern auch die Aktionen, die mit den Nachrichten zusammenhängen. Sie kennen wahrscheinlich die vorgedruckten Blöcke für Telefonnachrichten, wo Felder für Informationen und Aktionen des Anrufers vorgesehen sind. Stellen Sie sich zum Beispiel vor, dass Ihr automatisiertes System die Art von Aktionen aufzeichnet, die normalerweise auf einer handgeschriebenen Telefonnotiz stehen. Einige der Aktionen, die mit der Nachricht zusammenhängen, können anzeigen, dass der Absender der Nachricht

- angerufen hat,
- Sie sehen will,
- zurückgerufen hat,
- möchte, dass Sie zurückrufen,
- möchte, dass Sie die Nachricht weiterbearbeiten,
- zurückrufen wird.

Folgen wir diesem Szenario ein wenig weiter: eine Nachricht kann mit mehreren Aktionen verbunden sein. Die erweiterten Links von XLink bieten eine Methode, wie man Einer-an-Viele- und auch Viele-an-Viele-Beziehungen programmiert. Angenommen, ein einziges Nachrichtelement ist mit mehreren der aufgezählten Aktionen verlinkt. Sie können dann eine erweiterte Linkbeziehung eingeben, wie in Listing 10.7 gezeigt. Da derzeit keine Browser erweiterte Links unterstützen, können Sie die folgenden Beispiele nicht im Netscape 6 anzeigen.

Listing 10.7: Erweiterter XLink mit Lokatoren – nachricht05_10.xml

```
1: <?xml version="1.0"?>
2: <!-- Listing 10.7 - nachricht05_10.xml -->
3:
4: <notiz xmlns:xlink="http://www.w3.org/1999/xlink"
5:     xlink:type="extended">
```

Die XML Link Language (XLink)

```
 6:    <nachricht xlink:type="resource">
 7:        Denke daran, auf dem Nachhauseweg von der Arbeit Milch zu kaufen
 8:    </nachricht>
 9:
10:    <action xlink:type="locator"
11:        xlink:href="telefoniert.xml"/>
12:
13:    <action xlink:type="locator"
14:        xlink:href="bis_bald.xml"/>
15:
16:    <action xlink:type="locator"
17:        xlink:href="Rufe_zurueck.xml"/>
18:
19: </notiz>
```

Das notiz-Element beschreibt einen erweiterten Link (Zeile 5) mit vier Ressourcen. Die erste Ressource ist die lokale nachricht-Ressource (Zeilen 6-8). Die drei action-Lokatoren sind externe Ressourcen (Zeilen 10, 13 und 16). Beachten Sie, dass alle vier Ressourcen abgeleitete Elemente des Containerelements für den erweiterten Link notiz sind. (Zeilen 4-19). Da es sich bei dem nachricht-Element um eine lokale Ressource handelt, hat es den xlink:type-Wert resource (Zeile 6) anstelle des Werts locator, der externen Ressourcen zugewiesen wird. Alle externen action-Lokatoren enthalten eine URL (Zeilen 11, 14 und 17), die die Adresse der externen Ressource deklariert.

Bögen

Als Sie vorhin einfache Links erzeugten, konnten Sie mit den Attributen xlink:show und xlink:actuate definieren, wie und wann die Links durchquert werden sollen. Bei den erweiterten Links wird die Lage bei weitem komplizierter, wegen der großen Anzahl der potenziellen Links, die man zu einem beliebigen Zeitpunkt aktivieren kann. Betrachten Sie nur die 16 möglichen Links zwischen den Ressourcen, die in nachricht05_10.xml (Listing 10.7) programmiert sind.

Jeder der verschiedenen Links zwischen den Ressourcen kann andere Regeln haben, die sein Verhalten beschreiben, wie die Aktivier- und Anzeigeanweisungen. Man nennt bei XLink jede dieser Beziehungen einen *Bogen* und sie werden mit dem Wert arc für das xlink:type-Attribut eingegeben. Die Verhaltensregeln werden bei jeder Bogen-Deklaration angegeben und beschreiben, wie und wann Links durchquert werden. Außerdem haben arc-Elemente xlink:from- und xlink:to-Attribute, die ausdrücklich angeben, auf welche Ressourcen die Bögen gerichtet sind oder wo sie herkommen. Damit dieser Prozess erfolgreich sein kann, müssen die Ressourcen xlink:label-Attribute haben, die als referentielle Kennzeichnung für die from- und to-Zeiger dienen.

Erweiterte Links

Beispiel für einen komplexen erweiterten Link

Angenommen, Ihr Nachrichtenverarbeitungssystem kann Nachrichten aufzeichnen, die Links auf mehrere Aktionen enthalten, wie sie vorher beschrieben wurden, und außerdem auf externe Ressourcen, die mit mehreren Absendern verbunden sind. Die externen sender-Ressourcen geben vielleicht die Namen und Kontaktinformationen für jeden dieser Absender an. Man kann diese Beziehungen mit einem komplexen Listing für einen erweiterten Link ausdrücken. Das Listing 10.8 fügt dem Listing 10.7 zwei Absender und zwei Bögen hinzu. Jeder sender wird zu einem locator-Element, mit dem eine externe Ressource adressiert wird. Die arc-Elemente zeigen die Durchquerung an, die in Richtung auf verschiedene benannte Ressourcen und zurück stattfindet.

Listing 10.8: Ein Beispiel für einen komplexen erweiterten Link – nachricht06_10.xml

```
 1: <?xml version="1.0"?>
 2: <!-- Listing 10.8 - nachricht06_10.xml -->
 3:
 4: <notiz xmlns:xlink="http://www.w3.org/1999/xlink"
 5:        xlink:type="extended">
 6:
 7:   <nachricht xlink:type="ressource"
 8:              xlink:role="nachricht"
 9:              xlink:href="nchr.xml"/>
10:
11:   <sender xlink:type="locator"
12:           xlink:href="ks.xml"
13:           xlink:role="sender"/>
14:
15:   <sender xlink:type="locator"
16:           xlink:href="gs.xml"
17:           xlink:role="sender"/>
18:
19:   <action xlink:type="locator"
20:           xlink:href="telefoniert.xml"
21:           xlink:role="action"/>
22:
23:   <action xlink:type="locator"
24:           xlink:href="bis_bald.xml"
25:           xlink:role="action"/>
26:
27:   <action xlink:type="locator"
28:           xlink:href="Rufe_zurueck.xml"
29:           xlink:role="action"/>
30:
```

```
31:    <relate xlink:type="arc"
32:           xlink:from="nachricht"
33:           xlink:to="sender"/>
34:
35:    <relate xlink:type="arc"
36:           xlink:from="nachricht"
37:           xlink:to="action"/>
38:
39:    <relate xlink:type="arc"
40:           xlink:from="sender"
41:           xlink:to="action"/>
42:
43: </notiz>
```

Die Zeilen 7-9 enthalten das nachricht-Element mit einem role-Attribut, dessen Wert gleich nachricht ist. Alle Lokatorelemente haben entweder einen sender oder eine action, die durch den Wert ihres jeweiligen Attributs angezeigt werden. Die drei relate-Elemente enthalten xlink:to- und xlink:from-Attribute, die die Bögen zwischen verschiedenen Ressourcen auf Grund ihrer role-Namen definieren. Es wird zum Beispiel zwischen dem Ressourcenelement nachricht und jedem locator-Ressourcenelement sender ein arc definiert.

Sie haben nun etwas über spannende theoretische Konstrukte gelesen, die derzeit von den Tools noch nicht voll unterstützt werden. Wenn diese Technologie jedoch Wirklichkeit wird, wird Sie Ihnen neue Methoden zur Verfügung stellen, wie man Daten aus mehreren Quellen unabhängig von ihrem Ursprungsort im Internet miteinander verbinden kann.

10.6 Zusammenfassung

Die XML Link Language (XLink) stattet XML mit wesentlich leistungsstärkeren Linking-Möglichkeiten aus, als sie HTML zur Verfügung stehen. XLink kann leicht einfache und erweiterte Links einrichten, die lokale und externe Ressourcen lokalisieren können, nicht nur Dokumente. XLink bietet mit der Programmierung verlinkender Elemente eine reichhaltige Funktionalität für die Aktivierung und die Anzeige von Ressourcen. Die Auszeichnung, die spezifiziert, auf welche Weise ein Link durchquert werden soll, nennt man einen Bogen. arc identifiziert zusammen mit den Verhaltens-Attributen einen Anfangs- und einen Endpunkt für einen Link. XLink wird von Prozessoren und Browsern nicht breit unterstützt, auch wenn es wahrscheinlich ist, dass sich die Browser weiterentwickeln und am Ende eine Unterstützung für XLink bereitstehen wird. Es ist außerdem anzunehmen, dass neue und einzigartige Geräte und Clients entwickelt werden, die die Kraft dieser Technologie in der Zukunft ausschöpfen können.

10.7 Fragen und Antworten

F   Was ist der Unterschied zwischen den beiden grundlegenden Typen bei XLink?

A   Ein einfacher Link ist ein Link in eine Richtung, ähnlich den HTML-Links, er hat aber mehr Funktionalität anzubieten. Ein erweiterter Link stellt mehrere Links in verschiedene Richtungen und auf unterschiedliche Ressourcen zur Verfügung.

F   Müssen XLink-Attribute validiert werden?

A   Da XLink-Attribute nur zusätzliche Attribute für ein Element der XML-Instanz sind, müssen sie validiert werden, wenn der Instanz eine DTD oder eine andere Schemaform zugeordnet ist.

F   Welche Rolle spielt ein Lokator bei XLink?

A   Der Lokator liefert die Adresse für eine externe Ressource, in der Regel eine URL. Die URL bezeichnet den Endpunkt für den Bogen, der bei der Ausführung des XLinks durchquert wird.

10.8 Übung

Im Lauf der vergangenen 1½ Wochen haben Sie Ihre Music Collection Markup Language (MCML) immer wieder mit neuen Features versehen. Heute fügen Sie einem der CD-Elemente einen einfachen Link hinzu, der durch einen Mausklick aktiviert wird. Als Resultat wird das aktuelle Browserfenster durch einen neuen Inhalt ersetzt, der aus dem Dokument regal.xml stammt. Sie müssen regal.xml erzeugen und ihm eine Beschreibung eingeben, die angibt, wo die CD zu finden ist. Überprüfen Sie Ihre Lösung, indem Sie den Link mit Netscape 6 ausführen.

XML Pointer Language (XPointer)

XML Pointer Language (XPointer)

Die XML Pointer Language (XPointer) bietet Ihnen eine Methode, wie Sie Informationen in einem anderen XML-Dokument adressieren und lokalisieren können. XPointer verwendet die XML Path Language (XPath), die Sie am 9. Tag untersucht haben und erweitert sie. XPointer kombiniert Ausdrücke von XPath mit URIs. Sie haben beide Technologien bereits im Detail kennen gelernt, also werden wir uns heute darauf konzentrieren, wie die beiden in einen XPointer-Ausdruck eingebaut werden können. Sie lernen heute

- inwiefern XPointer den Ansatz des benannten Ankers zur Identifikation von Dokumentfragmenten bei HTML verbessert.
- die Syntax von XPointer-Ausdrücken.
- mehrere XPointer-Operanden, die speziellen Zwecken dienen.
- wie man die Ausdrücke der XPath-Beziehungen bei XPointer einsetzt.
- verschiedene spezielle Eigenschaften von Xpointer.

11.1 Das »Zeigen« mit benannten Zielen und Hypertext-Links bei HTML

Die Spezifikation zu XPointer, ein Arbeitsentwurf des W3C vom 9. Juli 1999, beschreibt stringbasierte Ausdrücke, die die direkte Adressierung interner Strukturen bei XML-Dokumenten unterstützen. XPointer-Strings bieten eine spezifische Referenz auf Elemente, Zeichenstrings und andere Teile von XML-Dokumenten, weil sie auf der ausdrucksstarken und auswählenden Sprache XPath beruhen. Das ist eines der Merkmale, die XPointer von einem Anker-Link-Lokator bei HTML unterscheiden.

Sie sollten die Unterlagen zu XPath (Tag 9) und XLink (Tag 10) noch einmal durchlesen, bevor Sie sich dem heutigen Unterrichtsstoff zuwenden. Der heutige Stoff bietet einen Rückblick und erweitert einige der Features dieser Technologien, aber er sollte im Zusammenhang mit diesen Kapiteln gelesen werden.

Als Ausgangspunkt wollen wir uns noch einmal ansehen, wie grundlegende Verweise bei HTML funktionieren. Um die Teilmenge einer HTML-Seite, etwa ein Fragment, lokalisieren zu können, muss ein name an einer bestimmten Stelle eingerichtet werden, bevor der Link abgefragt werden kann, und das aufrufende Dokument muss den benannten Link ausdrücklich ansprechen. Das funktioniert bei HTML, um benannte Fragmente im gleichen oder in einem anderen Dokument zu lokalisieren. Die Syntax für die benannte Zielkennzeichnung lautet:

```
<a name="target_name">Zieltext oder Objekt</a>
```

Das richtet einen Flag an der Stelle auf der HTML-Seite ein, wo der Anker abgelegt ist. Dieser Flag kann sich am Seitenanfang oder auch an einer beliebigen Stelle in der Seitenauszeichnung befinden. Der Wert des Attributs name wird dem Fragment mit diesem Flag auf der HTML-Seite zugeordnet und liefert seine Adresse. Ein anderes Anker-Tag, das sich ausdrücklich auf den benannten Wert des Attributs bezieht, kann die Adresse auflösen. Die Syntax für das aufrufende Anker-Tag lautet:

```
<a href="URI#target_name">Linktext oder Objekt</a>
```

Der Hypertext-Link, der mit diesem Anker-Tag erzeugt wird, zeigt auf das benannte Fragment auf der Seite, die die URI anzeigt. Wenn der Anwender den Link aktiviert, indem er mit der Maus auf den Linktext oder das Objekt klickt, die im Browserfenster angezeigt werden, lädt der Browser den Inhalt des Fragments am benannten Zielort herunter und zeigt ihn anstelle der aktuellen Seite an. Abbildung 11.1 zeigt diese HTML-Funktion.

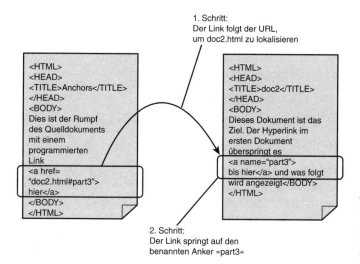

*Abbildung 11.1:
Ein HTML-Hypertext-Link aus einem Dokument auf ein benanntes Ziel in einem anderen Dokument*

Beschränkungen bei HTML-Ankern

Es gibt einige Beschränkungen beim beschriebenen HTML-Ansatz. Erstens müssen Sie die Namen aller verfügbaren Ziele kennen. Wenn Sie die Seite selbst gestaltet haben, ist das relativ einfach. Wenn Sie aber auf eine externe Seite zugreifen, die Sie nicht erstellt haben, können die Zielnamen zu einem großen Problem werden. Zunächst einmal müssen die Ziele natürlich überhaupt existieren, damit dieser Ansatz funktionieren kann. Wenn es sie nicht gibt, können Sie auf keinen benannten Anker verweisen, um ein Seitenfragment zu lokalisieren. Das bedeutet, dass ein HTML-Programmierer von vornherein darauf achten muss, nützliche benannte Anker auf die Seite zu setzen.

XML Pointer Language (XPointer)

Ein weiteres Problem ist die Sicherheit. Angenommen, Sie wollen auf Fragmente einer HTML-Seite zugreifen, die noch nicht benannt sind. Wenn Sie die passenden benannten Anker selbst erstellen wollen, müssen Sie die vollen Zugriffsrechte auf diese Seite haben, damit Sie sie auf dem Server, der als Host fungiert, aufrufen und modifizieren können. Statische Webseiten sind schreibgeschützte Dokumente; ohne Zugriffsrechte auf den Host können Sie sie nicht verändern. Sie können die Quelle einer Webseite, für die Sie nur Lesezugriff haben, in der Regel anschauen und ermitteln, ob es bereits benannte Anker dort gibt, aber ohne die eigentlichen Zugriffsrechte können Sie eine schreibgeschützte HTML-Seite nicht modifizieren. XPointer bietet XML-Autoren eine Methode, wie man auf Fragmente in schreibgeschützten XML-Dokumenten zugreifen kann.

11.2 XPointer-Ausdrücke

XPointer verwendet die gebräuchliche Sprache für Ausdrücke, die Sie am 9. Tag kennen gelernt haben, und erweitert sie beträchtlich: XPath. XPointer ist eigentlich die Kombination aus XPath-Ausdrücken und qualifizierten URIs, die Ihnen erlaubt:

- Bereiche und Knoten in einem Zieldokument aufzurufen,
- Informationen in einer Zielressource mit den passenden Strings zu lokalisieren,
- Adressierausdrücke in URIs zur Identifikation von Fragmenten zu nutzen.

Mit der umfangreichen Ausdruckssprache XPointer können Sie Informationen lokalisieren, indem Sie durch die Dokumentstruktur navigieren. Auf diese Weise können Sie Fragmente auf Grund ihrer Eigenschaften auswählen, also etwa des Elementtyps, der Attributswerte, des Zeichengehalts und der relativen Position und Anordnung. Das bietet eine sehr leistungsfähige Lokalisierungsmöglichkeit, deren Granularität[1] weit über das hinausgeht, was mit XPath alleine möglich ist. XPath kann Knoten in einem Dokument lokalisieren, wogegen XPointer Knoten und Muster im Elementinhalt lokalisieren und sogar die Adresse eines einzelnen Zeichens im Dokument angeben kann.

Die Syntax bei XPointer

XPointer verwendet ein erweitertes URI-Adressierschema, ähnlich dem von HTML-Anker-Tags genutzten. Die Syntax für einen XPointer-Ausdruck lautet:

```
URI#scheme(expression)
```

---

[1] Die Beschreibung der Aktivität bzw. einer Funktion (z.B. Suchen und Sortieren, Bildschirmauflösung oder Zuordnung von Zeitscheiben) in Bezug auf die entsprechenden Einheiten (Zeitscheiben, Pixel oder Datensätze) eines Computers. Aus: Winkler, P.: M+T Computerlexikon, Markt+Technik Verlag

ID-Referenzen bei XPointer

Wenn Sie XPointer erzeugen, lassen Sie der URI unmittelbar das Gitter- (#) oder Pfundzeichen und einen XPointer-*Fragmentteil* folgen, der aus einem scheme und einer expression besteht. Die URI in diesem String ist vom Fragmentteil (also dem Schema plus dem Ausdruck) durch das Gitterzeichen getrennt. Die URI ist für die Lokalisierung einer Ressource zuständig – üblicherweise ein Dokument – und der XPointer-Ausdruck stellt die Adresse auf ein spezifisches Fragment innerhalb des lokalisierten Dokuments bereit.

Sie können mehr als einen Fragmentteil in einen XPointer-Ausdruck einfügen, in diesem Fall lautet die Syntax dann:

URI#scheme(expression)scheme(expression)scheme(expression)...

Das einzige aktuell definierte Schema ist xpointer, das den Prozessor davon in Kenntnis setzt, dass die Sprache XPath als Ausdruckssprache für die Adressierung verwendet wird. Vielleicht wird es in Zukunft weitere Ausdruckssprachen geben und die Syntax über XPointer hinausgehen, dann kann das Schema vielleicht auf andere Weise programmiert werden.

Normalerweise fügen Sie nur dann mehrere Fragmentteile zusammen, wenn die Struktur, die Gültigkeit oder die Natur des Zieldokuments fraglich ist. Da bei XPointer der Ausdrucksstring bei der Auflösung von links nach rechts gelesen wird, hört ein Prozessor auf, weiterzulesen, sobald er einen Pfadausdruck für das Fragment erkennt. Das ist in XPath anders: dort wird auf jeden Fall der gesamte Ausdruck interpretiert. Verwendet man XPointer, kann man Fragmentteile ein- und einen alternativen Ausdruck angeben, für den Fall, dass der erste kein Ergebnis bringt.

XPointer ist gegenwärtig das einzige Schema, das in der Spezifikation beschrieben wird, daher ist eine Kurzform für die Syntax zulässig. Sie sieht so aus:

URI#expression

11.3 ID-Referenzen bei XPointer

Eine Möglichkeit, XPointer zu verwenden, besteht darin, ein id-Attribut für das Element zu setzen, auf das Sie verweisen möchten. Das entspricht dem Ansatz mit dem benannten Anker bei HTML; Voraussetzung ist, dass Sie Ihre XPointer vorausplanen. Ein einfacher String nach dem Gitterzeichen, der nicht weiter qualifiziert wird, wird als Referenz auf ein Element mit dieser ID interpretiert. Nehmen wir zum Beispiel an, Sie wollen in dem Nachrichtenverarbeitungssystem, mit dem Sie an den vergangenen Tagen gearbeitet haben, eine Nachricht finden, die mit einer bestimmten ID-Nummer ausgezeichnet ist. Angenommen, im XML-Dokument befinden sich derzeit drei Nachrichten und Sie wollen die erste davon, die für das nachricht-Element ein ID-Attribut mit dem Wert m1 hat, mit einem XPointer-Ausdruck lokalisieren. Listing 11.1 ist dieses XML-Instanzdokument.

XML Pointer Language (XPointer)

Listing 11.1: Eine XML-Instanz mit ID-Attributen für das Nachrichtelement – nachricht01_11.xml

```
 1: <?xml version = "1.0"?>
 2: <!-- listing 11.1 - nachricht01_11.xml -->
 3:
 4: <notiz>
 5:   <nachricht id="m1" from="Kathy Shepherd">
 6:     Denke daran, auf dem Nachhauseweg von der Arbeit Milch zu kaufen
 7:   </nachricht>
 8:   <nachricht id="m2" von="Greg Shepherd">
 9:     Ich brauche ein wenig Hilfe bei den Hausaufgaben
10:   </nachricht>
11:   <nachricht id="m3" von="Kristen Shepherd">
12:     Bitte spiele heute Abend Scribble mit mir
13:   </nachricht>
14: </notiz>
```

In den Zeilen 5, 8 und 11 wurden den nachricht-Elementen id-Attribute hinzugefügt.

Um das nachricht-Element mit dem Attribut id="m1" zu lokalisieren, können Sie die Kurzform der XPointer-Ausdrücke verwenden:

nachricht01.xml#m1

Dieser Ausdruck lokalisiert das nachricht-Element in Zeile 5 von Listing 11.1. Die umfangreichere Variante für diesen Ausdruck lautet:

nachricht01.xml#ID(m1)

Beide Formen des XPointer-Ausdrucks haben die gleiche Auswirkung. Sie finden beide Formen und können beides eingeben. Die wortreichere Variante ähnelt der Syntax anderer XPointer-Ausdrücke mehr, bei denen normalerweise irgendein Schlüsselwort angegeben wird, dem in Klammern ein Wert oder Argument folgt.

Absolute Adressierung

Im vorangehenden Beispiel kann der Standort-Begriff id() ein bestimmtes Element ohne weitere Adressangaben lokalisieren. Das ist ein Beispiel für einen absoluten Standort-Begriff. Es gibt bei XPointer vier dieser speziellen Begriffe. Sie folgen auf das Gitterzeichen in einem Ausdrucksstring, können aber nicht kombiniert werden. Anders gesagt, es ist nur einer dieser speziellen Begriffe für jede Ausdrucksphrase zulässig. Tabelle 11.1 fasst diese Begriffe zusammen.

Beziehungsausdrücke

Begriff	Beschreibung
id()	Lokalisiert alle Elemente mit einem id-Attribut, das den Wert auflöst, der im Ausdruck angegeben ist
root()	Lokalisiert das Wurzelelement des Dokuments, das durch eine URI spezifiziert wird
html()	Lokalisiert das <A>-Attribut auf einer HTML-Seite, die auch wohl geformtes XML darstellt (also XHTML), wenn der Wert dieses Attributs den spezifizierten Ausdruck auflöst
origin()	Lokalisiert das Wurzelelement in einem Dokument. Ähnlich wie root() funktioniert es aber nur von einem relativen Referenzpunkt aus.

Tabelle 11.1: Absolute Standort-Begriffe bei XPointer

11.4 Beziehungsausdrücke

Beziehungs-Ausdrücke oder relative Standort-Begriffe adressieren den Standort eines Elements auf der Grundlage des Kontextknotens. Anders gesagt, der Ausdruck kann unterschiedliche Resultate erzielen, je nachdem, wo die Durchquerung anfängt. Sie haben die Beziehungen und XPath-Achsen am 9. Tag kennen gelernt. Wenn Sie sie in Kombination mit einer URI einsetzen, die durch das Gitterzeichen abgetrennt ist, haben Sie einen relativen XPointer-Ausdruck. Beziehungs-Ausdrücke funktionieren bei XPointer genauso wie bei XPath, aber sehen Sie sich diese Ausdrücke des 9. Tags zur Erinnerung am besten noch einmal an. Sie erinnern sich bestimmt, dass es eine Vielzahl von Beziehungsachsen gibt; aber nicht alle haben eine Bedeutung für XPointer. Die relevanten Beziehungen sind:

- Child (Ableitung)
- Ancestor (Vorfahre)
- Descendant (Abkömmling)
- Following (Nachfolger)
- Preceding (Vorhergehend)
- Psibling – preceding-sibling (vorangehende Geschwister)
- Fsibling – following-sibling (nachfolgende Geschwister)

Sie fragen sich vielleicht, warum einige XPath-Achsen in der obigen Auflistung fehlen wie Stamm und Nachfahre-oder-Selbst. Das ist deshalb so, weil XPointer Ihnen erlaubt, an die relativen Standort-Begriffe in obiger Liste Argumente anzufügen, was ein effizientes Mittel ist, eine beliebige XPath-Standardachse auszuwählen. Wenn Sie zum Beispiel den ersten Vorfahren relativ zum Kontextpunkt auswählen, dann wählen Sie damit eigentlich den Stamm für diesen Kontext aus.

Jeder relative Standort-Begriff akzeptiert bis zu vier Argumente, die den Ausdruck näher definieren. Mit diesen Argumenten können Sie die Empfindlichkeit eines XPointer-Ausdrucks erhöhen. Das Gleiche bewirken Argumente für die Genauigkeit all dieser Beziehungen und sie werden durch ihre absolute Position zwischen den Klammern charakterisiert, die an den Beziehungs-Ausdruck angehängt werden. Im nächsten Abschnitt werden die Argumente kurz beschrieben. Es handelt sich dabei um XPath-Ausdrücke, deren Verwendung typisch für XPointer ist; deshalb sollten Ihnen einige der Ähnlichkeiten zwischen diesen Beispielen und den Ausdruckstypen, die Sie am 9. Tag erstellt haben, auffallen. Dennoch zeigen wir anders geartete Beispiele, um die gemeinsame Logik bei XPath und XPointer zu unterstreichen und Ihnen die Gelegenheit zu geben, mehr Erfahrung beim Lesen und Nachdenken über Ausdrücke zu bekommen.

Numerische Auswahl

Das erste Argument gibt die Zahl der gewünschten Auswahl aus einem Satz potenziell zu wählender Beziehungen an. Das Argument kann ein positiver oder negativer Integer oder das Wort all sein. Das all-Argument wählt alle qualifizierten Elemente aus einem Beziehungssatz aus. Mit einer Zahl wird das angegebene Element ausgewählt. Dabei wird in Richtung der Dokumentanordnung gezählt, wenn es sich um einen positiven Integer handelt, und in umgekehrter Richtung, wenn eine negative Zahl angezeigt wird. Angenommen, Sie befinden sich gegenwärtig im Kontext des notiz-Elements und wollen alle nachricht-Elemente aus Listing 11.1 auswählen. In Beziehungsbegriffen ausgedrückt heißt das, Sie wollen alle abgeleiteten Elemente relativ zum Kontextknoten auswählen. Sie können das mit folgendem Ausdruck erreichen:

```
child(all,nachricht)
```

Dieser Ausdruck wählt alle abgeleiteten nachricht-Elementknoten aus, die das aktuelle Element enthält. In Listing 11.1 würde dies in der Auswahl aller nachricht-Elemente resultieren, vorausgesetzt, der Ausdruck wird relativ zum notiz-Element aufgelöst. Wenn der Kontext im Dokument ein anderer ist, gibt dieser Ausdruck nicht das gewünschte Resultat zurück. Im Fall von nachricht01_11.xml (Listing 11.1) würde dieser Ausdruck für jeden anderen Kontext als das notiz-Element fehlschlagen.

Vorausgesetzt, der Kontext ist tatsächlich das notiz-Element, wie kann man dann mit einem XPointer-Ausdruck das dritte abgeleitete nachricht-Element auswählen? Der korrekte Ausdruck lautet:

```
child(3,nachricht)
```

Beziehungsausdrücke

Der numerische Wert (3) wählt ein bestimmtes Element aus, wenn dieser Ausdruck aufgelöst wird. In diesem Fall wird das Stammelement ausgewählt, also das dritte abgeleitete nachricht-Element im notiz-Kontext.

Knotentyp

Das zweite Argument gibt den Knotentyp an, der von XPointer durchquert wird. Meistens handelt es sich dabei um den Namen eines Elementtyps. Sie haben im letzten Abschnitt Beispiele für dieses zweite Argument sehen können. Hier kommen sie noch einmal:

child(all,nachricht)
child(3,nachricht)

In beiden beispielhaften XPointer-Ausdrücken wird als Knotentyp der Elementtyp nachricht angezeigt. Das erste Beispiel wählt alle abgeleiteten nachricht-Elemente aus, das zweite wählt nur die dritte Ableitung im potenziellen Auswahlset aus.

Das Knotentyp-Argument stellt auch eine Wildcard-Option zur Verfügung, die die Auswahl über einen spezifizierten Typ hinaus erweitert. Es handelt sich dabei um den Argumentwert #element. Wenn Sie alle abgeleiteten Elemente relativ zum Kontextelement unabhängig vom jeweiligen Elementtyp auswählen wollen, können Sie folgenden XPointer eingeben:

child(all,#element)

Dieser Ausdruck wählt alle abgeleiteten Elemente unabhängig von ihren Namen aus.

Filter für Attribute und Attributswerte

Die Argumente drei und vier sind Paare von Attributswerten, die man verwenden kann, um die Auswahl der Elemente auf der Grundlage der für sie spezifizierten Attribute zu filtern. Angenommen, Sie wollen das Dokument nachricht01_11.xml (Listing 11.1) nach dem Standort des nachricht-Elements mit dem Wert Kathy Shepherd für das from-Attribut befragen. Sie können diesen Ausdruck unterschiedlich gestalten, aber ein einfacher Ansatz ist der folgende:

child(all,#element,from,"Kathy Shepherd")

Dieser Ausdruck wählt alle Elemente aus, unabhängig vom Namen des Elementtyps, vorausgesetzt sie haben ein from-Attribut mit dem Wert "Kathy Shepherd".

Anstelle des Attributsnamens an der dritten Position im Argumentstring können Sie ein Sternchen einsetzen (*). Das bedeutet, dass alle Attribute mit dem angegebenen Wert die Auswahlkriterien erfüllen.

XML Pointer Language (XPointer)

Bei der vierten Position im Argumentstring können Sie entweder ein Sternchen (*) als Wildcard für alle Werte eingeben oder #IMPLIED. #IMPLIED stammt aus der DTD-Logik und zeigt an, dass kein Wert für das Attribut angegeben wurde. Wenn für das Attribut ein Wert angegeben wird, dann kann diese Instanz nicht durch ein #IMPLIED-Argument ausgewählt werden.

11.5 Zusammenfassung

XPointer ist eine Technologie, die URIs mit XPath-Ausdrücken kombiniert, um die Auswahl von Knoten oder Verweisen auf ein Zieldokument fein einzustellen. XPointer erweitert XPath durch das Bereitstellen einiger Features, die dort nicht vorkommen. Das hat zur Folge, dass XPointer eine höhere Granularität bietet, wenn es darauf ankommt. Das Resultat ist eine Technologie, die reich an Features ist, die nicht nur leistungsstark, sondern auch hoch selektiv sind.

11.6 Fragen und Antworten

F   *Warum kann man keine HTML-Anker-Tags verwenden, um auf Fragmente in einer schreibgeschützten Dokumentstruktur zuzugreifen?*

A   In einigen Fällen ist das möglich; man muss aber die Ankernamen kennen, die im HTML-Dokument am Anfang vorher bestimmter Fragmente stehen. Wenn man auf Fragmente zugreifen will, denen keine Anker-Tags zugeordnet sind oder wenn man die Namen dieser Anker-Tags nicht kennt, dann ist der HTML-Ansatz nicht hilfreich. Mit XPointer kann man eine Auswahl auf der Grundlage von Kriterien treffen, die nicht durch Namen beschränkt wird, die man kennen muss. Diese Kriterien sind Muster-, Element- und Attributsanordnungen und andere Produkte von XPath-Ausdrücken.

F   *Welche Beziehung besteht zwischen XPointer und XPath?*

A   XPointer ist ein Produkt von XPath, das mit URIs kombiniert wird. Mit XPath werden die Dokumentfragmente ausgewählt, nachdem das Dokument auf Grund der aufgelösten URI lokalisiert wurde.

F   *Warum stellt die XPointer-Syntax mehrere Fragmentteile zur Verfügung?*

A   Ein Fragmentteil besteht aus einem Schema und einem Ausdruck. Gegenwärtig ist XPointer das einzige Schema. Man kann mehrere Fragmentteile zusammenfügen, sodass für die XML-Dokument-Instanz Auswahltests stattfinden können. Wird ein XPointer-Ausdruck durchquert, dann wird der erste Fragmentteil ausgetestet. Wenn dieser Fragmentteil aufgelöst wird, endet der Prozess. Wird er nicht aufgelöst, geht der Prozess weiter zum nächsten Fragmentteil, wenn ein solcher vorhanden ist. Auf diese Weise können Programmierer alternative Muster angeben.

Das XML Document Object Model (DOM)

Das XML Document Object Model (DOM)

Das Document Object Model (DOM) für XML ist eine allgemeine Spezifikation des W3C zur Applikationsprogrammier-Schnittstelle (API). Das XML-DOM ist eine standardisierte Methode, auf Informationen, die in XML-Dokumenten gespeichert sind, zuzugreifen und sie zu verändern. Man beschreibt dazu Standardeigenschaften, Events und Methoden zur Verbindung von Anwendungscode und XML-Dokumenten. Heute erfahren Sie:

- wie man DOM-Knoten exponiert und manipuliert,
- was Objektmodelle sind,
- was die primären API-Typen sind,
- mehr zu ausgewählten DOM-Objekten, Eigenschaften, Methoden und Events,
- wie man einfache DOM-Scripts mit JavaScript schreibt.

12.1 Ein DOM für XML

Das XML-DOM ist ein Objektmodell, das den Inhalt eines XML-Dokuments exponiert. Das impliziert, dass der Inhalt dann abgefragt und in einem gewissen Grad auch manipuliert werden kann. Die aktuelle Spezifikation des W3C zum Document Objekt Model definiert, welche Eigenschaften, Methoden und Events das DOM exponieren sollte. Die W3C-Spezifikation finden Sie unter http://www.w3.org/DOM/.

Ein Ausschnitt aus http://www.w3.org/DOM/ sagt zum DOM Folgendes: »Das Document Object Model ist eine plattform- und sprachunabhängige Schnittstelle, die es Programmen und Scripts erlaubt, auf Inhalt, Struktur und Stil von Dokumenten dynamisch zuzugreifen und sie zu aktualisieren. Das Dokument kann weiterverarbeitet und das Resultat dieser Verarbeitung wieder in die präsentierte Seite eingebaut werden.«

Dieses Kapitel wird Ihnen Gelegenheit geben, Scripts zu erstellen, die das DOM verwenden, auch wenn nicht beabsichtigt ist, Sie in JavaScript zu unterrichten. Wenn Sie mehr über die Sprache JavaScript wissen wollen, empfehlen wir Ralph Steyers Buch, *JavaScript in 21 Tagen*, erschienen bei Markt+Technik, ISBN: 3-8272-5884-7.

Die Struktur eines XML-Dokuments wird häufig mit einem Baum verglichen, der verschiedene Knoten hat. Beide Strukturen setzen sich aus einer Reihe von Formen zusammen, bei denen jeder passend ausgewählte Teil einem vorgegebenen größeren oder kleineren Teil ähnelt. Anders gesagt, die Konstrukte der strukturellen Komponenten und Beziehungen können sich wiederholen. In der Botanik entsprechen die Knoten eines Baums den einzelnen Zweigen, der Wurzel und dem Stumpf und am Ende stehen das Laub, die Frucht oder die Nuss. Die End-Knoten haben keine abgeleiteten Knoten mehr.

Ein DOM für XML

Zweige können dagegen abgeleitete Zweige haben, von denen sich wiederum weitere Zweige ableiten können. Das kann sich ständig so fortsetzen. Sie wissen aus Ihren Studien der vergangenen Tage, dass dieses Modell eine nützliche Parallele zur Dokumentstruktur bei XML hat, die sich aus Elementknoten, Attributsknoten, Textknoten, Kommentarknoten und den Knoten der Verarbeitungsanweisungen zusammensetzt. Stellen Sie sich Laub, Nuss und Frucht – die Terminatoren beim Baum, die keine abgeleiteten Knoten haben können – als Parallelkonstrukte zu Attributsknoten und Textdatenknoten in einem XML-Dokument vor, die ebenfalls keine abgeleiteten Knoten haben. Wenn Sie eine Referenz auf die Ableitung oder den Stamm eines beliebigen Knotens einrichten, können Sie den Baum rekursiv hinaufklettern und einen beliebigen Dokumentteil erreichen. Das DOM erweitert diese relative Struktur und stellt jeden Knotentyp als Objekt mit einem eigenen Satz an Eigenschaften und Methoden heraus. Das DOM definiert eine Objekthierarchie. Jeder Knoten des Dokumentbaums kann eine beliebige Anzahl abgeleiteter Knoten haben und alle Knoten außer dem Wurzelknoten haben einen Stammknoten. Jeder Knoten ist sequenziell nummeriert und kann benannt werden. Die DOM-Spezifikation stellt einem Entwickler eine Reihe von Möglichkeiten zur Verfügung, wie er diesen generischen Dokumentbaum verwenden kann.

Der Knoten ist also die kleinste Einheit in der hierarchischen Dokumentstruktur von XML. Das Knotenobjekt ist ein einzelner Knoten im Dokumentbaum und das Dokumentobjekt ist der Wurzelknoten des Dokumentbaums.

Tabelle 12.1 fasst die Liste der Knoten zusammen, die für das XML-DOM zur Verfügung stehen.

Knotenname	Beschreibung
Knotenstring	Eine Referenz auf eine Dokumentkomponente, wie etwa ein Element, ein Attribut, ein Kommentar oder Text
Dokument	Ein Objekt, das das gesamte Dokument repräsentiert und alle Knoten umfasst
Element	Ein Objekt, das ein Element im Dokument repräsentiert
Attribut	Ein Objekt, das ein Attribut im Dokument repräsentiert
Verarbeitung	Die im Dokument programmierten Anweisungen, die von einem XML-Prozessor oder Parser verwendet werden
Anweisung	Die Kommentare des Programmierers, die von einem Kommentar-Parser ignoriert werden
Text	Ein Objekt, das den Textinhalt eines Elements enthält

Tabelle 12.1: Knoten im XML-DOM

Das XML Document Object Model (DOM)

Knotenname	Beschreibung
CDATA-Abschnitt	Der Textinhalt ohne Markup-Zeichen
Dokumentfragment	Ein gekennzeichneter Teil in einem XML-Dokument
Entity	Ein Token, das von einem Parser mit einem Ersetzungsstring aufgelöst wird
Entity-Referenz	Ein referentielles Proxy auf eine Entity, gekennzeichnet durch das Ampersand-Zeichen (&), das unmittelbar vor der Entity-Kennung und einem Semikolon (;) steht, der dem Label direkt folgt
Dokumenttyp	Eine Grammatik, die Elemente und Attribute definiert

Tabelle 12.1: Knoten im XML-DOM (Forts.)

Das W3C hat verschiedene Ebenen für das DOM festgelegt. Die erste Ebene konzentriert sich auf die primären oder Kern-Dokumentmodelle für die HTML- und XML-Programmierung von Dokumenten. Auf dieser Ebene gibt es genügend Funktionalität für die Dokument-Navigation und -Manipulation. Heute werden Sie fast ausschließlich mit dem DOM der ersten Ebene zu tun haben.

Die Ebene 2 des DOM enthält ein Modell für Stylesheet-Objekte. Wenn Sie dem Dokument Style-Informationen anfügen, können Sie die Informationen zur Präsentation manipulieren, die einem Dokument zugeordnet sind. Ebene 2 stellt eine Methode bereit, wie man das Dokument mittels eines Eventmodells durchquert und bietet eine Unterstützung für die XML-Namensräume. Sie werden morgen das einfache API für XML als Eventmodell für die Dokumentdurchquerung kennen lernen.

Das W3C erwartet eine dritte Ebene des DOM, die sich an das Laden und Speichern von Dokumenten wendet, denen Informationen zum Inhaltsmodell zugewiesen wurden, wie etwa DTDs oder andere Schemata. Ebene 3, die noch nicht vollständig vorliegt, soll die Validierung unterstützen, ebenso wie die Dokumentformatierung, Schlüsselevents und Eventgruppen. Weitere Informationen finden Sie im öffentlichen Arbeitsentwurf unter http://www.w3.org/DOM/.

Über die dritte Ebene hinaus ist beabsichtigt, dass das DOM generische Fenster für Systemaufrufe der Betriebssysteme von Microsoft, Unix und Macintosh enthalten soll. Außerdem werden zusätzliche Funktionsmerkmale diskutiert, darunter befinden sich:

- Anwenderabfragen
- der Einsatz von Abfragesprachen
- Multithreading
- Synchronisierungs-Implementierungen

- erweiterte Sicherheitsfunktionen
- Speicherfunktionen

Andere DOMs, die sich auf bestimmte Auszeichnungssprachen oder Dialekte konzentrieren, werden zunehmend populär. Bei Scalable Vector Graphics (SVG) etwa – damit werden zweidimensionale, mathematisch erzeugte Vektorgrafiken für das XML-Vokabular beschrieben –, steht dem Programmierer ein SVG-DOM zur Verfügung. Das W3C hat SVG als Auszeichnungssprache eingeführt, die drei Typen von grafischen Objekten zulässt: Vektorgrafik-Formen (Pfade, die aus geraden Linien und Kurven bestehen), Bilder und Text. Die grafischen Objekte können gruppiert, formatiert, umgewandelt und mit vorher gerenderten Objekten zusammengesetzt werden.

Objektmodelle

Das DOM gibt Entwicklern eine Methode zur Hand, wie sie einen Informationskörper, der als Text gespeichert ist, kontaktieren und mit ihm kommunizieren können. Das hat für die Entwicklung des Webs eine besondere Bedeutung, wo sich bislang statische Dokumente zu Anwendungen entwickeln. Auf diese Weise wird das Dokument zu einer Oberfläche für Anwenderinformationen, ähnlich einer Zeitung oder Zeitschrift, aber mit der zusätzlichen Möglichkeit, die Datenübertragung modifizieren und anwenderspezifisch definieren zu können. HTML ist in seiner Grundform nichts weiter als eine Methode, wie man statische Informationen in einem Browserfenster darstellt. Funktionalität und Design der Präsentationsoberfläche sind dem Browser eingebaut und lassen wenig Spielraum für den Entwickler, die Dinge zu steuern. Dynamisches HTML (DHTML) bietet Entwicklern eine Methode, die Präsentation und Datenübermittlung im Web zu steuern, normalerweise mit Hilfe von Scriptsprachen wie JavaScript oder VBScript in Verbindung mit Cascading Stylesheets (CSS). DHTML muss man sich als Webinhalt vorstellen, der mit Scripts und zusätzlichen Stylesheets implementiert wird.

Allgemein gesagt bietet ein Objektmodell eine Oberstruktur, die dynamische Verhaltensweisen unterstützt, indem sie Methoden für Objekte herausstellt, die das Modell repräsentieren. Wenn Sie JavaScript oder VBScript kennen, wissen Sie wahrscheinlich bereits über Methoden, Events und Objekte Bescheid. Bis zur Generation der 4.0-Browser, die Dynamisches HTML einführten, konnte JavaScript keine Dokumentinhalte aufrufen und manipulieren – jedenfalls nicht im allgemeinen Sinn. Netscape und Microsoft haben bei der Veröffentlichung ihrer Browser der 4.0-Version ihre jeweils eigenen Objektmodelle für Dokumente eingeführt. Leider waren die Implementierungen der beiden Hersteller nicht identisch. Der Gedanke hinter der Entwicklung der Spezifikation für die erste Ebene beim W3C war, dass das DOM-API plattformunabhängig sein sollte und von jeder gewöhnlichen Objektfamilie implementiert werden könnte. Mit dem Fortschreiten der Browsertechnik wird dies immer selbstverständlicher, aber man sollte wissen, dass es bei den

DOM-Implementierungen immer noch Unterschiede zwischen Netscape und Microsoft gibt. Microsoft etwa erweitert den DOM-Standard des W3C mit Methoden, die Netscape-Browser nicht umsetzen können.

12.2 DOM-Strukturen beim Scripting

Das DOM liefert und exponiert eine organisierte Struktur für Objekte und Scripts, die man verwenden kann, um auf die Knoten dieser Struktur zuzugreifen und sie zu manipulieren. Ein Script kann auf einen Knoten in seiner absoluten oder relativen Position verweisen, etwa auf den ersten Knoten in der Dokumentstruktur. Ein Script kann einen Knoten auch einfügen oder entfernen. Damit kann der Inhalt, den jeder Knoten repräsentiert, dargelegt oder als Teil einer Anwendung aktualisiert werden. Das macht aus DOM-Objekten strukturierte und eindeutig identifizierbare Container. Die Verhaltensweisen, die von Scripts erzwungen werden, bieten Ihnen daher ein Mittel zur Manipulation dieser Container-Objekte und ihres Inhalts.

Das *Dokumentobjekt* ist der Wurzelknoten-Container für alle anderen Objekte, die im XML-Dokument definiert werden. Das Dokumentobjekt bietet einen Zugriff auf die Dokumenttyp-Definition (DTD) und exponiert die abgeleiteten Elemente innerhalb der Dokumentstruktur. Auf der Wurzelebene des Dokuments liegt der *Wurzelelementknoten*, der sich vom echten Wurzelknoten des Dokuments unterscheidet. Der Dokumentbaum ist eine geordnete Ansammlung von Knoten, die man adressieren kann – das haben Sie am 9., 10. und 11. Tag gelernt. Da man die Objekte im Baum identifizieren kann, kann man auf sie und ihren Inhalt auch verweisen. Mit JavaScript etwa können Sie folgendermaßen auf den Text verweisen, den der erste abgeleitete Knoten des Dokuments enthält:

```
meinedinge.dokumentElement.childNodes.punkt(0).text
```

Das sieht auf den ersten Blick ziemlich komplex aus, ist aber in Wahrheit absolut logisch. Das Dokument `meinedinge` enthält ein `dokumentElement` mit `childNodes`. Diese Reihe verweist auf den ersten dieser abgeleiteten Knoten (`punkt(0)`) und der Text, den dieser Knoten enthält, ist das Ziel aller folgenden Script-Aktionen oder -Verhaltensweisen. Sie erkennen sicher, dass die Zählung der Punktanzahl mit Null beginnt; das ist typisch für Scriptsprachen.

Wie Sie wissen ist eine der Stärken von XML, dass Sie Ihren eigenen Elementsatz erstellen können. Auf diese Weise können Sie Objekte auf Grundlage der Semantik einer Applikation erzeugen und dann unter Verwendung von Scripts auf diese Objekte zugreifen. Normalerweise werden Sie mehr wissen wollen als die numerische Anordnung des Objekts oder seinen Namen. Sie wollen wahrscheinlich wissen, in welchem Kontext im Dokument sich das Objekt befindet. Deshalb sucht ein Script nach den Objektbeziehungen und ermittelt den Kontext für das Objekt im Dokument.

DOM-Beziehungen

Mit dem DOM ist es möglich, die Objekthierarchie zu durchqueren. Anders gesagt, wenn Sie ein Objekt als Ausgangspunkt haben, können Sie folgende Dinge bestimmen:

- den Standort im Dokumentbaum,
- die abgeleiteten Knoten des Objekts,
- die Stammknoten des Objekts,
- die Geschwister und Vorfahren des Objekts.

Das DOM als allgemeines API

Sie haben gesehen, dass die DOM-Spezifikation darauf abzielt, eine allgemeine Schnittstelle (API) für Entwickler bereitzustellen, die Sie bei der Manipulation von Dokumentobjekten verwenden können. Das API bietet den Angriffspunkt, den ein Entwickler verwenden kann, um auf Objekte und Methoden zu verweisen. Die bedeutendsten Herstellerfirmen für Anwendungssoftware haben Implementierungen des DOM für bestimmte Sprachen bereitgestellt. Das dahinterstehende Konzept besagt, dass das DOM-API unabhängig von der Sprache abgelegt sein soll, mit der es implementiert wird. Das heißt, dass die Implementierungen bei Java, C, C++, C#, JavaScript, Visual Basic, VBScript, Perl usw. sich stark ähneln sollten.

Damit dieser plattformunabhängige Ansatz Wirklichkeit wird, muss das DOM mit einer relativen generischen Beschreibungssprache spezifiziert werden. Die DOM-Spezifikation des W3C verwendet eine Sprache, die als Interface Definition Language (IDL) bekannt ist, um die Natur der Schnittstelle zu beschreiben, die von einer DOM-Implementierung zu erwarten ist. IDL ist ein Standard (ISO-Standard 14750), den eine Arbeitsgruppe namens Object Management Group entwickelt hat. Mehr Informationen über IDL finden Sie unter http://www.omg.org/.

Primäre API-Typen

Sie haben vorhin von all den Knoten erfahren, die das DOM exponiert; die meisten Programmierer benutzen aber zunächst hauptsächlich drei primäre API-Typen. Diese primären APIs sind der *Knoten*-Knoten, der *Dokument*-Knoten und der *Element*-Knoten. Da man diese Knoten am häufigsten antrifft, können Sie die meisten Programmieraufgaben auch mit diesen drei API-Typen vollbringen. Sie erinnern sich bestimmt, dass der *Knoten*-Knoten der Basistyp für die meisten Objekte beim DOM ist. Er kann eine beliebige Anzahl abgeleiteter Knoten und einen Stammknoten haben. Tatsächlich ist es die Regel, dass er einen Stammknoten hat, außer in den Fällen, wo er den Wurzelknoten in der Dokumenthierarchie beschreibt. Der Wurzelknoten hat keinen Stamm.

Das *Element*-Knotenobjekt wird verwendet, um Elemente im XML-Dokument zu repräsentieren. Sie wissen, dass Elemente einen Textinhalt haben können (zum Beispiel den Zeichenstring zwischen Start- und Schluss-Tag des Elements), weiteren Elementinhalt und Attribute, die das Element modifizieren. Elementobjekte haben eine Liste von Attributsobjekten, die eine Kombination der Attribute darstellen, die in der Dokument-Instanz ausgedrückt werden, und derjenigen, denen ein zugeordnetes Schema Standardwerte zuweist, ob diese nun in der XML-Instanz programmiert sind oder nicht.

Das *Dokument*-Objekt repräsentiert den Wurzelknoten eines Dokuments. Somit hat es keinen Stamm. Deshalb gibt ein Aufruf mit der Script-Methode (z. B. `getParentNode()`), der über das API durchgeführt wird, um den Stammknoten für einen Dokumentknoten zu erhalten, einen Nullwert zurück.

Das DOM instanzieren

Das DOM kann auf verschiedene Art und Weise über Parser, die die DOM-Verarbeitung unterstützen, instanziert werden. Für die Übungen, die Sie heute durchführen werden, werden der MSXML-Parser und JavaScript verwendet. Die heutigen Beispiele verwenden einen Ansatz, der sich auf die Implementierung im Microsoft Internet Explorer beschränkt. Auch wenn der Internet Explorer für eine Reihe von Plattformen und Betriebssysteme zur Verfügung steht, werden nicht alle Besucher einer Website diese Software haben. Deshalb sollten Sie einige der Techniken, die Sie heute kennen lernen, als lehrreich für den DOM-Zugriff betrachten, aber nicht notwendigerweise als durchführbar für die Webimplementierung. Sie können den Microsoft Internet Explorer für die Betriebssysteme Unix, DOS, Macintosh und Windows kostenlos unter `http://www.microsoft.com` herunterladen. Die Prinzipien, die Sie heute kennen lernen, lassen sich auch auf andere DOM-Implementierungen anwenden.

Um diesen Nachteil auszugleichen, gibt es viele Implementierungen des DOM für eine Reihe von Prozessoren und Scripting-Methoden. Wenn Sie andere Scripting- oder Applikations-Entwicklungssprachen kennen, finden Sie Methoden zum Zugriff auf DOM-Objekte im Web oder als Link auf der Informationsseite zum W3C-DOM (`http://www.w3.org/DOM/`). Sie finden Links auf die DOM-Implementierungen von PERL, Java, Python und verschiedenen anderen beliebten Sprachen, die eine Reihe von Plattformen unterstützen.

Die meisten DOM-Implementierungen haben gemeinsame funktionale Merkmale. Das DOM bietet Ihnen eine Schnittstelle zum Laden, für den Zugriff und für die Manipulation von XML-Dokumenten. Morgen werden Sie das einfache API für XML (SAX) kennen lernen, ein eventgetriebenes Modell. Der Hauptunterschied zwischen diesen beiden Ansätzen ist, dass das DOM eine gesamte Dokument-Instanz auf einmal in den Speicher lädt, während SAX einen einzelnen Event verarbeitet, etwa einen Knoten, und dann zum nächsten Event in der Dokumentanordnung weitergeht.

DOM-Strukturen beim Scripting

Wenn ein Parser, der das DOM unterstützt, ein Dokument parst, wird eine Baumstruktur aufgebaut und zum Lese- und Schreibzugriff für Scripts oder Applikationssprachen bereitgestellt. Wenn der Objektbaum erzeugt ist, bearbeitet der Parser ihn und erlaubt damit einem Programmierer, die Methoden zu verwenden, die in den Parser eingebaut sind, statt eine einmalige Logik erzeugen zu müssen. Wenn der gesamte Dokumentbaum auf einmal gespeichert wird, ist ein willkürlicher Zugriff auf alle Knoteninhalte möglich. Abbildung 12.1 zeigt die Beziehung zwischen dem XML-Dokument, dem XML-Parser, dem DOM-Baum, den der Parser erzeugt, und der Applikation oder dem Script, die Lese- und Schreibzugriff auf die exponierten Objekte haben. Wenn der Parser ein XML-Dokument in ein DOM lädt, liest er es in seiner Gesamtheit und erzeugt einen Knotenbaum, der dann als Ganzes oder in Teilen für die Methoden zur Verfügung steht, die die diversen Applikationsentwicklungssprachen und Scriptsprachen implementieren. Das Dokument wird als einzelner Knoten betrachtet, der alle anderen Knoten und ihren jeweiligen Inhalt enthält.

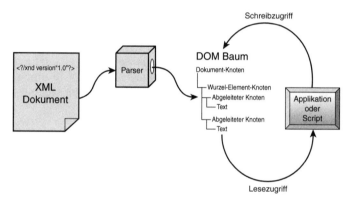

Abbildung 12.1:
Das von einem Parser implementierte DOM exponiert Objektknoten für ein Script oder eine Applikation.

Um mit dem Scripting für einen DOM-Baum anfangen zu können, müssen Sie zunächst das Dokumentobjekt erstellen. Wenn Sie das mit JavaScript und dem MSXML-DOM-Parser tun, müssen Sie auch ein neues ActiveXObject erzeugen, das die *Component Object Model* (COM)-Komponente instanziert, die Teil der Verteilerbibliothek ist, die auf dem Microsoft Internet Explorer 5.0 oder höher installiert ist. Das ActiveXObject heißt in der COM-Bibliothek XMLDOM. Der JavaScript-Code sieht so aus:

```
Var oMeinedinge=New ActiveXObject("Microsoft.XMLDOM")
```

Dieses Script erzeugt ein neues ActiveXObject für das Dokument, das auf der COM-Komponente des Microsoft XMLDOM basiert, das wiederum Teil der MSXML-Parser-Suite ist. Das Dokumentobjekt wird in einer Variablen mit dem Namen oMeinedinge platziert. Per Konvention wird ein kleingeschriebenes o verwendet, um eine Variable anzuzeigen, die ein Objekt repräsentiert.

Sie wissen vielleicht, vor allem wenn Sie Visual Basic-, Java- oder Visual C++-Entwickler sind, dass das Component Object Model (COM) das Erstellen integraler Softwarekomponenten ermöglicht, die unabhängig von der Programmiersprache sind und einen offen gelegten Standort haben. Das heißt Sie können mit jeder Sprache auf den MSXML-Parser zugreifen, die eine COM-Komponente instanzieren kann. Auch wenn Sie heute für die meisten Scripting-Übungen JavaScript verwenden, können Sie die Übungen für die Verwendung von VBScript umschreiben, indem Sie das DOM instanzieren und ein Dokumentobjekt mit der VBScript-Methode CreateObject erstellen. Das sieht so aus:

Set oMeinedinge=CreateObject("Microsoft.XMLDOM")

Dieser VBScript-Code ist dem JavaScript-Code funktional äquivalent. Er erzeugt ebenfalls ein Dokumentobjekt auf Grundlage der gleichen COM-Komponente im MSXML-Parser-Paket. Das Dokumentobjekt wird in der Variablen namens oMeinedinge platziert.

Beide Beispiele erzeugen Objekte, die für das clientseitige Scripting verwendet werden. Die meisten der heutigen Übungen beinhalten clientseitiges DOM-Scripting; Sie können aber mit dem gleichen Ansatz auch ein Objekt auf einer Active Server Page (ASP) für das serverseitige Scripting erzeugen. Das VBScript auf einer ASP-Seite, das ein Dokumentobjekt für das serverseitige Scripting erzeugt, sieht wie folgt aus:

Set oMeinedinge=Server.CreateObject("Microsoft.XMLDOM")

Dieser VBScript-Code funktioniert genauso wie die vorherigen Beispiele. Er erzeugt ein serverseitiges ASP-Dokument (Server.CreateObject) auf Grundlage der COM-Komponente im MSXML-Parser-Paket. Das Dokumentobjekt wird in der Variablen namens oMeinedinge abgelegt.

12.3 Objekteigenschaften, Methoden und Events beim DOM

Das Microsoft XML-DOM besteht hauptsächlich aus vier Objekten: XMLDOMDocument, XMLDOMNode, XMLDOMNodeList und XMLDOMNameNodeMap. Andere Implementierungen des XML-DOM, die über den Bereich der heutigen Besprechung hinausgehen, verwenden andere Objekte, die von der Sprache abhängig sind, die sie implementiert. Jedes Objekt hat seine eigenen Eigenschaften, Methoden und Events. Wenn Sie die Grundlagen der objektorientierten Programmiermodelle (OOP) nicht kennen oder die Einteilung in Eigenschaften, Methoden und Events verwirrend finden, können Sie etwas darüber im Online-Tutorial von Sun Microcomputers unter http://java.sun.com/docs/books/tutorial/java/concepts/object.html nachlesen.

Heute werden wir das XMLDOMDocument-Objekt verwenden. Einige der üblicherweise verwendeten Eigenschaften, Methoden und Events für dieses Objekt werden in den Tabellen 12.2 bis 12.4 aufgelistet. Dieser Satz wird durch die Microsoft-Implementierung des DOM-Objekts verfügbar gemacht. Andere Implementierungen können diverse hier nicht aufgelistete Bestandteile haben oder einige derjenigen ausschließen, die Microsoft als Erweiterung zum DOM bereitstellt.

Objekteigenschaften, Methoden und Events beim DOM

Eigenschaft	Beschreibung
async	Zeigt an, ob ein asynchroner Download zulässig ist. Wenn ein Dokument geladen wird und die async-Eigenschaft auf »false« gesetzt ist, veranlasst async den Parser, die Ausführung aufzuschieben, bis das ganze Dokument in den Speicher geladen ist.
attributes	Enthält eine Liste von Attributen für diesen Knoten
childNodes	Enthält eine Liste von abgeleiteten Knoten für die Knoten, die abgeleitete Knoten haben können
dataType	Spezifiziert den Datentyp für diesen Knoten
docType	Enthält den Dokumenttypknoten, der die validierende DTD für das Dokument spezifiziert
documentElement	Gibt den Wurzelknoten des XML-Dokuments zurück und enthält das Wurzelelement des Dokuments
firstChild	Enthält die erste Ableitung dieses Knotens
lastChild	Enthält den letzten abgeleiteten Knoten für diesen Knoten
namespaceURI	Gibt die URI für den Namensraumknoten zurück
nodeName	Enthält den Namen des Elements, Attributs oder der Entity-Referenz für diesen Knoten
nodeType	Spezifiziert den XML-DOM-Knotentyp, der die gültigen Werte bestimmt und festlegt, ob der Knoten abgeleitete Knoten haben darf
nodeValue	Enthält den Text, der dem Knoten zugeordnet wird
parseError	Gibt das IXMLDOMParseError-Objekt zurück, das Informationen zum letzten Parsing-Fehler enthält
preserveWhiteSpace	Gibt an, ob Leerzeichen von XML angezeigt werden
readyState	Gibt den aktuellen Status des XML-Dokuments an
resolveExternals	Löst Namensräume, DTDs und externe Entity-Referenzen auf, wenn das Dokument verarbeitet wird
validateOnParse	Gibt an, ob der Parser das Dokument validieren soll
xml	Enthält die XML-Darstellung des Knotens und all seiner Nachfahren

Tabelle 12.2: Allgemein verwendete Eigenschaften von XMLDOMDocument

Methode	Beschreibung
Clonenode()	Erzeugt einen neuen Knoten, der eine exakte Kopie des aktuellen Knotens ist
CreateAttribute()	Erzeugt ein neues Attribut
CreateCDATASection()	Erzeugt einen CDATA-Abschnittknoten
CreateComment()	Erzeugt einen Kommentarknoten
CreateElement()	Erzeugt einen Elementknoten unter Verwendung des spezifischen Namens
CreateEntityReference()	Erzeugt ein Entity-Referenz-Objekt
CreateNode()	Erzeugt einen Knoten
CreateTextNode()	Erzeugt einen Textknoten
GetElementsByTagName()	Gibt eine Auflistung der Elemente mit einem spezifizierten Namen zurück
HasChildNodes()	Gibt true zurück, wenn der Knoten abgeleitete Knoten hat
Load()	Lädt ein vorhandenes XML-Dokument aus einem spezifizierten Standort
LoadXML()	Lädt ein XML-Dokument aus einem angegebenen String, nicht aus einer URL
NodeFromId()	Gibt den Knoten zurück, dessen ID-Attribut dem angegebenen Wert entspricht
RemoveChild()	Entfernt einen spezifizierten abgeleiteten Knoten aus der Liste der abgeleiteten Knoten und gibt ihn zurück
ReplaceChild()	Ersetzt den spezifizierten alten abgeleiteten Knoten durch den angegebenen neuen abgeleiteten Knoten im Satz der Ableitungen
Save()	Speichert das XML-Dokument

Tabelle 12.3: Methoden von XMLDOMDocument

Event	Beschreibung
ondataavailable	Gibt an, dass die Daten des XML-Dokuments verfügbar sind
onreadystatechange	Gibt an, wenn die readyState-Eigenschaft sich ändert

Tabelle 12.4: Events von XMLDOMDocument

Eine XML-Datei aus einer URL laden

12.4 Eine XML-Datei aus einer URL laden

Sie wissen aus Tabelle 12.2, dass man die load()-Methode verwenden kann, um ein XML-Dokument in ein DOM-Dokumentobjekt zu laden, wobei die Knoten des XML-Dokuments für das Scripting exponiert werden. Die JavaScript-Methode für die Programmierung hat folgende Syntax:

oMeinedinge.load('dateiname.xml')

Das Objekt oMeinedinge, das in einem vorhergehenden Schritt erzeugt wurde, wird jetzt mit dem Inhalt von dateiname.xml geladen.

Normalerweise werden Sie sicherstellen wollen, dass der Parser anhält, während das Dokument vom DOM-Parser in das Objekt geladen wird. Dazu müssen Sie die Eigenschaft async mit dem Wert false für das Objekt eingeben, das erzeugt wird. Die JavaScript-Syntax für diese Eigenschaft lautet:

oMeinedinge.async="false"

Die Eigenschaft async wird auf false gesetzt, um einen asynchronen Download zu verhindern, wodurch der Prozessor angehalten wird, bis die gesamte Instanz in den Speicher geladen ist.

Jetzt wissen Sie genug, um die passende Objekterzeugung, die Methoden und Eigenschaften zusammenzufügen, mit denen ein XML-Dokument in das DOM geladen werden kann. Wenn Sie JavaScript verwenden, müssen Sie ein ActiveXObject für den Dokumentknoten erzeugen und der Eigenschaft async den Wert false zuweisen. Dann laden Sie das Dokument aus der URL. Die Syntax für diese Eingabe lautet:

```
1: var oMeinedinge = new ActiveXObject("Microsoft.XMLDOM")
2: oMeinedinge.async="false"
3: oMeinedinge.load("nachricht01_12.xml")
```

Das neue Objekt wird in Zeile 1 als Instanz des Microsoft XML-Parsers erzeugt und oMeinedinge genannt. Zeile 2 stellt sicher, dass der Parser die Ausführung anhält, bis das gesamte XML-Dokument in den Speicher für das Objekt geladen wurde. Zeile 3 liefert die load-Methode mit einer gültigen URL für das Dokument, das geladen werden soll.

Um dieses Scripting auszutesten, erzeugen Sie zunächst eine einfache XML-Instanz. Listing 12.1 zeigt dieses Dokument, das als nachricht01_12.xml gespeichert ist; Sie können es kopieren, wenn Sie das Dokument der früheren Tage nicht mehr griffbereit haben. Der einzige Unterschied zwischen diesem Listing und dem Listing vom 11. Tag ist der Kommentar in Zeile 2, der anzeigt, das dieses Listing am 12. Tag als Listing 12.1 angezeigt wird:

287

Das XML Document Object Model (DOM)

Listing 12.1: Ein einfaches XML-Dokument – nachricht01_12.xml

```
 1: <?xml version = "1.0"?>
 2: <!-- listing 12.1 - nachricht01_12.xml -->
 3:
 4: <notiz>
 5:    <nachricht ID="m1" von="Kathy Shepherd">
 6:     Denke daran, auf dem Nachhauseweg von der Arbeit Milch zu kaufen
 7:    </nachricht>
 8:    <nachricht ID="m2" von="Greg Shepherd">
 9:     Ich brauche ein wenig Hilfe bei den Hausaufgaben
10:    </nachricht>
11:    <nachricht ID="m3" von="Kristen Shepherd">
12:     Bitte spiele heute Abend Scribble mit mir
13:    </nachricht>
14: </notiz>
```

Das notiz-Element enthält mehrere abgeleitete nachricht-Elemente, die nur Textinhalt haben. Jedes nachricht-Element hat ID- und von-Attribute.

Als Nächstes platzieren Sie die vorher beschriebenen Scripts in einer HTML-Dokumentstruktur, um die Datei nachricht01_12.xml zur weiteren Verarbeitung in ein DOM-Objekt laden zu können. Für die Datei nachricht01_12.xml sieht das so aus:

```
 1: </head>
 2: <script language="javascript">
 3: <!-Script vor alten Browsern verbergen
 4: var oMeinedinge = new ActiveXObject("Microsoft.XMLDOM")
 5: oMeinedinge.async="false"
 6: oMeinedinge.load("nachricht01_12.xml")
 7: -->
 8: </script>
 9: </head>
```

Dieser Codeausschnitt enthält ein Script, das in Zeile 2 beginnt und in den <head>-Abschnitt (Zeilen 1-9) der HTML-Seite eingefügt ist. Zeile 2 deklariert die Scriptsprache (language="javascript") mit dem language-Attribut für das script-Element. Zeile 3 beginnt einen Kommentar, der bewirkt, dass das gesamte Script vor älteren Browsern, die kein JavaScript unterstützen, verborgen wird. Die Zeilen 4-6 erzeugen das Dokumentobjekt und die Schritte zum Laden von XML, die wir bereits ausführlich besprochen haben. Die Zeilen 7, 8 und 9 beenden jeweils den Kommentar, das Script und den Head-Abschnitt.

Damit wird nur das Dokument geladen und die Knoten zur weiteren Verarbeitung exponiert. Angenommen, Sie wollen den Textinhalt des XML-Dokuments an den Bildschirm zurückgeben, wozu Sie den JavaScript-Befehl alert verwenden. Sie können dies ganz ein-

Eine XML-Datei aus einer URL laden

fach tun, indem Sie dem Script-Abschnitt des Dokuments ein alert hinzufügen. Um sicherzustellen, dass der Dateirumpf-Abschnitt Ihrer HTML-Seite nicht ganz leer ist, können Sie jetzt auch einen kurzen Text eingeben. Listing 12.2 zeigt eine fertige HTML-Seite, die sich auf die beschriebene Weise verhält, wenn sie in den Microsoft Internet Explorer 5.0 oder höher geladen wird. Erstellen Sie diese Seite und speichern Sie sie unter DOM01.html; dann laden Sie sie in den IE.

Listing 12.2: Ein Beispiel für das DOM-Scripting – DOM01.html

```
 1: <!DOCTYPE HTML PUBLIC "-//W3C//DTD HTML 4.01 Transitional//EN">
 2: <!-- listing 12.2 - DOM01.html -->
 3:
 4: <html>
 5: <head>
 6: <title>DOM Scripting</title>
 7: </head>
 8: <script language="javascript">
 9: <!--Script vor alten Browsern verbergen
10: var oMeinedinge = new ActiveXObject("Microsoft.XMLDOM")
11: oMeinedinge.async="false"
12: oMeinedinge.load("nachricht01_12.xml")
13: alert(oMeinedinge.text);
14: -->
15: </script>
16: </head>
17: <body>
18:    Fertig!
19: </body>
20: </html>
```

Sie kennen bereits die meisten Bestandteile dieses Listings. Die Zeilen 8-15 enthalten das Script, das das DOM-Objekt erzeugt (Zeile 10) und das XML-Dokument lädt (Zeile 12). Zeile 13 enthält den JavaScript-alert. Bei der Ausführung hält alert das Parsen der HTML-Seite an und gibt eine Meldung auf den Bildschirm aus, die den gesamten Textinhalt des Objekts Meinedinge enthält. Das Objekt enthält in diesem Fall die gesamte Dokument-Instanz, also wird der ganze Textinhalt des Dokumentknotens und all seiner abgeleiteten Knoten (zum Beispiel Unterbäume) eingeschlossen. Zeile 18 enthält den Text Fertig!, der angezeigt wird, wenn das Script beendet ist und der Anwender die alert-Meldung gelöscht hat.

Wenn Sie diese HTML-Seite im IE austesten, müsste sie eine alert-Meldung erzeugen, die so aussieht wie in Abbildung 12.2. Diese Meldung listet den Textinhalt des XML-Dokuments auf, was den Zeilen 6, 9 und 12 von Listing 12.1 entspricht.

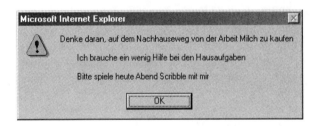

Abbildung 12.2:
Eine JavaScript-alert-Meldung gibt den Textinhalt eines XML-Dokuments zurück

Wie man die Resultate auf dem Bildschirm ausgibt

Nehmen wir an, Sie wollen die Resultate an die HTML-Seite zurückgeben, anstatt die alert-Meldung von JavaScript anzuzeigen. Sie können dies auf unterschiedliche Weise tun. Sie können zum Beispiel alert entfernen und mit der JavaScript-Methode document.write in einem eigenen Script auf das Objekt im Rumpf der HTML-Seite verweisen. Wenn Sie diese Methode verwenden, können Sie ein zweites Script im Rumpf der HTML-Seite erzeugen, das das Objekt oMeinedinge aufruft und den Textinhalt des Dokumentknotens und aller Unterbaumknoten zurückgibt. Listing 12.3 zeigt ein Mittel, um dies zu erreichen. Der Ansatz funktioniert, aber Sie werden sehen, dass er nicht völlig effizient oder praktisch ist. Modifizieren Sie die HTML-Seite, die Sie vorhin erzeugt haben, und speichern Sie sie unter DOM02.html, sodass sie aussieht wie das Listing.

Listing 12.3: Der Textinhalt eines XML-Dokuments wird an die HTML-Seite zurückgegeben – DOM02.html.

```
 1: <!DOCTYPE HTML PUBLIC "-//W3C//DTD HTML 4.01 Transitional//EN">
 2: <!-- listing 12.3 - DOM02.html -->
 3:
 4: <html>
 5: <head>
 6: <title>DOM Scripting</title>
 7: <script language="javascript">
 8: <!--Script vor alten Browsern verbergen
 9: var oMeinedinge = new ActiveXObject("Microsoft.XMLDOM")
10: oMeinedinge.async="false"
11: oMeinedinge.load("nachricht01_12.xml")
12: -->
13: </script>
14: </head>
15: <body>
16: <script language="javascript">
17: <!--Script vor alten Browsern verbergen
18:   document.write
19:   ("<h2>Der Textinhalt der XML-Datei enthaelt:</h2>")
```

Eine XML-Datei aus einer URL laden

```
20:
21:   document.write
22:   (oMeinedinge.text)
23:
24:   document.write
25:   ("<hr />")
26:   -->
27: </script>
28: </body>
29: </html>
```

Das erste Script in diesem Listing (Zeilen 7-13) ähnelt dem in Listing 12.2, nur dass JavaScript-alert ausgelassen wurde. Ein zweites Script wird im Rumpf der HTML-Datei in den Zeilen 16-27 erzeugt. Die Zeilen 18-19 schreiben den String `<h2>Der Textinhalt dieser XML-Datei enthaelt</h2>` auf die Seite. Da der String eine HTML-Auszeichnung enthält (H2), wird er entsprechend ausgegeben, wie ein Überschrift-String der Ebene 2. Die Zeilen 21-22 schreiben das Resultat für das Einfügen der text-Eigenschaft in das Objekt oMeinedinge (zum Beispiel den ganzen Textinhalt des Dokumentknotens und seiner jeweiligen Unterbaumknoten). Die Zeilen 24-25 ergeben einfach eine horizontale Linie, die so breit ist wie das Browserfenster in der Browseranzeige. Zeile 27 schließt das zweite Script.

Wie man einen Knoten nach seiner Positionsanordnung auswählt

Die letzte Übung gab einen zusammenhängenden String zurück, der den ganzen Textinhalt für das gesamte Dokument umfasst. Nehmen wir an, Sie wollen nur den Textinhalt des zweiten abgeleiteten Knotens im Dokument anzeigen. Ein kurzer Blick auf das XML-Dokument (Listing 12.1) zeigt, dass der zweite Text enthaltende Knoten das zweite nachricht-Element ist. Das zweite nachricht-Element hat den Inhalt Ich brauche ein wenig Hilfe bei den Hausaufgaben. Um einen Knoten durch seinen Ordinalwert zu identifizieren und auszuwählen, müssen Sie Eigenschaften verwenden, die numerische Sub-Eigenschaften zulassen. In dieser Übung sollen Sie den Text zurückgeben, den der zweite abgeleitete Elementknoten vom Stamm des Dokumentelements enthält. Dies kann in JavaScript mit dem folgenden Ausdruck erfolgen:

`oMeinedinge.documentElement.childNodes.item(1).text`

Beachten Sie, dass Sie die item-Eigenschaft mit dem Wert 1 eingeben müssen, um den zweiten abgeleiteten Knoten auszuwählen. Das ist deshalb nötig, weil Aufzählungen in den Eigenschaftswerten von JavaScript immer bei Null als der ersten gezählten Instanz beginnen, gefolgt von Eins, Zwei usw. Deshalb müssen Sie die item-Eigenschaft auf den Wert 1 setzen, um den zweiten abgeleiteten Knoten auswählen zu können.

Das XML Document Object Model (DOM)

In diesem Beispiel verbessern Sie die Programmierung außerdem, indem Sie die beiden vorherigen Scripts zu einem zusammenfügen. Platzieren Sie das kombinierte Script zur Erleichterung der Implementierung im Rumpfabschnitt der HTML-Seite. Listing 12.4 zeigt die fertige HTML-Seite, gespeichert unter DOM03.html.

Listing 12.4: Der Textinhalt des Knotens wird durch seine Ordinalposition ausgewählt – DOM03.html

```
 1: <!DOCTYPE HTML PUBLIC "-//W3C//DTD HTML 4.01 Transitional//EN">
 2: <!-- listing 12.4 - DOM03.html -->
 3:
 4: <html>
 5: <head>
 6: <title>DOM Scripting</title>
 7: </head>
 8: <body>
 9: <script language="javascript">
10: <!--
11:
12:    var oMeinedinge = new ActiveXObject("Microsoft.XMLDOM")
13:    oMeinedinge.async="false"
14:    oMeinedinge.load("nachricht01_12.xml")
15:
16:    document.write
17:    ("<h2>Das ausgewaehlte XML-Element in der Datei enthaelt:</h2>")
18:
19:    document.write
20:    (oMeinedinge.documentElement.childNodes.item(1).text)
21:
22:    document.write
23:    ("<hr />")
24:
25: -->
26: </script>
27:
28: </body>
29: </html>
```

Das eine Script, das verwendet wird, um das XML-Dokument zu laden und zu verarbeiten, findet sich in den Zeilen 9-26 dieses Listings. Die Zeilen 12-14 enthalten die Objekt-Instanzierung und das Laden des XML-Dokuments. Die Zeilen 19-20 enthalten die Auswahl des Textinhalts aus dem zweiten abgeleiteten Knoten des Dokumentelements.

Wie man XML-Elemente dem Namen nach auswählt

Angenommen, Sie wollen etwas über die Struktur des XML-Dokuments wissen, das Sie mit dem DOM exponiert haben, und Sie wollen den Textinhalt eines bestimmten Elements auswählen. Dieser Text kann das zweite nachricht-Element in Ihrem Dokument nachricht01.xml sein, der zufälligerweise das gleiche Resultat zurückgibt wie die Übungen, die Sie bereits fertig gestellt haben. Sie können dies erreichen, wenn Sie die Methode getElementsByTagName anwenden. Für das beschriebene Szenario sieht das so aus:

oMeinedinge.getElementsByTagName("nachricht").item(1).text

Dieser Ausdruck gibt den Textinhalt des zweiten (item(1)) nachricht-Elements zurück, das im oMeinedinge-Objekt enthalten ist.

Mit der document.write-Methode fügen Sie dies Ihrer HTML-Seite hinzu und speichern das Resultat unter DOM04.html. Listing 12.5 zeigt eine funktionierende Lösung.

Listing 12.5: Ein XML-Element wird nach seinem Namen ausgewählt – DOM04.html

```
 1: <!DOCTYPE HTML PUBLIC "-//W3C//DTD HTML 4.01 Transitional//EN">
 2: <!-- listing 12.5 - DOM04.html -->
 3:
 4: <html>
 5: <head>
 6: <title>DOM Scripting</title>
 7: </head>
 8: <body>
 9: <script language="javascript">
10: <!--
11:
12:   var oMeinedinge = new ActiveXObject("Microsoft.XMLDOM")
13:   oMeinedinge.async="false"
14:   oMeinedinge.load("nachricht01_12.xml")
15:
16:   document.write
17:   ("<h2>Das ausgewaehlte XML-Element der Datei enthaelt:</h2>")
18:
19:   document.write
20:   (oMeinedinge.documentElement.childNodes.item(1).text)
21:
22:   document.write
23:   ("<br/><br/> Resultat durch Tag Namen:<br/>")
24:
25:   document.write
26:   (oMeinedinge.getElementsByTagName("nachricht").item(1).text)
27:
```

Das XML Document Object Model (DOM)

```
28: document.write
29: ("<hr />")
30:
31: -->
32: </script>
33:
34: </body>
35: </html>
```

Die Zeilen 25-26 fügen dem Script die neue Methode hinzu. Der Code gibt den Text zurück, den das zweite nachricht-Element im Dokumentobjekt enthält. Die Zeilen 22-23 wurden nur hinzugefügt, um die Resultate zu trennen und die zweite Rückgabe als Resultat durch Tag Namen zu identifizieren.

DOM-Fehlermeldungen zurückgeben

Eine besondere Eigenschaft beim DOM (parseError) enthält ein Objekt, das die Details über den letzten Parsing-Fehler dokumentiert, der während der Verarbeitung aufgetreten ist, und gibt es zurück. Wenn man ausgewählte Eigenschaften dieses Objekts eingibt, kann man eine effiziente Fehlerroutine erstellen, um XML-Dokumente mit DOM-Scripts auszutesten. Tabelle 12.5 listet die Eigenschaften des XMLDOMParseError-Objekts auf, das in der parseError-Eigenschaft des XMLDOMDocument-Objekts enthalten ist.

Eigenschaft	Beschreibung
E	
errorCode	Enthält den Fehlercode des letzten Parsing-Fehlers
F	
filePos	Enthält die absolute Dateiposition, an der ein Fehler auftrat
line	Meldet die Zeilennummer, wo ein Fehler aufgetreten ist
linePos	Enthält die Position des ersten fehlerhaften Zeichens bei einem Fehler in einer Zeile
reason	Liefert eine Fehlerbeschreibung
srcText	Enthält den vollständigen Text der Zeile, in der der Fehler auftrat
url	Meldet die URL des XML-Dokuments, das den Fehler enthält

Tabelle 12.5: Eigenschaften des XMLDOMParseError-Objekts

Eine XML-Datei aus einer URL laden

Nehmen wir an, Sie wollen eine JavaScript-Routine schreiben, um ein XML-Dokument auszutesten. Wenn ein Fehler gefunden wurde, sollen der Code für den Grund, die fehlerhafte Zeilennummer, eine Beschreibung des angetroffenen Fehlers in englischer Sprache sowie die URL des fehlerhaften Dokuments zurückgegeben werden. Bei JavaScript können Sie die Eigenschaft parseError für Ihr Dokumentobjekt eingeben und die passenden XMLDOMParseError-Eigenschaften anhängen. Der Code sieht so aus:

```
 1:  document.write
 2:  ("<br>Fehler Grund Code: ")
 3:  document.write
 4:  (oMeinedinge.parseError.errorCode)
 5:
 6:  document.write
 7:  ("<br>Fehler Zeile Nummer: ")
 8:  document.write
 9:  (oMeinedinge.parseError.line)
10:
11:  document.write
12:  ("<br>Fehler Grund Beschreibung: ")
13:  document.write
14:  (oMeinedinge.parseError.reason)
15:
16:  document.write
17:  ("<br>URL der Datei mit dem Fehler: ")
18:  document.write
19:  (oMeinedinge.parseError.url)
```

Die Zeilen 3-4 geben den errorCode zurück, wenn ein Parsing-Fehler beim Laden des XML-Dokuments in den Speicher auftritt. Die Zeilen 8-9 geben die Zeilenzahl zurück, die Zeilen 13-14 die URL des fehlerhaften XML-Dokuments.

Bei der nächsten Übung fügen wir diese Eigenschaften einem Script hinzu, um es auf Parsing-Fehler zu überprüfen. Ändern Sie die Lademethode für das Dokument in Ihrem Script so, dass Sie nach einer nicht existenten XML-Datei suchen, um einen Fehler zu erzwingen. Wenn das Script ausgeführt wird, sucht es nach der Datei und meldet einen Fehler, wenn die Datei nicht lokalisiert und geparst werden kann.

Listing 12.6 zeigt die HTML-Seite mit dem vollständigen Script. Erzeugen Sie Ihr Script nach dem angegebenen Beispiel und speichern Sie es unter DOMfehler01.html.

Listing 12.6: Ein Fehler-Script – DOMfehler01.html

```
 1: <!DOCTYPE HTML PUBLIC "-//W3C//DTD HTML 4.01 Transitional//EN">
 2: <!-- listing 12.6 - DOMfehler01.html -->
 3:
 4: <html>
 5: <head>
 6: <title>DOM Scripting</title>
 7: </head>
 8: <body>
 9: <script language="javascript">
10: <!--
11:
12:   var oMeinedinge = new ActiveXObject("Microsoft.XMLDOM")
13:   oMeinedinge.async="false"
14:   oMeinedinge.load("falscher_dateiname.xml")
15:
16:   document.write
17:     ("<br>Fehler Grund Code: ")
18:   document.write
19:     (oMeinedinge.parseError.errorCode)
20:
21:   document.write
22:     ("<br>Fehler Zeilen Nummer: ")
23:   document.write
24:     (oMeinedinge.parseError.line)
25:
26:   document.write
27:     ("<br>Fehler Grund Beschreibung: ")
28:   document.write
29:     (oMeinedinge.parseError.reason)
30:
31:   document.write
32:     ("<br>URL der Datei mit dem Fehler: ")
33:   document.write
34:     (oMeinedinge.parseError.url)
35:
36: -->
37: </script>
38: </body>
39: </html>
```

Eine XML-Datei aus einer URL laden

Die Fehlerroutine wurde bereits detailliert beschrieben; in diesem Listing liegt sie in den Zeilen 16-34. Die Zeile 14 (oMeinedinge.load("falscher_dateiname.xml")) versucht, ein XML-Dokument zu laden, das nicht existiert. Das erzeugt einen Parsing-Fehler und gibt folgende Informationen an das Browserfenster zurück:

```
Fehler Grund Code: -2146697210
Fehler Zeilen Nummer: 0
Fehler Grund Beschreibung: Das angegebene Objekt konnte nicht gefunden werden.
URL der Datei mit dem Fehler: falscher_dateiname.xml
```

Meldungen zu Parsing-Fehlern vom XMLDOMParseError-Objekt sind in der Regel recht informativ. Um eine andere Meldung ansehen zu können, modifizieren Sie Ihr Dokument nachricht01.xml indem Sie die Groß- und Kleinschreibung in einem der nachricht-Element-Tags durcheinander bringen, und speichern das Dokument unter schlechte_nachricht.xml. Listing 12.7 zeigt eine schlecht geformte XML-Instanz mit fehlerhafter Groß- und Kleinschreibung bei den Tags für ein nachricht-Element.

Listing 12.7: Eine schlecht geformte XML-Instanz – schlechte_nachricht.xml

```
 1: <?xml version = "1.0"?>
 2: <!-- listing 12.7 - schlechte_nachricht.xml -->
 3:
 4: <notiz>
 5:   <nachricht ID="m1" von="Kathy Shepherd">
 6:   Denke daran, auf dem Nachhauseweg von der Arbeit Milch zu kaufen
 7:   </nachricht>
 8:   <nachricht ID="m2" von="Greg Shepherd">
 9:   Ich brauche ein wenig Hilfe bei den Hausaufgaben
10:   </nachricht>
11:   <Nachricht ID="m3" von="Kristen Shepherd">
12:   Bitte spiele heute Abend Scribble mit mir
13:   </nachricht>
14: </notiz>
```

Das dritte Nachricht-Element (Zeilen 11-13) hat ein Start-Tag mit einem großgeschriebenen N und ein Schluss-Tag mit kleingeschriebenem m. Das führt zu einem Parsing-Fehler, wenn das Dokument in das DOM-Dokumentobjekt geladen wird.

Um sich das Ergebnis eines Parsing-Fehlers wie in Listing 12.7 ansehen zu können, ändern Sie Zeile 14 Ihres DOMfehler01.html-Dokuments, um schlechte_nachricht.xml zu laden. Die Zeile, mit der Sie das tun können, sieht folgendermaßen aus:

```
14:   oMeinedinge.load("falscher_dateiname.xml")
```

Das XML Document Object Model (DOM)

Wenn das Script ausgeführt wird, müssen Sie eine Fehlermeldung im Browserfenster erhalten, die etwa so aussieht:

```
Fehler Grund Code: -1072896659
Fehler Zeilen Nummer: 13
Fehler Grund Beschreibung: Schluss-Tag 'nachricht passt nicht
 zum Start-Tag 'Nachricht.
URL der Datei mit dem Fehler: schlechte_nachricht.xml
```

Auf Grund dieser Fehlermeldung wissen Sie jetzt, wie man das XML-Dokument korrigieren kann, damit es wieder wohl geformt ist. Diese Art der Fehlerüberprüfung kann relativ leicht in fast alle XML-Verarbeitungsanwendungen eingebaut werden.

12.5 Zusammenfassung

Heute haben Sie das Document Object Model (DOM) für XML untersucht. Sie haben gelernt, dass es Ihnen ein allgemeines API bereitstellt, das von einer Reihe von Script- und Applikations-Entwicklungssprachen verwendet werden kann. Sie haben gesehen, wie das DOM die Inhalte eines XML-Dokuments als hierarchische Struktur aufeinander bezogener Knoten exponiert. Schließlich haben Sie einige Scripts geschrieben, die verschiedene Eigenschaften und Methoden von Dokumentobjekten zur Lokalisierung der Knoten in einem XML-Dokument und zur Meldung von Parsing-Fehlern verwenden. Morgen werden Sie eine Alternative zum DOM kennen lernen, die sich *Simple API for XML (SAX)* nennt und ein eventgesteuertes Modell zur XML-Verarbeitung ist.

12.6 Fragen und Antworten

F   *Was ist ein Objektmodell?*

   A   In der Computerprogrammierung ist ein Objektmodell wie das DOM eine Gruppe von aufeinander bezogenen Objekten, die zusammenarbeiten, um eine Reihe verwandter Aufgaben zu erfüllen. Man kann Applikationsprogrammier-Schnittstellen (API) genannte Schnittstellen entwickeln, wenn man den Objekten bekannte Methoden, Eigenschaften und Events zuordnet. Das Document Object Model (DOM) stellt ein API bereit, das unabhängig von Plattformen und den Sprachen ist, mit denen es implementiert wird.

F   *Wie verwendet ein Programmierer das DOM?*

   A   Sie erzeugen eine Instanz eines XML-Parsers, wenn Sie das DOM-Objekt instanzieren. Der Microsoft-Ansatz, der für die Übungen in diesem Kapitel eingesetzt wurde, exponiert das XML-DOM mittels einer Reihe von Standard-COM-Komponenten der MSXML-Parser-Programmfolge, die im Paket zum Internet Explorer 5.0 oder höher enthalten sind.

F   Wie entscheiden Sie, wann Sie clientseitiges und wann Sie serverseitiges Scripting beim DOM verwenden?

A   Clientseitige DOM-Anwendungen sind vor allem nützlich für das Testen und Validieren. Es gibt jedoch verschiedene Gelegenheiten für »upstream«-DOM-Implementierungen. Serverseitiges DOM-Parsing ist besonders geeignet in Fällen, in denen es zu unbeaufsichtigten Server-zu-Server-Ausführungen kommt. Serverseitige DOM-Programme können auch unter der Steuerung eines Scripts ausgeführt werden. Deshalb können Sie eine Website bauen, die die serverseitige DOM-Programmierung verwendet, um XML-Dokument-Instanzen zu manipulieren.

12.7 Übung

Schreiben Sie ein Script, das das DOM instanziert. Laden Sie Ihr Dokument `cd.xml` in das Objekt und schreiben Sie den Inhalt der `titel`- und `kuenstler`-Elemente für die erste CD in Ihrer Sammlung in das Browserfenster.

Verwenden Sie die Methode `getElementsByTagName()` und fügen Sie die passende `item()`-Methode und die `text`-Eigenschaft hinzu, damit die gewünschten Werte zurückgegeben werden.

Modifizieren Sie Ihren Code so, dass er den Inhalt der Elemente `titel` und `künstler` für die zweite CD in Ihrer Sammlung zurückgibt.

Das Simple API für XML (SAX)

Das Simple API für XML (SAX)

Das *Simple (einfache) API für XML (SAX)* ist ein öffentlich entwickelter Standard für Event-basiertes Parsing von XML-Dokumenten. Anders als der Ansatz mit dem Document Object Model (DOM), den Sie am 12. Tag untersucht haben und der eine Darstellung für die Informationen in Ihrem XML-Dokument auf Grundlage eines Baums erstellt, gibt es bei SAX kein standardmäßiges Objektmodell. SAX definiert eine abstrakte programmatische Schnittstelle, die die XML-Dokument-Instanz durch eine lineare Sequenz methodischer Aufrufe modelliert. Sie werden heute lernen:

- was die Unterschiede zwischen DOM- und SAX-APIs sind und in welchen Fällen eines oder das andere bevorzugt werden sollte,
- wie ein Ereignis-basiertes API mit hierarchischen XML-Daten arbeitet,
- wie man ein einfaches JAVA-Programm schreibt, das den SAX-basierten JAXP-Parser von Sun Microsystems instanziert.

13.1 Das Simple API für XML

SAX 1.0 (das einfache API für XML) wurde am 11. Mai 1998 veröffentlicht. SAX ist ein allgemeines, Event-basiertes API zum Parsen von XML-Dokumenten. Es wurde in Zusammenarbeit der Mitglieder der Internet-Diskussionsgruppe XML-DEV entwickelt. SAX 2.0 ist eine neuere Version, die eine Unterstützung für Namensräume und komplexere Abfrage-Strings aufgenommen hat. Heute werden Sie mit SAX 1.0 arbeiten und es verwenden, um XML-Dokumente zu parsen. Weitere Details zur Geschichte dieses Projekts finden Sie unter http://www.megginson.com/SAX/.

Wie das DOM stellt SAX einen Standardsatz von Methoden bereit, die implementiert werden können, um die Daten und den strukturellen Inhalt bei XML-Dokument-Instanzen programmatisch zu manipulieren. SAX ist eine weitere Methode zum Parsen und für den Zugriff auf Teile von XML-Dokumenten. Während der Dokumentverarbeitung wird jeder Teil identifiziert und ein entsprechender Event gestartet. Das unterscheidet SAX vom DOM-API. Sie haben gestern gelernt, dass das DOM eine komplette Dokument-Instanz auf einmal in den Speicher einliest. SAX bearbeitet jede Auszeichnungskomponente, auf die es trifft, als eigenen Event, ohne dass die ganze Dokument-Instanz sofort in den Speicher eingelesen werden muss. Das ist nicht der einzige Unterschied zwischen SAX und dem DOM-API. Das DOM hat zum Beispiel die Fähigkeit, Knoten hinzuzufügen und zu löschen. Mit dem DOM kann man eine ganze XML-Instanz von Grund auf neu erzeugen. Das geht mit SAX nicht. Sie werden heute noch weitere Unterschiede kennen lernen.

SAX-Parser

SAX-Parser gibt es für eine Reihe verschiedener Programmiersprachen wie Java, Python, PERL und Visual Basic, von denen jede eine Möglichkeit bietet, die allgemeinen Methoden zu implementieren, die das API charakterisieren. Mehr zu diesen Methoden erfahren Sie in Kürze. Die ursprüngliche Arbeit an SAX erfolgte voll und ganz in Java und die Mehrheit der Lösungen sind als Java-API-Verteilungen implementiert. Einige beliebte Parser für SAX sind in Tabelle 13.1 aufgelistet.

Parser	Beschreibung
MSXML 3.0	Der MSXML-Parser von Microsoft unterstützt DOM und SAX sowie eine Reihe weiterer XML-Technologien. MSXML 3.0 ist unter http://msdn.microsoft.com/xml erhältlich.
MSXML 4.0	Version 4 des Microsoft-Parsers ist deutlich erweitert worden und hat eine bessere Unterstützung für XML-Technologien einschließlich einer ausgefeilten Integration von SAX und DOM, sodass Sie SAX-Events aus einem DOMdocument-Objekt heraus auslösen und SAX-Objekte aus DOM–Knoten erzeugen können. MSXML gibt es unter http://msdn.microsoft.com/xml.
Xerces	Xerces, ein Produkt der Apache Software Foundation, ist ein effizienter Parser, der DOM und SAX unterstützt. Sie erhalten ihn unter http://www.apache.org. Xerces ist plattformunabhängig, weil er in Java programmiert wurde und auf einer Open-Source-Programmierung basiert.
JAXP	Der SAX-Parser von Sun Microsystems, der als JAXP bekannt ist, unterstützt DOM und SAX. JAXP ist unter http://java.sun.com/xml zu erhalten. JAXP ist in Java programmiert, was ihn plattformunabhängig macht.

Tabelle 13.1: Populäre SAX-Parser

13.2 SAX und DOM im Vergleich

Sie werden sich erinnern, dass der DOM-API-Ansatz ein Modell auf der Grundlage eines Baums erstellt, das alle Daten eines XML-Dokuments in einer Knotenhierarchie speichert. Die gesamte Dokument-Instanz wird auf einmal in den Speicher geladen, was Ihnen eine effiziente Methode bietet, beliebige Zugriffsmöglichkeiten zu erhalten und jeden Knoten im Dokumentbaum exponieren zu können. Das DOM verfügt über die Fähigkeit, Knoten hinzuzufügen oder zu entfernen, sodass Sie das Dokument mittels der Steuerung durch ein Programm modifizieren können.

Das Simple API für XML (SAX)

Normalerweise bauen Sie Funktionen ein, die durch vom Anwender generierte Events oder -Transaktionen ausgelöst werden, wenn Sie eine Event-basierte Anwendung erzeugen. Ein Script kann zum Beispiel auf den OnClick-Event warten, um eine bestimmte Sub-Routine auszuführen. Wenn Sie eine Anwendung zur Instanzierung eines Event-basierten SAX-Parsers schreiben, enthält diese einen ähnlichen Ansatz; es ist jedoch der Parser, nicht der Anwender, der die Events erzeugt. SAX-Parser rufen Methoden auf, wenn sie beim Parsen eines Dokuments Markup-Events antreffen. Teile Ihres XML-Dokuments wie der Anfang oder das Ende der Dokument-Instanz, Start- und Schluss-Tags, Attribute und Zeichendaten lösen Events aus, die ein SAX-Parser während der Verarbeitung des Dokuments erkennt.

Der Parser soll eindeutige Markup-Zeichen lesen und erkennen, wenn er sie im Datenstrom antrifft, der ein XML-Dokument ausmacht. Betrachten Sie das einfache XML-Dokument, das in Listing 13.1 gezeigt wird, als Quelle, die einem SAX-Parser präsentiert wird.

Listing 13.1: Ein einfaches XML-Dokument – nachricht01_13.xml

```
1: <?xml version = "1.0"?>
2: <!-- listing 13.1 - nachricht01_13.xml -->
3: <notiz>
4:   <nachricht von="Kathy Shepherd">
5:    Denke daran, auf dem Nachhauseweg von der Arbeit Milch zu kaufen
6:   </nachricht>
7: </notiz>
```

Einige der Events, die SAX in Objekte verwandeln kann, sind:

```
1: Dokumentanfang
2: Elementanfang ( notiz )
3: Elementanfang ( nachricht )
4: Attributsnamen-Wertepaar ( von="Kathy Shepherd" )
5: Zeichendaten (Denke daran, auf dem Nachhauseweg von der Arbeit Milch zu kaufen
)
6: Elementende ( nachricht )
7: Elementende ( notiz )
8: Dokumentende
```

Zeile 1 ist ein Event, der dem Anfang der Dokument-Instanz entspricht, die während der Verarbeitung dieses Dokuments durch den SAX-Parser generiert wird. Zeile 2 repräsentiert den Event, der den Beginn des notiz-Elements markiert. Das Schluss-Tag des notiz-Elements generiert den Element beendenden Event, der in Zeile 7 angegeben wird. Die Zeilen 3-6 entsprechen dem Anfang und dem Ende des nachricht-Elements. Zeile 4 zeigt den Event, der dem von-Event im nachricht-Element entspricht. Das Event, der den geparsten Zeichendaten des nachricht-Elements zugeordnet wird, steht in Zeile 5.

SAX und DOM im Vergleich

In Wirklichkeit werden der Beispiel-Instanz aus Listing 13.1 noch weitere potenzielle Events zugeordnet, die nicht identifiziert wurden. Zum einen behandelt SAX die Leerzeichen in einem XML-Dokument anders als das DOM. Mehr dazu erfahren Sie später.

Die SAX- und DOM-Ansätze unterscheiden sich offensichtlich darin, wie sie das XML-Instanzdokument in programmatischen Typen wiedergeben. Bei dem Event-basierten Modell, das SAX abbildet, wird für die XML-Instanz im Speicher keine Baumstruktur erzeugt. Statt dessen werden die Daten Zeichen für Zeichen in Richtung der Dokumentanordnung an eine Anwendung weitergegeben. Da SAX keine Ressourcen für eine Repräsentation des Dokuments im Speicher erfordert, ist es unter bestimmten Umständen eine gute Alternative zum DOM. Mit SAX können Sie zum Beispiel große Dokument-Instanzen systematisch durchsuchen, um kleine Informationsteile zu extrahieren. Zusätzlich können Sie mit SAX die Verarbeitung nach der Darlegung der gewünschten Informationen anhalten und es ist nicht erforderlich, das gesamte Dokument für die Dokumentverarbeitung in den Speicher zu laden. Man kann mit SAX DOM-Bäume konstruieren. Zum Teil sind viele DOM-Parser auf interner Ebene so konstruiert. Umgekehrt können Sie DOM-Bäume durchqueren und SAX-Ströme ausgeben; diese komplexen Operationen sprengen aber den Rahmen der heutigen Lektion.

Da die Daten aus der XML-Dokument-Instanz an die SAX-Anwendung so weitergegeben werden, wie sie aufgefunden werden, kann man konsequenterweise eine höhere Leistung und einen geringeren Speicherbedarf oder Aufwand erwarten. Die Vorteile dieses Ansatzes hinsichtlich der Leistungsfähigkeit werden jedoch durch komplexere Verarbeitungsstrukturen wieder zunichte gemacht. Das fortgeschrittene Abfragen eines Dokuments mit vielen Ebenen eingebetteter abgeleiteter Elementen und mit komplexen Beziehungen der Elemente untereinander kann wegen der Komplexität, die dem Verwalten des Event-Kontextes während der Verarbeitung inhärent ist, sehr mühsam werden. Die Folge ist, dass viele Programmierer den DOM-Ansatz bei Dokumenten bevorzugen, die modifiziert oder manipuliert werden müssen und einen SAX-Parser wählen, um übermäßig umfangreiche XML-Dokumente auszulesen, die nicht verändert werden müssen. Ein wachsender Trend bei der XML-Programmiergemeinde geht in Richtung einer Kombination der DOM- mit den SAX-Lösungen, um besondere Bedürfnisse zu befriedigen.

SAX statt DOM wählen

Da Event-basierte Parser Dokumente auf eine serielle Weise verarbeiten, ist das Simple API für XML (SAX) häufig eine exzellente Alternative zum Document Object Model (DOM).

Die Verarbeitung umfangreicher Dokumente

Einer der bedeutendsten Vorteile des SAX-Ansatzes ist, dass er deutlich weniger Speicherplatz für die Verarbeitung eines XML-Dokuments erfordert als ein DOM-Parser. Bei SAX wächst der Speicherbedarf nicht mit der Größe der Datei. Ein Dokument von 100 KB kann bei Verwendung eines DOM-Prozessors bis zu 1 MB Speicherplatz belegen. Wenn es von einem Event-getriebenen SAX-Prozessor geparst wird, braucht das gleiche Dokument deutlich weniger Speicherplatz. Wenn Sie umfangreiche Dokumente verarbeiten müssen, ist SAX vielleicht die bessere Alternative, vor allem, wenn Sie den Inhalt des Dokuments nicht verändern müssen.

Die Verarbeitung programmgesteuert anhalten

Mit SAX können Sie die Verarbeitung jederzeit anhalten, deshalb können Sie es verwenden, um Anwendungen zu erzeugen, die bestimmte Daten lokalisieren und ermitteln. Sie können zum Beispiel eine Anwendung erzeugen, die nach einem Punkt in einem Katalog oder Bestandssystem sucht. Wenn die Anwendung den gewünschten Punkt findet, kann sie die Daten, die sich auf ihn beziehen, zurückgeben, etwa die Bestandsnummer und die Verfügbarkeit, und anschließend die Verarbeitung beenden, ohne das restliche Dokument abzufragen.

Kleine Informationsteile ermitteln

Viele Lösungen, die auf XML gründen, müssen nicht das gesamte Dokument lesen, um die gewünschten Resultate zu erzielen. Man kann sich zum Beispiel eine Anwendung für Online-Nachrichten vorstellen, die die Daten eines Nachrichtenkanals nach relevanten Meldungen zu einem bestimmten Thema absucht; es ist wenig effizient, alle unnötigen Daten in den Speicher einzulesen. Mit SAX kann Ihre Anwendung die Daten nach Nachrichtenartikeln absuchen, die sich ausschließlich auf das Thema beziehen, das Sie angeben, und dann eine Untermenge zur Dokumentstruktur erzeugen, die an Ihre Anwendung zum Auslesen von Nachrichten, Ihren Browser oder vielleicht an ein drahtloses Gerät weitergegeben wird. Es spart bedeutende Systemressourcen, wenn nur ein kleiner Prozentsatz eines Dokuments untersucht wird.

DOM statt SAX wählen

Manchmal wird der DOM-Ansatz für Ihre Bedürfnisse die bessere Lösung bieten.

Beliebiger Zugriff auf Dokumente

SAX bietet keine Methode, das gesamte Dokument auf einmal in den Speicher zu laden. Sie müssen die Daten in der Reihenfolge handhaben, in der sie verarbeitet werden. Wenn Sie beliebigen Zugriff auf Knoten benötigen, die komplexe Beziehungen zueinander haben, ist das DOM die bessere Wahl. SAX kann schwierig anzuwenden sein, wenn ein Dokument viele interne Querverweise wie ID- und IDREF-Attribute enthält.

Komplexe XPath-Filter

Verwenden Sie DOM, wenn Sie komplexe Filterfunktionen mit XML Path Language (XPath) durchführen und komplexe Datenstrukturen festhalten wollen, die Informationen zum Kontext enthalten. Die Baumstruktur des DOM hält Kontextinformationen automatisch fest. Mit SAX müssen Sie die Kontextinformationen selbst speichern.

Die Modifikation und Erzeugung von XML

Wie bereits erwähnt, hat SAX keine Möglichkeit, eine neue XML-Dokument-Instanz zu erzeugen, wie dies das DOM-API kann. Das DOM ist in der Lage, XML-Dokumente zu erzeugen. SAX kann Events abfragen und eine Meldung dazu machen, aber es kann nicht dafür verwendet werden, eine XML-Dokument-Instanz zur weiteren Verarbeitung, Speicherung oder Übermittlung aufzubauen. Mit dem DOM können Sie auch ein gespeichertes Dokument modifizieren und ein Dokument aus einer XML-Quelldatei lesen. SAX ist dazu gedacht, XML-Dokumente zu lesen, nicht sie zu schreiben. Das DOM ist die bessere Wahl, wenn Sie ein XML-Dokument modifizieren und das geänderte Dokument im Speicher ablegen wollen.

13.3 Methoden, die während der Verarbeitung von SAX-Events aufgerufen werden

Auch wenn es bestimmte allgemeine Methoden gibt, die zum Ansatz der SAX-Verarbeitung gehören, können verschiedene Implementierungen zusätzliche Methoden und Events aufrufen. Eine Zusammenfassung des beliebten Minimalsets von Methoden finden Sie in Tabelle 13.2. Diese Methoden werden als Teil der DocumentHandler-Schnittstelle implementiert, die das API charakterisiert.

Das Simple API für XML (SAX)

Methode	Beschreibung
documentLocator	Eine Methode, die den Dateinamen, den Pfad oder die URL des XML-Dokuments, das verarbeitet wird, zurückgibt
startDocument	Eine Methode, die aufgerufen wird, wenn der Prozessor auf den Anfang eines XML-Documents trifft
endDocument	Eine Methode, die aufgerufen wird, wenn das Dokumentende erreicht wird
startElement	Eine Methode, die aufgerufen wird, wenn das Start-Tag eines Elements geparst wird
endElement	Eine Methode, die aufgerufen wird, wenn das Schluss-Tag eines Elements geparst wird
characters	Eine Methode, die aufgerufen wird, wenn Text- oder Leerzeichen angetroffen werden
processingInstruction	Eine Methode, die aufgerufen wird, wenn eine Verarbeitungsanweisung geparst wird

Tabelle 13.2: Ausgewählte Methoden für den SAX-Parser

13.4 SAX und Java

Im Dezember 1997 hat Peter Murray-Rust erstmals in Java die erste Version dessen implementiert, woraus sich später SAX entwickeln sollte. Murray-Rust ist der Autor des kostenlosen, Java-basierten XML-Browsers JUMBO. Murray-Rust begann mit dem Versuch, drei verschiedene XML-Parser mit ihren jeweils proprietären APIs mit dem JUMBO-Browser zu unterstützen. Nachdem er erkannt hatte, dass dies eine unnötige Komplikation darstellte, bestand er darauf, dass die ursprünglich implementierten Parser ein gemeinsames Event-basiertes API in Java unterstützen sollten, das er YAXPAPI (für Yet Another XML Parser API = Noch ein anderes XML-Parser-API) nannte. Die Mitglieder der XML-DEV-Mailing-List waren u.a. Tim Bray, Autor des XML-Parsers Lark und einer der Herausgeber der XML-Spezifikation, David Megginson, Autor von Microstars XML-Parser Ælfred, Jon Bosak, den Erfinder von XML und viele andere, die an der Entwicklung des Einfachen API für XML teilhatten.

Ein großer Teil der Design-Gemeinde für SAX bestand aus erfahrenen Java-Programmierern, sodass es ganz natürlich war, dass Java verwendet wurde, um die vorgeschlagenen Event-basierten Methoden zu implementieren. In jüngerer Zeit wurde SAX auch in Perl, Python, Visual Basic und andere Sprachen implementiert. Im nächsten Abschnitt werden

Eine Java-Anwendung, die SAX-Events auflistet

Sie sehen, wie man einen SAX-Parser instanziert und mit Java Methoden für die XML-Event-Verarbeitung aufruft. Sie werden eine einfache Java-Anwendung erzeugen und kompilieren, die einige der Events identifiziert, die beim Parsen des XML-Dokuments angetroffen werden. Beachten Sie bitte, dass dieses Buch Ihnen weder die Programmiersprache Java noch die grundlegenden objektorientierten Programmiertechniken beibringen soll. Wenn Sie Ihr Java auffrischen wollen, können Sie das z.B. mit *Jetzt lerne ich Java* (ISBN-Nr.: 3-8272-5688-7) oder mit *Java2 in 21 Tagen*, beides beim Markt+Technik Verlag erschienen, tun. Sie können auch die kostenlose Java-Dokumentation von der Sun Microsystems-Website unter http://java.sun.com/j2se/1.3 herunterladen.

Java bietet prozedurale, objektbasierte (durch Klassen, Kapselung und Objekte gekennzeichnete) und objektorientierte (unterstützt mit Vererbung und Polymorphismus) Paradigmen. In diesem Abschnitt erhalten Sie Gelegenheit, ein Java-Programm zu schreiben, das SAX-Events als Objekte handhabt und die wiederverwendbaren Software-Komponenten der Standard-Klassenbibliotheken von SAX einschließt, die Sie in Ihr Programm importieren können.

Erforderliche Java-Applikationssoftware

Sie müssen mehrere Softwarepakete herunterladen und installieren, wenn Sie die heutigen Übungen mitmachen wollen. Wenn die Standardausgabe Java 2 nicht schon auf Ihrem Computer installiert ist, können Sie bei Sun Microsystems unter http://java.sun.com/j2se eine kostenlose Ausgabe erhalten. Installieren Sie die Software nach den Anweisungen auf der Website.

Sie müssen auch Dateien aus dem Archiv für Ihr SAX-API herunterladen und extrahieren. Es gibt viele gute Optionen, aber in den heutigen Beispielen wird der JAXP-Parser von Sun Microsystems verwendet. Eine kostenlose Ausgabe finden Sie unter http://java.sun.com/xml/download.html. Entpacken oder extrahieren Sie die Software auf Ihrer Festplatte und merken Sie sich das Unterverzeichnis, in dem sie abgelegt wird. Sie müssen die Umgebungsvariable classpath setzen oder die Compiler-Option classpath verwenden, um auf dieses Unterverzeichnis zu verweisen, wenn Sie Ihr Java-Programm kompilieren. Die Dokumentation zur JAXP-Software und ihrem Setup, die bei sun.com veröffentlicht ist, ist äußerst umfangreich.

13.5 Eine Java-Anwendung, die SAX-Events auflistet

Java-Anwendungen zu schreiben ist so ähnlich wie Strukturen aus Holzblöcken zu erzeugen. Die Blöcke haben vielleicht unterschiedliche Formen und Farben, die in das Gesamtbild der Struktur eingehen. Sie können gewollte und vorhersehbare Resultate erzielen, wenn Sie die Qualität der individuellen Komponenten miteinander kombinieren. Java funktioniert so ähnlich, weil Sie die Methoden und Schnittstellen jeder Klasse, die Sie importiert oder eingeschlossen haben, verwenden können, um eine Struktur von Objekten zu erzeugen, die sich auf vorhersagbare Weise verhalten. Sie werden für die Anwendung, die Sie in dieser Übung schreiben, Klassen und Schnittstellen aus verschiedenen Paketen, die mit der vorher genannten Software verteilt werden, importieren. Sie werden außerdem Methodenaufrufe für SAX-Parser-Methoden wie den in Tabelle 13.2 aufgeführten erzeugen. Abbildung 13.1 zeigt die Methoden, die die Anwendung charakterisieren, die Sie schreiben werden.

Sie können einen Texteditor verwenden und dieses Programm aufbauen, während Sie den Rest dieses Abschnitts lesen und alle Teile der Anwendung kennen lernen. Am Ende dieses Abschnitts wird eine vollständige Liste der EList-Klasse aufgezeigt, zusammen mit Kommentaren, die Ihnen dabei helfen, die jeweils aufgerufene Methode zu identifizieren.

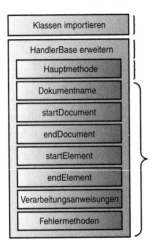

Abbildung 13.1:
Die Struktur der
Java-EList-Anwendung

Klassen importieren

Sie müssen das Java-Eingabe/Ausgabe (I/O)-Paket importieren, um Ihr Programm für die Verwaltung von Daten über Ein- und Ausgabeströme zu aktivieren. Das erreichen Sie, indem Sie das java.io-Paket der Standardausgabe Java-2 von Sun Microsystems importieren. Die Klassen in diesem Paket können Sie bei der Dateiverarbeitung und beim Networking verwenden, und um einen Standardsatz von Schnittstellen für andere I/O-Typen bereitzustellen. Die Syntax für das Schlüsselwort zum Importieren lautet:

import [Paket];

Wie alle reservierten Schlüsselwörter in Java muss import kleingeschrieben werden. Zusätzlich zum java.io-Paket brauchen Sie das Paket, das die Klassen und programma-

Eine Java-Anwendung, die SAX-Events auflistet

tischen Schnittstellen für SAX-Parser enthält, org.xml.sax. Dort ist die HandlerBase-Klasse enthalten, die Sie erweitern, wenn Sie Ihre Anwendung erzeugen.

Um alle Klassen für einen SAX-Parser zu instanzieren, müssen Sie auch das JAXP-Paket javax.xml.parsers importieren. Dieses Paket enthält eigentlich sowohl die Klassen für SAX- als auch für DOM-Parser, die nach Bedarf für Ihre Anwendung instanziert werden können.

Außerdem brauchen Sie javax.xml.parsers.SAXParserFactory für die Instanzierung eines SAX-basierten Parsers, der fähig ist, eine Instanz mit einer DTD zu validieren; des Weiteren javax.xml.parsers.ParserConfigurationException um einen Fehler für den Fall aufzuwerfen, dass ein Parser nicht korrekt instanziert werden kann; und schließlich javax.xml.parsers.SAXParser für die Instanzierung eines SAX-Parser-Objekts. Der vollständige Importblock in Ihrer Anwendung sieht so aus:

```
import java.io.*;
import org.xml.sax.*;
import javax.xml.parsers.SAXParserFactory;
import javax.xml.parsers.ParserConfigurationException;
import javax.xml.parsers.SAXParser;
```

Die HandlerBase-Klasse erweitern

Das Java-Programm, das Sie schreiben, wird die HandlerBase-Klasse aus dem Paket org.xml.sax der SAX-1-Implementierung erweitern. In der SAX-2-Implementierung wird diese Klasse HandlerBase durch DefaultHandler ersetzt. Der Zugriff auf DefaultHandler setzt den Import von org.xml.sax.helpers.DefaultHandler voraus; ansonsten sind beide Implementierungen identisch. Für die Zwecke dieser Übung importieren wir die Klassen und erweitern die ursprüngliche HandlerBase-Klasse. In dieser Übung kompilieren Sie eine Klasse und nennen sie EList (Event-Liste), um eine Auflistung von SAX-Events für den Ausgangsstrom hervorzubringen. Wie Sie Ihre eigene Klasse nennen, spielt keine Rolle, aber Sie müssen das ganze Java-Programm hindurch konsequent sein und sicherstellen, dass Sie den Code mit dem Klassennamen abspeichern, gefolgt von der Erweiterung .java, um sicherzugehen, dass die Kompilierung erfolgreich verläuft. Per Konvention beginnen alle Klassennamen – also die Bezeichner für Java-Klassen – mit einem großgeschriebenen alphabetischen Zeichen und haben am Anfang eines jeden einzelnen Worts im Klassennamen einen Großbuchstaben (zum Beispiel MeinEigenerPersoenlicherKlassenName). Die anwenderdefinierte primäre Anweisung zur Klassenerweiterung sieht folgendermaßen aus:

```
public class EList extends HandlerBase
{
    [... die Methoden der definierten Klasse]
}
```

Das Simple API für XML (SAX)

Alle Methoden der anwenderdefinierten Klasse werden in geschweifte Klammern eingeschlossen ({...}) und folgen auf die Deklaration der EList-Klasse. Die HandlerBase-Klasse implementiert vier Schnittstellen aus dem org.xml.sax-Paket. Wenn Sie den in SAX2 implementierten DefaultHandler verwenden, werden mehrere verschiedene Schnittstellen importiert. Tabelle 13.3 fasst diese Schnittstellen zusammen.

Schnittstelle	Beschreibung
DocumentHandler	Bearbeitet geparste Events, wenn sie während der Dokumentverarbeitung angetroffen werden
DTDHandler	Bearbeitet Entities und ungeparste Entities, die durch eine zugeordnete Document Type Definition definiert werden
EntityReference	Bearbeitet alle externen Entities
ErrorHandler	Bearbeitet alle Fehler, die während des Parsens auftreten

Tabelle 13.3: Einige Schnittstellen, die in der HandlerBase-Klasse des org.xml.sax-Pakets implementiert sind

Die Methode main

Die erste Methode, die in einer Java-Anwendung ausgeführt wird, ist die main-Methode, eine in Java obligatorische Methode. Die main-Methode Ihrer Anwendung führt mehrere obligatorische Funktionen aus. Zunächst legt sie die Anforderung fest, dass der Anwender einen Dateinamen für die XML-Dokument-Instanz angibt; sie hält die Anwendung an und gibt eine Fehlermeldung auf dem Bildschirm des Anwenders aus, wenn kein Name angegeben wird. Als Nächstes erzeugen Sie eine Methode, die ein Argument in Form eines Strings erfordert, das in der Befehlszeile bereitgestellt werden muss, wenn das Programm aufgerufen wird. Der Code für diesen Teil der main-Methode sieht so aus:

```
1:  public static void main( String fname[] )
2:  {
3:    if ( fname.length != 1 ) {
4:      System.err.println( "Erwartete Syntax: java EList [filename]\ n" );
5:      System.exit( 1 );
6:  }
```

Zeile 1 deklariert die main-Methode, die ein String-Argument namens fname erfordert. Das Schlüsselwort static deklariert, dass es sich bei der main-Methode um eine Klassenmethode handelt. Das Schlüsselwort void zeigt an, dass diese Methode Aufgaben erfüllt, aber keine Informationen an die Klasse zurückgibt, wenn die Aufgabe erledigt ist. Alle Anforderungen der main-

Eine Java-Anwendung, die SAX-Events auflistet

Methode folgen der Java-Syntax. Die Zeilen 3-4 stellen mit einem Test sicher, dass genau ein Argument in die Befehlszeile eingefügt wird, wenn die EList-Klasse aufgerufen wird. Wird diese Syntax nicht befolgt, schreibt das Programm eine Meldung auf den Bildschirm (zum Beispiel "Erwartete Syntax: java EList[filename]\n"), hält dann die Verarbeitung an und beendet Java.

Um mit dem Parsen eines XML-Instanzdokuments zu beginnen, müssen Sie zunächst das SAXParseFactory-Objekt aus dem Paket javax.xml.parsers instanzieren, um einen SAX-basierten Parser zu erhalten. Sie geben dann die XML-Dokument-Instanz, die unter der URL zu erhalten ist, die der Anwender beim Aufruf angibt, zusammen mit Ihrer EList-Klasse an das SAX-Parser-Objekt weiter, indem Sie die Methode newSAXParser aufrufen. Der Parser wiederum liest das XML-Dokument Zeichen für Zeichen und ruft die SAX-Methode auf, die Sie in Ihrer EList-Klasse programmiert haben. Sie werden gleich sehen, wie man die einzelnen Parser-Methoden eingibt. Alle Fehler oder Ausnahmen, die der Parser aufwirft, müssen von Ihrer Anwendung aufgefangen und dem Anwender gemeldet werden. Ein Fehler in Ihrer EList-Klasse sorgt dafür, dass der Prozessor anhält und dem Anwender über den Bildschirm-Ausgabestrom sofort eine Meldung macht.

Der Code, der die main-Methode vervollständigt, sieht wie der hier gezeigte Ausschnitt aus:

```
1:    SAXParserFactory saxFactory = SAXParserFactory.newInstance();
2:
3:    saxFactory.setValidating( false );
4:
5:    try {
6:      SAXParser saxParser = saxFactory.newSAXParser();
7:      saxParser.parse( new File( fname[ 0 ] ), new EList() );
8:    }
9:    catch ( SAXParseException spe ) {
10:     System.err.println( "Parse-Fehler:" + spe.getMessage() );
11:   }
12:   catch ( SAXException se ) {
13:     se.printStackTrace();
14:   }
15:   catch ( ParserConfigurationException pce ) {
16:     pce.printStackTrace();
17:   }
18:   catch ( IOException ioe ) {
19:     ioe.printStackTrace();
20:   }
21:
22:   System.exit( 0 );
23: }
```

Die Zeile 1 instanziert das `SAXParserFactory`-Objekt aus dem zuvor importierten Paket `javax.xml.parsers`. Dort wird ein Programm mit einem SAX-Parser für die Event-basierte Verarbeitung bereitgestellt. Zeile 3 ist eine besondere Anweisung, die das `SAXParserFactory`-Objekt als nicht validierenden Parser konfiguriert. Sie können den Wert auf `true` abändern, wenn Sie wollen, dass der SAX-Parser Ihre XML-Dokument-Instanz mit einer korrekt zugeordneten Document Type Definition (DTD) validiert. Die Zeilen 6 und 7 instanzieren das SAX-Parser-Objekt, indem sie die `newSAXParser`-Methode aufrufen und das vom Anwender benannte Dokument dann zusammen mit einer Instanz der `EList`-Klasse an den Parser weitergeben. Die Zeilen 9-19 fangen alle Ausnahmefehler beim Parsen auf (wie zum Beispiel schwerwiegende XML-Syntaxfehler), ebenso die SAX-Ausnahmefehler (wie zum Beispiel eine Unterklasse von Ausnahmen, die aufgeworfen wird, wenn Parsing-Fehler auftreten), Fehler bei der Parser-Konfiguration (wie zum Beispiel Fehler, die vom Fehlschlagen der Instanzierung des Parser-Objekts verursacht werden) oder I/O-Ausnahmefehler (wie zum Beispiel Probleme, die auftreten, wenn eine XML-Dokument-Instanz unter der angegebenen URL nicht erreicht werden kann oder wenn die Umgebung für den Klassenpfad nicht korrekt definiert ist). All diese Fehler werden vom SAX-Parser aufgeworfen. Zeile 22 veranlasst, dass die Anwendung anhält und zum Betriebssystem wechselt, wenn einer der bemerkten Fehler aufgefangen wird.

SAX-Methoden

Die erste Methode im nächsten Abschnitt Ihrer Anwendung überschreibt die `HandlerBase`-Methode `setDocumentLocator`, die die URL des Dokuments angibt, das gerade vom SAX-Parser verarbeitet wird. Dabei handelt es sich um das Dokument, das der Anwender als Argument in die Befehlszeile eingibt, wenn die Anwendung aufgerufen wird. Erzeugen Sie eine Referenz auf den Dateinamen und die URL, genannt `fname`, und geben Sie sie an die `getSystemId`-Methode weiter. Sie verwenden das Standard-Ausgabeobjekt `System.output.printlin`, um den Prozessor anzuweisen, den String `Name des Dokuments:` zu drucken, der zum URL-String verkettet ist, den `fname.getSystemId()` enthält. Um dies zu erreichen, müssen Sie die folgende Methode erzeugen:

```
public void setDocumentLocator( Locator fname )
   {
    System.out.println( "Name des Dokuments:" + fname.getSystemId() );
   }
```

Als Nächstes weisen Sie den SAX-Parser an, eine Meldung zu machen, wenn er auf den Dokumentanfang oder den Wurzelknoten des Dokuments trifft. Sie überschreiben die `HandlerBase`-Methode `startDocument`. Dieser Event kommt in jeder Dokument-Instanz nur einmal vor. Sie rufen das Standard-Ausgabeobjekt auf, um die Tatsache zu melden, dass der SAX-Parser auf den Wurzelknoten des Dokuments getroffen ist. Die Meldung erfolgt in

Eine Java-Anwendung, die SAX-Events auflistet

Form eines Strings – SAX Event - Start des Dokuments – der auf dem Bildschirm des Anwenders ausgegeben wird. Bei allen SAX-Methoden, die Sie erzeugen, schließen Sie throws SAXException ein, um den Parser anzuweisen, alle angetroffenen Fehler aufzuwerfen. Sie erinnern sich gewiss, dass die main-Methode Anweisungen enthält, Fehler aufzufangen, an den Anwender zu melden und die Verarbeitung des Dokuments anzuhalten. Die vollständige Methode sieht so aus:

```
public void startDocument()
    throws SAXException
{
System.out.println( "SAX Event - Start des Dokuments" );
}
```

Das Ende des XML-Dokuments wird vom SAX-Parser als Event betrachtet und es kann eine Methode eingefügt werden, die das Auftreten dieses Events meldet. Das ähnelt dem Event am Dokumentanfang, der bereits programmiert wurde, nur dass die endDocument-Methode der HandlerBase-Klasse in diesem Fall überschrieben wird. Die Methode sieht so aus:

```
public void endDocument()
    throws SAXException
{
System.out.println( "SAX Event - Ende des Dokuments" );
}
```

Als Nächstes überschreiben Sie die HandlerBase-Methode startElement, um zu markieren, wenn der Parser in der XML-Instanz auf das Start-Tag für ein Element trifft. Die startElement-Methode nimmt zwei Argumente auf, jedes mit einer anwenderdefinierten Referenz. Das erste Argument enthält den Namen des Elements, das zweite eine Attributsliste für dieses Element. Da Sie in jedem Element null oder mehr Attribute antreffen können, müssen Sie einen Mechanismus bereitstellen, der entweder kein Attribut oder eine beliebige Anzahl an Attributen für ein Element meldet. Dann schreiben Sie eine kurze Schleife, die jedes Attribut durchläuft und alle mit dem entsprechenden Wert über das Standard-Ausgabeobjekt auf den Bildschirm schickt.

Wenn mehrere Attribute auf ein Element kommen, iterieren Sie sie, bis alle gemeldet wurden und keines mehr übrig bleibt. Außerdem formatieren Sie die Ausgabe des Attributsnamen-/Attributswerte-Paars mit Gleichheitszeichen und doppelten Anführungszeichen, die es erforderlich machen, dass Sie für die korrekte Wiedergabe Escape-Sequenzen verwenden. Um zum Beispiel ein doppeltes Anführungszeichen auszudrucken, müssen Sie die Escape-Sequenz (\") verwenden. Das Backslash-Zeichen in einem Java-String ist ein Escape-Zeichen, das verursacht, dass das Zeichen, das unmittelbar auf den Slash folgt, vom Java-Interpreten ignoriert und als Teil des Stroms weitergegeben wird, der erzeugt wird, um den String zu repräsentieren. In Java wird dies eine Escape-Sequenz im C-Stil genannt. Die vollständige startElement-Methode sieht so aus:

```
1:   public void startElement( String el_name, AttributeList attr )
2:    throws SAXException
3:   {
4:    System.out.println( "SAX Event - Element Start:" + el_name );
5:    if ( attr != null )
6:      for ( int i = 0; i < attr.getLength(); i++ )
7:        System.out.println( "SAX Event - Attribute:"
8:          + attr.getName( i )
9:          + "=\ ""  + attr.getValue( i )
10:         + "\ "" );
11:  }
```

Die Zeile 1 überschreibt die `HandlerBase`-Methode `startElement`, wenn der SAX-Parser auf ein Element trifft. `el_name` verweist auf den Namen des Elements, der das erste Argument dieser Methode ist, und `attr` verweist auf die Attributsliste für das Element. Zeile 2 verursacht, dass ein Fehler aufgeworfen wird, der an anderer Stelle aufgefangen wird, wenn ein Parsing-Fehler auftritt. Die Zeilen 3 und 11 zeigen jeweils Anfang und Ende der Methode mit geschweiften Klammern an. Das Standard-Ausgabegerät wird aufgerufen (Zeile 4), um das Auftreten eines SAX-Events zu melden, wenn die Methode aufgerufen wird. Die Zeilen 5-10 bestimmen, ob das Element Attribute hat. Wenn keine Attribute vorhanden sind, erhält `attr` den Wert Null und die for-Schleife wird nicht ausgeführt. Während der Ausführung werden alle Attributsnamen (`getname`) und ihre entsprechenden Werte (`getValue`) gemeldet, wobei jedes Paar in einer eigenen Zeile steht. Die `AttributeList`-Methode `getLength` liefert Ihnen die Anzahl der Attribute pro Element, sodass Sie eine Schleife erzeugen können, um alle möglichen Attribute der Reihe nach zu durchlaufen.

Das Schluss-Tag eines Elements wird von einem SAX-Parser ebenfalls als Event betrachtet, also schreiben Sie eine kurze Methode, die die angetroffenen Schluss-Tags meldet. Das entspricht den Methoden zum Dokumentanfang und -ende, nur dass Sie die `endElement`-Methode der `HandlerBase`-Klasse mit einem String überschreiben, der den Namen des angetroffenen End-Tags für das Element enthält.

```
public void endElement( String el_name )
  throws SAXException
{
    System.out.println("SAX Event - Element Ende:" + el_name );
}
```

Auch das Parsen der Zeichendaten in einem XML-Instanzdokument wird von SAX als Event angesehen. Die `characters`-Methode hat Variablen für Puffer sowie für die Offset-Werte und die Stringlänge der Zeichen. Sie deklarieren `buf`, `offset` und `len` jeweils als `char[]`, `int` und `int`-Datentypen. Der voll qualifizierte String wird in die Variable namens

Eine Java-Anwendung, die SAX-Events auflistet

stuff gesetzt und wie üblich über `System.out.println` gemeldet. Die Methode sieht folgendermaßen aus:

```
public void characters( char buf [], int offset, int len )
    throws SAXException
{
  if ( len > 0 ) {
    String stuff = new String( buf, offset, len );

    System.out.println( "SAX Event - Zeichen: " + stuff );
  }
}
```

SAX kann auch Verarbeitungsanweisungen als Events melden. Die Methode `processingInstruction` nimmt zwei Argumente auf, die dem Systemnamen und dem Systemwert entsprechen, die von der Verarbeitungsanweisung an die Anwendung weitergegeben werden. Eine Verarbeitungsanweisung in einer XML-Dokument-Instanz sieht so aus:

```
<?message_reader incoming transactions?>
```

Sie setzt sich aus dem Systemnamen (`message_reader`) und einem Wert (`incoming transactions`) zusammen. Die vollständige Methode lautet:

```
public void processingInstruction( String part1,String part2 )
    throws SAXException
{
    System.out.println( "SAX Event - Verarbeitungsanweisung:"
      + part1 + " " + part2 );
}
```

Das ist die letzte Methode, die Sie in Ihr einfaches Java-Programm einschließen. Sie müssen die `main`-Methode schließen, indem Sie eine abschließende geschweifte Klammer (}) an das Ende des Listings setzen. Das komplette Programm sehen Sie in Listing 13.2. Speichern Sie Ihr Programm unter `EList.java`.

Listing 13.2: Das komplette Java-Programm EList-Klasse – EList.java

```
1: // Listing 13.2 - EList.java
2:
3: /*
4:    mit javac kompilieren, sicherstellen, dass CLASSPATH die passenden
5:    JAXP-Pakete enthält
6: */
7:
8: import java.io.*;
9: import org.xml.sax.*;
10: import javax.xml.parsers.SAXParserFactory;
11: import javax.xml.parsers.ParserConfigurationException;
```

Das Simple API für XML (SAX)

```
12: import javax.xml.parsers.SAXParser;
13:
14: public class EList extends HandlerBase
15: {
16:  public static void main( String fname[] )
17:  {
18:    if ( fname.length != 1 ) {
19:      System.err.println( "Erwartete Syntax: java EList [filename]\ n" );
20:      System.exit( 1 );
21:    }
22:
23:    SAXParserFactory saxFactory = SAXParserFactory.newInstance();
24:
25:    /*Wenn Sie wollen, dass SAX ein XML-Dokument mit einer
26:     DTD validiert, ändern Sie den Wert auf true*/
27:    saxFactory.setValidating( false );
28:
29:    try {
30:     SAXParser saxParser = saxFactory.newSAXParser();
31:     saxParser.parse( new File( fname[ 0 ] ), new EList() );
32:    }
33:    catch ( SAXParseException spe ) {
34:     System.err.println( "Parser-Fehler:" + spe.getMessage() );
35:    }
36:    catch ( SAXException se ) {
37:     se.printStackTrace();
38:    }
39:    catch ( ParserConfigurationException pce ) {
40:     pce.printStackTrace();
41:    }
42:    catch ( IOException ioe ) {
43:     ioe.printStackTrace();
44:    }
45:
46:    System.exit( 0 );
47:  }
48:
49:
50:  // URL-Pfad und Namen des Dokuments drucken
51:  public void setDocumentLocator( Locator fname )
52:  {
53:    System.out.println( "Name des Dokuments:" +
    fname.getSystemId() );
54:  }
55:
56:  // SAX Event - Start des Dokuments
```

```
 57:   public void startDocument()
 58:   throws SAXException
 59:   {
 60:     System.out.println( "SAX Event - Start des Dokuments" );
 61:   }
 62:
 63:   // SAX Event - Ende des Dokuments
 64:   public void endDocument()
 65:   throws SAXException
 66:   {
 67:     System.out.println( "SAX Event - Ende des Dokuments" );
 68:   }
 69:
 70:   // SAX-Events für Elemente und Attribute
 71:   public void startElement( String el_name, AttributeList attr )
 72:   throws SAXException
 73:   {
 74:     System.out.println( "SAX Event - Element Start:" +
       el_name );
 75:     if ( attr != null )
 76:       for ( int i = 0; i < attr.getLength(); i++ )
 77:         System.out.println( "SAX Event - Attribute:"
 78:           + attr.getName( i )
 79:           + "=\ "" + attr.getValue( i )
 80:           + "\ "" );
 81:
 82:   }
 83:
 84:   // SAX Event - Element Ende
 85:   public void endElement( String el_name )
 86:   throws SAXException
 87:   {
 88:     System.out.println("SAX Event - Element Ende:" + el_name );
 89:   }
 90:
 91:   // SAX-Event - Zeichendaten und Leerzeichen
 92:   public void characters( char buf [], int offset, int len ) >
 93:   throws SAXException
 94:   {
 95:     if ( len > 0 ) {
 96:       String stuff = new String( buf, offset, len );
 97:
 98:       System.out.println( "SAX Event - Zeichen:" + stuff );
 99:     }
100:   }
101:
```

Das Simple API für XML (SAX)

```
102:   // SAX-Event - Verarbeitungsanweisung
103:   public void processingInstruction( String part1,String part2 )
104:   throws SAXException
105:   {
106:     System.out.println( "SAX Event - Verarbeitungsanweisung:"
107:            + part1 + " " + part2 );
108:   }
109: }
```

13.6 EList kompilieren und ausführen

Wenn Sie EList kompilieren wollen, müssen Sie die Umgebungsvariable CLASSPATH setzen oder die CLASSPATH-Option in die Compiler-Anweisung der Befehlszeile einfügen, um sicherzustellen, dass das erforderliche JAXP-Paket eingeschlossen wird. Die JAXP-Dokumentation hat vollständige Anweisungen dazu, wie dies erreicht wird. In Kürze gesagt: Sie können die Umgebungsvariable CLASSPATH in Windows mit der Befehlszeile setzen:

```
Set CLASSPATH=[dir]\ jaxp.jar;[dir]\ parser.jar;
[dir]\ crimson.jar;[dir]\ xalan.jar;.
```

In diesem Fall ersetzen Sie [dir] durch den Pfad, der auf die JAXP-Verteilung zeigt, die Sie vorher installiert haben. Nachdem die Umgebungsvariable gesetzt ist, kompilieren Sie das Java-Programm mit folgender Befehlszeilenanweisung:

```
javac EList.java
```

Damit das funktioniert, muss classpath korrekt eingerichtet werden, die Software Java 2-Standardausgabe (J2SE) korrekt installiert sein und das Unterverzeichnis bin im Pfad für die auszuführenden Dateien Ihres Betriebssystems liegen. Vollständige Anweisungen zum Setzen des Pfads und der classpath-Umgebungsvariablen stehen in der Dokumentation, die mit der J2SE und der JAXP-Software ausgeliefert wird.

Sie können auch die -classpath-Option in die Compile-Anweisung der Befehlszeile einfügen. Das geschieht in Windows durch Eingeben von

```
javac -classpath [dir]\ jaxp.jar;[dir]\ parser.jar;
[dir]\ crimson.jar;[dir]\ xalan.jar;. EList.java
```

Da Java auf mehreren Plattformen läuft, können Sie diesen Code auch auf einem anderen Betriebssystem wie UNIX laufen lassen. Im UNIX-System sieht die Compile-Anweisung so aus:

```
javac -classpath ${ XML_HOME} /jaxp.jar:${ XML_HOME} /parser.jar:
${ XML_HOME} /crimson.jar:${ XML_HOME} /xalan.jar:. EList.java
```

In diesem Fall ist {XML_HOME} das UNIX-Verzeichnis, das die verteilten JAXP-Dateien enthält, die von der Anwendung gefordert werden.

SAX und Leerzeichen

Wenn die Anwendung kompiliert ist, können Sie sie ausführen, indem Sie folgende Befehlszeile einsetzen:

```
Java EList [file_name.xml]
```

Wenn Sie Ihre Anwendung erfolgreich kompiliert haben, führen Sie sie mit der nachricht01_13.xml-Datei aus, die in Listing 13.1 angegeben wird. Die Ausgabe sollte so aussehen:

```
Name des Dokuments: file:C:/SAX/nachricht01.xml
SAX Event - Anfang des Dokuments
SAX Event - Element Start: notiz
SAX Event - Zeichen:

SAX Event - Zeichen:
SAX Event - Element Start: nachricht
SAX Event - Attribute: von="Kathy Shepherd"
SAX Event - Zeichen:

SAX Event - Zeichen: Denke daran, auf dem Nachhauseweg von der Arbeit Milch zu kaufen
SAX Event - Zeichen:

SAX Event - Zeichen:
SAX Event - Element Ende: nachricht
SAX Event - Zeichen:

SAX Event - Element Ende: notiz
SAX Event - Ende des Dokuments
```

13.7 SAX und Leerzeichen

In der vorangegangenen Übung haben Sie ein XML-Dokument geparst, das recht einfach aussah. Das XML-Dokument hatte zwei Elemente – eines mit einem Attribut, einigen Zeichendaten, einem Kommentar und einer XML-Deklaration. Die XML-Dokument-Instanz sah so aus:

```xml
<?xml version = "1.0"?>
<!-- listing 13.1 - nachricht01_13.xml -->
<notiz>
  <nachricht von="Kathy Shepherd">
    Denke daran, auf dem Nachhauseweg von der Arbeit Milch zu kaufen
  </nachricht>
</notiz>
```

Das Simple API für XML (SAX)

Neben anderen Events haben Sie sich entschieden, eine SAX-Parsermeldung für alle Events, Attribute und Zeichendaten einzusetzen. Die Ausgabe schien jedoch mehr Zeichenmeldungen zu enthalten, als Zeichendaten-Strings in der Dokument-Instanz vorhanden waren. Das Dokument schließt nur einen offensichtlichen Zeichendaten-String ein (Denke daran, auf dem Nachhauseweg von der Arbeit Milch zu kaufen). Sie fragen sich vielleicht, warum es mehr Zeichen-Event-Meldungen in der Ausgabe gibt, die Ihre Java-Anwendung `EList` generiert. Das ist deshalb der Fall, weil SAX die Leerzeichen, die es antrifft, als Zeichen mitzählt und sie nicht normiert. Ohne DTD kann der Parser nicht entscheiden, ob ein Element zum Beispiel einen gemischten Inhalt hat. Da unser Dokument nicht durch eine DTD beschränkt wird, die Inhaltsmodelle für die Elemente in der Instanz deklariert und definiert, werden alle Leerzeichen von SAX als signifikant betrachtet; das hat zur Folge, dass alle Leerzeichen, die angetroffen werden, einen Event auslösen, den der Parser korrekterweise an den Anwender zurückgibt.

Testen Sie dies aus, indem Sie die Leerzeichen zwischen den Elementen in `nachricht01_13.xml` entfernen und parsen Sie die resultierende Datei erneut mit Ihrer `EList`-Anwendung. Speichern Sie das modifizierte XML-Dokument als `nachricht02_13.xml`, was wie die fortlaufende Dokument-Instanz aussieht, die Listing 13.3 zeigt.

Listing 13.3: Alle Leerzeichen wurden aus einem einfachen XML-Dokument entfernt – nachricht02_13.xml.

```
<?xml version = "1.0"?><!-- listing 13.3 - nachricht02_13.xml --><notiz><nachricht von
="Kathy Shepherd"> Denke daran, auf dem Nachhauseweg von der Arbeit Milch zu
kaufen </nachricht></notiz>
```

Wenn Sie das Dokument nach dem Entfernen der Leerzeichen parsen, ist das Resultat von `EList` um einiges kürzer.

```
Name des Dokuments: file:C:/SAX/nachricht02_13.xml
SAX Event - Anfang des Dokuments
SAX Event - Element Start: notiz
SAX Event - Element Start: nachricht
SAX Event - Attribute: von="Kathy Shepherd"
SAX Event - Zeichen: Denke daran, auf dem Nachhauseweg von der Arbeit Milch zu
kaufen
SAX Event - Element Ende: nachricht
SAX Event - Element Ende: notiz
SAX Event - Ende des Dokuments
```

Beachten Sie, dass die Zeichen-Events, die zuvor Leerzeichen enthielten, nicht länger in der Parsermeldung auftreten.

13.8 Parsing-Fehler, die der SAX-Prozessor meldet

In der nächsten Übung machen Sie absichtlich einen Syntaxfehler im Dokument nachricht01_13.xml. Ändern Sie eines der Zeichen im Schluss-Tag des notiz-Elements hinsichtlich der Groß-/Kleinschreibung. Das Resultat wird interessanter, wenn Sie die Modifikation nahe am Ende der Dokument-Instanz vornehmen. Sie erinnern sich bestimmt, dass der SAX-Parser ein Event-basierter Prozessor ist. Deshalb ist zu erwarten, dass das Dokument korrekt verarbeitet wird und die erwarteten Meldungen ergibt, bis ein Fehler-Event aufgeworfen und in Ihrer main-Methode aufgefangen wird. Wenn Sie im Schluss-Tag des letzten Elements einen Syntaxfehler einfügen, wird alles bis zu diesem Element noch korrekt verarbeitet, aber das Schluss-Tag löst einen Fehler aus und der Dokumentende-Event kann nicht verarbeitet werden. Listing 13.4 zeigt das Nachricht-Dokument mit einem Fehler beim Schluss-Tag von notiz. Erzeugen Sie einen ähnlichen Fehler und speichern Ihr Dokument unter nachricht03_13.xml.

Listing 13.4: Eine schlecht geformte XML-Instanz zur Verwendung für Ihren SAX-Prozessor – nachricht03_13.xml

```
1: <?xml version = "1.0"?>
2: <!-- listing 13.4 - nachricht03.xml -->
3: <notiz>
4:    <nachricht von="Kathy Shepherd">
5:    Denke daran, auf dem Nachhauseweg von der Arbeit Milch zu kaufen
6:    </nachricht>
7: </Notiz>
```

Wenn Sie dieses Dokument mit EList verarbeiten, sieht das zu erwartende Resultat so aus:

```
Name des Dokuments: datei:C:/SAX/nachricht03_13.xml
SAX Event - Anfang des Dokuments
SAX Event - Element Start: notiz
SAX Event - Zeichen:

SAX Event - Zeichen:
SAX Event - Element Start: nachricht
SAX Event - Attribute: von="Kathy Shepherd"
SAX Event - Zeichen:

SAX Event - Zeichen: Denke daran, auf dem Nachhauseweg von der Arbeit Milch zu kaufen
SAX Event - Zeichen:

SAX Event - Zeichen:
SAX Event - Element Ende: nachricht
```

Das Simple API für XML (SAX)

```
SAX Event - Zeichen:

Parser-Fehler: Erwartet "</notiz>" um das Element zu beenden, das in Zeile 3
beginnt.
```

Das Dokument wurde nach Art des Event-basierten Prozessors korrekt verarbeitet, bis der Fehler angetroffen wurde; dann wurde das Programm gemäß Ihrer Programmanweisungen angehalten und eine Fehlermeldung generiert. In diesem Fall war das Schluss-Tag </notiz> zu erwarten; statt dessen steht am Ende des Dokuments das Schluss-Tag </Notiz> (Zeile 7 von Listing 13.4).

13.9 Mit SAX auf Gültigkeit parsen

Der JAXP-Parser kann verwendet werden, um eine XML-Instanz mit einem Schema zu validieren. Wenn Sie die Eigenschaft setValidating für das saxFactory-Objekt auf true setzen, können Sie JAXP anweisen, zu validieren.

```
saxFactory.setValidating( true );
```

Wenn Sie JAXP anweisen, zu validieren, können Sie neue Fehler auffangen (catch), die für Validierprobleme typisch sind. Sie können zum Beispiel Warnungen oder kleinere Validierprobleme, die der Parser ausgibt, auffangen, indem Sie minor- und warn-Methoden für das SAXParseException-Objekt aufrufen. Der Code, mit dem die minor- und warn-Methoden erzeugt werden, sieht so aus:

```
public void error( SAXParseException minor )
  throws SAXParseException
  {
    throw minor;
  }
  public void warning( SAXParseException warn )
  throws SAXParseException
  {
    System.err.println( "Warnung:" + warn.getMessage() );
  }
```

Weitere Informationen über Fehlertypen, die SAX-Parser melden, finden Sie unter http://www.java.sun.com/xml/download.html. Die Übung am Ende des heutigen Kapitels verwendet Fehlermeldungen, sodass Sie Ihr XML-Dokument mit einem zugeordneten Schema auf Gültigkeit austesten können.

13.10 Zusammenfassung

Heute haben Sie das Simple API für XML (SAX) untersucht, ein XML-API, das Entwicklern gestattet, die Vorteile des Event-getriebenen XML-Parsings zu nutzen. Anders als die DOM-Spezifikation erfordert SAX nicht, dass die gesamte XML-Dokument-Instanz in den Speicher geladen wird. SAX benachrichtigt Sie, wenn bestimmte Events stattfinden, während es Ihr Dokument parst. Wenn Ihr Dokument umfangreich ist, spart die Verwendung von SAX im Vergleich zum DOM eine bedeutende Menge an Speicherplatz. Das trifft besonders dann zu, wenn Sie nur wenige Elemente für ein umfangreiches Dokument benötigen.

13.11 Fragen und Antworten

F Nach welchen Kriterien wählt ein Programmierer zwischen SAX- und DOM-API?

A Das DOM ist für eine Reihe von Verarbeitungszwecken hervorragend geeignet. Sie sollten DOM den Vorzug geben, wenn Sie willkürlichen Zugriff auf Ihr Dokument haben wollen, um komplexe Suchvorgänge zu implementieren. In Fällen, wo Sie komplexe XPath-Filterungen auflösen und XML-Dokumente modifizieren und speichern müssen, bietet DOM mehr Möglichkeiten.

SAX erbringt eine bessere Leistung, wenn Ihre XML-Dokumente umfangreich sind. In Fällen, in denen ein Prozessor abbrechen soll, wenn ein Fehler auftritt, jedoch ansonsten eine normale Verarbeitung stattfindet, kann SAX mit Programmsteuerung implementiert werden. Wenn Sie kleine Informationsmengen aus umfangreichen Instanzen ermitteln und den Aufwand für die Instanzierung des DOM umgehen wollen, heißt die Antwort SAX.

F Wie verwendet ein Programmierer SAX?

A Sie erzeugen eine Instanz des XML-Parsers, indem Sie das SAX-Objekt instanzieren. Sie müssen ein Programm schreiben, das als SAX-Reader fungiert, das Events auffangen und melden kann, die er während der Ausführung antrifft.

Das Simple API für XML (SAX)

13.12 Übung

Ändern Sie Ihre SAX-basierte `EList`-Anwendung, sodass sie XML-Instanzen mit deklarierten DTDs validiert. Speichern Sie die modifizierte Anwendung als `EList2` und kompilieren Sie sie erneut. Verwenden Sie die Version Ihrer `CD.xml`-Datei, die der `CD.dtd`-Datei zugeordnet ist, die Sie am 4. Tag erstellt haben.

Wenn alles so funktioniert wie es soll, machen Sie einen absichtlichen -Validierungsfehler, keinen Syntaxfehler, indem Sie ein neues leeres Element einfügen, das nicht in der DTD deklariert wird. Sehen Sie sich die Resultate an, die SAX zurückgibt.

Stileigenschaften mit Cascading Style Sheets (CSS)

Stileigenschaften mit Cascading Style Sheets (CSS)

Die Trennung von Stileigenschaften und Inhalt ist ein grundlegendes Konzept bei XML. Stilanweisungen können XML-Dokumenten auf verschiedene Weise zugeordnet werden, um eine Darstellung im Browser zu ermöglichen. Eine Art und Weise besteht darin, Cascading Style Sheets mit Ihren XML-Dokumenten zu verbinden, eine Methode, die ursprünglich dazu gedacht war, die Präsentation bei HTML zu verbessern. Heute lernen Sie:

- welche Komponenten der CSS-Regelsatz hat und welche Schritte erforderlich sind, um ein verknüpftes CSS-Dokument zu erzeugen,
- verschiedene der nützlichsten CSS-Eigenschaften und wie man diesen Eigenschaften Werte zuweist,
- einige der Beschränkungen des CSS-Ansatzes.

14.1 Stil und Inhalt

Eines der grundlegenden Ziele beim XML-Design ist die Trennung des Inhalts von allen Formen der Dokumentanzeige. Sie haben am 1. und 2. Tag gelernt, dass diese Trennung einer der charakteristischen Unterschiede zwischen XML und HTML ist. HTML vermischt Inhalt und Präsentation in der gleichen Auszeichnung. Das <H1>-Tag in HTML zum Beispiel identifiziert nicht nur Daten, die als Überschrift betrachtet werden, sondern weist den Browser auch an, die Daten in einer großen Schrift wiederzugeben. Genauso teilt das <I>-Tag bei HTML einem Browser mit, dass die Daten, die es auszeichnet, in Kursivschrift wiedergegeben werden sollen. Wie Sie wissen, besteht XML aus Auszeichnungen, die den Dateninhalt beschreiben, ohne darauf zu achten, wie sie in einem Browser, auf einer gedruckten Seite oder durch einen anderen Client wiedergegeben werden.

Ein Client ist eine Software, die die Zeichen in einem Dokument gemäß vorgegebener Regeln nach Datenzeichen und Auszeichnungen parst. Es werden verschiedene Clients in verschiedenen Geräten wie Computern, webfähigen Handys, Webbrowsern usw. implementiert.

Da Sie in XML Ihre eigenen Elementtypen erzeugen können, hat ein Client keinen eingebauten Anweisungssatz, der bestimmt, wie die Daten dieser Elemente angezeigt werden sollen. Wenn Sie Ihre XML-Daten mit einem Browser anzeigen wollen, müssen Sie Anzeigeanweisungen angeben, die der Browser für die Aufbereitung der Daten verwendet. Sie können dies auf zwei Arten tun: mit Cascading Style Sheets (CSS) und mit der XML Stylesheet Language (XSL). Heute untersuchen wir CSS, morgen werden Sie Gelegenheit erhalten, den XSL-Ansatz zu verwenden und damit zu vergleichen.

Stil und Inhalt

CSS und HTML

HTML war nicht ursprünglich als Sprache für die Ausgabe in Browsern gedacht, sondern für eine Auszeichnung von Daten, die auf eine Art und Weise erfolgte, dass mehrere Netzwerke und verschiedene Plattformen sie gemeinsam nutzen konnten. Seit den frühesten Neuauflagen wurden jedoch spezielle Tags eingefügt, die eine typografische Bedeutung haben, wie etwa <I> für Kursivschrift, <B> für Fettschrift, <BR> für Zeilenumbrüche usw. Obwohl diese speziellen Tags eingeschlossen wurden, war HTML niemals wirklich dazu in der Lage, die Anzeige der Daten zu kontrollieren. Vor der Entwicklung von CSS mussten Webdesigner unorthodoxe Methoden einsetzen, um einige Stileffekte zu erreichen. Um etwa den Anfang eines Absatzes in einer Webseite einzurücken, fügten viele Entwickler ein »unsichtbares gif-Bild«, ein so genanntes *clearpixel* ein; welches eine Bilddatei war, die die gewünschte horizontale Länge, aber eine Höhe von null Pixeln hatte. Das Bild war für diejenigen, die über die Seite browsten, nicht sichtbar, aber es erzwang, dass der Text unter Berücksichtigung der horizontalen Bildgröße nach rechts rückte.

 Wenn Sie sich für weitere solcher Techniken interessieren, können Sie diese auf der Website »Stupid HTML Indent Tricks« unter http://www.jbarchuk.com/indent/ nachlesen.

Die Cascading Style Sheets entstanden als eine Methode, die eine robuste Formatierung für HTML-Seiten zulässt, ohne ständig Informationen in die Tags eingeben zu müssen. Stylesheets können mit einem einfachen Texteditor wie dem Windows-Editor Notepad geschrieben und mit der Dateierweiterung .css abgespeichert werden. Es stehen mehrere Versionen von CSS zur Verfügung. Das W3C hat einen Satz von Stilkonventionen definiert, der als Cascading Style Sheets Level 1 (CSS1) bekannt ist. CSS2, das auch vom W3C definiert wird, ist eine neuere Version, die viele Features enthält, die im Wesentlichen eine Übermenge von CSS1 darstellen. CSS3 wird gerade entwickelt, aber von Clients nur minimal unterstützt.

Eines der grundlegenden Features von CSS ist, dass die Stylesheets kaskadieren. Man kann Stileigenschaften innerhalb eines Dokuments, in einem Element oder in einem externen Dokument programmieren. Für eine vorgegebene Dokument-Instanz können aber auch alle drei Standorte Stileigenschaften enthalten. Diese Flexibilität beim Standort für den Style wird aus Gründen der Modularität und Design-Flexibilität zur Verfügung gestellt. Es gibt Regeln dafür, wie die verschiedenen Stileigenschaften untereinander zusammenspielen, und wenn sie in Konflikt miteinander geraten, überschreiben sie sich gegenseitig. Die vollständigen Regeln für das Überschreiben finden Sie unter http://www.w3.org/TR/REC-CSS1. Eine externe .css-Datei etwa (die Erweiterung wird einem CSS-Dokument angefügt) kann den Inhalt eines Elements als kursiv stilisieren. Im Dokument kann ein globaler Stil, der dieses Element umfasst, das Element auf Fettschrift setzen. Die Einstellung für Fettschrift überschreibt in dieser Kaskade die externe Einstellung auf Kursivschrift.

Stileigenschaften mit Cascading Style Sheets (CSS)

Kurz gesagt, ein Inline-Stil auf Elementebene überschreibt jeden Stil, der global in einem Dokument gesetzt ist; dieser wiederum überschreibt alle Stile, die in einer externen CSS-Datei gesetzt sind. Heute werden Sie externe CSS-Dokumente erstellen, um XML-Instanzen zu stilisieren.

Wenn Sie bereits mit HTML im Web programmiert haben, kennen Sie CSS vielleicht schon. CSS für XML funktioniert genauso: es bietet eine Methode, den Stil für Elemente zu spezifizieren, um zu definieren, wie ein Client diese Elemente handhabt. Heute erzeugen Sie Cascading Style Sheets für XML-Dokumente und verbinden beide. Das ist eine Methode, um einen Browser anzuweisen, wie er jedes der Elemente in Ihrem XML-Dokument aufzubereiten hat.

Die Unterstützung von CSS bei Webbrowsern

Die Verwendung von Stylesheets zur unterschiedlichen Aufbereitung von Elementen ist eine rein clientseitige Implementierung. Es überrascht nicht, dass CSS von Browsern verschiedener Plattformen unterschiedlich unterstützt wird. Tabelle 14.1 fasst die Unterstützung verschiedener Browser-Implementierungen für CSS1 zusammen. Die Unterstützung für CSS2 und CSS3 variiert stärker und ist derzeit keine allgemein übliche Praxis. Sie können mehr über die Unterstützung für CSS2 und CSS3 unter http://www.w3.org/Style/CSS erfahren.

Plattform	Browser	Versionen
Linux	Amaya	2.0, 2.1, 2.2, 2.3, 2.4, 3.0, 4.0, 4.1, 4.2, 4.3.2
Linux	Netscape Navigator	4.7, Mozilla, 6
Linux	Opera	4a, 5.0
Macintosh	ICab Internet Browser	2.5 (teilweise)
Macintosh	Microsoft Internet Explorer	3.0, 4.0, 5.0
Macintosh	Netscape Navigator	3.0 (teilweise), 4.06 (teilweise), 4.5, 4.74, 6
Unix	Amaya	2.0, 2.1, 2.2, 2.3, 2.4, 3.0, 4.0, 4.1, 4.2, 4.3.2
Unix	Arena	3
Unix	Microsoft Internet Explorer	4.01, 5.0
Unix	Netscape Navigator	4.6

Tabelle 14.1: Die Unterstützung für CSS durch Browser

Plattform	Browser	Versionen
Windows	Amaya	2.0, 2.1, 2.2, 2.3, 2.4, 3.0, 4.0, 4.1, 4.2, 4.3.2
Windows	Microsoft Internet Explorer	3.0, 4.0, 5.0, 5.5
Windows	Netscape Navigator	4.5, 4.7, 6
Windows	Opera	3.60, 4.02

Tabelle 14.1: Die Unterstützung für CSS durch Browser (Forts.)

Da CSS recht breit unterstützt wird, wenn auch auf unterschiedliche Weise, können einige Browser ein XML-Dokument mit einem angefügten Stylesheet direkt öffnen. Die Methode des direkten Öffnens erfordert nicht, dass HTML die Daten aufbereitet. Jedoch hat diese Form der Verarbeitung ihren Preis. Da dieser Ansatz von einer ungleichen Browserunterstützung begleitet wird, können Sie nicht mit absoluter Sicherheit dafür garantieren, dass ein Anwender die Daten auf die Art und Weise sieht, die Sie beabsichtigen. Sie werden am 16. Tag verlässlichere Ansätze kennen lernen, XML-Daten darzustellen, wenn Sie die Extensible Language Transformations (XSLT) verwenden, und am 17. Tag, wenn Sie XML-Dateninseln auf HTML-Seiten einbauen.

CSS und XML

Bei XML – ebenso wie bei HTML – verbessert die Trennung von Stil und Inhalt die Flexibilität der Datenpräsentation am Ende und vereinfacht die Wartung. Die XML-Datenquelle muss nicht verändert werden, wenn das Aussehen der Datenpräsentation geändert werden soll; es genügt, einfach die verbundenen CSS anzupassen. Genauso können Sie nach dem Erstellen eines Stylesheets, der die Daten im erwünschten Stil präsentiert, neue XML-Dokumente hinzufügen, die mit dem gleichen CSS verbunden werden, wodurch die Beständigkeit der Präsentation auf einer Website sichergestellt wird.

Wenn Sie mehrere Stylesheets erstellen, können Sie ein System entwickeln, das einheitliche Daten an verschiedene Clients übermittelt. Stellen Sie sich zum Beispiel vor, Sie wollen die gleichen XML-Daten an alle Besucher Ihrer Website übermitteln, egal welcher Browser zum Zugriff auf Ihre Informationen verwendet wird. Sie können ein Script schreiben, das den Browser des Anwenders austestet und so einen passenden CSS bestimmen, der optimale Ausgaberesultate erzielt. Diese Technik ist als *Browserschnüffeln* bekannt und wird bei Websites häufig eingesetzt. Sie können den Client des Anwenders auf unterschiedliche Weise ermitteln, aber die einfachste Methode ist vielleicht, im JavaScript einfach nach der `navigator.appName`-Eigenschaft zu fragen. Ein einfaches Script, das diesen Ansatz verwendet, der beinahe überall auf einer HTML-Seite eingefügt werden kann, sieht so aus:

Stileigenschaften mit Cascading Style Sheets (CSS)

```
1: <script language="JavaScript">
2: <!--
3:   document.write("Der ermittelte Browser ist " + navigator.appName);
4: // -->
5: </script>
```

Dieses einfache JavaScript gibt dem Bildschirm (`document.write`) über den Ausgabestrom einen zusammengefügten String zurück, der den Namen (`navigator.appName`) des Browsers einschließt, der das Script ausführt. Das setzt natürlich voraus, dass der Browser JavaScript unterstützt, eine zunehmend verlässlicher werdende Annahme im Web. Wenn der Browser kein JavaScript unterstützt, ignoriert er Zeile 3 vollständig wegen der charakteristischen HTML-Kommentare (`<!--  -->`), die um sie herum platziert sind (Zeilen 2 und 4).

Viele andere client- und serverseitigen Methoden können ermitteln, welche Art Client verwendet wird, um auf die Daten zuzugreifen. Wenn dies geschehen ist, kann ein passender Stylesheet verwendet werden, der sicherstellt, dass die angezeigten Daten so aussehen, wie Sie es wollen.

Das Konzept der mehrfachen Stylesheets, das verwendet wird, um ähnliche Daten für eine Reihe von Aufbereitungen zu präsentieren, ist für das Webdesign sehr wichtig. Mit dieser Herangehensweise erreichen Sie:

- eine selektive Steuerung verschiedener Browser;
- die Produktion von Daten auf verschiedene Weise, gemäß der unterschiedlichen kontextabhängigen Steuermechanismen. Aus einem XML-Quelldokument können Sie beispielsweise eine Datenzusammenfassung für eine Präsentation erstellen, Untersätze ausgewählter Daten in Tabellenform für einen anderen Zweck usw.;
- eine Steuerung des Datenflusses von XML-Dokumenten in verschiedene Anwendungen;
- die Formatierung der Daten für die Verwendung bei verschiedenen Geräten, wie etwa die anwenderdefinierte Datenansicht zur Verwendung bei webfähigen drahtlosen Geräten.

Morgen werden Sie ein einfaches Script erstellen, das einem Anwender gestattet, ein Extensible Stylesheet Language (XSL)-Stylesheet zu verwenden, um Daten auf unterschiedliche Arten anzuzeigen. Sie werden einige Ähnlichkeiten zwischen CSS und XSL feststellen können.

Die Erzeugung einfacher Stylesheets

14.2 Die Erzeugung einfacher Stylesheets

Ein Cascading Style Sheet ist eine Textdatei, die normalerweise mit einer .css-Erweiterung gespeichert wird. Es kann mit einem einfachen Texteditor oder einem beliebigen Editor mit eingebauter CSS-Unterstützung erzeugt werden. Die Datei enthält Regeln, die die parsende Anwendung in einem Client anweisen, wie die Elementdaten angezeigt werden sollen. Die Regeln setzen sich aus Selektoren und Deklarationen zusammen, die die Anzeige der Daten definieren. Selektoren beziehen sich normalerweise auf einzelne XML-Elemente und die Deklarationen bestimmen, wie jedes ausgewählte Element angezeigt werden soll. Die Deklarationen enthalten Eigenschafts-/Werte-Paare. Jeder Eigenschaft wird ein definierter Wert zugewiesen, wie etwa Blockschrift, 10-pt-Schriftgröße oder Fettschrift. Die Syntax einer CSS-Regel ist die folgende:

```
Selektor    { eigenschaft:wert; eigenschaft:wert; ...}
```

Erzeugen Sie zunächst eine XML-Dokument-Instanz unter Verwendung des bekannten nachricht.xml-Szenarios der vergangenen beiden Wochen, das anschließend mit einer verbundenen CSS-Datei stilisiert wird. Da CSS Ihnen nur gestattet, Elemente mit Stileigenschaften zu belegen, nicht Attribute, müssen Sie eine XML-Instanz mit mehreren unterschiedlichen Elementen erzeugen, jedes mit Inhalt, die im aufbereiteten Resultat angezeigt werden soll. Erzeugen Sie eine XML-Dokument-Instanz, die so ähnlich aussieht wie die in Listing 14.1. Speichern Sie das Dokument unter nachricht01_14.xml. Sie werden es in den kommenden Übungen für mehrere Stylesheets verwenden.

Listing 14.1: Ein XML-Dokument, das stilisiert werden soll – nachricht01_14.xml

```
 1: <?xml version="1.0"?>
 2: <!-- listing 14.1 - nachricht01_14.xml -->
 3:
 4: <notiz>
 5:   <nchr>
 6:     <id>m1</id>
 7:     <von>Kathy Shepherd</von>
 8:     <nachricht>Denke daran, auf dem Nachhauseweg von der Arbeit Milch zu kaufen</nachricht>
 9:   </nchr>
10:
11:   <nchr>
12:     <id>m2</id>
13:     <von>Greg Shepherd</von>
14:     <nachricht> Ich brauche ein wenig Hilfe bei den Hausaufgaben</nachricht>
15:   </nchr>
16:
17:   <nchr>
```

Stileigenschaften mit Cascading Style Sheets (CSS)

```
18:    <id>m3</id>
19:    <von>Kristen Shepherd</von>
20:    <nachricht> Bitte spiele heute Abend Scribble mit mir</nachricht>
21:   </nchr>
22: </notiz>
```

Dieses XML-Dokument hat ein Wurzelelement notiz, das abgeleitete nchr-Elemente enthält. Jedes nchr-Element enthält abgeleitete id-, von- und nachricht-Elemente.

Die Stileigenschaften festlegen

Nehmen wir an, Sie wollen das XML-Instanzdokument so wiedergeben, dass der Inhalt aller id-Elemente in Kursivschrift, der Inhalt der von-Elemente in Fettschrift und der nachricht-Text in blauer Schrift angezeigt wird. Sie können für jedes der Elemente CSS-Regeln durch Deklarationen erzeugen, die das gewünschte Eigenschafts-/Werte-Paar enthalten, um das gewollte Resultat zu erzielen.

Sie müssen die Namen der Eigenschaften und ihre entsprechenden Werte für jeden dieser Effekte kennen. Für diesen Regelsatz benötigen Sie folgende Eigenschaften und Werte:

- font-style:italic: Zeigt den Elementinhalt in Kursivschrift an
- font-weight:bold: Zeigt den Elementinhalt in Fettschrift an
- color:blue: Zeigt den Elementinhalt in blauer Farbe an

Eine komplexere Auflistung weiterer nützlicher Eigenschaften finden Sie in Kürze, zusammen mit den jeweils passenden Werten. Erinnern Sie sich an die Syntax, die wir vorhin gezeigt haben; das CSS, der die beschriebenen Effekte erzielt, sieht aus wie in Listing 14.2. Erstellen Sie eine solche CSS-Datei und speichern Sie sie unter style01.css.

Listing 14.2: Ein einfaches Cascading Style Sheet – style01.css

```
 1: /* listing 14.2 style01.css */
 2:
 3: id
 4:    { font-style:italic}
 5:
 6: von
 7:    { font-weight:bold}
 8:
 9: nachricht
10:    { color:blue}
```

Die Erzeugung einfacher Stylesheets

Die Zeile 1 zeigt die Syntax für einen Kommentar in einer CSS-Datei. Kommentare werden in CSS durch die Zeichen /* und */ eingeschlossen. Der Regelsatz für das id-Element (Zeilen 3-4) deklariert, dass der Inhalt des Elements in Kursivschrift angezeigt wird ({font-style:italic}). Das von-Element (Zeile 6) wird in Fettschrift wiedergegeben ({font-weight:bold}). Der nachricht-Text wird in blauer Farbe angezeigt ({color:blue}).

Die CSS-Datei verbinden

Sie haben jetzt eine CSS-Datei und müssen sie mit dem XML-Dokument verbinden. Sie können dazu einfach eine Verarbeitungsanweisung (PI) hinzufügen, die das reservierte Schlüsselwort xml-stylesheet und zwei obligatorische Attribute einschließt. Die Syntax der PI lautet wie folgt:

```
<?xml-stylesheet type="text/css" href="meineDatei.css"?>
```

Das type-Attribut ist erforderlich, um den Typ des Stylesheets zu identifizieren, den Sie mit dem XML-Dokument verbinden. Für ein Cascading Style Sheet lautet der passende Wert für dieses Attribut immer "text/css". Der text-Abschnitt des Attributswerts ist als MIME- oder Media-Typ bekannt. Auch wenn die exakte Natur eines MIME-Typs über den Rahmen der heutigen Lektion hinausgeht, sollten Sie wissen, dass alle Stylesheets, die Sie erzeugen, aus Text bestehen, nicht aus anderen kodierten Typen wie Anwendungen, Multiparts, Nachrichten usw. Der css-Abschnitt wird Sub-Typ genannt und deklariert in diesem Fall, dass Sie ein Cascading Style Sheet erzeugen, im Gegensatz zu einem Extensible Stylesheet Language (XSL)-Stylesheet, Volltext, durch Tabs getrennte oder andere Werte.

Sie müssen auch ein href-Attribut mit einer gültigen URL einfügen, die als Wert auf die verbundene CSS-Datei zeigt. Der Wert für das href-Attribut kann eine voll qualifizierte URL sein, die auf irgendeine Stelle im Internet zeigt, oder es kann sich einfach um eine partielle URL handeln, die den relativen Standort einer lokal verfügbaren CSS-Datei anzeigt. Die Syntax der verbindenden PI, die die CSS-Datei zuweist, die Sie vorhin erzeugt haben, lautet:

```
<?xml-stylesheet type="text/css" href="style01.css"?>
```

Fügen Sie Ihrem XML-Dokument diese PI direkt vor dem Wurzelelement hinzu und speichern Sie das Resultat unter nachricht02_14.xml. Ihr XML-Dokument müsste jetzt aussehen wie das in Listing 14.3 gezeigte.

Stileigenschaften mit Cascading Style Sheets (CSS)

Listing 14.3: Ein XML-Dokument verbunden mit einer CSS-Datei – nachricht02_14.xml

```
 1: <?xml version="1.0"?>
 2: <!-- listing 14.3 - nachricht02_14.xml -->
 3:
 4: <?xml-stylesheet type="text/css" href="style01.css"?>
 5:
 6: <notiz>
 7:   <nchr>
 8:     <id>m1</id>
 9:     <von>Kathy Shepherd</von>
10:     <nachricht> Denke daran, auf dem Nachhauseweg von der Arbeit Milch zu kaufen </nachricht>
11:   </nchr>
12:
13:   <nchr>
14:     <id>m2</id>
15:     <von>Greg Shepherd</von>
16:     <nachricht> Ich brauche ein wenig Hilfe bei den Hausaufgaben</nachricht>
17:   </nchr>
18:
19:   <nchr>
20:     <id>m3</id>
21:     <von>Kristen Shepherd</von>
22:     <nachricht> Bitte spiele heute Abend Scribble mit mir</nachricht>
23:   </nchr>
24: </notiz>
```

Die Verarbeitungsanweisung (`<?xml-stylesheet type="text/css" href="style01.css"?>`) wurde hinzugefügt (Zeile 4), um ein Stylesheet des Typs `text/css` zuzuordnen, das unter `style01.css` lokalisiert ist, dem gleichen Unterverzeichnis wie die `nachricht02_14.xml`-Datei auf Ihrer Festplatte.

Wenn Sie die Übungen mitgemacht haben, können Sie sich `nachricht02_14.xml` in einem Browser ansehen, der CSS Level 1 unterstützt und Sie sollten dabei eine Ausgabe wie die in Abbildung 14.1 erhalten.

CSS-Eigenschaften 14

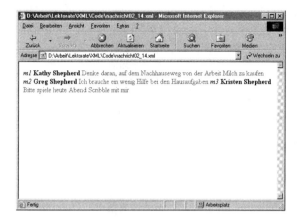

Abbildung 14.1:
nachricht02_14.xml, nach den Regeln
in style01.css stilisiert, wird mit IE 6
angezeigt.

14.3 CSS-Eigenschaften

Es würde den Rahmen dieses Buchs sprengen, alle möglichen CSS-Eigenschaften anzeigen zu wollen; aber einige der beliebtesten Stileigenschaften wollen wir besprechen und in Tabellen anzeigen. Eine komplette Eigenschaftsliste finden Sie an zahlreichen Referenzorten im Web. Eine alphabetische Liste steht unter http://www.blooberry.com/indexdot/css/propindex/all.htm zur Verfügung. Eine vollständige Liste mit Querverweisen zur Browserkompatibilität finden Sie unter http://www.webreview.com/style/css1/charts/mastergrid.shtml. Die beste Art und Weise, die Verwendung dieser Styles zu erlernen, ist das Experimentieren mit Eigenschaften und Werten. Probieren Sie die Beispiele aus, die anhand des nachricht02_14.xml-Dokuments beschrieben werden und modifizieren Sie das Dokument style01.css, während Sie in Ihrer Lektüre voranschreiten. Am Ende dieses Abschnitts können Sie Ihr endgültiges CSS-Dokument und die aufbereitete Ausgabe mit den Beispielen im Buch vergleichen.

Textstyle-Eigenschaften

Die Textstyle-Eigenschaften beeinflussen die Darstellung von Text auf einer Seite. Diese Eigenschaften wirken sich auf die Textausrichtung, die Zeilenhöhe, die Leerräume zwischen den Buchstaben usw. aus. Nehmen wir zum Beispiel an, Sie wollen den Text im nachricht-Element im Browserfenster linksbündig ausrichten und unterstreichen. Wenn Sie die zuvor erzeugte CSS-Datei erneut verwenden, sieht Ihre neue CSS-Regel so aus:

```
nachricht
    { color:blue;
    text-align:left;
    text-decoration:underline}
```

Stileigenschaften mit Cascading Style Sheets (CSS)

Wenn Sie mit einer CSS-Regel mehrere Eigenschaften für ein Element festlegen, trennen Sie die einzelnen Deklarationen mit einem Semikolon voneinander ab. Die Tabelle 14.2 fasst eine Auswahl nützlicher CSS-Textstyles zusammen.

Eigenschaft	Zweck	Mögliche Werte
`letter-spacing`	Steuert den Umfang des Leerraums zwischen den einzelnen Buchstaben eines Textabschnitts	Normal (Standard) Anzahl an Pixeln
`line-height`	Steuert den Umfang des vertikalen Leerraums zwischen Textzeilen	Normal (Standard) Anzahl an Pixeln

`text-align`	Steuert die Ausrichtung eines Textabschnitts	Browser entscheidet (Standard),
		`left`
		`right`
		`center`

`text-decoration`	Steuert, wie der Text aussieht.	Keine (Standard)
		`underline`
		`overline`
		`line-through`
		`blink`

`text-indent`	Steuert das Einrücken der ersten Zeile in einem Textabschnitt	0 (Standard) Anzahl an Pixeln Prozentangabe

`text-transform`	Ändert die Groß- und Kleinschreibung in einem Textabschnitt	Keine (Standard)
		`uppercase`
		`lowercase`
		`capitalize`

`vertical-alignment`	Steuert die vertikale Ausrichtung eines Textabschnitts	Grundlinie (Standard)
		`sub`
		`super`
		`top`
		`text-top`
		`middle`
		`bottom`
		`text-bottom`

`word-spacing`	Steuert den Umfang des Leerraums zwischen Wörtern. Diese Eigenschaft funktioniert zurzeit noch nicht.	Normal (Standard) Anzahl an Pixeln

Tabelle 14.2: Ausgewählte CSS-Textstyle-Eigenschaften

CSS-Eigenschaften

Font-Eigenschaften

Die Font-Eigenschaften, die CSS anbietet, statten Sie mit einem umfangreichen Steuersatz zum Aussehen der Zeichen aus, die verwendet werden, um den Inhalt der ausgewählten Elemente wiederzugeben. Als Sie Ihre erste CSS-Datei erzeugten, verwendeten Sie die Eigenschaften font-style und font-weight. Sie haben den Inhalt des id-Elements auf eine Wiedergabe in Kursivschrift gesetzt und den Inhalt des von-Elements auf Fettschrift. Versuchen Sie, Ihre CSS-Datei so abzuändern, dass die id-Daten in einer Kursivschrift wiedergegeben werden, die 250% der normalen Zeichenhöhe ausmacht. Um dies zu erreichen, können Sie die folgende CSS-Regel für das id-Element verwenden:

```
id
    { font-style:italic;
      font-size:250%}
```

Tabelle 14.3 fasst einige der Font-Eigenschaften zusammen, die CSS zur Verfügung stellt.

Eigenschaft	Zweck	Mögliche Werte
font-family	Steuert den Schrifttyp, der auf der Seite angezeigt wird	Browser entscheidet (Standard) Name der Schriftfamilie, etwa Arial
font-size	Steuert die Größe der Schrift	medium (Standard) Anzahl an Pixeln Prozentangabe
font-style	Steuert den Stil der Schrift	normal (Standard) italic oblique
font-variant	Steuert den Schriftgrad	normal (Standard) small-caps
font-weight	Steuert den Schriftschnitt	normal (Standard) lighter bold bolder

Tabelle 14.3: Ausgewählte CSS-Font-Eigenschaften

Farbe und Hintergrund-Eigenschaften

Diese Eigenschaften statten Sie mit Steuermöglichkeiten zur Schriftfarbe, zur Hintergrundfarbe und zum Einschluss von Bildern aus. Als Sie Ihre CSS-Datei in der ersten Übung heute erzeugten, haben Sie die Farbeigenschaft verwendet, um den Inhalt des

Stileigenschaften mit Cascading Style Sheets (CSS)

nachricht-Elements in Blau wiederzugeben. Wenn Sie es nicht geändert haben, wird das von-Element fett wiedergegeben. Fügen Sie dem von-Element eine CSS-Regel hinzu, um den Inhalt des Hintergrunds auf hellblau zu setzen, was so aussieht:

```
von
    { font-weight:bold;
    background-color:aqua}
```

Einige andere Hintergrund- und Farb-Eigenschaften werden in Tabelle 14.4 zusammengefasst.

Eigenschaft	Zweck	Mögliche Werte
background-attachment	Steuert das Scrollen des Hintergrunds	scroll (Standard) fixed
background-color	Steuert die Hintergrundfarbe	transparent (Standard) Name der Farbe
background-image	Lässt das Einfügen eines Hintergrundbilds zu	Kein (Standard) Bild URL
background-position	Steuert die Position des Hintergrunds auf der Seite.	0% 0% (Standard)-Position Angabe in Pixeln (etwa {20,20}) Prozentangabe, zum Beispiel {5%,7%} top bottom left right center
background-repeat	Lässt verschiedene Muster für die Hintergrundwiederholung zu	repeat (Standard) repeat-x repeat-y no-repeat
color	Steuert die Textfarbe	Browser entscheidet (Standard) Name der Farbe

Tabelle 14.4: Ausgewählte CSS-Farb- und Hintergrund-Eigenschaften

Rahmen-Eigenschaften

Es ist möglich, mit CSS einen Browser sichtbare Grenzlinien um den Inhalt ausgewählter Elemente zeichnen zu lassen. Fügen Sie eine CSS-Regel ein, die eine Grenzlinie um den

CSS-Eigenschaften

Inhalt des von-Elements wiedergibt, die aus einer doppelten Linie besteht. Wenn Sie bei den bisherigen Beispielen mitgemacht haben, sieht Ihre CSS-Regel für das von-Element jetzt so aus:

```
von
    {font-weight:bold;
    background-color:aqua;
    border-style:double}
```

Tabelle 14.5 fasst ausgewählte CSS-Grenzlinien-Eigenschaften zusammen.

Eigenschaft	Zweck	Mögliche Werte

`border-bottom-width`	Steuert die Breite einer Grenzlinienseite	`medium` (Standard)
		Anzahl an Pixeln
		`thin`
		`thick`

`border-color`	Steuert die Grenzlinienfarbe in einem Abschnitt	Standard-Textfarbe (Standard) Name der Farbe

`border-left-width`	Steuert die Breite einer Grenzlinienseite	`medium` (Standard)
		Anzahl an Pixeln
		`thin`
		`thick`

`border-right-width`	Steuert die Breite einer Grenzlinienseite	`medium` (Standard)
		Anzahl an Pixeln
		`thin`
		`thick`

`border-style`	Steuert den Stil einer Grenzlinie	Kein (Standard)
		`solid`
		`double`

`border-top-width`	Steuert die Breite einer Grenzlinienseite	`medium` (Standard)
		Anzahl an Pixeln
		`thin`
		`thick`

`border-width`	Steuert die Breite der Grenzlinie	Undefiniert (Standard)
		Anzahl an Pixeln
		`thin`
		`medium`
		`thick`

`clear`	Definiert, ob ein Abschnitt andere Abschnitte an seiner Seite verbietet	Kein (Standard)
		`left`
		`right`

Tabelle 14.5: Ausgewählte CSS-Grenzlinien-Eigenschaften

Stileigenschaften mit Cascading Style Sheets (CSS)

Eigenschaft	Zweck	Mögliche Werte

`float`	Steuert den Textfluss in einem Abschnitt	Kein (Standard)
		`left`
		`right`

`height`	Steuert die Höhe eines Abschnitts	`auto` (Standard) Anzahl an Pixeln Prozentangabe
`margin-bottom`	Steuert die Breite des Rands auf der spezifizierten Seite	0 (Standard) Anzahl an Pixeln Prozentangabe
`margin-left`	Steuert die Breite des Rands auf der spezifizierten Seite	0 (Standard) Anzahl an Pixeln Prozentangabe
`margin-right`	Steuert die Breite des Rands auf der spezifizierten Seite	0 (Standard) Anzahl an Pixeln Prozentangabe
`margin-top`	Steuert die Breite des Rands auf der spezifizierten Seite	0 (Standard) Anzahl an Pixeln Prozentangabe
`padding-bottom`	Steuert die Menge der Füllung auf der spezifizierten Seite	0 (Standard) Anzahl an Pixeln Prozentangabe
`padding-left`	Steuert die Menge der Füllung auf der spezifizierten Seite	0 (Standard) Anzahl an Pixeln Prozentangabe
`padding-right`	Steuert die Menge der Füllung auf der spezifizierten Seite	0 (Standard) Anzahl an Pixeln Prozentangabe
`padding-top`	Steuert die Menge der Füllung auf der spezifizierten Seite	0 (Standard) Anzahl an Pixeln Prozentangabe
`width`	Steuert die Breite eines Abschnitts	`auto` (Standard) Anzahl an Pixeln Prozentangabe

Tabelle 14.5: Ausgewählte CSS-Grenzlinien-Eigenschaften (Forts.)

CSS-Eigenschaften

Anzeige-Eigenschaften

Diese Eigenschaften stellen spezielle Anweisungen an den Browser zur Verfügung, mit denen verschiedene Aspekte des Spacings und Anzeigemerkmale gesteuert werden können. Die Eigenschaft z-index zum Beispiel ist eine besondere Eigenschaft, mit der die Anordnung der Elemente gesteuert wird, wenn sie übereinander gestapelt werden. Der Stapeleffekt kann durch relative und absolute Positionierung von Elementen in CSS erreicht werden. Das Konzept der Positionierung geht über den Rahmen der heutigen Übungen hinaus, aber Sie können über die kontrollierte Positionierung von Elementen unter Verwendung von CSS bei http://www.w3.org/TR/REC-CSS2/ mehr nachlesen.

Das display:block-Eigenschafts-/Werte-Paar ist für die Stilisierung bei XML nützlich. Der Wert block weist einen Browser an, einen Zeilenumbruch vor und nach dem Elementtext durchzuführen. Erzeugen Sie in Ihrer CSS-Datei eine Regel, die veranlasst, dass alle nchr-Elemente in einem separaten Block angezeigt werden, wobei vor und nach jedem Element ein Zeilenumbruch stattfindet. Ihre neue Regel sieht so aus:

```
nchr
    {display:block}
```

Eigenschaft	Zweck	Mögliche Werte
white-space	Steuert die Leerraum-Formatierung in einem Abschnitt	Normal (Standard) pre nowrap
display	Steuert die Anzeige eines Abschnitts	block (Standard) inline list-item Keiner
visibility	Steuert die Sichtbarkeit eines Elements	inherit (Standard) visible hidden
z-index	Steuert das Stapeln von Elementen	auto (Standard) Zahl

Tabelle 14.6: Ausgewählte CSS-Anzeige-Eigenschaften

Resultierender Style

Wenn Sie die Übungen in diesem Abschnitt mitgemacht haben, sieht Ihr CSS-Dokument jetzt so aus wie in Listing 14.4.

Listing 14.4: Das vollständige Style-Sheet-Beispiel – style02.css

```
 1: /* listing 14.4 style02.css */
 2:
 3: id
 4:     {font-style:italic;
 5:     font-size:250%}
 6:
 7: von
 8:     {font-weight:bold;
 9:     background-color:aqua;
10:     border-style:double}
11:
12: nachricht
13:     {color:blue;
14:     text-align:left;
15:     text-decoration:underline}
16:
17: nchr
18:     {display:block}
```

Wenn dieses Stylesheet mit dem XML-Nachricht-Dokument verbunden wird, das Sie vorher erzeugt haben, sieht die zu erwartende Wiedergabe so ähnlich aus wie in Abbildung 14.2.

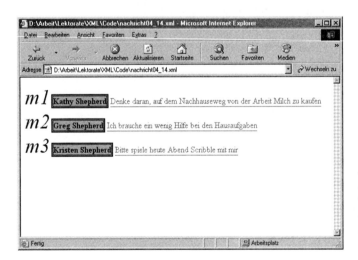

Abbildung 14.2:
Das resultierende Nachricht-Dokument mit CSS-Styles, wiedergegeben vom Microsoft Internet Explorer 5.5

Beschränkungen von CSS

Mehrere Elemente als Selektoren

Wenn Sie mehrere Elemente auf die gleiche Art stilisieren wollen, können Sie alle Elemente durch Kommata getrennt als Selektor-Auflistung angeben. Wenn Sie zum Beispiel die Farbe für den Inhalt der Elemente id und von auf Rot setzen wollen, können Sie einen CSS-Regelsatz wie folgt erzeugen:

```
id, von
{color:red}
```

14.4 Beschränkungen von CSS

Sie haben gesehen, dass CSS viele Wiedergabe-Eigenschaften steuern können und recht einfache, aber effektive Resultate im Browser erzeugen. Dennoch hat der CSS-Ansatz einige Beschränkungen. Jon Bosak, Redner bei einem vom W3C gesponserten Treffen von Webentwicklern, das am 11. April 1997 abgehalten wurde, hat diese Beschränkungen festgestellt:

- CSS kann keinen Punkt an einer Stelle greifen – etwa eine Kapitelüberschrift – und ihn an anderer Stelle wiederverwenden – wie in der Kopfzeile.
- CSS hat kein Konzept zu den Geschwister-Beziehungen. Es ist zum Beispiel nicht möglich, ein CSS-Stylesheet zu schreiben, das jeden zweiten Absatz in Fettschrift ausgibt.
- CSS ist keine Programmiersprache; es unterstützt keine Entscheidungsstrukturen und kann vom Stylesheet-Designer nicht erweitert werden.
- CSS kann keine Quantitäten berechnen oder Variablen speichern. Das heißt zumindest, dass CSS keine allgemein gebräuchlichen Parameter an einem Standort speichern kann, der leicht zu aktualisieren ist.
- CSS kann keinen Text generieren, etwa Seitenzahlen.
- CSS verwendet ein einfaches, kästchenorientiertes Formatiermodell, das bei aktuellen Webbrowsern funktioniert, sich aber nicht für fortgeschrittene Auszeichnungsanwendungen, wie mehrfache Spaltensätze, erweitern lässt.
- CSS ist auf westliche Sprachen ausgerichtet und setzt eine horizontale Schreibrichtung voraus.

(Quelle: http://www.webreview.com/1997/11_28/webauthors/11_28_97_5.shtml)

Viele dieser Beschränkungen wurden durch XSL, das Thema des 15. Tages, angegangen.

345

Stileigenschaften mit Cascading Style Sheets (CSS)

14.5 Zusammenfassung

Heute haben Sie einfache Cascading Style Sheets erstellt und sie verwendet, um XML für die Browserwiedergabe zu formatieren. Das ist ein Ansatz, der von den meisten wichtigen Browsern unterstützt wird und eine clientseitige Wiedergabe-Option darstellt, die relativ flexibel und einfach zu erlernen ist. Sie haben gelernt, dass CSS-Regeln als Deklarationen ausgedrückt werden, die Eigenschafts-/Werte-Paare umfassen, mit denen definiert wird, wie ein Client den Elementinhalt anzeigen soll.

14.6 Fragen und Antworten

F   *Spielt die XML-Gültigkeit eine Rolle in Hinsicht auf die Verwendung von CSS?*

A   Cascading Style Sheets funktionieren beim Stilisieren aller XML-Instanzen, die zumindest wohl geformt sind. Wenn die Dokument-Instanz ein Schema enthält, muss dieses Dokument auch gültig sein. Das ist keine Anforderung, die CSS stellt, sondern eine vom XML-Prozessor oder Browser kommende, der versucht, das Dokument zu validieren, wenn es ein Schema enthält. Deshalb spielt die Gültigkeit keine große Rolle in Hinsicht auf CSS, sie kann aber dennoch von Bedeutung sein.

F   *Inwiefern erspart die Verwendung von CSS Aufwand bei der Website-Verwaltung?*

A   Wenn Sie eine Website mit mehreren Dokumenten haben, die alle ähnlich aussehen sollen, können Sie einen einzigen Stylesheet einfügen, um sie alle identisch zu formatieren. Wenn der Seitenstil allgemein verändert werden soll, kann man die Stylesheets manipulieren und braucht die ursprünglichen Datendokumente nicht anzutasten. Alle neuen Dokumente, die hinzugefügt werden, können mit dem Master-Style-Sheet verbunden werden, um ein beständiges Aussehen die ganze Site hindurch sicherzustellen.

14.7 Übung

Die Übung soll Ihre Kenntnis dessen, was Sie heute gelernt haben, überprüfen. Die Lösungen finden Sie in Anhang A.

Stilisieren Sie Ihr Dokument `cd.xml` mit den Eigenschaften, die Sie heute gelernt haben, sodass es aussieht wie das in Abbildung 14.3 gezeigte.

Übung

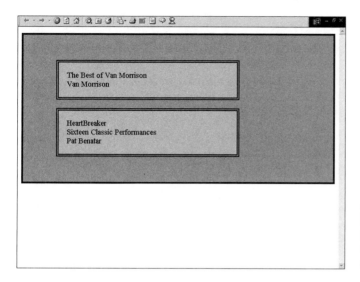

Abbildung 14.3:
Das stilisierte cd.xml-Dokument – cd14.xml – mit einem verbundenen Stylesheet – cd14.css

Um ein Resultat zu erzielen, das dem in Abbildung 14.3 ähnelt, müssen Sie einige weitere Details wissen. Diese finden Sie in der folgenden Auflistung:

- Der gesamte Text erscheint in einer Schriftgröße von 14 pt.
- Es liegen 60 Pixel Leerraum zwischen der äußeren Grenzlinie und der Ecke der inneren Kästchen.
- Die Hintergrundfarbe ist HEX 999966.
- Die Farbe des inneren Kästchens ist HEX 99CC99.
- Die inneren Kästchen umfassen nur drei Viertel des horizontalen Raums, der ihnen zur Verfügung steht.

Tag 1	Ein Überblick über die Auszeichnungssprachen	25
Tag 2	Die XML-Syntax im Detail	47
Tag 3	Gültige XML-Instanzen	65
Tag 4	Die Document Type Definition (DTD)	83
Tag 5	Das XML Data Reduced (XDR) -Schema	121
Tag 6	Die XML Schema Definition Language (XSD)	159
Tag 7	XML-Entities	181

Woche 1

Tag 8	Namensräume bei XML	193
Tag 9	Die XML Path Language (XPath)	209
Tag 10	Die XML Link Language (XLink)	241
Tag 11	XML Pointer Language (XPointer)	263
Tag 12	Das XML Document Object Model (DOM)	275
Tag 13	Das Simple API für XML (SAX)	301
Tag 14	Dem Inhalt mit Cascading Style Sheets (CSS) Stileigenschaften hinzufügen	327

Woche 2

Tag 15	XSL (Extensible Stylesheet Language) und XSL-FO (Extensible Stylesheet Language Formatting Objects)	351
Tag 16	XSLT (Extensible Stylesheet Language Transformations)	379
Tag 17	XML-Daten an HTML-Elemente binden	417
Tag 18	XBase und XInclude	439
Tag 19	XML-Integration in die Geschäftsmodelle der Unternehmen	447
Tag 20	E-Commerce mit XML	479
Tag 21	Wie man eine XML-Webanwendung aufbaut	503

Woche 3

XSL (Extensible Stylesheet Language) und XSL-FO (XSL Formatting Objects)

XSL (Extensible Stylesheet Language) und XSL-FO (XSL Formatting Objects)

Die XML-Technologiefamilie beinhaltet auch XSL (Extensible Stylesheet Language), das umfangreiche Formatierungsmöglichkeiten unterstützt, die als XML-Vokabular implementiert sind. XSL besteht aus einer Transformationssprache und einem höchst spezialisierten Dialekt für die Beschreibung von Objektformatierungen. Heute lernen Sie die folgenden Dinge kennen:

- Die Beziehungen zwischen XSL, XSL-FO und XSLT
- XSL-FO in der Praxis
- Den Apache FOP XSL-FO-Interpreter
- Die Vorgehensweise beim Erstellen von PDF-Dateien aus XSL-FO-Dokumenten

15.1 Struktur mit Format

Die vielfältigen visuellen und Multimediaelemente im Web haben die Forderungen nach Präsentationsmöglichkeiten für XML-Dokumente untermauert, die selbst für den Einsatz im professionellen Umfeld der Industrie geeignet sein sollen. Die konzeptuelle Abtrennung von Stil- und Strukturkomponenten in XML bietet viele Möglichkeiten, andere Markup-Vokabulare zu verwenden, um eine semantische Definition für Elemente zur Verfügung zu haben. Eine dieser Möglichkeiten haben Sie in Kapitel 14 kennen gelernt, wo Sie für die Formatierung von XML-Ausgaben in geeigneten Browsern Cascading Stylesheets (CSS) angelegt haben. XSL (Extensible Stylesheet Language) stellt eine weitere Methode dar, XML-Dokumenten eine Stil-Semantik zuzuordnen, um Ausgaben für den Bildschirm, für Druckmedien und sogar für die Sprachsynthese zu formatieren.

Wie in Kapitel 2 bereits angesprochen, können Sie sich XML-Elemente wie die *Substantive* einer gesprochenen Sprache vorstellen; die Attribute beschreiben diese Elemente genauer, so wie *Adjektive* Substantive ergänzen. Ergänzt man diese Metapher um eine semantische Definition, könnte man sich XSL-Anweisungen als die *Verben* im XML-Markup vorstellen. Letztlich kann XSL mehr, als nur eine stilbasierte Formatierungs-Semantik auszudrücken. XSL kann ein XML-Instanzdokument vollständig in eine andere Markup-Struktur umwandeln.

XSL Version 1.0 ist Anwärter auf die Empfehlung durch das W3C, die eine Sprache für die Entwicklung von Style Sheets beschreibt. Sie besteht aus den folgenden Elementen:

- einer Sprache für die Umwandlung von XML-Dokumenten, XSLT (Extensible Stylesheet Language Transformations),
- einem Vokabular für die Angabe der Formatierungs-Semantik, XSL-FO (Extensible Stylesheet Language Formatting Objects).

Insgesamt kann man also sagen, ein XSL-Stylesheet spezifiziert die Darstellung einer Klasse von XML-Dokumenten. XSL verwendet ein Formatierungs-Vokabular, um zu beschreiben, wie eine Instanz der Klasse in eine neue Baumstruktur umgewandelt oder entsprechend abgeändert werden kann. Die Transformationssprache (XSLT) kann jedoch unabhängig von der Formatierungs-Semantik (XLS-FO) eingesetzt werden, was auf den ersten Blick verwirrend scheint.

XSL-Namenskonventionen

Im ursprünglichen Vorschlag für XLS, welcher dem W3C im August 1997 vorgelegt wurde, verwendeten die Autoren (Microsoft Corporation, Inso Corporation, ArborText, Universität von Edinburgh und James Clark) das Akronym XSL als Abkürzung für »eXtensible *Style* Language«. Als im Dezember desselben Jahres der zweite Arbeitsentwurf vorgelegt wurde, stand XSL auch für »eXtensible *Stylesheet* Language«. Der Umfang der Spezifikation wuchs schnell an und es wurde deutlich, dass zwei verschiedene, allerdings verwandte Prozesse die Stilzuordnung von XML-Dokumente charakterisierten. Der erste beinhaltet eine strukturelle Umwandlung, wobei Elemente ausgewählt, gruppiert und neu angeordnet werden. Der zweite Schritt führt häufig zu einem Formatierungsprozess, der eine Darstellungs-Semantik für spezielle Benutzer-Agenten erzeugt, die die Dokumente auf Bildschirmen, Papier, in Sprache oder anderen Medien präsentieren. Im April 1999 wurde die logische Abtrennung dieser beiden Prozesse formal beschrieben, nämlich als XSLT-Funktionalität (eXtensible Stylesheet Language Transformation), die in einem separaten Dokument formuliert wurde. Mit anderen Worten sagte man: XSL besteht aus XSLT für die Definition von Transformationen und XSL-FO (XSL Formatting Objects), um Darstellungsanweisungen für einen geeigneten Prozessor anbieten zu können.

Das Akronym XSL-FO wird in der offiziellen W3C-Empfehlung nicht erwähnt, ist aber in der XML-Industrie allgemein gebräuchlich und wird heute der Deutlichkeit halber verwendet. Sie sollten vor allem auf den Kontext achten, wenn Sie im Internet über XSL lesen, weil die Akronyme XSL, XSL-FO, XSL:FO, XSLFO, XSL/FO und andere Varianten manchmal synonym verwendet werden und dasselbe bedeuten.

Im Juli 1999 wurde XPath (XML Path Language), das Sie in Kapitel 9 kennen gelernt haben, von XSLT abgetrennt, um eine gemeinsame Syntax und die zugehörige Semantik für die Funktionalität zu beschreiben, die von XSLT (XSL Transformations) und XPointer (XML Pointer Language) gemeinsam genutzt wird. Aus Kapitel 11 wissen Sie, dass XPointer URIs mit XPath-Ausdrücken kombiniert, um Abschnitte externer XML-Dokumente für die weitere Verarbeitung zu spezifizieren.

Formatierungsobjekte erstellen und interpretieren

XSL Formatting Objects entstehen normalerweise aus der Umwandlung eines XML-Dokuments, das für Druckmedien vorgesehen ist. Sie können jedoch auch XSL-FO-Code schreiben, ohne ein Dokument umwandeln zu müssen, sodass Sie die Syntax und die Semantik genauer betrachten können. Das ist aber nicht typisch für die Vorgehensweise in der Praxis. Durch die manuelle Erstellung von Formatting Objects lernen Sie jedoch die FO-Syntax besser kennen.

Heute lernen Sie XLS kennen, indem Sie repräsentative Formatting Objects (XSL-FO) manuell erzeugen und verarbeiten. Morgen lernen Sie die Transformationssprache (XSLT) genauer kennen. Dabei wird nur ein kleiner Teil der praktischen Formatting Objects beschrieben, aber Sie erhalten Verweise auf Quellen, wo Sie weitere Informationen über andere Objekte finden.

Die Formatting Objects sind normalerweise nur ein Aspekt eines mehrstufigen Prozesses, der die Struktur eines XML-Quellbaums abändern soll. Ein Ergebnisbaum enthält Formatting Objects, nachdem die Transformation abgeschlossen ist. Das XSLT zum Erstellen von Formatting Objects beinhaltet also die Umwandlung eines XML-Dokumentbaums in einen Formatting Object-Ergebnisbaum. Man kann sich XML auch als Programmiersprache vorstellen, die sich in XML-Vokabular ausdrückt, das die Transformation eines Baumes detailliert regelt. XSL-FO ist nichts weiter als ebenfalls ein XML-Vokabular, wobei die Objekte Teile einer Bildschirmanzeige oder eines Seitenlayouts und ihre Eigenschaften darstellen.

XSL in der Praxis

Sie haben bereits mehrere verschiedene Prozesse und Vokabulare kennen gelernt, mit denen ein XML-Dokument abgeändert werden kann, um dem Inhalt einen bestimmten Stil zu geben. Die einzelnen Komponenten einer typischen Stilumwandlung mit Formatting Objects sind unter anderem:

- ein XML-Quelldokument, das dem XSLT-Prozess als hierarchischer Knotenbaum erscheint,
- ein XSL-Stylesheet, das ebenfalls eine Baumstruktur darstellt, welche die Semantik für die Umwandlung in Formatting Objects trägt,
- ein XSLT-Prozessor, der den Quellbaum und den Stylesheet-Baum in den Speicher parst und Formatting Objects erzeugt,
- ein XSL-FO-Ergebnisbaum, der aus der Umwandlung entsteht.

Struktur mit Format

- ein oder mehrere Formatting Object Interpreters, die FO-Instanzen lesen und Ausgabedokumente in einer Syntax erzeugen, beispielsweise Text, PDF (Portable Document Format), PCL (Printer Control Language) oder MIF (Management Information Format), welche die Bedürfnisse externer Benutzer-Agenten abdecken.

 Zukünftig werden vielleicht auch Benutzer-Agenten wie Webbrowser, Handys oder andere clientseitige Geräte die Interpretation von Formatting Objects unterstützen. Dadurch würden sich umfassende Formatierungsmöglichkeiten für plattformunabhängige Inhaltslösungen ergeben.

Angenommen, Sie haben ein XML-Dokument in Ihrem Unternehmens-Intranet abgelegt, das die administrativen Strategien für Ihr Unternehmen enthält. Möglicherweise wird dieses Dokument regelmäßig aktualisiert, um Änderungen der Arbeitgeberzulagen, Abrechnungsstrategien und anderer Vorgehensweisen zu veröffentlichen. Möglicherweise wollen Sie das Dokument in bestimmten Zeitabständen verarbeiten, um ein Strategie-Handbuch in PDF zu erstellen. Das PDF versteht Formatierungsinformationen, sodass Dokumente, die an unterschiedliche Kunden ausgegeben werden, wie beabsichtigt dargestellt werden, ohne dass dazu die Originalapplikation benötigt wird. Darüber hinaus unterstützen die meisten Browser unter Verwendung einer Browsererweiterung oder eines Plug-Ins den Ausdruck von PDF-Dokumenten, die aus dem Web heruntergeladen wurden. Auf diese Weise können Sie Daten gemeinsam nutzen, die nicht von den häufig unterschiedlichen Fähigkeiten der verschiedenen Browser abhängig sind, Webinhalt zu drucken.

Der XSL-FO-Prozess ist für diesen Zweck gut geeignet. Einem XML-Instanzdokument (corp.xml), das die Unternehmensstrategien und Richtlinien in geeigneten Elementen enthält, könnte ein XSL-Stylesheet (corp.xsl) zugeordnet werden, das die Formatierungsobjekt-Semantik für die Textgröße von Überschriften, hervorgehobenen Bereichen, Seitenrändern usw. enthält. Eine XSLT-Engine würde die beiden XML-Dokumente (corp.xml und corp.xls) als kombinierte Quellbäume in einer Transformation verarbeiten, die ein FO-Ausgabebaumdokument (corp.fo) erzeugt. Anschließend würde ein FO-Interpreter das FO-Ergebnisdokument verarbeiten, bei dem es sich um eine XML-Instanz handelt, um die Formatting Objects in Ausdrücke zu übersetzen, die als PDF-Ausgabe gespeichert werden (corp.pdf). Auf diese Weise können Sie elektronische Kopien der PDF-Datei an Angestellte senden und zwar unabhängig von den Plattformen, auf denen Ihre Client-Applikationen ausgeführt werden. Mit anderen Worten, egal ob ein Angestellter Unix-, Linux-, Macintosh- oder Windows-Software verwendet, die PDF-Unternehmensstrategie weist immer dieselbe Darstellung auf und wird auch immer gleich gedruckt. Jeder Benutzer startet eine von seinem eigenen Betriebssystem unterstützte Client-Applikation, die PDF-Dateien lesen und Ergebnisse identisch anzeigen und ausdrucken kann.

Der FO-Ergebnisbaum ist einfach nur ein XML-Dokument, das Elemente enthält, die zum FO-Namensraum gehören, der durch den URI http://www.w3.org/1999/XSL/Format identifiziert ist. Statt Transformationen auszuführen, um den FO-Ergebnisbaum zu erzeugen, erzeugt man heute FO-Dokumente unter Verwendung eines Editors, so wie man ein beliebiges XML-Dokument erstellt. Damit wird letztlich der Transformationsschritt übersprungen. Anschließend verarbeiten Sie diese Dokumente mit der FOP-Engine (Formatting Object Processor), wobei es sich um einen von XSL-FO gesteuerten Druck-Prozessor handelt. Der mit »Tag 15 Übungen« gekennzeichnete Abschnitt in Abbildung 15.1 zeigt den Teil der typischen XSL-Operation, den Sie heute kennen lernen.

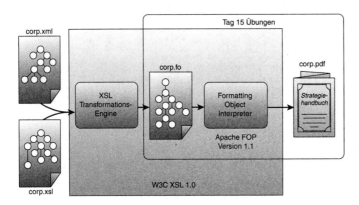

Abbildung 15.1: XSL-Operation mit Transformation erzeugenden Formatting Objects.

Apache FOP (Formatting Object Processor)

FOP ist eine Open Source Java-Applikation, die über die Apache Software Foundation im Internet kostenlos zu erhalten ist (http://xml.apache.org/fop/). Sie können aus mehreren solcher Prozessoren auswählen, unter anderem:

- Renderx XEP, ein kommerzieller Java XSL-FO-Prozessor (http://www.renderx.com). Es gibt eine Testversion.

- Arbortext Epic E-Content Engine (E3), ein kommerzielles Produkt, das die FO-Verarbeitung unterstützt (http://www.arbortext.com)

- Eine vollständigere aktuelle Liste der Prozessoren wird vom W3C unter http://www.w3.org/Style/XSL/ geführt.

Der FOP-Prozessor, den Sie heute kennen lernen, unterstützt nicht die gesamte W3C XSL 1.0-Spezifikation. Deshalb handelt es sich zum Zeitpunkt der Drucklegung dieses Buches auch noch nicht um eine vollständige, sondern um eine potentielle Empfehlung des W3C und sie unterliegt in den folgenden Monaten möglicherweise grundlegenden Änderungen. Den Status der Empfehlung sowie die neuesten Informationen über XSL finden Sie unter http://www.w3.org/Style/XSL/.

Struktur mit Format

FOP ist eine Java-Applikation, die einen Formatierungsobjektbaum liest und ihn in ein PDF-Dokument umwandelt. Außerdem bietet sie die Möglichkeiten, Ausgaben in mehreren anderen Formaten zu erzeugen (beispielsweise Text, MIF, PCL, AWT) und die Ausgabe direkt auf einen Drucker zu leiten. FOP nimmt FO-Ergebnisbäume in Form von XML-FO-Dokumenten entgegen, die zuvor in einem Texteditor oder mit einer XSLT-Engine erzeugt wurden. Darüber hinaus akzeptiert FOP auch direkte Eingaben von einem DOM- oder SAX-Parser, ohne dass eine Zwischenspeicherung als FO-Datei erfolgen muss. Heute erzeugen Sie das XML in Form von XML-FO-Instanzdokumenten und verarbeiten die Ergebnisbäume unter Verwendung von FOP.

Laden Sie sich eine Kopie der Release-Version des FOP von der Apache Project Website herunter (http://xml.apache.org/fop/). Folgen Sie dazu den Links zum Download im Distribution-Verzeichnis. Falls Sie Java-Entwickler sind und lieber mit dem neuesten Entwicklungscode arbeiten, können Sie auch eine Pre-Release-Version von FOP erhalten, wenn Sie den Links zur CVS-Version folgen. Wenn Sie jedoch den Pre-Release-Code herunterladen, müssen Sie den FOP-Prozessor selbst mit dem Sun Microsystems Java 2 Standard Edition javac-Compiler kompilieren. Unabhängig von der Distribution, die Ihre Bedürfnisse am besten abdeckt, müssen Sie bestimmte Java-Komponenten auf Ihrem Computer installieren, bevor Sie die FOP-Applikation ausführen können. Diese Versionen ändern sich ständig, deshalb sollten Sie die Distributionshinweise zu Ihrer Version sorgfältig lesen, um sicherzustellen, dass alle erforderlichen Komponenten auf Ihrem Computer installiert sind.

 Die für die Verarbeitung der Beispiele dieses Kapitels verwendete Version bedingt, dass eine Java-VM installiert ist, die Sie von der Sun Microsystems Java 2 Standard Edition unter http://www.java.sun.com/j2se3 heruntergeladen haben.

Die Release-Version der FOP-Distribution beinhaltet mehrere Hilfsbibliotheken, unter anderem:

- Apache Xerces-J XML-Parser, der SAX und DOM unterstützt
- Apache Xalan XSLT-Prozessor
- SVG-Bibliothek (Scalable Vector Graphics) w3c.jar, die der SVG Kandidatenempfehlung (2. November 2000) entspricht
- Jimi-Imaging-Bibliothek von Sun Microsystems

Wie bei allen Java-Applikationen müssen Sie sich selbst um die Namen der Verzeichnisse kümmern, die Ihre Distributions- und Bibliotheksdateien aufnehmen, um die Umgebungsvariablen, die den Pfad zu den Bibliotheken definieren, sowie um die Programmausführungsschritte. Folgen Sie sorgfältig der Dokumentation zur Installation und Programmausführung, die Sie zusammen mit FOP für Ihr Betriebssystem erhalten haben.

XSL (Extensible Stylesheet Language) und XSL-FO (XSL Formatting Objects)

In den nachfolgenden Übungen werden Sie FO XML-Dokumente schreiben und sie verarbeiten, um PDF-Ausgaben zu erzeugen. Die FOP-Version, die zum Zeitpunkt der Drucklegung dieses Buches erhältlich ist, wird aufgerufen, indem die folgende Zeichenkette in die Kommandozeile eingegeben wird:

```
fop -fo meineEingabeDatei.fo -pdf meineAusgabeDatei.pdf
```

Diese Zeichenkette teilt dem Prozessor mit, dass Sie ein FO-Dokument (*meineEingabe Datei.fo*) als Eingabe vorstellen und dass Sie von ihm erwarten, dass er die Formatting Objects interpretiert, um eine PDF-Ausgabedatei zu erzeugen (*meineAusgabeDatei.pdf*).

Die von Ihnen heruntergeladene FOP-Version verwendet jedoch möglicherweise eine andere Befehlszeilen-Zeichenkette. Die CVS-Version, die zum Zeitpunkt der Drucklegung dieses Buches verfügbar war, verwendet beispielsweise die folgende Syntax:

```
java org.apache.fop.apps.CommandLine meineEingabeDatei.fo meineAusgabeDatei.pdf
```

 Es werden ständig neue Versionen von Apache FOP veröffentlicht. Lesen Sie sorgfältig in der Dokumentation zu dem von Ihnen heruntergeladenen Release nach, ob unterschiedliche Ausführungsanweisungen in der Befehlszeile, Umgebungsvariablen oder andere grundlegende Voraussetzungen erforderlich sind.

Um Ihre PDF-Ausgabedateien anzeigen zu können, müssen Sie auf Ihrem Computer einen PDF-Viewer installiert haben. Eine kostenlose Version des Adobe Acrobat Reader Version 5.0 oder höher erhalten Sie auf der Adobe-Website unter `http://www.adobe.com/products/acrobat/readstep.html`.

Falls Sie den in FOP integrierten Viewer verwenden wollen, brauchen Sie keine Kopie von Acrobat Reader. Um die Viewer-Applikation aufzurufen, folgen Sie den Anweisungen im Abschnitt *Running FOP* (FOP ausführen) der Dokumentation. Wie die anderen Online-FOP-Anweisungen ist die Syntax der Befehlszeile von der von Ihnen heruntergeladenen und installierten Version abhängig. Die Dokumentation zeigt die aktuelle Zeichenkette für den von Ihnen erhaltenen Release.

Die Windows-Version von FOP beispielsweise verwendet die folgende Syntax in der Befehlszeile:

```
fop -fo meineEingabeDatei.fo -awt
```

Die CVS-Version verwendet folgende Befehlszeile:

```
java org.apache.fop.apps.AWTCommandLine meineEingabeDatei.fo
```

Die Eingabe dieser Zeichenkette bewirkt, dass das FO-Dokument (*meineEingabeDatei.fo*) verarbeitet wird und dass die formatierten Ergebnisse unter Verwendung eines FOP-Java-Viewers auf dem Bildschirm angezeigt statt in einer PDF-Datei gespeichert zu werden.

Formatting Objects

15.2 Formatting Objects

Gestern haben Sie die Optionen kennen gelernt, die Cascading Stylesheets für die Formatierung von XML-Dokumente in Hinblick auf die Darstellung unterstützen. Die XSL-FO-Spezifikation ist eine mit den vielfältigsten Funktionen ausgestattete Objektmenge, die die in CSS verfügbaren Stile weit übertrifft.

Objekte können die Paginierung sowie ein allgemeines Dokumentlayout steuern wie beispielsweise das `root`-Objekt. Das `root`-Objekt ändert nichts an der Formatierung der Seite, sondern identifiziert das Wurzelelement und stellt einen Container für alle anderen Objekte dar. Einige Formatierungsobjekte werden innerhalb anderer Objekte platziert. Beispielsweise stellt das Objekt `fo:external-graphic` einen Referenz-Link auf eine binäre Grafik dar, die sich außerhalb des FO-Ergebnisbaumdokuments befindet. Das Objekt `page-number` ist ein weiteres Beispiel für ein Objekt, das innerhalb anderer Seitenlayout-Objekte angelegt wird. XSL-FO stellt eine umfangreiche Objektmenge zur Formatierung von Tabellen bereit. Für jedes Tabellenobjekt können Eigenschafts-Attribute kodiert werden, mit denen man das Erscheinungsbild von `fo:table-cell`, `fo_table-row`, `fo:table-column` oder einer ganzen `fo:table` steuern kann. Eigenschafts-Attribute für ein Tabellenelement beinhalten Formate für `padding`, `border`, `background-color` usw.

Tabelle 15.1 bietet einen Überblick über die in der W3C XSL-FO-Spezifikation definierten Formatierungsobjekte (detaillierte Beschreibung: `http://www.w3.org/Style/XSL/`) und gibt an, welche dieser Objekte von Apache FOP Version 1.1 unterstützt werden (Apache FOP-Dokumentation: `http://xml.apache.org/fop/implemented.html`). Objekte, die in FOP Version 1.1 nicht implementiert sind, sind in der Spalte FOP 1.1 mit N/A gekennzeichnet. Die Liste der verfügbaren Eigenschaften für diese Objekte in Form von Attributen ist relativ umfangreich.

Falls Sie vorhaben, XSL-FO regelmäßig zu verwenden, sollten sich mit der W3C-Dokumentation zu diesem Thema vertraut machen. Die Eigenschaften der Formatierungsobjekte finden Sie in Abschnitt 5.3 der Spezifikation unter `http://www.w3.org/TR/xsl/slice5.html#compcorr`.

Formatting Object	Beschreibung	FOP 1.1
`fo:basic-link`	Wird für die Darstellung der Start-Ressource für einen einfachen Link verwendet	
`fo:bidi-override`	Wird verwendet, wenn es erforderlich ist, den Standard-Algorithmus für die Unicode-Bidirektionalität unterschiedlicher (oder verschachtelter) Inline-Scripts in Dokumenten mit kombinierten Sprachen zu umgehen	N/A

Tabelle 15.1: W3C Formatting Objects, die von FOP Version 1.1 unterstützt werden

Formatting Object	Beschreibung	FOP 1.1
fo:block	Wird allgemein für die Formatierung von Absätzen, Titeln, Überschriften, Abbildungs- und Tabellenunterschriften usw. verwendet	
fo:block-container	Wird verwendet, um einen Referenzbereich auf Blockebene zu erzeugen	N/A
fo:character	Stellt ein Zeichen dar, das zur Darstellung auf einen Glyphen abgebildet wird	
fo:color-profile	Wird zur Deklaration eines Farbprofils für ein Stylesheet verwendet	N/A
fo:conditional-page-master-reference	Wird verwendet, um einen Seiten-Master zu identifizieren, der verwendet wird, wenn die entsprechenden Bedingungen erfüllt sind	
fo:declarations	Wird verwendet, um globale Deklarationen für ein Stylesheet zu gruppieren	
fo:external-graphic	Wird für eine Grafik verwendet, wobei sich die Grafikdaten außerhalb des XML-Ergebnisbaums im FO-Namensraum befinden	
fo:float	Hat zwei Aufgaben: Kann verwendet werden, um während der normalen Platzierung eines Inhalts einen bestimmten Inhalt in einem separaten Bereich oben auf der Seite (oder auf Folgeseiten) zu platzieren, wo er immer gelesen werden kann, ohne den Leser sofort zu bemühen. Alternativ kann es auch verwendet werden, wenn ein Bereich in einem Randbereich verlaufen soll, während der normale Inhalt daneben angezeigt wird.	N/A
fo:flow	Stellt den Fließtextinhalt bereit, der auf die Seiten verteilt wird	
fo:footnote	Erzeugt einen Fußnotenverweis und die zugehörige Fußnote	
fo:footnote-body	Erzeugt den Inhalt der Fußnote	
fo:initial-property-set	Gibt die Formatierungseigenschaften für die erste Zeile eines fo:block an	N/A

Tabelle 15.1: W3C Formatting Objects, die von FOP Version 1.1 unterstützt werden (Forts.)

Formatting Objects

Formatting Object	Beschreibung	FOP 1.1
fo:inline	Wird häufig verwendet, um einen Textteil mit einem Hintergrund zu formatieren oder ihn in einen Rahmen einzuschließen	
fo:inline-container	Wird verwendet, um einen Inline-Referenzbereich zu erzeugen	N/A
fo:instream-foreign-object	Wird für eine Inline-Grafik oder andere »generische« Objekte verwendet, wobei sich die Objektdaten in Ableitungen des fo:instream-foreign-object befinden	
fo:layout-master-set	Eine Hülle um alle im Dokument verwendeten Master	
fo:leader	Wird verwendet, um Leader zu erzeugen, die entweder aus einer Linie oder aus einer Zeile eines wiederholten Zeichens oder eines zyklisch wiederholten Zeichenmusters bestehen, das verwendet werden kann, um zwei Textformatierungsobjekte zu verbinden	
fo:list-block	Wird zur Formatierung einer Liste verwendet	
fo:list-item	Enthält die Beschriftung sowie den Rumpf eines Listenelements	
fo:list-item-body	Enthält den Inhalt des Rumpfs eines Listenelements	
fo:list-item-label	Enthält den Inhalt der Beschriftung eines Listenelements. Es wird normalerweise verwendet, um den Rumpf des Listenelements zu nummerieren, zu kennzeichnen oder zu verzieren.	
fo:marker	Wird in Kombination mit fo:retrieve-marker verwendet, um fortlaufende Kopf- oder Fußzeilen zu erzeugen	N/A
fo:multi-case	Wird verwendet, um die einzelnen alternativen Unterbäume von Formatierungsobjekten aufzunehmen (in einem fo:multi-switch), aus denen das übergeordnete fo:multi-switch eines zur Anzeige auswählt und den Rest verbirgt	N/A
fo:multi-properties	Wird verwendet, um zwischen zwei oder mehr Eigenschaftsmengen zu wechseln, die einem bestimmten Teil des Inhalts zugeordnet sind	N/A

Tabelle 15.1: W3C Formatting Objects, die von FOP Version 1.1 unterstützt werden (Forts.)

Formatting Object	Beschreibung	FOP 1.1
fo:multi-property-set	Wird verwendet, um eine alternative Menge mit Formatierungseigenschaften anzugeben, die abhängig vom Status des Benutzer-Agenten auf den Inhalt angewendet werden	N/A
fo:multi-switch	Umschließt die Angabe alternativer Unterbäume von Formatierungsobjekten (jeder Unterbaum befindet sich innerhalb eines fo:multi-case) und steuert den Wechsel (aktiviert über fo:multi-toggle) von einer Alternative zu einer anderen	N/A
fo:page-number	Wird verwendet, um die aktuelle Seitennummer darzustellen	
fo:page-number-citation	Wird verwendet, um auf die Seitennummer der Seite zu verweisen, die den ersten normalen Bereich enthält, der von dem angegebenen Formatierungsobjekt zurückgegeben wird	
fo:page-sequence	Wird verwendet, um anzugeben, wie eine Unterfolge von Seiten innerhalb eines Dokuments erzeugt wird, beispielsweise ein Kapitel eines Berichts. Der Inhalt dieser Seiten stammt von den Folgedokumenten der fo:page-sequence.	
fo:page-sequence-master	Gibt Folgen von Seiten-Mastern an, die verwendet werden, um eine bestimmte Seitenabfolge zu erzeugen	
fo:region-after	Definiert einen Bereich, der sich hinter dem fo:region-body-Bereich befindet	
fo:region-before	Definiert einen Bereich, der sich vor dem fo:region-body-Bereich befindet	
fo:region-body	Definiert einen Bereich, der sich in der Mitte des fo:simple-page-master befindet	
fo:region-end	Definiert einen Bereich, der sich am Ende der Leserichtung des fo:region-body-Bereichs befindet. Bei europäischen Sprachen befindet sich dieser Bereich auf der rechten Seite.	

Tabelle 15.1: W3C Formatting Objects, die von FOP Version 1.1 unterstützt werden (Forts.)

Formatting Object	Beschreibung	FOP 1.1
`fo:region-start`	Definiert einen Bereich, der sich am Anfang der Leserichtung eines `fo:region-body`-Bereichs befindet. Bei europäischen Sprachen befindet sich dieser Bereich auf der linken Seite.	
`fo:repeatable-page-master-alternatives`	Gibt eine untergeordnete Folge an, die aus wiederholten Instanzen mehrerer alternativer Seiten-Master besteht. Die Anzahl der Wiederholungen kann, muss aber nicht begrenzt werden.	
`fo:repeatable-page-master-reference`	Gibt eine untergeordnete Folge an, die aus wiederholten Instanzen eines einzelnen Seiten-Masters besteht. Die Anzahl der Wiederholungen kann, muss aber nicht begrenzt werden.	
`fo:retrieve-marker`	Wird in Kombination mit `fo:marker` verwendet, um laufende Kopf- oder Fußzeilen zu erzeugen	N/A
`fo:root`	Setzt sich aus Formatierungsobjekten zusammen. Es handelt sich dabei um den obersten Knoten eines XSL-Ergebnisbaums.	
`fo:simple-page-master`	Wird verwendet, um Seiten zu erzeugen und die Geometrie dieser Seiten anzugeben. Diese Seite kann in bis zu fünf Bereiche unterteilt werden.	
`fo:single-page-master-reference`	Gibt eine untergeordnete Folge an, die aus einer einzelnen Instanz statt aus einem einzelnen Seiten-Master besteht	
`fo:static-content`	Enthält eine Folge oder einen Baum aus Formatierungsobjekten, die innerhalb eines einzelnen Bereichs dargestellt oder in gleich benannten Bereichen auf einer oder mehreren Seiten der Seitenfolge angezeigt werden sollen; wird häufig für wiederholte oder laufende Kopf- und Fußzeilen verwendet	
`fo:table`	Wird zur Formatierung des Tabelleninhalts einer Tabelle verwendet	
`fo:table-and-caption`	Wird verwendet, um eine Tabelle zusammen mit ihrer Überschrift zu formatieren	N/A
`fo:table-body`	Wird verwendet, um den Inhalt des Tabellenrumpfs aufzunehmen	

Tabelle 15.1: W3C Formatting Objects, die von FOP Version 1.1 unterstützt werden (Forts.)

Formatting Object	Beschreibung	FOP 1.1
fo:table-caption	Wird verwendet, um Formatierungsobjekte auf Blockebene aufzunehmen, die die Überschrift für die Tabelle nur dann enthalten, wenn fo:table-and-caption verwendet wird	N/A
fo:table-cell	Wird verwendet, um Inhalt zu gruppieren, der in Tabellenzellen platziert werden soll	
fo:table-column	Gibt die Eigenschaften an, die auf Tabellenzellen angewendet werden können, die dieselbe Spalte und Größe haben	
fo:table-footer	Wird verwendet, um den Inhalt der Tabellenfußzeile aufzunehmen	
fo:table-header	Wird verwendet, um den Inhalt der Tabellenkopfzeile aufzunehmen	
fo:table-row	Wird verwendet, um Tabellenzellen in Zeilen zu gruppieren	
fo:title	Wird verwendet, um einem bestimmten Dokument einen Titel zuzuweisen	
fo:wrapper	Wird verwendet, um ererbte Eigenschaften für eine Gruppe von Formatierungsobjekten anzugeben; hat keine zusätzliche Formatierungs-Semantik	

Tabelle 15.1: W3C Formatting Objects, die von FOP Version 1.1 unterstützt werden (Forts.)

Grundlegender FO-Aufbau

Für die erste Übung dieses Kapitels wollen wir annehmen, dass wir eine einfache PDF-Datei erstellen wollen, die nur eine Zeichenkette mit Text enthält – vielleicht eine Seite, die nur einen Seitentitel (Meine Nachrichten) für das Nachrichten- und Erinnerungssystem enthält, mit dem Sie in den vorherigen Kapiteln bereits gearbeitet haben. Sie werden eine FO-Datei anlegen und PDF als Ausgabeformat für den FOP-Interpreter auswählen.

Im Laufe der Zeit werden Sie der Seite auch noch andere Komponenten hinzufügen, aber ein Titel stellt einen guten Ausgangspunkt dar. Mit diesem grundlegenden Beispiel speichern Sie die Ausgabe als FO-Dokument-Instanz und erzeugen mit FOP eine PDF-Datei. Wenn Sie Java 2 oder Java Swing installiert haben, können Sie die Ausgabe auch unter Verwendung der Option -awt im FOP-Prozessor-Befehlsstring erzeugen. Beide Ergebnisse werden nachfolgend gezeigt.

Formatting Objects

Sie müssen Ihren Textstring für die Seitenüberschrift in ein geeignetes Markup einschließen, um eine PDF-Datei zu erzeugen. Es werden relativ wenige Auszeichnungsschritte benötigt, um einen einzelnen Textstring anzuzeigen, aber sie stellen eine Ausgangsschablone für komplexere Formate dar. Sie wissen, dass ein FO-Dokument einfach eine XML-Instanz ist. Sie legen sie mit Ihrem Texteditor an; achten Sie jedoch darauf, sie mit der Dateierweiterung .fo statt mit .xml zu speichern. Außerdem verwenden Sie das Präfix fo:, sodass sie als Proxy für den Formatting Objects-Namensraum dient (xmlns:fo=http://www.w3.org/1999.XSL/Format). Die FOP-Applikation fordert die Verwendung dieses Präfix.

Der FO-Namensraum ist im Wurzelelement des Dokuments deklariert. Das Wurzelelement eines XSL-FO-Dokuments ist immer:

<fo:root xmlns:fo="http://www.w3.org/1999/XSL/Format">

Das Wurzelelement ist einfach nur ein Container, dafür gibt es keine Stilauszeichnung, obwohl es alle anderen Objekte des Dokuments enthält.

Wenn Sie schnell ein paar Seiten dieses Buchs durchblättern, erkennen Sie vielleicht, dass das Layout in Hinblick auf Seitenränder, die Platzierung von Überschriften und anderer allgemeiner Seitenelemente konsistent ist. Ihre bevorzugte Textverarbeitungs-Software weist möglicherweise ein ähnliches Konzept auf. Abbildung 15.2 zeigt das Menü SEITE EINRICHTEN von Microsoft Word 2000, das beispielsweise Seitenränder und Optionen für die absolute Positionierung von Kopf- und Fußzeilen enthält. Um das Layout Ihrer Seiten zu ändern, passen Sie die Werte in den Feldern entsprechend an.

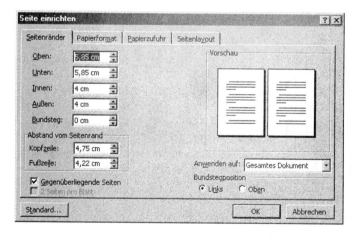

Abbildung 15.2: Steuerelemente für die Seiteneinrichtung in Microsoft Word 2000

Diese Einstellungen, deren Gültigkeitsbereich sich über das gesamte Dokument erstreckt, sind im Element fo:layout-master-set in XSL-FO enthalten. Mit anderen Worten, das Element fo:layout-master-set ist ein Containerelement, das die Eigenschaften des Master-Sets enthält. Innerhalb des Elements fo:layout-master-set befinden sich fo:simple-page-master-Elemente, die das Layout ähnlich wie die Definitionen in einer Textverarbeitung definieren. In XSL-FO können Sie mehrere `fo:simple-page-master`-Elemente angeben, um das Seitenlayout gegebenenfalls für einzelne Seiten festzulegen.

Für die `fo:simple-page-master`-Elemente benötigen Sie ein `master-name`-Attribut, das Sie mit einem von Ihnen gewählten Wert festlegen. Der Name ist erforderlich, damit Sie mehrere Master voneinander unterscheiden können. Die Syntax für das `fo:simple-page-master`-Element sieht folgendermaßen aus:

```
<fo:simple-page-master master-name="meinSeitenName">
```

Das `fo:simple-page-master`-Element definiert fünf Bereiche einer Standardseite: den Kopfzeilenbereich, den Fußzeilenbereich, den Dokumentrumpf sowie die Randbereiche links und rechts des Rumpfs. Der linke Randbereich wird auch als Startbereich bezeichnet, der Bereich mit dem rechten Rand als Endbereich. Für jeden dieser Bereiche gibt es ein entsprechendes FO-Element, das bestimmte Markup-Anweisungen aufnimmt.

Der Kopfzeilen-Bereich wird auch als `fo:region-before` bezeichnet, weil er vor dem Rumpf erscheint, wenn man sich das Layout sequentiell vorstellt. Der linke Randbereich wird als `fo:region-start` bezeichnet; der Rumpf ist `fo:region-body`; der rechte Rand ist `fo:region-end`, und die Fußzeile `fo:region-after`. Abbildung 15.3 zeigt die relativen Positionen dieser Bereiche auf einer Seite.

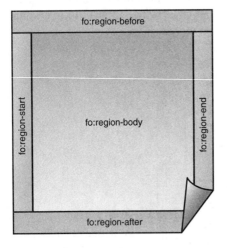

Abbildung 15.3:
Formatierungsbereiche auf einer Seite für Sprachen, die von links nach rechts gelesen werden, wie beispielsweise Deutsch

Diese Ausrichtung ist spezifisch für Sprachen, die auf einer Seite von rechts nach links angeordnet und gelesen werden, beispielsweise Deutsch. Werden dagegen arabische und hebräische Seiten mit Formatting Objects angelegt, muss sich der `fo:region-start` auf der Seite rechts befinden, `fo:region-end` auf der Seite links.

Jeder dieser Bereiche kann Stilauszeichnungen enthalten, die als FO-Eigenschaften kodiert sind. Wenn Sie beispielsweise wollen, dass der Text in der Kopfzeile einen linken

Rand von zwei Zoll erhalten soll, setzen Sie das entsprechende Attribut für das `fo:region-before`-Element. In diesem Fall wird das Element wie folgt aussehen:

```
<fo:region-before element margin-left="2in"/>
```

Angenommen, Sie wollen den Rumpf einer Ausgabeseite, die Sie gerade mit XSL-FO anlegen, 1,5 Zoll vom linken Rand und 1 Zoll von oben anordnen, wie in der in Abbildung 15.2 dargestellten Seiteneinrichtung für ein Word-Dokument gezeigt. Vorausgesetzt, der erste Seiten-Master heißt `Nachrichtenseite`, wird das vollständige `fo:layout-master-set`-Element so aussehen:

```
<fo:layout-master-set>
  <fo:simple-page-master master-name="Nachrichtenseite">
    <fo:region-body margin-left="1.5in" margin-top="1in"/>
  </fo:simple-page-master>
</fo:layout-master-set>
```

Sie sehen, dass das `fo:layout-master-set`-Element ein untergeordnetes `fo:simple-page-master`-Element mit dem `master-name` `Nachrichtenseite` enthält. Das `fo:simple-page-master`-Element enthält ein `fo:region-body`-Element mit Attributen für die Seitenränder.

In XSL-FO werden die Seiten eines Dokuments in Folgen gruppiert, wobei jede Folge mit einer neuen Seite beginnt. Folgen sollen explizit definieren, wie die Seiten präsentiert werden. Beispielsweise können Sie den Prozessor anweisen, ein bestimmtes Layout solange wie nötig zu wiederholen, bis der gesamte Inhalt verarbeitet ist. Dazu geben Sie ein `fo:repeatable-page-master-reference`-Element mit einem entsprechenden `master-name`-Attribut an, dessen Wert derselbe ist wie beim benannten `simple-page-master`, der für den gesamten Inhalt wiederholt werden soll. Für die erste Übung ist das nicht erforderlich, aber für komplexere Formatierungsobjekte kann diese Technik ganz praktisch sein. Im ersten XSL-FO-Dokument verwenden Sie ein `fo:page-sequence`-Element, um den Textinhalt aufzunehmen. Es sieht wie folgt aus:

```
<fo:page-sequence master-name="Nachrichtenseite">
  weiterer Elementinhalt
</fo:page-sequence>
```

Der *weitere Elementinhalt*, der im `fo:page-sequence`-Element enthalten ist, beinhaltet ein `fo:flow`-Containerelement. Dabei handelt es sich um ein spezielles Containerelement für den gesamten Benutzertext im Dokument. Alles im `fo:flow`-Element Enthaltene wird auf den Seiten in Bereichen formatiert, die innerhalb der Seitenfolge erzeugt werden. In Ihrem Dokument kodieren Sie das `flow-name`-Attribut mit dem Wert `Nachrichtenseite`, um den Fluss mit einem bestimmten Bereich auf der Seite zu verbinden. Insbesondere erscheint der Text im *Rumpf*, weil dies der Bereich ist, auf den verwiesen wird. Sie wissen, dass auf den Rumpf verwiesen wird, weil das `fo:region-body`-Element im `fo:simple-page-master` enthalten ist, das den `master-name` `"Nachrichtenseite"` beinhaltet. Die Elementnamen erscheinen Ihnen jetzt vielleicht noch verwirrend, aber Sie haben bereits alle Komponentenelemente und Attribute, um Ihr erstes XSL-FO-Dokument zu erstellen. Werden

XSL (Extensible Stylesheet Language) und XSL-FO (XSL Formatting Objects)

sie alle kombiniert, erhalten Sie ein Dokument wie das in Listing 15.1 gezeigte. Geben Sie dieses Listing ein und speichern Sie es unter dem Namen nachricht01.fo.

Listing 15.1: Ein erstes XSL-FO-Dokument – nachricht01.fo

```
 1: <?xml version="1.0"?>
 2: <!-- Listing 15.1 - nachricht01.fo -->
 3:
 4: <fo:root xmlns:fo="http://www.w3.org/1999/XSL/Format">
 5:
 6:   <fo:layout-master-set>
 7:     <fo:simple-page-master master-name="Nachrichtenseite">
 8:       <fo:region-body margin-left="1.5in" margin-top="1in"/>
 9:     </fo:simple-page-master>
10:   </fo:layout-master-set>
11:
12:   <fo:page-sequence master-name="Nachrichtenseite">
13:     <fo:flow flow-name="xsl-region-body">
14:       <fo:block>Meine Nachrichten</fo:block>
15:     </fo:flow>
16:   </fo:page-sequence>
17:
18: </fo:root>
```

Zeile 4 enthält das Start-Tag des Wurzelelements (fo:root) mit dem Namensraum (xmlns:fo="http://www.w3.org/1999/XSL/Format"). Die Zeilen 6 bis 10 enthalten das fo:layout-master-set-Element, das die Layoutstruktur für das gesamte Dokument definiert. Das fo:layout-master-set-Element kann beliebig viele simple-page-master-Elemente enthalten; in diesem Fall enthält es nur ein einziges und sein Name ist Nachrichtenseite. Der Rumpf dieses Dokuments wird 1,5 Zoll vom linken Seitenrand und 1 Zoll vom oberen Seitenrand angeordnet (Zeile 8). Die Zeilen 12 bis 16 enthalten das fo:page-sequence-Element sowie seine untergeordneten Elemente, die eine Formatierung für den Bereich enthalten, der dem simple-page-master desselben master-name (Nachrichtenseite) entspricht. Das fo:flow-Element (Zeilen 13 bis 15) enthält den Text, der in einem Block auf der Seite platziert werden soll.

Nachdem Sie das Dokument nachricht01.fo eingegeben und gespeichert haben, verarbeiten Sie es mit FOP. Um eine PDF-Datei zu erzeugen, geben Sie die Befehlszeilenanweisung für Ihre FOP-Version ein, z. B.:

```
fop -fo laufwerk:\pfad\nachricht01.fo -pdf laufwerk:\pfad\nachricht01.pdf
```

Um die Ergebnisse statt dessen auf dem Bildschirm anzuzeigen, geben Sie Folgendes ein (bzw. den äquivalenten Befehl für Ihre FOP-Version):

Formatting Objects

```
fop -fo laufwerk:\pfad \nachricht01.fo -awt
```

Wenn Sie Abbildung 15.4 genauer betrachten, erkennen Sie, dass sie beide Ausgabeformen zeigt. Im Hintergrund sehen Sie die von FOP erzeugte PDF-Datei, wie sie in Adobe Acrobat angezeigt wird. Der Vordergrund zeigt die resultierende Seite in dem in FOP eingebauten Java-Viewer.

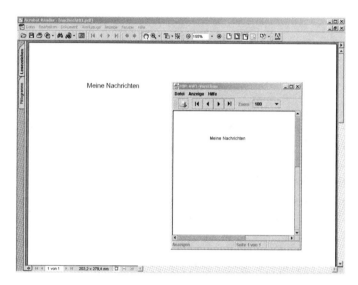

Abbildung 15.4:
Zwei Ansichten der durch die Verarbeitung eines XSL-FO-Dokuments erzeugten Ergebnisse

Schrift-Attribute

Die restliche Formatierung, die Sie möglicherweise vornehmen wollen, hat größtenteils mit der Kombination von Stil-Attributen und Werten mit den betreffenden Elementen zu tun. Sie kennen jetzt die grundlegende Struktur eines XSL-FO-Dokuments. Diese Struktur bleibt grundsätzlich immer dieselbe, egal wie komplex das Dokument wird. Durch das Hinzufügen neuer Seiten-Master, Folgen und Abläufe können Sie alle Bereiche beliebiger Seiten erstellen und interessante Stileffekte erzielen. Auf diese Weise ist XSL-FO vergleichbar mit CSS. Viele der Eigenschaften der Ansätze können einander direkt zugeordnet werden. Das W3C wollte, dass XSL auf der Arbeit aufsetzt, die für die Bereitstellung von CSS bereits erledigt wurde.

Im nächsten Beispiel fügen Sie eine Nachricht ein, die den Namen des Senders sowie den Nachrichtentext enthält. Darüber hinaus werden Sie ein paar Text- und Schrift-Attribute einführen, um die Ausgabe interessanter zu machen. Zunächst verschieben Sie die Seitenüberschrift Meine Nachrichten in die Mitte der Seite, indem Sie für das fo:block-Element, das den Text enthält, das Attribut text-align="center" setzen. Damit sieht es folgendermaßen aus:

```
<fo:block
    text-align="center"> Meine Nachrichten</fo:block>
```

Jetzt fügen Sie geeignete Attribute hinzu, die den Text mit einer Größe von 28 Punkt und mit einer serifenlosen, fetten, blauen Schrift anzeigen. Ihr `fo:block`-Element sieht jetzt so aus:

```
<fo:block
    text-align="center"
    font-size="28pt"
    font-family="sans-serif"
    font-weight="bold"
    color="blue">Meine Nachrichten
</fo:block>
```

Fügen Sie zwei weitere `fo:block`-Elemente in denselben `xsl-region-body` der Seite ein, die den folgenden Textinhalt haben:

```
Von: Kathy Shepherd
Nachricht: Denke daran, auf dem Nachhauseweg von der Arbeit Milch zu kaufen
```

Machen Sie den Text 12 Punkt groß, verwenden Sie eine serifenlose Schrift und speichern Sie das Ergebnis unter `nachricht02.fo`. Sehen die von Ihnen eingefügten Blöcke so aus?

```
<fo:block
    font-size="12pt"
    font-family="sans-serif">Von: Kathy Shepherd
</fo:block>

<fo:block
    font-size="12pt"
    font-family="sans-serif">Nachricht:
    Denke daran, auf dem Nachhauseweg von der Arbeit Milch zu kaufen
</fo:block>
```

Nachdem Sie diese Ergänzungen vorgenommen und das Dokument gespeichert haben, verarbeiten Sie es mit FOP und zeigen die Ergebnisse an. Erhalten Sie genau das, was Sie erwartet haben? Betrachten Sie die Überschrift. Befindet sie sich wirklich in der Seitenmitte oder ist sie doch zu weit rechts? Es gibt eine Möglichkeit, wie Sie sicherstellen können, dass die Überschrift wirklich mittig angezeigt wird: Ändern Sie das `fo:region-body`-Element so ab, dass es ein `margin-right`-Attribut enthält, das gleich dem `margin-left`-Attribut ist. Dazu schreiben Sie den folgenden Code:

```
<fo:region-body margin-left="1.5in"
    margin-right="1.5in" margin-top="1in"/>
```

Der fertige Code sieht aus wie in Listing 15.2 gezeigt.

Formatting Objects

Listing 15.2: Ein XSL-FO-Beispiel mit Schrift-Attributen – nachricht02.fo

```
 1: <?xml version="1.0"?>
 2: <!-- Listing 15.2 - nachricht02.fo -->
 3:
 4: <fo:root xmlns:fo="http://www.w3.org/1999/XSL/Format">
 5:
 6:   <fo:layout-master-set>
 7:     <fo:simple-page-master master-name="Nachrichtenseite">
 8:       <fo:region-body margin-left="1.5in"
 9:         margin-right="1.5in" margin-top="1in"/>
10:     </fo:simple-page-master>
11:   </fo:layout-master-set>
12:
13:   <fo:page-sequence master-name="Nachrichtenseite">
14:     <fo:flow flow-name="xsl-region-body">
15:
16:       <fo:block
17:         text-align="center"
18:         font-size="28pt"
19:         font-family="sans-serif"
20:         font-weight="bold"
21:         color="blue">Meine Nachrichten
22:       </fo:block>
23:
24:       <fo:block
25:         font-size="12pt"
26:         font-family="sans-serif">Von: Kathy Shepherd
27:       </fo:block>
28:
29:       <fo:block
30:         font-size="12pt"
31:         font-family="sans-serif">Nachricht:
32:         Denke daran, auf dem Nachhauseweg von der Arbeit Milch zu kaufen
33:       </fo:block>
34:
35:     </fo:flow>
36:   </fo:page-sequence>
37:
38: </fo:root>
```

Die beiden neuen Blöcke beginnen in den Zeilen 24 und 29. Jeder davon enthält ein font-size- und ein font-family-Attribut. Die Zeile 9 enthält das Attribut margin-right="1.5in", das hinzugefügt wurde, um sicherzustellen, dass der region-body auf der Seite und der Textblock Meine Nachrichten im Rumpfbereich zentriert ist. Abbildung 15.5 zeigt das Ergebnis.

XSL (Extensible Stylesheet Language) und XSL-FO (XSL Formatting Objects)

Abbildung 15.5:
XSL-FO-Schriftstile

Inline-Stile

Wenn Sie den Stil des Textstring-Fragments Von: ändern wollen, damit es sich von dem nächsten Teil des Strings, Kathy Shepherd, unterscheidet, können Sie es in einen neuen Block einpacken. Wenn Sie das tun, werden die beiden Stringfragmente jedoch auch durch einen Zeilenumbruch voneinander getrennt. XSL-FO stellt eine einfache Möglichkeit dar, mithilfe verschachtelter Elemente Inline-Stile zu kodieren. Das fo:inline-Element kann um ein innerhalb eines Strings liegendes Stringfragment herumgelegt werden, das einen anderen Stil als der restliche String erhalten soll. Legen Sie ein fo:inline-Element um die Von:- und Nachricht:-Abschnitte der Strings in Ihrem Dokument herum. Gewichten Sie den Text fett und zeichnen Sie ihn kursiv aus. Das Markup für den Von:-String soll wie folgt aussehen:

```
<fo:inline font-weight="bold"
font-style="italic" >Von: </fo:inline>
```

Nehmen Sie die erforderlichen Änderungen an Ihrem Dokument vor und speichern Sie sie unter dem Namen nachricht03.fo. Abbildung 15.6 zeigt das Ergebnis dieser Änderungen.

Abbildung 15.6:
XSL-FO-Inline-Stile

XSL-FO-Tabellen

Tabellen in XSL-FO bestehen aus Zellen in Zeilen. Jetzt werden Sie den Nachrichtentext so abändern, dass er in einer Tabelle abgelegt wird, die sich aus zwei Spalten und zwei Zeilen zusammensetzt. Die grundlegende Syntax für eine Tabelle sieht folgendermaßen aus:

```
<fo:table>

  <fo:table-column column-width="wert" />
  <fo:table-column column-width="wert" />
  ...beliebige weitere Spalten

  <fo:table-body>
   <fo:table-row>
     <fo:table-cell>
      <fo:block>
         Zellendaten
      </fo:block>
     </fo:table-cell>
      ...beliebige weitere Zellen

   </fo:table-row>
     ...beliebige weitere Zeilen

  </fo:table-body>
</fo:table>
```

Die Spezifikation fordert, dass Sie die Zeilen definieren und für jede Spalte in der Tabelle ein fo:table-column-Element mit einem column-width-Attribut anbieten. Für diese Übung soll die linke Spalte 1 Zoll breit sein, die rechte Spalte 4,5 Zoll.

```
<fo:table-column column-width="1in" />
<fo:table-column column-width="4.5in"/>
```

Den Zellen wird ein Abstand (Padding) von 0,05 Zoll (padding=".05in") hinzugefügt, sodass die Kanten der Zellen den Tabellenrahmen nicht berühren. Damit das Ganze interessanter aussieht, fügen wir eine Hintergrundfarbe mit dem Wert aqua für die Blöcke mit Von: und Nachricht: ein. Der Code für die erste Zelle kann wie folgt aussehen:

```
<fo:table-cell padding=".05in">
  <fo:block background-color="aqua">
  Von:
  </fo:block>
</fo:table-cell>
```

Wie immer sollten alle speziellen Stil-Attribut/Wert-Paare, die angewendet werden – beispielsweise für Farben, Zellen- oder Tabellenrahmen, Hintergrundfarben usw. – als Attribute auf die Elemente angewendet werden, die sie direkt ändern. Das vollständige Dokument sehen Sie in Listing 15.3. Speichern Sie es als nachricht04.fo. Ihr Dokument enthält möglicherweise keine Kommentare – sie wurden eingefügt, um zu verdeutlichen, wo die einzelnen Zellen kodiert werden.

Listing 15.3: Tabellenkodierung mit XSL-FO – nachricht04.fo

```
 1: <?xml version="1.0"?>
 2: <!-- Listing 15.3 - nachricht04.fo -->
 3:
 4: <fo:root xmlns:fo="http://www.w3.org/1999/XSL/Format">
 5:
 6:   <fo:layout-master-set>
 7:    <fo:simple-page-master master-name="Nachrichtenseite">
 8:     <fo:region-body margin-left="1.5in"
 9:         margin-right="1.5in" margin-top="1in"/>
10:    </fo:simple-page-master>
11:   </fo:layout-master-set>
12:
13:   <fo:page-sequence master-name="Nachrichtenseite">
14:    <fo:flow flow-name="xsl-region-body">
15:
16:     <fo:block
17:        text-align="center"
18:        font-size="28pt"
19:        font-family="sans-serif"
20:        font-weight="bold"
```

```
21:       color="blue">Meine Nachrichten
22:     </fo:block>
23:
24:     <fo:table border-style="solid">
25:
26:     <!-- Spaltenbreite muss angegeben werden -->
27:     <fo:table-column column-width="1in" />
28:     <fo:table-column column-width="4.5in"/>
29:
30:     <fo:table-body>
31:
32:       <!-- erste Zeile der Tabelle -->
33:       <fo:table-row>
34:
35:         <!-- Zelle oben links -->
36:         <fo:table-cell padding=".05in">
37:          <fo:block background-color="aqua">
38:           Von:#
39:          </fo:block>
40:         </fo:table-cell>
41:
42:
43:         <!-- Zelle oben rechts -->
44:         <fo:table-cell padding=".05in">
45:          <fo:block>
46:           Kathy Shepherd
47:          </fo:block>
48:         </fo:table-cell>
49:       </fo:table-row>
50:
51:       <!-- zweite Zeile der Tabelle -->
52:       <fo:table-row>
53:
54:         <!-- Zelle unten links -->
55:         <fo:table-cell padding=".05in">'
56:          <fo:block background-color="aqua">
57:           Nachricht:
58:          </fo:block>
59:         </fo:table-cell>
60:
61:
62:         <!-- Zelle unten rechts -->
63:         <fo:table-cell padding=".05in">
64:          <fo:block>
65:           Denke daran, auf dem Nachhauseweg von der Arbeit Milch zu kaufen
66:          </fo:block>
```

```
67:        </fo:table-cell>
68:
69:      </fo:table-row>
70:
71:    </fo:table-body>
72:  </fo:table>
73:
74:  </fo:flow>
75: </fo:page-sequence>
76:
77: </fo:root>
```

Die Zeilen 1 bis 22 wurden unverändert aus dem vorherigen Beispiel übernommen. Die Tabelle beginnt in Zeile 24 und beinhaltet ein border-style-Attribut, das einen durchgängigen Rahmen um die gesamte Tabelle zieht. Die Spaltenbreiten für die linke und die rechte Spalte werden in den Zeilen 27 bzw. 28 gesetzt. In Zeile 33 beginnt die erste Zeile der Tabelle. Die Elemente, die zu der Zeile gehören, sind in den Zeilen 34 bis 48 angegeben. Die obere linke Zelle der Tabelle ist in den Zeilen 36-40 kodiert. Jede Zelle beinhaltet 0,05 Zoll Abstand zwischen der Zellengrenze und den Grenzen anderer Zellen oder dem Tabellenrahmen. Nur die Zellen in der linken Spalte haben die Hintergrundfarbe aqua (Zeilen 37 und 56). Die Zellkodierung wird für die drei restlichen Zellen wiederholt (die in den Zeilen 44, 55 bzw. 63 beginnen). In den Zeilen 69 bis 77 werden alle geöffneten Elemente geschlossen.

15.3 Zusammenfassung

Heute haben Sie einfache XSL-FO-Objekte (Extensible Stylesheet Language Formatting Objects) erzeugt und verwendet, um XML einen Stil für die Ausgabe auf einem Bildschirm eines angepassten Kunden zuzuordnen. Außerdem haben Sie gelernt, PDF-Dateien für die gedruckte und elektronische Weitergabe zu erzeugen. Sie haben Ihren Code durch einen Open Source Java FO-Interpreter von Apache, FOP, geschickt. Dieser kostenlose Prozessor kann auf mehreren verschiedenen Plattformen ausgeführt und in benutzerdefinierte Java-Applikationen integriert werden. Sie haben erfahren, dass XSL Formatting Objects eine Untermenge der XSL-Empfehlung sind. XSL Transformations (XSLT), die unabhängig von XSL-FO ausgeführt werden können, bilden den anderen Teil der XSL-Spezifikation. Im nächsten Kapitel lernen Sie XSLT kennen und werden es verwenden, um die Struktur von XML-Dokumenten umzuwandeln.

15.4 Fragen und Antworten

F *Welche Beziehung besteht zwischen XSL, XSL-FO und XSLT?*

A Die W3C Extensible Stylesheet Language-Empfehlung besteht aus einem Transformationsteil (XSLT) und einer Sprache zur Beschreibung von Formatierungsobjekten (XSL-FO). XSLT, das die Struktur eines XML-Dokuments in eine neue Markup-Struktur umwandeln kann, kann unabhängig von XSL-FO eingesetzt werden. XSLT kann ein XML-Dokument in ein anderes XML-Dokument oder in ein HTML-Dokument umwandeln oder für diesen Zweck auch in jede beliebige andere Form von Textdokument. XSL-FO ist ideal zur Verwendung bei Druckmedien oder verschiedenen anderen Benutzer-Agenten.

F *Wo befindet sich die XML-Quelldatei in einer XSL-FO-Operation? Wie erhalten Sie beispielsweise eine PDF-Datei aus einem XML-Dokument?*

A Das XSL-FO-Dokument ist ein XML-Instanzdokument, aber das ist nur ein einziges Dokument in einer Operation, die normalerweise aus mehreren Schritten besteht. Um von einem Original-XML-Quelldokument zu einer PDF-Ausgabe zu gelangen, muss dieses Dokument von dem XML-Quellbaum-Dialekt, in dem es geschrieben wurde, in ein XSL-FO-Dokument umgewandelt werden. Dazu ordnen Sie einem XML-Quelldokument ein XSL-Stylesheet-Dokument für die Umwandlung durch einen XSLT-Prozessor zu. Diese Zuordnung erzeugt ein XSL-FO-Ergebnisbaum-Dokument. Das XSL-FO-Ergebnisbaum-Dokument wird dann durch einen Interpreter geschickt, der das XSL-FO in ein Ausgabedokument in einem anderen Vokabular übersetzt, beispielsweise PDF.

F *Wie kann FOP als eingebetteter Prozess innerhalb einer Applikation verwendet werden, um Ausgaben von Formatting Objects zu erzeugen?*

A Der FOP-Prozessor kann in eine Java-Applikation eingebettet werden, indem `org.apache.fop.apps.Driver` instanziert wird, den Sie auf der FOP-Website finden. Eine ausführliche Dokumentation finden Sie unter `http://xml.apache.org/fop/`. Unter Verwendung der auf derselben Site beschriebenen Prozeduren können Sie den FOP-Prozessor auch in den Apache Xerces SAX-Parser integrieren. Sie finden den Apache Xerces SAX-Parser unter `http://xml.apache.org/` in Versionen für Java, C++ und Perl. Auf diese Weise können Sie FOP-Ergebnisse erzeugen, indem Sie SAX-Ereignisse auslösen, um FO-Ausgaben herzustellen.

F *Können auch Bilder in Formatting Objects-Ausgaben eingebunden werden?*

A Externe Grafikdateien können einem XSL-FO-Dokument mit dem `fo:external-graphic`-Element und mit einem `src`-Attribut mit URI-Wert zugeordnet werden. Mithilfe des `fo:external-graphic`-Elements bettet der Prozessor die Grafik in die Ausgabe ein. Die Syntax für das `fo:external-graphic`-Element sieht folgendermaßen aus:

```
<fo:external-graphic src="URI"/>
```

15.5 Übung

Legen Sie mithilfe der Tabelle der unterstützten Formatierungsobjekte und der Daten aus Ihrem `cd.xml`-Dokument eine markierte Liste mit CD-Titeln an.

XSLT (Extensible Stylesheet Language Transformations)

XSLT (Extensible Stylesheet Language Transformations)

XSLT (XSL Transformation Language) wandelt einen XML-Dokumentbaum in eine neue Baumstruktur um. Bei dem neuen Baum kann es sich ebenfalls um ein XML-Dokument handeln, aber auch um HTML oder ein anderes Format. XSLT ist eine deklarative, ereignisgesteuerte, auf Regeln basierte Programmiersprache, die als Dialekt von XML angelegt ist. Heute lernen Sie die folgenden Dinge kennen:

- wie XSLT diverse XML-Dokumente von einer Struktur in eine andere umwandelt,
- wie der XSLT-Prozessor XT und der XML-Editor Architag XRay verwendet werden,
- eine Untermenge der umfassenden Elementmenge von XSLT,
- wie Knoten, Reihenfolge und Stilausgabe mithilfe von XSLT manipuliert werden.

16.1 Konvertierung von Strukturen

Wie Sie in Kapitel 15 erfahren haben, beinhaltet XSL (Extensible Stylesheet Language) eine Transformationssprache (XSLT) und eine Formatierungssprache (XSL-FO). Eine dritte Komponente des ursprünglichen XSL-Vorschlags, XPath, wurde zu einer separaten Spezifikation gemacht, weil man ihren Nutzen für andere XML-Technologien erkannt hatte. Wie XSL-FO ist auch XSLT eine Applikation von XML, sodass Sie es auch ganz einfach mit einem simplen Texteditor erzeugen können. Im letzten Kapitel haben Sie gelesen, dass XSLT unabhängig vom restlichen XSL angewendet werden kann. Sie nutzen diese Möglichkeit heute, indem Sie XML-Dokumente in korrekte HTML-Seiten umwandeln, ohne dass dazu XSL Formatting Objects verwendet werden.

Obwohl Sie XSLT verwenden, um XML in HTML umzuwandeln, hat XSLT einen viel breiteren Einsatzbereich. XSLT kann genutzt werden, um XML in andere Text- und Markup-Formate umzuwandeln und sogar in andere XML-Instanzen. Die Umwandlung von XML in XML wird häufig verwendet, um XML-Dokumente für spezielle Applikationen umzuwandeln. Beispielsweise können Unternehmen, die miteinander kommunizieren, XSLT verwenden, um das von Geschäftspartnern angebotene XML umzuwandeln, um die Kommunikation und die Kompatibilität zu verbessern. Stellen Sie sich beispielsweise einen Kaufauftrag vor, der als XML-Dokument-Instanz erzeugt wurde, die in ein XML-Dokument umgewandelt wird, das eine andere Struktur für die Eingabe in ein Auftragssystem verwendet. XSLT stellt eine einfache und zuverlässige Methode für solche Transformationen bereit.

Obwohl sich XSL zum Zeitpunkt der Drucklegung dieses Buches in der W3C Kandidatenempfehlungs-Phase befindet, ist XSL Transformations Version 1.0 bereits eine formale Empfehlung. Sie finden die Spezifikation unter http://www.w3.org/TR/xslt. Die Tatsache, dass sich XSLT sehr viel schneller zu einer gewissen Reife entwickelt hat als seine Obermenge XSL, hat dafür gesorgt, dass die Möglichkeit, XSLT unabhängig vom restlichen XSL einzusetzen, viel besser unterstützt wird. Obwohl Sie XSLT separat verwenden können, wie Sie es auch in diesem Kapitel tun werden, soll XSLT gemäß dem W3C hauptsächlich für Umwandlungen verwendet werden, die Teil einer allgemeinen Stilzuordnung für XML-Daten sind.

Die Verwendung einer Transformations-Programmiersprache ist im Umfeld der Webentwicklung sehr interessant. In gewisser Weise folgt das Konzept einer ungeschriebenen Programmierregel, dass Sie das Werkzeug verwenden sollen, das für die Aufgabenstellung am besten geeignet ist. Kennen Sie jemanden, der von einer einzigen Applikation so überzeugt ist, dass er alle Programmieraufgaben ausschließlich damit erledigt? Wenn Sie täglich eine Tabellenkalkulation anwendeten, würden Sie die erste Spalte auf 80 Zeichen erweitern und am Ende jeder Zeile die Eingabetaste drücken, um eine eigene Textverarbeitung daraus zu machen?

Durch die Verwendung von XML für ein intelligentes, datenabhängiges Speichern und effiziente, interoperable Informationsübertragung nutzen Sie einige der wichtigsten Stärken von XML. Durch die Umwandlung von XML in HTML beispielsweise können Sie Daten in einem Format präsentieren, das in fast jedem modernen Browser verarbeitet werden kann. Wie Sie wissen, ist die Darstellung von reinem XML in den meisten Browsern noch nicht vollständig implementiert, aber HTML funktioniert ausgezeichnet.

Die Transformationen können auch in Applikationen eingebaut werden, sodass sie Teil der normalen Verarbeitung werden. Beobachten Sie, wie der Internet Explorer das Ergebnis auf die Darstellung vorbereitet, wenn Sie eine XML-Seite in den Browser laden. Wie Sie in Kapitel 2 erfahren haben, zeigt der IE eigentlich nicht das XML an; statt dessen nimmt er mithilfe eines Stylesheets, das in der IE-Distribution enthalten ist, eine XSL-Transformation vor. Wenn Sie den IE installieren, installieren Sie auch verschiedene Begleitprodukte wie beispielsweise den MSXML-Parser und die entsprechenden Bibliotheken. In diesem Paket ist auch ein spezielles Stylesheet enthalten. Wenn Sie eine XML-Datei in den IE laden, prüft er zunächst, ob Sie ihr ein Stylesheet zugewiesen haben, das für die Darstellung verwendet werden kann. Ist dies nicht der Fall, verwendet der IE sein eigenes Standard-Stylesheet – dasjenige, das Ihnen farbige Tags und einen erweiterbaren/zusammenklappbaren Baum für Markup und Inhalt zur Verfügung stellt. Wenn Sie das Standard-Stylesheet ansehen wollen, starten Sie IE Version 5 oder höher und gehen zu dem nachfolgenden internen URI, indem Sie ihn direkt in das Adressfeld eingeben:

`res://msxml.dll/defaultss.xsl`

Sie erhalten die vertraute Baumansicht eines relativ komplexen XSL-Stylesheets, das im Rahmen dieses Kapitels nicht analysiert werden kann. Am Ende dieses Kapitels werden Sie jedoch das Stylesheet ansehen und die wichtigsten Regeln und Komponenten darin erkennen können.

XSLT in der Praxis

Die Transformation findet statt, wenn eine XSL-Transformations-Engine ein XML-Dokument und ein XSL-Stylesheet verarbeitet. Mithilfe der Sprache XSLT stellen Sie XSL-Stylesheets zusammen, bei denen es sich ebenfalls um XML-Dokumente handelt. Ein XSL-Stylesheet enthält Anweisungen für die Umwandlung der XML-Quelldokumente von einem Dokumententyp in einen anderen, beispielsweise XML oder HTML. In Hinblick auf die Struktur betrachtet, spezifiziert ein XSL-Stylesheet die Transformation eines Knotenbaums in einen anderen. Es gibt zahlreiche Transformations-Engines und Editoren mit integrierter XSLT-Unterstützung.

XSLT-Verarbeitungs-Optionen

XSLT kann in unterschiedlichsten Varianten auftreten und Sie sollten die Werkzeuge auswählen, die für Ihre Bedürfnisse am besten geeignet sind. Beispielsweise können Sie lokale Transformationen unter Verwendung einer Engine auf Ihrem Computer ausführen. Bei diesem Szenario werden Sie eine Engine aufrufen und den Namen eines XML-Dokuments sowie das zugehörige XSL-Dokument übergeben. Die Engine wird die Transformation verarbeiten und ein drittes Dokument als Ausgabe erzeugen. Engines dieser Art gibt es heute bereits auf fast jeder Plattform und viele beinhalten Open Source-Code, der in andere Applikationsprogramme integriert werden kann. Wie Sie sich sicher vorstellen können, sind durch die Integration der Leistung einer Transformations-Engine in Ihren Code komplexe Lösungen zu finden, die XML-Daten mit anderen Geschäftsprozessen umfassen. Eine vollständige Liste aller verfügbaren XSLT-Engines, XSLT-Editoren und -Utilities finden Sie unter `http://www.xslt.com/sxlt_tools_editors.html`. Die W3C XSLT-Site (`http://www.w3.org/Style/XSL/`) enthält auch eine Liste aller XSLT-Werkzeuge.

Heute werden Sie von `http://jclark.com/xml/xt.html` einen Java XSLT-Prozessor (XT) herunterladen, um einige der Transformationsübungen nachvollziehen zu können. Dieser XSLT-Prozessor arbeitet in Kombination mit einem SAX-Parser. Sie haben bereits in Kapitel 13 einen SAX-Parser installiert, den XT verwenden kann.

Der Microsoft Internet Explorer unterstützt clientseitige Transformationen von XML unter Verwendung von XSL-Stylesheets. Das ist wirklich nur in Umgebungen praktisch, wo Sie eine vollständige Kontrolle über den Browser-Einsatz haben. Netscape-Browser beispielsweise unterstützen keine clientseitigen Transformationen; Sie müssen also garantieren, dass alle Ihre Benutzer eine kompatible Version von IE verwenden, um diesen Transformationsstil sinnvoll zu machen. Nichtsdestotrotz stellen die clientseitigen Transformationen eine einfache Methode dar, Ihre Programmierung schnell zu überprüfen und Ergebnisse anzuzeigen. Sie haben heute die Gelegenheit, IE zu verwenden, um clientseitiges XSLT auszuführen.

Einige Texteditoren bieten eine integrierte XSLT-Unterstützung, die eine Arbeitsumgebung für die Stylesheet-Entwicklung anbietet. Sie können sich heute einen kostenlosen Editor herunterladen, um diesen Ansatz auszuprobieren (Quelle: http://www.architag.com/xray).

Sie können auch mit serverseitigem Scripting einen Prozessor aufrufen, um XML in HTML umzuwandeln, bevor Sie es an Ihren Webserver senden. Das ist eine interessante Technik, die in vielen vom Web abhängigen Applikationen praktisch sein kann.

16.2 Unternehmenshandbuch: Ein XSLT-Szenario

Im letzten Kapitel haben Sie ein Beispiel kennen gelernt, bei dem ein XML-Dokument mit Unternehmensstrategien in XSL Formatting Objects umgewandelt wurde, um es in einem Interpreter anzeigen und eine PDF-Version des Strategiehandbuchs erstellen zu können. Durch eine leichte Abänderung des Szenarios, wobei die Formatting Objects und die Notwendigkeit einer PDF-Ausgabe ausgeschlossen werden, erhalten wir eine Situation, in der dieselbe XML-Quelle in HTML umgewandelt wird, um sie in einem Unternehmens-Intranet anzuzeigen. Man braucht immer noch mehrere verschiedene Prozesse und Vokabulare, um ein XML-Dokument so umzuwandeln, dass dem Inhalt ein bestimmter Stil zugewiesen wird. Die einzelnen Komponenten bei der XSL-Transformation von XML in HTML sehen wie folgt aus:

- Ein XML-Quelldokument, das dem XSLT-Prozess als hierarchischer Knotenbaum erscheint
- Ein XSL-Stylesheet, auch eine Baumstruktur, das die Semantik für die Transformation beinhaltet
- Ein XSLT-Prozessor, der den Quellbaum und den Stylesheet-Baum in den Speicher parst und eine neue Baumstruktur als Ausgabe erzeugt

Bei diesem Unternehmensstrategie-Szenario haben Sie immer noch ein XML-Dokument in Ihrem Unternehmens-Intranet, das die administrativen Strategien für Ihr Unternehmen enthält. Wie zuvor handelt es sich dabei um ein Dokument, das regelmäßig aktualisiert wird, um Änderungen in Hinblick auf Arbeitgeberzulagen, Abrechnungspraktiken und andere Strategien zu reflektieren. Statt jedoch ein PDF-Dokument zu erzeugen, wollen Sie das Dokument in bestimmten Zeitabständen verarbeiten, um eine HTML-Webseite zu erzeugen, auf die die Angestellten jederzeit zugreifen können. Wenn Sie diese Transformation zu einem regelmäßigen Prozess machen, stellen Sie sicher, dass der Webinhalt aktuell bleibt.

XSLT eignet sich bestens für dieses Szenario. Auch hier wird einem XML-Instanzdokument (corp.xml), das die Unternehmensstrategien und Richtlinien in geeigneten Elementen enthält, ein Stylesheet (corp.xsl) zugeordnet. Dieses Stylesheet identifiziert Vergleichsregeln und Aktionen, die den XSLT-Prozessor anweisen, XML-Elemente durch HTML-Tags für die Textgröße von Überschriften, hervorgehobene Abschnitte, Seitenränder usw. zu ersetzen. Eine XSLT-Engine verarbeitet die beiden XML-Dokumente (corp.xml und corp.xsl) als kombinierte Quellbäume in einer Transformation, die ein HTML-Ausgabebaumdokument (corp.html) erzeugt. Die gesamte Operation umfasst weniger Schritte als die für das Erstellen einer PDF-Datei mit Formatting Objects. In diesem Fall erzeugt die Transformations-Engine einen HTML-Ergebnisbaum statt eines FO-Ergebnisbaums. Nachdem der HTML-Ergebnisbaum erzeugt wurde, ist der Prozess abgeschlossen. Die neue HTML-Seite enthält den gewünschten Inhalt aus dem Unternehmensstrategiedokument (corp.xml). Dieses Szenario ist in Abbildung 16.1 gezeigt.

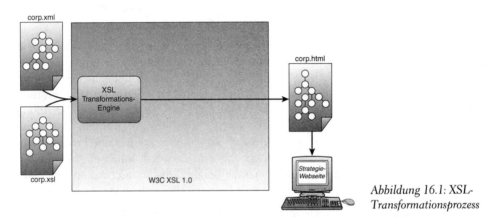

Abbildung 16.1: XSL-Transformationsprozess

Heute werden Sie Stylesheets anlegen und den XSLT-Prozess unabhängig von der XSL-FO-Komponente von XSL ausführen. Die von Ihnen erzeugten XSL-Stylesheets werden verwendet, um XML-Dokument-Instanzen in wohl geformte HTML-Instanzen für die Darstellung in einem Browser umzuwandeln. Wie bereits erwähnt, haben Sie die Gelegenheit, mehrere Engines auszuprobieren.

Die Installation von XSLT-Werkzeugen

Heute werden Sie mehrere Werkzeuge herunterladen und installieren. Das erste ist der Java XT-Prozessor. Es gibt mehrere gute Alternativen:

- SAXON, ein kostenloser Java-Prozessor

    (http://users.iclway.co.uk/mhkay/saxon/instant.html)

- Napa XSLT-Prozessor, der in C++ entwickelt wurde

    (http://www.tfi-technology.com/xml/napa.html)

Unternehmenshandbuch: Ein XSLT-Szenario

- Apache Xalan

  (http://xml.apache.org/xalan)

- Fourthought 4Suite, geschrieben in Python

  (http://4suite.org/)

- Infoteria iXSLT, in C++

  (http://www.infoteria.com/)

XSLT-Befehlszeilenprozessor

Der Prozessor, den Sie heute verwenden, XT, ist ein kostenloser XSLT-Prozessor, den James Clark, einer der Autoren der XSLT-Spezifikation in Java geschrieben hat. Laden Sie unter http://jclark.com/xml/xt.html die XT-Distributionsdateien herunter. Befolgen Sie die Anleitungen dazu sorgfältig, weil Sie wie bei allen Java-Programmen für die Umgebungsvariablen verantwortlich sind, beispielsweise CLASSPATH und HOMEPATH, und stellen Sie sicher, dass Sie Variablen mit geeigneten Pfaden eingerichtet haben, sodass die Applikationen korrekt arbeiten können. Mit anderen Worten, weil XT Zugriff auf Ihren SAX-Parser benötigt, muss die Umgebungsvariable CLASSPATH auf Ihrem System den Pfad zum Browser enthalten. Die Dokumentation zum Setup dieser Distribution zeigt die für Ihr Betriebssystem erforderlichen Schritte auf, deshalb werden diese speziellen Anweisungen hier nicht detailliert beschrieben.

Wenn Sie auf einem Computer unter einem Windows-Betriebssystem arbeiten, können Sie XT alternativ auch als ausführbare Win32-Applikation herunterladen. Diese Version ist am einfachsten zu installieren. Sie beinhaltet den XP SAX-Parser, ebenfalls von James Clark, als Teil des Bundles. Sie brauchen eine Microsoft Java-VM (Virtuelle Maschine), weil der XT-Prozessor darauf ausgelegt wurde, bei der Ausführung unter einem Windows-Betriebssystem die Vorteile dieser VM zu nutzen. Eine Kopie der VM finden Sie gegebenenfalls unter http://www.microsoft.com/java/vm/dl_vm40.htm. Wenn Sie jedoch den Internet Explorer in Version 4.01 oder höher bereits auf Ihrem Computer installiert haben, brauchen Sie keine neue Version der VM zu installieren; bei der Installation des IE wurde bereits eine geeignete Version auf Ihrer Maschine eingerichtet. Das bedeutet, wenn Sie ein Windows-Betriebssystem verwenden und den IE auf Ihrem Computer installiert haben, laden Sie XT einfach als ausführbare Win32-Applikation herunter und installieren sie. Benutzer anderer Betriebssysteme -beispielsweise Unix, Linux oder Macintosh – müssen eine vollständige Implementierung von XT vornehmen und sollten dazu die Installationsanweisungen sorgfältig lesen.

Nachdem Sie XT installiert haben, können Sie ihn nutzen, um XSL-Transformationen auszuführen. Die Befehlszeilensyntax, die Sie für den Aufruf des Prozessors heute verwenden, sieht folgendermaßen aus:

XSLT (Extensible Stylesheet Language Transformations)

```
java -Dcom.jclark.xsl.sax.parser=Ihr_SAX_Treiber
   com.jclark.xsl.sax.Driver quelle.xml stylesheet.xsl ergebnis.html
```

Ersetzen Sie *quelle.xml* durch den Pfad und den Namen Ihres Quell-XML-Dokuments. Ersetzen Sie *stylesheet.xsl* im Befehlszeilenstring durch den vollständig qualifizierten Namen Ihres XSL-Stylesheets und *ergebnis.html* durch den Namen der Ausgabedatei, die Sie erzeugen wollen. Die meisten der Ausgabedateien, die Sie heute anlegen, enden mit der Dateinamenerweiterung .htm, weil Sie normalerweise XML-Dokumente in HTML umwandeln. XT kann aber auch mit einem Stylesheet verwendet werden, das gegebenenfalls eine andere XML-Struktur zurückgibt.

Wenn Sie die ausführbare Win32-Applikation installiert haben, können Sie für den Aufruf von XT eine abgekürzte Befehlszeilenanweisung verwenden:

```
xt quelle.xml stylesheet.xsl ergebnis.html
```

Setzen Sie auch hier die oben beschriebenen Werte für die Platzhalter ein.

XSLT-fähige XML-Editoren

Es gibt mehrere XML-Editoren, die mit XSLT-Stylesheets zurechtkommen. Einige davon sind in der Lage, die Transformationen unter Verwendung einer eingebauten oder lokal referenzierten Transformations-Engine vorzunehmen und die umgewandelten Ergebnisse in eingebauten HTML-Viewern anzuzeigen. Bei diesen Editoren handelt es sich unter anderem um:

- XMLwriter, einen kommerziellen XML-Editor mit XSLT-Unterstützung (http://xmlwriter.net/index.shtml)
- XML-Spy, ein kommerzielles Produkt (http://www.xmlspy.com)
- IBM XSL Editor (http://www.alphaworks.ibm.com/tech/xsleditor)
- XSLDebugger (http://www.vbxml.com/xsldebugger/)

Der Editor, den Sie für die heutige Übung verwenden, ist der XML-Editor XRay. Sie können Ihn kostenlos unter http://www.architag.com/xray herunterladen. Dieser Editor bietet vollständige Unterstützung für korrekt formatiertes XML und eine XML-Auswertung anhand von DTDs, XDR und XSD-Schemata. Heute werden Sie jedoch seine XSLT-Fähigkeiten nutzen. Sie können ein XML-Dokument in einem Fenster und ein XSL-Stylesheet in einem anderen anlegen. Anschließend führen Sie die Transformation in einem dritten Fenster aus und zeigen die HTML- oder XML-Ausgabe in einem vierten Fenster an.

Laden Sie XRay jetzt herunter und richten Sie es ein; übernehmen Sie bei der Installation die Standardwerte. Sie werden XRay später verwenden, um XSLT-Stylesheets zu erstellen und zu testen.

XSLT-Programmierung

16.3 XSLT-Programmierung

Nachdem der XSLT-Prozessor aufgerufen wurde, liest er den Quell-XML-Dokumentbaum und den XSL-Dokumentbaum. Das Stylesheet enthält Regelmengen für die Umwandlung der Originalbaumstruktur in einen neuen Ergebnisbaum. Die Regeln werden in Schablonen ausgedrückt, die für die Elemente im Original-XML-Dokument ausgefüllt werden. Jede Schablone enthält XPath-Vergleichsausdrücke, sodass der XSLT-Prozessor den Ziel-Knoten im Quelldokument finden kann. Wird eine Übereinstimmung gefunden, werden die Regeln aus der Schablone auf den Inhalt des übereinstimmenden Elements angewendet. Dieser Prozess wird fortgesetzt, bis alle Schablonen und alle Übereinstimmungen erfolgreich verarbeitet wurden. XSLT ist ein ereignisgesteuerter Prozess, der auf der SAX-Parsing-Technologie basiert. Die von Ihnen konstruierten Regeln informieren den Prozessor darüber, wie er vorgehen soll, z. B.:

- XML-Markup durch HTML-Markup ersetzen
- Elementinhalt gemäß der vorgegebenen Algorithmen sortieren
- Informationen programmgesteuert verbergen oder anzeigen
- Tabellen in Grafiken umwandeln, wofür beispielsweise die XML Structured Vector Graphics Language verwendet wird

Betrachtungen zum XSLT-Namensraum

Weil es sich bei einem XSLT-Dokument um XML handelt, setzt es sich aus Elementen und Attributen zusammen. Die Elemente in XSLT entsprechen dem XSLT-Namensraum:

http://www.w3.org/1999/XSL/Transform

Wie Sie aus Kapitel 8 wissen, handelt es sich bei einem Namensraum nur um eine Beschriftung, allerdings eine spezielle Beschriftung, weil sie einem XML-Prozessor bekannt ist. Der Prozessor ordnet die Programmiererwartungen dem übergebenen Namensraum zu. Auf diese Weise wird das Programmverhalten mit den Elementen der kodierten Elementmenge verknüpft. Das bedeutet, ein XSLT-Prozessor führt beispielsweise spezielle Anweisungen auf Grundlage der angetroffenen Elemente aus. Jedes Element in einem XSLT-Stylesheet entspricht einer dem Prozessor übergebenen Ereignisanweisung, die wiederum ein Ereignis auslöst, das eine vorgesehene Funktion ausführt. Leider implementieren nicht alle Prozessoren dieselbe Menge an Ereignissen und Funktionen. Die W3C-Spezifikation bietet eine Möglichkeit, die Prozessfolge zu verschmelzen, aber es liegen Differenzen vor. Manchmal werden andere Namensräume verwendet, um alternative Elementmengen zu definieren. Damit geraten Sie in ein Dilemma, wenn es zur Kodierung von XSLT kommt. Der W3C-Namensraum kann für einige Prozessoren genutzt werden, aber nicht für alle. Wenn Sie

XSLT (Extensible Stylesheet Language Transformations)

beispielsweise vorhaben, clientseitige Transformationen im Internet Explorer auszuführen, müssen Sie einen anderen Namensraum in Ihrem XSLT-Programm verwenden:

http://www.w3.org/TR/WD-xsl

Glücklicherweise müssen Sie für die meisten Transformationen, mit denen Sie es heute zu tun bekommen, nur den Namensraum ändern, um eine clientseitige Transformation auszuwählen oder eine Transformation, die eine andere Engine verwendet.

Regelbasierte Ereignisverarbeitung

Wie bereits erwähnt, beschreibt der von XSLT ausgedrückte Prozess Regeln für die Umwandlung eines Quellbaums in einen Ergebnisbaum. Jede Schablonenregel ist ein eigenständiges Objekt, das untätig bleibt, bis eine Übereinstimmung die darin enthaltenen Regeln aktiviert. Weil die XSLT-Engine den Quellbaum in einzelnen Knoten verarbeitet, führt er die Regeln aus, wenn Elemente oder andere Konstrukte entsprechend übereinstimmen. Tritt eine Übereinstimmung auf, werden die in den Regeln enthaltenen Anweisungen ausgeführt.

Man könnte sich die Leistung jeder Schablonenregel analog zur Ausführung einer Sub-Routine in einer anderen Sprache vorstellen. Die Sub-Routinen sind in einer Auflistung gespeichert, dem XSL-Dokument, und stehen nach Bedarf zum Aufruf zur Verfügung. Die Reihenfolge der Regeln im XSL-Dokument spielt keine Rolle. Jede Regel wird dann aufgerufen, wenn sie benötigt wird – abhängig von einem übereinstimmenden XPath-Ausdruck. Mit anderen Worten, der XSLT-Prozessor liest das XML-Quelldokument und übergibt den Elementinhalt an geeignete Sub-Routinen, wenn eine Übereinstimmung festgestellt wird. Der Inhalt des übereinstimmenden Elements wird der XSLT-Sub-Routine oder der Schablonenregel übergeben und von ihr verarbeitet. In den Übungen, die Sie heute nachvollziehen werden, führt diese Verarbeitung normalerweise dazu, dass HTML-Elemente im Ergebnisbaum platziert werden.

Die Instanzierung der Schablone für ein übereinstimmendes Quellelement führt also dazu, dass ein Teil des Ergebnisbaums erstellt wird. Die Schablone kann auch spezielle Anweisungen enthalten, die dem Prozessor mitteilen, wie er mit dem Inhalt der übereinstimmenden Elemente umgehen soll.

Die Sub-Routine führt mehrere Standard-Routinen aus. Angenommen, Sie wollen HTML-Markup um den Inhalt eines bestimmten Elements herum erstellen, sodass er als Teil einer markierten Liste auf einer Webseite angezeigt wird. Dieser Prozess kann von einer XSLT-Schablone problemlos ausgeführt werden. Eine Übereinstimmung mit diesem Element wird die Anweisungen ausführen, die benötigt werden, um ein entsprechendes Start-Tag im Ergebnisbaum zu platzieren. An dieser Stelle stellt die Sub-Routine normalerweise mögliche Ausgänge zur Verfügung. Diese Ausgänge werden als XSL-Elemente implementiert. Die Elemente stellen Funktionen für die XSLT-Sprache bereit. Heute werden Sie vor allem einen der beiden folgenden Schablonenausgänge verwenden oder XSLT-Funktionen, die das Verlassen der Schablone ermöglichen:

- Der Inhalt des verarbeiteten Elements wird für alle anderen Regeln in der XSL-Regelmenge offen gelegt (unter Verwendung eines `xsl:apply-templates`-Elements).
- Der Inhalt wird direkt in den erstellten Ergebnisbaum ausgegeben (durch ein `xsl:value-of`-Element gekennzeichnet).

Neben den bereits beschriebenen stehen auch noch weitere Funktionen in XSLT zur Verfügung. Tabelle 16.1 bietet einen Überblick über die XSLT-Funktionen.

Die Vorgehensweise dabei ist, irgend etwas zu vergleichen und dann wiederholt auszuführen, bis der gesamte Quellbaum umgewandelt ist. Was die Schablone macht, ist nicht auf das Erstellen einer Elementstruktur begrenzt, wie beispielsweise das Anlegen von HTML-Tags. Die Schablone kann Berechnungen vornehmen und abhängig von diesen Berechnungen Ergebnisse erzeugen. Sie kann auch statischen Inhalt erzeugen, der im Ergebnisbaum platziert werden kann. Was die Schablone genau macht, bleibt Ihnen überlassen. Unabhängig von den Aktionen der Schablone haben Sie zwei Ausgänge oder die zuvor beschriebenen Funktionen. Natürlich stehen auch andere Funktionen zur Verfügung, aber heute konzentrieren wir uns auf die Elemente `xsl:apply-templates` und `xsl:value-of`.

Die Sprache XSLT besteht aus Elementen und Attributen wie jedes andere XML-Dokument. Die Besonderheit von XSLT sind die Funktionen, die verschiedenen Elementen zugeordnet sind. Die `xsl:apply-templates`- und `xsl:valalue-of`-Elemente sind nur zwei der Elemente des XSLT-Dialekts. Tabelle 16.1 zeigt einen Überblick über alle XSLT-Elemente und die dafür vorgesehene Funktion (oder die Ausgänge) an.

Element	Beschreibung
`xsl:apply-imports`	Wendet eine Schablone aus einem importierten Stylesheet an
`xsl:apply-templates`	Wendet eine Schablone auf das aktuelle Element an
`xsl:-Attribute`	Fügt dem nächsten Containerelement ein Attribut hinzu
`xsl:-Attribute-set`	Definiert eine benannte Attributmenge
`xsl:call-template`	Stellt eine Möglichkeit bereit, eine benannte Schablone aufzurufen
`xsl:choose`	Stellt eine Möglichkeit bereit, abhängig von verschiedenen Bedingungen zwischen mehreren Alternativen zu wählen
`xsl:comment`	Erzeugt einen ML-Kommentar

Tabelle 16.1: XSLT-Elemente

XSLT (Extensible Stylesheet Language Transformations)

Element	Beschreibung
xsl:copy	Kopiert den aktuellen Knoten ohne die untergeordnete Knoten sowie die Attribute auf die Ausgabe
xsl:copy-of	Kopiert den aktuellen Knoten mit den untergeordneten Knoten sowie die Attribute auf die Ausgabe
xsl:dcimal-format	Definiert das Zeichen/den String, das/der bei der Umwandlung von Zahlen in Strings mit der format-number-Funktion verwendet werden soll
xsl:-Element	Fügt der Ausgabe einen neuen Element-Knoten hinzu
xsl:fallback	Stellt eine Möglichkeit dar, eine Alternative für nicht implementierte Anweisungen zu definieren
xsl:for-each	Stellt eine Möglichkeit dar, im Ausgabe-Stream eine Schleife anzulegen
xsl:if	Stellt eine Möglichkeit dar, eine bedingte Anweisung zu schreiben
xsl:import	Importiert ein Stylesheet
xsl:include	Bindet ein Stylesheet ein
xsl:key	Stellt eine Möglichkeit bereit, einen Schlüssel zu definieren
xsl:nachricht	Schreibt eine Nachricht auf die Ausgabe
xsl:namespace-alias	Stellt eine Möglichkeit bereit, einen Namensraum auf einen anderen Namensraum abzubilden
xsl:number	Schreibt eine formatierte Nummer auf die Ausgabe
xsl:otherwise	Gibt an, was passieren soll, wenn keines der <xsl:when>-Elemente innerhalb eines <xsl:choose>-Elements zutrifft
xsl:output	Stellt eine Möglichkeit bereit, die transformierte Ausgabe zu steuern
xsl:param	Stellt eine Möglichkeit bereit, Parameter zu definieren
xsl:preserve-space	Stellt eine Möglichkeit bereit, die Verarbeitung von Leerzeichen zu definieren, indem man sie signifikant macht
xsl:processing-instruction	Schreibt eine Verarbeitungsanweisung auf die Ausgabe

Tabelle 16.1: XSLT-Elemente (Forts.)

Element	Beschreibung
xsl:sort:	Stellt eine Möglichkeit bereit, eine Reihenfolge zu definieren
xsl:strip-space	Stellt eine Möglichkeit bereit, die Verarbeitung von Leerzeichen zu definieren, indem man sie insignifikant macht
xsl:stylesheet	Definiert das Wurzelelement des Stylesheets
xsl:template	Definiert eine Schablone für die Ausgabe
xsl:text	Schreibt Text in den Ausgabe-Stream
xsl:transform	Definiert das Wurzelelement des Stylesheets
xsl:value-of	Erzeugt einen Text-Knoten und fügt einen Wert in den Ergebnisbaum ein
xsl:variable	Stellt eine Möglichkeit bereit, eine Variable zu deklarieren
xsl:when	Definiert eine zu überprüfende Bedingung und führt eine Aktion aus, falls die Bedingung zutrifft. Dieses Element ist immer ein untergeordnetes Element von <xsl:choose>.
xsl:with-param	Stellt eine Möglichkeit dar, Schablonen Parameter zu übergeben

Tabelle 16.1: XSLT-Elemente (Forts.)

Umwandlungen von XML in HTML

Am einfachsten versteht man die Schablonenregeln, indem man selbst welche erstellt und ausprobiert. In dieser ersten Übung werden Sie auf ein einfaches XML-Dokument eine XSL-Transformation anwenden, um einen HTML-Ergebnisbaum zu erzeugen, der in einem Browser angezeigt werden kann. Das XML-Dokument folgt der zuvor eingerichteten Metapher des Nachrichten- und Erinnerungssystems. Nachdem Sie das XML-Dokument angelegt haben, legen Sie ein XSLT-Dokument an.

Um die beiden zu verknüpfen, verwenden Sie ein Stylesheet-Element für eine Verarbeitungsanweisung (PI, Processing Instruction) im XML-Quelldokument. Dieses Element hat zwei Attribute: type und href. Das Attribut type kann zwei mögliche Werte annehmen: text/xsl, der eine Verknüpfung zu einem XSL-Stylesheet darstellt, oder text/css, wenn ein CSS verwendet wird. Das Attribut href stellt einen URI für das zugeordnete XSL-Dokument dar. Die Syntax für diese PI lautet wie folgt:

```
<?xml-stylesheet type="text/xsl" href="meinStylesheet.xsl"?>
```

XSLT (Extensible Stylesheet Language Transformations)

Diese PI wird nicht von allen XSLT-Prozessoren verwendet, die Sie für Ihre Transformationen einsetzen können. Einen Hinweis zu dieser PI finden Sie unter http://www.w3.org/TR/xml-stylesheet/ auf der W3C-Website. Manchmal sieht man das Element auch als xml:stylesheet (mit einem Doppelpunkt) statt als xml-stylesheet (mit einem Bindestrich). Wenn ein Parser, der in der Lage ist, einer XML-Instanz ein Stylesheet direkt zuzuordnen, auf diese Verarbeitungsanweisung trifft, nimmt er die entsprechende Zuordnung vor. Diese Zuordnung funktioniert im Microsoft Internet Explorer und in Netscape 6.0. Das W3C hat das Konzept der Stylesheet-Verknüpfung unterstützt, um die Hersteller der bedeutenden Browser zu veranlassen, es in ihren nächsten Releases zu berücksichtigen.

Listing 16.1 zeigt das vollständige XML-Dokument. Erstellen Sie dieses Dokument in einem Texteditor und speichern Sie es als nachricht01_16.xml.

Listing 16.1: Ein XML-Quelldokument – nachricht01_16.xml

```
1: <?xml version="1.0"?>
2: <!-- Listing 16.1 - nachricht01_16.xml -->
3:
4: <?xml-stylesheet type="text/xsl" href="nachricht01_16.xsl"?>
5:
6: <notiz>
7:   <head>Meine Nachrichten</head>
8:
9: </notiz>
```

Die Verarbeitungsanweisung befindet sich in Zeile 4. Sie ordnet nachricht01_16.xsl, ein XSL-Stylesheet, zu. Das Wurzelelement notiz (Zeilen 6-9) enthält ein untergeordnetes head-Element (Zeile 7) mit Textinhalt.

Die Transformation in dieser ersten Übung platziert einfach den Inhalt des head-Elements (Meine Nachrichten) in den BODY-Abschnitt der resultierenden HTML-Seite. Das Wurzelelement eines XSL-Dokuments ist das xsl:stylesheet-Element, in dem das xsl-Präfix die XSL-Elemente zum Namensraum http://www.w3.org/1999/XSL/Transform bindet oder abhängig von dem verwendeten Prozessor auch zu einem anderen Namensraum. Das xsl:stylesheet-Element enthält das Namensraum-Attribut sowie ein version-Attribut. XSLT liegt bisher nur in einer einzigen Version vor: version="1.0". Das ganze xsl:stylesheet-Element sieht wie folgt aus:

```
<xsl:stylesheet version = "1.0"
    xmlns:xsl = "http://www.w3.org/1999/XSL/Transform">
```

In dieser ersten Übung brauchen Sie nur eine Schablonenregel. Sie schreiben eine Schablonenregel, die mit dem notiz-Element vergleicht und seinen Inhalt verarbeitet. Der Inhalt des notiz-Elements ist das head-Element. Sie verwenden das xsl:value-of-Element, um den Inhalt des head-Elements auszuwählen (select) und es direkt im Ausgabebaum zu platzieren. Sie müssen die Standard-HTML-Markup-Tags aufnehmen, die zum Erstellen einer HTML-Seite erforderlich sind. Die vollständige Schablonenregel sollte so aussehen:

```
<xsl:template match = "notiz">
   <HTML>
      <BODY><xsl:value-of select="head"/></BODY>
   </HTML>
</xsl:template>
```

Diese Regel wird ausgeführt, wenn der Prozessor eine Übereinstimmung für das notiz-Element findet, was in diesem Fall nicht passiert. Anschließend schreibt er die Tags <HTML> und <BODY> in den Ergebnisbaum. An dieser Stelle trifft der Prozessor auf ein xsl:value-of-Attribut. Wie bereits erwähnt, gibt dieses den ausgewählten Inhalt direkt an den Ergebnisbaum aus. Anschließend schließt die Schablone die BODY- und HTML-Tags korrekt ab. Listing 16.2 zeigt das vollständige XSL-Dokument, das unter dem Namen nachricht01_16.xsl abgelegt wird.

Listing 16.2: XSL-Transformationsdokument – nachricht01_16.xsl

```
 1: <?xml version="1.0"?>
 2: <!-- Listing 16.2 - nachricht01_16.xsl -->
 3:
 4: <xsl:stylesheet version = "1.0"
 5:      xmlns:xsl = "http://www.w3.org/1999/XSL/Transform">
 6:
 7:    <xsl:template match = "notiz">
 8:       <HTML>
 9:          <BODY><xsl:value-of select="head"/></BODY>
10:       </HTML>
11:    </xsl:template>
12:
13: </xsl:stylesheet>
```

Das Wurzelelement (xsl:stylesheet) beginnt in Zeile 4 mit einem version- und einem xmlns-Attribut.

Wenn Sie beide Dokumente angelegt und gespeichert haben, verarbeiten Sie sie unter Verwendung des XSLT-Prozessors XT, um einen Ausgabebaum als nachricht01_16.html zu erzeugen. Unter Windows kann die Befehlszeilenanweisung folgendermaßen aussehen:

xt nachricht01_16.xml nachricht01_16.xsl nachricht01_16.html

Wenn Sie eine andere Version von XT verwenden, kann Ihre Befehlszeilenanweisung wie folgt aussehen:

XSLT (Extensible Stylesheet Language Transformations)

```
java -Dcom.jclark.xsl.sax.parser=ihr-Sax-Treiber
com.jclark.xsl.sax.Driver nachricht01_16.xml nachricht01_16.xsl
nachricht01_16.html
```

Werden keine Fehler zurückgemeldet, haben Sie die Datei nachricht01_16.html angelegt, die in einem Browser angezeigt werden kann wie in Abbildung 16.2. Weil Sie HTML erzeugt haben, kann es in fast jedem Browser angezeigt werden, der HTML unterstützt.

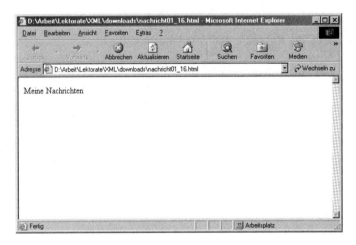

Abbildung 16.2: Das Ergebnis einer XSL-Transformation, dargestellt in Netscape 6

Vergessen Sie nicht, dass XSLT in der Lage ist, die unterschiedlichsten Textausgabeformate zu erzeugen. HTML stellt nur eine der Möglichkeiten dar. HTML ist praktisch, wenn Sie Ausgaben für das Web erzeugen, die von Benutzern mit unterschiedlichen Browsern angezeigt werden. Sie können mit XSLT aber auch andere XML-Dialekte oder Textdateien erzeugen, wie bereits erwähnt. Das kann vorteilhaft sein, wenn Sie beispielsweise ein XML-Dokument in WML (Wireless Markup Language) erstellen wollen, um es auf webfähigen funkgesteuerten Geräten anzuzeigen wie beispielsweise Handys oder PDAs.

Iterative XSLT-Verarbeitung

Weil die Reihenfolge der Regeln keine Rolle spielt, kann XSLT eine Schablonenregel ganz einfach wiederverwenden. Damit eine Regel verarbeitet wird, ist nur eine erfolgreiche Übereinstimmung erforderlich. Enthält Ihr XML-Dokument wiederholte Elemente, kann eine Regelmenge ihre Verarbeitung übernehmen, indem sie mehrfach angewendet wird. In der nächsten Übung werden Sie das Ergebnis dieses iterativen Prozesses sehen.

Machen Sie das XML-Quelldokument größer. Sie brauchen Daten, die Sie für die restlichen Übungen verwenden können. Das Dokument sollte ein notiz-Wurzelelement haben, das mehrere nchr-Elemente enthält. Jedes nchr-Element enthält ein quelle-, von-

XSLT-Programmierung

und nachricht-Element mit Textinhalt. Dabei kann es sich um einen beliebigen Textinhalt handeln, aber Sie sollten sicherstellen, dass Ihre Elemente nur mit den hier angegebenen übereinstimmen, sodass die Transformationen korrekt ausgeführt werden. Listing 16.3 zeigt ein Beispiel für ein XML-Quelldokument. Legen Sie es an und speichern Sie es unter dem Namen nachricht02_16.xml.

Listing 16.3: Ein komplexeres XML-Quelldokument – nachricht02_16.xml

```
 1: <?xml version="1.0"?>
 2: <!-- Listing 16.3 - nachricht02_16.xml -->
 3:
 4: <?xml-stylesheet type="text/xsl" href="nachricht02_16.xsl"?>
 5:
 6: <notiz>
 7:    <nchr>
 8:       <quelle>Telefon</quelle>
 9:       <von>Kathy Shepherd</von>
10:       <nachricht>Denke daran, auf dem Nachhauseweg von der Arbeit Milch zu kaufen</nachricht>
11:    </nchr>
12:
13:    <nchr>
14:       <quelle>E-Mail</quelle>
15:       <von>Greg Shepherd</von>
16:       <nachricht>Ich brauche ein wenig Hilfe bei den Hausaufgaben</nachricht>
17:    </nchr>
18:
19:    <nchr>
20:       <quelle>E-Mail</quelle>
21:       <von>Kristen Shepherd</von>
22:       <nachricht>Bitte spiele heute Abend Scribble mit mir</nachricht>
23:    </nchr>
24:
25:    <nchr>
26:       <quelle>Pager</quelle>
27:       <von>Kathy Shepherd</von>
28:       <nachricht>Kauf eine Flasche Wein, die wir heute Abend mit zu der Party nehmen koennen</nachricht>
29:    </nchr>
30:
31:    <nchr>
32:       <quelle>Telefon</quelle>
33:       <von>Kristen Shepherd</von>
34:       <nachricht>Kannst du mich zu meiner Freundin fahren?</nachricht>
35:    </nchr>
```

XSLT (Extensible Stylesheet Language Transformations)

```
36:
37:    <nchr>
38:      <quelle>E-Mail</quelle>
39:      <von>Greg Shepherd</von>
40:      <nachricht>Wir treffen uns in der Bibliothek</nachricht>
41:    </nchr>
42:
43:    <nchr>
44:      <quelle>E-Mail</quelle>
45:      <von>Kathy Shepherd</von>
46:      <nachricht>Bob hat zurueckgerufen.</nachricht>
47:    </nchr>
48:
49:    <nchr>
50:      <quelle>Pager</quelle>
51:      <von>Kathy Shepherd</von>
52:      <nachricht>Hol Deine Hemden von der Reinigung ab!</nachricht>
53:    </nchr>
54:
55: </notiz>
```

Die XSL-Verarbeitungsanweisung in Zeile 4 gibt ein XSL-Stylesheet in nachricht02_16.xsl an. Das Wurzelelement notiz beginnt in Zeile 6 und enthält mehrere nchr-Elemente. Jedes nchr-Element enthält ein quelle-, von- und nachricht-Element mit Zeichendateninhalt.

In dieser Übung erzeugen Sie zwei Vergleichsschablonen. Die eine vergleicht mit dem notiz-Element und erzeugt die Standard-HTML-Tags um den Inhalt des notiz-Elements herum. Sie müssen das xsl:template-Element mit dem Vergleichs-Attribut notiz verwenden. Anschließend können Sie die Standard-HTML-Tags platzieren, beispielsweise HTML, HEAD und BODY. Fügen Sie ein TITLE-Tag ein und dann ein H1-Tag mit dem Inhalt Meine Nachrichten. Die erste Schablone sieht wie folgt aus:

```
<xsl:template match="notiz">
  <HTML>
    <HEAD>
      <TITLE>Nachrichten</TITLE>
    </HEAD>
    <BODY>
      <H1>Meine Nachrichten</H1>
        <xsl:apply-templates/>
    </BODY>
  </HTML>
</xsl:template>
```

XSLT-Programmierung

Wenn diese Regel ausgeführt wird, platziert sie `<HTML>`, `<HEAD>`, `<TITLE>`Nachrichten`</TITLE>`, `</HEAD>`, `<BODY>` und `<H1>`Meine Nachrichten`</H1>` direkt in dem Ergebnisbaum. Der Ergebnisbaum ist in diesem Fall eine von Ihnen erzeugte HTML-Seite. Anschließend trifft die Ausführung auf das `xsl:apply-templates`-Element. Das `xsl:apply-templates`-Element stellt den Inhalt des verglichenen Elements `notiz` allen anderen Regeln im XSLT-Dokument zur Verfügung. Weil es sich dabei um das Wurzelelement handelt, enthält es nur weitere Elemente. Insbesondere sind die `nchr`-Elemente im `notiz`-Element enthalten. Weil das `nchr`-Element eine Übereinstimmung erzeugt, verlässt der Prozessor diese Schablone und beginnt mit der Verarbeitung der übereinstimmenden Schablone. Nachdem er damit fertig ist, kehrt er an diese Stelle zurück, um die restlichen Schritte auszuführen, nämlich die `BODY`- und `HTML`-Elemente im Ergebnisbaum zu platzieren.

Die zweite Schablone erzeugt nur mit dem `nchr`-Element eine Übereinstimmung. Dies ist die Schablone, in die der Prozessor gesprungen ist, als er in der ersten Schablone auf das `xsl:apply-templates`-Element getroffen war. Die Regel in dieser Schablone erzeugt HTML-Markup und ermöglicht, den Inhalt des `nchr`-Elements in den Ergebnisbaum zu übergeben. In späteren Übungen werden wir das noch verfeinern. Die Regel sieht wie folgt aus:

```
<xsl:template match="nchr">
   <P>Hier ist eine Nachricht:<BR/>
   <xsl:apply-templates/>
   </P><BR/>
</xsl:template>
```

Das `xsl:apply-templates`-Element in der zweiten Regel stellt den Inhalt des `nchr`-Elements vor; weil es in den untergeordneten Elementen keine übereinstimmenden Regeln gibt, übergibt das `xsl:apply-templates`-Element den Inhalt direkt an den Ausgabebaum. Das ist in gewisser Weise problematisch.

Das vollständige XSLT-Dokument finden Sie in Listing 16.4. Erstellen Sie dieses Dokument und speichern Sie es unter dem Namen `nachricht02_16.xsl`.

Listing 16.4: Iterative Verarbeitung in XSLT – nachricht02_16.xsl

```
1: <?xml version="1.0"?>
2: <!-- Listing 16.4 - nachricht02_16.xsl -->
3:
4: <xsl:stylesheet version="1.0"
5:    xmlns:xsl="http://www.w3.org/1999/XSL/Transform">
6:
7:    <xsl:template match="notiz">
8:       <HTML>
9:          <HEAD>
```

397

XSLT (Extensible Stylesheet Language Transformations)

```
10:        <TITLE>Nachrichten</TITLE>
11:      </HEAD>
12:      <BODY>
13:        <H1>Meine Nachrichten</H1>
14:          <xsl:apply-templates/>
15:      </BODY>
16:    </HTML>
17:  </xsl:template>
18:
19:  <xsl:template match="nchr">
20:    <P>Hier ist eine Nachricht:<BR/>
21:      <xsl:apply-templates/>
22:    </P><BR/>
23:  </xsl:template>
24: </xsl:stylesheet>
```

Die erste Schablonenregel (Zeilen 7-17) erzeugt eine Übereinstimmung mit dem notiz-Element (Zeile 7). Es werden mehrere Standard-HTML-Tags im Ausgabebaum platziert (Zeilen 8-13). Anschließend legt das xsl:apply-templates-Element den Inhalt des notiz-Elements allen anderen Regeln im Dokument offen. Der Inhalt von notiz ist nchr; die zweite Schablone erzeugt also eine Übereinstimmung. Jetzt hat die zweite Schablone die Steuerung und beim Parsing werden auch die HTML-Tags in Zeile 20 platziert. Das xsl:apply-templates-Element legt den Inhalt des nchr-Elements allen anderen Regeln im Dokument offen. Es werden keine weiteren Regeln angewendet. Der Inhalt des untergeordneten Elements des nchr-Elements wird dem Ausgabebaum gleichzeitig mit dem Auslösen des xsl:apply-templates-Elements übergeben. Nachdem alle nchr-Elemente verarbeitet wurden, geht die Steuerung in Zeile 15 zurück, wo die HTML-Tags abgeschlossen werden.

Nachdem Sie dieses Codebeispiel hergestellt haben, erzeugen Sie daraus mit dem XT-Prozessor nachricht02_16.html und sehen es in einem Browser an. Weil Sie normales HTML erzeugen, wie bereits erwähnt, kann es von fast jedem Browser verarbeitet werden. Einer der Gründe dafür, warum XSLT häufig verwendet wird, um Dokumente von XML in HTML zu übersetzen, ist, weil man Ausgaben erzeugen will, die unabhängig von bestimmten Browsern, Plattformen oder Betriebssystemen sind. Abbildung 16.3 beispielsweise zeigt das erwartete Ergebnis für die Verarbeitung von nachricht02_16.html im W3C-Browser Amaya. Amaya ist ein vom W3C als allgemeines Webwerkzeug bereitgestellter Browser und Editor (http://www.w3.org/Amaya/).

In dem in Listing 16.4 gezeigten Code wird eine interessante Logik ausgeführt, wodurch die XSLT-Verarbeitung scheinbar verwirrend aussieht. Die zweite Regel übergibt den Inhalt der untergeordneten Elemente des nchr-Elements, auch wenn Sie dies nicht explizit formuliert haben. Dieser Ansatz funktioniert, aber es gibt eine andere, intuitivere Möglichkeit, die direkte Übergabe von Inhalt in den Ausgabebaum zu realisieren. Dieser Ansatz ist, darauf zu vergleichen und ihn explizit zu verarbeiten.

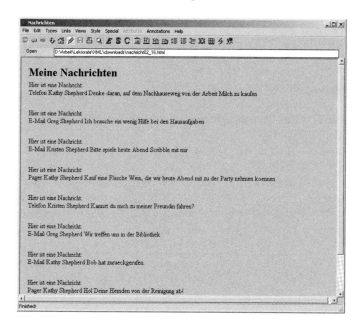

Abbildung 16.3:
Ergebnis der iterativen
XSLT-Verarbeitung,
dargestellt in einem
Amaya-Browser

Weil XSLT Ihnen ermöglicht XPath-Anweisungen als Werte bestimmter Attribute zu verwenden, können Sie Ihre Kontrolle über die Auswahl von Knoten unter Verwendung der Logik verbessern, die Sie in Kapitel 9 kennen gelernt haben. Beispielsweise können Sie Text-Knoten unter Verwendung des XPath-Ausdrucks text() oder den aktuellen Knoten mit einem Punkt (.) auswählen. Diese Ausdrücke würden die zuvor als Werte von match- oder select-Attributen verwendeten Namen als explizite Elementnamen verwenden.

In der aktuellen Übung können und sollen Sie eine Schablone erzeugen, die auf alle XPath text()-Knoten vergleicht und den resultierenden Text der HTML-Seite mit dem zuvor beschriebenen xsl:value-of-Element übergibt. Durch diese explizite Verarbeitung von Text können Sie sicher gehen, dass die Ergebnisse wie erwartet aussehen, und Sie können die Ausgabe nach Bedarf weiter formatieren. Wenn Sie diese Regel formulieren, können Sie einfach Folgendes schreiben:

```
<xsl:template match="text()">
   <xsl:value-of select="."/>
</xsl:template>
```

Fügen Sie diese Schablonenregel in Ihr XSL-Dokument ein und speichern Sie das Ergebnis unter dem Namen nachricht03_16.xsl. Um sicherzustellen, dass alles funktioniert hat,

XSLT (Extensible Stylesheet Language Transformations)

wandeln Sie das Dokument nachricht02_16.xml mit XT unter Verwendung des Dokuments nachricht03_16.xls um, um nachricht03_16.html als Ausgabe zu erzeugen, und zeigen die resultierende HTML-Datei in einem Browser an. In Ihrem Dokument nachricht02_16.xml ändern Sie das href-Attribut (Zeile 4, Listing 16.3) in die xml-stylesheet-Verarbeitungsanweisung um, um die Datei nachricht03_16.xsl zuzuweisen. Die überarbeitete Verarbeitungsanweisung sieht wie folgt aus:

```
<?xml-stylesheet type="text/xsl" href="nachricht03_16.xsl"?>
```

Listing 16.5 zeigt das vollständige Dokument nachricht03_16.xsl.

Listing 16.5: *Ein Vergleich mit Text-Knoten wurde hinzugefügt – nachricht03_16.xsl*

```
 1: <?xml version="1.0"?>
 2: <!-- Listing 16.5 - nachricht03_16.xsl -->
 3:
 4: <xsl:stylesheet version="1.0"
 5:    xmlns:xsl="http://www.w3.org/1999/XSL/Transform">
 6:
 7: <xsl:template match="notiz">
 8:   <HTML>
 9:     <HEAD>
10:       <TITLE>Nachrichten</TITLE>
11:     </HEAD>
12:     <BODY>
13:       <H1>Meine Nachrichten</H1>
14:       <xsl:apply-templates/>
15:     </BODY>
16:   </HTML>
17: </xsl:template>
18:
19: <xsl:template match="nchr">
20:     <P>Hier ist eine Nachricht:<BR/>
21:     <xsl:apply-templates/>
22:     </P><BR/>
23: </xsl:template>
24:
25: <xsl:template match="text()">
26:     <xsl:value-of select="."/>
27: </xsl:template>
28:
29: </xsl:stylesheet>
```

Diesem Listing wurde in den Zeilen 25-27 eine Schablone hinzugefügt, die auf Text-Knoten vergleicht (`match="text()"`). Der XPath-Ausdruck `text()` gibt untergeordnete Text-Knoten des Inhalts-Knotens zurück. Die XPath-Anweisung `xsl:value-of` mit `select="."` weist den Prozessor an, den gesamten dem aktuellen Knoten zugeordneten Text dem Ausgabebaum zu übergeben (Zeile 26). Aus Kapitel 9 wissen Sie, dass der Punkt (.) auf den aktuellen Knoten des XML-Baums verweist.

HTML-Tabellen mit XSLT anlegen

Im vorigen Beispiel haben Sie XML in HTML umgewandelt, aber das Ergebnis war nicht ganz zufrieden stellend. Der Textinhalt der `quelle`-, `von`- und `nachricht`-Elemente wurde innerhalb eines einzigen Zeichenstrings ausgegeben. In dieser Übung werden Sie Schablonenregeln formulieren, die auf diese Elemente vergleichen und ihren Inhalt jeweils in Zellen einer HTML-Tabelle platzieren. Das ist eine sehr praktische Methode, die selbst dann effektiv eingesetzt werden kann, um Daten auf einer HTML-Seite anzuzeigen, wenn sehr große XML-Quelldokumente vorliegen.

Die erste Schablone vergleicht auf den Wurzel-Knoten. Statt den Wurzel-Knoten anzugeben, verwenden wir jetzt den XPath-Ausdruck für den Wurzel-Knoten. Wie Sie aus Kapitel 9 wissen, ist das ein Schrägstrich (/). Ob Sie den Wurzel-Knoten explizit angeben oder die XPath-Kurzform (/) dafür verwenden, bleibt ganz Ihnen überlassen. Beide erzeugen identische Ergebnisse. Die Alternative wird hier nur deshalb erwähnt, um Ihnen die verschiedenen Möglichkeiten zu zeigen. In der Praxis trifft man beide Ansätze an, aber die Kurzformversion wird immer beliebter. In der ersten Schablone fügen Sie HTML-Tags ein, um eine Tabelle anzulegen. Das `border`-Attribut soll auf 1%, das `width`-Attribut auf 100% gesetzt werden. Die erste Schablone kann folgendermaßen aussehen:

```
<xsl:template match="/">
  <HTML>
    <HEAD>
      <TITLE>Nachrichten</TITLE>
    </HEAD>
    <BODY>
      <H1>Meine Nachrichten</H1>
      <TABLE BORDER="1" WIDTH="100%">
        <xsl:apply-templates/>
      </TABLE>
    </BODY>
  </HTML>
</xsl:template>
```

XSLT (Extensible Stylesheet Language Transformations)

Die einzigen neuen Elemente sind die TABLE-Tags und die Auswahl des Wurzel-Knotens unter Verwendung eines Schrägstrichs. Jetzt erstellen Sie eine Schablone für die Tabellenzeilen, die dem nchr-Element entsprechen. Sie kann wie folgt aussehen:

```
<xsl:template match="nchr">
  <TR>
    <xsl:apply-templates/>
  </TR>
</xsl:template>
```

Die nächste Regel füllt die Tabellenzellen mit dem Inhalt von quelle, von und nachricht. Sie fragen sich vielleicht, warum Sie nur eine Schablonenregel brauchen, um den Inhalt dreier Elemente zu berücksichtigen. Dank der Integration von XPath-Ausdrücken in XSLT können Sie das Pipe-Symbol (|) als Boolesches »Oder« zwischen den Namen von Elementen angeben, auf die Sie dieselbe Schablone anwenden wollen. Die endgültige Regel sieht wie folgt aus:

```
<xsl:template match="quelle | von | nachricht">
  <TD>
    <xsl:apply-templates/>
  </TD>
</xsl:template>
```

Listing 16.6 zeigt eine Kombination des Ganzen.

Listing 16.6: Tabellen mit XSLT anlegen – nachricht04_16.xsl

```
 1: <?xml version="1.0"?>
 2: <!--Listing 16.6 - nachricht04_16.xsl -->
 3:
 4: <xsl:stylesheet version="1.0"
 5:   xmlns:xsl="http://www.w3.org/1999/XSL/Transform">
 6:
 7:   <xsl:template match="/">
 8:     <HTML>
 9:       <HEAD>
10:         <TITLE>Nachrichten</TITLE>
11:       </HEAD>
12:       <BODY>
13:         <H1>Meine Nachrichten</H1>
14:         <TABLE BORDER="1" WIDTH="100%">
15:           <xsl:apply-templates/>
16:         </TABLE>
17:       </BODY>
18:     </HTML>
19:   </xsl:template>
20:
```

XSLT-Programmierung

```
21:    <xsl:template match="nchr">
22:      <TR>
23:        <xsl:apply-templates/>
24:      </TR>
25:    </xsl:template>
26:
27:    <xsl:template match="quelle | von | nachricht">
28:      <TD>
29:        <xsl:apply-templates/>
30:      </TD>
31:    </xsl:template>
32:
33: </xsl:stylesheet>
```

Die Zeile 7 erzeugt eine Übereinstimmung mit dem Wurzel-Knoten des XML-Dokuments, sodass die erste Schablone auf die gesamte XML-Instanz angewendet wird. Die TABLE-Tags in den Zeilen 14 und 16 umschließen den restlichen Ergebnisbaum. Die Schablone in den Zeilen 21-25 richtet die Tabellenzeilen ein, indem sie die nchr-Containerelemente auswählt. Zeile 27 zeigt, wie eine einzelne Regel auf drei verschiedene Elemente vergleichen kann.

Einige der heutigen Beispiele verwenden XT, während andere den XML-Editor XRay von Architag verwenden. Sie können dieselben Werkzeuge wie hier gezeigt verwenden, aber auch Ihre eigenen einsetzen. Beispielsweise kann XRay nur auf Windows-Systemen eingesetzt werden, aber auch Unix-Benutzer haben die Möglichkeit, XSLT einzusetzen, unter anderem mit XT, Apache Xalan und anderen. Unabhängig davon, welche XSLT-Engine Sie verwenden, kann der Code für die heute gezeigten Beispiele ohne größere Änderungen unmittelbar verwendet werden. Lesen Sie jedoch in der Dokumentation der von Ihnen verwendeten Engine nach, um etwaige Laufzeit-Optionen oder versionsabhängige Besonderheiten zu beachten.

Wenn Sie das Beispiel genau nachvollziehen wollen, verwenden Sie den XML-Editor XRay für die Verarbeitung. Gehen Sie dazu wie folgt vor:

1. Nachdem Sie beide Dokumente gespeichert haben, starten Sie XRay und öffnen das Dokument nachricht02_16.xml. Es erscheint in einem Fenster der Applikation.

2. Öffnen Sie das Dokument nachricht04_16.xsl. Es erscheint in einem neuen Fenster.

3. Nachdem Sie beide Dokumente geöffnet haben, wählen Sie im FILE-Menü (Datei) von XRay den Menüpunkt NEW XSLT TRANSFORM aus. Ein drittes Fenster erscheint, mit einem großen leeren Feld in der Mitte des Bildschirms und zwei einzelnen Eingabefeldern oben im Fenster. Das oberste einzelne Eingabefeld hat den Titel XML DOCUMENT.

XSLT (Extensible Stylesheet Language Transformations)

4. Klappen Sie die Auswahl für das Feld XML DOCUMENT auf, indem Sie auf den Pfeil ganz rechts im Feld klicken. Wählen Sie als XML Document die Datei nachricht02_16.xml.

5. Wählen Sie auf dieselbe Weise im Feld XSLT PROGRAM das Dokument nachricht04_16.xsl aus. Nach dieser Eingabe in das Feld füllt der XSLT-Prozessor das große Textfeld in diesem Fenster mit den Ergebnissen der Transformation.

6. Wählen Sie im FILE-Menü (Datei) den Menüpunkt NEW HTML VIEW (Neue HTML-Ansicht) aus und klappen Sie das Feld auf, um TRANSFORM 1 (Transformation 1) auszuwählen. Beachten Sie, dass bei Ihnen hier möglicherweise eine andere Nummer angezeigt werden kann, beispielsweise TRANSFORM 2 oder TRANSFORM 3. Immer wenn Sie eine Transformation ausführen, zählt XRay die TRANSFORM-Nummer hoch. Dabei handelt es sich nur um eine Referenznummer. Jetzt sehen Sie eine Anzeige, die mit der in einem IE 5-Browser vergleichbar ist. Abbildung 16.4 zeigt die resultierende Tabelle in XRay.

7. Wählen Sie im WINDOW-Menü (Fenster) eine der Optionen für die Anordnung der Fenster aus. Jetzt sehen Sie alle vier Fenster gleichzeitig. Die Fenster sind dynamisch verknüpft; wenn Sie in einem Fenster eine Änderung vornehmen, sehen Sie auch in den anderen sofort das entsprechende Ergebnis. Dieser dynamische Editor stellt eine ausgezeichnete Entwicklungsumgebung dar.

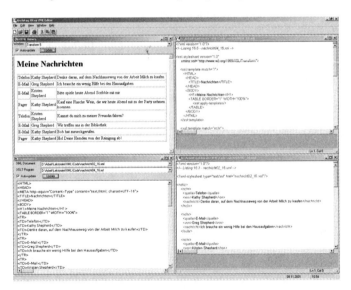

Abbildung 16.4:
Die XSLT-Transformation hat eine Tabelle ergeben, die hier im XML-Editor XRay angezeigt wird.

XSLT-Programmierung

Sortieren mit XSLT

XSLT bietet umfassende Sortierfunktionen, sodass Sie ausgewählte Knoten in aufsteigender oder absteigender Reihenfolge sortieren können. Darüber hinaus können Sie auch nach Groß- und Kleinbuchstaben sortieren und nach Datentypen. In der nächsten Übung werden Sie die Zeilen der Tabelle abhängig von der von-Spalte in aufsteigender alphabetischer Reihenfolge sortieren. Dazu fügen Sie eine Schablone in das existierende XSLT-Programm ein. Diese Schablone vergleicht auf das Wurzelelement notiz. Anschließend verwenden Sie die xsl:apply-templates-Elemente, fügen aber ein Attribut hinzu, um das nchr-Element auszuwählen. Damit teilen Sie der XSLT-Engine mit, dass sie nur die ausgewählten untergeordneten Knoten verarbeiten soll. In diesem speziellen Dokument ist nchr der einzige untergeordnete Knoten von notiz, aber Sie sollten dieses praktische Attribut unbedingt kennen, um es in eigenen Anwendungen sinnvoll einsetzen zu können. Wird keine Auswahl vorgegeben, werden alle untergeordneten Knoten verarbeitet. Das xsl:sort-Element wird als Inhalt des xsl:apply-templates-Elements aufgenommen. Für das xsl:sort-Element geben Sie zwei Attribute an: select und order. Das select-Attribut gibt an, welche Elemente sortiert werden, und order gibt an, ob in aufsteigender oder in absteigender Reihenfolge sortiert werden soll. Eine vollständige Liste aller verfügbaren Attribute für jedes Element finden Sie unter http://www.w3.org/TR/xslt. Die vollständige neue Regel sieht jetzt so aus:

```
<xsl:template match="notiz">
    <xsl:apply-templates select="nchr">
        <xsl:sort select="von" order="ascending"/>
    </xsl:apply-templates>
</xsl:template>
```

Fügen Sie diese Regel Ihrem Dokument nachricht04_16.xsl in XRay hinzu und speichern Sie die Datei unter dem Namen nachricht05_16.xsl. Listing 16.7 zeigt das vollständige neue Dokument.

Listing 16.7: Tabellenzeilen mit XSLT sortieren – nachricht05_16.xsl

```
 1: <?xml version="1.0"?>
 2: <!--Listing 16.7 - nachricht05_16.xsl -->
 3:
 4: <xsl:stylesheet version="1.0"
 5:   xmlns:xsl="http://www.w3.org/1999/XSL/Transform">
 6:
 7:   <xsl:template match="/">
 8:     <HTML>
 9:       <HEAD>
10:         <TITLE>Nachrichten</TITLE>
11:       </HEAD>
```

```
12:      <BODY>
13:        <H1>Meine Nachrichten</H1>
14:        <TABLE BORDER="1" WIDTH="100%">
15:          <xsl:apply-templates/>
16:        </TABLE>
17:      </BODY>
18:    </HTML>
19:  </xsl:template>
20:
21:  <xsl:template match="nchr">
22:    <TR>
23:      <xsl:apply-templates/>
24:    </TR>
25:  </xsl:template>
26:
27:  <xsl:template match="notiz">
28:      <xsl:apply-templates select="nchr">
29:        <xsl:sort select="von" order="ascending"/>
30:      </xsl:apply-templates>
31:  </xsl:template>
32:
33:  <xsl:template match="quelle | von | nachricht">
34:    <TD>
35:      <xsl:apply-templates/>
36:    </TD>
37:  </xsl:template>
38: </xsl:stylesheet>
```

Die neue Schablonenregel sehen Sie in den Zeilen 27-31. Die Regel vergleicht auf das Wurzelelement notiz (Zeile 27). Die Schablone wird nur auf das untergeordnete nchr-Element des übereinstimmenden Knotens angewendet. Die untergeordneten nchr-Elemente werden von XSLT in aufsteigender alphabetischer Reihenfolge angewendet. Der Rest des Beispiels bleibt unverändert.

Haben Sie bei der Eingabe von Zeichen in XRay bemerkt, dass sich Ihre Anzeige in allen vier Fenstern geändert hat? Der Parser versucht, die XML-Instanzdokumente für jede Tastatureingabe auszuwerten. Nachdem Sie fertig sind, wurde Ihre Tabelle neu sortiert, wie in Abbildung 16.5 zu sehen ist.

XSLT-Programmierung

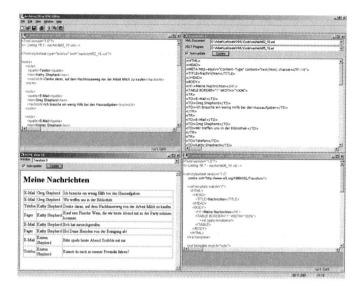

Abbildung 16.5:
Die Tabelle wurde nach der
von-Spalte in aufsteigender
Reihenfolge sortiert.

Stil-Attribute mit XSLT ergänzen

Im nächsten Beispiel werden Sie einem HTML FONT-Tag Attribute für Farbe, Größe und Schriftart hinzufügen, um den Nachrichten in einer Spalte der Tabelle einen Stil zuzuordnen. Das xsl:attribute-set-Element sollte ein unmittelbar untergeordnetes Element des Wurzelelements sein und kann xsl:attribute-Elemente enthalten, die zur Definition von Attributen verwendet werden. Der xsl:attribute-Ansatz bietet dem Entwickler zahlreiche Möglichkeiten, umfassende Beziehungen zwischen Elementen und Attributen im Ergebnisbaum einzurichten.

Jedes xsl:attribute-Element hat ein zwingend erforderliches name-Attribut, das dem erzeugten Attribut einen Namen zuordnen kann. Angenommen, Sie wollen, dass der Nachrichtentext in Ihrer Tabelle rot erscheint. Sie können ein Attribut für die Farbe erstellen und es in der Transformation nach Bedarf anwenden. Das xsl:attribute-set-Element in Ihrem Beispiel würde folgendermaßen aussehen:

```
<xsl:attribute-set name=" nachricht-attribute ">
  <xsl:attribute name="size">+1</xsl:attribute>
  <xsl:attribute name="color">blue</xsl:attribute>
  <xsl:attribute name="face">Verdana</xsl:attribute>
</xsl:attribute-set>
```

Das Attribut name="nachricht-attribute" für das xsl:attribute-set-Element ist eine Referenz, die im nächsten Schritt aufgerufen wird. Die drei xsl:attribute-Elemente erzeugen drei Attribute mit entsprechenden Werte. Sie werden einem Element des Ergebnisbaums während der Transformation übergeben. In diesem Fall sind die Attribute

XSLT (Extensible Stylesheet Language Transformations)

HTML FONT-Attribute, denen in der Transformation ein FONT-Tag zugeordnet werden soll. Eine neue Schablonenregel wird erstellt, um den Attributen das FONT-Element zuzuordnen. Weil Sie im Original-XML nur für die nachricht-Elemente einen Stil einführen wollen, erfolgt der Vergleich nur auf das nachricht-Element. Und so sieht die neue Schablonenregel aus:

```
<xsl:template match="nachricht">
  <TD>
    <FONT xsl:use-attribute-sets="nachricht-attribute">
      <xsl:apply-templates/>
    </FONT>
  </TD>
</xsl:template>
```

Wie Sie sehen, richtet das Tag <FONT xsl:use-attribute-sets="nachricht--Attribute"> die Kodierung für die Attribute im FONT-Tag des Ergebnisbaums ein. Damit das korrekt funktioniert, müssen Sie jedoch noch das nachricht-Element aus dem Vergleichs-Attribut der vorherigen Schablone entfernen. Listing 16.8 zeigt den fertigen Code für dieses Beispiel.

Listing 16.8: Attributstile mit XSLT anwenden – nachricht06_16.xsl

```
 1: <?xml version="1.0"?>
 2: <!--Listing 16.8 - nachricht06_16.xsl -->
 3:
 4: <xsl:stylesheet version="1.0"
 5:   xmlns:xsl="http://www.w3.org/1999/XSL/Transform">
 6:
 7:   <xsl:template match="/">
 8:     <HTML>
 9:       <HEAD>
10:         <TITLE>Nachrichten</TITLE>
11:       </HEAD>
12:       <BODY>
13:         <H1>Meine Nachrichten</H1>
14:         <TABLE BORDER="1" WIDTH="100%">
15:           <xsl:apply-templates/>
16:         </TABLE>
17:       </BODY>
18:     </HTML>
19:   </xsl:template>
20:
21:   <xsl:attribute-set name="nachricht-attribute">
22:     <xsl:attribute name="size">+1</xsl:attribute>
23:     <xsl:attribute name="color">blue</xsl:attribute>
24:     <xsl:attribute name="face">Verdana</xsl:attribute>
25:   </xsl:attribute-set>
```

XSLT-Programmierung

```
26:
27:    <xsl:template match="nachricht">
28:       <TD>
29:          <FONT xsl:use-attribute-sets="nachricht-attribute">
30:             <xsl:apply-templates/>
31:          </FONT>
32:       </TD>
33:    </xsl:template>
34:
35:    <xsl:template match="nchr">
36:       <TR>
37:          <xsl:apply-templates/>
38:       </TR>
39:    </xsl:template>
40:
41:    <xsl:template match="notiz">
42:       <xsl:apply-templates select="nchr">
43:          <xsl:sort select="von" order="ascending"/>
44:       </xsl:apply-templates>
45:    </xsl:template>
46:
47:    <xsl:template match="quelle | von ">
48:       <TD>
49:          <xsl:apply-templates/>
50:       </TD>
51:    </xsl:template>
52: </xsl:stylesheet>
```

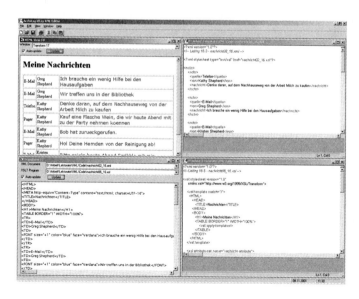

*Abbildung 16.6:
Ausgewähltem Inhalt mit
XSLT einen Stil zuordnen*

Die Zeilen 21-25 beinhalten die Attributmenge (xsl:attribute-set) mit dem Referenznamen nachricht-attribute. Die Zeilen 22, 23 und 24 richten Attribute für Größe, Farbe und Schriftart ein. Die neue Schablone in den Zeilen 27-33 vergleicht auf das nachricht-Element im XML-Quelldokument. Der Referenzname nachricht-attribute wird vom xsl:use-attribute-sets-Attribut für das FONT-Tag angewendet. Das nachricht-Element wurde aus dem xsl:template-Element in Zeile 47 entfernt. Abbildung 16.6 zeigt das Ergebnis der Transformation im IE-Browser.

16.4 Fortgeschrittene XSLT-Programmierung

Wie die meisten Programmiersprachen enthält auch XSLT Elemente, die für bedingte Vergleiche, Schleifen über bestimmte Knoten und Wechsel zwischen verschiedenen Logikverzweigungen verwendet werden. Sie können im Rahmen der heutigen Übungen nicht vorgestellt werden, aber in diesem Referenzabschnitt sollen einige der wichtigsten Elemente aufgezeigt werden, die diese Konstrukte anbieten. Tabelle 0.1 listet die Elemente auf; weitere Informationen darüber finden Sie unter http://www.w3.org/TR/xslt.html.

xsl:for-each

Das xsl:for-each-Element erlaubt die Anwendung einer einfachen Schleife in XSLT, die sich über eine bestimmte Knoten-Menge erstrecken kann. Diese Anweisung ist praktisch für die Verarbeitung wiederholt auftretender Knoten. Die Syntax des xsl:for-each-Elements lautet:

```
<xsl:for-each select="Knoten">
    Schablonenrumpf
</xsl:for-each>
```

Der Wert des select-Attributs kann ein beliebiger XPath-Ausdruck sein. Sie können mit einem xsl:for-each-Element beispielsweise jedes der nchr-Elemente in Ihrem Dokument nachricht02_16.xml (Listing 16.3) auswählen:

```
<xsl:for-each select="nchr">
```

Angenommen, Sie wollen den Inhalt der quelle-, von- und nachricht-Elemente aus jedem übergeordneten nchr-Element in die Zellen einer HTML-Tabelle einfügen. Dazu können Sie eine Schablone mit xsl:for-each formulieren:

```
<xsl:for-each select="nchr">
 <TR>
   <TD><xsl:value-of select="quelle"/></TD>
   <TD><xsl:value-of select="von"/></TD>
   <TD><xsl:value-of select="nachricht"/></TD>
 </TR>
</xsl:for-each>
```

Das `xsl:for-each`-Element stellt eine Möglichkeit dar, die Eingabe-Knoten funktional den gewünschten Ausgabe-Knoten zuzuordnen. Beispielsweise erzeugt der Codeabschnitt für jedes nchr-Element im Dokument nachricht02_16.xml eine Tabellenzeile mit Zellen, die mit dem Inhalt der quelle-, von- und nachricht-Elemente gefüllt werden.

xsl:if

Das `xsl:if`-Element in XSLT erlaubt, dass eine Anweisung genau dann ausgeführt wird, wenn eine bestimmte Boolesche Bedingung zutrifft. Anders als die if-Anweisung in den meisten Sprachen gibt es für die xsl:if-Anweisung keine entsprechende else-Anweisung. Ergibt die überprüfte Bedingung den Wert True, wird die Anweisung ausgeführt. Die Syntax des `xsl:if`-Elements sieht wie folgt aus:

```
<xsl:if test=Ausdruck>
   Schablonenrumpf
</xsl:if>
```

Wenn Sie beispielsweise nur die nchr-Elemente des Dokuments nachricht02_16.xml auswählen wollen, die untergeordnete quelle-Elemente mit dem Inhalt E-Mail haben, können Sie Folgendes schreiben:

```
<xsl:for-each select="nchr" >
  <xsl:if test="quelle='E-Mail'">
     <xsl:value-of select="nachricht"/><br/>
  </xsl:if>
</xsl:for-each>
```

Wenn Sie diesen Ausschnitt in eine Schablone einfügen, die in Ihrem Dokument auf das notiz-Element vergleicht, gibt es den Inhalt der nachricht-Elemente zurück, für die das quelle-Element den Inhalt E-Mail hat:

```
Ich brauche ein wenig Hilfe bei den Hausaufgaben
Bitte spiele heute Abend Scribble mit mir
Wir treffen und in der Bibliothek!
Bob hat zurückgerufen.
```

xsl:choose, xsl:when, xsl:otherwise

Das `xsl:choose`-Element in XSLT definiert eine bedingte Schablone, die unter verschiedenen Alternativen wählt. Das `xsl:choose`-Element stellt eine ähnliche Funktionalität wie die Anweisungen `switch`, `if-then-else` oder `select` in anderen Programmiersprachen dar. Das `xsl:choose`-Element hat keine Attribute Es handelt sich dabei um ein Containerelement, das ein oder mehrere untergeordnete `xsl:when`-Elemente und möglicherweise ein untergeordnetes `xsl:otherwise`-Element enthält. Es kann beliebig viele `xsl:when`-Elemente enthalten, aber in jedem `xsl:choose`-Element muss mindestens eines enthalten sein. Das `xsl:otherwise`-Element ist optional, aber wenn es vorhanden ist, muss es das letzte Element im `xsl:choose`-Element sein.

```
<xsl:choose>

   <xsl:when test=Ausdruck>
      Schablonenrumpf
   </xsl:when>

   <xsl:otherwise>
      Schablonenrumpf
   </xsl:otherwise>

</xsl:choose>
```

Das `xsl:when`-Element erlaubt, dass eine Anweisung dann ausgeführt wird, wenn eine Bedingung einen Booleschen True-Wert ergibt, vergleichbar mit der Arbeitsweise und den Kriterien des `xsl:if`-Elements. Das `test`-Attribut kann einen beliebigen XPath-Ausdruck als Wert haben. Weil `xsl:otherwise` die Auswahl trifft, wenn die `xsl:when`-Elemente nicht erfüllt werden können, ist dafür kein Boolescher Vergleich erforderlich.

Wenn Sie beispielsweise den Inhalt Ihrer `nachricht`-Elemente abhängig vom Inhalt des `quelle`-Elements unterschiedlich behandeln wollen, formulieren Sie ein `xsl:choose`-Element, das jeden der möglichen Werte des `quelle`-Elements überprüft. Vielleicht wollen Sie eine Beschriftung einführen, die die Quelle jeder Nachricht anzeigt. Für `nchr`-Elemente, die ein untergeordnetes `quelle`-Element mit dem Inhalt `E-Mail` haben, können Sie die Beschriftung `E-Mail-Nachricht:` anzeigen usw. Der Code für das `xsl:choose`-Element wird etwa folgendermaßen aussehen:

```
<xsl:choose>

   <xsl:when test="quelle='E-Mail'">
      <P>E-Mail-Nachricht:
         <xsl:value-of select="nachricht"/><br/>
      </P>
   </xsl:when>
```

```
<xsl:when test="quelle='Telefon'">
  <P>Telefon-Nachricht:
    <xsl:value-of select="nachricht"/><br/>
  </P>
</xsl:when>

<xsl:otherwise>
  <P>Pager-Nachricht:
    <xsl:value-of select="nachricht"/><br/>
  </P>

</xsl:otherwise>

</xsl:choose>
```

Im Fall des Dokuments nachricht02_16.xml können Sie XPath-Ausdrücke verwenden, um auf zwei von drei Werte des quelle-Elements zu testen. Nach dem Test auf zwei Werte bleibt nur noch der dritte Wert übrig und er könnte deshalb mithilfe des xsl:otherwise-Elements ausgewählt werden. Wenn Sie diesen Codeausschnitt in einer Schablone verwenden, die jedes untergeordnete nchr-Element des notiz-Elements in Ihrem Dokument auswählt, würde es beschriftete Nachrichten ausgeben etwa auf die folgende Art:

```
Telefon-Nachricht: Denke daran, auf dem Nachhauseweg von der Arbeit Milch zu
kaufen
E-Mail-Nachricht: Ich brauche ein wenig Hilfe mit den Hausaufgaben!
E-Mail-Nachricht: Bitte spiele heute Abend Scribble mit mir.
Pager-Nachricht: Kauf eine Flasche Wein, die wir heute Abend mit zu der Party
nehmen können!
Phone Nachricht: Bringst du mich zu meiner Freundin?
E-Mail-Nachricht: Wir treffen uns in der Bibliothek!
E-Mail-Nachricht: Bob hat zurückgerufen.
Pager-Nachricht: Hol deine Hemden aus der Reinigung!
```

Weil ein XSL-Stylesheet eine XML-Instanz ist, die den allgemeinen XML-Syntaxregeln folgt, erwarten Sie vielleicht, dass Sie andere Elemente nach Bedarf verschachteln können. Wenn Sie beispielsweise die Ausgabe abhängig von mehreren Quellen sortieren wollen, können Sie ein xsl:sort-Element in das XSLT-Dokument einfügen, das etwa wie folgt aussieht:

```
<xsl:sort select="quelle" order="ascending"/>
```

xsl:choose erlaubt jedoch keine anderen untergeordneten Elemente als xsl:when und xsl:otherwise. Deshalb müssen Sie den Sortiervorgang irgendwo außerhalb der xsl:choose-Auswahl durchführen.

16.5 Zusammenfassung

Heute haben Sie XSLT (XSL Transformation Language) verwendet, um XML in HTML umzuwandeln. Sie haben gesehen, dass XSLT unabhängig vom restlichen XSL eingesetzt werden kann, um XSLT-Anfragen an einen XSLT-Prozessor zu verarbeiten. Sie haben XT verwendet, einen kostenlosen Java-Prozessor mit einer Befehlszeilen-Schnittstelle, ebenso wie einen Prozessor, der in den XML-Editor XRay eingebaut ist. XSLT verwendet das Konzept der Schablonenvergleiche, um Regelmengen zu erzwingen. XSLT verwendet XPath, um Knoten in einem Quellbaum auf Übereinstimmung zu überprüfen. XSLT ist eine leistungsfähige Technologie, eine ereignisgesteuerte, regelbasierte Programmiersprache.

16.6 Fragen und Antworten

F   *Welche Beziehung besteht zwischen XPath und XSLT?*

A   XPath wird in XSLT-Vergleichsschablonen verwendet, um Elemente zu finden, die von einer Schablonen-Regelmenge verarbeitet werden sollen. XPath war ursprünglich eine Komponenten-Technologie. Später wurde es von XSLT abgespalten, sodass es auch für andere XML-Technologien eingesetzt werden konnte.

F   *Welche Einschränkungen gelten in Bezug auf Hardware und Betriebssystem für XSLT?*

A   XSLT kann auf vielen Systemen eingesetzt werden. Es benötigt nur einen SAX-basierten Parser sowie eine Bibliothek mit allgemeinen Prozeduraufrufen. Es gibt Versionen der XSLT-Engines in den meisten bekannten Programmiersprachen für fast alle gebräuchlichen Computerplattformen.

F   *Das Apache-Projekt verfügt über eine XSLT-Engine namens Xalan, die Sie zusammen mit dem Formatting Objects-Prozessor für Kapitel 15 heruntergeladen haben. Wie kann Xalan genutzt werden, um XML in HTML umzuwandeln?*

A   Xalan ist ein XSLT-Prozessor der Apache XML-Projektgruppe für die Transformation von XML-Dokumenten in HTML, Text oder andere XML-Dokumenttypen. Beispielsweise können Sie Xalan anstelle von XT einsetzen. Zunächst müssen Sie festlegen, welche Version der Xalan-Engine Sie verwenden wollen. Zum Zeitpunkt der Drucklegung dieses Buches beinhaltet beispielsweise die FOP-Distribution Xalan 1.2.2 und Xalan 2.1.0, die beide in Java geschrieben sind. Neue Versionen von Xalan oder anderer Apache-Projektsoftware können Sie immer bei http://xml.apache.org/ herunterladen. Weitere Informationen finden Sie in der Online-Dokumenation der von Ihnen gewählten Version. Wie bei den meisten Java-Applikationen müssen Sie geeignete Umgebungsvariablen einrichten und CLASSPATH so setzen, dass die Applikation und alle benötigten Hilfsapplikationen enthalten sind.

In diesem Fall geben Sie die `Xerces.jar`-Dateien für den Xerces-Parser an oder entsprechende Dateien für den Parser Ihrer Wahl. Sie können Xalan von der Befehlszeile aus mit einer Anweisung wie der folgenden aufrufen:

```
java org.apache.xalan.xslt.Process -IN meineDatei.xml -XSL meineDatei.xsl
    -OUT meineDatei.out
```

Lesen Sie jedoch in der Dokumentation die Syntax der von Ihnen verwendeten Version nach, weil sie möglicherweise eine andere Befehlsstruktur verwendet. Zum Zeitpunkt der Drucklegung dieses Buches gibt es zweiundzwanzig Flags und Argumente, die in der Befehlszeile angegeben werden können, mit denen Sie Traces, Zeilenschaltungen, HTML-Formatierung usw. steuern können. Weitere Informationen finden Sie in der Dokumentation.

16.7 Übung

Anhand der Übung können Sie wieder überprüfen, was Sie heute gelernt haben. Die Antwort finden Sie in Anhang A.

XSLT hat ein Element, `xsl:number`, das übereinstimmende Elemente automatisch nummeriert. Schreiben Sie XSLT-Code, der mithilfe von `xsl:number` die Titel der CDs in Ihrem Dokument `CD.xml` nummeriert. Falls Sie Probleme haben, sehen Sie sich auf der W3C-Site die Beispiele für `xsl:number` an.

XML-Daten an HTML-Elemente binden

XML-Daten an HTML-Elemente binden

Mithilfe der Techniken zur Datenbindung können Sie XML-Daten in HTML-Seiten aufnehmen, um eine flexible Anzeige der Daten zu ermöglichen. Durch die Einrichtung dieser Dateninseln mithilfe von HTML-Elementen, die zu XML-Elementen gebunden sind, können Sie die unterschiedlichsten Ansätze realisieren. Heute lernen Sie die folgenden Dinge kennen:

- wie man einfache Dateninseln anlegt,
- wie man HTML-Elemente zu bestimmten XML-Elementen bindet,
- wie man den Fluss der gebundenen Daten mit JavaScript steuert,
- wie man ein XML Data Source Object als Java-Applet aufruft, um einer HTML-Seite XML-Daten zu übergeben.

17.1 Einfache Instanzen der Datenbindung anlegen

Das Binden von Daten erfolgt auf die unterschiedlichsten Arten. Zum Teil handelt es sich dabei um eine komplexe Abbildung eines Datenmodells auf ein datenspezifisches Objektmodell in einem Computerprogramm. Auf diese Weise ist es beispielsweise möglich, XML-Daten an Objekte zu binden, die in Java oder anderen Sprachen erzeugt wurden. Einige Formen der Datenbindung können allgemeine Strukturen effektiv in spezielle Strukturen umwandeln, sodass sie durch andere Applikationen weiterverarbeitet werden können, die stärker strukturierte Daten benötigen. In ihrer einfachsten Form beinhaltet die Datenbindung, was XML betrifft, die Extrahierung von Zeichendaten aus Elementen unter selektiver Programmsteuerung, um diese Daten anderen Elementen in anderen Markup-Sprachen zuzuweisen. Heute werden Sie eine einfache Datenbindung verwenden, um Verknüpfungen zwischen in XML gespeicherten Daten und HTML-Tags, mit denen sie dargestellt werden können, zu erzeugen. Auf diese Weise können Sie die intelligente Datenspeicherung von XML und gleichzeitig die effizienten Darstellungsmöglichkeiten von HTML nutzen.

Mithilfe einer einfachen Datenbindung können Sie XML-Dokumente verarbeiten, um XML-Daten direkt auf einer herkömmlichen HTML-Seite anzeigen. Auch wenn es sich dabei in gewisser Weise um eine Datenumwandlung handelt, werden Sie feststellen, dass die einfache Datenbindung mehr Einschränkungen aufweist als die Sprache XSLT, die Sie in Kapitel 16 kennen gelernt haben. Außerdem werden Sie erfahren, dass viele der heute vorgestellten Techniken nur im Microsoft Internet Explorer Version 4 und höher funktionieren. Nichtsdestotrotz ermöglicht Ihnen das Anlegen einfacher Dateninseln, insbesondere in Kombination mit clientseitigem Scripting, schnell und effizient spezialisierte Werkzeuge für die Auswertung von XML-Daten, die Fehlersuche oder die schnelle Überprüfung symmetrischer XML-Datensätze zu erzeugen. Mit der Beherrschung dieser

Einfache Instanzen der Datenbindung anlegen

Techniken sparen Sie viel Zeit und Arbeit, wenn Sie komplexe XML-Datenauflistungen weiterverarbeiten oder verwalten wollen.

Heute werden Sie einen XML-Datensatz anlegen, die als Datenquelle dient. Sie werden den Datensatz mit einer HTML-Seite verknüpfen und die HTML-Elemente dann mit den Feldern des Datensatzes verbinden, beispielsweise Elemente im XML-Dokument. Sie werden die DSO-Programmierung (Data Source Object) kennen lernen, indem Sie unterschiedliche Technologien ausprobieren, wie beispielsweise direktes DSO-Laden sowie XMLDSO-Java-Applets. Anschließend werden Sie die Datenbindung mit dem Scripting kombinieren, um den Fluss der XML-Daten auf der HTML-Seite zu steuern. Diese Ansätze verwenden in ihrer heutigen Form Microsoft-Softwaretechniken, die von keinem anderen Hersteller unterstützt werden. Weil die Werkzeuge jedoch kostenlos zur Verfügung gestellt werden und es sie für die unterschiedlichsten Plattformen gibt, stellen sie eine gute Gelegenheit dar, sich mit der Datenbindung vertraut zu machen.

XML-Dokumentstruktur

Damit Sie die einfachen Beispiele für die Datenbindung nachvollziehen können, die Sie in diesem Kapitel kennen lernen werden, können Sie eines der XML-Dokumente aus früheren Kapiteln neu anlegen oder ablegen. Verwenden Sie ein Dokument, das symmetrisch strukturiert ist, um den Datenfluss auf die HTML-Seite zu steuern. Eine symmetrische Dokumentstruktur ist charakteristisch für eine flache Datenbank, in der Datensätze mit vordefinierten Feldern in statischer Reihenfolge abgelegt sind. Wenn wir die Metapher des Nachrichtensystems verwenden, das in den letzten Kapiteln entwickelt wurde, stellt jede eindeutige nchr einen Datensatz dar. Das Wurzelelement notiz kann eine beliebige Anzahl dieser Datensätze enthalten wie beispielsweise untergeordnete Elemente. Jedes nchr-Element enthält untergeordnete quelle-, von- und nachricht-Elemente – das sind die Felder der Datensätze –, die wiederum Zeichendaten enthalten.

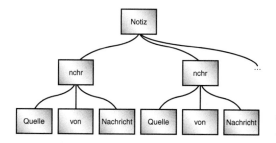

Abbildung 17.1: Struktur des XML-Nachrichten-Quelldokuments

Sie sehen, dass sich das Muster auf vorhersehbare Weise wiederholt und dass das Wurzelelement eine beliebige Anzahl von nchr-Elementen enthält, die alle dieselbe untergeordnete Elementstruktur enthalten. Unter Verwendung dieser Struktur und der Vorausset-

XML-Daten an HTML-Elemente binden

zung, dass alle Elementtypen in Ihrem Dokument exakt wie in der Abbildung bezeichnet sind, legen Sie ein XML-Instanzdokument an und speichern es als nachricht01_17.xml. Wenn Sie die hier vorgestellten Beispiele nachvollziehen, werden Sie dieses Dokument mehrfach brauchen. Es ist sinnvoll, wenn Sie mehrere Einträge in Ihrem Datensatz anlegen; legen Sie also entweder neue Einträge an oder erstellen Sie sie durch Kopieren und Einfügen, sodass Sie mindestens sechs untergeordnete nchr-Elemente haben, die alle weitere untergeordnete quelle-, von- und nachricht-Elemente enthalten. Listing 17.1 zeigt ein Beispiel für den benötigten XML-Datensatz. Sie verwenden möglicherweise andere Zeichendaten, aber stellen Sie unbedingt sicher, dass Sie identische Elementnamen verwenden, auch in Hinblick auf die Groß-/Kleinschreibung.

Listing 17.1: Ein hierarchischer XML-Datensatz – nachricht01_17.xml

```
 1:  <?xml version="1.0"?>
 2:  <!-- Listing 17.1 - nachricht01_17.xml -->
 3:
 4:  <notiz>
 5:    <nchr>
 6:      <quelle>Telefon</quelle>
 7:      <von>Kathy Shepherd</von>
 8:      <nachricht>Denke daran, auf dem Nachhauseweg von der Arbeit Milch zu kaufen</nachricht>
 9:    </nchr>
10:
11:    <nchr>
12:      <quelle>E-Mail</quelle>
13:      <von>Greg Shepherd</von>
14:      <nachricht>Ich brauche ein wenig Hilfe bei den Hausaufgaben</nachricht>
15:    </nchr>
16:
17:    <nchr>
18:      <quelle>E-Mail</quelle>
19:      <von>Kristen Shepherd</von>
20:      <nachricht>Bitte spiele heute Abend Scribble mit mir </nachricht>
21:    </nchr>
22:
23:    <nchr>
24:      <quelle>Pager</quelle>
25:      <von>Kathy Shepherd</von>
26:      <nachricht>Kauf eine Flasche Wein, die wir heute Abend zu der Party mitbringen koennen!</nachricht>
27:    </nchr>
28:
29:    <nchr>
30:      <quelle>Telefon</quelle>
```

Einfache Instanzen der Datenbindung anlegen

```
31:     <von>Kristen Shepherd</von>
32:     <nachricht>Kannst du mich zu meiner Freundin bringen?</nachricht>
33:   </nchr>
34:
35:   <nchr>
36:     <quelle>E-Mail</quelle>
37:     <von>Greg Shepherd</von>
38:     <nachricht>Wir treffen uns in der Bibliothek!</nachricht>
39:   </nchr>
40:
41:   <nchr>
42:     <quelle>E-Mail</quelle>
43:     <von>Kathy Shepherd</von>
44:     <nachricht>Bob hat zurueckgerufen.</nachricht>
45:   </nchr>
46:
47:   <nchr>
48:     <quelle>Pager</quelle>
49:     <von>Kathy Shepherd</von>
50:     <nachricht>Hol Deine Hemden aus der Reinigung!</nachricht>
51:   </nchr>
52:
53: </notiz>
```

Das Wurzelelement notiz enthält untergeordnete nchr-Elemente, die nur über Elementinhalt verfügen. Jedes nchr-Element enthält je ein untergeordnetes quelle-, von- und nachricht-Element. Die Elemente quelle, von und nachricht enthalten Zeichendaten.

Sie sehen, dass im Dokument nachricht01_17.xml die nchr-Elemente mit Datensätzen oder Zeilen einer konventionellen Datenbank verglichen werden können und dass die untergeordneten Elemente quelle, von und nachricht den Feldern oder Spalten dieser Datensätze entsprechen. Im nächsten Abschnitt werden Sie dieses Dokument mit einer HTML-Seite verknüpfen und dann Standard-HTML-Elemente zu den Feldern des Datensatzes binden. Als Nächstes werden Sie die Verknüpfung einrichten.

Ein XML-Dokument mit einer HTML-Seite mit einer Dateninsel verknüpfen

Damit einer HTML-Seite ein XML-Dokument zugeordnet werden kann, muss eine Verknüpfung eingerichtet werden. Dazu verwenden Sie ein spezielles HTML-Element, <XML>. Bei diesem Element, das im Microsoft Internet Explorer 4.0 und höher unterstützt wird, handelt es sich um ein HTML-Element, nicht um ein XML-Element. <XML> kann verschiedene Attribute verarbeiten, aber normalerweise verwenden Sie zwei, die für die Datenbindung benötigt werden. Das quelle-Attribut (src) stellt einen gültigen URI bereit, unter dem die zu verknüpfende XML-Datenquelle zu finden ist. Ein id-Attribut stellt eine Namensreferenz dar, auf die überall auf der HTML-Seite verwiesen werden kann, sodass Sie die Daten aus dem XML-Dokument in die Programmierung aufnehmen können. Die Syntax für das HTML-Element <XML> sieht folgendermaßen aus:

```
<XML src="[URI]" id="[Name]"/>
```

Interessanterweise unterstützen einige Versionen des Microsoft Internet Explorers (IE) dieses Tag nicht in der gezeigten Form. Frühe Builds des IE unterstützen HTML Version 4.01 nicht oder XHTML 1.0 akzeptiert die Kurzformversion dieses leeren Elements nicht. Wenn Sie feststellen, dass Sie eines der Beispiele aus den nachfolgenden Übungen nicht wie vorgesehen nachvollziehen können, muss möglicherweise Ihre Browser-Version aktualisiert werden. Als Kompromiss zum Upgrade sollte es jedoch möglich sein, die Langform des HTML-Elements zu verwenden:

```
<XML src="[URI]" id="[Name]"></XML>
```

Beachten Sie, dass ein abschließendes Tag verwendet wird, obwohl es sich hier um ein leeres Element handelt. Einige Versionen des IE unterstützen das selbstterminierende leere HTML-Tag nicht. Das gilt insbesondere für Builds von Version 5.0 des IE auf einigen Plattformen, sowie für den aktuellen IE 6.0. Darüber hinaus kann es wie bei jeder anderen Software vorkommen, dass die älteren Builds Fehler und Sicherheitslücken enthalten, die in neueren Versionen korrigiert wurden.

Die Verwendung des <XML>-Tags erzeugt eine Verknüpfung, die auch als Dateninsel bezeichnet wird. Eine Dateninsel ist ein in eine HTML-Seite eingebettetes XML-Dokument. Das XML-Dokument könnte im virtuellen Sinne eingebettet sein, nämlich durch die Verwendung des <XML>-Tags mit einem src-Attribut, das einen URI für ein externes XML-Dokument anbietet, oder es könnte eingebettet werden, indem das XML-Dokument in den Code für die HTML-Seite einkopiert wird. Im letzteren Fall, der einen weniger praktischen Ansatz darstellt, wird das XML-Dokument in <XML>-Tags eingeschlossen.

Obwohl ein XML-Dokument direkt in den HTML-Code eingebettet werden kann, ist das nicht besonders praktisch und widerspricht den Grundsätzen der guten XML-Programmierung, die versucht, Inhalt und Stil voneinander zu trennen. Der gesamte Code, den Sie heute verwenden, benutzt externe XML-Datenquellendokumente.

Bei Verwendung einer externen Verknüpfung zum Dokument nachricht01_17.xml, das Sie in diesem Kapitel bereits angelegt haben, kann die Verknüpfung etwa wie folgt aussehen:

```
<XML id="meineNchr" src="nachricht01_17.xml"/>
```

Einfache Instanzen der Datenbindung anlegen

Der Wert des id-Attributs ("meineNchr") stellt einen eindeutigen Namen dar, den Sie zugewiesen haben und auf den überall im HTML über das Doppelkreuz (#) verwiesen werden kann. Mit anderen Worten, es wird ein Verweis auf diese Dateninsel als #meineNchr für jedes beliebige Element kodiert, das diese Zuordnung benötigt.

Falls es erforderlich ist, kann das src-Attribut auch einen vollständig qualifizierten URI als Wert enthalten. Die Datenquelle kann sich also an beliebiger Stelle im Internet befinden oder lokal innerhalb derselben Domain oder auf demselben Host sein, wie auch in diesem Beispiel.

Einen XML-Link auf einer HTML-Seite platzieren

Nachdem Sie die Syntax für die Verknüpfung einer XML-Dateninsel kennen, legen Sie eine HTML-Seite an, die das Tag beinhaltet. Für die heutige Übung wird vorausgesetzt, dass Sie bereits wissen, wie man HTML-Seiten schreibt. Sie verwenden dazu die typischen HTML-Elemente wie beispielsweise HTML, HEAD, BODY usw. und platzieren das neue <XML>-Tag mit den entsprechenden Attributen im Rumpfabschnitt Ihrer HTML-Seite. Listing 17.2 zeigt eine mögliche HTML-Seite mit der neuen Dateninsel. Legen Sie eine ähnliche Seite an und speichern Sie sie unter dem Namen insel01.html ab.

Listing 17.2: Eine HTML-Seite mit einer XML-Dateninsel – insel01.html

```
 1: <!DOCTYPE HTML PUBLIC "-//W3C//DTD HTML 4.01 Transitional//EN"
 2: "http://www.w3.org/TR/html4/loose.dtd">
 3: <!-- Listing 17.2 insel01.html -->
 4:
 5: <HTML>
 6: <HEAD>
 7: <TITLE>XML-Dateninsel</TITLE>
 8: </HEAD>
 9:
10: <BODY>
11: <XML id="meineNchr" src="nachricht01_17.xml"/>
12:
13: </BODY>
14: </HTML>
```

Die Zeilen 1 und 2 enthalten die DOCTYPE-Deklaration für ein HTML-Dokument Version 4.01, das der Transitional-DTD für HTML entspricht. Zeile 11 ist das Element (<XML id="meineNchr" src="nachricht01_17.xml"/>), das die Datenquelle nachricht01_17.xml, die über die Referenz meineNchr angesprochen wird, mit dem HTML-Dokument verknüpft.

XML-Daten an HTML-Elemente binden

Nachdem Sie insel01.html erstellt haben, laden Sie es in den IE und sehen sich die Ergebnisse an. Warum glauben Sie, passiert in dieser Phase scheinbar nicht besonders viel?

Sie haben eine Dateninsel angelegt, die das Dokument nachricht01_17.xml mit der Seite insel01.html verknüpft, aber Sie haben die Daten aus dem XML-Dokument noch nicht zu den Elementen im HTML gebunden, die es anzeigen können. Es wird also auch noch nichts angezeigt. Sie müssen die HTML-Datenelemente binden, um die XML-Dokumentdaten auf einer HTML-Seite zu platzieren.

HTML-Elemente an XML-Elemente binden

Es ist für jede beliebige Darstellungsform erforderlich, dass Sie HTML-Elemente an bestimmte XML-Elemente des XML-Datensatzes binden. Im Folgenden sind einige der HTML-Elemente aufgelistet, für die eine Datenbindung möglich ist:

- A
- APPLET
- BUTTON
- DIV
- FRAME
- IMG
- INPUT
- LABEL
- MARQUEE
- SELECT
- SPAN
- TEXTAREA

Heute werden Sie hauptsächlich DIV und SPAN als Container für XML-Daten verwenden, die innerhalb anderer HTML-Elemente platziert werden können, um die Anzeige von Daten im Browser zu steuern. Wenn Sie ein HTML-Element zu einem XML-Element binden, zeigt der Browser den Zeichendateninhalt des XML-Elements an. Die Syntax der DIV- und SPAN-Elemente sieht für diese Bindung so aus:

```
<DIV datasrc="#[Referenz] datafld="[XML-Elementtyp]"></DIV>
```

oder

```
<SPAN datasrc="#[Referenz] datafld="[XML-Elementtyp]"></SPAN>
```

Das `datasrc`-Attribut stellt die Quelle der Daten bereit, die zu dem Element gebunden wird. Das `datafld`-Attribut gibt das Komponenten-Quellfeld an, das gebunden wird und das aus der `datasrc` erhalten wird. Um ein HTML-`SPAN`-Element zu einem `von`-Element im `nachricht01_17.xml`-Dokument zu binden, können Sie das `SPAN`-Element wie folgt kodieren:

```
<SPAN datasrc="#meineNchr" datafld="von"></SPAN>
```

Damit werden Sie `SPAN` zu dem `von`-Element im benannten (`#meineNchr`) Data Source Object (`nachricht01_17.xml`) binden, auf das verwiesen wird.

Obwohl es sich sowohl bei `DIV` als auch bei `SPAN` um Container-Elemente handelt, die Daten, Stile oder andere HTML-Elemente für die Verwendung auf einer HTML-Seite enthalten können, verhalten sie sich unterschiedlich. Das `DIV`-Element ist ein Blockelement, das erzwingt, dass der Inhalt unterscheidbar von anderen Elementen angezeigt wird, indem Zeilenumbrüche vor und nach seinem Inhalt hinzugefügt werden. Das `SPAN`-Element ist ein Inline-Container-Element, das häufig verwendet wird, um einem existierenden Element Stil hinzuzufügen. `SPAN` erzeugt keine Zeilenumbrüche vor und nach seinem Inhalt, sondern integriert den Inhalt innerhalb der es umschließenden Elemente. Normalerweise verwenden Sie das `SPAN`-Element, wenn Sie Daten von einem XML-Dokument in existierende HTML-Strukturen aufnehmen wollen.

HTML-Tabellen mit XML-Daten erstellen

Angenommen, Sie wollen Daten aus `nachricht01_17.xml` in einer Tabelle oder auf einer HTML-Seite anzeigen. Sie können `SPAN` innerhalb der `TD`-Zellen-Elemente der Tabelle verwenden. Das ist erforderlich, weil das `TD`-Element keines der HTML-Elemente ist, für die eine Bindung möglich ist. Nichtsdestotrotz ist die Erstellung einer Tabelle gebundener Elemente mithilfe von `SPAN` eine der einfachsten Methoden, XML-Daten auf einer HTML-Seite anzuzeigen, weil das HTML-Element `TABLE` während der dynamischen Darstellung der Daten rekursiv verwendet werden kann. Mit anderen Worten, Sie können eine vollständige Tabelle mit XML-Daten auf einer HTML-Seite mit einer Zeile für jeden Eintrag des Datensatzes erstellen, indem Sie nur eine Zeile HTML-Tabellencode schreiben. Die Tabelle erzeugt dynamisch ausreichend viele Zeilen, um die Daten anzuzeigen, die bei der Verarbeitung der verknüpften Datenquelle übergeben werden. Die Syntax für das HTML-Tabellenelement sieht folgendermaßen aus:

```
<TABLE datasrc="#[Referenz]">
 <TR>
  <TD><SPAN datafld="[Elementname]"></SPAN></TD>
  [... ein weiteres <TD> für jedes zusätzliche Feld]
 </TR>
</TABLE>
```

XML-Daten an HTML-Elemente binden

Falls das SPAN-Element in einem anderen HTML-Element enthalten ist, können Sie die Kurzform für ein leeres Element verwenden:

```
<TD><SPAN datafld="[Elementname]"/></TD>
```

Auf Grund der unterschiedlichen Unterstützung durch verschiedene Browser-Versionen müssen Sie jedoch möglicherweise bei der Langversion bleiben.

Für das Dokument nachricht01_17.xml kann das TABLE-Element wie folgt aussehen:

```
<TABLE datasrc="#meineNchr">
 <TR>
  <TD><SPAN datafld="quelle"></SPAN></TD>
  <TD><SPAN datafld="von"></SPAN></TD>
  <TD><SPAN datafld="nachricht"></SPAN></TD>
 </TR>
</TABLE>
```

Fügen Sie ein paar typische Tabellen-Attribute ein, um Ihre eigene Tabelle ein wenig zu verschönern, und fügen Sie eine Überschriftzeile ein, um die Spalten Ihrer Tabelle zu beschriften. Listing 17.3 zeigt einen möglichen Ansatz. Legen Sie ein ähnliches HTML-Dokument an und speichern Sie es unter dem Namen insel02.html.

Listing 17.3: HTML-Tabellenzellen, die zu einer XML-Datenquelle gebunden sind – insel02.html

```
 1: <!DOCTYPE HTML PUBLIC "-//W3C//DTD HTML 4.01 Transitional//EN"
 2: "http://www.w3.org/TR/html4/loose.dtd">
 3: <!-- Listing 17.3 insel02.html -->
 4:
 5: <HTML>
 6: <HEAD>
 7: <TITLE>XML-Dateninsel</TITLE>
 8: </HEAD>
 9:
10: <BODY>
11: <XML id="meineNchr" src="nachricht01_17.xml"/>
12: <H1>Meine Nachrichten</H1>
13:   <TABLE id="table" border="6" width="100%"
14:      datasrc="#meineNchr" summary="Nachrichten">
15:     <THEAD style="background-color: aqua">
16:        <TH>Quelle</TH>
17:        <TH>Von</TH>
18:        <TH>Nachricht</TH>
19:     </THEAD>
20:     <TR valign="top" align="center">
21:        <TD><SPAN datafld="quelle"/></TD>
```

Einfache Instanzen der Datenbindung anlegen

```
22:        <TD><SPAN datafld="von"/></TD>
23:        <TD><SPAN datafld="nachricht"/></TD>
24:      </TR>
25:    </TABLE>
26:  </BODY>
27: </HTML>
```

Die Zeile 11 richtet die Dateninsel mit dem XML-Element ein. Das Attribut id="meineNchr" stellt eine Referenz (meineNchr) zur Verfügung, die in Zeile 14 verwendet wird, um die Datenquelle für die Tabelle anzugeben. Das gebundene XML-Dokument wird durch den Wert des Attributs src angegeben. Das Start-Tag für die Tabelle (Zeilen 13-14) enthält das datasrc-Attribut, das die benannte Referenz (#meineNchr) der Dateninsel angibt. Das Start-Tag für die Tabelle enthält auch noch andere Attribute, die für die Identifizierung – id und summary – oder die Formatierung – border und width – der Tabellenausgabe verwendet werden. Ein Tabellen-head-Abschnitt wird angelegt (Zeilen 15-19), um eine Überschriftzeile zur Beschriftung der Tabellenspalten anzubieten. Der einzige TR wird in den Zeilen 20-24 kodiert. Die Zeilen 21-23 binden die XML-Elemente quelle, von und nachricht unter Verwendung von SPAN-Elementen.

Wenn Sie dieses Dokument in den Microsoft Internet Explorer Version 5.0 oder höher laden, erhalten Sie eine Ausgabe wie in Abbildung 17.2 gezeigt.

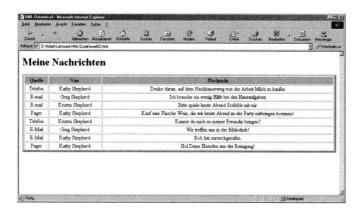

Abbildung 17.2:
XML-Daten in einer
HTML-Tabelle

Wie Sie aus diesem Beispiel erkennen, wird die Tabelle dynamisch erstellt, bis alle XML-Daten dargestellt sind, obwohl auf der HTML-Seite nur eine einzige Datenzeile kodiert wurde. Damit haben Sie eine einfache, effiziente und praktische Technik an der Hand, mit der Sie XML-Daten auf eine HTML-Seite laden können.

JavaScript-Datenfluss-Steuerelemente hinzufügen

Wenn Sie diese Techniken nutzen, um große XML-Datensätze anzuzeigen, wollen Sie den Datenfluss möglicherweise in einzelnen Seitenabschnitten steuern. Um diese Art der Steuerung zu demonstrieren, setzen Sie das `datapagesize`-Attribut des `TABLE`-Elements auf den Wert 3. Sie können jeden beliebigen Wert einsetzen, um die maximale Anzahl der Datenzeilen anzugeben, die jeweils angezeigt werden sollen. Im Fall Ihrer Seite `insel02.html` führt die Angabe des neuen Attributs zu einem Start-Tag für die Tabelle, das wie folgt aussieht:

```
<TABLE id="table" border="6" width="100%"
    datasrc="#meineNchr" summary="Nachrichten"
    datapagesize="3">
```

JavaScript stellt eine Möglichkeit dar, sich durch mehrseitige Dokumente auf einer Webseite zu bewegen. Dazu werden Methoden auf einige Objekte angewendet. Um sich in diesem Fall durch alle Datensätze zu bewegen, können Sie die Standard-Methoden aufrufen, die JavaScript für das Paging anbietet, beispielsweise `firstPage()`, `lastPage()`, `nextPage()` und `previousPage()` für das Data Source Object. Sie fügen die Paging-Methoden einfach an den Wert des `id`-Attributs für das Start-Tag von `TABLE` an, um vollständig qualifizierte Methodenaufrufe zu erzeugen. Um beispielsweise die erste Seite der Datenquelle `#meineNchr` anzuzeigen, verwenden Sie die Methode `firstPage()`:

```
table.firstPage()
```

Der Wert des `id`-Attributs für das `TABLE`-Element ist `table`. Die vollständig qualifizierte Methode zum Laden der ersten Seite ist also `table.firstPage()`. Andere Paging-Methoden von JavaScript sind unter anderem `previousPage()`, `nextPage()` und `lastPage()`.

Eine der einfachsten Möglichkeiten, eine dieser Methoden aufzurufen, ist es, den Methodenaufruf dem `onClick`-Attribut eines HTML-`BUTTON`-Elements zuzuweisen. Beispielsweise können Sie die folgenden Zeilen nutzen, um vier Schaltflächen anzulegen:

```
<BUTTON onClick="table.firstPage()">&lt;&lt;
</BUTTON>

<BUTTON onClick="table.previousPage()">&lt;
</BUTTON>

<BUTTON onClick="table.nextPage()">&gt;
</BUTTON>

<BUTTON onClick="table.lastPage()">&gt;&gt;
</BUTTON>
```

Einfache Instanzen der Datenbindung anlegen

Ändern Sie Ihre HTML-Seite ab, indem Sie dem TABLE-Element das datapagesize-Attribut hinzufügen und die BUTTON-Aufrufe aufnehmen. Speichern Sie die geänderte Seite unter dem Namen insel03.html. Listing 17.4 zeigt die vollständige HTML-Seite mit den erforderlichen Änderungen.

Listing 17.4: Paging-Steuerelemente von JavaScript in einer HTML-Tabelle, die gebundene XML-Daten enthält – insel03.html

```
 1: <!DOCTYPE HTML PUBLIC "-//W3C//DTD HTML 4.01 Transitional//EN"
 2: "http://www.w3.org/TR/html4/loose.dtd">
 3: <!-- Listing 17.4 insel03.html -->
 4:
 5: <HTML>
 6: <HEAD>
 7: <TITLE>XML-Dateninsel</TITLE>
 8: </HEAD>
 9:
10: <BODY>
11: <XML id="meineNchr" src="nachricht01_17.xml"/>
12: <H1>Meine Nachrichten</H1>
13:   <TABLE id="table" border="6" width="100%"
14:      datasrc="#meineNchr" summary="nachrichten"
15:      datapagesize="3">
16:      <THEAD style="background-color: aqua">
17:          <TH>Quelle</TH>
18:          <TH>Von</TH>
19:          <TH>Nachricht</TH>
20:      </THEAD>
21:      <TR valign="top" align="center">
22:          <TD><SPAN datafld="quelle"/></TD>
23:          <TD><SPAN datafld="von"/></TD>
24:          <TD><SPAN datafld="nachricht"/></TD>
25:      </TR>
26:   </TABLE>
27:   <BR/>
28:   <BUTTON onClick="table.firstPage()">&lt;&lt;
29:   </BUTTON>
30:
31:   <BUTTON onClick="table.previousPage()">&lt;
32:   </BUTTON>
33:
34:   <BUTTON onClick="table.nextPage()">&gt;
35:   </BUTTON>
36:
37:   <BUTTON onClick="table.lastPage()">&gt;&gt;
```

XML-Daten an HTML-Elemente binden

```
38:    </BUTTON>
39:
40: </BODY>
41: </HTML>
```

Das Start-Tag des TABLE-Elements (Zeilen 13-15) enthält ein datapagesize-Attribut, das auf drei Datenzeilen gesetzt ist. Die Schaltflächen für die Paging-Aufrufe sind in den Zeilen 28-38 kodiert. Die in den Zeilen 28-29 erstellte Schaltfläche lädt die erste Seite der Daten, wenn der Benutzer darauf klickt. Der Text auf der Schaltfläche besteht aus zwei Kleiner-Zeichen (<<), die entsprechend als Entities (< bzw. >) kodiert sind, um Probleme beim Parsing von Markup-Zeichen zu vermeiden; sie symbolisieren einen Sprung zum ersten Eintrag des Datensatzes.

Die in den Zeilen 31 und 32 erstellte Schaltfläche lädt die vorherige Datenseite, wenn der Benutzer sie anklickt. Zeigt die Tabelle bereits die erste Datenseite an, wird das Anklicken dieser Schaltfläche ignoriert. Die in den Zeilen 34–35 erstellte Schaltfläche lädt die nächste Datenseite, wenn der Benutzer sie anklickt. Zeigt die Tabelle bereits die letzte Datenseite an, wird das Anklicken dieser Schaltfläche ignoriert. Die in den Zeilen 37-38 erzeugte Schaltfläche lädt die letzte Datenseite, wenn der Benutzer sie anklickt.

Nachdem Sie Ihre neue HTML-Seite erstellt und gespeichert haben, laden Sie sie in den Internet Explorer. Ihre Anzeige soll wie in Abbildung 17.3 gezeigt aussehen.

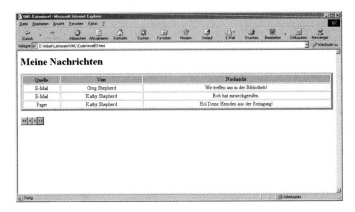

Abbildung 17.3:
XML-Daten in einer
HTML-Tabelle mit
JavaScript-Paging-Steuerelementen

Daten einzelner Datensätze anzeigen

Angenommen, Sie wollen jeweils einen einzigen Eintrag aus dem XML-Datensatz anzeigen. Sie können die Felder einfach auflisten, ohne sie zu einer Tabelle zu binden, und

Einfache Instanzen der Datenbindung anlegen

sich dann mithilfe der JavaScript-Steuerelemente vorwärts und rückwärts durch die Daten bewegen. Die XML-Daten bestehen aus mehreren Datensätzen, wie Sie heute bereits erfahren haben. Diese Datensätze können einzeln angesprochen werden, indem das DSO-recordset-Objekt verwendet wird. Das DSO (Data Source Object) ist Teil der Standard-Zugriffstechnologie, die Microsoft als ADO (ActiveX Data Objects) bezeichnet. Es gibt ADOs für die unterschiedlichsten Datenformate wie unter anderem Datenbanken, einfacher Text oder XML, aber Sie werden hier die DSO-Methoden verwenden, die zur XMLDSO-Technologie (XML Data Source Object) gehören.

Legen Sie zunächst eine Liste der Felder an. Dazu verwenden Sie eine einfache SPAN-Kombination anstelle der in der letzten Übung erstellten TABLE. Sie kann beispielsweise so aussehen:

```
<BODY>
<XML id="meineNchr" src="nachricht01_17.xml"/>
<H1>Meine Nachrichten</H1>
  <SPAN datasrc="#meineNchr" datafld="quelle"></SPAN><BR/>
  <SPAN datasrc="#meineNchr" datafld="von"></SPAN/><BR/>
  <SPAN datasrc="#meineNchr" datafld="nachricht"></SPAN/><BR/>
</BODY>
```

Anschließend fügen Sie die HTML-Schaltflächen für die Steuerung der DSO-Datensatzmethoden ein. Tabelle 17.1 zeigt einen Überblick über die verfügbaren Methoden.

Methode	Worauf sie zugreift	Aufrufsyntax
move	Den angegebenen Eintrag im Datensatz über seinen Ordinalwert (#)	meineNchr.recordset.move([#])
moveFirst	Den ersten Eintrag im Datensatz	meineNchr.recordset.moveFirst()
moveLast	Den letzten Eintrag im Datensatz	meineNchr.recordset.moveLast()
moveNext	Den nächsten Eintrag im Datensatz	meineNchr.recordset.moveNext()
movePrevious	Den vorherigen Eintrag im Datensatz	meineNchr.recordset.movePrevious()

Tabelle 17.1: DSO-Datensatzmethoden

Um beispielsweise zum letzten Eintrag im Datensatz zu gehen, schreiben Sie folgendes Script für die Schaltfläche:

XML-Daten an HTML-Elemente binden

```
<BUTTON onClick="meineNchr.recordset.movelast()">
    &gt;&gt;
</BUTTON>
```

Wenn der Benutzer diese Schaltfläche anklickt, ruft sie die DSO-Datensatzmethode auf, um den letzten Eintrag im Datensatz, auf den über `meineNchr` verwiesen wird, anzuzeigen. Die JavaScript-Methoden, die Sie zuvor aufgerufen haben, schützen gegen die Fehler, dass über das Dateiende bzw. den Dateianfang hinausgelesen wird, indem Aufrufe ignoriert werden, die nicht im Gültigkeitsbereich des Dokuments liegen. Die DSO-Methoden sehen keinen solchen Schutz vor, deshalb müssen Sie die möglicherweise auftretenden Fehler im Script auffangen – falls Sie sich am ersten oder letzten Eintrag befinden und versuchen, auf einen nicht existenten vorherigen oder nächsten Eintrag zuzugreifen. Das Datensatzobjekt hat eine BOF- (Beginning of File) und eine EOF (End of File)-Eigenschaft, die Ihnen dabei helfen kann. Sie testen im Schaltflächen-Script innerhalb einer `if`-Anweisung einfach auf die Werte EOF und BOF. Die Schaltfläche `movePrevious` beispielsweise prüft, ob sich der Datensatz am Dateianfang (BOF) befindet. Ist dies der Fall, ruft das Script eine `moveNext()`-Methode statt einer `movePrevious()`-Methode auf. Das Script sieht wie folgt aus:

```
<BUTTON onClick="meineNchr.recordset.moveprevious();
        if (meineNchr.recordset.BOF)
            meineNchr.recordset.movenext()">
```

Bei Verwendung dieser Techniken kann der vollständige Codeausschnitt für die Schaltflächen folgendermaßen aussehen:

```
<BUTTON onClick="meineNchr.recordset.movefirst()">
    &lt;&lt;
</BUTTON>
<BUTTON onClick="meineNchr.recordset.moveprevious();
        if (meineNchr.recordset.BOF)
            meineNchr.recordset.movenext()">
    &lt;
</BUTTON>
<BUTTON onClick="meineNchr.recordset.movenext();
        if (meineNchr.recordset.EOF)
            meineNchr.recordset.moveprevious()">
    &gt;
</BUTTON>
<BUTTON onClick="meineNchr.recordset.movelast()">
    &gt;&gt;
</BUTTON>
```

Wenn Sie all dies kombinieren und eine wie in Listing 17.5 gezeigte HTML-Seite erstellen, können Sie die einzelnen Einträge des XML-gebundenen Datensatzes durchlaufen.

Einfache Instanzen der Datenbindung anlegen

Die Website des Microsoft Developers Network enthält unter
http://msdn.microsoft.com/library/default.asp?url=/library/en-us/
xmlsdk30/htm/xmconadditionaldatabindingandxmlrequelles.asp
weitere Informationen über XML Data Source Object-Methoden, Datenbindungs-Architekturen sowie Ereignismodell-Unterstützung für die Datenbindung.

Listing 17.5: Anzeige einzelner Dateneinträge – insel04.html

```
 1: <!DOCTYPE HTML PUBLIC "-//W3C//DTD HTML 4.01 Transitional//EN"
 2: "http://www.w3.org/TR/html4/loose.dtd">
 3: <!-- Listing 17.5 insel04.html -->
 4:
 5: <HTML>
 6: <HEAD>
 7: <TITLE>XML-Dateninsel</TITLE>
 8: </HEAD>
 9:
10: <BODY>
11: <XML id="meineNchr" src="nachricht01_17.xml"/>
12: <H1>Meine Nachrichten</H1>
13: <SPAN datasrc="#meineNchr" datafld="quelle"></SPAN><BR/>
14: <SPAN datasrc="#meineNchr" datafld="von"></SPAN/><BR/>
15: <SPAN datasrc="#meineNchr" datafld="nachricht"></SPAN/><BR/>
16:
17: <BR/>
18:
19: <BUTTON onClick="meineNchr.recordset.movefirst()">
20:     &lt;&lt;
21: </BUTTON>
22: <BUTTON onClick="meineNchr.recordset.moveprevious();
23:           if (meineNchr.recordset.BOF)
24:              meineNchr.recordset.movenext()">
25:     &lt;
26: </BUTTON>
27: <BUTTON onClick="meineNchr.recordset.movenext();
28:           if (meineNchr.recordset.EOF)
29:              meineNchr.recordset.moveprevious()">
30:     &gt;
31: </BUTTON>
32: <BUTTON onClick="meineNchr.recordset.movelast()">
33:     &gt;&gt;
34: </BUTTON>
35:
36: </BODY>
37: </HTML>
```

XML-Daten an HTML-Elemente binden

Die Zeile 11 richtet die Dateninsel unter Verwendung des HTML-Elements XML ein. Die Zeilen 13-15 zeigen einen einzelnen Dateneintrag unter Verwendung von SPAN-Elementen an, um die Elemente quelle, von und nachricht zu binden. Die Scripts für die Schaltflächen, die die zuvor beschriebenen DSO-Datensatzmethoden aufrufen, befinden sich in den Zeilen 19-34.

17.2 Instanzierung von XMLDSL über ein Java-Applet

Wenn Sie den Internet Explorer auf Ihrem Computer installieren, ist das allgemeine Java-Bibliothekspaket com.ms.xml.dso in der Distribution enthalten. Dieses Paket enthält ein Applet namens XMLDSO, das benutzt werden kann, um XML-Daten auf einer HTML-Seite anzubieten – in Kombination mit den Datenbindungstechniken, die Sie in diesem Kapitel bereits kennen gelernt haben. In der nächsten Übung werden Sie dieses Applet aufrufen, um einen Pfad für die Daten einzurichten, die zu den XML-Elementen in einer HTML-Tabelle gebunden sind.

Die DSO-Applets wurden ursprünglich als Teil einer allgemeinen Strategie erstellt, um auf HTML-Seiten strukturierte Informationen über Objekte aufzuzeigen. Die ersten dieser Objekte wurden angelegt, um die Datensätze relationaler Datenbanken auf HTML-Seiten zur Verfügung zu haben. Später wurde ein XML DSO erzeugt, um XML-Datenquellen zu HTML-Elementen zu binden.

Die Syntax für den Aufruf einer XMLDSO-Applets auf einer HTML-Seite sieht wie folgt aus:

```
<APPLET code="com.ms.xml.dso.XMLDSO.class"
    width="100%" height="50" id="[Referenz]">
  <PARAM NAME="url" VALUE="[URI]">
</APPLET>
```

Das Start-Tag APPLET beinhaltet ein code-Attribut. Der Wert des code-Attributs ist der vollständig qualifizierte Klassenname und die Paket-ID für das XML DSO. Die Attribute width und height stellen ein Berichtsfenster der gewünschten Größe dar, in dem Fehlermeldungen oder Erfolgsmeldungen für Ladevorgänge angezeigt werden. Das id-Attribut bietet eine Referenz an, die an anderer Stelle auf der HTML-Seite für die Datenbindung verwendet werden kann. Das APPLET-Element enthält ein zwingend erforderliches untergeordnetes Element (PARAM), das den URL für die XML-Dokument-Instanz angibt, die als Datensatz dient.

Verwenden Sie in der nächsten Übung das APPLET-Element anstelle des <XML>-Elements, um HTML-TD-Elemente zu den Elementen im XML-Dokument nachricht01_17.xml zu binden. Ändern Sie dazu Ihre HTML-Seite wie in Listing 17.6 gezeigt ab. Nachdem Sie die erforderlichen Änderungen vorgenommen haben, speichern Sie Ihre Seite unter dem Namen insel05.html und zeigen das Ergebnis an.

Instanzierung von XMLDSL über ein Java-Applet

Listing 17.6: XML-Dateninsel, die mit einem Java XMLDSO-Applet erzeugt wurde – insel05.html

```
 1: <!DOCTYPE HTML PUBLIC "-//W3C//DTD HTML 4.01 Transitional//EN"
 2: "http://www.w3.org/TR/html4/loose.dtd">
 3: <!-- Listing 17. insel05.html -->
 4:
 5: <HTML>
 6: <HEAD>
 7: <TITLE>XML-Dateninsel</TITLE>
 8: </HEAD>
 9:
10: <BODY>
11: <applet code="com.ms.xml.dso.XMLDSO.class"
12:     width="100%" height="50" id="meineNchr">
13:   <PARAM NAME="url" VALUE="nachricht01_17.xml">
14: </applet>
15: <H1>Meine Nachrichten</H1>
16:   <TABLE id="table" border="6" width="100%"
17:     datasrc="#meineNchr" summary="nachrichts">
18:     <THEAD style="background-color: aqua">
19:       <TH>Quelle</TH>
20:       <TH>Von</TH>
21:       <TH>Nachricht</TH>
22:     </THEAD>
23:     <TR valign="top" align="center">
24:       <TD><SPAN datafld="quelle"/></TD>
25:       <TD><SPAN datafld="von"/></TD>
26:       <TD><SPAN datafld="nachricht"/></TD>
27:     </TR>
28:   </TABLE>
29: </BODY>
30: </HTML>
```

Die Zeilen 11-14 beinhalten das Applet, das das XMLDSO instanziert. Das erzeugte Objekt wird als meineNchr (Zeile 12) angesprochen. Die Quelle der XML-Dokument-Instanz befindet sich in nachricht01_17.xml (Zeile 13). Die TABLE (Zeilen 16-28) wurde unverändert aus den vorhergehenden Übungen übernommen.

XML-Daten an HTML-Elemente binden

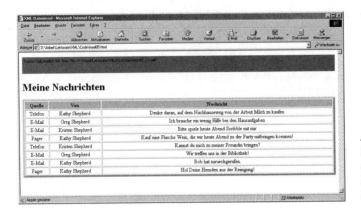

Abbildung 17.4:
Eine XML-Dateninsel wurde mithilfe des Java-XML DSO-Applets auf einer HTML-Seite erzeugt.

Fehler berichten

In dem Berichtsfenster, das Sie angelegt haben, indem Sie dem XML DSO-Start-Tag APPLET eine Höhe und eine Breite übergeben haben, werden Meldungen vom Applet zurückgegeben. Wenn Sie das obige Beispiel genau nachvollzogen haben, haben Sie ein kleines grünes Fenster gesehen, das angezeigt hat, dass das XML DSO erfolgreich geladen wurde. Um sich mit dem Fehlerbericht vertraut zu machen, ändern Sie den URI im PARAM-Element so ab, dass er auf eine nicht existente Datei verweist und laden die HTML-Seite. Auf rotem Hintergrund wird eine XML DSO Parse Exception angezeigt. Diese Fehlermeldungen helfen Ihnen häufig, ganz allgemeine Probleme zu beheben. Weil XML DSO einen XML-Parser verwendet, können Sie in bestimmten Fehlerszenarien auch Parser-Fehler erwarten. Die häufigsten Fehler sind einfache Parser-Fehler sowie Dateiausnahmefehler. Mit anderen Worten, wenn das XML-Dokument, das Sie binden wollen, nicht korrekt formatiert ist, funktioniert die Bindung nicht. Und auch wenn es sich nicht unter dem angegebenen URL befindet, wird ein Fehler zurückgemeldet. Die Fehler, die vom XMLDSO-Applet gemeldet werden, beinhalten auch diejenigen, die bei Verwendung des MSXML-Parsers auftreten. Einen Überblick über die XMLDSO-Fehlerbehandlung finden Sie unter http://msdn.microsoft.com/library/default.asp?url=/library/en-us/xmlsdk30/htm/xmconusingxmldataquelleobject.asp.

17.3 Zusammenfassung

Heute haben Sie verschiedene Ansätze kennen gelernt, XML-Dateninseln auf HTML-Seiten anzulegen. Damit können Sie das intelligente Datenspeichern von XML mit den Darstellungsmöglichkeiten von HTML kombinieren. Sie haben mehrere Techniken kennen gelernt, wie man HTML-Elemente zu bestimmten XML-Elementen bindet. Sie haben

Javascript-Steuerelemente angelegt, um den Datenfluss der XML-Quelldatenmenge als einzelne Seiten oder als einzelne Datensätze zu steuern. Schließlich haben Sie noch ein XML DSO Java-Applet verwendet, um Daten aus einer XML-Dokument-Instanz für die Verwendung in HTML zur Verfügung zu haben. Diese Techniken können relativ effizient genutzt werden, um Werkzeuge für die Wartung und Abfrage symmetrisch strukturierter XML-Dokument-Instanzen anzulegen.

Die heute vorgestellten Ansätze für die Datenbindung sind interessant und einfach zu implementieren, leider aber auch auf eine kleine Untermenge verfügbarer Microsoft-Technologien begrenzt. Weil die Werkzeuge kostenlos sind, können Sie jedoch riskieren, sie auszuprobieren, wenn Sie nach einer einfachen Methode suchen, symmetrische XML-Daten zu manipulieren. Die Anforderung, dass die Daten symmetrisch sein müssen, ist jedoch eine weitere Einschränkung dieses Ansatzes. Nichtsdestotrotz stattet die Verwendung der Datenbindung, wie sie heute beschrieben wurde, Sie mit zusätzlichen Werkzeugen für Ihr XML-Repertoire aus.

17.4 Fragen und Antworten

F *Inwiefern verhält sich XML einer Datenbank vergleichbar, wenn eine einfache Datenbindung angewendet wird?*

   A XML-Dokument-Instanzen können sich wie flache Datenbanken verhalten, wenn sie symmetrisch strukturiert sind. Die unmittelbaren untergeordneten Elemente des Wurzelelements entsprechen den Datensätzen in einer Datenbank und die untergeordneten Elemente der Datensätze entsprechen den Feldern einer Datenbank.

F *Wie unterscheiden sich DIV und SPAN in Hinblick auf die Datenbindung?*

   A Sowohl DIV als auch SPAN sind Container für Stile oder Daten. SPAN arbeitet inline mit anderen Elementen, während DIV bei der Anzeige einen Zeilenumbruch vor und nach seinem Inhalt einfügt.

F *Was passiert, wenn jemand versucht, eine auf diese Weise angelegte XML-Dateninsel mit dem Netscape Navigator anzuzeigen?*

   A Weil Netscape-Browser die Microsoft Data Source Objects nicht unterstützen, werden keine Daten angezeigt. Beachten Sie, dass die heute vorgestellten Übungen nur für die angegebenen Microsoft-Werkzeuge relevant sind.

17.5 Übung

Anhand der Übung können Sie überprüfen, was Sie heute gelernt haben. Die Antwort finden Sie in Anhang A.

Verwenden Sie eine Methode Ihrer Wahl, um eine gebundene HTML-Tabelle zu erstellen, die Daten aus Ihrem CD XML-Datensatz enthält.

XBase und XInclude

XBase und XInclude

Mehrere in Entwicklung befindliche Technologien sollten für zukünftige XML-Implementierungen in Betracht gezogen werden. Die XBase-Empfehlung (XML Base) vom W3C beschreibt eine Möglichkeit, Basis-URIs für Teile von XML-Dokumenten zu definieren. XML Inclusions 1.0 (XInclude) stellt eine Verarbeitungsspezifikation für die allgemeine Einbeziehung von XML-Dokumenten oder Dokumentteilen in einem Mischprozess bereit. Heute lernen Sie die folgenden Dinge kennen:

- Details zur vorgeschlagenen XBase-Funktionalität und die für die Spezifikation von Basis-URIs verwendete Syntax,

- wie XInclude als Möglichkeit vorgeschlagen wird, XML-Dokumente allgemein einzubeziehen,

- die Unterschiede zwischen XInclude und anderen Formen der Kombination von XML-Dokumenten.

18.1 XML Base

Der XML Base-Vorschlag wurde am 27. Juni 2001 zur Empfehlung des W3C erhoben. XBase beschreibt ein einzelnes, Namensraum-fähiges Attribut (xml:base), das einen Basis-URI angeben soll, der verwendet wird, um einen vollständig qualifizierten relativen URI in einem XML-Dokument aufzulösen. HTML-Programmierer erkennen die Ähnlichkeit zwischen XBase und dem HTML-Element BASE, das verwendet wird, um einen Qualifizierungs-URI bereitzustellen, um URIs in HTML-Links auf Bilder, Style Sheets, Applets usw. aufzulösen.

Die XBase-Empfehlung spezifiziert ein Attribut, das Sie am besten in einem XLink-Element platzieren. In der Zukunft könnte es aber auch für die Verwendung zusammen mit anderen XML-Technologien geeignet sein, die aus der Auflösung eines vollständig qualifizierten URI profitieren können. Zum Zeitpunkt der Drucklegung dieses Buches findet das Attribut xml:base noch nicht viel Unterstützung auf Browser- und Applikationsebene, obwohl es mit Netscape 6 bereits möglich ist, einen auf diese Weise qualifizierten URI aufzulösen. Weil das Attribut xml:base das Präfix xml: verwendet, wird es automatisch zum URI http://www.w3.org/XML/1998/namespace gebunden.

Das Attribut xml:base

Das Dokument hat dank dem Host, auf dem es sich befindet, einen Basis-URI. Mit anderen Worten, wenn Sie einen relativen URI angeben, kann der Prozessor den vollständig qualifizierten URI auflösen, indem er davon ausgeht, dass der Host die implizite, wenn auch nicht spezifizierte Domain ist, die in den URI aufgenommen werden soll. Angenom-

XML Base

men, Sie platzieren einen einfachen XLink in einem nachricht-Element in einem XML-Dokument, wie Sie es aus Kapitel 10 kennen. Der Link kann wie folgt aussehen:

```
1:   <nachricht xlink:type="simple"
2:       xlink:href="ks.html">
3:       Denke daran, auf dem Nachhauseweg von der Arbeit Milch zu kaufen
4:   </nachricht>
```

In diesem Beispiel wird der Link simple eingerichtet, der auf das Dokument ks.html verweist (Zeilen 1-2). Es wird vorausgesetzt, dass die zu verknüpfende Ressource lokal in derselben Domain oder auf demselben Server zur Verfügung steht wie das XML-Instanzdokument.

Sie können diesen XLink unter Verwendung eines xml:base-Attributs so umschreiben, dass die Position des Links vollständig qualifiziert ist. Angenommen, Sie wollen einen Basis-URI von http://www.architag.com/devan/ für den Link einrichten. Die Syntax für das xml:base-Attribut sieht wie folgt aus:

xml:base="[URI]"

Der von Ihnen kodierte URI wird mit dem verwendeten relativen URI verknüpft – in diesem Fall im Xlink –, um einen vollständig qualifizierten URI bereitzustellen. Mit anderen Worten, der Teil http://www.architag.com/devan des URI wird am Anfang des Ressourcen-URI ks.html eingefügt. Der resultierende vollständig qualifizierte URI für den Link wird damit zu http://www.architag.com/devan/ks.html aufgelöst.

Sie würden dies so kodieren, dass dem nachricht-Element das xml:base-Attribut hinzugefügt wird, etwa wie hier zu sehen:

```
1:   <nachricht xml:base="http://www.architag.com/devan/"
2:       xlink:type="simple"
3:       xlink:href="ks.html">
4:       Denke daran, auf dem Nachhauseweg von der Arbeit Milch zu kaufen!
5:   </nachricht>
```

Das xml:base-Attribut für das nachricht-Element (Zeile 1) richtet den Basis-URI als http://www.architag.com/devan ein. Das xlink:href-Attribut hat den Wert ks.html. Der vollständig qualifizierte Ressourcen-URI für diesen XLink wird also aufgelöst zu http://www.architag.com/devan/ks.html.

Einer der Vorteile des XBase-Ansatzes ist, dass Sie einen Basis-URI spezifizieren können und dass dieser auch dann im Dokument bleiben kann, wenn das Dokument auf einen neuen Host verschoben wird. Sie können auch eine XBase-Technik verwenden, um eine einfache Möglichkeit zu bekommen, relative URIs in einer großen XML-Dokument-Instanz zu verändern, indem einfach ein XBase-URI geändert wird, statt jedes Vorkommen des URI im gesamten Dokument abändern zu müssen.

XBase und XInclude

Mehrere XBase-Attribute

Weil das `xml:base`-Attribut einem Element zugeordnet wird, ist es möglich, dass innerhalb eines XML-Instanzdokuments mehrere solcher Kodierungen vorkommen. Der Gültigkeitsbereich des `xml:base`-Attributs ist das Element, für das es gesetzt wird, sowie seine untergeordneten Elemente.

Der Basis-URI eines Elements ist also der von einem `xml:base`-Attribut des Elements angegebene Basis-URI, falls es einen solchen gibt. Falls das Element keinen Basis-URI hat, erbt es den Basis-URI des übergeordneten Elements, falls es einen solchen gibt. Andernfalls ist der Basis-URI für ein Element auch der Basis-URI für das Dokument, in dem das Element enthalten ist. Betrachten Sie beispielsweise den folgenden XML-Ausschnitt:

```
 1:   <nachricht xml:base="http://www.architag.com/devan/"
 2:       xlink:type="simple"
 3:       xlink:href="ks.html">
 4:       Denke daran, auf dem Nachhauseweg von der Arbeit Milch zu kaufen
 5:       <referenz xml:base=http://www.architag.com/
 6:           xlink:type="simple"
 7:           xlink:href="index.html">
 8:           Homepage
 9:       </referenz>
10:   </nachricht>
```

Das `referenz`-Element wird in Zeile 5 zum Basis-URI http://www.architag.com gebunden. Der Hypertext-Verweis `index.html` wird deshalb in den vollständig qualifizierten URI http://www.architag.com/index.html aufgelöst. Würde das `xml:base`-Attribut in Zeile 5 aus der Dokument-Instanz entfernt, wäre der Hypertext-Verweis zum Basis-URI des übergeordneten `nachricht`-Elements gebunden und würde sich damit in http://www.architag.com/devan/index.html auflösen, was eine völlig andere Adressposition darstellte. Werden also die `xml:base`-Attribute in den Zeilen 1 und 5 entfernt, lösen sich die Hypertext-Verweise in den Zeilen 3 und 7 in den Basis-URI des XML-Instanzdokuments auf. Das würde normalerweise zu einer Auflösung zu dem Server führen, auf dem sich das Dokument befindet.

18.2 XML Inclusions

Die XInclude 1.0-Spezifikation ist ein W3C-Arbeitsentwurf in der letzten Phase. Die Empfehlung beinhaltet ein Verarbeitungsmodell sowie einen Vorschlag für die Syntax der Aufnahme separater XML-Dokumente in eine einzelne Instanz. Sie kennen das Konzept der wiederver-

XML Inclusions

wendbaren Komponenten vielleicht bereits aus der objektorientierten Programmierung. Sprachen wie C++ oder Java erlauben Ihnen, Klassen von Methoden und Importen als Komponenten zu implementieren. XInclude verspricht, eine Möglichkeit bereitzustellen, denselben modularen Ansatz mit komplexen XML-Dokument-Instanzen zu realisieren. Mithilfe von XInclude können Sie ein Dokument aufbauen, indem Sie andere über einen URI referenzierte Dokumente kombinieren.

Die Verarbeitung der Einbindungen, die während des Parsens erfolgt, ist eine beschränkte Form der Transformation. In Kapitel 16 haben Sie XSL-Transformationen kennen gelernt. Dies ist eine viel einfachere Form der Transformation und dient nur dazu, die betreffenden Dokumente zu einem einzigen Ausgabedokument zu kombinieren. Das resultierende Dokument stellt jedoch eine neue Baumstruktur dar, die aus dem Inhalt besteht, der während der Einbindung hinzugefügt wurde. Vor dem Einbindungsprozess wird das Ausgabedokument in der Sprache des W3C-Vorschlags auch als *Quell-Infoset* bezeichnet. Nach der Einbindung wird das Ausgabedokument als *Ergebnis-Infoset* bezeichnet.

Jedes Dokument, das in das Ergebnis-Infoset aufgenommen wird, wird über seinen eigenen URI angesprochen. Das Ergebnis-Infoset ist also das Quell-Infoset, nachdem der Inhalt jedes der eingebundenen Infosets das entsprechende XInclude-Element ersetzt hat. Ein zwingend erforderliches href-Attribut für ein XInclude-Element deklariert den URI des referenzierten XML-Dokuments, das in das Ergebnis-Infoset aufgenommen werden soll. Das include-Element gehört zum XInclude-Namensraum (http://www.w3.org/1999/XM/xinclude) und wird normalerweise über ein xinclude:-Präfix angesprochen, das als Proxy für den Namensraum dient. Daraus folgt, dass die einfachste Syntax für das XInclude-Element mit einem href-Attribut so aussieht:

```
<xinclude:include href="[URL]"/>
```

Angenommen, Sie arbeiten an einem Strategiehandbuch für Ihr Unternehmen und verschiedene Abteilungen tragen zu den Kapiteln dieses Handbuchs bei. Jede Abteilung könnte ein XML-Dokument bereitstellen, das verschiedene Strategien enthält, die in das resultierende Dokument eingebunden werden sollen. Vielleicht möchte die Personalabteilung Details für Richtlinien zum Urlaubsanspruch und zu Gesundheitsvorsorgeuntersuchungen veröffentlichen (HR.xml). Die Buchhaltung will Richtlinien für Bestellungen und Reisekostenabrechnungen bekannt machen (Finanz.xml). Die Verwaltung will etwas zu den Unternehmenszielen sagen (Verwa.xml). Sie könnten ein Master-Dokument einrichten (Politik.xml), das das vollständige Handbuch aufnimmt, und die Beiträge der einzelnen Abteilungen, aus denen sich das fertige Handbuch zusammensetzen soll, einbinden. Abbildung 18.1 zeigt dieses Szenario.

Ihr Dokument policy.xml würde die XInclude-Elemente mit den href-Attributen HR.xml, Finanz.xml und Verwa.xml enthalten. Listing 18.1 zeigt eine mögliche Kodierung eines policy.xml-Dokuments, das XInclude verwendet.

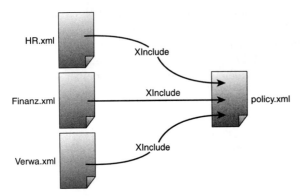

*Abbildung 18.1:
Dokumente mithilfe von XInclude kombinieren*

Listing 18.1: Ein Quell-Infoset mit XInclude-Elementen – policy.xml

```
1: <?xml version="1.0"?>
2: <!-- listing 18.1 - policy.xml -->
3:
4: <handbuch xmlns:xinclude="http://www.w3.org/1999/XML/xinclude">
5:   <prolog>Handbuch für Unternehmensstrategien</prolog>
6:   <abschnitt><xinclude:include href="HR.xml"/></abschnitt>
7:   <abschnitt><xinclude:include href="Finanz.xml"/></abschnitt>
8:   <abschnitt><xinclude:include href="Verwa.xml"/></abschnitt>
9: </handbuch>
```

Das Wurzelelement handbuch beinhaltet ein xmlns:include-Attribut, das den XInclude-Namensraum (http://www.w3.org/1999/XML/xinclude) deklariert. Jedes untergeordnete abschnitt-Element des Wurzelelements (Zeilen 6-9) enthält ein xinclude:include-Element mit einem href-Wert, der jeweils einem der betreffenden XML-Dokumente (HR.xml, Finanz.xml oder Verwa.xml) entspricht, die zu policy.xml kombiniert werden sollen.

XML-Parsen während der Einbindung

Für das XInclude-Element kann ein optionales xinclude:parse-Attribut gesetzt werden, das angibt, ob das referenzierte Dokument als XML oder als einfacher Text betrachtet werden soll. Hat das Attribut den Wert xml, wird das referenzierte Dokument als XML betrachtet und vor dem Einbinden erfolgen ganz normale Parsing-Aufgaben wie beispielsweise Entity-Substitution, Auswertung oder XInclude. Der zweite mögliche Wert für dieses Attribut ist text, was dazu führt, dass das eingebundene Dokument als reine Text-Zeichendaten betrachtet und nicht geparst werden.

Zusammenfassung

XPointer-Ausdrücke

Das `href`-Attribut kann XPointer-Ausdrücke enthalten, um einen Teil eines referenzierten Dokuments statt das gesamte Dokument aufzunehmen. In Kapitel 11 wurden XPointer-Fragmente vorgestellt. Angenommen, Sie kennen die Struktur der zuvor beschriebenen Datei `HR.xml` und sie enthält mehrere untergeordnete `abschnitt`-Elemente in verschiedenen Abschnitten, wie beispielsweise `einleitung`, `policy_1` und `policy_2`. Wenn Sie beispielsweise die untergeordneten `abschnitt`-Elemente des `einleitung`-Elements einbinden wollen, können Sie XInclude mit XPointer einsetzen. Der Teil des Quell-Infosets, in dem die Einbindung stattfindet, könnte wie folgt aussehen:

```
<abschnitt>
<xinclude:include href="HR.xml#xpointer(einleitung/abschnitt)"/>
</abschnitt>
```

XInclude-Unterstützung

Zum Zeitpunkt der Drucklegung dieses Buches wird XInclude noch nicht in vielen Applikationen unterstützt. Browser führen keine XInclude-Transformationen aus; Sie müssen Ihre eigene Logik entwickeln, um Einbindungen zu verarbeiten. Das kann beispielsweise in Java erfolgen, um eine bestimmte Anforderung abzudecken. Sobald XInclude weiter gereift ist und die formale W3C-Empfehlungsprozedur durchlaufen hat, wird es auf Browserebene unterstützt.

Es hat den Anschein, dass XInclude ganz ähnlich wie XLink ist, wenn das `show`-Attribut den Wert `embed` erhält, aber letztlich unterscheiden sie sich sehr wohl. Der XLink/`embed`-Ansatz erzeugt keine neue Baumstruktur. XML-Einbindungen verwenden das Ergebnis eines Transformationsansatzes in einem völlig anderen Ergebnis-Infoset. Mit anderen Worten, Xlink mit dem Attribut `show="embed"` erzeugt keine neue XML-Baumstruktur.

18.3 Zusammenfassung

Dies war ein relativ kurzes Kapitel, in dem Sie zwei in Entstehung begriffene Technologien kennen gelernt haben: XBase und XInclude. Sie haben erfahren, dass XBase eine Möglichkeit bietet, Basis-URIs für relative Links in einem XML-Dokument zur Verfügung zu stellen. Das ist grundsätzlich vergleichbar mit dem HTML-Element `BASE`. Außerdem haben Sie XInclude kennen gelernt, eine Möglichkeit, Daten aus mehreren Dokumenten in ein transformiertes Ergebnis-Infoset einzufügen. Wenn ein XInclude-fähiger Prozessor ein Quell-Infoset-Dokument parst und auf `xinclude`-Elemente trifft, werden dafür die am betreffenden URI befindlichen Daten eingesetzt. Sie können ein referenziertes Dokument optional als XML-Instanz parsen. Obwohl XInclude von den Browsern noch nicht allgemein unterstützt wird, kann man davon ausgehen, dass mehr Prozessoren entwickelt werden, nachdem die W3C den Vorschlag formalisiert hat.

18.4 Fragen und Antworten

F Wie wird ein Basis-URI durch das Verschieben eines XML-Dokuments auf eine neue Host-Domain beeinflusst?

A Der Basis-URI auf Dokumentebene reflektiert den neuen Host. Wenn Sie jedoch einen XBase-URI für relative Links in Ihrem Dokument kodiert haben, können diese gleich bleiben, selbst wenn das Dokument verschoben wird.

F Gibt es eine Obergrenze für die Anzahl der Dokumente, die mit XInclude eingebunden werden können?

A Es gibt keine Beschränkung für die Anzahl der Dokumente, die mit XML Inclusion eingebunden werden können. Es ist möglich, eine sehr große und komplexe XML-Instanz zu konstruieren, welche die XInclude-Modularität extensiv nutzt.

F Welche Einschränkungen weist XInclude auf?

A Die einzige und größte Einschränkung von XML Inclusions ist die fehlende Prozessor-Unterstützung. Wenn die Browser irgendwann XInclude unterstützen werden, wird auch modulares XML zur Realität.

F Gibt es momentan Prozessoren, die XInclude unterstützen?

A Zum Zeitpunkt der Drucklegung dieses Buches unterstützt die Apache XML Project Software *Cocoon* XInclude. Cocoon ist ein Gerüst für Veröffentlichungen, das als Open Source Java-Software implementiert ist. Cocoon verwendet mehrere W3C-Technologien wie beispielsweise XMl, XSL, DOM und XInclude, um Webinhalt zur Verfügung zu stellen.

XML-Integration in die Geschäftsmodelle der Unternehmen

XML-Integration in die Geschäftsmodelle der Unternehmen

Immer mehr traditionelle Computer-Applikationen in Unternehmen setzen heute auch ganz allgemein XML-Technologien ein. Eine Vielzahl von Enterprise-Systemen, die darauf ausgelegt sind, Informationen zu verbreiten, Daten und Applikationen zu integrieren oder einen maximalen Wissensfluss zu gewährleisten, sind bestens für XML-Lösungen geeignet. Die Verwendung von XML als Möglichkeit, Geschäftsprozesse zu verbessern und neue Gelegenheiten zu schaffen, ist zu einem strategischen Ziel für viele Organisationen geworden. Heute lernen Sie die folgenden Dinge kennen:

- Grundlagen der Dokumentanalyse,
- die Rolle von XML in Enterprise-Applikationen,
- die Bedeutung der Drei-Schichten-Architektur (Three-Tier) für Web-Applikationen,
- einige einfache Middle-Tier-Scripttechniken, wie Informationen mithilfe von XML aus Unternehmensdatenbanken auf dynamische Webseiten verschoben werden.

19.1 Geschäftsmodellierung mit XML-Technologien

Dieses Buch hat Ihnen viele verschiedene Technologien vorgestellt, die XML einsetzen, und wie sie helfen, strukturierte Informationen auszutauschen. Sie kennen die Standards und Vorschläge, die XML charakterisieren. Sie haben die Mechanismen hinter XML kennen gelernt und Sie haben verschiedene Ansätze zur Manipulation der Anzeige von XML-Daten angewendet. Heute werden Sie erfahren, wie XML für die Bereitstellung integrierter Geschäftsapplikationen genutzt werden kann. Dazu werden verschiedene Applikationsszenarien gezeigt ebenso wie die Aufgaben, die aus der Perspektive der Unternehmen zu erfüllen sind, die Vorteile von XML, Betrachtungen zur Architektur sowie eine Diskussion, wie Sie Lösungen schaffen können, die auf XML-Technologien basieren. Später werden Sie Gelegenheit erhalten, mithilfe von serverseitigem Scripting – wie beispielsweise Active Server Pages (ASP) – eine funktionierende Lösung für den Datenaustausch zu schaffen. Dabei extrahieren Sie die in einer Datenbank gespeicherten Daten und zeigen sie als XML-Datenmenge an. Anschließend schreiben Sie serverseitige Scripts, um Daten von der Datenbank in eine virtuelle XML-Struktur zu verschieben, die zu den Tabellenelementen auf einer HTML-Seite gebunden werden kann, um die Darstellung im Browser vorzunehmen.

Grundlegende Betrachtungen zur Dokumentanalyse

19.2 Grundlegende Betrachtungen zur Dokumentanalyse

Einer der typischen Schritte bei der Erstellung von XML-Applikationen ist die Analyse von Dokumenten, um festzustellen, wie sie am besten mit Markup versehen werden. Möglicherweise wollen Sie ein gedrucktes Dokument oder vielmehr eine ganze Klasse von Dokumenten – beispielsweise Bedienungsanleitungen, Memos, Rechtsgrundlagen, Verträge oder Speisekarten – in XML-Instanzen umwandeln. Manchmal wird für eine solche Umwandlung ein existierendes Schema verwendet, das die Struktur eines Dokuments definiert, aber manchmal muss man auch ganz von vorne beginnen, ohne dass man vordefinierte Elementtypen hat, die man anwenden kann. Egal wie Sie vorgehen, Sie müssen in jedem Fall Beispiele aus Ihrer Dokumentklasse sorgfältig analysieren, um ihre Struktur und ihren Aufbau zu verstehen.

Die Dokumentanalyse ist der Prozess, die Komponenten, Aufgaben und Anforderungen einer Dokumentklasse zu untersuchen, um eine detaillierte und definitive Beschreibung dafür entwerfen zu können. In der Praxis wird diese Beschreibung häufig als Dokumentanalysebericht bezeichnet, mit einer entsprechenden Menge an Schema-Anweisungen, die dazu dienen, die Struktur der Dokumente zu definieren. Sie könnten ein Public Domain-Schema oder ein kommerziell verfügbares Schema für die Definition einer bestimmten Dokumentklasse anwenden, aber dennoch ist weiterhin eine Analyse erforderlich, um sicherzustellen, dass es sich um eine ideale Lösung handelt. Ist dies nicht der Fall, erlaubt Ihnen die Natur der XML-Schemata, sie nach Bedarf zu erweitern.

Der wichtigste Faktor für die Erstellung einer genauen und sinnvollen Beschreibung aller Dokumentklassen ist das Sammeln exakter und sinnvoller Informationen über die Dokumente, aus denen sich die Klasse zusammensetzt. Die beste Quelle für diese Information ist nicht immer die Auswertung der Dokumente, sondern die Befragung von Personen, die für das Erstellen und die Wartung der Dokumente verantwortlich sind. Wenn Sie die Aufgaben und Anforderungen für die Dokumente nicht kennen, könnten die von Ihnen abgeleiteten Strukturen zufällig und ungenau sein.

Mit anderen Worten, nur die Eigentümer von Dokumenten wissen, was für diese sinnvoll und wichtig ist. Wenn Sie die Rolle des Dokumentanalytikers übernehmen, werden Sie feststellen, dass Sie Informationen einzelner Anwender sammeln und weniger aus realen Beispielen für die Klasse. Eine Stichprobe aus den Dokumenten ist häufig unvollständig und lässt keine Schlüsse zu. Darüber hinaus bietet die Analyse von Dokumenten allein selten alle Informationen, die Sie benötigen. Es ist unabdingbar, dass Sie die Datenkomponenten oder die Dateneinheiten und ihre Zusammenhänge verstehen, um ein System entwerfen zu können, in dem diese Daten verwendet werden.

Mit oder ohne die Hilfe der Dokumenteigentümer umfasst die Analyse die Identifikation und Definition der Komponententeile einer Dokumentenklasse mit ausreichender Genauigkeit, um die darzustellenden Daten durch die Anwendung strukturierter Tag-Mengen zu kodieren. Welche Genauigkeit Sie dafür wählen, kann eine der schwierigsten Entscheidungen in den frühen Phasen der Dokumentanalyse sein. Zu wenige Details führen zu einem zweifelhaften Ergebnis und zu viele können einen Aufwand bedeuten, der jeden Nutzen zunichte macht. Wie bei jedem Projekt der Softwareentwicklung sind die Analysephasen kritisch für den Erfolg, die Rechtzeitigkeit und die Kosteneffizienz der Arbeit.

Das Ergebnis einer sorgfältigen Analyse führt zur Übernahme oder Erstellung eines Markup-Vokabulars, um eine Dokumentklasse zu beschreiben. Weil XML durch die von Autoren erzeugten Elementtypen charakterisiert ist, sollten alle gemeinschaftlichen Bemühungen, ein Markup-Vokabular zu erstellen, sorgfältig überwacht werden. Angenommen, Sie arbeiten in einem Team an der Entwicklung einer Markup-Sprache für das Buchhaltungssystem des Unternehmens. Wenn jedes Teammitglied ein eigenes Tag für Bestellauftragsnummern einführt – wie beispielsweise BA-Num, Bestell_Auftrags_Nummer, BA_Nummer, BAN oder B_A_Num –, und womöglich auch unterschiedliche Elementtyp-Namen für andere Komponenten Ihres Buchhaltungssystem entwirft, ist der Aufwand, das System irgendwann unter einem gemeinsamen Vokabular zu vereinheitlichen, möglicherweise nicht mehr zu rechtfertigen. Die vollständige Analyse sollte also abgeschlossen sein, bevor der Markup-Prozess beginnt, und das Vokabular sollte gemeinsam definiert (oder übernommen) und beschrieben werden, bevor Dokumente umgewandelt werden.

Um ein effektives Markup sicherzustellen, müssen Sie viel über die Ziele des Systems wissen, das Sie entwickeln. Ist ein Ziel beispielsweise, Informationen effizient abzurufen, wiederzuverwenden und auszutauschen, müssen Sie die Elementnamen, die Elementdaten-Zusammensetzung sowie die Definition von Auswertungsfehlern für Elementtypen äußerst exakt festlegen.

Vielleicht sind Sie der Meinung, ein Gruppenansatz sei für die meisten Analyseprojekte von XML-Dokumenten am effektivsten, aber achten Sie auch hier darauf, dass nicht mehrere verschiedene Elementtypen angelegt werden, die alle dieselben Daten beschreiben. Im Fall einer Interessensgruppe oder eines Unternehmens könnte das Ziel sein, ein einziges gültiges Vokabular für den Datenaustausch außerhalb des Bereichs Ihrer unmittelbaren Kontrolle anzulegen. Wenn Sie in einem Industriezweig arbeiten, der diesen Prozess bereits durchlaufen hat, können Sie möglicherweise ein existierendes Schema verwenden. Im Internet gibt es mehrere Quellen für industriespezifische Schemata:

- Biztalk.org (mit mehr als 300 Schemata für elf Industriezweige aus mehr als 75 Organisationen)

- Xml.org (mit Links zu mehr als 200 Schema erzeugenden Organisationen, die in mehr als 80 Kategorien unterteilt sind)

- Schema.net (mit Schemata in den wichtigsten kommerziellen Kategorien, die von speziellen Interessensgruppen und industriellen Organisationen zusammengetragen wurden)

Grundlegende Betrachtungen zur Dokumentanalyse

Wenn Sie keines dieser Industrieschemata übernehmen können, macht es Ihnen möglicherweise keine größeren Probleme, abhängig von der Dokumentstruktur ein neues Schema zu erstellen. Natürlich müssen Sie die Tag-Menge kennen, die in den Elementen enthaltene Information sowie die Beziehung der Elemente zueinander, was das Auftreten, die Reihenfolge usw. betrifft.

XML-Analyseschritte

Es gibt verschiedene formale Ansätze für die Analyse und einige proprietäre Systeme bieten eine Anleitung für diesen Prozess. Die meisten dieser Ansätze haben bestimmte Qualitäten gemeinsam und wollen ähnliche Bedürfnisse abdecken. Die Analyse hilft, die Sammlung relevanter und sinnvoller Daten für die Modellierung zu formalisieren. Durch die Formulierung eines Schema- oder Analyseberichts legen Sie ein Grundgerüst oder eine grundlegende Infrastruktur für die Hierarchie der Datenkomponenten und die Möglichkeiten des Datenaustauschs fest.

Vielleicht stellen Sie einen nützlichen Nebeneffekt dieses Aufwands fest, nämlich dass äußerst detaillierte Metadaten erstellt werden, die die Suchvorgänge in Hinblick auf den Kontext oder auf exakte Übereinstimmungen in Ihren Dokumenten wesentlich verbessern können. Wenn Sie die Information in Strukturen ablegen – wie beispielsweise Schlussfolgerungen, Komponentenlisten, Prozeduren, Autoren, Zweck und Position – können Sie Kontext-Datenverweise erstellen.

Anforderungsdefinition

Die Anforderungsdefinition ist einer der wichtigsten Schritte beim Analyseprozess. Anforderungen steuern Entscheidungen in Hinblick auf die Architektur, die Analyse und den Entwurf von Systemen. Ein klares Verständnis für die Anforderungen ermöglicht Ihnen, eine geeignete Granularität für die Elementdefinition festzulegen. Anforderungen ermöglichen Ihnen, gegebenenfalls akzeptable Abwägungen zu treffen, falls zwischen Entwurf und Implementierungsaufwand ein Konflikt besteht. Bei der Formulierung der Anforderungen können Sie die folgenden Aussagen treffen:

- Applikationsziele: Warum müssen/wollen Sie XML verwenden und wer verwendet die gespeicherte, erstellte oder verarbeitete Information? Welche Anforderungen bestehen für den Austausch, das Durchsuchen, die Sicherheit und die Wiederverwendung der Daten? Was wollen Sie realisieren, das momentan noch nicht möglich ist?

- Begrenzung von Applikationszielen: Wo liegen die realen Grenzen für das, was Sie entwickeln wollen? Was sollte aus dieser Applikation weggelassen werden und warum?

XML-Integration in die Geschäftsmodelle der Unternehmen

- Typische/gewünschte Ausgaben des Systems: Erfolgt die Ausgabe in Form von elektronischen Büchern, Webseiten, im Unternehmen gemeinsam genutzter Daten, Ausdrucken, Suchdienstdaten, alternativen Formaten oder Multimedia?

- Organisatorische Anforderungen: Welche Marketing-Betrachtungen müssen berücksichtigt werden? Wird die Arbeit ausreichend unterstützt?

- Existierende Dokument-Standards: Gibt es Stilrichtlinien und Strategieaussagen zu öffentlichen und privaten Daten im Unternehmen?

- Existierende Applikations-Standards: Gibt es verwandte Schemata in der Industrie oder Aktivitäten spezieller Interessensgruppen oder möglicherweise Vorgaben durch Regierung oder Firmenleitung?

Festlegung des Gültigkeitsbereichs

Von ähnlich wichtiger Bedeutung für die Definition der Anforderungen ist die Festlegung des Gültigkeitsbereichs. Er hilft Ihnen, das »Informationsuniversum« einzurichten, das die Grenzen Ihres Markups definiert. Häufig soll ein Projekt einen existierenden Gültigkeitsbereich vergrößern oder verkleinern. Sie sollten verstehen, welchen Einfluss diese Änderungen haben. Beispielsweise könnte die Frage lauten, ob eine Klasse von Marketingdokumenten erweitert werden muss, um neu entwickelte Produkte abzudecken. Und falls das so ist, welche Auswirkungen hat dieser Geschäftsplan auf Ihre Applikation? Bietet Ihr Entwurf Platz für erwartete Erweiterungen?

Identifizierung der Elementmenge

Die Einrichtung der Elementmenge kann relativ schwierig sein. Vielleicht müssen Sie dabei berücksichtigen, ob existierende Dokumenttypen für Ihre vorgeschlagenen Elemente geeignet sind. Manchmal werden gedruckte Dokumente so angelegt, wie es am bequemsten ist, und nicht einer optimalen Struktur entsprechend. Vielleicht gelangen Sie ja auf diese Weise auch zu einer XML-Instanz, die mehrere gedruckte Dokumente beinhaltet, ebenso wie die Routing-Information, die den Benutzern der Daten bekannt ist.

Nachdem Sie die Granularität der Informationsmenge eingerichtet haben, können Sie die Elemente abhängig davon festlegen, was sinnvoll, wiederverwendbar, durchsuchbar usw. ist. Das kann eine sehr komplexe Aufgabenstellung sein. Wie entscheiden Sie, wie viel Details zu viel sind? Für ein bestimmtes Markup-Problem gibt es möglicherweise überhaupt keine ideale Lösung; das Speichern und Verwalten von Daten, die Sie nie nutzen werden, ist jedoch aufwändig und teuer.

Die Identifizierung von Elementen bedingt, dass Sie Selektivität und Sensitivität für die Daten und Ihre Struktur entwickeln. Beispielsweise könnte ein Memo vom rein strukturellen Standpunkt her gesehen Abschnitte, Überschriften, Absätze, Wörter und Interpunktionszeichen enthalten. Bei der inhaltsabhängigen Analyse kann dasselbe Dokument aber auch so beschrieben werden, dass es die Komponenten »An«, »Von«, »Thema«, »Datum«, »Betreff« und »Rumpf« enthält.

Einrichtung von Informationsbeziehungen

Für den Teil der Analysephase ist es erforderlich, dass Sie die Beziehungen zwischen den Informationskomponenten verstehen. Beispielsweise könnte es wichtig sein zu wissen, ob Ihre Elemente hierarchische Tendenzen haben. Elemente sind Container, Sie sollten also wissen, was sich in diesen Containern befindet. Angenommen, Sie erzeugen eine XML-Datei, die Daten aufnimmt, die in einer Applikation für Buchführungsberichte übergeben werden. Ein Container für Buchhaltungstransaktionen kann beispielsweise einen Bezeichner enthalten, wie etwa eine Journal-Nummer oder eine oder mehrere Aktionen. Eine Aktion wiederum kann eine Kontonummer, einen Betrag und ein Attribut enthalten, das angibt, ob es sich um eine Kreditoren- oder Debitoren-Aktion handelt.

Aus Ihrer Arbeit mit Schemata wissen Sie, dass auch die Elementreihenfolge, die Nummerierung von Attributwerten und die Festlegung, ob Element oder Attribute zwingend erforderlich sind, eine wichtige Bedeutung haben. Durch die Analyse werden Abhängigkeiten deutlich. Durch die Kenntnis dieser Beziehungen können Sie das System besser definieren.

Andere Formen der Informationsanalyse

Sie haben bereits einige Techniken kennen gelernt, die helfen, statische Informationen zu analysieren, wie beispielsweise gedruckte Dokumentationen. Wenn Sie XML auf Grundlage einer existierenden Datenbank erstellen, sollten Sie nicht vergessen, das Daten-Dictionary als Quelle für strukturelle Details zu verwenden. In den nachfolgenden Abschnitten werden Sie mehrere typische Geschäftsprobleme kennen lernen, für die die XML-Technologien eine Lösung darstellen können. In den meisten Fällen sind diese Systeme durch eine oder mehrere Datenbanken charakterisiert, die Informationen enthalten, die als XML-Dokumente ausgetauscht werden können.

19.3 Geschäftsapplikationen

Die Verwendung von XML-Technologien für Enterprise-Applikationen wird immer beliebter. Die leistungsfähige Kombination von Schemata für die Auswertung, XSL für die Stilzuordnung und XML für das intelligente Speichern eignet sich bestens für das Erstellen effizienter Enterprise-Lösungen, die wichtige Vorteile für die Unternehmen darstellen können. Die Einführung dieser Technologien führt häufig zu einer verbesserten Effizenz der Geschäftsprozesse, zu Verbesserungen bei der Ausführung Transaktions-basierter Prozedu-

XML-Integration in die Geschäftsmodelle der Unternehmen

ren sowie einer Einrichtung neuer Geschäfts-Paradigmen. Mit diesen Zielen im Hinterkopf stellt die Verwendung von XML-Technolgien für viele Unternehmen ein strategisches Ziel dar. Im nachfolgenden Abschnitt erhalten Sie die Gelegenheit, die geschäftlichen Einflüsse und Vorteile einzusehen, die durch XML in verschiedenen Szenarien erzielt werden können. Dabei handelt es sich nur um Beispiele von Applikationen, die mit XML möglich sind. Lesen Sie sich diese Beispiele durch und überlegen Sie, wie XML und die Technologien, die Sie kennen gelernt haben, die Leistung der beschriebenen Applikationsklassen verbessern. Anschließend überlegen Sie, wie ähnliche Ansätze Geschäftsprobleme in Ihrem Unternehmen lösen könnten. Für jedes Szenario der Enterprise-Applikationen werden die folgenden Informationen bereitgestellt:

- Ein Überblick über das relevante Geschäftsproblem
- Die möglichen Vorteile, die XML bieten kann
- Aspekte in Hinblick auf Architektur und Entwicklungsprozess

Applikationen zur Weitergabe und Sammlung von Informationen

Angenommen, Sie wollen Technologien für den Austausch von Daten verwenden, um einen Entwicklungsprozess in Ihrem Unternehmen zu verwalten und zu koordinieren. Vielleicht entwickeln Sie gerade ein neues Produkt oder vermarkten eine neue Dienstleistung. Vielleicht wollen Sie die Entwicklungsdaten für die gemeinsame Nutzung durch verschiedene Abteilungen Ihres Unternehmens ermöglichen, sodass Entscheidungen in Hinblick auf Herstellung, Marketing usw. getroffen werden können. Abhängig von der Größe Ihres Projekts brauchen Sie ein System, das den Datenfluss einrichtet, überwacht und verwaltet. Ihre Mitarbeiter an dem Projekt können intern oder extern sein, sodass eine flexible Methode für den Datenaustausch nötig ist. Überdies wollen Sie sicherstellen, dass der Umgang mit diesen wichtigen Daten zuverlässig ist.

Sie haben heute bereits einige der typischen Schritte für die Datenanalyse bei der Umwandlung in XML-Strukturen kennen gelernt. Vielleicht stellt die Information in diesen Dokumenten einen bestimmten Wert dar und der implizite Wert der Information ist die Rechtfertigung für den Aufwand, der entsteht, um diese Daten in eine auf XML basierende Lösung zu integrieren. Immer mehr Unternehmen produzieren Informationen, die an Kunden verkauft werden. Die Verteilung dieser Informationen ist häufig ein gemeinsamer Prozess, der der traditionellen Produktauslieferung entspricht. Die effektive, rechtzeitige, genaue und effiziente Auslieferung von Informationen kann einen Vorteil gegenüber der Konkurrenz für fast jedes Unternehmen der modernen Wirtschaft bedeuten. Der Verteilungskanal der Wahl für den Datenaustausch ist das Web geworden, weil es effizienten und globalen Zugriff erlaubt. Das Web erlaubt sowohl, Kunden und interne Mitarbeiter zu erreichen, als auch, relevante Informationen mit Geschäftspartnern und Kunden auf der gesamten Welt auszutauschen.

XML-Vorteile

Wie in den Kapiteln 1 und 2 beschrieben, leidet HTML unter einigen Unzulänglichkeiten – obwohl es so gut wie überall unterstützt wird und plattformunabhängig ist. Werden strukturierte Daten benötigt, insbesondere solche, die aus einem dynamischen Zugriff auf verschiedene Quellen stammen, ist HTML im besten Fall aufwändig. Durch den Aufbau einer systematischen Abfolge der XML-Technologien, die Sie in den letzten 18 Kapiteln kennen gelernt haben, können Sie diese Einschränkungen kompensieren und die auf Daten basierenden Informationen auf neue Weise bereitstellen.

Die Abtrennung von Stil und Inhalt in XML ist ein Faktor, der zu einer erfolgreicheren Implementierung dynamischen Dateninhalts auf Webseiten führt. Damit HTML in Applikationen zur Datenauslieferung verwendet werden kann, müssen Sie den Text in Standard-Markup-Tags umwandeln, die die Datenkomponenten reflektieren. Ohne die vielfältigen anderen Web-Technologien kann HTML dies nicht ausreichend unterstützen. Im Vergleich dazu sind XML und XLS sehr viel effizienter in Hinblick auf Skalierung und Kontrolle, wo sie alles übertreffen, was mit HTML möglich wäre. Darüber hinaus haben Sie in Kapitel 16 erfahren, dass Sie das Ergebnis jeder XML-Technologie wieder in HTML umwandeln können, um es allen Clients anzeigen zu können, die eine eigene HTML-Unterstützung aufweisen. In Kapitel 15 haben Sie erfahren, dass die Daten Ihrer Applikation den Benutzern sogar unter Anwendung von persönlichen Einstellungen bereitgestellt werden können.

Lokale Benutzer können Style Sheets verwenden, um sie auf die in XML gespeicherten Daten anzuwenden, und es können Applikationen entwickelt werden, die ohne Verwendung von Style Sheets direkt auf die Daten zugreifen. Später in diesem Kapitel werden Sie ein serverseitiges Script anlegen, das XML-Daten entgegennimmt und in einer HTML-Tabelle ablegt, die über das Web an fast jeden beliebigen Browser weitergegeben werden kann. Diese Stärken helfen, XML als überragende Technologie für die Weitergabe von Informationen zu charakterisieren – es ist mehr, als nur eine Seitendarstellungs-Technologie.

Betrachtungen zur Architektur und zur Entwicklung

Web-basierte Architekturen sind für das Sammeln und die Verteilung von Informationen optimal geeignet. In einem typischen Szenario fordern Benutzer oder Kunden Informationen von einem Server an, der basierend auf Quellinformationen eine Antwort abruft oder erstellt. Dem resultierenden Dokument kann ein Style Sheet zugeordnet werden, es kann umgewandelt und irgendwann an den Client geliefert werden. Weil es noch keine allgemeine Unterstützung von XML auf Browserebene gibt, verwenden die meisten auf XML basierenden Systeme zum Sammeln und zur Weitergabe von Informationen eine serverseitige Vorverarbeitung vor der Anlieferung.

Sie sehen, dass auf diese Weise sowohl statischer als auch dynamisch erzeugter Inhalt verarbeitet werden kann. Statischer Inhalt könnte aus einer Sammlung vorverarbeiteter Dokumente stammen. Dynamischer Inhalt könnte unter Verwendung eines Datenintegrations-Servers gesammelt und aufgebaut werden. Jedenfalls bietet XML wesentliche Vorteile gegenüber auf HTML basierenden Lösungen, aber auch gegenüber Lösungen, die ausschließlich auf proprietären Mechanismen für den Aufbau von Daten basieren, wie beispielsweise Datenbanken. Das bedeutet natürlich nicht, dass Sie kein HTML oder keine Datenbanken verwenden sollen. Beide spielen eine Rolle für die endgültige Lösung. Sie verwenden diese Technologien dafür, wofür sie am besten geeignet sind – beispielsweise die Anzeige von Browserseiten oder das effiziente Speichern von indizierten Daten – und wenden geeignete XML-Technologien auf die Ergebnisse an, um eine optimale Lösung zu erzielen.

Wenn Sie eine solche Applikation erstellen, ermitteln Sie normalerweise die Art und die Klassen der zu verteilenden Dokumente und Daten und erstellen dann Schablonen für ihre Auslieferung. Eine Schablone kann aus einem Schema und einem oder mehreren Style Sheets bestehen. Für Dokumente mit statischem Inhalt können die Autoren Applikationen anwenden, um XML-Dokumente daraus zu erstellen. Das dynamische Erstellen von Dokumenten kann durch Applikationen automatisiert werden, die mit Datenbanken arbeiten und elektronisch gespeicherte Informationen ausliefern. Darüber hinaus können Geschäftspartner Teile des Inhalts elektronisch oder über einen Webzugriff bereitstellen, den dieser Prozess ebenfalls beinhalten kann. Wie Sie bereits gesehen haben, bieten Ihnen die Erweiterbarkeit und die Interoperabilität von XML-Technologien eine effiziente Möglichkeit, Schemata von Herstellern oder Geschäftspartner mit Ihren eigenen zu kombinieren.

Lösungen für die Applikations-Integration

In vielen Unternehmen werden viele fertige Softwarepakete sowie verschiedene benutzerdefinierte Lösungen eingesetzt. Auftragsbearbeitung, Ressourcenplanung im Unternehmen, Personalabteilung, Buchhaltung und Finanzwesen, Verkauf usw. basieren häufig auf unterschiedlichen Applikations-Softwarepaketen, die sogar auf verschiedenen Plattformen ausgeführt werden können. Das ist kein schlechter Entwurf oder das Ergebnis einer schlechten Geschäftsplanung; es ist nur eine Folge der Natur der verschiedenen Geschäftsapplikationen. Im Normalfall ist eine Geschäftsapplikation hoch spezialisiert, um bestimmte Aspekte des Geschäftsprozesses modellieren zu können. Um alle Bedürfnisse abzudecken, muss ein Unternehmen möglicherweise verschiedene Einzellösungen einsetzen. Ein Problem entsteht, wenn Daten aus einer Applikation mit Daten aus einer anderen kombiniert werden sollen. Herkömmliche Methoden für die benutzerdefinierte Integration sind teuer, langsam und arbeitsaufwändig und häufig benötigt man dazu externe Unterstützung durch Dienstleister, die auf die Integration von Geschäftsapplikationen spezialisiert sind, die manchmal auch als EAI (Enterprise Application Integration) bezeichnet werden.

XML-Vorteile

Weil XML mit Daten zurecht kommt, die als Text abgelegt sind, bietet es Integrationsmöglichkeiten, die ganz einfach in Scripts ausgedrückt und für die unterschiedlichsten Zwecke kombiniert werden können. Die Natur intelligenter Datenspeicher ermöglicht Ihnen, sicherzustellen, dass Metadaten Teil der Übertragungs-Infrastruktur sind. Mehrere spezialisierte XML-Applikationen wurden entworfen, um eine Übertragung zwischen verschiedenen Applikationen zu ermöglichen. Beispielsweise erledigen Server-Lösungen von WebMethods (http://www.webmethods.com) und BizTalk (http://www.biztalk.org) die Übersetzung von Geschäftslogik zwischen Applikationen. Obwohl sie etwas über den Rahmen dieses Kapitels hinausgehen, sollten Sie diese auf XML basierenden Lösungen kennen, die auch dann in der Lage sind, eine komplexe Applikations-Integration zu erledigen, wenn sich diese Applikationen in unterschiedlichen, über das Internet verbundenen Unternehmen befinden. Morgen werden Sie SOAP (Simple Object Access Protocol) kennen lernen und erfahren, wie eine vollständig plattformunabhängige Lösung eine Möglichkeit bieten kann, externe Objekte über in XML-Container eingeschlossene Methodenaufrufe anzusprechen.

Betrachtungen zu Architektur und Entwicklung

Die Architektur für die Applikations-Integration unter Verwendung von XML beinhaltet die Übertragung von mit XML kodierten Daten von einem Programm zu einem anderen über ein lokales Netzwerk oder tatsächlich über das Internet. Später in diesem Kapitel werden Sie eine HTML-Applikation erstellen, die sich auf einem Webserver befindet. Wenn diese Applikation geladen wird, startet sie ein separates serverseitiges Script, das in VBScript geschrieben ist. Das Script fragt eine Microsoft Access-Datenbank mithilfe einer SQL-Anweisung ab und gibt einen XML-Datenstrom zurück. Die HTML-Applikation bindet die XML-Elemente unter Verwendung einer einfachen Objekt-Datenbindung und zeigt die Tabelle auf einer Webseite an. Dies ist nur ein Beispiel für die Natur der interoperablen Integration, die durch XML ganz einfach bewerkstelligt werden kann.

Wie die Applikation, die Sie später erstellen werden, umfasst der Prozess für die Entwicklung der Integration mehrere systematische Schritte. Im Wesentlichen entwickeln Sie dafür eine Protokoll-Engine oder verwenden eine bereits existierende, die eine Anforderungsanweisung formatieren kann. Die Anforderung sollte in der Lage sein, eine Verbindung zu einem Webserver aufzubauen, um eine Applikation auszuführen, die sich auf dem Host befindet. Die Host-Applikation verarbeitet die Anforderung und erzeugt eine Antwort, die an die anfordernde Applikation zurückgegeben wird. Anschließend erzeugen Sie eine Abbildungsebene, die die in der Antwort enthaltenen Daten in Strukturen übersetzt, die von der lokalen Applikation verarbeitet werden können.

XML-Integration in die Geschäftsmodelle der Unternehmen

Applikationen für die Datenintegration

Manchmal befinden sich die Daten, die Sie benötigen, nicht in einer einzigen Datenbank. Sie können sich in mehreren Datenbanken befinden und diese müssen sich nicht unbedingt im selben Unternehmen befinden. Eine Klasse von Applikationen, die auch als Applikationen für die Datenintegration bezeichnet werden, kann die Anforderung erfüllen, Daten zu sammeln und kombiniert auszugeben. Diese Art der Integration kann Zeit und Aufwand für Angestellte sparen, die Daten aus unterschiedlichen Quellen konsolidieren müssen, um komplexe Geschäftstransaktionen zur realisieren. Die Kosten für die Ausführung einzelner Applikationen können als die Summe der gesamten unabhängig voneinander ausgeführten Verarbeitungen plus der manuellen Schritte für die Konsolidierung der Ergebnisse oder die Erstellung eines übergreifenden Berichts betrachtet werden. Die Automatisierung dieser Prozesse ist für die Unternehmen häufig sehr wirtschaftlich.

XML-Vorteile

Die zentralisierte Synthese komplexer Geschäftsdaten charakterisiert eine überlebensfähige Lösung für Applikationen zur Datenintegration. Praktisch ausgedrückt, die Applikationen benötigt wahrscheinlich multidirektionalen Zugriff auf eine Vielzahl von Komponentenprozessen. Hier werden die Vorteile von XML sofort deutlich. Mit anderen Worten könnte die resultierende Synthese als Eingabe oder Feedback für Komponenten-Applikationen in der Datenintegrationsschleife benötigt werden. Die Möglichkeiten der XML-Technologie für die Bereitstellung eines interoperablen Datenaustausches könnte sie in einigen Fällen zum de facto-Format für Geschäftstransaktionen machen. Viel davon ist auf Client-Seite relevant, wo die Unterstützung von XML immer noch schwach ist, aber die Entwicklung dagegen schnell. Bis dahin kann die Synthese auf Servern realisiert werden und in den verschiedensten Formaten über die unterschiedlichsten Methoden an die Clients geschickt werden.

Betrachtungen zu Architektur und Entwicklung

Normalerweise basieren die Lösungen für die Datenintegration auf einer Architektur, die durch einen Integrationsserver charakterisiert ist, der zwischen einer Vielzahl von Client-Applikationen auf der einen Seite und mehreren Datenbanken oder Datenquellen auf der anderen Seite sitzt. Die Datenquellen können Datensätze sein, Dateien in einem Dateisystem oder Applikationen. Die einzige Forderung ist, dass man extern darauf zugreifen können muss. Der Integrationsserver nimmt die Daten aus diesen Quellen entgegen, setzt sie zu XML-Datenströmen zusammen und übergibt sie den Client-Applikationen in einem für sie lesbaren Format. Er könnte auch aktualisierte Informationen von einer Client-Applikation entgegennehmen, sie in ihre Komponenten zerlegen und in einem geeigneten Datenbehälter speichern. Der Zugriff auf die Datenquellen kann unter Verwendung nativer

XML-Mechanismen oder über andere Datenbank- oder Dateisystemtransporte erfolgen, wie beispielsweise JDBC (Java Database Connectivity), ODBC (Open Database Connectivity) oder proprietäre APIs.

19.4 Drei-Schichten-Web-Architektur

Heute haben Sie Architekturen kennen gelernt, die normalerweise in einem Drei-Schichten-Client-Server-Modell eingesetzt werden. Diese Architektur ist eine spezielle Form der Client-/Server-Architektur, die aus drei wohl definierten und separaten Prozessen besteht, die auf unterschiedlichen Plattformen ausgeführt werden.

Client-Schicht (Client Tier)

Die Benutzerschnittstelle, die auf dem Computer des Benutzers (d.h. des Clients) ausgeführt wird, wird häufig durch eine Browser-Applikation charakterisiert. Diese Schicht könnte auch durch jeden anderen clientseitigen Benutzeragenten wie beispielsweise ein webfähiges funkgesteuertes Gerät, Handy oder PDA, repräsentiert werden. Dies ist die erste von drei Schichten, die häufig als die Benutzer- oder Client-Schicht bezeichnet wird.

Mittelschicht (Middle Tier)

Die Mittelschicht enthält die funktionalen Module, die die Daten verarbeiten. Diese Mittelschicht wird auf einem Server oder auf mehreren Servern ausgeführt, wovon einer den Applikationsserver darstellt. Eine weitere Server-Klasse, die Webserver, sind ebenfalls in der Mittelschicht angeordnet und dienen häufig als Portal für andere Mittelschicht-Applikationen. Die Applikation zur Weitergabe und Aggregation von Informationen, die Sie früher in diesem Kapitel kennen gelernt haben, ist ein Beispiel für eine Applikation, die sich auf der Mittelschicht befinden kann. Auf Mittelschicht-Servern wird das serverseitige Scripting verwaltet und ausgeführt. Angenommen, Sie besuchen einen Online-Buchladen; nach dem Zugriff begrüßt Sie die Website mit Ihrem Namen und stellt Ihnen neu erschienene Bücher vor, die Ihren Bestellungen in der Vergangenheit entsprechend für Sie interessant sein könnten. Vielleicht kaufen Sie häufig Bücher wie dieses – über Programmierung.

Die Personalisierungs-Applikation wird auf der Mittelschicht ausgeführt. Sehr wahrscheinlich liest sie die in einer Datenbank auf der Datenschicht abgelegten Datensätze, um festzustellen, welche Kaufgewohnheiten Sie haben, verarbeitet die Ergebnisse in der Mittelschicht, schlägt in den Listen der Neuerscheinungen nach, ob Einträge mit Ihren

XML-Integration in die Geschäftsmodelle der Unternehmen

»Vorlieben« übereinstimmen und präsentiert Ihnen auf der Client-Schicht ihre Vorschläge für ähnliche Titel, die Sie vielleicht auch kaufen wollen. Dies ist ein klassisches Beispiel für eine Drei-Schichten-Web-Applikation.

Datenschicht (Data Tier)

Wie bereits erwähnt, wird die dritte Schicht als die Datenschicht bezeichnet und enthält häufig ein Datenbank-Managementsystem (DBMS), das die von der Mittelschicht benötigten Daten enthält. Diese Schicht wird auf einem zweiten Server ausgeführt, dem Datenbankserver. Bestellerprofile und Online-Kataloge wie die in Ihrem Online-Buchladen werden normalerweise in Datenbanken auf der Datenschicht abgelegt.

Sie werden feststellen, dass XML auf oder zwischen allen diesen Schichten existieren kann. Die Applikations-Szenarien, die Sie heute bereits kennen gelernt haben, stellen Beispiele dafür dar, wie XML auf allen Schichten dieser beliebten Architektur verwendet werden kann. In den nachfolgenden Übungen werden Sie auf XML basierte Applikationen erstellen, die zwischen allen drei Schichten kommunizieren und auf allen drei Schichten arbeiten können. Dieses Modell, das die besten Vorgehensweisen für die Entwicklung verwendet, entspricht dem Ansatz, der auch von der W3C und den Webentwicklern empfohlen wird.

19.5 Verwendung von XML in den drei Schichten

In den nachfolgenden Übungen werden Sie die Mittelschicht-Programmierung nutzen, um auf Daten zuzugreifen, die in einer Datenbank gespeichert sind. Anschließend werden Sie die Daten durch die Erstellung von XML-Strukturen auf einen Browser verschieben, wo die clientseitige Darstellung stattfindet. Die Beispiele verwenden die folgenden Technologien:

- Extensible Markup Language Version 1.0 (XML) für den Datentransport zwischen Schichten

- Hypertext Markup Language (HTML) für die Darstellung von Daten auf einem clientseitigen Browser

- Microsoft Access 2000, um Datensätze in einer Datenbank zu speichern und die Datenschicht darzustellen

- Microsoft Internet Information Services (IIS) Version 5.0, um einen lokalen Webserver zum Testen und für die Ausführung der Applikationen bereitzustellen

- Microsoft Windows 2000 als Betriebssystem

- ODBC Data Source Administrator Version 3.5, um einen System-DSN-Namen (Data Source Name) für ein Objekt zu setzen, das beschreibt, wie man eine Verbindung zu der Datenbank einrichtet
- Structured Query Language (SQL), um Daten unter der Steuerung eines Mittelschicht-Scripts aus der Datenbank abzurufen
- Visual Basic Script (VBScript), um Active Server Pages für serverseitiges Scripting zu erzeugen

Um die Applikation nachzuvollziehen und zu erstellen, können Sie die angegebenen Komponenten-Technologien verwenden, wobei es nicht unbedingt eine Rolle spielt, welche Versionen Sie verwenden. Außerdem können Sie auch andere Komponenten verwenden, beispielsweise eine andere Datenbank oder eine Mittelschicht-Scriptsprache, und Ihren Entwurf auf der Funktionalität der gezeigten Modelle aufsetzen. Außer dem verwendeten XML können jedoch die anderen aufgeführten Komponenten-Technologien nicht genauer erklärt werden, weil dies den Rahmen dieses Buches sprengen würde. Die funktionalen Bestandteile der Code-Beispiele dieser Übung werden kurz besprochen, aber eine vollständige Beschreibung von SQL, IIS, VBScript, HTML und dem ODBC API oder Microsoft Access sollten Sie sich aus anderen Quellen beschaffen. Markt+Technik, der Verlag, bei dem dieser Titel erscheint, bietet ausgezeichnete Bücher zu all diesen Technologien.

Beachten Sie, dass die Microsoft-Produkte zu Demonstrationszwecken ausgewählt wurden. Sie können natürlich auch andere Produkte für Webserver und unterstützende Produkte einsetzen. Beispielsweise können Sie statt der oben gezeigten Folge auch Apache, Tomcat und MySQL einsetzen.

Datenschicht

Wir bleiben bei der Metapher des auf XML basierten Nachrichten- und Erinnerungssystems und Sie erzeugen jetzt eine Datenbank mit einzelnen Nachrichten als Datensätze. Die Felder entsprechen den nachricht-Komponenten, die Ihnen bereits von früheren Kapiteln her vertraut sind, nämlich id, von, quelle und nachricht. Das Feld id ist ein autonumber key-Feld in der Datenbank. Alle anderen Felder haben den Datentyp text. Beachten Sie, dass diese Übung zwar eine Microsoft Access-Datenbank verwendet, Sie aber jede andere ODBC-konforme Datenbank verwenden können, die SQL unterstützt.

Um Ihre Datenbank mit Access zu erzeugen, starten Sie die Applikation und wählen im Popup-Fenster, das beim Starten der Applikation angezeigt wird, den Befehl NEUE DATENBANK ERSTELLEN UND DAZU VERWENDEN | LEERE ACCESS-DATENBANK, wie in Abbildung 19.1 gezeigt.

XML-Integration in die Geschäftsmodelle der Unternehmen

Abbildung 19.1:
Eine neue Access-Datenbank anlegen

Ein Dialogfeld erscheint, in dem Sie aufgefordert werden, Ihre neue Datenbank zu speichern. Damit alle weiteren Schritte wie beschrieben funktionieren, erzeugen Sie ein neues Verzeichnis c:\tag_19 und legen Ihre Datenbank in diesem unter dem Namen nachricht.mdb ab. Sie können natürlich auch ein beliebiges anderes Verzeichnis verwenden, aber dann müssen Sie bei den nachfolgenden Schritten entsprechende Anpassungen vornehmen. Wenn Sie c:\tag_19 als Ihr Verzeichnis verwenden, sieht der vollständig qualifizierte Pfad zu Ihrer neuen Datenbank wie folgt aus:

C:\tag_19\nachricht.mdb

Nachdem Sie Ihre neue Datenbank gespeichert haben, wird das Hauptfenster für den Datenbankentwurf in Access angezeigt. Wählen Sie für das Tabellen-Objekt die Option ERSTELLT EINE TABELLE IN DER ENTWURFSANSICHT. Diese Option ist bereits hervorgehoben angezeigt. Abbildung 19.2 zeigt die Option an, die Sie auswählen sollten.

Geben Sie in jede der bereitgestellten Tabellenzeilen Details zu einem der Felder Ihrer neuen Tabelle ein. In Zeile 1 geben Sie als Feldnahme id ein und bewegen sich mithilfe der Tabulatortaste in die Spalte FELDDATENTYP. Wenn Sie in dieser Zelle der Tabelle auf den Pfeil nach unten klicken, wird eine Pulldown-Liste angezeigt. Wählen Sie den Eintrag AutoWert. Bevor Sie in das nächste Feld gehen, machen Sie dieses Feld zum Primärschlüssel-Feld, indem Sie in der Symbolleiste oben am Bildschirm auf das Symbol mit dem kleinen Schlüssel klicken oder indem Sie im Pulldown-Menü für die Zeile den Menüpunkt PRIMÄRSCHLÜSSEL auswählen. Gehen Sie mithilfe der Tabulatortaste in die nächste Zeile dieser Tabelle, die dem nächsten Feld der Tabelle entspricht, die Sie anlegen wollen. Geben Sie als Feldnamen von ein und wählen Sie als Datentyp Text. Wiederholen Sie diesen Vorgang für die Felder quelle und nachricht, die beide den Datentyp Text haben. Ihr vollständiges Entwurfsansichts-Fenster sollte jetzt aussehen, wie in Abbildung 19.3 gezeigt.

Verwendung von XML in den drei Schichten

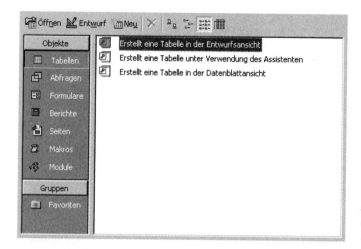

Abbildung 19.2:
Die Entwurfsansicht in Microsoft Access

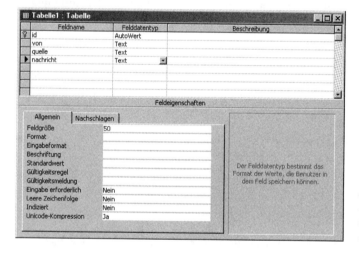

Abbildung 19.3:
In der Entwurfsansicht erstellen Sie neue Datenfelder

Wählen Sie im Pulldown-Menü DATEI den Eintrag SPEICHERN UNTER und geben Sie Ihrer Tabelle den Namen nchr. Wählen Sie im Pulldown-Menü ANSICHT den Eintrag DATENBLATTANSICHT. Jetzt können Sie Daten direkt in die Datenbank eingeben. In das Feld id brauchen Sie keinen Wert einzutragen, weil dies die AutoWert-Funktion von Access für Sie übernimmt. Gehen Sie mithilfe der Tabulatortaste in die erste von-Zelle und geben Sie einen Namen ein. Geben Sie weitere Daten in die Felder ein, um mehrere Datensätze zu erzeugen. Sie brauchen nicht dieselben Daten zu verwenden wie in Abbildung 19.4 gezeigt und Sie müssen sich auch nicht auf drei Datensätze beschränken, wenn Sie mehr eingeben wollen.

XML-Integration in die Geschäftsmodelle der Unternehmen

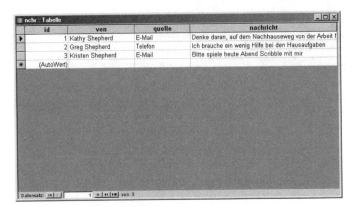

Abbildung 19.4:
Die Tabelle nchr wurde mit Daten gefüllt

Jetzt können Sie die Datenbank schließen. Sie haben damit eine Datenbank mit Nachrichten angelegt, auf die Sie in einem späteren Schritt über das Scripting zugreifen können. Die Datenbank enthält Datensätze, die den einzelnen Nachrichten oder Erinnerungen entsprechen, ähnlich wie Sie sie in den letzten Kapiteln im XML dargestellt haben.

Wie Sie wissen, stellt eine Datenbank eine praktische und effiziente Möglichkeit dar, Daten zu speichern – komplett mit Index, Datenbanksicherheit und allen anderen Funktionsmerkmalen, die Unternehmen von dieser Technologie erwarten. Die meisten Unternehmen bewahren wichtige Daten in ihren Datenbanken auf. Häufig handelt es sich dabei um die Verlaufsdaten, die Sie benötigen, um dynamischen Webinhalt zu erzeugen, oder wenn Sie eine Verbindung zwischen Applikationen einrichten. Letztlich wollen Sie die Daten aus einer Datenbank in Form eines XML-Streams verschieben, sodass sie einfach in anderen Applikationen verwendet oder mit einem Stil versehen und an einen Client ausgeliefert werden kann.

Einen ODBC-Datenquellennamen einrichten

ODBC-Werkzeuge (Open Database Connectivity) stellen wie die JDBC-Werkzeuge (Java Database Connectivity) eine Möglichkeit dar, auf eine Datenbank zuzugreifen, die durch die Instanziierung spezieller Client- und Server-Treiber-Software bereitgestellt werden. ODBC stellt Ihnen ein API (Application Programming Interface) bereit, das es ermöglicht, Daten aus einer Datenbank über eine vereinheitlichte Quelle zu extrahieren.

Weitere Informationen über ODBC finden Sie in *Access 2000 Programmierung in 21 Tagen* von *Said Baloui*, erschienen im Verlag Markt+Technik (ISBN: 3-8272-5705-0).

Sie nutzen ODBC, indem Sie mithilfe des Windows DSN-Administrationswerkzeugs eine benannte Quelle erzeugen. Damit erhalten Sie eine Verbindung zwischen der Datenbank, die durch einen Objektaufruf in einem Mittelschicht-Script durchsucht werden kann. Die DSN richtet einen benannten Verweis sowie einen Link zu dem Datenbank-Treiber (in Ihrem Fall für Microsoft Access) ein, der einer bestimmten Datenbank zugeordnet ist. Durch die Einrichtung dieser DSN stellen Sie eine direkte Verbindung zu Ihrer Datenbank durch das Betriebssystem bereit, die den Pfad durch das Dateisystem beinhaltet. Mit anderen Worten, wenn Sie ein Objekt anlegen, das eine Verbindung zu Ihrer DSN einrichtet, verwendet das Objekt ODBC, um auf die Datenbank zuzugreifen, sodass Sie SQL-Anweisungen übergeben können, um mit den Daten zu arbeiten. Das Datenbankobjekt richtet mithilfe seiner eigenen Methodenmenge eine Verbindung zur Datenbank ein. Die Verbindung bleibt bestehen, bis Sie sie mit einer Close-Methode im API schließen.

Um die DSN zu erstellen, brauchen Sie das ODBC-Datenquellen-Werkzeug. Für diese Übung brauchen Sie Windows 98/2000. Öffnen Sie die Systemsteuerung von Windows, indem Sie in der Windows-Symbolleiste auf die START-Schaltfläche klicken und im Menüpunkt EINSTELLUNGEN die Option SYSTEMSTEUERUNG auswählen. Wenn das ODBC-Datenquellen-Werkzeug angezeigt wird, gehen Sie auf die Registerkarte SYSTEM-DSN. Achten Sie sorgfältig darauf, auf die Registerkarte SYSTEM-DSN zu gehen, nicht auf BENUTZER-DSN oder DATEI-DSN.

Sie können entweder eine System-DSN oder eine Benutzer-DSN einrichten. Die Benutzer-DSN erlaubt dem Benutzer der DSN jedoch nur, über die Datenquelle auf die Datenbank zuzugreifen. Damit mehrere Benutzer auf der Maschine auf eine bestimmte Datenbank zugreifen können, müssen entweder mehrere Benutzer-DSNs oder eine System-DSN konfiguriert werden. Eine System-DSN erlaubt allen Benutzern einer Maschine, über diese Datenquelle auf die Datenbank zuzugreifen.

Es wird ein Fenster mit den existierenden DSNs angezeigt, falls solche vorhanden sind. Klicken Sie auf die Schaltfläche HINZUFÜGEN. Ein neues Fenster wird angezeigt, das alle auf Ihrem Computer installierten Datenbank-Treiber auflistet. Falls auf Ihrem System Microsoft Access 2000 korrekt als Teil von Office 2000 installiert ist, sollte in dieser Liste ein entsprechender Treiber erscheinen. Wählen Sie den MICROSOFT ACCESS TREIBER (*.MDB) und klicken Sie auf die Schaltfläche FERTIG STELLEN. Ein Fenster mit dem Titel ODBC MICROSOFT ACCESS SETUP wird angezeigt. Geben Sie in das Feld DATENQUELLENNAME nachrichtDB ein und achten Sie dabei unbedingt auf die Groß-/Kleinschreibung.

Richten Sie die DSN wie hier gezeigt ein, um sicherzustellen, dass die von Ihnen in den nachfolgenden Schritten angelegten Scripts korrekt funktionieren. Klicken Sie in diesem Fenster auf die Schaltfläche AUSWÄHLEN und suchen Sie im Dialogfeld DATENBANK-DATEI AUSWÄHLEN Ihre Datenbank unter c:\tag_19\nachricht.mdb. An dieser Stelle sollte Ihr Bildschirm aussehen wie in Abbildung 19.5 gezeigt.

Schließen Sie alle Dialogfelder, indem Sie auf OK klicken.

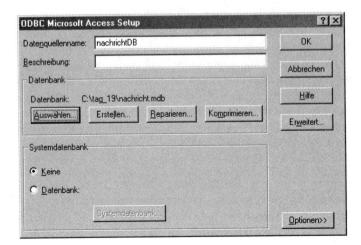

Abbildung 19.5:
Einen Datenquellennamen mithilfe des ODBC-Werkzeugs anlegen

Einrichten des Webservers

In den nachfolgenden Übungen verwenden Sie IIS als Webserver, der über Ihren Webbrowser zur Verfügung steht. IIS stellt eine ausgezeichnete Möglichkeit dar, eine serverseitige Programmierung auf einem lokalen Host zu testen. Häufig entwickeln Programmierer Applikationen auf einem lokalen Host, wie beispielsweise IIS, und geben sie dann auf einen externen Host als Produktions-Websites weiter. Dafür gibt es auch andere Methoden, aber IIS stellt eine einfache Alternative dar, die gut funktioniert.

Um Microsoft IIS (Internet Information Services) in nachfolgenden Schritten als Webserver verwenden zu können, registrieren Sie Ihr Verzeichnis c:\tag_19 als Web-*Freigabe*-Verzeichnis. Dazu suchen Sie im Windows Explorer Ihr Verzeichnis c:\tag_19. Klicken Sie im Explorer-Fenster mit der rechten Maustaste auf das Verzeichnis und wählen Sie im Popup-Menü den Eintrag FREIGABE. Klicken Sie auf die Registerkarte WEB-FREIGABE und achten Sie darauf, nicht versehentlich auf die Registerkarte FREIGABE zu gehen. Das neue Fenster ALIAS BEARBEITEN erscheint. In diesem Fenster brauchen Sie nichts zu verändern; die Standardwerte führen zu einer ausreichenden IIS-Unterstützung, um die restlichen Übungen nachvollziehen zu können. Beachten Sie, dass das System dieser Web-Freigabe automatisch den Alias tag_19 zuweist. Sie verwenden diesen Alias später als Teil des URL, den Sie in Ihren Browser eingeben, wenn Sie auf Programme zugreifen, die in diesem Web-Freigabe-Verzeichnis auf dem Webserver abgelegt sind. Die Syntax für das Laden eines Programms, beispielsweise einer HTML-Seite oder eines Server-Scripts, die in diesem Web-Freigabe-Verzeichnis abgelegt sind, sieht wie folgt aus:

http://localhost/tag_19/*meinedatei*.asp

Verwendung von XML in den drei Schichten

Zugriff auf eine Datenbank mit einem serverseitigen Script

In der nächsten Übung erstellen Sie eine Active Server Page (ASP), die HTML erzeugt, das die über SQL von der zuvor angelegten DSN abgerufenen Daten anzeigt. Mit anderen Worten, nachdem Sie eine Datenbank haben, die über Ihr ODBC API zur Verfügung steht, können Sie ein Verbindungsobjekt anlegen, das Ihnen erlaubt, der Datenbank SQL-Anweisungen zu übergeben, die Ergebnisse an Ihr serverseitiges Script zurückgeben. Durch das Einpacken Ihrer Abfrage in HTML-Anweisungen können Sie die Ergebnisse – beispielsweise die Datensätze aus der Datenbank – in einem Browser anzeigen. Angenommen, Sie wollen das Script verwenden, um die Datenbank abzufragen und alle Felder jedes Datensatzes in einer markierten Listen auszugeben. Ziel dieser Übung ist, Ausgaben zu erzeugen, die etwa wie die in Abbildung 19.6 aussehen.

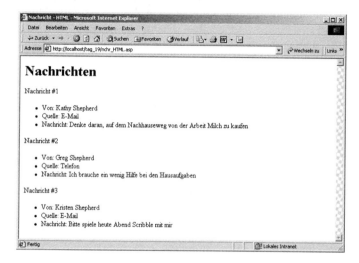

Abbildung 19.6: HTML-Ausgabe, die durch ein serverseitiges Script für den Zugriff auf eine Datenbank erzeugt wird

Jetzt können Sie Ihren bevorzugten Texteditor starten und anfangen, das Script den nachfolgenden Schritten entsprechend zu erstellen. Die Active Server Page enthält VBScript und HTML. VBScript kann vom Webbrowser im IIS Webserver gelesen und interpretiert werden. Zunächst richten Sie mit der Sprachdeklarations-Anweisung die ASP als auf VBScript basierende Seite ein. Dazu verwenden Sie die folgende Syntax:

```
<%@ Language = "VBScript"%>
```

Anschließend erzeugen Sie den Anfang der HTML-Seite mit den Standardabschnitten <!DOCTYPE...>, <HTML>, <HEAD> und <BODY>. Diese Abschnitte müssen später alle abgeschlossen werden wie auf einer ganz normalen HTML-Seite. Innerhalb des <BODY>-Abschnitts platzieren Sie die Logik für das Öffnen der ODBC-Verbindung, übergeben der Datenbank die SQL-Anweisungen und formatieren die Antwort innerhalb von HTML-Anweisungen.

Um eine Verbindung mit der Datenbank einzurichten, auf die Sie zuvor mit Ihrer DSN verwiesen haben, legen Sie ein neues Server-Objekt an, das das ADO (ActiveX Data Object) Connection instanziiert, ebenso wie eine open-Methode, der Sie die DSN als Argument übergeben. Die Syntax für diesen Methodenaufruf und die zugeordnete Methode sieht wie folgt aus:

```
set oMeinObjekt = Server.CreateObject("ADODB.Connection")
oMeinObjekt.open("meineDSN")
```

Insbesondere werden Sie den folgenden Code verwenden:

```
set oNchr = Server.CreateObject("ADODB.Connection")
oNchr.open("nachrichtDB")
```

Das neue Objekt heißt oNchr und die DSN nachrichtDB ist als Argument kodiert, das dem ADO über die open-Methode übergeben wird. Das dient letztlich dazu, eine Verbindung zwischen diesem ASP-Script und Ihrer nachricht.mdb-Datenbank einzurichten. Die Verbindung bleibt geöffnet, bis Sie sie mit der Close-Eigenschaft für das Connection-Objekt schließen, was dann so aussieht:

```
oNchr.Close
```

Die Close-Eigenschaft folgt der restlichen Logik, die Sie ausführen, während die ODBC geöffnet ist, wie beispielsweise bei der Ausführung von SQL-Anweisungen oder Formatierungsantworten von der Abfrage. Um SQL auszuführen, wenden Sie die Execute-Methode auf das Connection-Objekt an. Das Ergebnis ist ein RecordSet-Objekt, das von der Execute-Methode zurückgegeben wird. Die Syntax für die Übergabe von SQL über diese Objektaufrufe an eine Datenbank sieht so aus:

```
Set meineRecordSetVariable = oMeinObjekt.Execute("SQL-Anweisung")
```

Um alle Datensätze (*) aus der Tabelle nchr in Ihrer Datenbank nachricht.mdb auszuwählen, verwenden Sie die folgende einfache SQL-Anweisung:

```
SELECT * FROM nchr;
```

Wenn Sie das resultierende RecordSet als nchrRS bezeichnen, sieht der vollständige Objektaufruf folgendermaßen aus:

```
Set nchrRS = oNchr.Execute("SELECT * FROM nchr;")
```

Wenn Sie nur den ersten Datensatz der Datenbank zurückgeben wollen, können Sie alle erforderlichen Felder auf das Standard-Ausgabegerät oder den Bildschirm ausgeben. Weil Sie in diesem Fall jedoch alle Datensätze Ihrer Datenbank ausgeben wollen, brauchen Sie eine Möglichkeit, die Datensätze zu durchlaufen und jeden davon anzuzeigen. Der einfachste Ansatz dafür wäre, eine Schleife zu programmieren, die einen Datensatz liest, die Ausgabe erzeugt und dann mit dem nächsten Datensatz weitermacht. Die do-Schleifen von VBScript sind gut für diesen Zweck geeignet. Sie beginnen Ihre Schleife mit einer Anweisung, die den Interpreter anweist, diese solange auszuführen, bis keine weiteren Datensätze

Verwendung von XML in den drei Schichten

mehr vorliegen, was dadurch gekennzeichnet ist, dass das Script die EOF-Markierung (End of File) erreicht. Innerhalb der Schleife schreiben Sie die relevanten Felder aus allen Datensätzen auf den Bildschirm und gehen dann weiter zum nächsten Datensatz. Die Syntax für diese Schleife sehen Sie hier:

```
do until meineRecordSetVariable.EOF
  Response.Write (meineRecordSetVariable("Feldname"))
  ...
  meineRecordSetVariable.MoveNext
Loop
```

Die Schleife für unsere Übung sieht so aus:

```
do until nchrRS.EOF
  Response.Write ("<P>Nachricht #" & _
    nchrRS("ID") & "<UL>")
  Response.Write ( _
    "<LI>Von: " & nchrRS("von") & "</LI>" & _
    "<LI>Quelle: " & nchrRS("quelle") & "</LI>"& _
    "<LI>Nachricht: " & nchrRS("nachricht") & "</LI>" )
  Response.Write ("</UL>")
  nchrRS.MoveNext
Loop
```

Nach dieser Schleife schließen Sie die Verbindung mit oNchr.Close, wie bereits beschrieben. Anschließend geben Sie das Objekt frei, indem Sie die Variable oNchr auf Null setzen:

```
Set oNchr = nothing
```

Jetzt müssen Sie nur noch die BODY- und HTML-Elemente abschließen. Listing 19.1 zeigt die vollständige Applikation. Speichern Sie Ihr Script unter dem Namen nchr_HTML.asp.

Listing 19.1: Ein ASP-Script zum Extrahieren von Datensätzen aus einer Datenbank – nchr_HTML.asp

```
 1: <%@ LANGUAGE = "VBScript"%>
 2: <%' Listing 19.1 - nchr_HTML.asp
 3: %>
 4:
 5: <!DOCTYPE HTML PUBLIC "-//W3C//DTD HTML 4.01 Transitional//EN"
 6: "http://www.w3.org/TR/html4/loose.dtd">
 7: <!-- HTML-Datei, erzeugt von ASP -->
 8:
 9: <HTML>
10:   <HEAD>
11:     <TITLE>Nachricht - HTML</TITLE>
12:   </HEAD>
13:   <BODY>
```

XML-Integration in die Geschäftsmodelle der Unternehmen

```
14:    <H1>Nachrichten</H1>
15:    <%
16:    set oNchr = Server.CreateObject("ADODB.Connection")
17:    oNchr.open("nachrichtDB")
18:
19:    set nchrRS = oNchr.Execute("SELECT * FROM nchr;")
20:
21:    do until nchrRS.EOF
22:      Response.Write ("<P>Nachricht #" & _
23:        nchrRS("ID") & "<UL>")
24:      Response.Write ( _
25:        "<LI>Von: " & nchrRS("von") & "</LI>" & _
26:        "<LI>Quelle: " & nchrRS("quelle") & "</LI>"& _
27:        "<LI>Nachricht: " & nchrRS("nachricht") & "</LI>" )
28:      Response.Write ("</UL>")
29:      nchrRS.MoveNext
30:    Loop
31:    oNchr.Close
32:    set oNchr = nothing
33:    %>
34:    </BODY>
35:    </HTML>
```

Die Zeile 1 richtet die Scripting-Sprache für die Active Server Page als VBScript ein. Die Zeilen 5-6 enthalten die DOCTYPE-Deklaration für die durch das Script zu erstellende HTML-Seite. Die Zeilen 9-14 stellen typische HTML-Tags für die erstellte Seite dar. Die Zeilen 15-33 enthalten das restliche VBScript. Das ADO wird in Zeile 16 erzeugt und mit dem Namen oNchr versehen. Dem Connection-Objekt wird mit der Open-Methode die DSN nachrichtDB zugeordnet (Zeile 17). Zeile 19 übergibt der Datenbank mit der Execute-Methode für das Connection-Objekt die SQL-Abfrage. Die Zeilen 21-30 enthalten die Schleife, die die Abfrage-Ergebnisse auf dem Bildschirm ausgeben. Die Schleife wird ausgeführt, bis das Ende der Datenbankdatei erreicht ist (Zeile 21). Jedes der Felder des ersten gefundenen Datensatzes wird an das Standard-Ausgabegerät (Response.Write) weitergegeben und in die entsprechenden HTML-Tags eingeschlossen (Zeilen 22-28). In der Zeile 29 weist die MoveNext-Eigenschaft für das RecordSet-Objekt den ganzen Prozess an, in der Datenbank eine Zeile weiterzurücken. Zeile 30 weist das Script an, zurück zur do-Anweisung in Zeile 21 zu gehen. Falls der aktuelle Datensatz nicht der letzte Datensatz ist, wird die Schleife weiter ausgeführt, bis dies der Fall ist. Zeile 31 schließt die Verbindung. Zeile 32 setzt die Variable oNchr auf Null. Das Script wird in Zeile 33 abgeschlossen und die restlichen Zeilen schließen geöffnete HTML-Elemente mit schließenden Tags ab.

Verwendung von XML in den drei Schichten

Um Ihr Server-Script auszuführen und die in Abbildung 19.1 gezeigten Ergebnisse zu erzeugen, gehen Sie mit Ihrem Browser auf die Kopie der ASP auf Ihrem Web-Host. Dazu geben Sie den folgenden URL in das Adressfeld des Microsoft Internet Explorers ein:

```
http://localhost/tag_19/nchr_HTML.asp
```

Mit einem serverseitigen Script XML aus einer Datenbank erstellen

Das vorige Beispiel hat eine HTML-Ausgabe für die Anzeige in einem Browser erstellt. Wenn Sie den Code genauer betrachten, werden Sie sehen, dass es sich bei ihm auch um korrektes XML handelt, allerdings in HTML-Vokabular ausgedrückt. Durch kleine Veränderungen des Scripts können Sie dafür sorgen, dass es XML erzeugt, das aussieht wie das in den letzten Kapiteln erstellte.

Im nächsten Beispiel werden Sie dieselben Objektaufrufe ausführen und dieselbe SQL-Anweisung verwenden, die Ergebnisse aber in XML-Tags und nicht in HTML einschließen. Mit anderen Worten: statt mit den Abschnitten <!DOCTYPE...>, <HTML>, <HEAD> und <BODY> zu beginnen, schreiben Sie eine XML-Deklaration und das benötigte Wurzelelement:

```
<?xml version="1.0"?>
<notiz>
  ...VBScript
</notiz>
```

Der Code in der Schleife unterscheidet sich ebenfalls und reflektiert die statt des HTML verwendeten XML-Tags. Die Schleife könnte wie folgt aussehen:

```
do until nchrRS.EOF
  Response.Write ("<nchr id='" & _
    nchrRS("ID") & "'>")
  Response.Write ( _
    "<von>" & nchrRS("von") & "</von>" & _
    "<quelle>" & nchrRS("quelle") & "</quelle>" & _
    "<nachricht>" & nchrRS("nachricht") & "</nachricht>" )
  Response.Write ("</nchr>")
  nchrRS.MoveNext
Loop
```

Beachten Sie, dass die HTML-Listenelemente jetzt die bereits bekannten XML-Elemente von, quelle und nachricht sind. Beachten Sie auch, dass der Wert aus dem Datenbankfeld id als Attributwert im XML-Ergebnis verwendet wird.

Das Listing 19.2 zeigt das vollständige Programm. Nehmen Sie die erforderlichen Änderungen an Ihrem ersten Script vor und speichern Sie den neuen Code unter dem Namen nchr_XML.asp. Achten Sie dabei darauf, dass Sie den Namen genau wie gezeigt schreiben, weil er in der nächsten Übung von einem anderen Programm aufgerufen wird.

XML-Integration in die Geschäftsmodelle der Unternehmen

Listing 19.2: Ein ASP-Script, das Datensätze aus einer Datenbank extrahiert und das Ergebnis als korrektes XML zurückgibt – nchr_XML.asp

```
 1: <%@ LANGUAGE = "VBScript"%>
 2: <%' Listing 19.2 - nchr_XML.asp
 3: %>
 4:
 5: <%Response.ContentType="text/xml"%>
 6: <?xml version="1.0"?>
 7: <!-- XML-Datei, erzeugt durch ASP -->
 8:
 9: <notiz>
10:   <%
11:   set oNchr = Server.CreateObject("ADODB.Connection")
12:   oNchr.open("nachrichtDB")
13:
14:   set nchrRS = oNchr.Execute("SELECT * FROM nchr;")
15:
16:   do until nchrRS.EOF
17:     Response.Write ("<nchr id='" & _
18:       nchrRS("ID") & "'>")
19:     Response.Write ( _
20:       "<von>" & nchrRS("von") & "</von>" & _
21:       "<quelle>" & nchrRS("quelle") & "</quelle>" & _
22:       "<nachricht>" & nchrRS("nachricht") & "</nachricht>")
23:     Response.Write ("</nchr>")
24:     nchrRS.MoveNext
25:   Loop
26:   oNchr.Close
27:   set oNchr = nothing
28:   %>
29: </notiz>
```

Die Zeile 1 richtet die Scripting-Sprache für die Active Server Page als VBScript ein. Die Zeile 6 enthält die XML-Deklaration für das vom Script zu erzeugende Dokument. Zeile 9 enthält das Start-Tag für das Wurzelelement (notiz) der erstellten Seite. Die Zeilen 10-28 enthalten das restliche VBScript. Das ADO wird in Zeile 11 erzeugt und mit dem Namen oNchr versehen. Dem Connection-Objekt wird mit der Open-Methode die DSN nachrichtDB zugeordnet (Zeile 12). Zeile 14 übergibt der Datenbank mit der Execute-Methode für das Connection-Objekt die SQL-Abfrage. Die Zeilen 16-25 enthalten die Schleife, die die Abfrage-Ergebnisse auf dem Bildschirm ausgeben. Die Schleife wird ausgeführt, bis das Ende der Datenbankdatei erreicht ist (Zeile 16). Jedes der Felder des ersten gefundenen Datensatzes wird an das Standard-Ausgabegerät (Response.Write) weitergegeben und in die entsprechenden

Verwendung von XML in den drei Schichten

HTML-Tags eingeschlossen (Zeilen 17-23). In Zeilen 24 weist die MoveNext-Eigenschaft für das RecordSet-Objekt den ganzen Prozess an, in der Datenbank eine Zeile weiterzurücken. Zeile 25 weist das Script an, zurück zur do-Anweisung in Zeile 16 zu gehen. Falls der aktuelle Datensatz nicht der letzte ist, wird die Schleife weiter ausgeführt, bis dies der Fall ist. Zeile 26 schließt die Verbindung. Zeile 27 setzt die Variable oNchr auf Null. Das Script wird in Zeile 28 abgeschlossen und das Wurzelelement (</notiz>) in Zeile 29.

Sie führen das Script aus, indem Sie den folgenden URL in Ihren Browser eingeben:

http://localhost/tag_19/nchr_XML.asp

Die Ausführung dieses Scripts erzeugt die in Abbildung 19.7 gezeigte Ausgabe.

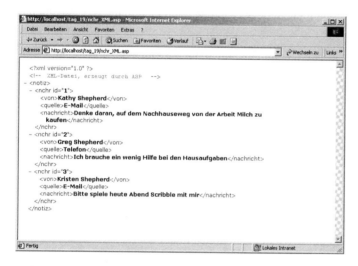

Abbildung 19.7:
XML-Ausgabe, erzeugt durch ein serverseitiges Script, das auf eine Datenbank zugreift

Downstream-Verarbeitung

Das vorige Beispiel hat eine Ausgabe in XML aus Ihrer Datenbank erzeugt, die jedoch so nicht in einem Browser angezeigt werden kann. Sie können ein Style Sheet erstellen und es ihr zuordnen, um der Ausgabe einen Stil zuzuweisen. Statt dieses Ansatzes werden Sie jedoch eine HTML-Seite erstellen, die eine XML-Dateninsel einrichtet und HTML-Elemente an die entsprechenden XML-Datenelementen bindet. Sie haben diese Technik in Kapitel 17 kennen gelernt. Der Unterschied dabei ist, dass Sie hier nicht auf ein statisches XML-Dokument zugreifen, sondern dass Ihre Dateninsel in der nächsten Übung das Script nchr_XML.asp aufruft, um das zu erzeugen, was man sich am besten als *virtuelles XML* vorstellt. In diesem Fall sind die XML-Daten transient, befinden sich im Arbeitsspeicher, werden aber niemals permanent auf der Festplatte abgelegt.

XML-Integration in die Geschäftsmodelle der Unternehmen

Wenn Sie in Kapitel 17 die Datei `insel02.html` angelegt haben, können Sie diese jetzt bearbeiten. Sie ist der Seite dieser Übung ganz ähnlich. Der wichtigste Unterschied ist, dass die Dateninsel im aktuellen Beispiel Daten aus einem ASP-Programm abruft statt aus einem statischen XML-Dokument. In der aktuellen Übung sieht das HTML-Tag `<XML>` also folgendermaßen aus:

```
<XML src="nchr_XML.asp" id="meineNchr"></XML>
```

Beachten Sie, dass die Quelle für die Dateninsel die ASP ist. Deshalb können Sie diese Seite nur dann ausführen, wenn Sie sie über den IIS Webserver übergeben. Mit anderen Worten, Sie können diese Seite nicht wie eine herkömmliche HTML-Seite im Browser anzeigen. Der Webserver muss sie zuvor verarbeiten, um sicherzustellen, dass der ASP-Code ausgeführt wird.

Die restliche Seite enthält Standard-HTML-Markup sowie die Daten, um die Tabelle mit den gebundenen Elementen zu erstellen. Der Tabellencode für die HTML-Seite sieht wie folgt aus:

```
<TABLE id="Tabelle" border="6" width="100%"
    datasrc="#meineNchr" summary="Nachrichten">
    <THEAD style="background-color: aqua">
        <TH>Von</TH>
        <TH>Quelle</TH>
        <TH>Nachricht</TH>
    </THEAD>
    <TR valign="top" align="center">
        <TD><SPAN DATAFLD="von"></SPAN></TD>
        <TD><SPAN DATAFLD="quelle"></SPAN></TD>
        <TD><SPAN DATAFLD="nachricht"></SPAN></TD>
    </TR>
</TABLE>
```

Der Wert des Datenquellen-Attributs für das TABLE-Tag entspricht dem id-Attribut, das in der Dateninsel bereitgestellt wird (`<XML src="nchr_XML.asp" id="meineNchr"></XML>`). Jede der `<TD>`-Zellen enthält ein SPAN-Element, das zu einem der Elemente von, quelle oder nachricht im XML-Instanzdokument gebunden wird. Listing 19.3 zeigt das vollständige Programm.

Listing 19.3: Eine ASP-Dateninsel, die transiente XML-Daten aus einer Datenbank verwendet – ASP_insel.html

```
1: <!DOCTYPE HTML PUBLIC "-//W3C//DTD HTML 4.01 Transitional//EN"
2: "http://www.w3.org/TR/html4/loose.dtd">
3: <!-- Listing 19.3 - ASP_insel.html -->
4:
5: <HTML>
```

Verwendung von XML in den drei Schichten

```
 6:    <HEAD>
 7:      <TITLE>XML-Datenbindung</TITLE>
 8:    </HEAD>
 9:    <BODY>
10:      <H1>Nachrichten</H1>
11: <XML SRC="nchr_XML.asp" ID="meineNchr"></XML>
12: <TABLE id="Tabelle" border="6" width="100%"
13:      datasrc="#meineNchr" summary="Nachrichten">
14:      <THEAD style="background-color: aqua">
15:         <TH>Von</TH>
16:         <TH>Quelle</TH>
17:         <TH>Nachricht</TH>
18:      </THEAD>
19:      <TR valign="top" align="center">
20:         <TD><SPAN DATAFLD="von"></SPAN></TD>
21:         <TD><SPAN DATAFLD="quelle"></SPAN></TD>
22:         <TD><SPAN DATAFLD="nachricht"></SPAN></TD>
23:      </TR>
24:    </TABLE>
25:    </BODY>
26: </HTML>
```

Die Zeile 11 richtet die Dateninsel ein. Sie wird mithilfe des HTML-Elements XML aus nchr_XML.asp abgerufen. Das Attribut id="meineNchr" stellt eine Referenz (meineNchr) bereit, die in Zeile 13 verwendet wird, um auf die Datenquelle für die Tabelle zu verweisen. Das XML-Dokument, das dazu gebunden wird, wird durch den Wert des Attributs src angegeben. Das Start-Tag für die Tabelle (Zeilen 12-13) enthält das Attribut datasrc, das die benannte Referenz (#meineNchr) der Dateninsel angibt. Ein Tabellen-Head-Bereich wird eingeführt (Zeilen 14-18), der eine Überschriftzeile zur Beschriftung der Tabellenspalten bereitstellt. Die TR ist in den Zeilen 19-23 geschrieben.

Sie führen diese Seite aus, indem Sie den folgenden URL in das Adressfeld Ihres Browsers eingeben:

http://localhost/tag_19/ASP_insel.html

Sie sehen das in Abbildung 19.8 gezeigte Ergebnis.

XML-Integration in die Geschäftsmodelle der Unternehmen

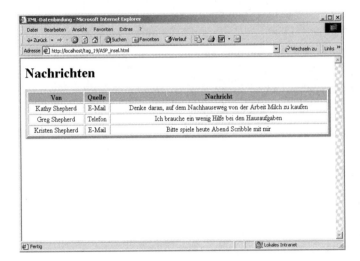

Abbildung 19.8:
Eine Downstream-Web-
Applikation, die auf ein
Mittelschicht-Script zugreift

19.6 Zusammenfassung

Heute haben Sie erfahren, wie Sie XML mithilfe von Enterprise-Applikationen in Geschäftsmodelle integrieren können. Die meisten der hier gezeigten Modelle basieren irgendwie auf Datenbanken. Die Drei-Schichten-Architektur des Webs stellt Datenbanken auf der Datenschicht bereit. Mittelschicht-Scripts können genutzt werden, um auf die in Datenbanken gespeicherten Daten zuzugreifen, sie zu verarbeiten, zu manipulieren und sie zum Client zu transportieren. Downstream-Prozesse können auf Mittelschicht-Applikationen zugreifen, um Daten zu extrahieren. Sie haben verschiedene Technologien kennen gelernt, um Daten und Applikationen zu integrieren, und im Kern dieser Technologien stand immer XML, das die Möglichkeit des Datenaustausches bietet.

19.7 Fragen und Antworten

F   Was ist eine Dokumentanalyse?

    A   Die Dokumentanalyse beinhaltet das Auswerten der Komponenten, Aufgaben und Anforderungen für eine oder mehrere Dokumentklassen, um eine detaillierte und definitive Beschreibung für alle darin einzuordnenden Dokumente zu bieten.

F   Was ist die Drei-Schichten-Web-Architektur?

A   Es handelt sich dabei um eine spezielle Client-/Server-Architektur, die aus drei wohl definierten und separaten Prozessen besteht, die jeweils auf unterschiedlichen Plattformen ausgeführt werden. Die Client-Schicht, die aus Browsern oder anderen Clients besteht, greift über einen Webserver auf der Mittelschicht auf Applikationen zu. Daten werden auf der Datenschicht gespeichert, normalerweise in Datenbanken, Dateisystemen oder anderen formalen Strukturen.

E-Commerce mit XML

E-Commerce mit XML

E-Business stellt eine wichtige Gelegenheit für die Unternehmen dar, die die Verwaltung ihrer Operationen durch die Automatisierung des Datenaustauschs zwischen Unternehmen/Kunden und Unternehmen/Unternehmen verbessern wollen. Es wurden verschiedene Protokolle für die gemeinsame Nutzung von Daten, den externen Aufruf von Objekten und das XML-Messaging entwickelt, aber sie alle befinden sich noch in frühen Entwicklungsphasen. Endgültige und formale Standards müssen erst noch entwickelt werden, aber es wurde bereits sehr viel Arbeit in Hinblick auf die Entwicklung von Methoden geleistet. Heute lernen Sie die folgenden Dinge kennen:

- einige der Vorteile von XML bei E-Business-Applikationen,
- Beispiele für die Verwendung von XML in B2C- und B2B-Applikationen (Business-to-Consumer (Unternehmen/Kunden), Business-to-Business (Unternehmen/Unternehmen),
- XML-Protokolle für strukturiertes Business-Messaging.

20.1 Die Verwendung von XML für E-Business

In Kapitel 19 haben Sie Applikationen kennen gelernt, die vor allem für Unternehmen viele Vorteile bringen können. Jedes Szenario beschrieb ein System, das XML verwendet und Nutzen daraus zieht, sodass typische Unternehmen verbesserte interne Operationen daraus ableiten können. Heute werden Sie Vorteile kennen lernen, die die Unternehmen, welche Produkte und Dienstleistungen über das Web verkaufen, durch die Anwendung von XML-Technologien erzielen. Der Trend, fast jedem normalen Wort das Präfix E- voranzustellen, hat zu einer gewissen Verwirrung dahingehend gesorgt, was E-Commerce und E-Business eigentlich sind. Sie können sich E-Business und E-Commerce wie fast jede andere normale Geschäftstransaktion zwischen Unternehmen und Einzelpersonen (Business-to-Consumer, B2C) oder zwischen verschiedenen Unternehmen (Business-to-Business, B2B) vorstellen. Vielleicht haben Sie auch schon von B2G (Business-to-Government) gehört, es gibt aber auch noch andere Akronyme. Heute werden wir uns darauf konzentrieren, wie XML Vorteile für B2C-Systeme bieten kann, und dann verschiedene interessante neue Technologien im B2B-Bereich vorstellen.

Der Kostenaufwand für E-Business

Laut IBM (Quelle: http://www-7.ibm.com/nz/e-business/overview.html) ist zu erwarten, dass die Verbraucher im Jahr 2001 mehr als 130 Milliarden Dollar über Online-Transaktionen ausgeben. Andere Industrieanalysten sagen das größte Umsatzwachstum innerhalb des B2B-Sektors voraus. Für den E-Commerce zwischen einzelnen Unternehmen geht

Die Verwendung von XML für E-Business

man von einer Steigerung auf 1,3 Billionen Dollar im Jahr 2003 aus, das ist der zehnfache Betrag des für den Verbraucher-E-Commerce vorhergesagten Umsatzes. Dieser Betrag entspricht etwa 9% des Gesamthandels der USA und ist höher als das Bruttosozialprodukt von Großbritannien oder Italien, das Doppelte des BSP von Kanada und ein Drittel des BSP von Japan (Quelle: `http://www.oecd.org/std/dgp.htm`). Für das Jahr 2004 erwartet man laut einer Analyse der Gartner Group einen Umsatz von 7,3 Billionen Dollar, wie das Business Technology Network (`http://content.techweb.com/wire/story/TWB20000217S0002`) berichtet. Um sicherzustellen, dass diese Investitionen sinnvolle Gewinne erzielen, braucht man die besten technischen Lösungen. Und es ist nicht überraschend, dass XML eine signifikante Rolle in vielen dieser Lösungen spielt.

E-Business und E-Commerce sind keine Technologien der Zukunft mehr. Die meisten Unternehmen investieren bereits *heute* in die Integration von Geschäftsprozessen in das Web. Verkäufe im Web begannen mit Verbrauchsgütern und wuchsen schnell an auf Vorgänge wie beispielsweise die Verwaltung von Lieferantenketten, der Handel auf elektronischen Marktplätzen sowie unmittelbare elektronische Produkt- und Dienstleistungsbeschaffungs-Modelle. Diese Initiativen führen zu enormen Netzwerkerweiterungen auf der gesamten Welt, fördern die Wirtschaft und beeinflussen sogar nationale Wahlen. Gemäß den Studien von PricewaterhouseCoopers (PWC) (`http://www.pwcmoneytree.com/`) werden »Unternehmen, die E-Business [-Technologien] einsetzen, die Konkurrenz überholen und dauerhafte Konkurrenzvorteile genießen. Die E-Manager von heute und morgen müssen wissen, wie sie ähnliche Ergebnisse erzielen können«.

 E-Business ist die Verknüpfung von Kern-Geschäftssystemen und Web-Technologie. Allgemein ausgedrückt, bedeutet E-Business, Geschäfte über Intranets, Extranets oder das Internet zu machen. E-Commerce bezieht sich normalerweise auf Kauf und Verkauf über das Internet.

Eine der primären Komponenten jeder E-Business-Strategie ist die Integration der Lieferantenkette: B2B. Bald schon wird sich eine Konzentration auf dieses E-Segment mit machbaren, auf XML basierenden technischen Lösungen, die Schlüsselplattformen für den kleinen bis mittleren Geschäftsbereich bieten, abzeichnen. B2B ist der Bereich, der innerhalb der nächsten Jahre sehr wahrscheinlich den größten finanziellen Einfluss auf die meisten E-Business-Unternehmen hat. Gemäß PricewaterhouseCoopers ist »die B2B-Komponente genau das, was die Manager des 21. Jahrhunderts verstehen müssen, um auf lange Sicht erfolgreich zu sein«.

E-Commerce mit XML

20.2 B2C-Applikationen

Das B2C-Modell beinhaltet die Online-Automatisierung von Transaktions-basierten Applikationen. Viele davon eignen sich für den Einsatz von XML-Technologien, die erweiterte Funktionalität und verbesserte Effizienz bieten können. Im nächsten Abschnitt lernen Sie zwei Beispiele für diese Applikationen kennen und wie XML dafür eingesetzt werden kann. Ähnlich dem Ansatz für die Vorstellung der Unternehmens-Applikationsszenarien in Kapitel 19 werden Sie heute die folgenden Informationen erhalten:

- einen kurzen Überblick über die zu lösende Geschäftsproblematik,
- die möglichen Vorteile von XML,
- Betrachtungen zur Architektur und zum Entwicklungsprozess.

Applikationen zur Online-Personalisierung

Vielleicht haben Sie schon einmal ein Webportal besucht und Ihre Adresse, die Postleitzahl oder einen Bereichscode eingegeben, um den Wetterbericht für Ihre Region zu erhalten. Zusammen mit dem lokalen Wetterbericht haben Sie vielleicht auch Lokalnachrichten, aber auf alle Fälle auch auf Sie persönlich abgestimmte Werbung erhalten. Und genau diese Werbung trägt die Kosten für die Informationen, die Ihnen scheinbar kostenlos zur Verfügung gestellt werden. Warum sollte Ihnen schließlich ein Portal-Provider kostenlose Nachrichten, Sportergebnisse, Wetterberichte und andere Dienste bereitstellen, wenn er keinen Gewinn daraus zieht? Normalerweise brauchen Sie nichts dafür zu bezahlen, um diese Dinge einsehen zu können. Möglicherweise sieht aber ein Werbeträger Nutzen darin, Ihnen Banner-Werbung oder Popup-Fenster anzuzeigen, während Sie die Fußballtabelle oder die Lokalnachrichten lesen.

Diese Art der Personalisierung ist nur der Anfang dessen, was im Web unter Verwendung von XML in Kombination mit anderen Technologien möglich ist. Einige Online-Buchhandlungen beispielsweise stellen für ihre Stammkunden eine genau auf diese abgestimmte Buchempfehlung bereit. Eine Online-Buchhandlung könnte ein Cookie auf Ihrer Maschine ablegen, wenn Sie sie besuchen. Bei dem Cookie handelt es sich, wenn es effizient programmiert ist, um nichts weiter als eine Nummer, die einen Schlüssel zu einem Datensatz auf einer serverseitigen Datenbank darstellt. Der Datensatz könnte Informationen wie beispielsweise Ihren Namen, Details zu bereits getätigten Einkäufen, die Themen Ihrer Einkäufe und deren Häufigkeit enthalten. Ein in XML gespeichertes Profildokument könnte wie in Listing 20.1 gezeigt aussehen.

Listing 20.1: Personalisierungsprofil – profil.xml

```
 1: <?xml version="1.0"?>
 2: <!-- Listing 20.1 - profil.xml -->
 3:
 4: <profil>
 5:    <cookie id="6233265454"/>
 6:    <vorname>Devan</vorname>
 7:    <nachname>Shepherd</nachname>
 8:    <zuletzt_eingekauft date="07-01-01" frequency="6"/>
 9:    <interessen>
10:       <kategorie>Technik</kategorie >
11:       <unterkategorie>Computer</unterkategorie>
12:       <thema>XML</thema>
13:       <thema>Web-Entwicklung</thema>
14:       <thema>C#</thema>
15:       <thema>E-Commerce</thema>
16:    </interessen>
17: </profil>
```

Andere Unternehmen bieten auf den Benutzer ausgelegten Inhalt an. Dieser angepasste Inhalt wurde zu einem allgemeinen Modell, um Werbe-Einnahmen zu erzielen, indem den Besuchern Informationsdienste angeboten werden. Die Anpassung erhöht den Verkehr, insbesondere für Sites, die wollen, dass ihre Besucher länger bleiben oder wiederkommen.

HTML-basierte Anpassungstechniken sind begrenzt und im besten Fall dazu geeignet, nur ein paar statische Inhaltsseiten anzuzeigen oder dynamischen Inhalt, der aus zuvor spezifizierten Modellen erzeugt wurde. Schwieriger ist es, mit diesen Techniken dynamischen Inhalt zu erzeugen. Wenn die Komplexität der Site-Verwaltung zunimmt, steigen normalerweise auch die Kosten, einen benutzerdefinierten Inhalt unter Verwendung von HTML-Werkzeugen auszuliefern.

XML-Vorteile

XML unterstützt eine reibungslose Integration unterschiedlicher Inhalte sowie eine höhere Flexibilität, einzelnen Besuchern auf sie abgestimmte Informationen bereitzustellen. XML ist nämlich in der Lage, Textdaten zu strukturieren. Einzelne Strukturen können nach Bedarf erzeugt werden. Normalerweise werden sie aus bereits vorhandenen Datenquellen abgerufen, wozu Technologien ähnlich der gestern vorgestellten verwendet werden.

E-Commerce mit XML

Betrachtungen zu Architektur und Entwicklung

Normalerweise identifiziert eine Website, die diese Art benutzerdefinierter Inhaltsbereitstellungen verwendet, den Kunden und übergibt die ID einer Datenbank. Die Datenbank enthält Datensätze, die von einer entsprechenden Engine analysiert werden, um Muster zu erkennen und so die Informationen auszuwählen, die dem Besucher angezeigt werden sollen. Eine solche Engine könnte ein Schema auswählen, um die Datenstrukturen zu definieren und ein XSL-Stylesheet zuzuordnen, mit dem die Daten nach Bedarf vor der Darstellung umzuwandeln sind. Das Schema hilft, zu entscheiden, welche Datenelemente aus dem Informationsspeicher abgerufen werden sollen. Die XSL-Stile wandeln die Ausgaben nach den speziellen Bedürfnissen des Benutzers um. Diese Schritte können dynamisiert werden, sodass jede Bereitstellung von Daten ganz speziell für genau diesen Besucher ist. Auf diese Weise können bei jedem Starten der Applikation benutzerdefinierte Daten bereitgestellt werden.

Der Entwurf eines Profils mit einem solchen System ist eine der wichtigsten Forderungen für den Erfolg. Die Analyse der Benutzeranforderungen und der Inhaltswünsche schließlich erbringt den Lohn für den Aufwand, diese Informationen zu speichern und auszuliefern.

Einige Portalsysteme sind in der Lage, ihre Profilsammlungen in einem Pool bereitzustellen, sodass eine Applikation, die als B2C-Auslieferungssystem angefangen hat, Komponenten enthalten kann, die B2B-Transaktionen charakterisieren. Je mehr Sie über einen Besucher Ihrer Portal-Website wissen, desto besser sind Sie in der Lage, ihm interessanten Inhalt anzubieten. Durch den Austausch von Profildaten mit kompatiblen Inhalts-Providern kann die Anpassung auf immer mehr Informationen über den Besucher basieren. Wenn Ihre Partner dasselbe XML-Vokabular für ihre Profile verwenden, wird die Aufgabe noch einfacher und effektiver.

Einige interessante Aspekte dieser Art Webdaten haben mit der Dokument-Persistenz zu tun. Sie helfen, diese Sites von solchen zu unterscheiden, die statische Informationen enthalten. Die Datendokumente, aus denen sich die Profile zusammensetzen, sollten so gespeichert werden, dass mit der Zeit Präferenzinformationen zur Verfügung stehen. Andererseits ist der durch eine Personalisierungs-Engine erzeugte Inhalt »flüchtig«. Der Inhalt gilt nur solange, bis der Besucher der Site ihn verbraucht hat. Statische Webseiten enthalten Informationen, die immer wieder angezeigt und nicht dynamisch erzeugt werden. Die Verbraucher von Daten auf Portalsites fordern dynamisch erstellte Daten. Die Beibehaltung einzelner Dokumente ist unnötig, wenn sie jederzeit benutzerdefiniert wieder erzeugt werden können. Nachdem die Daten erzeugt und verbraucht wurden, werden sie wieder freigegeben. Werden sie erneut benötigt, können sie immer wieder hergestellt werden.

Ein weiterer Grund für die Freigabe der erzeugten Informationen ist, dass diese Art Daten normalerweise regelmäßig aktualisiert werden. Wenn Ihre Site beispielsweise Wettervorhersagen oder Aktienwerte anbietet, wollen Sie aktuelle Daten erhalten. Nachdem die Daten verbraucht sind, sind sie veraltet und können freigegeben werden. Ein neuer Abruf der Aktienwerte oder der Wettervorhersage zeigt dann die jeweils aktuellsten Werte an.

Sites für die Sammlung von Daten (Aggregation)

Applikationen für die Sammlung von Informationen im Web sind ideal für XML geeignet. Diese Applikationen sammeln Informationen aus unterschiedlichen Quellen, um sie zu einer einzigen Darstellung zu kombinieren. Auf dieselbe Weise wie Distributoren materielle Güter transportieren und dazu Auftragsverarbeitung, Verpackung und Auslieferung übernehmen, bieten die Aggregatoren eine Konsolidierung über das Web. Manchmal erfolgt die Konsolidierung, um materielle Güter und Produkte über elektronische Vertriebskanäle zu transportieren. In anderen Fällen stellt die Konsolidierung digitale Informationen bereit.

Angenommen, Sie verkaufen Heimkinos auf einer Website, die den Kunden hilft, einzelne Komponenten dafür auszuwählen, indem sie Vergleiche, Statistiken zur Audioqualität und Preise vorstellt. Die Aggregation der Daten für die einzelnen Komponenten könnte als Dienst angeboten werden. Die Verbraucher wollen vielleicht nicht die gesamte Beschreibung für jede einzelne Komponente lesen, und die einzelnen Komponenten ändern sich schnell. Die Aggregations-Applikation kann sicherstellen, dass die endgültige Zusammenstellung des Systems kompatibel ist. Die Preisgestaltung kann als Variable für die Auswahl vorgegeben werden. Mit anderen Worten, es kann für einen bestimmten Maximalbetrag eine optimale Lösung zusammengestellt werden, abhängig davon, ob der Verbraucher mehr an Sound- oder mehr an Videoqualität interessiert ist oder ob er Wert auf ein bestimmtes Medium legt, beispielsweise CD, MP3 oder Video-Disc. Ein Distributor kann diese Art von Informations-Aggregation unterstützen, sodass große Vertriebsketten, spezialisierte Video-Läden oder Kaufhäuser wie auch die Kunden davon profitieren können. Die Aggregation kann als Teil der Kette angeboten werden, sodass die beim Distributor platzierten Aufträge vor der Auslieferung gemäß den angepassten Paketanforderungen zusammengebaut werden.

XML-Vorteile

Die Informations-Aggregation im großen Stil ist schwierig, weil es an allen Punkten der Informationskette inkompatible Systeme geben kann. So können die Spezifikationen, Details und Auftrags-Transaktions-Daten der Komponentenhersteller des Heimkino-Beispiels auf unterschiedlichen Plattformen und in den verschiedensten Formaten vorliegen. Es kann sich recht schwierig gestalten, nur die wichtigsten Fakten aus all diesen Quellen in einer maschinell lesbaren Struktur zu extrahieren. Noch schwieriger ist es, wenn die Daten nicht nur von den Maschinen, sondern auch von intelligenten Menschen gelesen werden sollen. Die bei jedem Lieferanten verwendeten proprietären Formate machen es schwierig, Daten zu aggregieren. Nach der Aggregation muss der Aggregator sicherstellen, dass die Informationen in einem Format präsentiert werden, das für Wiederverkäufer und Verbraucher im Web sinnvoll und nutzbar ist. Vielleicht ist es sogar erforderlich, mehrere Ausgabeformate für die aggregierten Informationen zu erzeugen.

E-Commerce mit XML

Die Verwendung von XML zur Sammlung von Informationen aus unterschiedlichen Quellen zur Konsolidierung in einer einzelnen Quelle und ihre Bereitstellung in mehreren Formaten ist sinnvoll. Wie Sie wissen, kann XML sowohl von Maschinen als auch von Menschen gelesen werden. Eingaben können einfach in einer intelligenten Datenmenge mit einem Markup versehen werden, das die Struktur der Information beibehält. Durch die Verwendung von XSLT in Kombination mit Schemata können Sie aggregierte Informationen in den unterschiedlichsten Formaten anbieten, ohne die Integrität der Daten zu gefährden oder eine Quelle mehrfach berücksichtigen zu müssen. Die Schemata sind extrem wichtig für die Aggregation und können einem Unternehmen durch die Kombination mit Marketing-Daten einen wesentlichen Konkurrenzvorteil verschaffen. Die Aufzeichnung der Informationsanforderungen von Kunden, Lösungsanbietern oder sogar solchen Besuchern, die selbst Heim-Stereo-Lösungen anbieten, können die Gewinne eines Unternehmens steigern, indem genau solche Kombinationen und Optionen angeboten werden, die am häufigsten nachgefragt werden. Über die Zeit betrachtet, können diese Muster interessante Informationen für den Wiederverkäufer auf der Ausgabeseite der Aggregation und die Hersteller auf der Eingabeseite darstellen.

Betrachtungen zu Architektur und Entwicklung

Durch den Zugriff auf die Daten, die von einer Vielzahl von Providern zur Verfügung stehen, kann ein Aggregator Gewinn ziehen, indem er verschiedene Kombinationen der Informationen erzeugt. In einigen Fällen können die Daten von Providern stammen, die in der Lage sind, sie im XML-Format anzubieten. In diesen Fällen erhält der Provider ein Schema. Erhält er es aus einem industriespezifischen Repository, so erzeugt er damit Ausgaben in der vorgegebenen Struktur. Andere Provider von Daten können jedoch andere Formate verwenden, die der Aggregator entgegennehmen und vor der Aggregation manipulieren muss. Die Verarbeitungs- und Aggregationsschritte stellen einen eindeutigen Wert dar und führen letztlich zu Verkäufen. Nachdem das Repository aufgebaut ist, kann eine auf dem Web basierende elektronische Abfrage entweder durch einen Kunden oder durch einen Wiederverkäufer die Applikation veranlassen, auf die erforderlichen Dokumente zuzugreifen, eine dynamische Datenmenge zu erzeugen und ein XSL-Stylesheet darauf anzuwenden, das genau auf die Bedürfnisse des Anforderers abgestimmt ist.

Weitere Beispiele für Informations-Aggregatoren im Web sind:

- Dienste, die Reiseinformationen aus den verschiedensten Quellen aggregieren und die Kunden mit den günstigsten Flugkosten, Hotelpaketen, Autovermietern und Restaurant-Tipps für ausgewählte Ziele versorgen

- Websites, die anbieten, die günstigsten Preise für Elektronik, Verbrauchsgüter usw. zu ermitteln. Diese Sites werden häufig auch als Web-Shopping-Roboter bezeichnet. Sie aggregieren eine Auswahl von Kameras, Computern, Sportartikeln, Schmuck und anderen Gütern und stellen Preisvergleiche für die Web-Kunden bereit.

B2C-Applikationen

- Finanz-Aggregatoren, die nach den niedrigsten Zinssätzen oder günstigen Versicherungspolicen suchen

In all diesen Fällen besteht der Schlüssel zum Erfolg darin, einen zuverlässigen und extrem automatisierten Datenstrom aufzubauen, der von einem Informations-Provider über einen Aggregator zu einem Informationsverbraucher führt. Bei jedem Schritt in dem Prozess macht der Informations-Aggregator die bereitgestellte Information noch interessanter. Auf der Eingabeseite sammelt der Aggregator nur die wertvollen Daten, die benötigt werden, um bestimmte Bedürfnisse abzudecken. Durch das Ausschließen unwichtiger Marketing- und Spezifikationsdetails kann sich der Aggregator auf eine Antwortmenge der Daten konzentrieren, die genau den Bedürfnissen des Informationsverbrauchers entspricht.

Die Entwicklung dieser Art von Applikationen bedingt, dass Sie die Daten verschiedener Informations-Provider analysieren und auf die Bedürfnisse der Informationsverbraucher abbilden. Nachdem Sie festgestellt haben, was alles zur Verfügung steht und wie Sie es für die Verbraucher verpacken können, können Sie Schemata entwerfen, um die beteiligten Strukturen zu definieren und sie den Informations-Providern zur Verfügung stellen, die Ihre Dienste in Anspruch nehmen wollen. Im Fall von Shopping-Robotern für Verbrauchsgüter im Web abonnieren die Hersteller, die daran teilnehmen wollen, den Dienst. Ganze Industriezweige bieten manchmal eine eigene, konzentrierte Aggregation. Im Juni 2001 beispielsweise wurde ein Vertrag zwischen United Delta, Continental, Northwest und American Airlines unterschrieben, um http://www.orbitz.com ins Leben zu rufen, bei dem die Sitze im Flugzeug direkt an die Kunden verkauft werden, in direkter Konkurrenz zu den unabhängigen Reise-Aggregations-Sites, wie beispielsweise http://www.travelocity.com oder http://www.expedia.com/. Gemäß einer CNN-Story über den Vertrag (http://www.cnn.com/2001/TECH/internet/06/05/orbitz.travel.idg/index.html) werden die 50 Millionen Doller Anfangskosten für den Betrieb von den Fluglinien aufgebracht, die eine verteilte Architektur verwenden und erstklassigen Inhalt versprechen.

Integration von Lieferketten

Verwandt mit der Aggregation ist ein relativ neuer Trend zur XML-basierten Integration von Lieferketten. Die elektronische Verbindung von Marktplätzen macht es den Unternehmen einfacher, miteinander zu kommunizieren, um geschäftliche Transaktionen auszutauschen. Angenommen, Sie verkaufen Computer an große Elektronik-Kaufhäuser, Computer-Ketten und Discount-Warenhäuser. Sie haben eine Lieferkette, die Sie mit Komponenten versorgt wie beispielsweise Platinen, Bildschirme, Tastaturen, Drucker, Gehäuse usw. Diese Lieferkette ist ein Marktplatz für Sie. Sie sind ein Provider von Computern auf einem Marktplatz, der die Warenhäuser bedient, die Ihre Güter verkaufen. In diesem Szenario kann eine Information über Preisänderungen von jedem Lieferanten an zahlreiche Wiederverkäufer weitergegeben werden und jeder Wiederverkäufer wiederum kann Aufträge für Artikel mit dem neuen Preis absetzen. XML erlaubt den Entwicklern, Dokumente zu erstellen, die genau diese Transaktionen beschreiben.

E-Commerce mit XML

Angenommen, Sie wollen Speicherchips kaufen, um sie in Ihre Computer einzubauen. Sie wenden sich an Ihre Lieferantenkette und stellen eine Preisnachfrage für die Menge der benötigten Speicherkarten. Anschließend machen Sie das Geschäft mit dem Lieferanten, der Ihre Anforderungen in Hinblick auf Menge, Qualität und Preis abdecken kann.

Die Automation soll am Ursprung der Daten, egal ob bei Wiederverkäufer oder Lieferant, helfen, Dokumente in Formaten zu kodieren, die ganz einfach über das Web übertragen werden können. Die Lösungen müssen das Senden und Empfangen von Transaktionen mit höchster Genauigkeit nachbilden. Im Idealfall sollten alle Nachrichten nach dem Empfang elektronisch bestätigt werden, sodass die Auslieferung garantiert ist, auch wenn technische Probleme bei der Internetverbindung auftreten. Wird keine Bestätigung zurückgemeldet, sollen die automatisierten Systeme kritische Transaktionen solange wiederholt übertragen, bis sie erfolgreich angenommen wurden. Darüber hinaus sollen die Lösungen Authentifizierung, Sicherheit und Datenintegrität in allen Punkten des Austauschs unterstützen.

20.3 Von der Datenklassifizierung zum Datenaustausch

Als die Entwickler anfingen, die Probleme bei der gemeinsamen Nutzung von Geschäftsdaten über das Web für einen elektronischen Handel zu betrachten, konzentrierte sich der Entwurf häufig auf Vokabulare und Dialekte. Die Analyse zeigte normalerweise genau, welche Informationen auszutauschen waren und führte zu einem Format oder Schema für diesen Austausch. Viele der frühen Aggregations-Bemühungen folgten diesem Modell. Es funktionierte bei der Auslieferung der verschiedensten Lösungen, litt aber darunter, dass es extrem angepasst war, um ein spezielles Bedürfnis abzudecken. Wenn sich die Geschäftsdatenstruktur mit der Zeit weiterentwickelte, mussten die Transaktionen neu erstellt werden, um diesen ständig abgeänderten Schemata zu entsprechen. Man brauchte einen Wechsel von den Problemen der Datenklassifizierung zu der grundlegenden Frage, wie XML zwischen Parteien als Teil eines sinnvollen, zuverlässigen Austauschs übertragen werden kann. In diesem Abschnitt lernen Sie die führenden Protokolle für den XML-Datenaustausch kennen und welche Probleme sie lösen sollen. Es wird vorausgesetzt, dass Sie als Programmierer mit Scripting-Sprachen und den Grundlagen von HTTP und Web-Protokollen vertraut sind. Diese Beschreibung konzentriert sich auf die eigentlichen Protokolle und nicht auf die zu Grunde liegenden Konstrukte.

Das W3C bietet einen Überblick über verschiedene XML-Datenaustausch-Protokolle unter http://www.w3.org/2000/03/29-XML-protocol-matrix. Obwohl dem W3C Dutzende von Protokollen vorgelegt wurden, haben sich XML-RPC, SOAP, WDDX und ebXML als diejenigen herauskristallisiert, die am wahrscheinlichsten zu einer endgültigen Lösung für die XML-Übertragung übernommen oder kombiniert werden.

XML HTTP-Objektaufrufe

Viele der Geschäfts-Transaktionen, die am E-Business beteiligt sind, werden durch das HTTP-Protokoll über das Internet übertragen. Es ist relativ einfach, eine solche Transaktion über die Verwendung eines XML HTTP-Objekts zu simulieren, um ein externes XML-Quelldokument zu finden. Angenommen, Sie wollen eine Webseite schreiben, die ein XML-Dokument von einem Webserver abrufen kann, indem sie seinen URI bereitstellt. Sie können das von Microsoft unterstützte XML HTTP-Objekt verwenden und dazu ein bisschen JavaScript, um das ganz einfach zu erledigen. In der Praxis würden Sie diese von Microsoft abhängige Technologie vielleicht nicht verwenden, es sei denn, Sie könnten garantieren, dass sie von allen genutzt werden kann, die auf diese Weise auf die Webseiten zugreifen müssen. Sie ist nur der Demonstration halber beschrieben, um einen Ansatz zu zeigen, wie diese Form der Verbindung erzielt werden kann.

Unter Verwendung von JavaScript soll dieses Objekt als neues ActiveX-Objekt instanziert werden, wie Sie das DOM-Objekt `Microsoft.XMLDOM` in Kapitel 12 aufgerufen haben. Die Syntax sieht folgendermaßen aus:

```
var meineVariable = new ActiveXObject("Microsoft.XMLHTTP")
```

Nachdem das Objekt instanziiert ist, können Sie Methodenaufrufe für Ihre Variable verwenden, um Standard-HTTP-Methoden auszuführen, wie beispielsweise `GET` oder `POST`. Eine `GET`-Methode könnte genutzt werden, um ein XML-Dokument von einem externen Server abzurufen oder irgendeinen anderen Inhalt und `POST` könnte genutzt werden, um ein XML-Dokument zur Verarbeitung an ein serverseitiges Script zu senden. Das `GET` würde etwa so aussehen:

```
meineVariable.open("GET", (URL), false)
meineVariable.send()
meineAntwortVariable = meineVariable.responseText
```

Die Methode `open` richtet eine HTTP-`GET`-Methode für den angegebenen URL ein. Der Parameter `false` zeigt an, dass die Methode synchron ist; sie muss also die Ausführung beenden, bevor eine andere Methode ausgeführt werden kann. Die `send()`-Methode übergibt die `GET`-Methode über HTTP und die Antwort des Aufrufs ist in der Variablen gespeichert, die Sie als *meineAntwortVariable* angegeben haben.

Nachdem Sie die Antwort erhalten haben, in diesem Fall den vollständigen Text der abgerufenen XML-Datei, können Sie sie auf dem Bildschirm ausgeben, indem Sie sie an das Standard-Ausgabegerät senden. Um ein einfaches Beispiel dieses Ansatzes zu vervollständigen, schließen Sie es in HTML-Tags ein, die verhindern, dass das Markup geparst wird, wie beispielsweise `<XMP>`. Der Wrapper könnte folgendermaßen aussehen:

```
document.write("<XMP>" + meineAntwortVariable + "</XMP>");
```

Listing 20.2 zeigt ein vollständiges HTML-Programm, das diesen Ansatz demonstriert. Geben Sie dieses Beispiel ein und speichern Sie es unter dem Namen `httpGetXML.html`.

E-Commerce mit XML

Listing 20.2: Eine Programm zum Abruf von Dateien, das das XMLHTTP-Objekt verwendet – httpGetXML.html

```
 1: <!DOCTYPE XHTML PUBLIC "-//W3C//DTD HTML 4.01 Transitional//EN"
 2: "http://www.w3.org/TR/html4/loose.dtd">
 3: <!-- Listing 20.2 httpGetXML.html -->
 4:
 5: <HTML>
 6: <BODY>
 7: <SCRIPT language="JavaScript">
 8:
 9:    var URL=prompt("Geben Sie bitte den URL der abzurufenden Datei ein",
10:    "URL der XML-Datei eingeben");
11:
12:    var xmlHttp = new ActiveXObject("Microsoft.XMLHTTP")
13:    xmlHttp.open("GET", (URL), false)
14:    xmlHttp.send()
15:    xmlDok=xmlHttp.responseText
16:
17:    document.write("<XMP>" + xmlDok + "</XMP>");
18: </SCRIPT>
19: </BODY>
20: </HTML>
```

Die Zeilen 9-10 erstellen eine einfache JavaScript-Eingabeaufforderung, die den Benutzer auffordert, einen URL für die abzurufende Seite einzugeben. Die Zeilen 12-15 instanzieren ein XML-HTTP-Objekt (Zeile 12) und erstellen einen synchronen GET-Methoden-String (Zeile 13), der über HTTP gesendet wird (Zeile 14). In Zeile 15 wird die Antwort in einer Variablen (xmlDok) abgelegt. Der Inhalt dieser Variablen wird in Zeile 17 auf dem Bildschirm ausgegeben.

Versuchen Sie, diese Seite in einen Browser zu laden und den URL für eine XML-Seite auf einem externen Webserver einzugeben. Beispielsweise können Sie das XML-Schema-Dokument abrufen, das W3C-Namensräume definiert: http://www.w3.org/XML/1998/namespace. Wenn Sie den IIS Webserver auf Ihrem Computer einsetzen, können Sie auch eines der in den letzten Kapiteln erstellten und lokal gespeicherten Dokumente abrufen, vorausgesetzt, Sie haben es in einem virtuellen Webverzeichnis gespeichert.

XML-RPC und SOAP

XML-RPC ist ein Protokoll für externe Prozeduraufrufe, deren Kommunikation über TCP Port 80 (HTTP) in XML kodiert wird. XML-RCP-Implementierungen wurden in den unterschiedlichsten Sprachen für viele Plattformen geschrieben. Jedes XML-RPC-Element

Von der Datenklassifizierung zum Datenaustausch

besteht aus zwei Teilen. Der erste Teil nimmt eine XML-RPC-Anforderung für einen Webdienst vor und wird deshalb auch als *Client-Aufruf* bezeichnet. Wenn Ihr Script XML-RPC-Anfragen beantwortet, wird es auch als *Listener* bezeichnet. Heute gibt es mehrere Implementierungen von XML-RPC. Diese Implementierungen – die auf Technologien wie Perl, Tcl, Python, PHP und AppleScript basieren – liefern den Beweis, dass der Mechanismus so plattform- und sprachunabhängig ist, wie seine Entwickler dies geplant haben. Programmiersprachen wie etwa Java, C++, C und VB bieten ebenfalls eine Möglichkeit, dies zu bewerkstelligen.

Der direkte Nachfolger von XML-RPC ist SOAP (Simple Object Access Protocol), das die Möglichkeit bietet, ein externes Objekt durch die Übergabe einfacher Parameter über HTTP in XML-Wrappern aufzurufen. SOAP ist wie XML-RPC eine auf dem Web basierte Abstraktion verteilter Client-/Server-Objektkommunikation. Die vollständige SOAP 1.1-Empfehlung wird momentan von der W3C bewertet, nachdem es ihr zur Überprüfung und Diskussion vorgelegt wurde. Den entsprechenden Text finden Sie unter http://www.w3.org/TR/SOAP/. SOAP ist ein XML-Dialekt, der ein »schlankes« Protokoll für den Austausch von Daten darstellen soll, die benötigt werden, um ein externes Objekt aufzurufen und die Ergebnisse dieses Aufrufs an den ursprünglichen Anforderer zurückzugeben. Die W3C definiert SOAP als »XML-basiertes Protokoll, das aus drei Teilen besteht: einer Hülle, die ein Gerüst dafür anbietet, um zu beschreiben, was sich in einer Nachricht befindet und wie sie verarbeitet werden soll, einer Menge von Kodierungsregeln für den Ausdruck von Instanzen applikationsdefinierter Datentypen sowie einer Konvention für die Darstellung externer Prozeduraufrufe und -antworten«.

SOAP befindet sich in bester Position, komplexe Applikationen für externe Objektaufrufe anzubieten. Die Unterstützung wichtiger führender Industrien wird dazu beitragen, die Entwicklung plattformunabhängiger Lösungen voranzutreiben. Zum Zeitpunkt der Drucklegung dieses Buches ist die Technologie noch nicht ausgereift und es werden Werkzeuge benötigt, sie weiterzuentwickeln, damit sie künftig allgemein eingesetzt werden kann.

SOAP bietet eine Möglichkeit, externe Aufrufe für Objektmethoden oder Funktionen vorzunehmen. In herkömmlichen benutzerdefinierten XML-Applikationen müssen die client- und die serverseitige Applikation wissen, welches Nachrichtenformat für den Austausch von Daten verwendet werden soll. SOAP stellt Folgendes bereit:

- Einen Standardmechanismus für die Darstellung der Prozeduraufruf-Schnittstelle
- Einen Mechanismus zur Abfrage, um ermitteln zu können, welche Funktionalität zur Verfügung steht
- Die Syntax der einzelnen Aufrufe

SOAP kann also die expliziten XML-Kommunikationen ersetzen, die in benutzerdefinierten XML-Implementierungen auftreten. Damit dieser Prozess wirklich nahtlos ist, müssen

491

Dienste oder Werkzeuge zur Verfügung stehen, die das Verpacken und Auspacken von SOAP XML unterstützen und die Datenaustauschoperationen durchführen.

SOAP bewerkstelligt dieses generische Parsen von Objektaufruf-Parametern, indem es die Aufrufe in eine standardisierte elektronische Hüllstruktur (Envelope) verpackt. Sie können sich die SOAP-Envelope wie einen Briefumschlag vorstellen. Sie platzieren die Information, die dem Objekt übergeben werden soll, im Umschlag und mailen ihn mit HTTP über das Internet. Es wird auch als *SOAP-Anforderungsdokument* bezeichnet. Am empfangenden Ende öffnet der SOAP-Server den Umschlag, packt den Inhalt aus und gibt ihn in Form eines Objektaufrufs an das externe Objekt weiter. Die vom Objekt erhaltene Antwort wird wieder im Umschlag platziert und über das Internet mit HTTP an den ursprünglichen Client weitergegeben. Sie wird auch als *SOAP-Antwortdokument* bezeichnet. Ein SOAP-Anforderungsdokument ist ein XML-Instanzdokument, das ein SOAP-Envelope, einen optionalen SOAP-Header und einen zwingend erforderlichen SOAP-Rumpf enthält. Der Rumpf des SOAP-Dokuments enthält die Aufruf-Parameter für das externe Objekt. Eine SOAP-Nachricht gehorcht den folgenden Syntaxregeln:

- Es muss mit XML kodiert sein.
- Es muss einen SOAP-Envelope haben.
- Es muss einen SOAP-Header haben.
- Es muss einen SOAP-Rumpf (Body) haben.
- Es muss die SOAP-Envelope-Namensräume verwenden.
- Es muss den SOAP-Kodierungs-Namensraum verwenden.
- Es muss einen DTD-Verweis enthalten.
- Es darf keine XML-Verarbeitungsanweisungen enthalten.

Die Syntax eines SOAP-Anforderungsdokuments sieht wie folgt aus:

```
<?xml version="1.0"?>
<SOAP-ENV:Envelope
    xmlns:SOAP-ENV="http://schemas.xmlsoap.org/soap/envelope/"
    xmlns:SOAP-ENC=http://schemas.xmlsoap.org/soap/encoding/>
  <SOAP-ENV:Header>
  ...optionale Header-Information
  </SOAP-ENV:Header>

  <SOAP-ENV:Body>
  ...Objektaufrufparameter
  </SOAP-ENV:Body>

</SOAP-ENV:Envelope>
```

Von der Datenklassifizierung zum Datenaustausch

Dieses SOAP-Anforderungsdokument enthält ein SOAP-ENV:Envelope-Wurzelelement, das zum Namensraum http://schemas.xmlsoap.org/soap/envelope/ gebunden ist. Der SOAP-ENV:Header ist ein optionales Element. Der SOAP-ENV:Body ist zwingend erforderlich und enthält die Parameter, die an das externe Objekt weitergegeben werden.

Die Syntax des SOAP-Antwortdokuments sieht so aus:

```
<?xml version="1.0"?>
<SOAP-ENV:Envelope
    xmlns:SOAP-ENV="http://schemas.xmlsoap.org/soap/envelope/"
    xmlns:SOAP-ENC=http://schemas.xmlsoap.org/soap/encoding/>
  <SOAP-ENV:Header>
  ... optionale Header-Information
  </SOAP-ENV:Header>

  <SOAP-ENV:Body>
  ... Objektaufrufparameter
  </SOAP-ENV:Body>

</SOAP-ENV:Envelope>
```

Dieses SOAP-Antwortdokument enthält ein SOAP-ENV:Envelope-Wurzelelement, das zum Namensraum http://schemas.xmlsoap.org/soap/envelope/ gebunden ist. Der SOAP-ENV:Header ist ein optionales Element. Der SOAP-ENV:Body ist zwingend erforderlich und enthält die Antwort des externen Objekts.

Stellen Sie sich vor, Sie haben Zugriff auf ein externes Objekt, das den aktuellen Handelswert für eine Aktie als Preisangabe zurückgibt. Sie können dazu beispielsweise dem Objekt einfach das Symbol für die betreffende Aktie übergeben. Das Objekt würde Ihnen den aktuellen oder zuletzt gehandelten Preis zurückgeben. Listing 20.3 zeigt das vollständige SOAP-Anforderungsdokument, das an ein imaginäres Aktieninformationsobjekt gesendet wird.

Listing 20.3: SOAP-Anforderungsdokument für eine Preisabfrage – SOAP_req.xml

```
 1: <?xml version="1.0"?>
 2: <!-- Listing 20.3 SOAP_req.xml -->
 3:
 4: <SOAP-ENV:Envelope
 5:   xmlns:SOAP-ENV="http://schemas.xmlsoap.org/soap/envelope/"
 6:   xmlns:SOAP-ENC="http://schemas.xmlsoap.org/soap/encoding/">
 7:
 8:   <SOAP-ENV:Header>
 9:     <SOAPsrvr>123</SOAPsrvr>
10:   </SOAP-ENV:Header>
11:
12:   <SOAP-ENV:Body>
```

E-Commerce mit XML

```
13:    <q:getQuote xmlns:q="urn:Devans-verspaetete-Meldungen">
14:      <symbol>ssefx</symbol>
15:    </q:getQuote>
16:   </SOAP-ENV:Body>
17:
18: </SOAP-ENV:Envelope>
```

In diesem Beispiel enthält das SOAP-ENV:Envelope-Wurzelelement (Zeilen 4–18) ein SOAP-ENV:Header-Element (Zeilen 8-10) sowie ein SOAP-ENV:Body-Element (Zeilen 12-16). Die angeforderten Namensräume für den Umschlag sowie für die gesamte SOAP-Kodierung sind in den Zeilen 5 und 6 angegeben. Der Header dieses SOAP-Dokuments enthält einen SOAPsrvr, dessen Inhalt vom SOAP-Server verwendet wird, um das übergebene Paket zu verwalten. Der Rumpf enthält ein q:getQuote-Element, das an den Namensraum urn:Devans-verspaetete-Meldungen gebunden ist. Das Element symbol enthält den Namen eines Wechselfonds, ssefx (The Shepherd Street Equity Fund), für den das externe Objekt den zuletzt gehandelten Preis zurückgibt.

Das Listing 20.4 zeigt das vollständige SOAP-Antwortdokument, das vom SOAP-Server nach der Verarbeitung des Objektaufrufs gesendet wird. Die SOAP-Antwort umschließt die Ausgabe des Objekts.

Listing 20.4: SOAP-Antwortdokument für eine Preisabfrage – SOAP_resp.xml

```
1: <?xml version="1.0"?>
2: <!-- Listing 20.4 SOAP_resp.xml -->
3:
4: <SOAP-ENV:Envelope
5:    xmlns:SOAP-ENV="http://schemas.xmlsoap.org/soap/envelope/"
6:    xmlns:SOAP-ENC="http://schemas.xmlsoap.org/soap/encoding/">
7:
8:   <SOAP-ENV:Header>
9:     <ProcessID mustUnderstand="0">0</ProcessID>
10:   </SOAP-ENV:Header>
11:
12:   <SOAP-ENV:Body>
13:     <q_resp:getQuoteResponse xmlns:q_resp="urn:Devans-verspaetete-Meldungen">
14:       <return>14.59</return>
15:     </q_resp:getQuoteResponse>
16:   </SOAP-ENV:Body>
17:
18: </SOAP-ENV:Envelope>
```

Von der Datenklassifizierung zum Datenaustausch

 In diesem Beispiel enthält das SOAP-ENV:Envelope-Wurzelelement (Zeilen 4–18) ein SOAP-ENV:Header-Element (Zeilen 8-10) und ein SOAP-ENV:Body-Element (Zeilen 12-16). Die erforderlichen Namensräume für den Umschlag und die gesamte SOAP-Kodierung sind in den Zeilen 5 und 6 angegeben. Der Header dieses SOAP-Dokuments enthält einen SOAPsrvr, dessen Inhalt vom SOAP-Server verwendet wird, um das übergebene Paket zu verwalten. Der Rumpf enthält ein q_resp:getQuoteResponse-Element, das an den Namensraum urn:Devans-verspaetete-Meldungen gebunden ist. Das Element return gibt den Preis zurück, zu dem der Wechselfond, ssefx (The Shepherd Street Equity Fund), zuletzt gehandelt wurde.

Damit diese SOAP-Nachrichten gesendet und empfangen werden können, erzeugen Sie eine SOAP-Client-Applikation. Auf der Server-Seite interpretiert ein SOAP-Server die Nachrichten und übergibt die Parameter dem externen Objekt. Der SOAP-Server würde auch die Ergebnisse vom Objekt entgegennehmen und sie im SOAP-Antwortdokument platzieren, um sie zurück an die SOAP-Client-Applikation geben zu können. Abbildung 20.1 zeigt einen einfachen SOAP-Client, der mit der Entwicklungsumgebung IBM Sash Weblications erstellt wurde. Der Client, der mit xmethods.com erzeugt wurde, stellt mehrere kleine Applikationen bereit, die SOAP-Nachrichten verwenden, um externe Objekte aufzurufen.

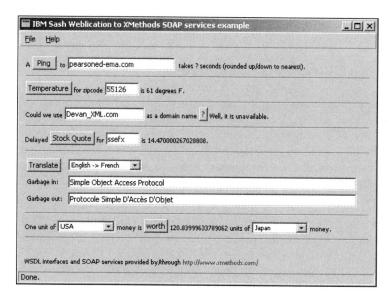

Abbildung 20.1: xmethods.com – IBM Sash SOAP-Client

E-Commerce mit XML

IBM Sash ist ein extrem konfigurierbares Entwicklungssystem, mit dem Netzwerk-Applikationen erstellt werden. Einige Entwickler verwenden Sash, um E-Business-Applikationen zu erstellen und sie mit Backend-Systemen und HTTP-Servern unter Verwendung existierender Ressourcen und Infrastruktur zu verbinden. Sie können Sash nutzen, um aus Ihren Webseiten voll funktionale Windows-Applikationen zu machen, deren Inhalt aus dem Web heruntergeladen wird.

Sie können Ihren eigenen SOAP-Client und -Server erstellen, um auf Objekte zuzugreifen, indem Sie einen der vielen im Web verfügbaren SOAP-Entwicklungs-Kits verwenden. Diese Distributionen beinhalten client- und serverseitige Werkzeuge sowie Beispiele. Einige davon finden Sie unter:

- IBM SOAP für Java, jetzt Teil des Apache XML-Projekts: http://xml.apache.org/soap/
- Lucin SOAP Toolkit: http://www.soaptoolset.com/
- Microsoft SOAP Toolkit: http://msdn.microsoft.com/xml/general/soapland2.asp

SOAP unterstützt alle Datentypen aus dem Abschnitt »Built-in Datatypes« des W3C-Arbeitsentwurfs XML Schema Part 2: Datatypes. Außerdem unterstützt es viele Struktur- und Array-basierte zusammengesetzte Typen (http://www.w3.org/TR/2001/REC-xmlschema-2-20010502/).

WDDX (Web Distributed Data Exchange)

WDDX, das von Allaire (http://www.allaire.com/handlers/index.cfm?ID=5624&Method=full) entwickelt wurde, stellt einen Mechanismus für den Austausch komplexer Datenstrukturen über HTTP zur Verfügung – als Alternative zu SOAP. Gemäß der Allaire-Dokumentation soll WDDX eine eher webtypische Möglichkeit anbieten, um strukturierte Datentypen zwischen Netzwerkeinheiten zu übertragen, ohne den programmtechnischen Ansatz für die Entwicklung von Web-Applikationen von seitenbasiert auf objektbasiert ändern zu müssen.

WDDX unterscheidet sich in zwei grundlegenden Aspekten von XML_RPC und SOAP. Erstens ist sein Ansatz für die Serialisierung auf Strukturen und nicht auf Objekten basiert. Darüber hinaus basiert WDDX nicht grundsätzlich auf RPC-Semantik. Die WDDX DTD und ein Serialisierungs-Modul, das die Umwandlung von nativen Sprach-Datenstrukturen in XML und umgekehrt vornimmt, charakterisieren WDDX. Listing 20.5 zeigt ein einfaches WDDX-Dokument, das aus einem einzelnen Paket besteht, das ähnlich dem SOAP-Beispiel gesendet wird, um den Preis eines Wechselfonds zu ermitteln.

Von der Datenklassifizierung zum Datenaustausch

Listing 20.5: WDDX XML-Paket, das einen Wechselfonds-Preis ermittelt – WDDX_stock.xml

```
 1: <?xml version='1.0'?>
 2: <!-- Listing 20.5 WDDX_stock.xml -->
 3:
 4: <!DOCTYPE wddxPacket SYSTEM 'Stock_check.dtd'>
 5: <wddxPacket version='0.9'>
 6:   <data>
 7:     <struct>
 8:       <var name='getQuote'>
 9:         <value>SSEFX</value>
10:       </var>
11:     </struct>
12:   </data>
13: </wddxPacket>
```

Das wddxPacket-Wurzelelement (Zeilen 5-13) enthält ein untergeordnetes data-Element. Das data-Element (Zeilen 6-12) enthält ein struct-Element (Zeilen 7-11). Das struct-Element wiederum enthält ein var-Element (Zeilen 8-10), das Parameter an eine Host-basierte Applikation weitergibt.

Allaire hat die WDDX-Spezifikation für die allgemeine Entwicklergemeinde freigegeben. WDDX wurde in ColdFusion und einem SDK mit Unterstützung von Java, JavaScript, Perl und COM/ASP angeboten.

ebXML

Das Akronym ebXML steht für »electronic business XML«, eine gemeinsame Initiative der UN/CEFACT (United Nations/Trade Facilitation and Electronic Business) und OASIS (Organisation for the Advancement of Structured Information Standards). Die ebXML-Initiative soll »eine offene, XML-basierte Infrastruktur bereitstellen, welche die globale Verwendung von E-Business-Informationen auf interoperable, sichere und konsistente Weise durch alle Parteien ermöglicht« (Quelle: http://www.ebxml.org/).

Die Entwicklung von ebXML ist auf Teams verteilt, die für verschiedene Aspekte von E-Business verantwortlich sind, die XML-Technologien einsetzen. Das Team für Transport, Routing und Verpackung hat Empfehlungen für eine Nachrichtenumschlags-Spezifikation entwickelt, für ein allgemeines Anforderungsdokument sowie für eine Nachrichten-Header-Spezifikation.

Die Nachrichten-Envelope ist ein XML-Dokument, das aus einem Header-Envelope und einem Nutzlast-Envelope besteht. Der Header-Envelope besteht aus dem Nachrichten-Header und Routing-Informationen. Listing 20.6 zeigt ein Beispiel für einen Header-Envelope.

E-Commerce mit XML

Listing 20.6: ebXML Header-Umschlag – ebXML_header.xml

```
1: <?xml version="1.0" encoding="UTF-8"?>
2: <!-- Listing 20.6, ebXML_header.xml -->
3:
4: <ebXMLMessageHeader>
5:   <Version>1.0</Version>
6:   <MessageType>Anforderung</MessageType>
7:   <ServiceType>Aktienabfrage</ServiceType>
8:   <Intent>Zuletzt gehandelter Preis</Intent>
9: </ebXMLMessageHeader>
```

Das `ebXMLMessageHeader`-Wurzelelement (Zeilen 4-9) enthält untergeordnete `Version`-, `MessageType`-, `ServiceType`- und `Intent`-Elemente. Sie stellen Routing-Informationen, Anweisungen und digitale Signaturen für die empfangenden Applikationen bereit.

Der Nutzlast-Envelope könnte ein oder mehrere Rumpfsegmente enthalten. Listing 20.7 zeigt ein Beispiel für ein Nachrichtenrumpf-Fragment. Das Dokument ist nicht vollständig, aber ausreichend, um ein Modell für eine Nutzlast darzustellen.

Listing 20.7: Beispiel für ein ebXML-Dokument – ebXML_payload.xml

```
1: <!-- Listing 20.7, ebXML_payload.xml -->
2:
3: <Control>
4:   <Session Identity="Quote">
5:     <Value>SSEFX</Value>
6:   </Session>
7: </Control>
```

Dieser Codeausschnitt stellt ein Beispiel für einen Nachrichtenrumpf dar. Das `Control`-Element (Zeilen 3-7) enthält ein `Session`- (Zeilen 4-6) und ein `Value`-Element (Zeile 5), die Informationen an eine Applikation weitergeben, die Aktienpreise zurückgibt.

Zum Zeitpunkt der Drucklegung dieses Buches ist ebXML fast zwei Jahre alt, obwohl die erste Spezifikation vom Mai 2001 stammt. Eine Zeit lang hatte es den Anschein, als ob ebXML vollständig von den SOAP-Ansätzen abweichen würde, weil SOAP 1.0 keine Verarbeitung binärer Daten unterstützt, ein Anliegen, das von den ebXML-Arbeitsgruppen formuliert wurde. Der ebXML-Ansatz wurde verfolgt, um die globale Verwendung von E-Business-Informationen durch alle Parteien auf interoperable, sichere und konsistente Weise zu ermöglichen.

Zusammenfassung

Obwohl ebXML und SOAP viele Eigenschaften gemeinsam haben, ist das Standardkomitee, das für ebXML verantwortlich ist, der Meinung, dass SOAP nicht wirklich offen und nicht proprietär war. Deshalb konnte ebXML SOAP nicht implementieren und behält seinen eigenen interoperablen Entwurf bei. Nichtsdestotrotz sind die Ähnlichkeiten unverkennbar. Beide Ansätze stellen ein Transportnetzwerk vor, innerhalb dessen Geschäftsdokumente sicher und zuverlässig übertragen werden können. Beide bauen auf Industriestandard-MIME-Technologien auf und verwenden XML-Header und Routing-Funktionalität. Diese beiden Standards sind so ähnlich, dass sich die Entwickler häufig fragen, warum es überhaupt zwei Standards gibt. Die ebXML-Komitees haben deshalb zugestimmt, einen Teil der SOAP-Spezifikation zu übernehmen, um der Industrie die Verwirrung durch zwei konkurrierende Standards zu ersparen. Das bedeutet, dass sich ebXML mit der Zeit eher zu einer komplementären und nicht zu einer konkurrierenden Technologie entwickeln wird. Es beinhaltet SOAP-Nachrichten als Nutzlast für den Dokumentenaustausch.

20.4 Zusammenfassung

Heute haben Sie verschiedene E-Business-Metaphern kennen gelernt, die XML-Technologien verwenden. Die meisten davon stellen eine Möglichkeit für Kommerz-Transaktionen dar, sie zu verpacken und über das Internet durch das HTTP-Protokoll zu übertragen. Es wurden verschiedene Szenarien für B2C- und B2B-Applikationen vorgestellt, ebenso wie die zu Grunde liegenden Motivationen. Man erwartet, dass Unternehmen in der Zukunft wesentliche Investitionen in XML-Technologien für die Verwendung in E-Commerce tätigen werden.

20.5 Fragen und Antworten

F *Wie kann XML für Daten-Aggregations-Sites verwendet werden?*

A XML unterstützt strukturierte Steuerelemente und intelligenten Datenspeicher. XML ist für Umgebungen geeignet, in denen sich die Formate von Quelldaten unterscheiden, aber zu einer strukturierten Ausgabe kombiniert werden, die in variablen Formaten für Benutzer-Agenten und Informationskonsumenten dargestellt werden muss.

F *Wie kann XML-basierte Lieferkettenverwaltung Geschäftsmodelle verbessern?*

A Elektronische Steuerelemente auf einem Marktplatz für die Verwaltung einer Lieferkette erhöht die Geschwindigkeit und die Genauigkeit des relevanten

E-Commerce mit XML

Geschäfts. Der Fluss der Geschäfts-Transaktionen kann durch die Automatisierung überwacht und verbessert werden.

F Wo finde ich weitere Informationen über SOAP-Implementierungen für B2B-Transaktionsverarbeitung?

A Sie finden viele gute Informationsquellen im Web wie beispielsweise bei:

- http://www.soapware.org/directory/4/calendarhttp://www.soapware.org/ http://www.soapware.org/. Diese Site stellt Spezifikationsinformationen, Dienstverzeichnisse, Demoprogramme, Implementierungsbeispiele, Artikel und Neuigkeiten über SOAP bereit.

- http://soap.weblogs.com/http://soap.weblogs.com/. Diese Site bietet einen Überblick über alle Newsgroup-Informationen von SOAP, mit Inhalten aus dem Apache XML-Projekt, Interviews mit SOAP-Experten und Dokumentationen.

- http://www.xmlrpc.com/http://www.xmlrpc.com/. Diese Site stellt Informationen, Meinungen und Neuigkeiten über einfache plattformübergreifende verteilte Programmierungen bereit.

- http://blogspace.com/rss/http://radio.userland.com/http://radio.userland.com. Diese Site bietet einen Web-Applikationsserver zur Ausführung auf Ihrem Desktop, bei dem es sich um einen leistungsfähigen XML-basierten News-Aggregator handelt, der XML-RPC und SOAP 1.1 ohne weitere Konfiguration unterstützt.

F Auf welchen Standards basiert SOAP?

A SOAP basiert auf HTTP 1.0 und höher und kann das HTTP Extension Framework (http://www.w3.org/Protocols/HTTP/ietf-http-ext) nutzen. SOAP basiert außerdem auf der XML-Empfehlung (http://www.w3.org/TR/1998/REC-xml-19980210). SOAP unterstützt die W3C XML-Namensraum-Empfehlung (http://www.w3.org/TR/REC-xml-names). SOAP-Nutzlasten müssen korrektes XML darstellen, aber es ist keine Überprüfung (über DTDs oder anderweitig) erforderlich. Die Verwendung von XML-Schemata (http://www.w3.org/TR/xmlschema-1/), um SOAP-Endpunkte zu beschreiben, wird im Moment in Betracht gezogen, ist aber noch nicht formaler Teil der SOAP/1.0-Spezifikation.

F Warum sollte ein Entwickler SOAP statt einer benutzerdefinierten XML/HTTP-Lösung verwenden?

A SOAP bietet wesentliche Vorteile gegenüber einem benutzerdefinierten proprietären XML-Vokabular. Die zunehmende Unterstützung der Hersteller von SOAP durch vollständige Lösungen verbessert die allgemeine Implementierung dieser Technologien. Bald werden Client- und Server-Applikationen für die meisten

Industriezweige bereitstehen und es werden Modelle entwickelt, die technische und Effizienzvorteile bieten.

F Welche Einschränkungen weist SOAP auf?

A SOAP sagt nichts zur bidirektionalen Kommunikation, obwohl es möglich ist, diese Semantik auf der SOAP-Implementierung aufzusetzen. Die aktuelle SOAP-Spezifikation beschreibt, wie die SOAP-Nutzlast über HTTP übertragen wird, sagt aber nichts über andere Protokolle.

F Weil SOAP über HTTP übertragen wird, passiert es die meisten Firewalls. Stellt dies eine neue Sicherheitsbedrohung dar?

A SOAP ist nur eine Nutzlast, die über HTTP übertragen werden kann. Sie ist also nicht weniger sicher als jede andere HTTP-Übertragung. Darüber hinaus haben die Entwickler von SOAP die Einbindung von Programmieranweisungen in das SOAP-Protokoll verboten, um mögliche Sicherheitsprobleme zu unterbinden. Weil SOAP-Pakete HTTP-Header-Daten beinhalten, können die zukünftigen Firewalls so erweitert werden, dass sie die Übertragungen aufgrund der Header-Daten zu filtern in der Lage sind. Wie alle anderen HTTP-Übertragungen unterstützt SOAP die Verwendung von SSL (Secure Socket Layers) und ähnlichen Authentifizierungsschemata.

Wie man eine XML-Webanwendung aufbaut

Wie man eine XML-Webanwendung aufbaut

XML ist für die Verwendung bei Websites gut geeignet, vor allem, wenn die XSL-Transformationen, das Scripting oder andere Formen der Programmierung auf dem Server, nicht auf dem Client durchgeführt werden. Sie werden heute viele der Technologien, die wir an den vorhergehenden Tagen besprochen haben, zusammenführen und eine kleine Webanwendung erzeugen. Sie lernen dabei:

- wie man auf der Grundlage von XML-Dateien eine Webanwendung erzeugt,
- serverseitiges XSLT auszuführen,
- das Document Object Model bei XML zum Erstellen von Knoten in einem XML-Baum einzusetzen.

21.1 Das Design für die Webanwendung

Sie werden heute eine Anwendung für eine Website aufbauen, die es Weinliebhabern erlaubt, Notizen zu den Weinproben einzugeben, die Sie durchgeführt haben. Die gesammelten Daten werden den Namen des Weins einschließen, den Winzer, der ihn produziert, die Region, aus der er stammt, den Weintyp oder seine Fruchtnote sowie die Notizen zur Geschmacksprobe. Diese Aufzeichnungen können gespeichert und aus einer Datenbank extrahiert werden, ähnlich der Art, wie Sie am 19. Tag auf die Nachrichtenaufzeichnungen zugegriffen haben. Heute werden Sie jedoch natives XML zur Speicherung der Daten verwenden. Die Daten werden in einer XML-Datei abgelegt, die auf dem Server beherbergt ist und Sie werden ein XML-DOM-Objekt instanzieren, das neue Knoten für den gespeicherten Dokumentbaum erstellt. Sie werden serverseitige Scripts in Form von Active Server Pages verwenden, um für die Präsentation einer Tabelle zu allen Geschmacksnotizen eine XSL-Transformation des XML-Quelldokuments in HTML durchzuführen.

Die Anwendung wird aus einer Reihe verwandter Dokumente bestehen. In den folgenden Übungen erzeugen Sie all diese Dokumente und platzieren sie dann für die Ausführung auf einem Webserver. Damit Sie diese Anwendung in der angegebenen Weise aufbauen können, müssen Sie einige Tools von Microsoft verwenden. Sie können eine ähnliche Anwendung aber genauso gut mit anderen server- oder clientseitigen Applikationen aufbauen.

Die Struktur der Anwendung schließt eine Homepage (`index.html`) mit Links auf ein Formular für die Dateneingabe ein (`wein_notiz.html`) sowie ein serverseitiges Script (`zeige_notiz.asp`), das alle Aufzeichnungen im Datensatz (`wein_notiz.xml`) auflistet. Ein optionaler Cascading Style Sheet (`wein_notiz.css`) kann der gesamten Anwendung ein durchgängiges Aussehen geben, indem er alle HTML-Seiten auf ähnliche Art und Weise stilisiert. Wenn ein Anwender das Formular ausfüllt (`wein_notiz.html`), verarbeitet ein serverseitiges Script (`proz_notiz.asp`) die Einträge und fügt sie dem Dokument wein_notiz.xml hinzu. Ein zweites serverseitiges Script gestattet dem Anwender, sich das ganze Set der Bemerkungen zu den Weinproben anzusehen (zeige_notiz.asp). Abbildung 21.1 zeigt die beschriebene Architektur.

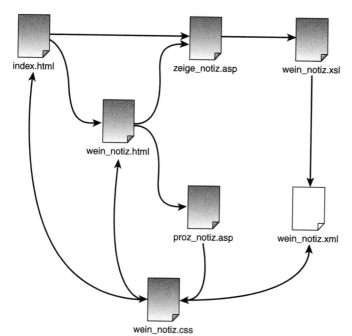

Abbildung 21.1:
Die Architektur der Webanwendung zu den Notizen über Weinproben

Das Speichern der Notizaufzeichnungen in wein_notiz.xml

Die Daten für diese Anwendung werden in einer XML-Datei mit dem Wurzelelement wein_notiz gespeichert. Jedes wein-Element ist wie ein Eintrag in eine hierarchische Datenbankstruktur. Ein wein-Element enthält die abgeleiteten Elemente winzer, region, typ, jahrgang und notiz. Das Element notiz wird als CDATA-Abschnitt programmiert, um sicherzustellen, dass alles, was der Anwender eingibt, aufgezeichnet, aber nicht vom XML-Prozessor geparst wird. Ein date-Attribut für das wein-Element enthält Datum und Zeitstempel, mit denen angezeigt wird, wann der jeweilige Eintrag dem Datensatz hinzugefügt wurde. Ein serverseitiges Script generiert Datum und Zeitstempel automatisch, wenn ein neuer Eintrag abgespeichert wird. Listing 21.1 zeigt eine beispielhafte wein_notiz.xml-Datei mit mehreren Einträgen. Sie müssen zumindest einen Eintrag manuell hinzufügen, wenn Sie dieses Dokument erstellen, damit für die Datei eine Struktur erzeugt wird. Erstellen Sie ein Dokument wie das gezeigte und speichern Sie es unter wein_notiz.xml.

Wie man eine XML-Webanwendung aufbaut

Listing 21.1: Ein Datensatz mit Notizen über Weine – wein_notiz.xml

```
 1: <?xml version="1.0"?>
 2: <!-- Listing 21.1 - wein_notiz.xml -->
 3:
 4: <wein_notiz>
 5:     <wein date="6/9/2001 10:40:01">
 6:         <winzer>Chateau de La Chaize</winzer>
 7:         <region>Brouilly, France</region>
 8:         <typ>Beaujolais</typ>
 9:         <jahrgang>1998</jahrgang>
10:         <notiz><![CDATA[Sehr fruchtig und stark genug, seinen Charakter zu
behaupten
11: passt zu vielen Speisen, vor allem gut zu altem Hartkaese]]></notiz>
12:     </wein>
13:     <wein date="6/9/2001 11:20:08">
14:         <winzer>Chateau d'Epire</winzer>
15:         <region>Savennieres, France</region>
16:         <typ>Cuvee Speciale</typ>
17:         <jahrgang>1998</jahrgang>
18:         <notiz><![CDATA[Kraeftig, leicht saeuerlich, erinnert mit seiner Saeure
an das sanfte Prickeln einer Berlinerweisse]]></notiz>
20:     </wein>
21: </wein_notiz>
```

Das Wurzelelement wein_notiz (Zeilen 4-20) enthält abgeleitete wein-Elemente mit date-Attributen (Zeilen 5 und 13). Jedes wein-Element enthält winzer, region, typ, jahrgang und notiz-Elemente. Das notiz-Element ist als CDATA-Abschnitt programmiert (Zeilen 10 und 18).

Die Erzeugung eines Webformulars unter wein_notiz.html

Die Datei wein_notiz.html ist eine HTML-Seite, die ein Formular für die Eingabe der Details zu einem bestimmten Wein darstellt. Das Formular, das Sie in dieser Übung aufbauen, stellt die Eingabefelder zur Verfügung, die in Tabelle 21.1 zusammengefasst sind. Die Felder für das Formular entsprechen direkt den Elementen in der XML-Datei (wein_notiz.xml).

Das Design für die Webanwendung

HTML-Feldmarkierung	XML-Element	Beschreibung
Winzer/Name auf dem Weinetikett	winzer	Dieses Feld wird verwendet, um den Namen des Weinproduzenten oder den Namen auf dem Weinetikett einzugeben.
Region/Herkunft	region	Die Region, der Herkunftsort, das Land oder eine andere geografische Bezeichnung werden in dieses Feld eingegeben.
Typ/Fruchtnote	typ	Der Weintyp oder die Fruchtnote der verwendeten Traube werden in diesem Feld angegeben.
Jahrgang	jahrgang	Die Einträge in diesem Feld geben das Erntejahr an.
Bemerkungen zum Geschmack	notiz	Text in freier Form ist für die Geschmacksnotizen zulässig. Diese Bemerkungen beschreiben die Qualität und den Charakter des jeweiligen Weins. Die Daten werden im XML-Dokument als CDATA-Abschnitt platziert, der Leer- und Sonderzeichen beibehält.

Tabelle 21.1: Formularfelder und die entsprechenden XML-Elemente

Alle Felder außer dem Feld mit den Geschmacksnotizen werden mit dem in HTML standardmäßigen Element INPUT erzeugt, das vom Element FORM abgeleitet ist. Alle INPUT-Elemente verwenden die folgende Syntax:

```
<INPUT TYP=TEXT NAME="REFERENZ" MAXLENGTH="WERT">
```

Das formfreie Textfeld für die Geschmacksnotizen verwendet das Element TEXTAREA:

```
<TEXTAREA NAME="REFERENZ" COLS="WERT" ROWS="WERT">
```

Die meisten HTML-Seiten in dieser Anwendung nutzen ein externes Cascading Style Sheet, um eine beständige Präsentation für die gesamte Site zu gewährleisten. Die CSS-Datei heißt wein_notiz.css und wird mit einem LINK-Element der aktuellen Seite zugeordnet. Das sieht so aus:

```
<LINK rel = "stylesheet" type = "text/css"
   href = "wein_notiz.css"/>
```

Das Formular, das auf dieser Seite erzeugt wird, verwendet die POST-Methode, um die vom Anwender gesammelten Informationen an das Script proz_notiz.asp weiterzugeben, das die Daten an das im vorhergehenden Schritt erzeugte Dokument wein_notiz.xml anfügt.

Wie man eine XML-Webanwendung aufbaut

Listing 21.2 zeigt die vollständige Seite. Erzeugen Sie dieses Dokument und speichern Sie es unter wein_notiz.html.

Listing 21.2: Ein HTML-Formular, das die Weinprobe-Notizen sammeln soll – wein_notiz.html

```
 1: <!DOCTYPE HTML PUBLIC "-//W3C//DTD HTML 4.01 Transitional//EN"
 2: "http://www.w3.org/TR/Html4/loose.dtd">
 3: <!-- Listing 21.2 - wein_notiz.html -->
 4:
 5: <HTML>
 6:   <HEAD><BR><BR>
 7:     <TITLE>Online-Notizen zu den Weinproben</TITLE>
 8:     <LINK rel = "stylesheet" type = "text/css"
 9:           href = "wein_notiz.css"/>
10:   </HEAD>
11:   <BODY>
12:     <H1> Online-Notizen zu den Weinproben </H1>
13:     <H3>Fuegen Sie Ihre Anmerkungen zur Weinprobe ein:</H3>
14:     <FORM METHOD=POST ACTION="proz_notiz.asp">
15:       <TABLE border ="1">
16:         <TR>
17:           <TD>
18:             <TABLE cellspacing="3" cellpadding="3">
19:               <TR>
20:         <TD ALIGN="RIGHT">Winzer/Marke:</TD>
21:         <TD ><INPUT SIZE="40" TYPE=TEXT NAME="WINZER" MAXLENGTH="60">
22:         </TD>
23:           </TD>
24:         </TR>
25:         <TR>
26:         <TD ALIGN=RIGHT>Region/Ort:</TD>
27:         <TD><INPUT SIZE="40" TYPE=TEXT NAME="REGION" MAXLENGTH="60">
28:         </TD>
29:         </TR>
30:         <TR>
31:         <TD ALIGN=RIGHT>Typ/Richtung:</TD>
32:         <TD><INPUT SIZE="40" TYPE=TEXT NAME="TYP" MAXLENGTH="60">
33:              
34:             <INPUT TYPE="RESET" VALUE="Formular loeschen">
35:         </TD>
36:         </TR>
37:         <TR>
38:         <TD ALIGN=RIGHT>Jahrgang:</TD>
39:         <TD><INPUT SIZE="40" TYPE=TEXT NAME="JAHRGANG" MAXLENGTH="20">
40:              
```

Das Design für die Webanwendung

```
41:      <INPUT TYPE="SUBMIT" VALUE="Notizen hinzufuegen">
42:      </TD>
43:    </TR>
44:    <TR>
45:      <TD ALIGN=RIGHT VALIGN=TOP>Geschmacksnotiz:</TD>
46:      <TD><TEXTAREA NAME="NOTIZ" COLS="60" ROWS="5"></TEXTAREA>
47:    </TR>
48:
49:    </TABLE>
50:
51:    </TD>
52:    </TR>
53: </TABLE>
54: <UL>
55:    <LI><A HREF="index.html">Zurueck zur Homepage</A></LI>
56: </UL>
57: </FORM>
58:
59: </BODY>
60:
61: </HTML>
```

Die Zeilen 14-57 enthalten das Formular, das zur Aufnahme der Anwenderdaten erzeugt wird. winzer (Zeile 21), region (Zeile 27), typ (Zeile 32) und jahrgang (Zeile 39) werden dem Texteingabefeld zugewiesen. Die Textnotizen in freier Form werden mit dem TEXTAREA-Tag (Zeile 46) gesammelt. Die Zeilen 8 und 9 setzen einen LINK auf ein Cascading Style Sheet. In Zeile 34 wird eine Reset-Schaltfläche programmiert, mit der die Anwender die Feldeingaben im Formular löschen können (<INPUT TYPE="RESET" VALUE=" Formular loeschen" SIZE="40">). Die Schaltfläche zum Abschicken (<INPUT TYPE="SUBMIT" VALUE="Notizen hinzufuegen">) wird mit Zeile 41 programmiert, sodass die Anwender das Formular verarbeiten können. Die Verarbeitung geschieht mit der POST-Methode (<FORM METHOD=POST ACTION="proz_notiz.asp">), die die auf dem Formular gesammelten Daten an die Datei proz_notiz.asp weitergibt. Das <A>-Tag in Zeile 55 richtet einen Link auf die Homepage dieser Webanwendung ein.

Die Website mit wein_notiz.css formatieren

Die Verwendung eines Cascading Style Sheets ist optional. Wenn Sie die CSS-Datei weglassen, können Sie sogar sicherstellen, dass Ihre Anwendung keine Browser ausschließt, die CSS nicht vollständig unterstützen. Wenn Sie die CSS-Datei aber weglassen, denken Sie auch daran, die <LINK>-Tags in dieser Anwendung aus den HTML-Seiten zu entfernen, auch wenn die meisten Browser, die kein CSS unterstützen, sie einfach ignorieren.

Wie man eine XML-Webanwendung aufbaut

Der Vorteil einer CSS-Datei ist, dass man sie dazu verwenden kann, für alle Seiten der Anwendung ein einheitliches Aussehen zu gewährleisten. So wird sie auch in unserem Fall eingesetzt. Aus diesem Grund zeigen wir ein Modell für eine CSS-Datei, wenn Sie Styles für Ihre Anwendung eingeben möchten. Sie können Ihre eigenen Stileigenschaften auswählen oder die verwenden, die in Listing 21.3 angegeben werden.

Listing 21.3: Optionale Stileigenschaften, die auf die Applikation angewendet werden können – wein_notiz.css

```
 1: <!-- Listing 21.3 - wein_notiz.css -->
 2:
 3:    BODY    { display:block; background-color:#999966;
 4:        background-image:URL(http://www.samspublishing.com/images/
 5:        samslogo.gif);
 6:        background-repeat:no-repeat}
 7:
 8:    H1    { text-align:center;padding:6px;font-weight:bold;
 9:        color:#99cc99;font-style:bold;
10:        font-family:verdana,arial,sans-serif;}
11:
12:    H3    { padding:6px;font-size:12pt;
13:        font-family:verdana,arial,sans-serif;}
14:
15:    P     { font-family:verdana,arial,sans-serif;}
16:
17:    TD    { font-family:verdana,arial,sans-serif;
18:        background-color:#99cc99;}
19:
20:    A:link   { color:#99cc99;font-size:14pt;text-decoration:none;}
21:
22:    A:visited { color:#99cc66;font-size:14pt;text-decoration:none;}
23:
24:    A:hover  { text-decoration:underline; color:red;font-weight:bold;}
25:
26:    .head   { background-color:99cc99;
27:        font-family:verdana,arial,sans-serif;font-size:14pt;}
28:
29:    SPAN   { font-family:verdana,arial,sans-serif;font-size:12pt;}
30:
31:    TR    { font-family:verdana,arial,sans-serif;}
32:
33:    LI    { font-family:verdana,arial,sans-serif;}
```

Das Design für die Webanwendung

Alle Markup-Elemente, für die eindeutige Stileigenschaften zugewiesen werden, sind in der CSS-Datei aufgelistet, zusammen mit den ausgewählten Styles. Die Zeilen 4 und 5 beziehen sich auf eine Grafik, die auf einem externen Webserver abgelegt ist. Sie können damit auch auf eine lokale Grafik zeigen, wenn Sie das wollen.

Die Konstruktion einer Homepage als index.html

Erzeugen Sie für die Anwendung eine Homepage und nennen Sie sie index.html. Die Homepage erfordert nur zwei Links und ein wenig ausgezeichneten Text. Ein Link sollte auf die Seite wein_notiz.html eingerichtet werden, die Sie bereits erstellt haben. Ein weiterer Link ist für die Seite zeige_notiz.asp zu erstellen, die alle Notizen im Dokument wein_notiz.xml auflistet. Listing 21.4 zeigt eine Möglichkeit für die Seite index.html. Wenn Sie eine CSS-Datei eingefügt haben, können Sie diese mithilfe eines LINK-Tags mit dieser Seite verbinden.

Listing 21.4: Die Homepage für die Webanwendung zu den Weinprobenotizen

```
 1: <!DOCTYPE HTML PUBLIC "-//W3C//DTD HTML 4.01 Transitional//EN"
 2: "http://www.w3.org/TR/Html4/loose.dtd">
 3: <!-- Listing 21.4 - index.html -->
 4:
 5: <HTML>
 6: <HEAD>
 7:  <TITLE>Weinprobenotizen</TITLE>
 8:  <LINK rel = "stylesheet" type = "text/css" href = "wein_notiz.css2>
 9: </HEAD>
10: <BODY>
11:  <H1> Online-Notizen zu den Weinproben </H1>
12:  <HR/>
13:  <H3>Navigation</H3>
14:  <H3>Bitte waehlen Sie eine der folgenden Moeglichkeiten:</H3>
15:  <UL>
16:  <LI><A HREF="zeige_notiz.asp">Alle Weinnotiz-Eintraege anzeigen</A></LI>
17:  <LI><A HREF="wein_notiz.html">Eine neue Weinprobenotiz hinzufuegen</A></LI>
18:  </UL>
19: </BODY>
20: </HTML>
```

Diese Homepage hat Links auf die Seite wein_notiz.html und auf die Seite zeige_notiz.asp (Zeile 17). Ein LINK, der den Style Sheet wein_notiz.css zuweist, ist in Zeile 8 angegeben.

Serverseitige Verwaltung der Weinnotizen mit proz_notiz.asp

Ein serverseitiges Active Server Pages (ASP)-Script wird verwendet, um die Notizen anzufügen, die die Anwender desDokuments wein_notiz.xml angeben. Um dies zu erreichen, werden Objekte aus dem Document Object Model instanziert, ähnlich denen, die am 12. Tag Verwendung fanden. Sie können damit beginnen Variablen einrichten, die die Werte enthalten, die vom Formular für alle Elementknoten im Datensatz weitergegeben werden. Die Elemente, die das betrifft, sind wWinzer, wRegion, wTyp, wJahrgang und wNotiz. Daher können die Variablen wie folgt eingerichtet werden:

```
Dim wWinzer
Dim wRegion
Dim wTyp
Dim wJahrgang
Dim wNotiz
```

Sie müssen außerdem Variablen einrichten, die den individuellen Inhalt aufnehmen, der über das DOM an die Knotentypen in der XML-Instanz weitergegeben wird. Sie erstellen eine Variable für den Dokumentknoten, den Wurzelknoten und die Knotenknoten. Sie brauchen auch einen Attributsknoten, der die Werte für die Zeit- und Datumsstempel aufnimmt. Diese können so eingerichtet werden:

```
Dim oWeinNotizDOM
Dim oWeinNotizRootNode
Dim oDateStamp
Dim oWeinNotizNodes
```

Da Sie die Daten direkt aus den HTML-Formularfeldern weitergeben, können Sie die HTTP-Werte direkt auffangen und namentlich eingeben, was so aussieht:

```
wWinzer=Request("WINZER")
wRegion=Request("REGION")
wTyp=Request("TYP")
wJahrgang=Request("JAHRGANG")
wNotiz=Request("NOTIZ")
```

Um das DOM-Objekt für die Weinnotizen zu instanzieren, können Sie die serverseitige Syntax zur Objekterzeugung verwenden, die Sie auch an früheren Tagen eingesetzt haben. In diesem Fall sieht die Syntax so aus:

```
Set oWeinNotizDOM = Server.CreateObject("Microsoft.XMLDOM")
oWeinNotizDOM.async = false
```

Das XML-Dokument kann mit folgendem Befehl in das DOM geladen werden:

```
oWeinNotizDOM.load server.mappath("wein_notiz.xml")
```

Sie müssen eventuelle Parser-Fehler auffangen, wie etwa nicht existierende XML-Dokumente oder alle I/O-Fehler, die diesen verwandt sind. Das machen Sie folgendermaßen:

Das Design für die Webanwendung

```
If oWeinNotizDOM.parseError.ErrorCode <> 0 Then
```

Wenn ein Fehler auftritt, erzeugt das Script ein leeres XML-Dokument:

```
oWeinNotizDOM.loadXML "<wein_notiz/>"
End If
```

Das Script kann einen Zeit- und Datumsstempel ausgeben, wenn ein Eintrag gespeichert wird, indem es Code hinzufügt, der ein Datums-Attribut enthält und den Methodenaufruf `now()` einbindet:

```
Set oDateStamp = oWeinNotizDOM.documentElement.AppendChild
 (oWeinNotizDOM.createElement("wein"))
oDateStamp.setAttribute "date", now()
```

Für jeden Elementknoten (`ElementNameXML`) im XML-Dokument geben Sie die Formulardaten an einen neu erstellten Elementknoten (`oMeinObjektName`) im resultierenden Baum weiter. Die Syntax sieht für diese Fälle so aus:

```
Set oMeinObjektName = oMyDateStampObjectName.appendChild
 (oMeinObjektName.createElement("ElementNameXML"))
oMeinObjektName.Text = MyElementName
```

Sie müssen das Ganze für alle neu erzeugten Knoten wiederholen – in diesem Fall für `winzer`, `region`, `typ`, `jahrgang` und `notiz`. Beim `notiz`-Element fügen Sie dem `notiz`-Objekt die Methode `createCDATASection()` hinzu. Das vollständige Script sehen Sie in Listing 21.5.

Listing 21.5: Serverseitiges ASP-Script zum Hinzufügen von Aufzeichnungen – proz_notiz.asp

```
 1: <HTML>
 2:  <link rel = "stylesheet" typ = "text/css"
 3:  href = "wein_notiz.css">
 4: <%
 5: ' Listing 21.5 - proz_notiz.asp
 6:
 7:  Dim wWinzer
 8:  Dim wRegion
 9:  Dim wTyp
10:  Dim wJahrgang
11:  Dim wNotiz
12:
13:  Dim oWeinNotizDOM
14:  Dim oWeinNotizRootNode
15:  Dim oDateStamp
16:  Dim oWeinNotizNodes
17:
18:  wWinzer=Request("WINZER")
```

Wie man eine XML-Webanwendung aufbaut

```
19:   wRegion=Request("REGION")
20:   wTyp=Request("TYP")
21:   wJahrgang=Request("JAHRGANG")
22:   wNotiz=Request("NOTIZ")
23:
24:   Set oWeinNotizDOM = Server.CreateObject("Microsoft.XMLDOM")
25:   oWeinNotizDOM.async = false
26:
27:   oWeinNotizDOM.load server.mappath("wein_notiz.xml")
28:
29:   If oWeinNotizDOM.parseError.ErrorCode <> 0 Then
30:
31:     oWeinNotizDOM.loadXML "<wein_notiz/>"
32:   End If
33:
34:   Set oDateStamp = oWeinNotizDOM.documentElement.appendChild
(oWeinNotizDOM.createElement("wein"))
35:   oDateStamp.setAttribute "date", now()
36:
37: ' Einen neuen 'winzer'-Elementknoten im wein_notiz.xml-Dokument aufbauen
38:   Set oWeinNotizNodes = oDateStamp.appendChild
(oWeinNotizDOM.createElement("winzer"))
39:   oWeinNotizNodes.Text = wWinzer
41:
42: ' Einen neuen 'region'-Elementknoten im wein_notiz.xml-Dokument aufbauen
43:   Set oWeinNotizNodes = oDateStamp.appendChild
(oWeinNotizDOM.createElement("region"))
44:   oWeinNotizNodes.Text = wRegion
45:
46: ' Einen neuen 'typ'-Elementknoten im wein_notiz.xml-Dokument aufbauen
47:   Set oWeinNotizNodes = oDateStamp.appendChild
(oWeinNotizDOM.createElement("typ"))
48:   oWeinNotizNodes.Text = wTyp
49:
50: ' Einen neuen 'jahrgang'-Elementknoten im wein_notiz.xml-Dokument aufbauen
51:   Set oWeinNotizNodes = oDateStamp.appendChild
(oWeinNotizDOM.createElement("jahrgang"))
52:   oWeinNotizNodes.Text = wJahrgang
53:
54: ' Ein neues 'notiz' wein_notiz.xml-Dokument aufbauen
55: ' Text mit CDATA-Auszeichnungen umgeben, um die Leerzeichen zu erhalten, die
Anwender eingeben
56:   Set oWeinNotizNodes = oDateStamp.appendChild
(oWeinNotizDOM.createElement("notiz"))
57:   oWeinNotizNodes.appendChild (oWeinNotizDOM.createCDATASection(wNotiz))
58:
59: ' Modifiziertes wein_notiz.xml-Dokument speichern
```

Das Design für die Webanwendung

```
60:  '   Ihr Schreibzugriff auf das Verzeichnis muss aktiviert sein!
61:     oWeinNotizDOM.Save Server.MapPath("wein_notiz.xml")
62: %>
63: <BR/><BR/><BR/>
64: <H1>Danke</H1>
65:
66: <P>
67: <B>Ihre Weinnotizen ueber : <%= sWein %></B><BR/>
68: </P>
69: <PRE>
70: <%= wNotiz %>
71: </PRE>
72:
73: <P><B>Wurden eingegeben</P>
74:
75: <P>Klicken Sie <A href="zeige_notiz.asp">Hier</A> fuer die Anzeige der
Weinnotizen</P>
76:
77: </HTML>
```

Die Zeilen 7-16 richten die Variablen ein, die für das restliche Script erforderlich sind. Die HTTP-Header-Variablen werden mit den Anweisungen in den Zeilen 18-22 weitergegeben. In Zeile 24 wird das DOM-Objekt (oWeinNotizDOM) erzeugt und das XML-Dokument (wein_notiz.xml) wird in Zeile 27 an dieses Objekt weitergegeben. Bei erfolgreicher Ausführung dieses Scripts werden Datums- und Zeitstempel eingerichtet. Der Stempel wird durch den Code in den Zeilen 34-35 als date-Attribut für das wein-Element programmiert. Zeilen 38, 43, 47, 51 und 56 beginnen jeweils, die neuen XML-Elementknoten (winzer, region, typ, jahrgang und notiz) einzurichten. Das notiz-Element wird mit der Methode createCDATASection(wNotiz) in Zeile 57 näher qualifiziert. Die save-Eigenschaft des DOM-Objekts wird in Zeile 61 ausgeführt, um das resultierende Dokument wein_notiz.xml zu speichern. Die Zeilen 63-77 stellen eine Minimalmeldung von HTML für die erfolgreiche Bildschirmübertragung zur Verfügung.

Die Weinnotizen mithilfe von zeige_notiz.asp ansehen

Um eine Auflistung aller Notizen, die in der wein_notiz.xml-Datei enthalten sind, zu bekommen, führt das Script eine serverseitige XSL-Transformation durch (wein_notiz.xsl). Sie können das erreichen, indem Sie zwei XML-DOM-Objekte instanzieren: eines für das XML-Dokument und eines für das XSL-Dokument. Dann schreiben Sie den aus der Transformation resultierenden Baum auf dem Bildschirm aus, mit folgendem Befehl:

```
Response.Write oMyXMLDOMObject.TransformNode(oMyXSLDOMObject)
```

Hier das vollständige Script:

Listing 21.6: Eine serverseitige XSLT durchführen – zeige_notiz.asp

```
 1: <%
 2: ' Listing 21.6 - zeige_notiz.asp
 3:
 4:  Dim oWeinNotizXML     ' XML document
 5:  Dim oWeinNotizXSL     ' XSL document
 6:
 7: ' Das XML-DOM-Objekt für die Datei wein_notiz.xml instanzieren
 8:  Set oWeinNotizXML = Server.CreateObject("Microsoft.XMLDOM")
 9:  oWeinNotizXML.async = False
10:
11: ' Die Datei wein_notiz.xml in das DOM-Objekt laden
12:  oWeinNotizXML.Load Server.MapPath("wein_notiz.xml")
13:
14: ' Das XML-DOM-Objekt für den wein_notiz.xsl-Stylesheet erzeugen
15:  Set oWeinNotizXSL = Server.CreateObject("Microsoft.XMLDOM")
16:  oWeinNotizXSL.async = False
17:
18: ' Die Datei wein_notiz.xsl in das DOM-Objekt Style laden
19:  oWeinNotizXSL.load Server.MapPath("wein_notiz.xsl")
20:
21: ' Das umgewandelte Dokument an den Browser ausgeben
22:  Response.Write oWeinNotizXML.TransformNode(oWeinNotizXSL)
23: %>
```

Die erforderlichen neuen Objektvariablen werden in den Zeilen 4 und 5 deklariert. Das erste DOM-Objekt auf dem Server wird in Zeile 8 für das oWeinNotizXML-Objekt erzeugt. Dieses Objekt wird in Zeile 12 mit dem Inhalt von wein_notiz.xml geladen. Der Prozess wird in den Zeilen 15 und 19 für die XSL-Datei wiederholt. In Zeile 22 wird das Resultat dieser Transformation auf dem Bildschirm ausgedruckt.

Den Inhalt mit wein_notiz.xsl transformieren

Die Transformation, auf die sich die Besprechung für das Script wein_notiz.asp bezieht, wird im Dokument wein_notiz.xml definiert. Zum größten Teil platziert diese XSLT den Inhalt der XML-Elemente und -Attribute für die Browserausgabe in passende HTML-Auszeichnungen.

Wenn Sie sich dafür entschieden haben, eine CSS-Datei zu verwenden, können Sie dies hier mit einem LINK-Tag wieder tun:

Das Design für die Webanwendung

```
<LINK rel = "stylesheet" typ = "text/css"
    href = "wein_notiz.css"/>
```

Die XSLT verwendet eine einfache Schablonenanpassung für den Wurzelknoten des XML-Dokuments und platziert die passenden HTML-Tags auf dem Ausgabebaum. Die Anweisung zur Schablonenanpassung mit einem XPath-Ausdruck sieht so aus:

```
<xsl:template match="/">
```

Erzeugen Sie eine HTML-Tabelle mit einer Heading-Zeile, die eine einzelne Zelle (<TD>) enthält, die so breit ist wie die Tabelle.

Wenn Sie ein `xsl:for-each`-Element verwenden, um alle Containerelemente für wein in der XML-Instanz auszuwählen, wird damit die zweite Zeile der Tabelle erzeugt. Sie können auch ein `order-by`-Attribut einfügen, um die Aufzeichnungen zu sortieren. In diesem Fall sortieren Sie sie anhand der Datums- und Zeitstempel, die dem vorherigen Script zugeordnet wurden. Die Anweisung zur Auswahl sieht so aus:

```
<xsl:for-each select="wein_notiz/wein" order-by="-wein[@date]">
```

Listing 21.7 zeigt das vollständige XSLT-Dokument. Erzeugen Sie dieses Dokument und speichern Sie es unter wein_notiz.xsl.

Listing 21.7: Eine XSLT-Anwendung für die Weinnotizen – wein_notiz.xsl

```
 1: <?xml version="1.0"?>
 2:
 3: <!-- Listing 21.7 - wein_notiz.xsl -->
 4:
 5: <xsl:stylesheet xmlns:xsl="http://www.w3.org/TR/WD-xsl">
 6:
 7:   <xsl:template match="/">
 8:
 9:   <HTML>
10:    <HEAD>
11:     <TITLE>Online-Notizen zu den Weinproben</TITLE>
12:     <LINK rel = "stylesheet" type = "text/css"
13:         href = "wein_notiz.css"/>
14:    </HEAD>
15:    <BODY>
16:     <H1>Online-Notizen zu den Weinproben</H1>
17:     <TABLE border = "1" width="100%">
18:      <TR class="head">
19:       <TD class="head">Notizen zur Geschmacksprobe</TD>
20:      </TR>
21:      <TR>
22:       <TD>
23:        <TABLE width="100%">
```

Wie man eine XML-Webanwendung aufbaut

```
24:
25:        <xsl:for-each select="wein_notiz/wein" order-by="-wein[@date]">
26:          <TR>
27:            <TD width = "100%">
28:              <B>Entered: </B> <xsl:value-of select="@date"/><BR/>
29:              <B>Winzer:  </B> <xsl:value-of select="winzer"/><BR/>
30:              <B>Region:  </B> <xsl:value-of select="region"/><BR/>
31:              <B>Typ:     </B> <xsl:value-of select="typ"/><BR/>
32:              <B>Jahrgang: </B> <xsl:value-of select="jahrgang"/><BR/>
33:              <B>Notiz:   </B> <PRE><SPAN>
34:                <xsl:value-of select="notiz"/></SPAN></PRE><BR/>
35:              <HR/>
36:            </TD>
37:          </TR>
38:        </xsl:for-each>
39:
40:      </TABLE>
41:    </TD>
42:   </TR>
43: </TABLE>
44: </BODY>
45: </HTML>
46:
47: </xsl:template>
48:
49: </xsl:stylesheet>
```

Die Zeile 7 richtet eine Schablonenanpassung für den Wurzelknoten (<xsl:template match="/">) ein. Typischerweise werden die HTML-Anweisungen in den Zeilen 9-23 im Ausgabebaum platziert. Der CSS wird dem HTML-Code zugeordnet, der in den Zeilen 12 und 13 generiert wird. Es werden in Zeile 25 alle Aufzeichnungen ausgewählt und nach Datum und Zeit sortiert (<xsl:for-each select="wein_notiz/wein" order-by="wein[@date]">. Der Inhalt aller Attributs- und Elementknoten des Quellenbaums wird in den Zeilen 28-34 an den resultierenden Baum weitergegeben. Der Inhalt von notiz wird in vorformatierten HTML-Tags (<PRE>) platziert.

Das Erstellen der Website

Wenn Sie alle dazugehörenden Dateien erzeugt haben, speichern Sie sie in einem Verzeichnis auf dem Webserver. Wenn Sie mit IIS arbeiten, können Sie ein virtuelles Web Share für das Verzeichnis erstellen, das die Dateien enthält, wie Sie das auch an den vorangegangenen Tagen getan haben. Führen Sie die Seite index.html auf dem Webserver aus. Mit IIS sieht der Befehl so aus:

Das Design für die Webanwendung

http://localhost/meinVirtuellesVerzeichnis/index.html

Das Eingabeformular für die Daten in HTML sollte aussehen wie in Abbildung 21.2, die Liste aller Notizen wie in Abbildung 21.3.

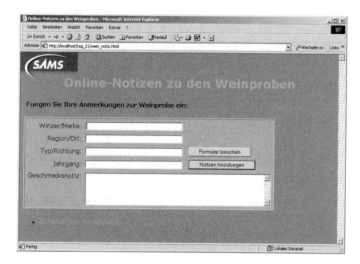

Abbildung 21.2:
Das Dateneingabeformular der Anwendung für die Online-Notizen zu den Weinproben

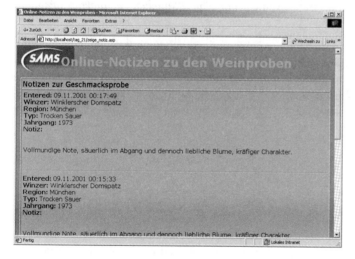

Abbildung 21.3:
Eine Auflistung aller Notizen zu den Weinproben, die in einem XML-Datensatz gespeichert sind

Wie man eine XML-Webanwendung aufbaut

21.2 Zusammenfassung

Heute haben Sie eine ganze Anwendung von Anfang bis Ende erzeugt, die sich auf XML, XSLT, serverseitiges Scripting, CSS, das XML-DOM und verwandte Technologien stützt. Diese Anwendung stellt ein Formular bereit, das verwendet werden kann, um einem existierenden XML-Dokument Informationen hinzuzufügen. Damit wird die Integrationsfähigkeit verschiedener sich ergänzender Technologien vorgeführt.

21.3 Fragen und Antworten

F   *Was ist erforderlich, damit diese Anwendung zum Speichern und Ermitteln von Weinnotizen vom Browser unabhängig wird?*

   A   Sie müssen das Cascading Style Sheet ändern und nur CSS-Styles verwenden, die von solchen Browsern unterstützt werden, die auf die Site zugreifen. XML und XSL funktionieren auf allen Browsern, die sie unterstützen, ohne Einschränkungen.

F   *Welche anderen Anwendungstypen können mit einer ähnlichen Architektur aufgebaut werden?*

   A   Eine Reihe von zusammengesetzten Anwendungen kann mit der Art von Transformationen und Objekten, die in den heutigen Beispielen vorgeführt wurden, aufgebaut werden. Sie können zum Beispiel eine zusammengesetzte Forscher-Site erstellen, auf der Wissenschaftler ihre Entdeckungen vorstellen, um sie mit anderen Forschern zu teilen.

21.4 Übung

Die Übung soll Ihre Kenntnis dessen, was Sie heute gelernt haben, überprüfen. Die Lösungen finden Sie in Anhang A.

Erweitern Sie die Wein-Anwendung, indem Sie mit JavaScript oder VBScript und einer XML-Dateninsel eine Suchfunktion einbauen. Durchsuchen Sie die Felder nach Winzern bzw. die Etikettnamen nach passenden Zeichenstrings und lassen Sie eine Meldung auf dem Bildschirm ausgeben, die die vollständige Aufzeichnung der gefundenen Einträge enthält.

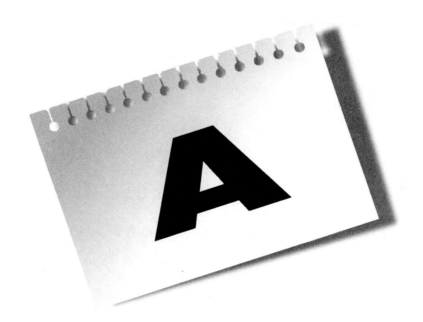

Antworten auf die Fragen

Antworten auf die Fragen

A.1 Mögliche Lösung für die Übung des 1. Tages

```
<uebung -Tag="1">
  <name>Devan Shepherd</name>
  <adresse>irgendeine Strasse 123 </adresse>
  <email>ich@wieimmer.com</email>
  <dob monat="August" jahr="1958" -Tag="11"/>
</uebung>
```

A.2 Mögliche Lösung für die Übung des 2. Tages

Die Instanz, die in Listing 2.4 dargestellt wird, hat mehrere ernsthafte Fehler. Dazu gehören die folgenden:

- Das reservierte Wort XMM in der Deklarationszeile muss kleingeschrieben werden.
- Der Wert 1.0 für die Attributsversion in der Deklaration der Verarbeitungsanweisung muss in Anführungszeichen stehen.
- Das Dokument hat kein einzelnes Wurzelelement.
- Mehrere Beispiele für die Attributswerte sind nicht korrekt in Anführungszeichen gesetzt.
- Das erste <cd>-Element hat kein Schluss-Tag.
- Die <stuecke...>-Elemente sind leer und müssen beendet werden.
- Bei einigen Tags müssen eckige Klammern hinzugefügt werden.
- Mehrere Start- und Schluss-Tag-Paare passen hinsichtlich der Groß-/Kleinschreibung nicht zusammen.

Wenn diese Fehler berichtigt werden, sodass der Code wie in Listing A.1 aussieht, wird das Dokument wohl geformt.

Listing A.1: Eine Lösung für die Übung des 2. Tages

```
1: <?xml version="1.0"?>
2: <musik>
3:   <cd nummer="432">
4:     <titel>Das Beste von Van Morrison</titel>
5:     <kuenstler>Van Morrison</kuenstler>
6:     <stuecke gesamt="20" />
7:   </cd>
```

```
 8:     <cd nummer="97">
 9:       <titel>HeartBreaker</titel>
10:       <untertitel>Sechzehn Klassiker</untertitel>
11:       <kuenstler>Pat Benatar</kuenstler>
12:       <stuecke gesamt="16" />
13:     </cd>
14: </musik>
```

A.3 Mögliche Lösung für die Übung des 3. Tages

Abbildung A.1 zeigt ein mögliches Baumdiagramm für die MCML.

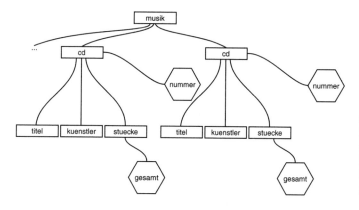

Abbildung A.1:
Eine mögliche Lösung für die Übung des 3. Tages:
Ein Baumdiagramm für die Music Collection Markup Language (MCML)

Der Inhalt oder die Bedienerregeln, die auf MCML angewendet werden können, sind folgende:

- Das Wurzelelement heißt musik und enthält ein oder mehrere cd-Elemente.
- Das cd-Element enthält jeweils einmal titel, kuenstler und stuecke, in dieser Reihenfolge.
- Das cd-Element enthält ein obligatorisches Attribut namens nummer, das einen Integerwert enthalten muss.
- Das stuecke-Element enthält ein obligatorisches Attribut namens gesamt, das einen Integerwert enthalten muss.

Antworten auf die Fragen

A.4 Mögliche Lösung für die Übung des 4. Tages

Listing A.2 zeigt eine DTD, die zum Validieren der MCML-Instanz verwendet werden kann.

Listing A.2: Die MCML-DTD – cd.dtd

```
<!ELEMENT musik       ( cd+ ) >
<!ELEMENT cd          ( kuenstler | untertitel | titel | stuecke )* >
<!ELEMENT kuenstler   ( #PCDATA ) >
<!ELEMENT untertitel  ( #PCDATA ) >
<!ELEMENT titel       ( #PCDATA ) >
<!ELEMENT stuecke     EMPTY >
<!ATTLIST cd
          nummer      NMTOKEN     #REQUIRED >
<!ATTLIST stuecke
          gesamt      NMTOKEN     #REQUIRED >
```

A.5 Mögliche Lösung für die Übung des 5. Tages

Listing A.3 zeigt ein XDR-Schema, das zum Validieren der MCML-Instanz verwendet werden kann.

Listing A.3: Ein XDR-Schema für die MCM-Sprache

```
 1: <?xml version="1.0" encoding="UTF-8"?>
 2: <Schema
 3:     name="Schema ohne Titel"
 4:     xmlns="urn:schemas-microsoft-com:xml-data"
 5:     xmlns:dt="urn:schemas-microsoft-com:datatypes">
 6:   <ElementType name="musik" model="closed" content="eltOnly" order="seq">
 7:       <Element type="cd" minOccurs="1" maxOccurs="*"/>
 8:   </ElementType>
 9:   <ElementType name="cd" model="closed" content="eltOnly" order="one">
10:       <AttributeType name="nummer" dt:type="string" required="yes"/>
11:       <attribute type="nummer"/>
12:       <group minOccurs="0" maxOccurs="*" order="one">
13:           <Element type="kuenstler" minOccurs="1" maxOccurs="1"/>
14:           <Element type="untertitel" minOccurs="1" maxOccurs="1"/>
15:           <Element type="titel" minOccurs="1" maxOccurs="1"/>
16:           <Element type="stuecke" minOccurs="1" maxOccurs="1"/>
```

Mögliche Lösung für die Übung des 6. Tages

```
17:            </group>
18:         </ElementType>
19:         <ElementType name="kuenstler" model="closed"
                     content="textOnly" dt:type="string"/>
20:         <ElementType name="untertitel" model="closed"
                     content="textOnly" dt:type="string"/>
21:         <ElementType name="titel" model="closed"
                     content="textOnly" dt:type="string"/>
22:         <ElementType name="stuecke" model="closed"
                     content="empty">
23:             <AttributeType name="gesamt" dt:type="number"
                         required="yes"/>
24:             <attribute type="gesamt"/>
25:         </ElementType>
26: </Schema>
```

A.6 Mögliche Lösung für die Übung des 6. Tages

Listing A.4 zeigt ein XSD-Schema, das zum Validieren der MCML-Instanz verwendet werden kann.

Listing A.4: Ein XSD-Schema für die MCM-Sprache

```
 1: <?xml version="1.0" encoding="UTF-8"?>
 2: <xsd:schema xmlns:xsd="http://www.w3.org/2000/10/XMLSchema">
 3:     <xsd:element name="kuenstler" type="xsd:string"/>
 4:     <xsd:complexType name="cdTyp">
 5:         <xsd:sequence>
 6:             <xsd:element ref="titel"/>
 7:             <xsd:element ref="untertitel" minOccurs="0"/>
 8:             <xsd:element ref="kuenstler"/>
 9:             <xsd:element name="stuecke" type="stueckTyp"/>
10:         </xsd:sequence>
11:         <xsd:attribute name="nummer" use="required">
12:             <xsd:simpleType>
13:                 <xsd:restriction base="xsd:NMTOKEN">
14:                     <xsd:enumeration value="432"/>
15:                     <xsd:enumeration value="97"/>
16:                 </xsd:restriction>
17:             </xsd:simpleType>
18:         </xsd:attribute>
19:     </xsd:complexType>
20:     <xsd:element name="musik">
```

Antworten auf die Fragen

```
21:          <xsd:complexType>
22:              <xsd:sequence>
23:                  <xsd:element name="cd" type="cdTyp"
                         maxOccurs="unbounded"/>
24:              </xsd:sequence>
25:          </xsd:complexType>
26:     </xsd:element>
27:     <xsd:element name="untertitel" type="xsd:string"/>
28:     <xsd:element name="titel" type="xsd:string"/>
29:     <xsd:complexType name="stueckTyp">
30:         <xsd:attribute name="gesamt" use="required">
31:             <xsd:simpleType>
32:                 <xsd:restriction base="xsd:NMTOKEN">
33:                     <xsd:enumeration value="16"/>
34:                     <xsd:enumeration value="20"/>
35:                 </xsd:restriction>
36:             </xsd:simpleType>
37:         </xsd:attribute>
38:     </xsd:complexType>
39: </xsd:schema>
```

A.7 Mögliche Lösung für die Übung des 7. Tages

Listing A.5 zeigt das MCML-XML-Dokument mit den erforderlichen Veränderungen in jedem cd-Element. Listing A.6 gibt eine DTD an, die das XML-Dokument validiert und eine Entity für die Ersetzung eines Textstrings definiert.

Listing A.5: Die MCML-Instanz mit einer Entity-Ersetzung – cd07.xml

```
1: <?xml version="1.0"?>
2: <!-- listing 7.3 - cd07.xml -->
3:
4: <!DOCTYPE musik SYSTEM "cd01.dtd">
5: <musik>
6:     <cd nummer="432">
7:         <titel>Das Beste von Van Morrison</titel>
8:         <kuenstler>Van Morrison</kuenstler>
9:         <stuecke gesamt="20"/>
10:        <style>&style;</style>
11:     </cd>
12:     <cd number="97">
13:         <titel>HeartBreaker</titel>
14:         <untertitel>Sechzehn Klassiker</untertitel>
```

```
15:            <kuenstler>Pat Benatar</kuenstler>
16:            <stuecke gesamt="16"/>
17:            <style>&style;</style>
18:      </cd>
19: </musik>
```

Listing A.6: Eine DTD für die MCML-Instanz mit einer Entity-Deklaration – cd01.dtd

```
 1: <!-- listing 7.4 - cd01.dtd-->
 2:
 3: <!ELEMENT musik (cd+)>
 4: <!ELEMENT cd (kuenstler | untertitel | titel | stuecke | style)*>
 5: <!ELEMENT kuenstler (#PCDATA)>
 6: <!ELEMENT untertitel (#PCDATA)>
 7: <!ELEMENT titel (#PCDATA)>
 8: <!ELEMENT stuecke EMPTY>
 9: <!ELEMENT style (#PCDATA)>
10: <!ATTLIST cd
11:     nummer NMTOKEN #REQUIRED
12: >
13: <!ATTLIST stuecke
14:     gesamt NMTOKEN #REQUIRED
15: >
16: <!ENTITY style "Diese CD ist eine Zusammenstellung
17:     der Top-Hits des Kuenstlers und charakteristisch fuer
18:     den Stil, den wir inzwischen geniessen koennen."
19: >
```

A.8 Mögliche Lösung für die Übung des 8. Tages

Listing A.7 zeigt eine mögliche Lösung für die Übung. Der neue Namensraum wird in Zeile 5 mit der URI `urn:meineoldies:LPs` deklariert. Die Zeilen 17-21 zeigen die neue Datenklasse einschließlich des Namensraum-Präfixes `vinyl`.

Listing A.7: MCML mit einem vinyl-Namensraum – cd08.xml

```
1: <?xml version="1.0"?>
2: <!-- Listing 8.7 - cd08.xml -->
3:
4: <musik
5:     xmlns:vinyl="urn:meineoldies:LPs">
6:     <cd nummer="432">
```

Antworten auf die Fragen

```
 7:        <titel>Das Beste von Van Morrison</titel>
 8:        <kuenstler>Van Morrison</kuenstler>
 9:        <stuecke gesamt="20"/>
10:    </cd>
11:    <cd nummer="97">
12:        <titel>HeartBreaker</titel>
13:        <untertitel>Sechzehn Klassiker</untertitel>
14:        <kuenstler>Pat Benatar</kuenstler>
15:        <stuecke gesamt="16"/>
16:    </cd>
17:    <vinyl:platte nummer="105">
18:        <vinyl:titel>King of Blue</vinyl:titel>
19:        <vinyl:kuenstler>Miles Davis</vinyl:kuenstler>
20:        <vinyl:stuecke gesamt="11"/>
21:    </vinyl:platte>
22: </musik>
```

A.9 Mögliche Lösung für die Übung des 9. Tages

Problem	Mögliche Lösung
Alle Elemente auswählen, die dem Wurzelknoten untergeordnet sind	//*
Alle Stückeelemente auswählen, die ein gesamt-Attribut mit dem Wert 16 enthalten	//stuecke [@gesamt="16"]
Alle Elemente auswählen, die den Buchstaben i in ihrem Namen haben	//*contains (name(),"i")]
Alle Elemente auswählen, die Namen mit mehr als elf Zeichen haben	//*[string-length(name()>11]
Alle gleichrangigen Verwandten des ersten cd-Elements auswählen	/musik/cd/following-sibling::*

Tabelle A.1: Mögliche Lösungen

528

A.10 Mögliche Lösung für die Übung des 10. Tages

Listing A.8 zeigt ein mögliches Resultat. Sie brauchen ein Dokument mit dem Namen regal.xml, um diesen einfachen Link aufzulösen.

Listing A.8: Mögliche Lösung für die Übung des 10. Tages – cd10.xml

```
 1: <?xml version="1.0"?>
 2: <!-- Listing 10.9 - cd10.xml -->
 3:
 4: <musik
 5:     xmlns:vinyl="urn:meineoldies:LPs"
 6:     xmlns:xlink="http://www.w3.org/1999/xlink">
 7:   <cd nummer="432" xlink:type="simple"
 8:                    xlink:href="regal.xml"
 9:                    xlink:show="replace"
10:                    xlink:actuate="onRequest">
11:     <titel>Das Beste von Van Morrison</titel>
12:     <kuenstler>Van Morrison</kuenstler>
13:     <stuecke gesamt="20"/>
14:   </cd>
15:   <cd nummer="97">
16:     <titel>HeartBreaker</titel>
17:     <untertitel>Sechzehn Klassiker</untertitel>
18:     <kuenstler>Pat Benatar</kuenstler>
19:     <stuecke gesamt="16"/>
20:   </cd>
21:   <vinyl:platte nummer="105">
22:     <vinyl:titel>King of Blue</vinyl:titel>
23:     <vinyl:kuenstler>Miles Davis</vinyl:kuenstler>
24:     <vinyl:stuecke gesamt="11"/>
25:   </vinyl:platte>
26: </musik>
```

Listing A.9 zeigt ein XML-Dokument, auf das durch die Aktivierung eines einfachen Links zugegriffen wird.

Listing A.9: Ein Dokument am Ende eines CD-XLinks – regal.xml

```
1: <?xml version="1.0"?>
2: <!-- Listing 10.10 - regal.xml -->
3:
4: <regal>
5: Diese CD steht im dritten Regal
6: </regal>
```

Antworten auf die Fragen

A.11 Mögliche Lösung für die Übung des 12. Tages

Listing A.10 zeigt Code, der die Elemente `titel` und `kuenstler` für die erste CD in Ihrer Sammlung zurückgibt.

Listing A.10: Ein DOM-Script für die MCML – DOM_12a.html

```
 1: <!DOCTYPE HTML PUBLIC "-//W3C//DTD HTML 4.01 Transitional//EN">
 2: <!-- Tag 12 Übung 1 - DOM_12a.html -->
 3:
 4: <html>
 5: <head>
 6: <title>DOM Scripting</title>
 7: </head>
 8: <body>
 9: <script language="javascript">
10: <!--
11:
12:     var oMeinedinge = new ActiveXObject("Microsoft.XMLDOM")
13:     oMeinedinge.async="false"
14:     oMeinedinge.load("cd12.xml")
15:
16:
17:     document.write
18:        ("Titel:")
19:     document.write
20:        (oMeinedinge.getElementsByTagName("titel").item(0).text)
21:
22:     document.write
23:        ("<br/>Kuenstler:")
24:     document.write
25:        (oMeinedinge.getElementsByTagName("kuenstler").item(0).text)
26:
27:
28: -->
29: </script>
30:
31: </body>
32: </html>
```

Ein Script, das in Zeile 9 anfängt, ist im `<body>`-Abschnitt (Zeilen 8-31) einer HTML-Seite enthalten. Die Zeile 9 deklariert die Scriptsprache (`language="javascript"`) mit einem `language`-Attribut für das `script`-Element. Zeile 10 beginnt einen Kommentar, der sich so auswirkt, dass das gesamte Script vor

Mögliche Lösung für die Übung des 12. Tages

älteren Browsern versteckt wird, die kein JavaScript unterstützen. Die Zeilen 12-14 erzeugen das Dokumentobjekt und die Schritte zum Laden von XML. Die Zeilen 17-18 drucken den Text für das titel-Element auf dem Bildschirm aus. Zeile 20 wählt den Text (text) aus, den das erste (item(0)) titel-Element (getElementsByTagName("titel")) im Objekt enthält, welches das Dokument (oMeinedinge) beinhaltet. Auf ähnliche Weise wählt Zeile 25 den Text des ersten kuenstler-Elements im XML-Dokument aus. Die Zeilen 28-30 beenden den Kommentar sowie die script- und body-Abschnitte.

Um die zweiten titel- und kuenstler-Elemente aus dem XML-Dokument auswählen zu können, müssen Sie die Zahl der item()-Methoden in den Zeilen 20 und 25 auf 1 setzen. Der fertige Code sieht so aus:

Listing A.11: Ein DOM-Script für MCML – DOM_12b.html

```
1:  <!DOCTYPE HTML PUBLIC "-//W3C//DTD HTML 4.01 Transitional//EN">
2:  <!-- Tag 12 Übung 1 - DOM_12b.html -->
3:
4:  <html>
5:  <head>
6:  <title>DOM Scripting</title>
7:  </head>
8:  <body>
9:  <script language="javascript">
10: <!--
11:
12:     var oMeinedinge = new ActiveXObject("Microsoft.XMLDOM")
13:     oMeinedinge.async="false"
14:     oMeinedinge.load("cd12.xml")
15:
16:
17:     document.write
18:        ("Titel:")
19:     document.write
20:        (oMeinedinge.getElementsByTagName("titel").item(1).text)
21:
22:     document.write
23:        ("<br/>Kuenstler:")
24:     document.write
25:        (oMeinedinge.getElementsByTagName("kuenstler").item(1).text)
26:
27:
```

Antworten auf die Fragen

```
28: -->
29: </script>
30:
31: </body>
32: </html>
```

Die Werte, die in den Zeilen 20 und 25 an die item()-Methoden weitergegeben werden, sind auf 1 gesetzt, um die zweite Instanz eines jeden Elements auszuwählen. Der text-Inhalt der ausgewählten Punkte wird auf den Bildschirm zurückgegeben.

A.12 Mögliche Lösung für die Übung des 13. Tages

Sie müssen den Validier-Wert in Zeile 27 von Listing 13.2 auf true abändern und die Instanz erneut kompilieren.

```
27:        saxFactory.setValidating( true );
```

Da Sie den Namen der Klasse auf EList2.java ändern, müssen Sie auf den Referenzen die Klassennamen in den Zeilen 14, 19 und 31 ändern, damit das Programm korrekt kompiliert werden kann.

Damit Sie Validierfehler beim Auftreten auffangen können, müssen Sie die error-Methode der HandlerBase-Klasse überschreiben und den Prozessor zwingen, anzuhalten und einen Fehler zu melden, statt mit der Verarbeitung der restlichen Dokumentinstanz fortzufahren.

Die beiden neuen Methoden sind folgende:

```
1:   public void error( SAXParseException minor )
2:   throws SAXParseException
3:   {
4:      throw minor;
5:   }
6:   public void warning( SAXParseException warn )
7:   throws SAXParseException
8:   {
9:      System.err.println( "Warnung: " + warn.getMessage() );
10:  }
```

Die erste neue Methode (Zeilen 1-5) wirft alle geringfügigen Parsing-Fehler auf, damit die Beseitiger der Fehler sie in der main-Methode auffangen können. Die zweite Methode (Zeilen 6-10) gibt alle Warnmeldungen an, die der SAX-Parser erzeugt.

Mögliche Lösung für die Übung des 13. Tages

Wenn Sie diese Änderungen kompilieren und Ihr CD-XML-Dokument modifizieren, indem Sie ein neues leeres Element in der Nähe des Instanzendes einfügen, sieht das zu erwartende Resultat in etwa so aus:

```
Name des Dokuments: datei:C:/SAX/cd13_schlecht.xml
SAX Event - Dokumentanfang
SAX Event - Element Start: musik
SAX Event - Element Start: cd
SAX Event - Attribute: nummer="432"
SAX Event - Element Start: titel
SAX Event - Zeichen: Das Beste von Van Morrison
SAX Event - Element Ende: titel
SAX Event - Element Start: kuenstler
SAX Event - Zeichen: Van Morrison
SAX Event - Element Ende: kuenstler
SAX Event - Element Start: stuecke
SAX Event - Attribute: gesamt="20"
SAX Event - Element Ende: stuecke
SAX Event - Element Ende: cd
SAX Event - Element Start: cd
SAX Event - Attribute: nummer="97"
SAX Event - Element Start: titel
SAX Event - Zeichen: HeartBreaker
SAX Event - Element Ende: titel
SAX Event - Element Start: untertitel
SAX Event - Zeichen: Sechzehn Klassiker
SAX Event - Element Ende: untertitel
SAX Event - Element Start: kuenstler
SAX Event - Zeichen: Pat Benatar
SAX Event - Element Ende: kuenstler
SAX Event - Element Start: stuecke
SAX Event - Attribute: gesamt="16"
SAX Event - Element Ende: stuecke
SAX Event - Element Ende: cd
Parsing Fehler: Element "musik" erlaubt kein "empty" hier.
```

Der Fehler (ein neues leeres Element, das von der zugeordneten DTD nicht genehmigt wird) wird in der letzten Zeile gemeldet und der Parser beendet die Verarbeitung.

Beachten Sie, dass der Prozessor keine überflüssigen Zeichen-Events auffängt. Das ist deshalb der Fall, weil die DTD dazu dient, die Zeichendaten zu definieren, und weil Leerzeichen, die ignoriert werden, nicht gemeldet werden können.

Antworten auf die Fragen

A.13 Mögliche Lösung für die Übung des 14. Tages

Sie können die Effekte in Abbildung 14.3 mit mehreren Methoden erreichen. Eine mögliche CSS-Datei, die diese Herausforderung löst, wird in Listing A.12 gezeigt.

Listing A.12: *Eine mögliche Lösung für die Übung des 14. Tages*

```
 1: /* Uebung, Tag 14, cd14.css */
 2:
 3: musik
 4:   { display:block;
 5:     font-size:14pt;
 6:     padding:60px;
 7:     border-style:solid;
 8:     background-color:#999966;
 9:     background-image:URL(http://www.samspublishing.com/images/samslogo.gif);
10:     background-repeat:no-repeat}
11:
12: titel, kuenstler
13:   { display:block}
14:
15: cd
16:   { display:block;
17:     padding:20px;
18:     border-style:double;
19:     border-width:thick;
20:     width:75%;
21:     margin:20px;
22:     background-color:#99cc99}
```

Die Zeilen 3-10 stellen einen Regelsatz für das Wurzelelement musik bereit. Der Inhalt des musik-Elements wird in Blöcken mit vorangehenden und nachfolgenden Zeilenvorschüben (Zeile 4) angezeigt. Die Größe des Textinhalts ist auf 14 Punkte gesetzt (Zeile 5). Zwischen der inneren Grenzlinie und den äußeren Kanten der inneren Kästchen (Zeile 6) liegen 60 Pixel Füllmenge. Die äußere Grenzlinie wird als durchgezogene Linie dargestellt (Zeile 7). Die Hintergrundfarbe ist auf HEX 999966 gesetzt, was der Farbgebung im SAMS-Logo entspricht (Zeile 8). Auf die Grafik wird im Web unter der angegebenen URL zugegriffen (Zeile 9). Die Eigenschaft background-repeat ist auf no-repeat gesetzt (Zeile 10), um zu vermeiden, dass die Grafik über die gesamte Oberfläche des äußeren Kästchens gekachelt wird. Die Zeilen 12-13 stellen einen Zeilenvorschub zwischen dem Inhalt des titel- und des kuenstler-Elements sicher. Der Inhalt des cd-Elements wird durch den Regelsatz in den Zeilen

15-22 stilisiert. Um einen Leerraum zwischen den Wörtern und jedem der inneren Kästchen zu garantieren, wird als Füllbereich (`padding`) 20 Pixel Leerraum angegeben (Zeile 17). Die inneren Kästchen werden durch eine dicke doppelte Linie begrenzt (Zeilen 18-19). Zeile 20 richtet eine Leerraum-Beziehung von 75% zwischen dem äußeren und den inneren Kästchen ein. Die Hintergrundfarbe für die inneren Kästchen wird in Zeile 22 auf HEX 99cc99 gesetzt.

A.14 Mögliche Lösung für die Übung des 15. Tages

Die einfachste Art, eine Merkpunktliste zu erstellen, ist es, ein `fo:list-block`-Element einzurichten, das Listenpunkte enthält. Das Label definiert den Merkpunkt und der Rumpf liefert die Textdaten, die neben dem Merkpunkt abgelegt sind. Listing A.13, `cd15.fo`, zeigt eine Möglichkeit, wie der gewünschte Effekt erreicht werden kann.

Listing A.13: Mögliche Lösungen für die Übung des 15. Tages

```
 1: <?xml version="1.0"?>
 2: <!-- Tag 15 Herausforderung - cd15.fo -->
 3:
 4: <fo:root xmlns:fo="http://www.w3.org/1999/XSL/Format">
 5:
 6:   <fo:layout-master-set>
 7:     <fo:simple-page-master master-name="CD">
 8:       <fo:region-body margin-left="1.5in"
 9:           margin-right="1.5in" margin-top="1in"/>
10:     </fo:simple-page-master>
11:   </fo:layout-master-set>
12:
13:   <fo:page-sequence master-name="CD">
14:     <fo:flow flow-name="xsl-region-body">
15:
16:       <fo:block
17:           text-align="center"
18:           font-size="28pt"
19:           font-family="sans-serif"
20:           font-weight="bold"
21:           color="blau">CD-Titel
22:       </fo:block>
23:
24:       <fo:list-block>
25:
```

```
26:         <fo:list-item>
27:
28:            <fo:list-item-label>
29:               <fo:block>*</fo:block>
30:            </fo:list-item-label>
31:
32:            <fo:list-item-body>
33:               <fo:block start-indent=".25in">
34:                  Das Beste von Van Morrison</fo:block>
35:            </fo:list-item-body>
36:
37:         </fo:list-item>
38:         <fo:list-item>
39:
40:            <fo:list-item-label>
41:               <fo:block>*</fo:block>
42:            </fo:list-item-label>
43:
44:            <fo:list-item-body>
45:               <fo:block start-indent=".25in">
46:                  HeartBreaker</fo:block>
47:            </fo:list-item-body>
48:
49:         </fo:list-item>
50:
51:      </fo:list-block>
52:
53:    </fo:flow>
54:  </fo:page-sequence>
55:
56: </fo:root>
```

Das fo:list-block-Element beginnt in Zeile 24. Jedes Listenpunktelement (fo:list-item) enthält zwei abgeleitete Elemente: fo:list-item-label und fo:list-item-body. Die fo:list-item-label-Elemente definieren die Blöcke, die die Merkpunkte (Sternchen) enthalten. Die fo:list-item-body-Elemente enthalten die Titel der CDs. Bei den fo:list-item-body-Elementen gibt es ein start-indent-Attribut, das einen Leerraum zwischen Merkpunkt und Rumpf des Listenpunkts lässt.

Abbildung A.2 zeigt das Resultat einer Interpretation dieses Codes mit FOP.

Mögliche Lösung für die Übung des 16. Tages

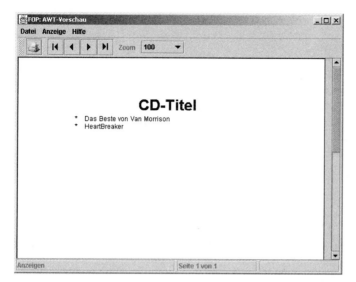

Abbildung A.2:
XSL-FO-Listenpunkte

A.15 Mögliche Lösung für die Übung des 16. Tages

Eine Möglichkeit, diese Übung zu lösen, ist, zwei Schablonen zu schreiben. Die erste Schablone bearbeitet die typischen HTML-Tags. Diese Schablone passt auf das Wurzelelement (musik) oder den Wurzelknoten (/). Die zweite Schablone passt auf das cd-Element und verwendet das xsl:nummer-Element mit einem xsl:apply-templates, das auf das zu zählende Element (titel) gerichtet ist. Listing A.14 zeigt die vollständige Auflistung.

Listing A.14: Mögliche Lösung für die Übung des 16. Tages – cd16.html

```
 1: <?xml version="1.0"?>
 2: <!-- Tag 16 - Uebung - cd16.xsl -->
 3:
 4: <xsl:stylesheet xmlns:xsl="http://www.w3.org/1999/XSL/Transform"
 5:                 version="1.0">
 6:
 7:     <xsl:template match="musik">
 8:         <HTML>
 9:         <HEAD>
10:         <TITLE>CD-Sammlung</TITLE>
11:         </HEAD>
12:         <BODY>
13:             <xsl:apply-templates/>
```

Antworten auf die Fragen

```
14:             </BODY>
15:             </HTML>
16:     </xsl:template>
17:
18:     <xsl:template match="cd">
19:             <xsl:nummer/>. <xsl:apply-templates select="titel"/><br/>
20:     </xsl:template>
21:
22:
23: </xsl:stylesheet>
```

Die Zeilen 16-18 enthalten die Schablone, die die Elementzählung durchführt. Diese Schablone passt auf das cd-Element (Zeile 18). Das xsl:nummer-Element wird bei jeder Ausführung der Schablone sequenziell inkrementiert. Da die Schablone jedes cd-Element durchläuft, zählt diese Aktion die CDs. Nur das titel-Element wird dank select (Zeile 19) bei der Zählung im Ausgabebaum eingeschlossen.

A.16 Mögliche Lösung für die Übung des 17. Tages

Eine mögliche Lösung liegt in der Anwendung des XML-DSO-Applets. Listing A.15 zeigt den Code, der die Aufgabe auf diese Art erfüllt.

Listing A.15: Mögliche Lösung für die Übung des 17. Tages

```
1: <!DOCTYPE HTML PUBLIC "-//W3C//DTD HTML 4.01 Transitional//EN"
2:  "http://www.w3.org/TR/html4/loose.dtd">
3: <!-- listing 17.7 cd17.html -->
4:
5: <HTML>
6: <HEAD>
7: <TITLE>XML Dateninsel</TITLE>
8: </HEAD>
9:
10: <BODY>
11: <applet code="com.ms.xml.dso.XMLDSO.class"
12:     width="100%" height="50" id="CDs">
13:   <PARAM NAME="url" VALUE="cd17.xml">
14: </applet>
15: <H1>Meine Nachrichten</H1>
16:   <TABLE id="table" border="6" width="100%"
17:         datasrc="#CDs" summary="Nachrichten">
```

```
18:         <THEAD style="background-color: aqua">
19:             <TH>Titel</TH>
20:             <TH>Kuenstler</TH>
21:         </THEAD>
22:         <TR valign="top" align="center">
23:             <TD><SPAN datafld="titel"/></TD>
24:             <TD><SPAN datafld="kuenstler"/></TD>
25:         </TR>
26:     </TABLE>
27: </BODY>
28: </HTML>
```

A.17 Mögliche Lösung für die Übung des 21. Tages

Beginnen Sie mit der Erstellung einer Dateninsel für das Dokument wein_notiz.xml. Sie erinnern sich sicher vom 17. Tag her daran, dass die Syntax so aussieht:

```
<XML ID="oMyDSOObjectName" SRC="meineQuelle.xml"/>
```

Ermitteln Sie den Suchstring der Anwender, indem Sie eine Eingabeschaltfläche einrichten, auf der Sie die Zeichen sammeln. Speichern Sie den eingegebenen String in einer Variablen, die Sie in eine Suchfunktion einspeisen können. Verwenden Sie VBScript oder JavaScript, um den Inhalt des winzer-Elements aus dem wein_notiz.xml-Dokument zu durchsuchen und geben Sie die gesamte Aufzeichnung an eine neue Variable zurück, wenn ein Treffer erzielt wird. Formatieren Sie die Ausgabe der Variablen. Eine mögliche Suchfunktion in JavaScript sieht wie folgt aus:

```
function fSearchNotes ()
        {
        strWinzer = SearchText.value.toUpperCase();
        if (strWinzer == "")
            {
            strSearchResult.innerHTML = "&ltBitte geben Sie "
                        + "einen Suchstring in das "
                        + "Feld 'Titel' ein.&gt";
            return;
            }

        oWeinNotizDSO.recordset.moveFirst();

        RSSearchResultOutput = "";
        while (!oWeinNotizDSO.recordset.EOF)
            {
            RSstrWinzer = oWeinNotizDSO.recordset("winzer").value;
```

Antworten auf die Fragen

```
            if (RSstrWinzer.toUpperCase().indexOf(strWinzer)
                >=0)
                RSSearchResultOutput += "<P><B>"
                        + oWeinNotizDSO.recordset("winzer")
                        + "</B>, "
                        + oWeinNotizDSO.recordset("region")
                        + ", <I>"
                        + oWeinNotizDSO.recordset("typ")
                        + "</I>, "
                        + oWeinNotizDSO.recordset("jahrgang")
                        + ", <BR/>"
                        + oWeinNotizDSO.recordset("notiz")
                        + "</P>";

        oWeinNotizDSO.recordset.moveNext();
        }

    if (RSSearchResultOutput == "")
        strSearchResult.innerHTML = "&ltEs konnten keine Wein"
        + "-Notizen gefunden werden&gt";
    else
        strSearchResult.innerHTML = RSSearchResultOutput;
    }
```

Listing A.16 zeigt eine vollständige Seite.

Listing A.16: Eine Suchfunktion für die Online-Anwendung Wein-Notiz, die eine XML-Dateninsel verwendet – wein_suche.html

```
 1: <!DOCTYPE XHTML PUBLIC "-//W3C//DTD HTML 4.01 Transitional//EN"
 2:     "http://www.w3.org/TR/html4/loose.dtd">
 3:
 4: <!-- Tag 21 Uebung - wein_suche.html -->
 5:
 6: <HTML>
 7:
 8: <HEAD>
 9:
10:     <TITLE>Wein-Suchmaschine</TITLE>
11:     <LINK rel = "stylesheet" type = "text/css"
12:         href = "wein_notiz.css"/>
13:
14: </HEAD>
15:
16: <BODY>
```

Mögliche Lösung für die Übung des 21. Tages

```
17:
18:     <XML ID="oWeinNotizDSO" SRC="wein_notiz.xml"/>
19:
20:     <H1>Online-Weinnotizen</H1>
21:     <H3>Suche nach Notizen des Winzers/Marke</H3>
22:
23:     Zeichen des Herstellers/Namen des Winzers eingeben: <BR/>
24:     <INPUT TYPE="TEXT" ID="SearchText" SIZE="50"> 
25:     <BUTTON ONCLICK='fSearchNotes()'>Suchen</BUTTON>
26:     <HR>
27:     Ergebnisse:<P>
28:     <DIV ID=strSearchResult></DIV>
29:
30:     <SCRIPT LANGUAGE="JavaScript">
31:        function fSearchNotes ()
32:           {
33:           strWinzer = SearchText.value.toUpperCase();
34:           if (strWinzer == "")
35:              {
36:              strSearchResult.innerHTML = "&ltGeben Sie einen"
37:                          + "Suchstring in das Feld"
38:                          + "'Hersteller/Name des Winzers' ein.&gt";
39:              return;
40:              }
41:
42:           oWeinNotizDSO.recordset.moveFirst();
43:
44:           RSSearchResultOutput = "";
45:           while (!oWeinNotizDSO.recordset.EOF)
46:              {
47:              RSstrWinzer = oWeinNotizDSO.recordset("winzer").value;
48:
49:              if (RSstrWinzer.toUpperCase().indexOf(strWinzer)
50:                 >=0)
51:                 RSSearchResultOutput += "<P><B>"
52:                          + oWeinNotizDSO.recordset("winzer")
53:                          + "</B>, "
54:                          + oWeinNotizDSO.recordset("region")
55:                          + ", <I>"
56:                          + oWeinNotizDSO.recordset("typ")
57:                          + "</I>, "
58:                          + oWeinNotizDSO.recordset("jahrgang")
59:                          + ", <BR/>"
60:                          + oWeinNotizDSO.recordset("notiz")
61:                          + "</P>";
62:
```

541

Antworten auf die Fragen

```
63:            oWeinNotizDSO.recordset.moveNext();
64:        }
65:
66:        if (RSSearchResultOutput == "")
67:            strSearchResult.innerHTML = "&ltEs konnten keine Wein-"
68:                        + "Notizen gefunden werden.&gt";
69:        else
70:            strSearchResult.innerHTML = RSSearchResultOutput;
71:        }
72: </SCRIPT>
73: <UL>
74:    <LI><A HREF="index.html">Zurueck zur Homepage</A></LI>
75: </UL>
76:
77: </BODY>
78:
79: </HTML>
```

Die Zeile 18 richtet eine Dateninsel für HTML ein, die das wein_notiz.xml-Dokument als Quelle anbindet. Die Zeilen 23-25 erzeugen ein Dateneingabefeld für den Anwender, in das er einen Suchstring eingeben kann. Der eingegebene String heißt SearchText. Wenn der Anwender den String verknüpft, wird die Funktion fSearchNotes() aufgerufen (Zeile 31). Die Suchfunktion fragt den Inhalt des winzer-Elements ab (Zeile 47) und gibt die gesamte Aufzeichnung als Eintragssatz zurück (Zeile 44), wenn ein Treffer für den String SearchText erzielt wird. Der resultierende String wird formatiert (Zeilen 51-61) und als Ausgabe an den Browser geschickt. Wenn der Anwender keine Zeichen eingibt, bevor er das Formular verknüpft, ergeben die Zeilen 34-40 eine Fehlermeldung. Wenn die Suche keine Einträge zurückgibt, melden die Zeilen 66-68 einen Fehler. Zeile 74 bietet eine Methode für den Anwender, auf die Homepage der Anwendung zurückzugehen.

Ressourcen

Ressourcen

Trotz umfassender Nachforschungen und auch wenn dieses Buch gerade zur rechten Zeit herauskommt, werden sich einige der Standards verändert haben, wenn Sie es lesen. Andere werden entwickelt worden sein, die zum Zeitpunkt, als das Buch geschrieben wurde, noch nicht zur Verfügung standen. Sie werden daher sehen, dass die folgenden Websites exzellentes Referenzmaterial zu den wichtigsten Themen anbieten, die *XML in 21 Tagen* behandelt.

B.1 Ausgewählte W3C-Empfehlungen

Das World Wide Web Consortium verfolgt einen spezifischen Prozess für die kritische Würdigung und Förderung von Technologien, der auf der Grundlage von Konsenslösungen und Tests steht. Der Prozess, der zu einer Empfehlung führt, wird unter http://www.w3.org/Consortium/Process-20010208/tr beschrieben. Eine neue Technologie beginnt ihr Dasein als *Ankündigung*, die das W3C zur Begutachtung durch seine Mitglieder herausgibt. Nach dem Stadium der Ankündigung wird jede der folgenden Phasen, die mit einer zunehmenden Reife einhergehen, durchlaufen:

- Arbeitsentwurf: Er stellt eine detaillierte Planung der Aktionen zur Untersuchung und Erweiterung der Beschreibung einer neuen Technologie vor, die das Arbeitskomitee verfolgt.

- Arbeitsentwurf im letzten Stadium: In dieser Phase erhalten andere W3C-Komitees und die Öffentlichkeit Gelegenheit, den Arbeitsentwurf einer kritischen Betrachtung zu unterziehen und Verbesserungsvorschläge oder Zustimmung zu äußern.

- Kandidatur zur Empfehlung: Die Kandidatur zur Empfehlung gibt außen stehenden Beobachtern und Anwendern die Gelegenheit, die neue Technologie nach der Dokumentation des Arbeitsentwurfs zu implementieren.

- Vorgeschlagene Empfehlung: Diese Phase würdigt die Erfahrung mit erfolgreichen Implementierungen und die Erfüllung der Kriterienliste, die für die Arbeitsgruppe erstellt wurde.

- W3C-Empfehlung: Eine Empfehlung ist das Resultat einer umfassenden Forschung und beruht auf dem Konsens interner und externer Kritiker.

XML 1.0-Empfehlung

Dies ist die offizielle Empfehlung des W3C für XML in der Version 1.0. Sie ist relativ kurz und gut lesbar.

http://www.w3.org/TR/REC-xml

Ausgewählte W3C-Empfehlungen

XML-Schema: Teil 1, Strukturen

Die XML-Schema-Dokumentation: Teil 1, Strukturen, beschreibt die Konzepte und die Syntax der XML Schema Definition Language.

http://www.w3.org/TR/xmlschema-1/

XML-Schema: Teil 2, Datentypen

Die XML-Schema-Dokumentation, Teil 2, Datentypen, definiert die XML-Datentypen, die bei XML-Schemata und anderen XML-Vokabularien verwendet werden.

http://www.w3.org/TR/xmlschema-2/

XSL Transformations (XSLT), Version 1.0

Die XSLT-Syntax und die -Semantik werden in dieser Empfehlung detailliert beschrieben. Sie beschreibt, wie man XSLT verwenden kann, um Dokumente, die sich in einer Auszeichnungssprache ausdrücken, in eine neue Struktur der gleichen Sprache oder in eine andere Auszeichnungssprache umzuwandeln.

http://www.w3.org/TR/xslt

XML Path Language (XPath), Version 1.0

XPath ist eine Sprache auf Grundlage von Ausdrücken, die verwendet wird, um den Standort von Fragmenten in XML-Dokumenten zu definieren. Es steht eine Dokumentation zur Verwendung von XPath bei XSLT und XPointer zur Verfügung.

http://www.w3.org/TR/xpath

Document Object Model (DOM)

Die folgenden Referenzen finden Sie auf einer Reihe von Sites, die verschiedene Aspekte des DOM spezifizieren, das verwendet wird, um die Knoten eines XML-Dokuments für die weitere Programmierung zu exponieren.

- Spezifikation zum Document Object Model (DOM)
  Level 1: http://www.w3.org/TR/REC-DOM-Level-1/
- Core-Spezifikation zum Document Object Model (DOM)
  Level 2: http://www.w3.org/TR/DOM-Level-2-Core/
- Ansichts-Spezifikation zum Document Object Model (DOM)
  Level 2: http://www.w3.org/TR/DOM-Level-2-Views/
- Events-Spezifikation zum Document Object Model (DOM)
  Level 2: http://www.w3.org/TR/DOM-Level-2-Events/
- Style-Spezifikation zum Document Object Model (DOM)
  Level 2: http://www.w3.org/TR/DOM-Level-2-Style/
- Durchquerungs- und Bereichs-Spezifikation zum Document Object Model (DOM)
  Level 2: http://www.w3.org/TR/DOM-Level-2-Traversal-Range/

Ressourcen

Namensräume bei XML

Die Spezifikation zur Verwendung von Namensräumen bei XML ist auf dieser Site detailliert beschrieben.

http://www.w3.org/TR/REC-xml-names/

XML-Base

Auf dieser Site wird eine Empfehlung zur Beschreibung einer Basis-URL für relative URLs beschrieben.

http://www.w3.org/TR/xmlbase/

XML Linking Language (XLink), Version 1.0

XLink stellt eine Hypertext-Funktionalität in einem XML-Dokument dar, die alles übertrifft, was für HTML zur Verfügung steht. Sie finden auf dieser Site die Empfehlung zur Sprache XLink.

http://www.w3.org/TR/xlink/

XML Information Set

Wenn andere Spezifikationen sich in irgendeiner Form auf XML, Version 1, beziehen müssen, beschreibt dieses Dokument eine Reihe von Definitionen, die verwendet werden können. Dieses Dokument kann beinahe als Glossar für bedeutende XML-Konzepte und die XML-Terminologie gelten.

http://www.w3.org/TR/xml-infoset/

Extensible Stylesheet Language (XSL), Version 1.0

Der Text der XSL-Empfehlung steht auf dieser Site bereit. Er beschreibt, wie XSL verwendet werden kann, um ein Stylesheet zu erzeugen ist, das das Formatier-Vokabular definiert, das verwendet wird, um eine Klasse von XML-Dokument-Instanzen zu präsentieren.

http://www.w3.org/TR/xsl/

B.2 Ausgewählte Arbeitsentwürfe des W3C

XML Inclusions (XInclude), Version 1.0

Dieser Entwurf beschreibt einen Ansatz für den Einschluss von XML-Dokumenten oder Teilen davon in zusammengefügten XML-Instanzen.

http://www.w3.org/TR/xinclude/

XML Pointer Language (XPointer), Version 1.0

Durch die Paarung von URIs mit XPath-Beschreibungen können Sie spezifische Inhalte in einem Dokument lokalisieren, wenn Sie die Sprache XPointer verwenden, die in diesem Arbeitsentwurf-Dokument beschrieben wird.

http://www.w3.org/TR/xptr

XPath Requirements, Version 2.0

Hier finden Sie zusätzliche Informationen zu XPath.

http://www.w3.org/TR/xpath20req

XSLT Requirements, Version 2.0

Hier finden Sie zusätzliche Informationen zur nächsten Version von XSLT.

http://www.w3.org/TR/xslt20req

Core-Spezifikation zu Document Object Model (DOM), Level 3

DOM Level 1 und Level 2 sind ausreichend dokumentiert. Dieser Entwurf liefert die Details für den Vorschlag zur DOM-Version Level 3. Level 3 erweitert die Beschreibungen von Level 2 und Level 1.

http://www.w3.org/TR/DOM-Level-3-Core/

Simple Object Access Protocol (SOAP) 1.2

SOAP, das hier vorgeschlagen wird, ist ein minimales Protokoll für den Informationsaustausch auf Grundlage von Transaktionen in einer dezentralisierten Netzumgebung, die durch Aufruf externer Objekte funktioniert.

http://www.w3.org/TR/2001/WD_SOAP12-20010709

B.3 Ausgewählte Anmerkungen des W3C

Web Services Description Language (WSDL) 1.1

Diese Dokumentation definiert WSDL als XML-Format, das zur Definition von Netzwerkdiensten verwendet wird. WSDL kann man in Verbindung mit SOAP, HTTP GET/POST und anderen Kommunikationsprotokollen einsetzen.

http://www.w3.org/TR/wsdl

Ressourcen

B.4 Empfehlenswerte Websites mit allgemeinen Informationen zu XML

Tim Brays kommentierte Version der Empfehlung zu XML 1.0

Tim Bray ist Co-Autor der XML-Empfehlung. Seine kommentierte Version der Empfehlung ist maßgeblich und gut zu lesen.

http://www.xml.com/axml/axml.html

Die XML-Titelseiten (von Robin Cover)

Dies ist eine der umfangreichsten Sites ihrer Art im Internet. Sie umfasst Links auf Softwareprodukte und die aktuelle Version aller Spezifikationen der XML-Familie. Sie wird häufig aktualisiert und ist ziemlich vollständig.

http://www.oasis-open.org/cover/xml.html

Apache XML-Projekt

Das XML-Projekt von Apache bietet Open-Source-Software für die Entwicklung von XML-Anwendungen in hoher Qualität. Viele der angebotenen Lösungen wurden von Java in C++, PERL oder COM portiert. Sie finden dort die XML-Parser Xerces, Xalan, einen Stylesheet-Prozessor, Cocoon, eine Engine für das Web Publishing auf XML-Grundlage, FOP, eine XSL-FO-Engine, Xang, eine schnelle Entwicklungsumgebung für dynamische Serverseiten, Unterstützung für XML-SOAP, Batik, ein Toolkit für Scalable Vector Graphics und Crimson, einen voll funktionalen XML-Parser.

http://xml.apache.org

IBM XML Developer Works

Die Website IBM Developer Works bietet umfassende Informationen zu XML-Produkten und -Technologien. Sie finden dort Tutorials, kostenlose Software und Hilfe bei Problemen.

http://www-106.ibm.com/developerworks/xml/

Microsoft Developers Network (MSDN)

Die MSDN-Website bietet Zugriff auf Informationen über alle Arten von Entwicklungen, bei denen Microsoft-Tools verwendet werden. Die Abschnitte zu XML enthalten kostenlose Parser, Toolkits für SOAP, Utilities für die Entwicklung von Webdiensten und anwenderdefinierten Lösungen, SDKs, technische Dokumentationen und Tutorials.

http://msdn.microsoft.com/library/default.asp?url=/nhp/
Default.asp?contentid=28000438

Nützliche XML-Editoren

SAX 2.0: Das Simple API für XML

SAX ist eine Standard-Schnittstelle für die auf Events basierte Verarbeitung von XML-Instanzdokumenten. Es wurde in Zusammenarbeit der XML DEVelopers Mailing List XML-DEV) entwickelt.

http://www.megginson.com/SAX/

XML-DEV Mailing List

Die XML-DEVelopers Mailing List ist für alle gedacht, die Anwendungen mit XML-Technologien entwickeln. Man kann Mitglied werden, wenn man eine E-Mail an majordomo@ic.ac.uk schickt. Im Textteil der Nachricht sollte subsribe xml-dev stehen. Sie können sich die Hypertext-Archive der XML-DEV Mailing List auf der Site ansehen.

http://lists.xml.org/archives/xml-dev/

B.5 Nützliche XML-Editoren

Dieser Abschnitt stellt empfehlenswerte Software für die Entwicklung von XML-Anwendungen vor.

Architag XRay XML-Editor

Der XML-Editor XRay von Architag International bietet eine umfassende Arbeitsumgebung zur Bearbeitung von XML-Dokumenten, Schemata, XSL, XSLT, HTML und DHTML. Die Fähigkeit zur Fehlerüberprüfung in Echtzeit gibt ein sofortiges Feedback und wird bei jedem Tastaturanschlag aktualisiert. Der XML-Editor XRay ist als kostenloser Download auf der Website Architag.com erhältlich.

http://www.architag.com/xray/

XML Spy von Altova, Inc.

Der kommerziell vertriebene XML Spy bietet eine integrierte Entwicklungsumgebung (IDE) für XML. Die Bearbeitung, Validierung und Transformation sind der IDE zusammen mit einer leistungsstarken Fähigkeit zur Erzeugung von DTDs, XSD, XDR und anderen Schemata aus XML-Instanzdokumenten eingebaut. Hat man ein Schema in einer Sprache, kann es XML Spy in eine andere Sprache konvertieren.

http://www.xmlspy.com/

Turbo XML von Tibco Extensibility

Turbo XML, Version 2.0, früher XML-Authority, ist ein voll funktionaler kommerzieller Editor. Turbo XML bietet eine IDE mit Unterstützung für W3C-XSD und Tools für die Erzeugung, Konvertierung und Validierung von Schema-Instanzen an. Eine zeitbegrenzte Testversion steht zur Verfügung.

Ressourcen

B.6 Weitere Software zu XML

Es ist unmöglich, eine umfassende und völlig genaue Auflistung aller für die XML-Entwicklung erhältlichen Software zu geben, weil sie sich ständig verändert. Auf der XML-Software-Site finden Sie eine vollständige und aktuelle Liste zu kostenlosen sowie kommerziellen Software-Produkten, die XML-Entwicklern zur Verfügung stehen. Sie finden dort Übersichten aller Arten von Software, zum Beispiel Konverter, Datenbank-Schnittstellen, Systeme zur Inhaltsverwaltung, Schema-Editoren, APIs, Utilities, Webdienst-Programme, Browser, Editoren, Parser und Engines für alle XML-Technologien.

http://www.xmlsoftware.com/

Auf der Buch-CD

Auf der Buch-CD

Die CD-ROM zu diesem Buch enthält alle Übungsdateien, Beispiele und Projekte, die Sie für den erfolgreichen Start in die Welt von XML benötigen. Genaue und aktuelle Informationen können Sie in der Datei *liesmich.txt* nachlesen, die sich im Stammverzeichnis der CD-ROM befindet. Dort wird auch erläutert, an wen Sie sich bei Fragen oder Anmerkungen zum Buch wenden können.

Bei Problemen mit der Funktion der CD wenden Sie sich bitte direkt an den Markt + Technik Verlag. Die Adresse finden Sie auf den ersten Umschlagseiten, per E-Mail können Sie sich an *support@mut.de* wenden

Auf der CD finden Sie alle Dateien, die Sie zum Nacharbeiten der im Buch beschriebenen Übungen und Projekte benötigen. Die einzelnen Dateien sind in Ordnern entsprechend der Tagesübung abgelegt. Sie finden Sie unter BUCHDATEN|BEISPIELE| [KAPITELNUMMER].

BUCHDATEN|SOFTWARE enthält außerdem alle Programme, die Sie zum Durcharbeiten der Übungen benötigen und auf die im Buch verwiesen wird. Hier folgt eine Liste:

- **Amaya**: Der kombinierte Browser und Editor Amaya, der sowohl unter Unix, als auch unter Windows zur Verfügung steht, wird am 16. Tag eingesetzt. Amaya ist eine Distribution des W3C und als Allround-Tool gedacht.

- **Apache FOP**: Der Formatting Objects Processor von Apache Open Source steht normalerweise nur als gzip-Version zur Verfügung, was den schnellen Einsatz für Windows-Anwender schwierig macht. Auf der CD finden Sie das komplette FOP-Paket gezippt. FOP wird in der Kommandozeile ausgeführt. Eine genaue Anleitung finden Sie am 15. Tag, wenn Sie FOP zur Konvertierung von XML in PDF verwenden.

- **Apache Xalan**: Der XSLT-Prozessor Xalan von Apache ist unter anderem auch Teil der FOP-Distribution. Sie benötigen den Prozessor am 15. Tag, wenn Sie sich an die Formatting Objects heranwagen.

- **Apache Xerces**: Xerces von der Apache Software Foundation ist ein Parser für SAX und DOM. Er kommt am 13. und am 15. Tag zum Einsatz.

- **Architag XRay**: Der XML-Editor von Architag, der zurzeit als Beta-Version vorliegt, kommt am 16. Tag zum Einsatz, wenn Sie XSLT-Transformationen üben.

- **Java XSLT Processor (XT)**: Den XSLT-Prozessor XT benötigen Sie am 16. Tag zur Transformation von XML in HTML. Statt XT können Sie für diese Übung auch SAXON oder Apache Xalan verwenden.

- **JAXP**: Der SAX-Parser von Sun unterstützt DOM und SAX. Sie können ihn für die Übungen des 13. Tages einsetzen.

- **JDK 1.3**: Das aktuelle JDK von SUN. Sie benötigen es an mehreren Tagen, unter anderem am 15., wenn Sie mit Formatting Objects arbeiten.

- **MSXML 4.0**: Die vierte Version des MSXML-Parsers von Microsoft benötigen Sie unter anderem für den XML-Validator und für die Übungen des 13. Tages. Der Parser wurde unter anderem in Richtung SAX und DOM optimiert.

- **SAXON**: Der kostenlose XSLT-Prozessor SAXON kann alternativ zu XT am 16. Tag verwendet werden.

- **XML Spy**: Ein kommerzieller XSLT-Editor von Altova. Auf der CD finden Sie die 30 Tage lauffähige Testversion sowie eine PDF-Anleitung. Diesen Editor können Sie zum Beispiel am 16. Tag verwenden.

- **XML Validator**: Der XML Validator von Microsoft, auf den am vierten Tag verwiesen wird, erlaubt die Überprüfung von XML-Code. Er steht als VBScript und als JavaScript zur Verfügung. Beide Versionen sind auf der CD enthalten und können im IE5 oder höher geladen werden.

- **XPath Visualizer**: Zum Durchführen der Übungen des 9. Tages benötigen Sie den XPath Visualizer, der die Abfolge von Knoten im hierarchischen XML-Baum visualisiert. Der Visualizer wird im IE5 oder höher gestartet. Seine Funktionsweise wird am 9. Tag erläutert.

- **Xselerator**: Der kommerzielle XSL/XSLT-Editor Xselerator von Marrowsoft bietet zahlreiche Features, unter anderem Code-Überprüfung, einen XSLT-Debugger, Unicode-Unterstützung, eine Kommandozeilenversion, wenn nicht mit MSXML gearbeitet wird, u.v.m. Er liegt auf der CD-ROM als 30 Tage lauffähige Version vor.

- **XSLTester**: Das Open Source Projekt XSLTester bietet eine einfache Möglichkeit, die Ausgabe von XSL-Transformationen anzuzeigen und XML-Code zu validieren.

Zum schnellen Nachschlagen enthält die CD außerdem das gesamte Buch im HTML-Format unter BUCHDATEN | HTML-DATEIEN.

Stichwortverzeichnis

Symbols
#PCDATA 88

A
Abkömmling 223
Abkömmling-oder-Selbst 224
ADO 431
Aggregator 486
Allgemeine Entities 183
Amaya 398
Anker-Tags 242f.
Apache FOP 356
API 276
Applikations-Integration, Lösungen 456
Applikationsprogrammier-Schnittstelle siehe API
Architektur
–, Middle-Tier 448
–, Three-Tier 448, 459
ASCII 183
Attribute 34, 60
Attributs-Deklaration 96
Attributstyp
–, Aufzählung 105
–, NMTOKEN 104
Attributswerte 34
Auszeichnungssprachen, Überblick 25
Auszeichnungsvokabular 194

B
B2B 480
B2C 480
B2C-Applikationen 482
Benutzer-DSN 465
BizTalk 160, 457
Biztalk.org 450

C
Cascading Style Sheets siehe CSS
CDATA 88
Clearing-House 42

clearpixel 329
Client Tier 459
Client-/Server-Architektur, Three-tier 459
Cocoon 446
Container-Elemente 87
Cookie 41
CSS 37, 329
–, Anzeige-Eigenschaften 343
–, Deklarationen 333
–, Eigenschaften 337
–, Farb-Eigenschaften 339
–, Font-Eigenschaften 339
–, Grenzlinien-Eigenschaften 340
–, Hintergrund-Eigenschaften 339
–, Selektoren 333
–, Textstyles 338

D
Data Source Object 419
Data Tier 460
Datenbindung 418
Dateninsel 474
Datenklassifizierung 488
Datenquellenname 464
Datenschicht 460
Datenstrukturen 72
Datentyp-Validierung 70
DBMS 460
DCD 125
DDML 125
Document Object Model siehe DOM
Document Type Definition siehe DTD
Dokumentanalyse 449
–, Bericht 449
–, Grundlagen 448
Dokumentobjekt 280
DOM 276
–, Ebenen 278
–, Eigenschaft 284
–, Event 284

–, Methode 284
–, Primäre API-Typen 281
–, Scripting 280
Downstream-Verarbeitung 473
Drei-Schichten-Web-Architektur 459
DSN, eintragen 464
DSO Parse Exception 436
DSO-Programmierung 419
DTD 59, 84
–, externe 114
–, externe Untermenge 89
–, interne Untermenge 89
–, Untermenge 115
DTD-Schlüsselwörter
–, #FIXED 98
–, #PCDATA 88
–, #REQUIRED 98
–, ANY 92
–, ATTLIST 96
–, CDATA 98
–, DOCTYPE 90
–, ELEMENT 90
–, EMPTY 92

E
EBNF 124
E-Business, Kostenaufwand 480
E-Business-Strategie 481
ebXML 488, 497
E-Commerce 480
Element 33
–, deklarieren 87
–, leeres 35, 54
Elemente
–, Einbettung 56
–, gemischter Inhalt 89
Elementinhalt 33
Elementnamen 57
Elementtyp-Deklaration 87
Entities 182
–, allgemeine 183
–, Arten 182
–, bei XSD 188
–, Parameter 182
Entity-Referenzen 182, 184
Erweiterte Backus-Naur-Form siehe EBNF

eXtensible Hypertext Markup Language siehe XHTML
Extensible Stylesheet Language Formatting Objects 352
Extensible Stylesheet Language Transformations 74, 352, 379

F
Facette 176
FOP 356
–, Engine 356
Formatierungsobjekte 354, 359
Formatting Object Processor siehe FOP 356
Formatting Objects 354, 359
Frequenz-Indikatoren 107
Frequenz-Indikatoren siehe Sequenz-Deklarationen

G
Geschäftsapplikationen 453
Gültigkeit 66

H
HTML 27, 243
HTTP 27
Hyper-Linking 242
Hypertext Markup Language siehe HTML
Hypertext Transfer Protocol siehe HTTP

I
IBM Sash Weblications 495
IDL 281
Informationsbeziehungen einrichten 453
Inhaltsmodell 87, 130
–, gemischtes 93
Inline-DTD 89

J
Java 308
Java XT 384

K
Kommentare 59

L
Leere Elemente 87, 135
Lieferketten-Integration 487

M
Markup Declaration Close 54
Markup Declaration Open 54
Memex 242
Middle Tier 459
MSXML-Parser 111, 381

N
Namenskonflikt 195
Namensräume 128, 194
Namensraum, Deklaration 198
–, Syntax 199
Namenstoken 104

O
OASIS 497
Objektmodell 279
ODBC
–, Benutzer-DSN 465
–, Datenquellennamen einrichten 464
–, System-DSN 465
Online-Personalisierung 482

P
Parameter-Entities 182, 186
–, externe 186
–, interne 186
Parsed Character Data siehe #PCDATA
Parser 43, 77
–, validierender 77
PricewaterhouseCoopers 481
Profil 484
Prolog 89
Public Domain-Schema 449

R
Recommendation Track 162
Reißverschlussliste 242
Repository 486
Ressourcen 246

S
SAX 302
–, Events 304
–, Gültigkeit 324

–, main-Methode 312
–, Methoden 307, 314
–, Parsing-Fehler 323
Schema.net 450
Schemata, Quellen 450
Schlüsselwort
–, PUBLIC 115
–, SYSTEM 115
Schluss-Tag 33
Schrift-Attribute 369
Script, serverseitiges 455
Sequenz-Deklarationen 107
SGML 39
Shopping-Roboter 487
Simple API für XML siehe SAX
Simple Object Access Protocol siehe SOAP
SOAP 457, 488, 490
–, Envelope 492
SOX 125
Standard Generalized Markup Language
  siehe SGML
Standard-Namensraum 202
Start-Tag 33
System-DSN 465

T
Tabellen 373
Tags 33
Three Tier
–, Client Tier 459
–, Data Tier 460
–, Middle Tier 459
Three-Tier 448
Token
–, ENTITIES 100
–, ID 100
–, IDREF 100
–, NMTOKEN 100
Token-Attribute 99

U
UN/CEFACT 497
Unicode 183
Uniform Resource Identifier siehe URI
Uniform Resource Name siehe URN
Universal Resource Locator siehe URL

URI 131, 200
URL 27, 131
URN 132

V
Vorangehende Knoten 226
Vorangehende-Geschwister-Knoten 227
Vorfahre-oder-Selbst 223
Vorteile von XML
–, bei Applikationen zur
  Datenintegration 458
–, bei der Applikations-Integration 457
–, bei der Informations-Aggregation 485
–, bei der Online-Personalisierung 483
–, bei Informationsanwendungen 455

W
W3C 30, 162
–, Arbeitsentwurf 162
–, Arbeitsentwurf im letzten Stadium 162
–, Empfehlung, Standard 162
–, Kandidatur zur Empfehlung 162
–, vorgeschlagene Empfehlung 162
WDDX 488, 496
WebMethods 457
Webserver, einrichten 466
World Wide Web Consortium siehe W3C
Wurzel-Element 36

X
XBase 440
XDR
–, Attribute 138
–, Datentypen 141
–, Elemente 128
–, ElementType 134
–, ElementType, deklarieren 129
–, Erweiterbarkeit 156
–, Inhaltsgruppe 153
–, Transformation 157
XDR-Schema 122
XHTML 39
XInclude 440
XLink 242f.
–, Aktivierung 253

–, Attribute 248
–, Bogen 258
–, Darstellung 253
–, Einfache Links 248
–, Einfaches Linkverhalten 252
–, Erweiterte Links 248, 256
–, Lokator-Elemente 257
–, Out-of-line-Link 256
–, Verlinkendes Element 247
XML
–, Schemata 69
–, Software-Tools 48
–, Vorteile ggüber HTML 455
XML Authority 126
XML Base 440
XML Data Reduced-Schema siehe XDR Schema
XML Inclusions 442
XML Link Language siehe XLink
XML Path Language siehe XPath
XML Pointer Language siehe XPointer
XML Schema Definition Language siehe XSD
Xml.org 450
XML-Analyseschritte 451
XML-Data 127
XML-Deklaration 57
XML-Dokument 48
–, Leerräume 54
–, wohl geformt 48
XML-Dokumentstruktur 419
XMLDSO 419, 431, 434
XML-Instanz 48
XML-Integration, in Geschäftsmodelle 447
XML-Parser 55
XML-Prozessor 78
XML-RPC 488, 490
XPath 210, 380
–, Abgeleitete Knoten 212
–, Abkömmlinge 216
–, Ableitung des Wurzel-Elements 232
–, Achsen kombinieren 236
–, Attribute 235
–, Attribute auswählen 235
–, Ausgewählter Knoten 219
–, Auswahl des Wurzel-Elements 231

-, Knotensatz 221
-, Knotentypen 211
-, Kontext-Knoten 219
-, Stamm-Knoten 212
-, Stringwert 216
-, Wildcard-Notation 233
-, Wurzel-Knoten 212
XPointer 264
-, Absolute Adressierung 268
-, Argumente 270
-, Relative Adressierung 269
-, Syntax 266
Xschema 125
XSD 159, 161
-, Attribute 174
-, Attributs-Deklaration 174
-, Benannter Typus 165

-, Datentypen 168
-, einfache Elemente 163
-, Einfacher Elementtyp 165
-, Element-Deklaration 165
-, Frequenzbeschränkungen 172
-, komplexe Elemente 163
-, Komplexer Elementtyp 169
-, Namensraum 164
XSL 352
XSL Transformation Language 380
XSL-FO 352
XSL-Namenskonventionen 353
XSLT 43, 352, 380
-, Funktionen 389
-, Programmierung 387
-, Werkzeuge 384
XT 384f.

Schritt für Schritt zum Profi!

Laura Lemay / Roger Cadenhead
Java 2
ISBN 3-8272-6281-X
€ 44,95 [D] / sFr 83,00

Markt+Technik-Produkte erhalten Sie im Buchhandel, Fachhandel und Warenhaus.
Markt+Technik · Martin-Kollar-Straße 10 –12 · 81829 München · Telefon (0 89) 4 60 03-0 · Fax (0 89) 4 60 03-100
Aktuelle Infos rund um die Uhr im Internet: **www.mut.de** · E-Mail: **bestellung@mut.de**

Schritt für Schritt zum Profi!

Richard Waymire/Rick Sawtell
Microsoft SQL Server 2000

960 Seiten, 1 CD-ROM
ISBN 3-8272-6021-3
€ 49,95 [D] / sFr 92,00

Markt+Technik-Produkte erhalten Sie im Buchhandel, Fachhandel und Warenhaus.
Markt+Technik · Martin-Kollar-Straße 10–12 · 81829 München · Telefon (0 89) 4 60 03-0 · Fax (0 89) 4 60 03-100
Aktuelle Infos rund um die Uhr im Internet: www.mut.de · E-Mail: **bestellung@mut.de**

KOMPENDIUM

Arbeitsbuch • Nachschlagewerk • Praxisführer

Lee Anne Phillips
XML
ISBN 3-827**2-5516**-3
€ 44,95 [D] / sFr 83,00

Günter Born
HTML
ISBN 3-827**2-5830**-8
€ 49,95 [D] / sFr 92,00

Elmar Dellwig / Ingo Dellwig
JavaScript
ISBN 3-827**2-5818**-9
€ 44,95 [D] / sFr 83,00

Bernd Held
Excel-VBA-Programmierung
ISBN 3-827**2-5815**-9
€ 49,95 [D] / sFr 92,00

Markt+Technik-Produkte erhalten Sie im Buchhandel, Fachhandel und Warenhaus.
Markt+Technik · Martin-Kollar-Straße 10–12 · 81829 München · Telefon (0 89) 4 60 03-0 · Fax (0 89) 4 60 03-100
Aktuelle Infos rund um die Uhr im Internet: **www.mut.de** · E-Mail: **bestellung@mut.de**

new technology

AKTUELL • PROFESSIONELLL • KONKRET

Ingo Lackerbauer
ADSL, T-DSL
ISBN 3-8272-5696-2
€ 34,95 [D] / sFr 64,00

Oliver Pott/Günter Wielage
xml
ISBN 3-8272-5737-9
€ 39,95 [D] / sFr 73,00

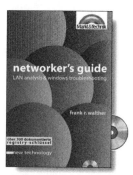

Frank Walter
networker's guide
ISBN 3-8272-5739-1
€ 49,95 [D] / sFr 92,00

Jörg Dennis Krüger
web content
ISBN 3-8272-6002-7
€ 49,95 [D] / sFr 92,00

Dan Gutierrez
web-datenbanken für windows-plattformen entwickeln
ISBN 3-8272-5774-4
€ 44,95 [D] / sFr 83,00

Markt+Technik-Produkte erhalten Sie im Buchhandel, Fachhandel und Warenhaus.
Markt+Technik · Martin-Kollar-Straße 10–12 · 81829 München · Telefon (0 89) 4 60 03-0 · Fax (0 89) 4 60 03-100
Aktuelle Infos rund um die Uhr im Internet: www.mut.de · E-Mail: bestellung@mut.de

Schritt für Schritt zum Profi!

Phillip Kerman
Flash 5
ISBN 3-8272-5958-4
€ 39,95 [D]

Markt+Technik-Produkte erhalten Sie im Buchhandel, Fachhandel und Warenhaus.
Markt+Technik · Martin-Kollar-Straße 10–12 · 81829 München · Telefon (0 89) 4 60 03-0 · Fax (0 89) 4 60 03-100
Aktuelle Infos rund um die Uhr im Internet: www.mut.de · E-Mail: bestellung@mut.de

Schritt für Schritt zum Profi!

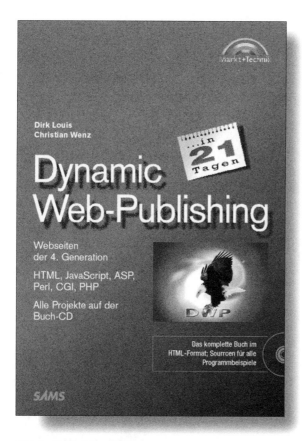

Dirk Louis/Christian Wenz
Dynamic WebPublishing
ISBN 3-8272-6003-5
€ 49,95 [D]

Markt+Technik-Produkte erhalten Sie im Buchhandel, Fachhandel und Warenhaus.
Markt+Technik · Martin-Kollar-Straße 10–12 · 81829 München · Telefon (0 89) 4 60 03-0 · Fax (0 89) 4 60 03-100
Aktuelle Infos rund um die Uhr im Internet: www.mut.de · E-Mail: bestellung@mut.de

Schritt für Schritt zum Profi!

Charles Mohnike
ColdFusion
ISBN 3-8272-6017-5
€ 49,95 [D]

Markt+Technik-Produkte erhalten Sie im Buchhandel, Fachhandel und Warenhaus.
Markt+Technik · Martin-Kollar-Straße 10–12 · 81829 München · Telefon (0 89) 4 60 03-0 · Fax (0 89) 4 60 03-100
Aktuelle Infos rund um die Uhr im Internet: **www.mut.de** · E-Mail: **bestellung@mut.de**

Stop Stealing Sheep

E. Spiekermann / E. M. Ginger
Das Geheimnis guter Typografie
ISBN 3-8272-5989-4
€ 27,95 [D] / sFr 51,00

Markt+Technik-Produkte erhalten Sie im Buchhandel, Fachhandel und Warenhaus.
Markt+Technik · Martin-Kollar-Straße 10−12 · 81829 München · Telefon (0 89) 4 60 03-0 · Fax (0 89) 4 60 03-100
Aktuelle Infos rund um die Uhr im Internet: **www.mut.de** · E-Mail: **bestellung@mut.de**

WOCHE 1

Tag 1 — Los geht's. Sie erhalten an diesem Tag einen Überblick über die Auszeichnungssprachen und erfahren, was XML zu einem derart revolutionären und notwendigen Fortschritt für Multi-Tier- und E-Business-Webapplikationen macht.

Tag 2 — Heute lernen Sie, wie die Syntax und die Design-Richtlinien eines formatierten XML-Dokuments aussehen.

Tag 3 — Neben der Wohlgeformtheit sollten Sie auch auf die Gültigkeit Ihrer XML-Dokumente achten. Hier erfahren Sie die Do's and Don'ts. Ein Schema lernen Sie heute ausführlicher kennen: Document Type Definitions (DTD's).

Tag 4 — Sie wissen nun, was Schemata sind und wofür man sie braucht. Reduces (XDR) möglich – das W3C empfiehlt die XML Schema Definition Language (XSD).

Tag 5 — Dieser Tag steht ganz im Zeichen der XML Data fende Datenwelt ist externe? Wie sieht die Syntax aus? Wie verwendet man sie als Objekte?

Tag 6 — Eine plattformübergreifende Datenwelt ist möglich – das W3C empfiehlt die XML Schema Definition Language (XSD).

Tag 7 — Was sind XML-Entities? Interne und externe? Wie sieht die Syntax aus? Wie verwendet man sie als Objekte?

WOCHE 2

Tag 8 — Heute geht es um Namensräume – einem einfachen Mechanismus, der in XML zur Unterscheidung von Element-, Strukturfragment- und Attributsnamen bereitgestellt wird.

Tag 9 — Am heutigen Tag lernen Sie mit der String-basierten XML Path Language (XPath) Möglichkeiten, die weit über das hinausgehen, was HTML-Links bieten.

Tag 10 — Die Verknüpfungssprache von XML, XLink, bietet ungeahnte Möglichkeiten, die weit über das hinausgehen, was HTML-Links bieten. Sie Codefragmente auch in externen XML-Dokumenten durch Einsatz der XML Pointer Language (XPointer).

Tag 11 — Erweitern Sie die Funktionalität von XPath mithilfe von Uniform Resource Identifiern (URI), und lokalisieren Sie Codefragmente auch in externen XML-Dokumenten durch Einsatz der XML Pointer Language (XPointer).

Tag 12 — Am heutigen Tag lernen Sie den Umgang mit DOM und XML kennen und erfahren, wie Sie anschließend die Ausgabe von DOM mit Knoteninformationen eines XML-Dokuments zugreifen und diese Informationen manipulieren können.

Tag 13 — Parsen Sie Ihre XML-Dokumente mit SAX, der Simple API für XML, und vergleichen Sie anschließend die Ausgabe von DOM mit der von XML unterstützten CSS-Tags kennen sowie deren Einsatz.

Tag 14 — Auch die XML-Ausgabe kann mit Cascading Style Sheets formatiert werden. Heute lernen Sie die von XML unterstützten CSS-Tags kennen sowie deren Einsatz.

WOCHE 3

Tag 15 — XML verfügt über eine eigene Formatierungssprache, die weit mehr bietet als CSS: XSL, die eXtensible Stylesheet Language, die heute kennen lernen werden. Zusätzlich wird der Formatting Objects Processor (FOP) erläutert, mit dem Sie XML-Dokumente zum Beispiel in PDF umwandeln.

Tag 16 — Mit der eXtensible Transformation Language (XSLT) werden Dokumentinstanzen von einer Auszeichnungsform in eine andere umgewandelt. Am heutigen Tag schreiben Sie einige Programme, die diese Umwandlung vornehmen.

Tag 17 — Heute integrieren Sie XML-Code in HTML und programmieren einige Scripts, mit denen Sie die Verarbeitung dieser Daten steuern können.

Tag 18 — Das junge Thema XML bringt ständig neue Technologien hervor. Heute lernen Sie Xinclude kennen, mit dem Sie mehrere XML-Dokumente in einer Master-Instanz zusammenfassen können sowie XBase, mit dem relative URL-Referenzen auf XML-Instanzen erzeugt werden kann.

Tag 19 — Die Dreischichten (Three-Tier)-Architektur findet in zahlreichen Anwendungen Einsatz und ist charakteristisch für Internet-Anwendungen. Heute erfahren Sie, wie XML zur Umsetzung dieser Architektur optimal genutzt werden kann.

Tag 20 — Am vorletzten Tag werfen Sie einen Blick auf die Rolle von XML in den aktuellen Technologien des E-Commerce.

Tag 21 — Der letzte Tag ist ganz der Programmierung gewidmet. Anhand eines umfangreichen Projekts fügen sich die Puzzleteile der letzten Wochen zusammen und schließen den Exkurs zu XML ab.